2021 老吕管综弟子班

MBA · MPA · MPAcc · MAud · MLIS

| 全能名师 老吕亲授 | 六阶备考 系统提分 | 方法简单 解题粗暴 | 教学规划 |

课程体系

4月前	5·6月	7·8月	9月前	10·11月	12月
90+	110+	150+	160+	170+	考上研究生
基础班	母题班	暑假训练营	真题班	写作母题	冲刺点题

课程内容

第一阶
基础班
30H
管综零基础入门
夯实联考基本功

第二阶
母题班
50H
数学101类母题、
逻辑40类母题基本解法

第三阶
暑假训练营
110H
写作基础夯实
数学逻辑母题强化训练

第四阶
真题模考班
20H
近年真题套卷精讲
搞透真题命题思路

第五阶
写作母题营
30H
写作母题精讲精练
零基础也能写出好文章

第六阶
冲刺点题
15H
写作考点终极预测
冲刺模考强化考试节奏

赠送课程

50H
复试专业课通关班
MPAcc/MAud

10H
择校指导班
MPAcc/MAud/MLIS

15H
MBA提前面试通关班
MBA/MPA/MEM/MTA

赠送全程配套讲义及精美周边

讲义
基础班 2 册
母题班 2 册
暑假母题训练营 3 册
真题班 1 册
写作母题营 2 种
冲刺点题 2 种（电子版）
赠送专业或复试课讲义（电子版）

周边
喵喵帆布包
喵喵台历
喵喵笔记本
老吕签名照
老吕的一封信

贴心服务 全年陪伴

分期开班 保障学习进度	专属班主任 小班制管理	阶段测试 及时查缺补漏	每月详细规划 安排到考前

¥5980

*联系助教有优惠

老吕专硕系列

MBA/MPA/MPAcc

主编 ◎ 吕建刚　　副主编 ◎ 毋亮

管理类、经济类联考
老·吕·逻·辑
—— 要点精编 ——

（第6版）

（基础篇）

北京理工大学出版社
BEIJING INSTITUTE OF TECHNOLOGY PRESS

版权专有　侵权必究

图书在版编目（CIP）数据

管理类、经济类联考·老吕逻辑要点精编/吕建刚主编．—6 版．—北京：北京理工大学出版社，2019.10

ISBN 978 - 7 - 5682 - 7720 - 4

Ⅰ.①管…　Ⅱ.①吕…　Ⅲ.①逻辑-研究生-入学考试-自学参考资料　Ⅳ.①B81

中国版本图书馆 CIP 数据核字（2019）第 227818 号

出版发行 / 北京理工大学出版社有限责任公司
社　　址 / 北京市海淀区中关村南大街 5 号
邮　　编 / 100081
电　　话 / (010) 68914775（总编室）
　　　　　 (010) 82562903（教材售后服务热线）
　　　　　 (010) 68948351（其他图书服务热线）
网　　址 / http://www.bitpress.com.cn
经　　销 / 全国各地新华书店
印　　刷 / 保定市中画美凯印刷有限公司
开　　本 / 787 毫米×1092 毫米　1/16
印　　张 / 34　　　　　　　　　　　　　　　　　　　　　　　责任编辑 / 多海鹏
字　　数 / 798 千字　　　　　　　　　　　　　　　　　　　　文案编辑 / 多海鹏
版　　次 / 2019 年 10 月第 6 版　 2019 年 10 月第 1 次印刷　　责任校对 / 周瑞红
定　　价 / 99.80 元（全两册）　　　　　　　　　　　　　　　责任印制 / 李志强

图书出现印装质量问题，请拨打售后服务热线，本社负责调换

图书使用说明及联考备考规划

"老吕专硕"系列图书自问世以来,受到了广大考生的热烈欢迎,成为市面上最受欢迎的管理类、经济类联考教材之一,销量每年呈数倍增长,屡创新高。2020版老吕系列图书总销量更是突破80万册,其中,《老吕逻辑要点精编》《老吕数学要点精编》《老吕逻辑母题800练》《老吕数学母题800练》销量均破10万册,《老吕写作要点精编》销量破8万册。

今年,老吕团队做了更加深入的教研工作,对老吕系列图书做了颠覆性的创新和优化。介绍如下:

1. 图书体系及图书内容的优化

(1) 新增图书

增加三本新书,即《老吕数学真题超精解(母题分类版)》《老吕逻辑真题超精解(母题分类版)》《老吕写作真题超精解(母题分类版)》。这三本书将从"母题"的角度分析真题,探析真题的命题规律与破解之道。

(2) 重新定位

《老吕数学要点精编》《老吕逻辑要点精编》《老吕写作要点精编》这三本书的内容做了深度优化和重新定位。其中,基础篇对知识的讲解更加精细,真正做到从零起步讲知识点;"提高篇"修订为"母题篇",系统总结101类数学题型(母题)、40类逻辑题型(母题)。这样,"要点精编"系列图书将成为基础教材,成为老吕图书全系列(即11本图书)的核心和基座。

《老吕数学母题800练》《老吕逻辑母题800练》将与"要点精编"的"母题篇"完全配套,并在内容的难度和深度上有所提高,从而与"要点精编"的三本书共同构成老吕"母题5件套",成为老吕书系的核心系列。

(3) 内容优化

与2020版图书相比,2021版老吕全系列图书都将做不同程度的优化。其中,《老吕写作要点精编》优化了全书内容的80%,《老吕数学要点精编》优化了全书内容的60%,《老吕逻辑要点精编》优化了全书内容的30%。

2. 老吕书系的鲜明特点

(1) 清晰的备考逻辑

老吕在2013年创造性地编制了全系列图书统一的母题编号。今年,老吕又以统一的母题编号为基础,对整个书系的架构进行了优化,从而形成了以"母题"为核心的备考逻辑,如图1所示:

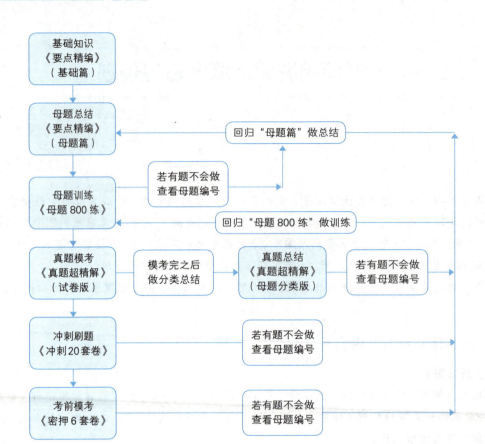

图 1

(2) 详尽的母题总结

母题者，题妈妈也，一生二，二生四，以至无穷。

老吕书系详细总结了数学 101 类母题，303 种变化；逻辑 40 类母题，98 种变化；写作 5 大类 43 个母题，5 个母例，4 大类 16 个母理。

具体内容如图 2 所示：

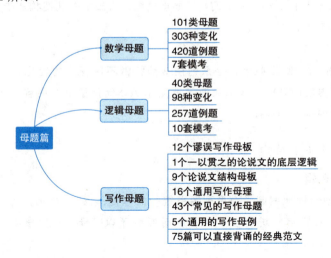

图 2

(3) 独到的解题思路

管理类联考的考试时间紧张，要在 180 分钟之内，做 25 道数学题、30 道逻辑题，写 2 篇作文，另外，还要涂写答题卡。好消息是，管理类联考综合除了写作以外，所有题目均为选择题。

题量巨大、选择题多，就决定了管理类联考的解题思路必须简洁、快速、准确。因此，老吕的解题思路注重以下方面：

①系统化解题。

以知识为基础，以母题为核心，以解题技巧为手段，打造系统化解题的网络。

②技巧化解题。

每年真题中都有一些选择题用常规方法做费时费力。比如 2019 年真题的第 8 题，常规方法做需要 5 分钟左右，但很难做对，因为计算量太大了，但使用一些解题技巧，只需要 30 秒左右即可确保拿分。所以，系统性地掌握一些选择题的解题技巧是考上研究生的关键。

③注重命题陷阱。

我们都有这样的体验，一道题明明会做，但是做错了。一方面是因为我们都有粗心的时候，另一方面是因为命题人设置了命题陷阱，而你没有发现。所以，老吕的图书和课程非常重视命题陷阱的总结，以求会做的题一定要拿分。

(4) 简单粗暴的知识体系和解题方法

老吕注重知识体系的简洁实用和解题方法的简单粗暴。

以逻辑为例，传统的逻辑学习方法，致力于让考生学习复杂的逻辑学理论。的确，学好这些复杂理论，足以应付考试。但问题是，正是这些理论，让人痛苦万分。

例如，逻辑的经典理论"三段论"：

"三段论推理是演绎推理中的一种简单判断推理。它包含两个性质判断构成的前提和一个性质判断构成的结论。一个正确的三段论有且仅有三个词项，其中联系大小前提的词项叫中项；出现在大前提中，又在结论中做谓项的词项叫大项；出现在小前提中，又在结论中做主项的词项叫小项。"

你看晕了吗？然而，这才仅仅是三段论的定义而已，要想掌握和使用三段论，还需要掌握七个推理规则：

①一个正确的三段论，有且只有三个不同的项。

②三段论的中项至少要周延一次。

③在前提中不周延的词项，在结论中不得周延。

④两个否定前提不能推出结论。

⑤前提有一个是否定的，其结论必是否定的；若结论是否定的，则前提必有一个是否定的。

⑥两个特称前提推不出结论。

⑦前提中有一个是特称的，结论必须也是特称的。

你真看晕了吧？而老吕可以让你用 5 个小时左右的时间学会传统形式逻辑学习方法中 100 多页的基础知识，且让绝大部分同学做题的正确率立即达到 80% 以上。这就是一个简洁的知识体系的重要性。

3. 全年备考规划

看了以上介绍，如果你认同老吕的图书体系和备考方法，请你按照下述表格，结合自己的实际情况，规划自己的全年备考。

(1) 数学、逻辑全年备考规划

阶段	时间	备考用书	配套课程
零基础阶段	4月前	《老吕数学要点精编》（基础篇） 《老吕逻辑要点精编》（基础篇）	基础班
母题基础阶段	5—6月	《老吕数学要点精编》（母题篇） 《老吕逻辑要点精编》（母题篇）	母题班
母题强化阶段	7—8月	《老吕数学母题800练》 《老吕逻辑母题800练》	暑假母题直播集训营
真题阶段	9—10月	第1遍模考： 《老吕综合真题超精解》（试卷版）	近年真题串讲班
		第2遍总结： 《老吕数学真题超精解》（母题分类版） 《老吕逻辑真题超精解》（母题分类版）	真题母题密训班
冲刺阶段	11月	《老吕综合冲刺20套卷》	20套卷讲评班
模考阶段	12月	《老吕综合密押6套卷》	冲刺模考班

说明：

①在校考生建议按以上计划学习，时间充分的学员可以把"要点精编"和"母题800练"做2遍。备考启动晚的在校考生可根据自己的备考情况，适当减少部分图书和课程的学习。

②在职考生，尤其是考 MBA、MPA、MEM、MTA 的考生，可以适当减少部分图书和课程的学习，但应至少保证"要点精编"和"真题"的学习。

③在职考 MPAcc 的考生，尤其是考全日制 MPAcc 的考生，由于你要与应届生竞争，所以请你把自己当成应届生那样去备考。

(2) 写作全年备考规划

阶段	时间	备考用书	配套课程
基础阶段	8月前	《老吕写作要点精编》（基础篇）	基础班
母题阶段	9—10月	《老吕写作要点精编》（母题篇）	写作母题班
真题阶段	10—11月	《老吕写作真题超精解》（母题分类版）	写作真题班
押题冲刺阶段	12月	押题讲义	写作押题密训

续表

阶段	时间	备考用书	配套课程
说明： ①在校考生建议按以上计划学习；在职考生请以《老吕写作要点精编》为主进行写作的复习，并辅以押题课程。 ②由于论证有效性分析是基于逻辑知识的，因此，我们建议考生在逻辑有一定基础后再开始备考。但论说文需要时间积累素材，所以，在正式开课前，学员也可自行搜集和背诵一些素材。同时老吕会开专门的素材搜集讲座，详情请关注乐学喵App。			

4. 联系老吕

老吕已开通多种方式与各位同学互动。希望与老吕沟通的同学，可以选择以下联系方式：

微博：老吕考研吕建刚

微信公众号：老吕考研　老吕教你考MBA

微信：miao-lvlv　laolvmba2018

冰心先生有一首小诗《成功的花》，里面有一段话是这样写的："成功的花儿，人们只惊羡她现时的明艳！然而当初她的芽儿，浸透了奋斗的泪泉，洒遍了牺牲的血雨。"现在，让我们开始努力，让我们一起努力，让我们一直努力！

祝你金榜题名！

吕建刚

目录 contents

199 管理类联考综合能力考试大纲 / 1
396 经济类联考综合能力考试大纲 / 5

上部 基础篇

第一部分　形式逻辑 / 3

第1章　复言命题 / 4

第1节　假言命题 / 4
第2节　使用箭头的六大原则 / 9
第3节　联言、选言命题 / 20
第4节　假言命题真值表及其负命题 / 29
微模考1　复言命题 / 33
微模考1　参考答案 / 41

第2章　简单命题及概念 / 48

第1节　性质命题 / 48
第2节　模态命题 / 55
第3节　概念 / 60
微模考2　简单命题及概念 / 69
微模考2　参考答案 / 76

第二部分　论证逻辑　/ 83

第 3 章　论证、因果与谬误 / 85

第 1 节　论证与反驳 / 85

第 2 节　因果 / 95

第 3 节　谬误 / 106

第 4 节　论证逻辑的解题原则 / 120

微模考 3　论证、因果与谬误 / 126

微模考 3　参考答案 / 134

199 管理类联考综合能力考试大纲

Ⅰ. 考试性质

综合能力考试是为高等院校和科研院所招收管理类专业学位硕士研究生（主要包括 MBA/MPA/MPAcc/MEM/MTA 等专业联考）而设置的具有选拔性质的全国联考科目，其目的是科学、公平、有效地测试考生是否具备攻读专业学位所必需的基本素质、一般能力和培养潜能，评价的标准是高等学校本科毕业生所能达到的及格或及格以上水平，以利于各高等院校和科研院所在专业上择优选拔，确保专业学位硕士研究生的招生质量。

Ⅱ. 考查目标

1. 具有运用数学基础知识、基本方法分析和解决问题的能力。
2. 具有较强的分析、推理、论证等逻辑思维能力。
3. 具有较强的文字材料理解能力、分析能力以及书面表达能力。

Ⅲ. 考试形式和试卷结构

一、试卷满分及考试时间

试卷满分为 200 分，考试时间为 180 分钟。

二、答题方式

答题方式为闭卷、笔试。 不允许使用计算器。

三、试卷内容与题型结构

1. 数学基础 75 分，有以下两种题型：
问题求解 15 小题，每小题 3 分，共 45 分。
条件充分性判断 10 小题，每小题 3 分，共 30 分。
2. 逻辑推理 30 小题，每小题 2 分，共 60 分。
3. 写作 2 小题，其中论证有效性分析 30 分，论说文 35 分，共 65 分。

Ⅳ. 考查内容

一、数学基础

综合能力考试中的数学基础部分主要考查考生的运算能力、逻辑推理能力、空间想象能力和数据处理能力，通过问题求解和条件充分性判断两种形式来测试。

试题涉及的数学知识范围有：

（一）算术

1. 整数

（1）整数及其运算

（2）整除、公倍数、公约数

（3）奇数、偶数

（4）质数、合数

2. 分数、小数、百分数

3. 比与比例

4. 数轴与绝对值

（二）代数

1. 整式

（1）整式及其运算

（2）整式的因式与因式分解

2. 分式及其运算

3. 函数

（1）集合

（2）一元二次函数及其图像

（3）指数函数、对数函数

4. 代数方程

（1）一元一次方程

（2）一元二次方程

（3）二元一次方程组

5. 不等式

（1）不等式的性质

（2）均值不等式

（3）不等式求解

一元一次不等式（组），一元二次不等式，简单绝对值不等式，简单分式不等式。

6. 数列、等差数列、等比数列

（三）几何

1. 平面图形

（1）三角形

（2）四边形（矩形，平行四边形，梯形）

（3）圆与扇形

2. 空间几何体

（1）长方体

（2）柱体

（3）球体

3. 平面解析几何

（1）平面直角坐标系

（2）直线方程与圆的方程

（3）两点间距离公式与点到直线的距离公式

（四）数据分析

1．计数原理

（1）加法原理、乘法原理

（2）排列与排列数

（3）组合与组合数

2．数据描述

（1）平均值

（2）方差与标准差

（3）数据的图表表示（直方图，饼图，数表）

3．概率

（1）事件及其简单运算

（2）加法公式

（3）乘法公式

（4）古典概型

（5）伯努利概型

二、逻辑推理

综合能力考试中的逻辑推理部分主要考查考生对各种信息的理解、分析和综合，以及相应的判断、推理、论证等逻辑思维能力，不考查逻辑学的专业知识。试题题材涉及自然、社会和人文等各个领域，但不考查相关领域的专业知识。

试题涉及的内容主要包括：

(一)概念

1．概念的种类

2．概念之间的关系

3．定义

4．划分

（二）判断

1．判断的种类

2．判断之间的关系

（三）推理

1．演绎推理

2．归纳推理

3．类比推理

4．综合推理

（四）论证

1．论证方式分析

2．论证评价

（1）加强

（2）削弱

（3）解释

（4）其他

3. 谬误识别

（1）混淆概念

（2）转移论题

（3）自相矛盾

（4）模棱两可

（5）不当类比

（6）以偏概全

（7）其他谬误

三、写作

综合能力考试中的写作部分主要考查考生的分析论证能力和文字表达能力，通过论证有效性分析和论说文两种形式来测试。

1. 论证有效性分析

论证有效性分析试题的题干为一段有缺陷的论证，要求考生分析其中存在的问题，选择若干要点，评论该论证的有效性。

本类试题的分析要点是：论证中的概念是否明确，判断是否准确，推理是否严密，论证是否充分等。

文章要求分析得当，理由充分，结构严谨，语言得体。

2. 论说文

论说文的考试形式有两种：命题作文、基于文字材料的自由命题作文。每次考试为其中一种形式。要求考生在准确、全面地理解题意的基础上，对命题或材料所给观点进行分析，表明自己的观点并加以论证。

文章要求思想健康，观点明确，论据充足，论证严密，结构合理，语言流畅。

396 经济类联考综合能力考试大纲

Ⅰ．考查目标

经济类联考综合能力是为了招收金融硕士、应用统计硕士、税务硕士、国际商务硕士、保险硕士及资产评估硕士而设置的具有选拔性质的联考科目。其目的是科学、公平、有效地测试考生是否具备攻读上述专业学位所必需的基本素质、一般能力和培养潜能。要求考生：

1. 具有运用数学基础知识、基本方法分析和解决问题的能力。
2. 具有较强的逻辑分析和推理论证能力。
3. 具有较强的文字材料理解能力和书面表达能力。

Ⅱ．考试形式和试卷结构

一、试卷满分及考试时间

试卷满分为 150 分，考试时间为 180 分钟。

二、答题方式

答题方式为闭卷、笔试。不允许使用计算器。

三、试卷包含内容

1. 数学基础（70 分）
2. 逻辑推理（40 分）
3. 写作（40 分）

Ⅲ．考查内容

一、数学基础

经济类联考综合能力考试中的数学基础部分主要考查考生经济分析中常用数学知识的基本方法和基本概念。

试题涉及的数学知识范围有：

1. 微积分部分

一元函数的微分、积分；多元函数的一阶偏导数；函数的单调性和极值。

2. 概率论部分

分布和分布函数的概念；常见分布；期望值和方差。

3. 线性代数部分

线性方程组；向量的线性相关和线性无关；矩阵的基本运算。

二、逻辑推理

综合能力考试中的逻辑推理部分主要考查考生对各种信息的理解、分析、综合和判断，并进行相应的推理、论证、比较、评价等逻辑思维能力。试题内容涉及自然、社会的各个领域，但不考查有关领域的专业知识，也不考查逻辑学的专业知识。

三、写作

综合能力考试中的写作部分主要考查考生的分析论证能力和文字表达能力，通过论证有效性分析和论说文两种形式来测试。

1. 论证有效性分析

论证有效性分析试题的题干为一段有缺陷的论证，要求考生分析其中存在的缺陷与漏洞，选择若干要点，围绕论证中的缺陷或漏洞，分析和评述论证的有效性。

论证有效性分析的一般要点是：概念特别是核心概念的界定和使用是否准确并前后一致，有无明显的逻辑错误，论证的论据是否支持结论，论据成立的条件是否充分等。

文章根据分析评论的内容、论证程度、文章结构及语言表达给分。要求内容合理、论证有力、结构严谨、条理清楚、语言流畅。

2. 论说文

论说文的考试形式有两种：命题作文、基于文字材料的自由命题作文。每次考试为其中一种形式。要求考生在准确、全面地理解题意的基础上，对题目所给观点或命题进行分析，表明自己的态度、观点并加以论证。文章要求思想健康、观点明确、材料充实、结构严谨完整、条理清楚、语言流畅。

> **396 联考与 199 联考的区别**
>
> 396 经济类联考综合能力适用于金融硕士、应用统计硕士、税务硕士、国际商务硕士、保险硕士及资产评估硕士等经济类专业硕士；199 管理类联考综合能力适用于 MBA、MPA、MPAcc 等管理类专业硕士。
>
> 两者考试范围均为数学、逻辑、写作。但是，396 经济类联考综合能力中的数学为高等数学、线性代数、概率论等大学期间所学的数学知识；199 管理类联考综合能力中的数学为算术、代数、几何、数据分析等高中及以前所学的数学知识。两者的逻辑、写作部分考纲基本相同。
>
> 396 经济类联考综合能力试卷满分为 150 分；199 管理类联考综合能力试卷满分为 200 分。两者考试时间均为 180 分钟。
>
> 396 经济类联考综合能力分值分布为：数学基础 70 分、逻辑推理 40 分、写作 40 分；199 管理类联考综合能力分值分布为：数学基础 75 分（有两种题型：问题求解 45 分；条件充分性判断 30 分）、逻辑推理 60 分、写作 65 分。

上部

基础篇

基础者,难之源也。

高分者,初筑于基础,大成于母题。

基础篇学习指导

1. 逻辑的基础知识

（1）形式逻辑

形式逻辑起源于亚里士多德的《工具论》一书。形式逻辑只研究思维的形式问题，与思维的具体内容无关。形式逻辑题要求根据题干中已知的信息推算出结论。结论的正确与否与常识无关，只与已知条件和运算法则有关。主要内容有概念、假言命题、联言与选言命题、性质命题、模态命题等部分。

传统的逻辑学习方法，需要学习诸如三段论、换质位推理等复杂的学术知识，还需要学习诸如"析取""强析取""蕴含""反蕴含"等难以理解的术语。而老吕逻辑学习法，由简单的符号、口诀和公式组成，简单、粗暴、有效，短期学习即可快速掌握。

（2）论证逻辑

论证逻辑，主要研究论证、因果和逻辑谬误。

论证逻辑与形式逻辑有着显著的区别。形式逻辑只研究思维"形式"的正确性，只要"形式"正确，不管结论是否符合常识与真理，这个思维过程都是正确的。论证逻辑研究的是思维的"内容"，不仅要求思维过程是正确有效的，还要求论据、结论都是站得住脚的。

论证逻辑是考生备考的难点，入手容易，提分慢。其实，论证逻辑的大量题目都是由命题模型（母题）构成的，而每种命题模型都有固定的解题套路。掌握了母题，就能轻而易举地学好论证逻辑，这也是老吕论证逻辑的核心。

（3）综合推理

2011年之前的逻辑考试，基本上不考综合推理。2012年考了3道极其简单的综合推理，从2013年起，综合推理开始在真题中大量出现。但由于综合推理几乎没有基础知识，而是分为几种题型，因此，基础篇不再讲授这一部分内容，母题篇会给大家做详细的题型分类精讲。

2. 基础篇的使用指南

（1）逻辑的基础知识是非常少的，因此，本书的这部分内容也并不是很多，但这些内容却是学好逻辑的基础。请大家至少要学习2、3遍，直到扎实掌握为止。

（2）本部分例题多数选自历年真题中比较有代表性，且难度略小的题目。

第一部分 形式逻辑

本部分知识架构

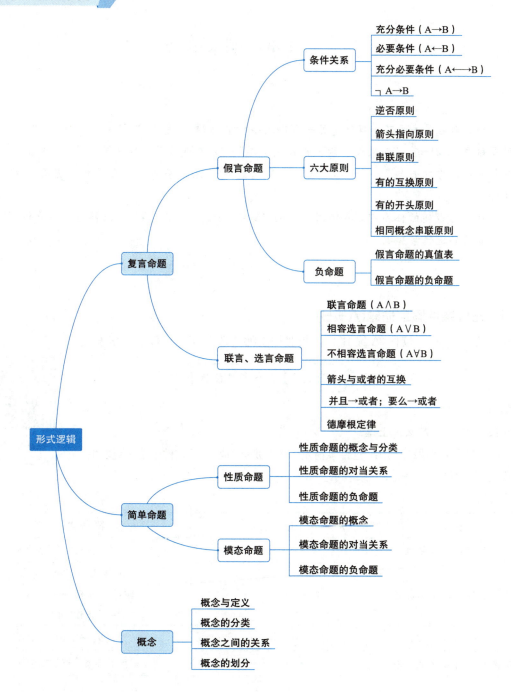

第1章　复言命题

第1节　假言命题

假言命题是表示某一事件是另一事件的条件的命题。其中"假"是指假设,"言"就是命题。例如:"如果天下雨,那么地上湿""只有我爱你,我才嫁给你""当且仅当你有钱,你才任性",等等。假言命题有三种:充分条件、必要条件、充分必要条件。

在老吕逻辑的体系中,我们用简单的"箭头"来解决假言推理、三段论、换质位推理等复杂的逻辑学知识。

1　充分条件假言命题(A→B)

充分条件 A→B,读作"A 推 B",是指假如事件 A 发生了,事件 B 一定发生。

【口诀1】充分条件前推后

扫码免费听
老吕讲解

例如:

如果天下雨,那么地上湿。

它的意思是:如果"天下雨"这件事情发生了,那么"地上湿"这件事情一定发生。我们用符号"下雨→地湿"来表示。

[例句]

例句	关联词	符号化
如果有钱,就任性	如果……就……	有钱→任性
只要不作死,就不会死	只要……就……	不作死→不死, 即:¬作死→¬死 "¬"读作"非"
一刮风,就下雨	一……就……	刮风→下雨
重要的事情必须说三遍	……必须……	重要的事情→说三遍

续表

例句	关联词	符号化
不是你死，就是我亡	……就……	￢你死→我亡
冬雨是女神	……是……	冬雨→女神
所有的女神都萌萌的	所有……都……	女神→萌萌的
你行你上	省略关键词	你行→你上

以上句子都可以改为"如果，那么"的句式：

如果有钱，那么任性。

如果不作死，那么不会死。

如果刮风，那么下雨。

如果是重要的事情，那么必须说三遍。

如果不是你死，那么就是我亡。

如果是冬雨，那么是女神。

如果是女神，那么萌萌的。

如果你行，那么你上。

考试时，若无法确定一个句子是否为充分条件，可试一下是否可替换成"如果，那么"句式，能写成此句式且仍不改变句子原意的，就是充分条件。

【注意】

(1)在形式逻辑中，我们判断一个命题的真假，只讨论思维形式是否正确，即是否符合逻辑推理的一般原理，但是不讨论该命题是否符合常识。

例如：

如果天下雨，那么太阳就从西边出来。

如果上述命题为真，那么只要"天下雨"为真，则必然能推出"太阳从西边出来"为真，而不管"太阳从西边出来"是否符合常识。

(2)假言命题只是代表一种假设，例如，如果"天下雨"，那么"地上会湿"。但到底天有没有下雨，并没有给出判断。在逻辑中，凡是题干没有给出判断的，或者从题干中经过推理后不能判断真假的，都是未知的，是"可能为真可能为假"的。

(3)"冬雨是女神""所有的女神都萌萌的"这两个判断并不是假言命题，而是性质命题，你会在第2章学习相关知识。但是，在很多题目中，类似这样的命题写成箭头的形式更有利于快速得分。

2 必要条件假言命题 (A←B)

必要条件 A←B，读作"B推A"。A是B的必要条件，说明A的发生对于B的发生是必要的，不可或缺的，如果没有A，则一定没有B。反之，如果B发生了，那么A一定发生了。

【口诀2】必要条件后推前

例如：

只有我爱你，我才会嫁给你。

它的意思是："我爱你"对于"我嫁给你"来说，是必要的，如果没有"我爱你"，则"我不会嫁给你"。反过来说，如果"我嫁给你了"，说明"我爱你"。

我们用符号"爱你←嫁你"来表示。

[例句]

例句	关联词	符号化
只有学了老吕逻辑，才会棒棒的	只有……才……	学老吕逻辑←棒棒的
好好学习是考上大学的前提	……是……的前提	好好学习←考上大学
爱情是婚姻的基础	……是……的基础	爱情←婚姻
空气对于人类的生存是不可或缺的	……对于……不可或缺	空气←生存
除非我爱你，我才会嫁给你	除非……才……	爱你←嫁你

以上句子都可以改为"只有，才"的句式：

只有好好学习，才能考上大学。

只有有爱情，才会有婚姻。

只有有空气，人类才能生存。

只有我爱你，我才会嫁给你。

考试时，若无法确定一个句子是否为必要条件，可试一下是否可替换成"只有，才"句式，能写成此句式且仍不改变句子原意的，就是必要条件。

3 充分必要条件假言命题 (A↔B)

充分必要条件 A↔B，读作"A 当且仅当 B"，是指事件 A 对于事件 B 来说既是充分的又是必要的。若事件 A 发生，则事件 B 一定发生；若事件 A 不发生，则事件 B 也不发生。反之，若事件 B 发生，则事件 A 一定发生；若事件 B 不发生，则事件 A 也不发生。可以将其理解为等价关系，读作"A 等价于 B"。

【口诀3】充要条件两头推

例如：

当且仅当天下雨时，地上才会湿。

它的意思是：天下雨，地上一定会湿，天不下雨，地上一定不会湿；反之，地上湿了，天一定下雨；地上不湿，天一定不下雨。即："天下雨"和"地上湿"是等价的。

我们用符号"下雨↔地湿"来表示。

[例句]

例句	关联词	符号化
当且仅当你买房，我才跟你结婚	当且仅当	买房↔结婚
你心里只有我是我爱你的唯一条件	……是……的唯一条件	你心里只有我↔我爱你

4 ¬A→B

"¬A→B"，读作"非A推B"，有三种表达方式："除非A，否则B""A，否则B""B，除非A"。

(1)除非A，否则B。

例如：

除非你买房，否则我不嫁你。

这句话的意思就是买房是我嫁给你的必要条件，你必须得买房，如果你不买房，我就不嫁给你。即：¬买房→不嫁。

> 【口诀4】除非否则去"除""否"，箭头直接向右划

例如：

除非有辣条，否则不是土豪。

根据口诀，"除"和"否"去掉，箭头右划，得：非有辣条→不是土豪，即：¬辣条→¬土豪。

(2)A，否则B。

例如：

你买房，否则我不嫁你。

这句话的意思与"除非你买房，否则我不嫁你"相同，还是在强调买房的必要性。你得买房，如果你不买房，我就不嫁给你。即：¬买房→不嫁。

> 【口诀5】加"非"去"否"，箭头右划

例如：

真心喜欢我，否则不要理我。

根据口诀，前加"非"，后去"否"，箭头右划，得：非真心喜欢我→不要理我，即：¬喜欢→¬理。

(3)B，除非A。

例如：

我不嫁你，除非你买房。

这句话的意思与"除非你买房，否则我不嫁你"相同，即：¬买房→不嫁。

【口诀6】"除"字去掉，箭头反划

例如：

冬天会很冷，除非有暖气。

根据口诀，"除"字去掉，箭头反划，得：冬天会很冷←非有暖气，即：¬暖气→冷。

> "¬A→B"公式：
> ①(除非A，否则B)=(¬A→B)。
> ②(A，否则B)=(¬A→B)。
> ③(B，除非A)=(¬A→B)。

一个例外：

若想人不知，除非己莫为。

这句话的意思是：如果你不想让别人知道，那么你不要去做，即：不想让别人知道→不要做。这句话不能用上述口诀。

典型例题

例1 请将以下命题符号化：

(1)爱我你就抱抱我。

(2)小王是个好孩子。

(3)要想考上大学，必须努力学习。

(4)只有猫，才会狗。

(5)除非不是猫，否则是狗。

(6)大力神杯不是实心的，否则运动员不能举过头顶。

(7)你会很冷，除非穿上羽绒服。

(8)当且仅当你是个优秀党员，才会发你五四奖章。

【解析】

(1)充分条件前推后：爱我→抱我。

(2)此题需要注意的是，题干这句话并不是假言命题，而是性质命题中的单称命题，但是，在很多题目中，把全称命题和单称命题(本书第2章会学习这两个概念)改写为箭头的形式，会极大地方便做题，因此，这道题可以写为：小王→好孩子。

(3)充分条件前推后：考上大学→努力学习。

(4)必要条件后推前：猫←狗。

(5)除非否则去"除""否"，箭头直接向右划，得：非不是猫→狗，即：猫→狗。

(6)前加"非"，后去"否"，箭头右划，故：大力神杯不是实心的，否则运动员不能举过头顶=¬大力神杯不是实心的→运动员不能举过头顶，即：实心→¬举过。

(7)"除"字去掉，箭头反划，故：冷，除非穿羽绒服=冷←不穿=¬穿→冷。

(8)充要条件两头推：优秀党员⟷五四奖章。

第2节 使用箭头的六大原则

1 逆否原则

充分条件和必要条件的逆否命题等价于原命题。即："A→B"等价于"¬A←¬B"；"A←B"等价于"¬A→¬B"。

其中，"逆"的意思是箭头指向相反，"否"的意思是"并非"，如"¬A"的意思是"并非A"。

【口诀7】逆否等于原命题

典型例题

例2 请写出下列命题的逆否命题：
(1)如果得了急性肠梗阻，就会腹痛。
(2)只有平时多做练习，才能取得好成绩。
(3)除非尊重别人，否则别人不会尊重自己。

【解析】
(1)符号化：肠梗阻→腹痛，等价于：¬肠梗阻←¬腹痛，等价于：¬腹痛→¬肠梗阻。

即：如果不腹痛，则没有得急性肠梗阻。

(2)符号化：练习←好成绩，等价于：¬练习→¬好成绩。

即：如果平时不多做练习，就不能取得好成绩。

(3)符号化：¬尊重别人→别人不会尊重自己，即，¬尊重别人→¬被别人尊重，等价于：尊重别人←被别人尊重。

即：只有尊重别人，别人才会尊重自己（自己才会被别人尊重）。

2 箭头指向原则

例如：

如果天下雨，那么地上湿。

符号化：下雨→地湿 = ¬地湿→¬下雨（逆否）。

可见：

①若"天下雨"这件事发生了，那么"地上湿"这件事必然发生。

观察上述公式可见：从"下雨"有一个箭头指向"地湿"。

②若"地没湿"，则必然"没下雨"。

观察上述公式可见：从"¬地湿"有一个箭头指向"¬下雨"。

③如果天没下雨，地上湿还是不湿？无论是原命题还是其逆否命题，都没有说明"天不下雨时，地上是不是湿的"，所以这种情况是未知的，即：地上可能湿，也可能不湿。

观察上述公式可见：从"¬下雨"到"地湿"或"¬地湿"之间均没有箭头指向。

④如果地上湿了，天有没有下雨？无论是原命题还是其逆否命题，都没有说明"地上湿了时，天有没有下雨"，所以这种情况也是未知的，即：天有可能下雨，也有可能没下雨。

观察上述公式可见：从"地湿"到"下雨"或"¬下雨"之间均没有箭头指向。

所以，若已知一个假言命题为真，判断另外一个假言命题的真假，只需要看原命题或其逆否命题中，有无箭头指向即可，有箭头指向则为真，没有箭头指向则可能为真也可能为假。

我们将其总结成如下口诀：

> 【口诀8】有箭头指向则为真，没有箭头指向则可真可假

【注意】

使用上述口诀的前提是：已知的假言命题为真，去判断另外一个假言命题的真假。若已知的假言命题为假，则不能用此口诀。

典型例题

例3 已知"如果下雨，那么打伞"为真，判断下面命题的真假：

(1)如果没打伞，那么没下雨。

(2)如果没下雨，那么打伞。

(3)如果没下雨，那么没打伞。

(4)如果没下雨，那么吃饭了。

(5)如果打伞，那么下雨了。

(6)如果打伞，那么没下雨。

【解析】题干：根据充分条件前推后，下雨→打伞 = ¬打伞→¬下雨。

(1)¬打伞→¬下雨，为原命题的逆否命题，为真。

(2)¬下雨→打伞，在题干中，"¬下雨"后面没有箭头指向"打伞"，故此命题可真可假。

(3)¬下雨→¬打伞，在题干中，"¬下雨"后面没有箭头指向"¬打伞"，故此命题可真可假。

(4)¬下雨→吃饭，在题干中，"¬下雨"后面没有箭头指向"吃饭"，故此命题可真可假。

(5)打伞→下雨，在题干中，"打伞"后面没有箭头指向"下雨"，故此命题可真可假。

(6)打伞→¬下雨，在题干中，"打伞"后面没有箭头指向"¬下雨"，故此命题可真可假。

例4 只有认识错误，才能改正错误。

以下各项都准确表达了上述断定的含义，除了：

A. 除非认识错误，否则不能改正错误。

B. 如果不认识错误，那么不能改正错误。

C. 如果改正错误，说明已经认识了错误。

D. 只要认识错误，就一定改正错误。

E. 不能改正错误，除非认识错误。

【解析】题干：根据必要条件后推前，认识←改正 = ¬认识→¬改正。

A项，去掉"除""否"，箭头右划，得：¬认识→¬改正，与原命题等价。

B项，充分条件前推后，得：¬认识→¬改正，与原命题等价。

C 项，充分条件前推后，得：改正→认识，与原命题等价。

D 项，充分条件前推后，得：认识→改正，与原命题不等价。

E 项，由(B，除非 A)=(¬A→B)，得：(不改正，除非认识)=(¬认识→¬改正)，与原命题等价。

【答案】D

例5 要重振女排的雄风，关键是要发扬拼搏精神。如果没有拼搏精神，战术技术的训练水平发挥得再好，也不可能在超级强手面前取得突破性的成功。

下列各选项除哪项外，都表达了上述议论的原意？

A. 只有发扬拼搏精神，才可能取得突破性的成功。

B. 除非发扬拼搏精神，否则不能取得突破性的成功。

C. 如果取得了突破性的成功，说明一定发扬了拼搏精神。

D. 不能设想取得了突破性的成功但没有发扬拼搏精神。

E. 只要发扬了拼搏精神，即使战术技术发挥得不好，也能取得突破性的成功。

【解析】充分必要条件。

题干：¬拼搏→¬成功＝成功→拼搏。

A 项，成功→拼搏，与原命题等价，为真。

B 项，¬拼搏→¬成功，与原命题等价，为真。

C 项，成功→拼搏，与原命题等价，为真。

D 项，¬(成功∧¬拼搏)=¬成功∨拼搏＝成功→拼搏，与原命题等价，为真。(此处涉及"或者变箭头"公式，即¬A∨B=A→B，你会在本章第 3 节学习相关知识)

E 项，拼搏→成功，在题干中，"拼搏"后面没有箭头指向"成功"，可真可假。

【答案】E

例6 甲、乙、丙三人讨论"不劳动者不得食"这一原则所包含的意义。

甲说："不劳动者不得食，意味着得食者可以不劳动。"

乙说："不劳动者不得食，意味着得食者必须是劳动者。"

丙说："不劳动者不得食，意味着劳动者一定得食。"

以下哪项结论是正确的？

A. 甲的意见正确，乙和丙的意见不正确。

B. 乙的意见正确，甲和丙的意见不正确。

C. 丙的意见正确，甲和乙的意见不正确。

D. 乙和丙的意见正确，甲的意见不正确。

E. 甲、乙、丙三人的意见都不正确。

【解析】题干："不劳动者不得食"的意思是"如果不劳动，那么不得食"。

符号化：¬劳动→¬得食＝得食→劳动，即：得食者必须劳动。

甲：得食者可以不劳动，与题干矛盾，故甲的意见不正确。

乙：得食者必须是劳动者，正确。

丙：劳动→得食，由箭头指向原则可知，题干没有从"劳动"指向"得食"的箭头，故劳动可能得食，也可能不得食，所以丙的意见不正确。

【答案】B

例7 只有较高艺术修养的学生，才能考上电影学院。

如果这个断定成立，则以下哪项一定为真？

A. 有较高艺术修养的学生，也可以考上其他大学。

B. 电影学院有时也招有较高艺术修养的成年人。

C. 王英没有较高的艺术修养，考上了电影学院。

D. 如果王英考上了电影学院，则她一定有较高的艺术修养。

E. 有较高艺术修养的学生，都能考上电影学院。

【解析】题干：根据必要条件后推前，修养高←考上电影学院＝┐修养高→┐考上电影学院。

A项，考上"其他大学"，题干没有提及，可真可假。

B项，电影学院有时也招"成年人"，题干没有提及，可真可假。

C项，题干的逆否命题为："修养不高，不能考上"，此项说修养不高也考上了，与题干矛盾，为假。

D项，考上电影学院→修养高，符合题干，为真。

E项，修养高→考上电影学院，无箭头指向，可真可假。

【答案】D

例8 一位医生对病人甲说："除非做手术，否则你的病好不了。"

从这句话中可以知道：

A. 医生给病人做了手术。

B. 病人的病被治好了。

C. 病人的病没被治好。

D. 医生认为，如果甲想治好自己的病，就必须准备做手术。

E. 医生认为，如果手术了，那么病会好。

【解析】题干：┐手术→┐好＝好→手术。

A、B、C项是现实情况，由题干无法得知，故可真可假。

D项，好→手术，符合题干，故为真。

E项，手术→好，在题干中，"手术"后面无箭头指向"好"，故可真可假。

【答案】D

例9 一段时期以来，网络上所谓政府官员的"神回复"接连出现，引发公众对官员"雷语"现象的关注。据媒体报道，某地方官员问专家"江豚好不好吃"，当得到"不好吃"的答复时，这位官员竟说："不好吃干吗要保护？"

以下各项都是该地方官员的话所隐含的意思，除了：

A. 只有江豚好吃，我们才保护它。

B. 如果江豚不好吃，我们就不保护它。

C. 对于动物保护工作来说，首先要考虑的是被保护动物是否好吃。

D. 动物是否需要保护，与它是否好吃无关。

E. 除非江豚好吃，否则就不保护。

【解析】官员：不好吃→不保护＝保护→好吃。

A项，必要条件后推前：好吃←保护，与官员的意思相同。

B项，充分条件前推后：不好吃→不保护，与官员的意思相同。

C项，保护与否，取决于好吃与否，与官员的意思相同。

D项，动物是否需要保护，与它是否好吃无关，与官员的意思不同。

E项，把"除""否"去掉，箭头向右划，即：不好吃→不保护，与官员的意思相同。

【答案】D

3 串联原则

如果在一个题目的题干中出现了多次推论，可以通过箭头将其连接起来再解题。串联之后仍可用逆否原则。

例如：

(1) 已知 A→B，B→C，故有 A→B→C。

(2) 已知 A→B，C→¬B，因为 C→¬B，等价于：B→¬C，故有 A→B→¬C。

(3) A→B→C，等价于：¬C→¬B→¬A。

(4) A→B→¬C，等价于：C→¬B→¬A。

再如：

如果锡剧团今晚来村里演出，则全村的人不会外出。只有村主任今晚去县里，才能拿到化肥供应计划。只有拿到化肥供应计划，村里庄稼的夏收才有保证。事实上，锡剧团今晚来村里演出了，能推出什么结论？

上述文字有以下论断：

① 演出→全村不外出，则有：全村不外出→村主任去县里。

② 村主任去县里←拿到计划，等价于：¬村主任去县里→¬拿到计划。

③ 拿到计划←夏收有保证，等价于：¬拿到计划→¬夏收有保证。

④ 事实上，演出了。

串联之，有：演出→全村不外出→村主任去县里→¬拿到计划→¬夏收有保证。

所以，锡剧团今晚来村里演出，则夏收没有保证。

典型例题

例10 如果你犯了法，你就会受到法律制裁；如果你受到法律制裁，别人就会看不起你；如果别人看不起你，你就无法受到尊重；而只有得到别人的尊重，你才能过得舒心。

从上述叙述中，可以推出下列哪一个结论？

A. 你不犯法，日子就会过得舒心。

B. 你犯了法，日子就不会过得舒心。

C. 你日子过得不舒心，证明你犯了法。

D. 你日子过得舒心，表明你看得起别人。

E. 如果别人看得起你，你日子就能过得舒心。

【解析】箭头的串联。

题干有以下判断：

①犯法→法律制裁。

②法律制裁→被人看不起。

③被人看不起→¬受到尊重。

④舒心→受到尊重＝¬受到尊重→¬舒心。

串联可得：犯法→法律制裁→被人看不起→¬受到尊重→¬舒心。

故有：犯法→¬舒心，即B项为真。

【答案】B

例11 一本小说要畅销，必须有可读性；一本小说，只有深刻触及社会的敏感点，才能有可读性；而一个作者如果不深入生活，他的作品就不可能深刻触及社会的敏感点。

以下哪项结论可以从题干的断定中推出？

Ⅰ．一个畅销小说作者，不可能不深入生活。

Ⅱ．一本不触及社会敏感点的小说，不可能畅销。

Ⅲ．一本不具有可读性的小说的作者，一定没有深入生活。

A. 只有Ⅰ。　　　　　　B. 只有Ⅱ。　　　　　　C. 只有Ⅰ和Ⅱ。

D. 只有Ⅰ和Ⅲ。　　　　E. Ⅰ、Ⅱ和Ⅲ。

【解析】题干存在以下论断：

①畅销→可读。

②敏感←可读。

③¬深入→¬敏感，等价于：敏感→深入。

串联可得：④畅销→可读→敏感→深入。

④逆否可得：⑤¬深入→¬敏感→¬可读→¬畅销。

Ⅰ项，畅销→深入，由④可知，为真。

Ⅱ项，¬敏感→¬畅销，由⑤可知，为真。

Ⅲ项，¬可读→¬深入，④和⑤均无此箭头指向，可能为真也可能为假。

【答案】C

例12 一个心理健康的人，必须保持自尊；一个人只有受到自己所尊敬的人的尊敬才能保持自尊；而一个用"追星"的方式来表达自己尊敬情感的人，不可能受到自己所尊敬的人的尊敬。

以下哪项结论可以从题干的断定中推出？

A. 一个心理健康的人，不可能用"追星"的方式来表达自己的尊敬情感。

B. 一个心理健康的人，不可能接受用"追星"的方式所表达的尊敬。

C. 一个人如果受到了自己所尊敬的人的尊敬，他（她）一定是个心理健康的人。

D. 没有一个保持自尊的人，会尊敬一个用"追星"的方式来表达尊敬情感的人。

E. 一个用"追星"的方式来表达自己尊敬情感的人，完全可以同时保持自尊。

【解析】题干存在以下论断：

①心理健康→自尊。

②受尊敬←自尊。

③追星→¬受尊敬，等价于：受尊敬→¬追星。

串联可得：心理健康→自尊→受尊敬→¬追星。

故有：心理健康→¬追星，即 A 项正确。

【答案】A

4 有的互换原则

"有的 A 是 B"的含义是"存在 A 是 B 这种情况"。它有以下四种情况：

(1) A、B 有交集，且 A 中有不属于 B 的部分，B 中有不属于 A 的部分，如图 1-1 所示：

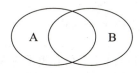

图 1-1

(2) A 是 B 的真子集，如图 1-2 所示：

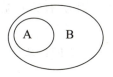

图 1-2

(3) B 是 A 的真子集，如图 1-3 所示：

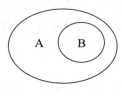

图 1-3

(4) A、B 相等，如图 1-4 所示：

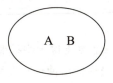

图 1-4

这四种情况中，无论出现哪一种，都存在 A 是 B 这种情况，也都存在 B 是 A 这种情况。因此，"有的 A 是 B"等价于"有的 B 是 A"，即 A 和 B 互换位置，老吕称之为有的互换原则。

"有的 A 是 B"＝"有的 B 是 A"

符号化为：

"有的 A→B"＝"有的 B→A"

例如：

有的明星是女神＝有的女神是明星。

【注意】

(1)有的互换原则，适用的是"有的 A 是 B"这种句式(特称命题)，如"有的党员是教授"＝"有的教授是党员"。类似下面的假言命题，则只能用逆否原则，不能用互换原则。

如果有的人考上了研究生，那么我就请大家吃饭。

形式化：有的人考上→请吃饭＝¬请吃饭→¬有的人考上。

(2)"有的 A 是 B"不能使用逆否原则，即：

"有的 A→B"≠"¬B→¬A"≠"有的¬B→¬A"。

【口诀9】有的互换不逆否

(3)"有的 A 不是 B"＝"有的 A 是非 B"。

符号化："有的 A→¬B"＝"有的¬B→A"。

(4)"有的 A 是 B"≠"有的 A 不是 B"，因为"有的 A 是 B"包含两种可能的情况：部分 A 是 B；所有 A 都是 B。

(5)"有的"是一个存在量词，"有的 A 是 B"的含义是"存在 A 是 B"，或者说，"至少有一个 A 是 B"。

例如：

有人考上清华。

我们可以确定至少有一个人考上了清华，但到底有几个人我们不清楚(数量不定，1 到全部都有可能)；是哪个人，是张三还是李四，我们也不清楚(是谁不定)。

5 有的开头原则

在用箭头进行推理的串联时，一个逻辑串只能有一个"有的"，并且"有的"也只能放在最开头。

【口诀10】一串一有的，有的放开头

例如：

教授都是党员，有的党员是留美博士，留美博士都很有学问。

符号化：①教授→党员；②有的党员→留美博士；③留美博士→有学问。

以上判断中，②、③可以串联成：有的党员→留美博士→有学问。

但是，①、②不能串联成：教授→有的党员→留美博士，根据"有的开头原则"，"有的"不能放在中间。

典型例题

例13 所有参加运动会的选手都是身体强壮的运动员，所有身体强壮的运动员都是极少生病的，但有一些身体不适的运动员参加了运动会。

以下哪项不能从上述前提中得出？

A. 有些身体不适的选手是极少生病的。

B. 有些极少生病的选手感到身体不适。

C. 极少生病的选手都参加了运动会。

D. 参加此项运动会的选手极少生病。

E. 有些身体强壮的运动员感到身体不适。

【解析】题干中有以下论断：

①参加运动会→强壮。

②强壮→少生病。

③有的身体不适的→参加运动会。

③、①、②串联可得：④有的身体不适的→参加运动会→强壮→少生病。

A项，有的身体不适的→少生病，由④可知，为真。

B项，由④可知，有的身体不适的→少生病，等价于：有的少生病→身体不适，故此项为真。

C项，少生病→参加运动会，由④可知，可真可假。

D项，参加运动会→少生病，由④可知，为真。

E项，由④可知，有的身体不适的→强壮，等价于：有的强壮→身体不适，故此项为真。

【注意】

本题还可以用欧拉图法，感兴趣的同学可以在学完本书第2章第3节《概念》后，再来看这种解法。但因为这种解法比串联法更复杂，故本书除本题外，不再介绍这种方法。

根据概念之间的关系，依据"先画所有，再画有的"的原则，先画①和②，再画③，得欧拉图，如图1-5所示：

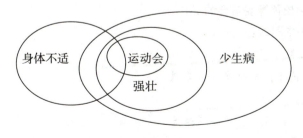

图1-5

根据图示可知：A、B、D、E项均为真；C项可真可假。

【答案】C

例 14　在某住宅小区的居民中，大多数中老年教员都办理了人寿保险，所有买了四居室以上住房的居民都办理了财产保险，而所有办理了人寿保险的都没办理财产保险。

如果上述断定为真，则以下哪项关于该小区居民的断定必定为真？

Ⅰ．有的中老年教员买了四居室以上的住房。

Ⅱ．有的中老年教员没办理财产保险。

Ⅲ．买了四居室以上住房的居民都没办理人寿保险。

A. Ⅰ、Ⅱ和Ⅲ。　　　　B. 仅Ⅰ和Ⅱ。　　　　C. 仅Ⅱ和Ⅲ。

D. 仅Ⅰ和Ⅲ。　　　　E. 仅Ⅱ。

【解析】题干存在如下判断：

①有的中老年→人寿。

②四居→财产，等价于：¬财产→¬四居。

③人寿→¬财产。

①、③、②串联可得：有的中老年→人寿→¬财产→¬四居。

逆否可得：四居→财产→¬人寿（注意：带"有的"的项不能逆否）。

Ⅰ项，有的中老年→四居，无箭头指向，可真可假。

Ⅱ项，有的中老年→¬财产，有箭头指向，为真。

Ⅲ项，四居→¬人寿＝人寿→¬四居，有箭头指向，为真。

【答案】C

例 15　学校的教授们中有一些是足球迷。学校的预算委员会的成员们一致要把学校的足球场改建为一个科贸写字楼，以改善学校收入状况。所有的足球迷都反对将学校的足球场改建成科贸写字楼。

如果以上各句陈述均为真，则下列哪项也必为真？

A. 学校所有的教授都是学校预算委员会的成员。

B. 学校有的教授不是学校预算委员会的成员。

C. 学校预算委员会有的成员是足球迷。

D. 并不是所有的学校预算委员会的成员都是学校的教授。

E. 有的足球迷是学校预算委员会的成员。

【解析】题干存在如下判断：

①有的教授→足球迷。

②委员→改建，等价于：¬改建→¬委员。

③足球迷→¬改建。

①、③、②串联可得：有的教授→足球迷→¬改建→¬委员。

逆否可得：委员→改建→¬足球迷（注意：带"有的"的项不能逆否）。

根据箭头指向原则，可知：B项，有的教授→¬委员，为真。

【答案】B

例 16　所有安徽来京打工人员都办理了居住证。所有办理了居住证的人员都获得了就业许可证。有些安徽来京打工人员当上了门卫。有些业余武术学校的学员也当上了门卫。所有的业余武术学校的学员都未获得就业许可证。

如果上述断定都为真,则以下哪项不可能为真?

A. 所有安徽来京打工人员都获得了就业许可证。

B. 没有一个业余武术学校的学员办理了居住证。

C. 有些安徽来京打工人员是业余武术学校的学员。

D. 有些门卫没有就业许可证。

E. 有些门卫有就业许可证。

【解析】题干存在如下判断:

①打工→居住证,逆否可得:┐居住证→┐打工。

②居住证→就业,逆否可得:┐就业→┐居住证。

③有的打工→门卫,互换可得:有的门卫→打工。

④有的武校学员→门卫,互换可得:有的门卫→武校学员。

⑤武校学员→┐就业,逆否可得:就业→┐武校学员。

③、①、②、⑤串联可得:⑥有的门卫→打工→居住证→就业→┐武校学员。

④、⑤、②、①串联可得:⑦有的门卫→武校学员→┐就业→┐居住证→┐打工。

A项,打工→就业,由⑥知有箭头指向,必为真。

B项,武校学员→┐居住证,由⑦知有箭头指向,必为真。

C项,由⑥知:打工→┐武校学员,故此项必为假。

D项,有的门卫→┐就业,由⑦知有箭头指向,必为真。

E项,有的门卫→就业,由⑥知有箭头指向,必为真。

【答案】C

6 相同概念串联原则

进行推理的串联时,位于中间的概念必须是同一个概念,不能偷换概念,否则就不能串联。

例如:

中国人是勤劳勇敢的;

小王是中国人;

所以,小王也是勤劳勇敢的。

如果我们使用箭头的串联,可得:中国人→勤劳勇敢,小王→中国人,小王→中国人→勤劳勇敢,即得:小王也是勤劳勇敢的。

但是此推理是错的,原因是两个"中国人"不是同一个概念,不能串联。"中国人是勤劳勇敢的",此"中国人"是集合概念,指的是中华民族,是说中华民族这个民族具有勤劳勇敢的品质,并不是指每一个中国人都具备勤劳勇敢的品质。"小王是中国人",此处的"中国人"是类概念,指的是具有中国国籍的人。所以,在此例中,两个"中国人"的概念是不一样的,故此推论犯了偷换概念的错误。(集合概念和类概念的定义见本书第2章第3节)

典型例题

例17 鲁迅的著作不是一天能读完的。《阿Q正传》是鲁迅的著作，因此，《阿Q正传》不是一天能读完的。

下列哪项最为恰当地指出了上述推理的逻辑错误？

A. 张冠李戴。 B. 循环论证。 C. 以偏概全。
D. 偷换概念。 E. 自相矛盾。

【解析】此题表面上看可以进行串联，但违反了相同概念串联原则。

第一个判断中，"鲁迅的著作"是集合概念，第二个判断中，"鲁迅的著作"是类概念，犯了偷换概念的逻辑错误。

【答案】D

第3节 联言、选言命题

1 联言命题(A∧B)

1.1 联言命题的定义

联言命题A∧B，读作"A并且B"，它是指事件A和事件B同时发生。

例如：

冬雨又甜美又可爱。

它的含义是：冬雨是甜美的，并且是可爱的。

我们用符号"甜美∧可爱"来表示。

扫码免费听
老吕讲解

[例句]

例句	关联词	符号化
她对他既爱又恨	既……又……	爱∧恨
我想低调，但是实力不允许	……，但是……	想低调∧实力不允许
高端大气上档次	并列关系，省略了关键词	高端∧大气∧上档次
康哥很有才华，却没有头发	……，却……	有才华∧没有头发
我和我的小伙伴都惊呆了	……和……	我惊呆∧小伙伴惊呆

以上句子都可以改为"并且"的句式：

她爱他，并且恨他。

我想低调，并且实力不允许。

高端并且大气并且上档次。

康哥很有才华，并且没有头发。

我惊呆了，并且我的小伙伴也惊呆了。

【注意】

"却""但是"等转折词,在形式逻辑中的意思等于"并且";但在论证逻辑中,一般用于强调转折后的部分。

1.2 联言命题的真假

A 并且 B(A∧B)的意思是 A、B 都发生。

例如:

张三作案∧李四作案。

如果张三和李四都作案了,则上述命题为真;如果张三和李四有一个没作案,或者两人都没作案,则上述命题为假。

可见:

$$A \wedge B 为真 = A 真 \wedge B 真;$$
$$A \wedge B 为假 = (A 真 \wedge B 假)或者(A 假 \wedge B 真)或者(A 假 \wedge B 假)。$$

可画成真值表,如表 1-1 所示:

表 1-1

A	B	A∧B
真	真	真
真	假	假
假	真	假
假	假	假

上述真值表中,我们已知肢判断即"A"和"B"的真假,可以判断干判断"A∧B"的真假。

若已知干判断"A∧B",则有表 1-2:

表 1-2

已知 A∧B	A	B
真	真	真
假 三种可能:A 真 B 假、A 假 B 真、A 假 B 假,但无法判断到底发生了哪种可能	真假不定	真假不定

2 相容选言命题(A∨B)

2.1 相容选言命题的定义

相容选言命题 A∨B,读作"A 或者 B",它的意思是 事件 A 和事件 B 至少发生一个,也可能都发生。

例如:

或者是张三作案,或者是李四作案。

它的含义是:"张三作案"和"李四作案"这两个事件,至少发生一个,也可能两个都发生。

我们用符号"张三作案∨李四作案"来表示。

[例句]

例句	关联词	符号化
或者海水，或者火焰	或者……，或者……	海水∨火焰
李四考不上清华，或者王五考上北大	……或者……	┐李四清华∨王五北大
张三和李四至少有一个人会考上	至少	张三考上∨李四考上

以上句子都可以改为"或者"的句式：

海水或者火焰。

张三考上或者李四考上。

2.2 相容选言命题的真假

A 或者 B(A∨B)的意思是 A、B 至少发生一个，也可能都发生。

例如：

小王考上了∨小李考上了。

如果小王和小李都考上了，或者小王考上了小李没考上，或者小王没考上小李考上了，则上述命题均为真；如果小王和小李都没考上，则上述命题为假。

可见：

$$A∨B 为真 =(A 真 ∧B 假) 或者 (A 假 ∧B 真) 或者 (A 真 ∧B 真);$$
$$A∨B 为假 =(A 假 ∧B 假)。$$

可画成真值表，如表 1-3 所示：

表 1-3

A	B	A∨B
真	真	真
真	假	真
假	真	真
假	假	假

上述真值表中，我们已知肢判断即"A"和"B"的真假，可以判断干判断"A∨B"的真假。

若已知干判断"A∨B"，则有表 1-4：

表 1-4

已知 A∨B	A	B
真 三种可能：A 真 B 假、A 假 B 真、A 真 B 真，但无法判断到底发生了哪种可能	真假不定	真假不定
假	假	假

3 不相容选言命题（A∀B）

3.1 不相容选言命题的定义

不相容选言命题 A∀B，读作"A 要么 B"，它的含义是事件 A 和事件 B 发生且仅发生一个。

例如：

要么是张三作案，要么是李四作案。

它的含义是：张三和李四两个人中有一个人作案，另外一个人没作案。即分成两种可能情况：张三作案∧李四没作案；张三没作案∧李四作案。

我们用符号"张三作案∀李四作案"来表示。

[例句]

例句	关联词	符号化
要么是男人，要么是女人	要么……要么……	男人∀女人
他或者是唯心主义者，或者是唯物主义者，二者必居之其一	或者……或者……二者必居之其一	唯心∀唯物

【注意】

关联词："或者……或者……"是相容选言命题，"或者……或者……二者必居之其一"则是不相容选言命题。

3.2 不相容选言命题的真假

A 要么 B（A∀B）的含义是事件 A 和事件 B 发生且仅发生一个。故有两种可能情况：A 发生 B 不发生，B 发生 A 不发生。

所以，当 A、B 一个发生，另外一个不发生时，A∀B 为真；当 A、B 同时发生，或者 A、B 均不发生时，A∀B 为假。

可画成真值表，如表 1-5 所示：

表 1-5

A	B	A∀B
真	真	假
真	假	真
假	真	真
假	假	假

上述真值表中，我们已知肢判断即"A"和"B"的真假，可以判断干判断"A∀B"的真假。

若已知干判断"A∀B"，则有表 1-6：

表 1-6

已知 A∨B	A	B
真 两种可能：A 真 B 假、A 假 B 真，但无法判断到底发生了哪种可能	真假不定	真假不定
假 两种可能：A 和 B 都真、A 和 B 都假，但无法判断到底发生了哪种可能	真假不定	真假不定

4 箭头与或者的互换

4.1 或者变箭头（"∨"变"→"）

A 或者 B(A∨B)的意思是 A、B 至少发生一个，故若 A 不发生，必有 B 发生；若 B 不发生，必有 A 发生。

故：

$$(A \vee B) = (\neg A \rightarrow B) = (\neg B \rightarrow A)$$

例如：

已知这起谋杀案的凶手是张三，或者是李四。现又经调查得知凶手不是张三，可推知：凶手是李四。

符号化：（张三∨李四）＝（¬张三→李四）。

4.2 箭头变或者（"→"变"∨"）

矛盾的命题必有一真，必有一假，所以 A 和 ¬A 必有一真一假，故 A∨¬A 必然为真，所以，若有 A→B 为真，则必有 ¬A∨B 为真。

即：

¬A∨A；
A→B；
─────
所以，¬A∨B。

故有：

$$(A \rightarrow B) = (\neg A \vee B)$$

【口诀 11】箭头变或者，否前或肯后

例如：

（1）如果吃感冒药，就会犯困。

符号化：（吃感冒药→犯困）＝（¬吃感冒药∨犯困）。

（2）如果你是土豪，那么喝酸奶不舔盖。

符号化：（土豪→¬舔盖）＝（¬土豪∨¬舔盖）。

典型例题

例18 已知"小王考上清华，或者小李考上北大"为真。

以下说法必然为真的是：

A. 小王考上了清华。

B. 小李考上了北大。

C. 小王考上了清华，而且小李也考上了北大。

D. 小王没考上清华，小李没考上北大。

E. 如果小王没考上清华，则小李考上了北大。

【解析】题干：小王清华∨小李北大。

根据真值表可知："小王清华∨小李北大"为真，有三种可能的情况：小王清华∧¬小李北大，¬小王清华∧小李北大，小王清华∧小李北大。故A、B、C项均可能为真也可能为假；D项一定为假。

根据"或者变箭头"公式可得：（小王清华∨小李北大）＝（¬小王清华→小李北大），故E项为真。

【答案】E

例19 已知"隔壁老王已年满18岁"这个命题为真，则下述命题中不可能为假的是：

A. 隔壁老王已年满18岁，并且他是现役军人。

B. 或者隔壁老王已年满18岁，或者隔壁老王不是现役军人。

C. 如果隔壁老王已年满18岁，则隔壁老王就是现役军人。

D. 只有隔壁老王没有年满18岁，隔壁老王才是现役军人。

E. 如果隔壁老王年满18岁，则隔壁老王不是现役军人。

【解析】题干："隔壁老王已年满18岁"为真。

A项，"满18∧现役军人"为真的条件是两者同时为真，已知"满18"为真，"现役军人"真假不定，故此选项可真可假。

B项，"满18∨¬现役军人"为真的条件是两者至少有一个为真，已知"满18"为真，故此选项必然为真。

C项，（满18→现役军人）＝（¬满18∨现役军人），"¬满18"为假，"现役军人"真假不定，故此选项可真可假。

D项，（¬满18←现役军人）＝（¬满18∨¬现役军人），"¬满18"为假，"现役军人"真假不定，故此选项可真可假。

E项，（满18→¬现役军人）＝（¬满18∨¬现役军人），"¬满18"为假，"现役军人"真假不定，故此选项可真可假。

【答案】B

5 并且→或者；要么→或者

根据真值表可知，若并且为真，则或者一定为真。并且与或者的关系是"并且→或者"，逆否可得：¬并且←¬或者。

例如：

假如"老吕很高∧很帅∧很富"为真，则"老吕很高∨很帅∨很富"必为真。

假如"如花很白∨很富∨很美"为假，则"如花很白∧很富∧很美"必为假。

同理，根据真值表可知，若要么为真，则或者一定为真。要么与或者的关系是"要么→或者"，逆否可得：¬要么←¬或者。

> 🔍【口诀 12】并且推或者，要么推或者

【注意】

"并且→或者""要么→或者"符合箭头指向原则：

A∧B 为真，则 A∨B 为真；A∀B 为真，则 A∨B 为真；

A∨B 为真，则 A∧B 真假不定；A∨B 为真，则 A∀B 真假不定。

6 德摩根定律

根据联言、选言命题的真值表可以得到德摩根定律：

(1) ¬（A∧B）=¬A∨¬B。

例如：

并非小王考上了并且小李考上了。

等价于：小王没考上或者小李没考上。

符号化：¬（小王∧小李）=¬小王∨¬小李。

(2) ¬（A∨B）=¬A∧¬B。

例如：

并非小王考上了或者小李考上了。

等价于：小王没考上并且小李没考上。

符号化：¬（小王∨小李）=¬小王∧¬小李。

(3) ¬（A∀B）=（¬A∧¬B）∀（A∧B）。

例如：

并非要么小王考上了要么小李考上了。

等价于：小王没考上并且小李没考上，要么，小王考上了并且小李考上了。

符号化：¬（小王∀小李）=（¬小王∧¬小李）∀（小王∧小李）。

注意，此处也可写成：¬（小王∀小李）=（¬小王∧¬小李）∨（小王∧小李），请你思考为什么。

典型例题

例 20 已知"小王考上了北大，或者小李没考上清华"为假，判断下列命题的真假：

(1)小王考上了北大。
(2)小王没考上北大。
(3)小李考上了清华。
(4)小李没考上清华。
(5)如果小李考上了清华,那么小王考上了北大。
(6)如果小李没考上清华,那么小王考上了北大。

【解析】题干:"小王北大∨¬小李清华"为假,故¬(小王北大∨¬小李清华)为真。

¬(小王北大∨¬小李清华)=(¬小王北大∧小李清华),故小王没考上北大,小李考上了清华。

故(2)、(3)为真,(1)、(4)为假。

(5)(小李清华→小王北大)=(¬小李清华∨小王北大),与"¬小王北大∧小李清华"矛盾,故此命题为假。

(6)(¬小李清华→小王北大)=(小李清华∨小王北大),已知"小李考上了清华"为真,故此命题为真。

例21 并非雅典奥运会既成功又节俭。

如果上述判断为真,那么以下哪项必为真?

A. 雅典奥运会成功但不节俭。
B. 雅典奥运会节俭但不成功。
C. 雅典奥运会既不节俭也不成功。
D. 如果雅典奥运会不节俭,那么一定成功了。
E. 如果雅典奥运会成功了,那么一定不节俭。

【解析】¬(成功∧节俭)=(¬成功∨¬节俭)=(成功→¬节俭)=(节俭→¬成功)。

         德摩根   或者变箭头   逆否

故E项,"如果成功,那么不节俭"为真。

【答案】E

例22 总经理:根据本公司的实力,我主张环岛绿地和宏达小区这两个项目至少上马一个,但清河改造工程不能上马。

董事长:我不同意。

以下哪项最为准确地表达了董事长实际同意的意思?

A. 环岛绿地、宏达小区和清河改造这三个工程都上马。
B. 环岛绿地、宏达小区和清河改造这三个工程都不上马。
C. 环岛绿地、宏达小区这两个工程至多上马一个,但清河改造工程要上马。
D. 环岛绿地、宏达小区这两个工程至多上马一个,如果做不到这一点,那也要保证清河改造工程上马。
E. 环岛绿地、宏达小区这两个工程都不上马,如果做不到这一点,那也要保证清河改造工程上马。

【解析】总经理：(绿地∨宏达)∧¬清河。

董事长：并非[(绿地∨宏达)∧¬清河]＝¬(绿地∨宏达)∨清河＝(¬绿地∧¬宏达)∨清河＝(¬绿地∧¬宏达)→清河。

故有：如果不能做到环岛绿地和宏达小区这两个项目都不上马，那么清河改造工程上马，即E项为真。

【答案】E

例23 一桩投毒谋杀案，作案者要么是甲，要么是乙，二者必有其一；所用毒药或者是毒鼠强，或者是乐果，二者至少是其一。

如果上述断定为真，则以下哪项推断一定成立？

Ⅰ．该投毒案不是甲投毒鼠强所为，因此一定是乙投乐果所为。

Ⅱ．在该案侦破中发现甲投了毒鼠强，因此案中的毒药不可能是乐果。

Ⅲ．该投毒案的作案者不是甲，并且所投毒药不是毒鼠强，因此一定是乙投乐果所为。

A. 仅Ⅰ。　　　　　　B. 仅Ⅱ。　　　　　　C. 仅Ⅲ。

D. 仅Ⅰ和Ⅲ。　　　　E. Ⅰ、Ⅱ和Ⅲ。

【解析】题干有两个判断：

①甲∀乙，即甲和乙有一个人作案，另外一个人没作案。

②毒鼠强∨乐果，即两种毒药至少使用一种，也可能两种都使用。

Ⅰ项，¬(甲∧毒鼠强)＝¬甲∨¬毒鼠强＝乙∨乐果。"或者"不能推"并且"，故Ⅰ项"乙∧乐果"可真可假。

此项也可以用排列组合的思想来求解：人有2种可能(甲、乙)，药物有3种可能(乐果、毒鼠强、都用)，所以一共有2×3＝6(种)可能性，肯定任何1种可能，则可以排除另外5种可能；但只有否定5种可能，才能肯定另外1种可能。

Ⅱ项，由判断②知，该投毒案可能同时使用两种毒药，故Ⅱ项"不可能是乐果"为假。

Ⅲ项，

$$¬甲→乙;$$
$$¬毒鼠强→乐果;$$
$$¬甲∧¬毒鼠强;$$

所以，乙∧乐果。

故Ⅲ项为真。

【答案】C

例24 已知：

第一，《神鞭》的首次翻译出版用的或者是英语，或者是日语，二者必居其一。

第二，《神鞭》的首次翻译出版或者在旧金山，或者在东京，二者必居其一。

第三，《神鞭》的译者或者是林浩如，或者是胡乃初，二者必居其一。

如果上述断定都为真，则以下哪项也一定为真？

Ⅰ.《神鞭》不是林浩如用英语在旧金山首次翻译出版的,因此,《神鞭》是胡乃初用日语在东京首次翻译出版的。

Ⅱ.《神鞭》是林浩如用英语在东京首次翻译出版的,因此,《神鞭》不是胡乃初用日语在东京首次翻译出版的。

Ⅲ.《神鞭》的首次翻译出版是在东京,但不是林浩如用英语翻译出版的,因此一定是胡乃初用日语翻译出版的。

A. 仅Ⅰ。　　　　　　　B. 仅Ⅱ。　　　　　　　C. 仅Ⅲ。
D. 仅Ⅱ和Ⅲ。　　　　　E. Ⅰ、Ⅱ和Ⅲ。

【解析】题干有三个判断:

①英语∀日语,即英语和日语一真一假。

②旧金山∀东京,即旧金山和东京一真一假。

③林∀胡,即林和胡一真一假。

方法一:逻辑方法。

Ⅰ项,¬(林∧英语∧旧金山)=¬林∨¬英语∨¬旧金山=胡∨日语∨东京,"或者"不能推"并且",故"胡∧日语∧东京"可真可假。

Ⅱ项的前提:林∧英语∧东京=¬胡∧¬日语∧¬旧金山,Ⅱ项的结论:¬(胡∧日语∧东京)=¬胡∨¬日语∨¬东京,"并且"可以推"或者",故此项前提可以推结论,Ⅱ项为真。

Ⅲ项,¬(林∧英语)=¬林∨¬英语=胡∨日语,"或者"不能推"并且",故"胡∧日语"可真可假。

方法二:排列组合。

人有2种可能(林、胡),地点有2种可能(旧金山、东京),文字有2种可能(英语、日语),根据乘法原理,有2×2×2=8(种)可能。肯定其中1种可能,则能否定其他7种可能;但是否定7种可能,才能肯定另外1种可能。

Ⅰ项,否定1种可能,还有7种可能,故此项的结论可真可假。

Ⅱ项,肯定1种可能,可以否定其他所有可能,故此项的结论为真。

Ⅲ项,地点是在东京,人和文字还有4种可能,否定1种,还有另外3种可能,故此项的结论可真可假。

【答案】B

第4节　假言命题真值表及其负命题

1 假言命题的真值表

根据"→"变"∨"公式,我们可以得知:

充分条件:$(A→B)=(¬A∨B)$。

必要条件:$(A←B)=(A∨¬B)$。

充分必要条件:$A↔B=(A∧B)∨(¬A∧¬B)$。

再根据相容选言命题(∨)的真值表,可以得到假言命题的真值表,如表 1-7 所示:

表 1-7

A	B	A→B (¬A∨B)	A←B (A∨¬B)	A←→B (A∧B)∀(¬A∧¬B)
真	真	真	真	真
真	假	假	真	假
假	真	真	假	假
假	假	真	真	真

② 假言命题的负命题

根据假言命题的真值表,我们可以发现:

若 A→B 为假,则必有"A 真并且 B 假"为真。

若 A←B 为假,则必有"A 假并且 B 真"为真。

即:

$$¬(A→B) = A∧¬B$$
$$¬(A←B) = ¬A∧B$$

即"A→B"的负命题(矛盾命题)为"A∧¬B",二者必为一真一假。

即"A←B"的负命题(矛盾命题)为"¬A∧B",二者必为一真一假。

可见,假言命题"→"的负命题,都是肯定箭头前面的(术语称为"前件"),否定箭头后面的(术语称为"后件"),可得口诀如下:

> 【口诀 13】箭头的负命题为:肯前且否后

此外,对于充分必要条件有:

$$¬(A←→B) = (A∧¬B)∀(¬A∧B)$$

例 25 已知"如果下雨,那么打伞"为假,判断下面命题的真假:

(1)如果没打伞,那么没下雨。

(2)如果没下雨,那么打伞。

(3)如果没下雨,那么没打伞。

(4)如果没下雨,那么吃饭了。

(5)如果打伞,那么下雨了。

(6)如果打伞,那么没下雨。

(7)打伞了。

(8)下雨了。

(9)没打伞。

(10) 没下雨。

【解析】题干：下雨→打伞＝¬下雨←¬打伞，原命题为假，故其逆否命题必为假。

"下雨→打伞"为假，则其负命题"下雨∧¬打伞"为真，故有"下雨"为真，"¬打伞"为真。

(1) ¬打伞→¬下雨，为原命题的逆否命题，为假。

(2) ¬下雨→打伞，等价于：下雨∨打伞，因"下雨"为真，故此命题为真。

(3) ¬下雨→¬打伞，等价于：下雨∨¬打伞，因"下雨∧¬打伞"为真，故此命题为真。

(4) ¬下雨→吃饭，等价于：下雨∨吃饭，因"下雨"为真，故此命题为真。

(5) 打伞→下雨，等价于：¬打伞∨下雨，因"下雨∧¬打伞"为真，故此命题为真。

(6) 打伞→¬下雨，等价于：¬打伞∨¬下雨，因"¬打伞"为真，故此命题为真。

(7) 因"¬打伞"为真，故"打伞"为假。

(8) "下雨"为真。

(9) "¬打伞"为真。

(10) 因"下雨"为真，故"¬下雨"为假。

例26 王颖："感情是婚姻的基础。"

李剑："我不同意。"

李剑的意思是：

A. 结婚了，但没有感情。

B. 没结婚，也没有感情。

C. 没结婚，但有感情。

D. 如果有感情，就应该结婚。

E. 李剑不结婚。

【解析】王颖：感情是婚姻的基础＝只有有感情，才会有婚姻。符号化：婚姻→感情。

李剑：¬（婚姻→感情）＝婚姻∧¬感情。所以李剑的意思是结婚了，但没有感情。

【答案】A

例27 筱桐："如果我喝酸奶，我就不舔盖。"

秀美："我恰恰相反。"

秀美的意思是：

A. 我不喝酸奶，就不舔盖。

B. 我喝了酸奶并且舔盖。

C. 如果我喝酸奶，那么我舔盖。

D. 因为我喝酸奶，所以我舔盖。

E. 秀美不喝酸奶。

【解析】筱桐：喝酸奶→¬舔盖。

秀美：¬（喝酸奶→¬舔盖）＝喝酸奶∧舔盖。

注意，"A→B"的矛盾命题为"A∧¬B"，而不是"A→¬B"，故C项错误。

D项的关系是因果关系，而不是假言关系，二者并不相同。因果关系将在本书的第二部分论证逻辑部分讲解。

【答案】B

例28 小张承诺：如果天不下雨，我一定去听音乐会。

以下哪项如果为真，说明小张没有兑现承诺？

Ⅰ．天没下雨，小张没去听音乐会。

Ⅱ．天下雨，小张去听了音乐会。

Ⅲ．天下雨，小张没去听音乐会。

A. 仅Ⅰ。　　　　　　　B. 仅Ⅱ。　　　　　　　C. 仅Ⅲ。

D. 仅Ⅰ和Ⅱ。　　　　　E. Ⅰ、Ⅱ和Ⅲ。

【解析】假言命题的负命题。

题干：¬下雨→听音乐会。

没有兑现承诺，即：¬（¬下雨→听音乐会）=（¬下雨∧¬听音乐会），即Ⅰ项。

【答案】A

例29 正是因为有了充足的奶制品作为食物来源，生活在呼伦贝尔大草原的牧民才能摄入足够的钙质。很明显，这种足够的钙质，对于呼伦贝尔大草原的牧民拥有健壮的体魄是必不可少的。

以下哪种情况如果存在，最能削弱以上的断定？

A. 有的呼伦贝尔大草原的牧民从食物中能摄入足够的钙质，且有健壮的体魄。

B. 有的呼伦贝尔大草原的牧民不具有健壮的体魄，但从食物中摄入的钙质并不缺少。

C. 有的呼伦贝尔大草原的牧民不具有健壮的体魄，他们从食物中不能摄入足够的钙质。

D. 有的呼伦贝尔大草原的牧民有健壮的体魄，但没有充足的奶制品作为食物来源。

E. 有的呼伦贝尔大草原的牧民没有健壮的体魄，但有充足的奶制品作为食物来源。

【解析】假言命题的负命题。

题干：钙质是健壮的体魄的必要条件，即：健壮的体魄→钙质。

其矛盾命题为：健壮的体魄∧¬钙质，故D项最能削弱题干。

【答案】D

微模考 1 ▶ 复言命题

(基础篇)

(共 30 题，每题 2 分，限时 60 分钟)

1. 孔子说："己所不欲，勿施于人。"
   下面哪一个选项不是上面这句话的逻辑推论？
   A. 只有己所欲，才能施于人。　　B. 若己所欲，则施于人。
   C. 除非己所欲，否则不施于人。　　D. 凡施于人的都应该是己所欲的。
   E. 不施于人，除非己所欲。

2. 有人说："只有肯花大价钱的足球俱乐部才进得了中超足球联赛。"
   如果以上命题是真的，则可能出现的情况是：
   Ⅰ. 某足球俱乐部花了大价钱，没有进中超。
   Ⅱ. 某足球俱乐部没有花大价钱，进了中超。
   Ⅲ. 某足球俱乐部没有花大价钱，没有进中超。
   Ⅳ. 某足球俱乐部花了大价钱，进了中超。
   A. 仅Ⅳ。　　B. 仅Ⅱ、Ⅲ。
   C. 仅Ⅲ、Ⅳ。　　D. 仅Ⅰ、Ⅲ、Ⅳ。
   E. Ⅰ、Ⅱ、Ⅲ、Ⅳ。

3. 在中国，只有富士山连锁店经营日式快餐。
   如果上述断定为真，则以下哪项不可能为真？
   Ⅰ. 苏州的富士山连锁店不经营日式快餐。
   Ⅱ. 杭州的樱花连锁店经营日式快餐。
   Ⅲ. 温州的富士山连锁店经营韩式快餐。
   A. 只有Ⅰ。　　B. 只有Ⅱ。
   C. 只有Ⅲ。　　D. 只有Ⅰ和Ⅱ。
   E. Ⅰ、Ⅱ和Ⅲ。

4. 鱼和熊掌不可兼得。
   以下哪项断定符合题干的断定？
   Ⅰ. 鱼和熊掌皆不可得。
   Ⅱ. 鱼不可得或熊掌不可得。
   Ⅲ. 如果鱼可得，则熊掌不可得。
   A. 只有Ⅰ。　　B. 只有Ⅱ。
   C. 只有Ⅲ。　　D. Ⅱ和Ⅲ。
   E. Ⅰ、Ⅱ和Ⅲ。

5. 某个体户严重违反了经营条例，执法人员向他宣称："要么罚款，要么停业，二者必居其一。"
   他说："我不同意。"
   如果他坚持自己意见的话，以下哪项断定是他在逻辑上必须同意的？
   A. 罚款但不停业。　　　　　　　　　　B. 停业但不罚款。
   C. 既不罚款又不停业。　　　　　　　　D. 既罚款又停业。
   E. 如果既不罚款又不停业办不到的话，就必须接受既罚款又停业。

6. 世界乒乓球锦标赛男子团体赛的决赛前，S国的教练在排兵布阵，他的想法是：如果4号队员的竞技状态好，并且伤势已经痊愈，那么让4号队员出场；只有4号队员不能出场时，才派6号队员出场。
   如果决赛时6号队员出场，则以下哪项肯定为真？
   A. 4号队员伤势比较重。
   B. 4号队员的竞技状态不好。
   C. 6号队员没有受伤。
   D. 如果4号队员伤势痊愈，那么他的竞技状态不好。
   E. 4号队员出场。

7. 总经理：我主张小王和小李两人中最多提拔一人。
   董事长：我不同意。
   以下哪项最为准确地表述了董事长实际的意思？
   A. 小王和小李两人都得提拔。
   B. 小王和小李两人都不提拔。
   C. 小王和小李两人中至多提拔一人。
   D. 如果提拔小王，那么不提拔小李。
   E. 如果提拔小李，那么不提拔小王。

8. 张竞说："只有正式代表才可以发言。"
   刘强说："不对吧！李贵也是正式代表，但他并没有发言。"
   刘强的回答是把张竞的话错误地理解为以下哪项？
   A. 所有发言的人都是正式代表。　　　　B. 李贵要发言。
   C. 所有正式代表都发言了。　　　　　　D. 没有正式代表发言。
   E. 李贵不是正式代表。

9. 国际田径邀请赛在日本东京举行，方明、马亮和丹尼斯三人中至少有一人参加了男子100米比赛。而且：
   (1)如果方明参加男子100米，那么马亮也一定参加。
   (2)报名参加男子100米的人必须提前进行尿检，经邀请赛的专家审查通过后才能正式参赛。
   (3)丹尼斯是在赛前尿检工作结束后才赶来报名的。
   根据以上情况，以下哪项一定为真？
   A. 方明参加了男子100米比赛。
   B. 马亮参加了男子100米比赛。

C. 丹尼斯参加了男子 100 米比赛。

D. 方明和马亮都参加了男子 100 米比赛。

E. 丹尼斯和方明参加了男子 100 米比赛。

10. 某实验室一共有 A、B、C 三种类型的机器人，A 型能识别颜色，B 型能识别形状，C 型既不能识别颜色也不能识别形状。实验室用红球、蓝球、红方块和蓝方块对 1 号和 2 号机器人进行实验，命令它们拿起红球，但 1 号拿起了红方块，2 号拿起了蓝球。

    根据上述实验，以下哪项判断一定为真？

    A. 1 号和 2 号都是 C 型。

    B. 1 号和 2 号中有且只有一个是 C 型。

    C. 1 号是 A 型且 2 号是 B 型。

    D. 1 号不是 B 型且 2 号不是 A 型。

    E. 1 号可能不是 A、B、C 三种类型中的任何一种。

11. 从世界经济的发展历程来看，如果某国或某地区的经济保持着稳定的增长速度，大多数商品和服务的价格必然随之上涨，只要这种涨幅始终在一个较小的区间内，就不会对经济造成负面影响。

    由此可以推出，在一定时期内：

    A. 如果大多数商品价格上涨，说明该国经济正在稳定增长。

    B. 如果大多数商品价格涨幅过大，则对该国经济必然有负面影响。

    C. 如果大多数商品价格不上涨，说明该国经济没有保持稳定增长。

    D. 如果经济发展水平下降，则该国的大多数商品价格也会降低。

    E. 如果经济发展水平上升，则该国的大多数商品和服务的价格上涨过快。

12. 当前，有学者指出，物业税改革会增加房屋的持有成本，从而增加房产市场的供给，进而对房价产生一定的调控作用。目前，开征物业税是我国财税体制改革必不可少的环节。而在我国很多房屋的所有权和使用权是分离的，在当前房产税的征收过程中，有相当一部分是房屋使用人纳税，但从税收理论上讲，财产税必须向财产的产权人征收，所以必须首先进行房屋产权的明晰，这是物业税开征的必要条件。因此，学者建议说，开征物业税要循序渐进，并且要分步骤实施。

    如果上述学者的言论是正确的，则由此可以推出以下哪项？

    A. 如果我国财税体制改革不能进行，则说明在我国没有开征物业税。

    B. 如果房屋产权明晰，我国就可以开征物业税。

    C. 如果房屋产权不明晰，我国财税体制改革就不能进行。

    D. 如果在我国没有开征物业税，则说明房屋产权不明晰。

    E. 如果房屋产权明晰，也不具备开征物业税的条件。

13. 帕累托最优，指这样一种社会状态：对于任何人来说，如果不使其他某个（或某些）人的境况变坏，他的境况就不可能变好。如果一种变革能使至少有一人的境况变好，同时没有其他人的境况因此变坏，则称这一变革为帕累托变革。

    以下各项都符合题干的断定，除了：

A. 对于任何一个人来说，只要他的境况可能变好，就会有其他人的境况变坏，这样的社会，处于帕累托最优状态。

B. 如果某个帕累托变革可行，则说明社会并非处于帕累托最优状态。

C. 如果没有任何帕累托变革的余地，则社会处于帕累托最优状态。

D. 对于任何一个人来说，只有使其他某个（或某些）人的境况变坏，他的境况才能变好，这样的社会处于帕累托最优状态。

E. 对于任何一个人来说，只要使其他人的境况变坏，他的境况就可能变好，这样的社会处于帕累托最优状态。

14. 2016年里约奥运会上争夺奖牌的事实，使我们明白了一个道理：在失败还未成为最后的事实时，绝不能轻易接受失败！在胜利尚存一丝微弱的希望时，仍要拼尽全力去争取胜利！否则，就不是真正的强者。

    由上述题干可推出以下哪个选项？

    A. 没有随随便便的成功，成功都来自拼搏。
    B. 弱者会轻易地接受失败。
    C. 真正的强者绝不接受失败。
    D. 只有在失败成为不可改变的事实时，真正的强者才会接受失败。
    E. 强者可以在里约奥运会上夺取奖牌。

15. 知名度和美誉度反映了社会公众对一个组织的认知和赞许的程度，两者都是公共关系学所强调追求的目标。一个组织形象如何，取决于它的知名度和美誉度。公共关系策划者需要明确的是：只有不断提高知名度，才能不断提高组织的美誉度。知名度只有以美誉度为基础才能产生积极的效应。同时，美誉度要以知名度为条件，才能充分显示其社会价值。

    由此可知，以下哪项是知名度和美誉度的关系？

    A. 知名度高，美誉度必然高。
    B. 知名度高，美誉度必然低。
    C. 只有美誉度高，知名度才能高。
    D. 只有知名度高，美誉度才能高。
    E. 以美誉度为基础，知名度一定可以产生积极的效应。

16. 对当代学生来说，德育比智育更重要。学校的课程设计如果不注重培养学生的完美人格，那么，即使用高薪聘请著名的专家教授，也不能使学生在面临道德伦理、价值观念挑战的21世纪中脱颖而出。

    以下各项关于当代学生的断定都符合上述断定的原意，除了：

    A. 学校的课程设计只有注重培养学生的完美人格，才能使当代学生取得成就。
    B. 如果当代学生在21世纪脱颖而出，那一定是注重了对他们完美人格的教育。
    C. 不能设想学生在面临道德伦理、价值观念挑战的21世纪中脱颖而出，而他的人格却不完美。
    D. 除非注重完美人格的培养，否则21世纪的学生难以脱颖而出。
    E. 即使不能用高薪聘请著名的专家教授，学校的课程设计只要注重培养学生的完美人格，当代的学生就能在21世纪中脱颖而出。

17. 粤西酒店如果既有清蒸石斑，又有白灼花螺，则一定会有盐焗花蟹；酒店在月尾从不卖盐焗花蟹；只有当粤西酒店卖白灼花螺时，老王才会与朋友到粤西酒店吃海鲜。

    如果上述断定为真，则以下哪项一定为真？

    A. 粤西酒店在月尾不会卖清蒸石斑。
    B. 老王与朋友到粤西酒店不会既吃清蒸石斑，又吃白灼花螺。
    C. 粤西酒店只有在月尾才不卖白灼花螺。
    D. 老王不会在月尾与朋友到粤西酒店吃海鲜，因为那里没有盐焗花蟹。
    E. 如果老王在月尾与朋友到粤西酒店吃海鲜，他们肯定吃不到清蒸石斑。

18. 一个花匠正在配制插花。可供配制的花共有苍兰、玫瑰、百合、牡丹、海棠和秋菊6个品种，一件合格的插花必须至少由两种花组成，并同时满足以下条件：如果有苍兰或海棠，则不能有秋菊；如果有牡丹，则必须有秋菊；如果有玫瑰，则必须有海棠。

    以下各项所列的两种花都可以单独或与其他花搭配，组成一件合格的插花，除了：

    A. 苍兰和玫瑰。   B. 苍兰和海棠。
    C. 玫瑰和百合。   D. 玫瑰和牡丹。
    E. 百合和秋菊。

19. 除了吃川菜，张涛不吃其他菜肴。所有林村人都爱吃川菜。川菜的特色为麻、辣、香，其中有大量的干鲜辣椒、花椒、大蒜、姜、葱、香菜等调料。大部分吃川菜的人都喜欢一边吃川菜，一边喝四川特有的盖碗茶。

    如果上述断定为真，则以下哪项一定为真？

    A. 所有林村人都爱吃麻、辣、香的食物。
    B. 所有林村人都喝四川出产的茶。
    C. 大部分林村人喝盖碗茶。
    D. 张涛喝盖碗茶。
    E. 张涛是四川人。

20. 超过20年使用期限的汽车都应当报废。某些超过20年使用期限的汽车存在不同程度的设计缺陷。在应当报废的汽车中有些不是H国进口车。所有的H国进口车都不存在设计缺陷。

    如果上述断定为真，则以下哪项一定为真？

    A. 有些H国进口车不应当报废。
    B. 有些H国进口车应当报废。
    C. 有些存在设计缺陷的汽车应当报废。
    D. 所有应当报废的汽车的使用期限都超过20年。
    E. 有些超过20年使用期限的汽车不应当报废。

21. 甲班考试结束后，几位老师在一起议论。

    张老师说："班长和学习委员都能得优秀。"
    李老师说："除非生活委员得优秀，否则体育委员不能得优秀。"
    陈老师说："我看班长和学习委员两人中至少有一人不能得优秀。"

郭老师说："我看生活委员不能得优秀，但体育委员可得优秀。"

基于以上断定，可推出以下哪项一定为真？

A. 四位老师中有且只有一位老师的断定为真。

B. 四位老师中有且只有两位老师的断定为真。

C. 四位老师的断定都可能为真。

D. 四位老师的断定都可能为假。

E. 题干的条件不足以推出确定的结论。

22. 在中国北部有这样两个村落，赵村所有的人都是在白天祭祀祖先，李庄所有的人都是在晚上才祭祀祖先，我们确信没有既在白天也在晚上祭祀祖先的人。我们也知道李明是晚上祭祀祖先的人。

依据以上信息，以下哪项是对李明身份的正确判断？

A. 李明是赵村的人。　　　　　　　B. 李明不是赵村的人。

C. 李明是李庄的人。　　　　　　　D. 李明不是李庄的人。

E. 李明既不是赵村的人，也不是李庄的人。

23. 如果米拉是考古专家，又考察过 20 座以上的埃及金字塔，则他一定是埃及人。

这个断定可根据以下哪项推出？

A. 米拉考察过 30 座以上的埃及金字塔。

B. 埃及的考古专家考察过 10 座以上的埃及金字塔。

C. 考古专家中只有埃及的考古专家考察过 15 座以上的埃及金字塔。

D. 中国的考古专家大多数没有考察过埃及金字塔。

E. 考古专家不仅仅考察埃及金字塔。

24. 只要前提正确且逻辑推理结构有效，则结论必然正确。

根据以上判断，以下哪几种情况是不可能出现的？

Ⅰ. 前提正确且逻辑推理结构有效，但结论是错误的。

Ⅱ. 逻辑推理结构有效且结论正确，但前提是错误的。

Ⅲ. 前提错误且逻辑推理结构无效，但结论正确。

Ⅳ. 前提错误且逻辑推理结构无效，结论也是错误的。

A. Ⅰ、Ⅱ、Ⅲ和Ⅳ。　　　　　　　B. 仅仅Ⅰ和Ⅳ。

C. 仅仅Ⅰ、Ⅱ和Ⅳ。　　　　　　　D. 仅仅Ⅰ、Ⅲ和Ⅳ。

E. 仅仅Ⅰ。

25. 一天，小方、小林做完数学题后发现答案不一样。小方说："如果我的不对，那你的就对了。"小林说："我看你的不对，我的也不对。"旁边的小刚看了看他们两人的答案后说："小林的答案错了。"这时数学老师刚好走过来，听到了他们的谈话，并查看了他们的运算结果后说："刚才你们三个人所说的话中只有一句是真的。"

请问：下述说法中哪一个是正确的？

A. 小方说的是真话，小林的答案对了。

B. 小刚说的是真话，小林的答案错了。

C. 小林说对了，小方和小林的答案都不对。

D. 小林说错了，小方的答案是对的。

E. 小刚说对了，小林和小方的答案都不对。

26. 某班有 3 位学生参加了 MPAcc 入学考试，成绩出来以后，老吕说了以下三句话：

(1)只要甲被录取，乙就不被录取。

(2)只要乙不被录取，甲就被录取。

(3)甲被录取。

已知老吕的三句话中只有一句为真，则以下断定哪项为真？

A. 甲、乙都被录取。

B. 甲、乙都未被录取。

C. 甲被录取，乙未被录取。

D. 甲未被录取，乙被录取。

E. 甲、乙两人至少有一人被录取。

27. 关于财务混乱的错误谣言损害了一家银行的声誉。如果管理人员不试图反驳这些谣言，它们就会传播开来并最终摧毁顾客的信心。但如果管理人员努力驳斥这种谣言，这种驳斥使怀疑增加的程度比使它减少的程度更大。

如果以上的陈述都为真，则根据这些陈述，下列哪项也一定为真？

A. 银行的声誉不会受到猛烈的广告宣传活动的影响。

B. 管理人员无法阻止已经出现的威胁银行声誉的谣言。

C. 面对错误的谣言，银行经理的最佳对策是直接说出财务的真实情况。

D. 关于财务混乱的正确的传言，对银行储户对该银行的信心的影响没有错误的流言大。

E. 管理人员可以有效遏制谣言，以维护银行的声誉。

28. 老师把双手伸进围棋匣子，然后双手握拳各执一子，让同学猜哪只手里有黑子。假设老师说了以下四句话，其中三句是真的，一句是假的。

Ⅰ. 右手肯定不是黑子。

Ⅱ. 或者左手是黑子，或者右手是黑子。

Ⅲ. 如果左手是黑子，则右手就不是黑子。

Ⅳ. 左手、右手都是黑子。

根据以上论述，以下哪项说的是假话？

A. Ⅰ。   B. Ⅱ。

C. Ⅲ。   D. Ⅳ。

E. 无法确定。

29. 如果赵川参加宴会，那么钱华、孙旭和李元将一起参加宴会。

如果上述断定为真，那么以下哪项也为真？

A. 如果赵川没参加宴会，那么钱华、孙旭和李元三人中至少有一人没参加宴会。

B. 如果赵川没参加宴会，那么钱华、孙旭和李元都没参加宴会。

C. 如果钱华、孙旭和李元都参加了宴会，那么赵川参加了宴会。

D. 如果李元没参加宴会，那么钱华和孙旭不会都参加宴会。

E. 如果孙旭没参加宴会，那么赵川和李元不会都参加宴会。

30. 某个团队去西藏旅游，除拉萨市之外，还有6个城市或景区可供选择：E市、F市、G湖、H山、I峰、J湖，考虑时间、经费、高原环境、人员身体状况等因素，可知：

(1) G湖和J湖至少要去一处。

(2) 如果不去E市或者不去F市，则不能去G湖游览。

(3) 如果不去E市，也就不能去H山游览。

(4) 只有越过I峰，才能到达J湖。

如果由于气候的原因，这个团队不去I峰，则以下哪项一定为真？

A. 该团去E市和J湖游览。

B. 该团去E市而不去F市游览。

C. 该团去G湖和H山游览。

D. 该团去F市和G湖游览。

E. 该团不去J湖和F市游览。

微模考1 ▶ 参考答案

（基础篇）

1. B

   【解析】充分必要条件。

   题干：己所不欲→勿施于人，等价于：施于人→己所欲。

   A项，必要条件后推前，己所欲←施于人，符合题干。

   B项，充分条件前推后，己所欲→施于人，不符合题干推论。

   C项，除非否则去"除""否"，箭头直接向右划，己所不欲→不施于人，符合题干。

   D项，充分条件前推后，施于人→己所欲，符合题干。

   E项，"除"字去掉，箭头反划，己所不欲→不施于人，符合题干。

2. D

   【解析】充分必要条件。

   题干：花大价钱←进中超，等价于：¬花大价钱→¬进中超。

   Ⅰ项，"花大价钱"后面没有箭头，可真可假。

   Ⅱ项，没有花大价钱，进了中超，为假。

   Ⅲ项，没有花大价钱，没进中超，为真。

   Ⅳ项，"花大价钱"后面没有箭头，可真可假。

   故Ⅰ、Ⅲ、Ⅳ可能出现，即D项正确。

3. B

   【解析】假言命题的负命题。

   题干：经营日式快餐→富士山连锁店，等价于：¬富士山连锁店→¬经营日式快餐。

   Ⅰ项，富士山连锁店→¬经营日式快餐，无箭头指向，故此项可真可假。

   Ⅱ项，¬富士山连锁店∧经营日式快餐，与题干矛盾，故此项为假。

   Ⅲ项，富士山连锁店→经营韩式快餐，无箭头指向，故此项可真可假。

   故B项为正确选项。

4. D

   【解析】箭头＋德摩根定律。

   由德摩根定律得：¬（鱼∧熊掌）＝¬鱼∨¬熊掌，故Ⅱ项为真，Ⅰ项可真可假。

   根据或者变箭头得：¬鱼∨¬熊掌＝鱼→¬熊掌，故Ⅲ项为真。

   故D项为正确选项。

5. E

   【解析】箭头＋德摩根定律。

   题干：罚款∨停业。

   由德摩根定律得：¬（罚款∨停业）＝（罚款∧停业）∨（¬罚款∧¬停业）。

根据或者变箭头得：(罚款∧停业)∨(¬罚款∧¬停业)=¬(¬罚款∧¬停业)→罚款∧停业。

故 E 项为正确选项。

注意：¬(罚款∀停业)=(罚款∧停业)∨(¬罚款∧¬停业)，也可以写为：¬(罚款∀停业)=(罚款∧停业)∀(¬罚款∧¬停业)。请各位同学思考为什么。

6. D

【解析】箭头的串联＋德摩根定律。

题干：

①4 号竞技状态好∧4 号伤势痊愈→4 号出场，等价于：4 号不出场→4 号竞技状态不好∨4 号伤势未痊愈。

②¬4 号出场←6 号出场。

由②、①串联可得：6 号出场→4 号不出场→4 号竞技状态不好∨4 号伤势未痊愈。

又有：4 号竞技状态不好∨4 号伤势未痊愈＝4 号伤势痊愈→4 号竞技状态不好，因此 D 项为正确选项。

A 项，不一定为真，也可能是竞技状态不好。

B 项，不一定为真，也可能是伤势未痊愈。

C 项，6 号队员是否受伤，题干并未提及，可真可假。

E 项，为假，因为 6 号队员出场，根据条件②可知，4 号队员不出场。

7. A

【解析】德摩根定律。

总经理："最多"提拔一人的可能性包括：只提拔小王、只提拔小李、两人都不提拔，即：¬小王∨¬小李。

董事长：¬(¬小王∨¬小李)＝小王∧小李，即小王和小李两人都得提拔，故 A 项正确。

8. C

【解析】假言命题的负命题。

刘强：正式代表∧¬发言，与"正式代表→发言"矛盾。

所以，刘强误认为"所有正式代表都发言了"，即 C 项正确。

9. B

【解析】箭头的串联＋德摩根定律。

将题干信息形式化：

(1)方明参加→马亮参加，等价于：¬马亮参加→¬方明参加。

(2)参加→尿检∧专家审查通过，等价于：¬尿检∨¬专家审查通过→¬参加。

(3)丹尼斯没有尿检。

(4)方明∨马亮∨丹尼斯。

由题干条件(3)、(2)可知，丹尼斯没有参加。

由题干条件(1)可知，若马亮不参加，则方明不参加，与题干中"方明、马亮和丹尼斯三人至少有一人参加"矛盾，故马亮参加，即 B 项正确。

10. D

【解析】充分必要条件。

题干有以下论断：

A 型→识别颜色，等价于：¬ 识别颜色→¬ A 型。

B 型→识别形状，等价于：¬ 识别形状→¬ B 型。

1 号拿起了红方块，说明 1 号不能识别形状，可知 1 号不是 B 型。

2 号拿起了蓝球，说明 2 号不能识别颜色，可知 2 号不是 A 型。

所以，1 号不是 B 型，2 号不是 A 型，即 D 项为真。

11. C

【解析】充分必要条件。

题干：

①经济稳定增长→大多数商品和服务的价格上涨。

②涨幅较小→不会对经济造成负面影响＝对经济造成负面影响→涨幅过大。

题干条件①等价于：价格不上涨→经济没有稳定增长，所以 C 项为正确选项。

其余各项均没有箭头指向，可真可假。

12. C

【解析】箭头的串联。

题干：根据"开征物业税是我国财税体制改革必不可少的环节"可知：①进行财税体制改革→开征物业税。

根据"进行房屋产权的明晰，是物业税开征的必要条件"可知：②开征物业税→房屋产权明晰。

由①、②串联可得：③进行财税体制改革→开征物业税→房屋产权明晰；

逆否可得：④房屋产权不明晰→没有开征物业税→财税体制改革不能进行。

所以，C 项为正确选项。

其余各项均没有箭头指向，可真可假。

13. E

【解析】假言命题的负命题。

题干：

①帕累托最优：不使其他人变坏→不能变好，等价于：变好→使其他人变坏。

②帕累托变革：变好∧没有其他人变坏。

由题干条件①、②可知，帕累托最优与帕累托变革互为矛盾命题。

A 项，变好→使其他人变坏，符合题干条件①。

B、C 项，说明二者矛盾，符合题干条件。

D 项，变好→使其他人变坏，符合题干条件①。

E 项，使其他人变坏→可能变好，不符合题干条件①的断定。

所以，E 项为正确选项。

14. D

【解析】充分必要条件。

题干：在失败还未成为事实时→强者绝不接受失败。

等价于：强者接受失败→失败已经成为事实。所以，D项为正确选项。

A项，题干中未提及此项。

B项，题干中未提及弱者的情况。

C项，与题干的意思不符。

E项，题干中未提及此项。

15. D

【解析】充分必要条件。

将题干信息形式化：

①只有不断提高知名度，才能不断提高组织的美誉度，即：提高美誉度→提高知名度。

②知名度只有以美誉度为基础才能产生积极的效应，即：知名度产生积极效应→以美誉度为基础。

③美誉度要以知名度为条件，才能充分显示其社会价值，即：美誉度充分显示社会价值→以知名度为条件。

D项，高美誉度→高知名度，由题干信息①可知，为真。

其余各项均不一定为真。

16. E

【解析】充分必要条件。

题干：¬完美人格→¬脱颖而出，等价于：完美人格←脱颖而出。

A项，完美人格←脱颖而出，符合题干。

B项，脱颖而出→完美人格，符合题干。

C项，¬（脱颖而出∧人格不完美）=¬脱颖而出∨完美人格=脱颖而出→完美人格，符合题干。

D项，¬完美人格→¬脱颖而出，符合题干。

E项，完美人格→脱颖而出，误把必要条件当充分条件，不符合题干。

17. E

【解析】箭头的串联＋德摩根定律。

题干有以下论断：

①清蒸石斑∧白灼花螺→盐焗花蟹，等价于：¬盐焗花蟹→¬清蒸石斑∨¬白灼花螺。

②酒店在月尾→¬盐焗花蟹。

③白灼花螺←老王与朋友到粤西酒店吃海鲜。

由②、①串联可得：酒店在月尾→¬盐焗花蟹→¬清蒸石斑∨¬白灼花螺。

故有：④酒店在月尾→¬清蒸石斑∨¬白灼花螺。

¬清蒸石斑∨¬白灼花螺，等价于：⑤白灼花螺→¬清蒸石斑。

由条件③、⑤可知，老王在月尾与朋友到粤西酒店吃海鲜→白灼花螺→¬清蒸石斑。

即：如果老王在月尾与朋友到粤西酒店吃海鲜，则他们吃不到清蒸石斑，故 E 项为真。

18. D

【解析】箭头的串联。

题干有以下论断：

①苍兰∨海棠→¬秋菊。

②牡丹→秋菊，等价于：¬秋菊→¬牡丹。

③玫瑰→海棠。

由③、①、②串联可得：玫瑰→海棠→¬秋菊→¬牡丹。

故：玫瑰和牡丹不能共同使用，即D项正确。

19. A

【解析】箭头的串联。

题干有以下论断：

①张涛→吃川菜。

②林村人→吃川菜。

③川菜→麻、辣、香。

④有的吃川菜的人→喜欢一边吃川菜，一边喝盖碗茶。

由条件②、③串联可得：林村人→吃川菜→麻、辣、香。

所以，林村人爱吃麻、辣、香的食物，即A项正确。

20. C

【解析】箭头的串联。

题干有以下论断：

①超过20年的汽车→应当报废。

②有的超过20年的汽车→存在设计缺陷，等价于：有的存在设计缺陷的汽车→超过20年。

③有的应当报废的汽车→¬H国进口车。

④H国进口车→¬存在设计缺陷。

由条件②、①串联可得：有的存在设计缺陷的汽车→超过20年→应当报废。

故，有些存在设计缺陷的汽车应当报废，即C项正确。

21. B

【解析】复言命题的真假话问题。

将题干信息符号化：

张老师：班长优秀∧学习委员优秀。

李老师：¬生活委员优秀→¬体育委员优秀，等价于：生活委员优秀∨¬体育委员优秀。

陈老师：¬班长优秀∨¬学习委员优秀。

郭老师：¬生活委员优秀∧体育委员优秀。

找矛盾：

张老师与陈老师的话互相矛盾，李老师与郭老师的话互相矛盾，而互相矛盾的两个断定必为一真一假，因此四位老师中有且只有两位老师的断定为真，即B项正确。

22. B

【解析】箭头的串联。

将题干信息形式化：

①赵村→白天祭祖，等价于：¬白天祭祖→¬赵村。

②李庄→晚上祭祖，等价于：¬晚上祭祖→¬李庄。

③¬（白天祭祖∧晚上祭祖）=¬白天祭祖∨¬晚上祭祖=晚上祭祖→¬白天祭祖。

④李明→晚上祭祖。

由④、③、①串联可得：李明→晚上祭祖→¬白天祭祖→¬赵村。

可知：李明不是赵村的人，即B项正确。

23. C

【解析】充分必要条件。

题干：考古专家∧考察过20座以上的埃及金字塔→埃及人。

C项，考察过15座以上的埃及金字塔∧考古专家→埃及人，所以考察过20座以上的埃及金字塔的考古专家，一定是埃及人，故C项为正确选项。

其余各项均不正确。

24. E

【解析】假言命题的负命题。

题干：前提正确∧逻辑结构有效→结论正确。

其矛盾命题为：¬（前提正确∧逻辑结构有效→结论正确）=前提正确∧逻辑结构有效∧¬结论正确，故Ⅰ项与题干矛盾，不可能出现。

其余各项均可能出现。

25. A

【解析】真假话问题。

将题干信息形式化：

小方：¬小方→小林=小方∨小林。

小林：¬小方∧¬小林。

小刚：¬小林。

小方和小林的话矛盾，必有一真一假。

又已知三人中只有一人的话为真，故小刚的话为假，所以，小林的答案对了。

故，小方的话为真，小林的话为假，即A项为正确选项。

26. B

【解析】真假话问题。

将题干信息符号化：

(1)甲→¬乙=¬甲∨¬乙。

(2)¬乙→甲=甲∨乙。

(3)甲被录取。

使用假设法：假设条件(3)为真，则条件(2)也为真，与题干条件"只有一句为真"矛盾，所以条件(3)为假，即甲未被录取；则可推出条件(1)为真，所以条件(2)为假。

由条件(2)为假可知，¬（甲∨乙）=¬甲∧¬乙。

因此，B项为正确选项。

27. B

【解析】二难推理。

题干：
①不反驳谣言→谣言传播开来并摧毁顾客的信心。
②反驳谣言→谣言增加的程度比减少的程度大。

根据二难推理：　　　反驳谣言　　∨　　不反驳谣言
　　　　　　　　　　　　↓　　　　　　　　↓
谣言增加的程度比减少的程度大　∨　谣言传播开来并摧毁顾客的信心

所以，无论管理人员是否反驳谣言，银行的声誉都会受到谣言的威胁，即B项为正确选项。

28. D

【解析】真假话问题。

将题干信息形式化：

Ⅰ项，┐右手。

Ⅱ项，左手∨右手=┐右手→左手。

Ⅲ项，左手→┐右手=┐左手∨┐右手。

Ⅳ项，左手∧右手。

Ⅲ项和Ⅳ项矛盾，必有一真一假，又知"四句话中三句是真的，一句是假的"，所以Ⅰ项和Ⅱ项为真，可知右手没有黑子，而左手有黑子。

所以Ⅳ项为假，即D项正确。

29. E

【解析】充分必要条件（箭头的指向原则）。

题干：赵川→钱华∧孙旭∧李元。

等价于：┐钱华∨┐孙旭∨┐李元→┐赵川。

A、B项，"赵川没有参加宴会"的后面没有箭头指向，可真可假。

C项，"钱华、孙旭和李元都参加了宴会"的后面没有箭头指向，可真可假。

D项，如果李元没参加宴会，只能推出赵川没参加宴会，钱华和孙旭是否参加宴会无法确定。

E项，如果孙旭没有参加宴会，则赵川没有参加宴会，所以赵川和李元不会都参加宴会，正确。

30. D

【解析】箭头的串联。

将题干信息符号化：

(1)G湖∨J湖，等价于：┐J湖→G湖。

(2)┐E市∨┐F市→┐G湖，等价于：G湖→E市∧F市。

(3)┐E市→┐H山。

(4)J湖→I峰，等价于：┐I峰→┐J湖。

由(4)、(1)、(2)串联可得：┐I峰→┐J湖→G湖→E市∧F市。

所以，D项为正确选项。

第2章　简单命题及概念

第 1 节　性质命题

1　性质命题的概念与分类

1.1　性质命题的概念

简单命题包含两类：性质命题和模态命题。

性质命题，又称直言命题，用来判断事物具有或者不具有某种性质。

例如：

扫码免费听
老吕讲解

（1）所有的小姐姐都萌萌的。

（2）所有的男人都不是好东西。

（3）有的土豪有钱。

（4）有的土豪不任性。

（5）梅西很心慌。

（6）杨超越不会跳舞。

1.2　性质命题的结构

性质命题是由三部分组成的，分别是主语、谓语、量词。

(1)主语，指性质命题的判断对象。

如上例中，"小姐姐""男人""土豪""梅西""杨超越"。

(2)谓语，指判断对象所具有或不具有的性质。

如上例中，"萌萌的""好东西""有钱""任性""很心慌""会跳舞"。

(3)量词，即数量词，逻辑中常用"所有"和"有的"表示。

数量关系为"所有"的，称为"全称命题"。数量关系为"有的"的，称为"特称命题"。仅仅对一个具体的对象做出判断的，称为"单称命题"。

需要注意的是，"有的"是一个存在量词，仅仅表示存在，而不是指"一部分"。

比如"有的人考上了"，仅仅表示存在有人考上了这种情况，到底是一个人考上了，还是一部分人考上了，还是大部分人考上了，还是小部分人考上了，还是所有人考上了，都有可能，但我们并无法判断。所以，"有的"的数量关系是从"1"到"所有"都有可能。

以上例子的结构如表 2-1 所示：

表 2-1

序号	量词	主语	谓语	名称
(1)	所有的	小姐姐	萌萌的	全称肯定命题
(2)	所有的	男人	不是好东西	全称否定命题
(3)	有的	土豪	有钱	特称肯定命题
(4)	有的	土豪	不任性	特称否定命题
(5)		梅西	很心慌	单称肯定命题
(6)		杨超越	不会跳舞	单称否定命题

1.3 特殊句式

"全称命题"和"特称命题"的量词"所有"和"有的",应该修饰主语,而不是宾语。看下面的例子:

老吕喜欢所有颜值高的女明星。

这是个单称命题,因为它的主语只有一个——"老吕"。

但如果我们把这句话变成:所有颜值高的女明星都被老吕喜欢。那么,这句话就成了全称命题,它的判断对象变成了"所有颜值高的女明星"。

2 性质命题的对当关系

性质命题之间的关系可以分为四类:矛盾关系、反对关系、下反对关系、推理关系,如图 2-1 所示:

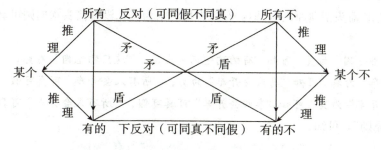

图 2-1

2.1 矛盾关系

处于对当关系图对角线上的命题是矛盾关系,二者必有一真一假,有如下三组:

"所有"与"有的不"

"所有不"与"有的是"

"某个是"与"某个不是"

例如:

"所有鸟都会飞"和"有的鸟不会飞"是矛盾关系,二者必有一真一假。

"所有鸟都不会飞"和"有的鸟会飞"是矛盾关系,二者必有一真一假。

"燕子会飞"和"燕子不会飞"是矛盾关系,二者必有一真一假。

2.2 反对关系

"所有"和"所有不"是反对关系,二者至少有一假。一个为真,另外一个必为假;一个为假,另外一个可能为真也可能为假。

> 【口诀14】两个所有,至少一假;一真另必假,一假另不定

例如:

"所有人都考上了MBA"和"所有人都没考上MBA"是反对关系,至少一假,可能同假。

2.3 下反对关系

"有的"和"有的不"是下反对关系,二者至少有一真。一个为假,另外一个必为真;一个为真,另外一个可能为真也可能为假。

> 【口诀15】两个有的,至少一真;一假另必真,一真另不定

例如:

"有的人考上了MBA"和"有的人没考上MBA"是下反对关系,至少一真,可能同真。

若"有的人考上了MBA"为假,则"有的人没考上MBA"必为真。

若"有的人考上了MBA"为真,则"有的人没考上MBA"可能为真也可能为假。

2.4 推理关系

推理关系(学术术语称"从属关系"),可以用箭头来表示,满足箭头指向原则和逆否原则。

(1) 所有→某个→有的

此处可以使用"箭头指向原则",即:有箭头指向则为真,没有箭头指向则可真可假。

例如:

"所有的狗都吃肉"为真,可知"有的狗吃肉"为真,"这只狗吃肉"为真。

"李四会开车"为真,可知"有人会开车"为真,"所有人会开车"可真可假。

"有的人会开车"为真,可知"李四会开车"可真可假,"所有人会开车"可真可假。

根据"逆否原则",可知:

"有的"为假→"某个"为假→"所有"为假

例如:

"有人喜欢打台球"为假,则"张三喜欢打台球"为假,"所有人喜欢打台球"也为假。

(2) 所有不→某个不→有的不

此处可以使用"箭头指向原则",即:有箭头指向则为真,没有箭头指向则可真可假。

例如:

"所有的狗都不吃肉"为真,可知"有的狗不吃肉"为真,"这只狗不吃肉"为真。

"李四不会开车"为真,可知"有人不会开车"为真,"所有人不会开车"可真可假。

"有的人不会开车"为真,可知"李四不会开车"可真可假,"所有人不会开车"可真可假。

根据"逆否原则"，可知：

"有的不"为假→"某个不"为假→"所有不"为假

例如：

"有人不喜欢打台球"为假，则"张三不喜欢打台球"为假，"所有人不喜欢打台球"也为假。

综上所述，在对当关系图中：

> 🔍【口诀16】上真下必真，上假下不定；下假上必假，下真上不定

典型例题

例1 已知"所有女明星颜值很高"为真，则以下命题哪些必然为真，哪些必然为假，哪些可真可假？

(1)有的女明星颜值不高。

(2)有的女明星颜值高。

(3)所有女明星颜值不高。

(4)女明星 baby 颜值不高。

(5)女明星冬雨颜值高。

【解析】根据矛盾关系可知，"所有"与"有的不"矛盾，故(1)项必为假。

根据"所有→某个→有的"可知，(2)项必为真。

根据反对关系口诀"两个所有，至少一假；一真另必假，一假另不定"，故(3)项必为假。

(4)项显然为假，(5)项显然为真。

【秒杀技巧】画一个六边形(如图 2-2 所示)，代表对当关系图，已知"所有女明星颜值很高"为真，即左上角为真，画"√"：

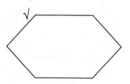

图 2-2

根据口诀"上真下必真"，可知六边形左侧均为真，画"√"，如图 2-3 所示：

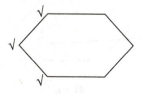

图 2-3

对角线为矛盾命题，故六边形的右侧均为假，画"×"，如图 2-4 所示：

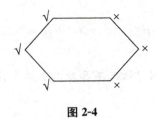

图 2-4

即可迅速判断(1)为假，(2)为真，(3)为假，(4)为假，(5)为真。

例2 已知"有些留学生来自韩国"为真，则以下哪个命题必然为假？

A. 有些留学生不是来自韩国。
B. 所有留学生来自韩国。
C. 所有留学生都不是来自韩国。
D. 裴秀智是留学生，来自韩国。
E. 宋仲基是留学生，但不是来自韩国。

【解析】根据"所有→某个→有的"可知：

B项，"有的"不能推"所有"，可真可假。

D项，"有的"不能推"某个"，可真可假。

E项，"有的"不能推"某个"，可真可假。

根据下反对关系口诀"两个有的，至少一真；一假另必真，一真另不定"，可知A项可真可假。

根据矛盾关系可知，"有的"和"所有不"矛盾，故C项必为假。

【秒杀技巧】画一个六边形(如图2-5所示)，代表对当关系图，已知"有些留学生来自韩国"为真，即左下角为真，画"√"：

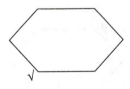

图 2-5

对角线为矛盾命题，可知六边形右上角为假，画"×"，如图2-6所示：

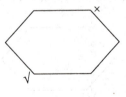

图 2-6

根据口诀"下真上不定"，可知六边形左上和左中均为可真可假，其对角线也可真可假，画"?"，如图2-7所示：

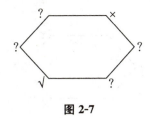

图 2-7

即可迅速判断 A 项可真可假，B 项可真可假，C 项为假，D 项可真可假，E 项可真可假。

【答案】C

例 3　培光街道发现有保姆未办暂住证。

如果上述断定为真，则以下哪项不能确定真假？

Ⅰ．培光街道所有保姆都未办暂住证。

Ⅱ．培光街道所有保姆都办了暂住证。

Ⅲ．培光街道有保姆办了暂住证。

Ⅳ．培光街道的保姆陈秀英办了暂住证。

A．Ⅰ、Ⅱ、Ⅲ、Ⅳ。　　　　　B．仅Ⅰ、Ⅲ和Ⅳ。　　　　　C．仅Ⅰ。

D．仅Ⅰ和Ⅳ。　　　　　　　　E．仅Ⅳ。

【解析】根据"所有不→某个不→有的不"和"箭头指向原则"可知，"有的不"为真，则"所有不"真假不定，故Ⅰ项可真可假。

根据矛盾关系可知，"有的没办"和"所有办了"为矛盾关系，故Ⅱ项必为假。

根据下反对关系口诀"两个有的，一真另不定"，可知Ⅲ项可真可假。

从题干无法知道陈秀英有没有办暂住证，故Ⅳ项可真可假。

【秒杀技巧】画一个六边形（如图 2-8 所示），代表对当关系图，已知"有的保姆未办暂住证"为真，即右下角为真，画"√"：

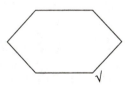

图 2-8

对角线为矛盾命题，可知六边形左上角为假，画"×"，如图 2-9 所示：

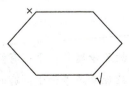

图 2-9

根据口诀"下真上不定"，可知六边形右上和右中均为可真可假，其对角线也可真可假，画

"?",如图2-10所示：

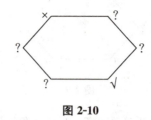

图2-10

即可迅速判断Ⅰ项可真可假，Ⅱ项为假，Ⅲ项可真可假，Ⅳ项可真可假。

【答案】B

3 性质命题的负命题

在性质命题前加上"不"或"并非"，即可得到负命题（矛盾命题），负命题的等价命题如下：
(1)"并非所有"等价于"有的不"。
(2)"并非所有不"等价于"有的"。
(3)"并非有的"等价于"所有不"。
(4)"并非有的不"等价于"所有"。

以上四点都可以用下面的规律表示：

"不"+"原命题"，等价于，去掉前面的"不"，再将"原命题"进行如下变化：

【口诀17】肯定变否定，否定变肯定，所有变有的，有的变所有

典型例题

例4 写出下列命题的等价命题：
(1)并非所有地铁都在地下开。
(2)并非所有地铁都不在地下开。
(3)并非有的地铁在地下开。
(4)并非有的地铁不在地下开。
(5)鸟不都会飞。
(6)并非鸟不都会飞。
(7)并非鸟都会飞。
(8)并非鸟都不会飞。

【解析】
(1)"并非所有"等价于"有的不"，故原命题等价于：有的地铁不在地下开。
(2)"并非所有不"等价于"有的"，故原命题等价于：有的地铁在地下开。
(3)"并非有的"等价于"所有不"，故原命题等价于：所有地铁不在地下开。
(4)"并非有的不"等价于"所有"，故原命题等价于：所有地铁在地下开。
(5)"都"="所有"，"不都"="不是所有"="有的不"，故原命题等价于：有的鸟不会飞。

(6)"不都"="不是所有","并非不都"="并非不是所有"="所有",故原命题等价于：所有鸟会飞。

(7)"都"="所有","并非都"="并非所有"="有的不",故原命题等价于：有的鸟不会飞。

(8)"都"="所有","并非都不"="并非所有不"="有的",故原命题等价于：有的鸟会飞。

例 5 课间休息的时候，大家都在热烈地讨论今年的 MBA 考试录取问题。其中一个名叫金燕西的男同学说："我们班不会有人考不上 MBA。"另一个名叫冷清秋的女同学说："不对。"

请问冷清秋的真正意思是什么？

A. 所有人都必然考上 MBA。　　　　　　B. 所有人都可能考不上 MBA。

C. 有人考不上 MBA。　　　　　　　　　D. 所有人都可能考上 MBA。

E. 有人可能考不上 MBA。

【解析】

金燕西：不会有人考不上 MBA。

冷清秋：并非不会有人考不上 MBA＝有人考不上 MBA。

【答案】C

第 2 节　模态命题

1 模态命题的概念

模态命题就是陈述事件发生的必然性和可能性的命题。一般用"必然""可能""必然不""可能不"这四个"模态词"来表示模态命题。

例如：

杨过必然爱吃小笼包。

杀手必然不会藏匿于此处。

嫌疑人可能具备作案动机。

你可能不是一个凡人。

2 模态命题的对当关系

模态命题之间的关系可以分为四类：矛盾关系、反对关系、下反对关系、推理关系，如图 2-11 所示：

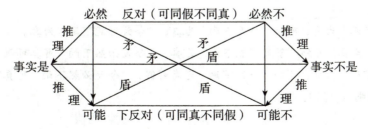

图 2-11

2.1 矛盾关系

处于对当关系图对角线上的命题是矛盾关系，二者必有一真一假，有如下三组：

"必然"与"可能不"
"必然不"与"可能是"
"事实是"与"事实不是"

例如：

"今天必然下雨"和"今天可能不下雨"是矛盾关系，二者必有一真一假。
"今天必然不下雨"和"今天可能下雨"是矛盾关系，二者必有一真一假。
"今天下雨"和"今天没下雨"是矛盾关系，二者必有一真一假。

2.2 反对关系

"必然"和"必然不"是反对关系，二者至少有一假。一个为真，另外一个必为假；一个为假，另外一个可能为真也可能为假。

> 【口诀18】两个必然，至少一假；一真另必假，一假另不定

例如：

"今天必然下雨"和"今天必然不下雨"是反对关系，至少一假，可能同假。

2.3 下反对关系

"可能"和"可能不"是下反对关系，二者至少有一真。一个为假，另外一个必为真；一个为真，另外一个可能为真也可能为假。

> 【口诀19】两个可能，至少一真；一假另必真，一真另不定

例如：

"他可能拿冠军"和"他可能不拿冠军"是下反对关系，至少一真。
若"他可能拿冠军"为假，则"他可能不拿冠军"必为真。
若"他可能拿冠军"为真，则"他可能不拿冠军"可能为真也可能为假。

2.4 推理关系

推理关系(学术术语称"从属关系")，可以用箭头来表示，满足箭头指向原则和逆否原则。

(1) 必然→事实→可能

此处可以使用"箭头指向原则"，即：有箭头指向则为真，没有箭头指向则可真可假。

例如：

"今天必然下雨"为真，可知"今天下雨"为真，"今天可能下雨"为真。
"今天下雨"为真，可知"今天可能下雨"为真，"今天必然下雨"可真可假。
"今天可能下雨"为真，可知"今天下雨"可真可假，"今天必然下雨"可真可假。

根据"逆否原则"，可知：

"可能"为假→"事实"为假→"必然"为假

例如：

"今天可能下雨"为假，则"今天下雨"为假，"今天必然下雨"也为假。

(2) 必然不→事实不→可能不

此处可以使用"箭头指向原则"，即：有箭头指向则为真，没有箭头指向则可真可假。

例如：

"今天必然不下雨"为真，可知"今天没下雨"为真，"今天可能不下雨"为真。

"今天没下雨"为真，可知"今天可能不下雨"为真，"今天必然不下雨"可真可假。

"今天可能不下雨"为真，可知"今天没下雨"可真可假，"今天必然不下雨"可真可假。

根据"逆否原则"，可知：

"可能不"为假→"事实不"为假→"必然不"为假

例如：

"今天可能不下雨"为假，则"今天没下雨"为假，"今天必然不下雨"也为假。

在性质命题的对当关系中提到的口诀16(如下)，在模态命题对当关系中同样适用：

【口诀20】上真下必真，上假下不定；下假上必假，下真上不定

典型例题

例6 已知"他必然会拿冠军"为真，则以下命题哪些必然为真，哪些必然为假，哪些可真可假？

(1)他必然不会拿冠军。

(2)他可能会拿冠军。

(3)他可能不会拿冠军。

(4)他拿冠军。

(5)他不拿冠军。

【解析】

(1)项，两个必然，至少一假，故"他必然会拿冠军"为真，则"他必然不会拿冠军"为假。

(2)项，必然→可能，为真。

(3)项，"必然"与"可能不"矛盾，故"他必然会拿冠军"为真，则"他可能不会拿冠军"为假。

(4)项，必然→事实，为真。

(5)项，"事实"与"事实不"矛盾，故"他拿冠军"为真，则"他不拿冠军"为假。

【秒杀技巧】画一个六边形(如图2-12所示)，代表对当关系图，已知"他必然会拿冠军"为真，即左上角为真，画"√"：

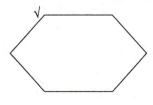

图2-12

根据口诀"上真下必真",可知六边形左侧均为真,画"√";对角线为矛盾命题,即六边形右侧均为假,画"×",如图 2-13 所示:

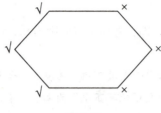

图 2-13

即可迅速判断(1)为假,(2)为真,(3)为假,(4)为真,(5)为假。

例 7 已知"陈逗逗可能是网红"为假,则以下命题哪些必然为真,哪些必然为假,哪些可真可假?
(1)陈逗逗必然是网红。
(2)陈逗逗必然不是网红。
(3)陈逗逗可能不是网红。
(4)陈逗逗是网红。
(5)陈逗逗不是网红。

【解析】根据矛盾关系可知,"可能"与"必然不"矛盾,已知"陈逗逗可能是网红"为假,则"陈逗逗必然不是网红"为真,故(2)为真。

再根据"必然不→事实不→可能不",故(3)、(5)为真。

根据"可能"为假→"必然"为假,故(1)为假。

(5)与(4)矛盾,已知(5)为真,则(4)为假。

【秒杀技巧】画一个六边形(如图 2-14 所示),代表对当关系图,已知"陈逗逗可能是网红"为假,即左下角为假,画"×":

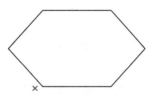

图 2-14

根据口诀"下假上必假",可知六边形左侧均为假,画"×";对角线为矛盾命题,即右侧均为真,画"√",如图 2-15 所示:

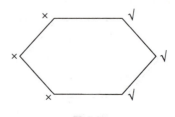

图 2-15

即可迅速判断(1)为假，(2)为真，(3)为真，(4)为假，(5)为真。

3 模态命题的负命题

在模态命题前面加上否定词"不"或者"并非"，即可得到模态命题的负命题(矛盾命题)，负命题的等价命题如下：

(1)"不可能"等价于"必然不"。

(2)"不可能不"等价于"必然"。

(3)"不必然"等价于"可能不"。

(4)"不必然不"等价于"可能"。

可以总结如下：

"不"+"原命题"，等价于，去掉前面的"不"，再将"原命题"进行如下变化：

> 【口诀 21】肯定变否定，否定变肯定，必然变可能，可能变必然

典型例题

例 8 小仙女："从现在开始，你只许疼我一个人，要宠我，不能骗我，答应我的每一件事都要做到，对我讲的每一句话都要真心，不许欺负我、骂我，要相信我，别人欺负我，你要在第一时间出来帮我，我开心了，你就要陪着我开心，我不开心了，你就要哄我开心，永远都要觉得我是最漂亮的，梦里也要见到我，在你的心里面只有我，就是这样了。你能做到吗？"

大猪蹄子："我不一定能做到。"

请问，大猪蹄子的意思是什么？

A. 他可能能做到，也可能做不到。

B. 他可能能做到。

C. 他可能做不到。

D. 他做不到的可能性比做到的可能性大。

E. 他想分手。

【解析】"不一定"="可能不"。故大猪蹄子的意思是：他可能做不到。

【答案】C

例 9 最近一段时期，有关要发生地震的传言很多。一天傍晚，小明问在院里乘凉的爷爷："爷爷，他们都说明天要地震了。"爷爷说："根据我的观察，明天不必然不地震。"小明说："那您的意思是明天不会地震了？"爷爷说："不对。"小明陷入了迷惑。

以下哪句话与爷爷的意思最为接近？

A. 明天必然不地震。 B. 明天可能地震。

C. 明天可能不地震。 D. 明天不可能地震。

E. 明天不可能不地震。

【解析】不必然不=可能。故爷爷的意思是：明天可能地震。

【答案】B

例 10 人都不可能不犯错误，不一定所有人都会犯严重错误。

如果上述断定为真，则以下哪项一定为真？

A. 人都可能犯错误，但有的人可能不犯严重错误。
B. 人都可能犯错误，但所有的人都可能不犯严重错误。
C. 人都一定会犯错误，但有的人可能不犯严重错误。
D. 人都一定会犯错误，但所有的人都可能不犯严重错误。
E. 人都可能会犯错误，但有的人一定不犯严重错误。

【解析】

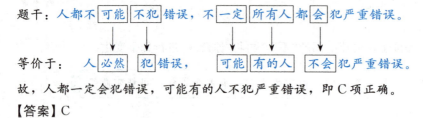

故，人都一定会犯错误，可能有的人不犯严重错误，即 C 项正确。

【答案】C

第 3 节　概念

1 概念与定义

1.1 概念

概念是反映对象本质属性的思维形式。概念包括内涵和外延。内涵是指概念所反映的事物的本质属性。外延是指具有概念的内涵所具有的那些属性的事物的范围。

例如：

法律是国家制定或认可的，由国家强制力保证实施的，以规定当事人权利和义务为内容的具有普遍约束力的社会规范。

这是法律的内涵。

中国的十类主要部门法为：宪法、行政法、民商法、刑法、经济法、诉讼法、劳动法、自然资源与环境法、军事法、科教文卫法。

这是我国法律的外延。

1.2 定义

定义是对概念的描述。它包含被定义项、联项和定义项。

例如：

网络用语土豪（被定义项）是（联项）有钱并在网络上以此炫耀的人（定义项）。

为了使定义下得正确，必须遵守以下规则：

(1)定义概念的外延和被定义概念的外延必须完全相等。

(2)定义概念中不得直接或间接地包含被定义的概念，否则就会犯"循环定义"的错误。

(3)定义不应包括含混的概念，不能用隐喻，这样的定义才是明确清晰的。

(4)定义不应当是否定的,特别是不能用否定形式给正概念下定义。

典型例题

例11 平反是对处理错误的案件进行纠正。

依据以下哪项能最为确切地说明上述定义的不严格?

A. 对案件是否处理错误,应该有明确的标准,否则不能说明什么是平反。

B. 应该说明平反的操作程序。

C. 对平反的客体应该具体分析,平反了,不等于没错误。

D. 处理错误的案件包括三种:重罪轻判、轻罪重判和无罪而判。

E. 应该说明平反的主体及其权威性。

【解析】平反的案件包括轻罪重判和无罪而判,处理错误的案件包括重罪轻判、轻罪重判和无罪而判。被定义项和定义项的外延不一致。

【答案】D

例12 如今,人们经常讨论职工下岗的问题,但也常常弄不清下岗职工的准确定义。国家统计局(1997)261号统计报表的填表说明中对下岗职工的说明是:下岗职工是指由于企业的生产和经营状况等原因,已经离开本人的生产和工作岗位,并已不在本单位从事其他工作,但仍与用人单位保留劳动关系的人员。

按照以上划分标准,以下哪项所述的人员可以称为下岗职工?

A. 赵大大原来在汽车制造厂工作,半年前辞去工作,开了一个汽车修理铺。

B. 钱二萍原来是某咨询公司的办公室秘书。最近,公司以经营困难为由,解除了她的工作合同,她只能在家做家务。

C. 张三枫原来在手表厂工作,因长期疾病不能工作,经批准提前办理了退休手续。

D. 李四喜原来在某服装厂工作,长期请病假。其实他的身体并无不适,目前在家里开了个缝纫部。

E. 王五伯原来在电视机厂工作,今年53岁。去年工厂因产品积压,人员富余,让50岁以上的人回家休息,等55岁时再办正式退休手续。

【解析】"下岗职工"的定义包括:

①由于企业的生产和经营状况等原因,而不是个人原因。

②已经离开本人的生产和工作岗位,并已不在本单位从事其他工作。

③仍与用人单位保留劳动关系。

A项,个人原因,不符合①。

B项,没有与用人单位保留劳动关系,不符合③。

C项,个人原因,不符合①。

D项,个人原因,不符合①。

E项,符合下岗职工的定义。

【答案】E

例 13 根据学习在动机形成和发展中所起的作用,人的动机可分为原始动机和习得动机两种。原始动机是与生俱来的动机,它们是以人的本能需要为基础的;习得动机是指后天获得的各种动机,即经过学习产生和发展起来的各种动机。

根据以上陈述,以下哪项最可能属于原始动机?

A. 尊敬老人,孝敬父母。　　　　　　B. 尊师重教,崇文尚武。

C. 不入虎穴,焉得虎子。　　　　　　D. 窈窕淑女,君子好逑。

E. 宁可食无肉,不可居无竹。

【解析】原始动机是"与生俱来"的动机,只有 D 项是"与生俱来"的人的本能,故选 D。

【答案】D

2　概念的分类

概念可以分为集合概念与类概念。

类概念中,组成类的各个事物具有类的属性。

例如:

害虫是类概念,蚜虫是害虫的一种,具有危害农作物的属性。

集合概念中,此概念是一个整体,可能由不同的部分组成,但是部分并不一定具有整体的属性。

例如:

身体作为一个整体,由躯干、四肢、头颅等各部分组成,但各部分并不一定具有整体的属性。

典型例题

例 14 小李将自家护栏边的绿地毁坏,种上了黄瓜。小区物业管理人员发现后,提醒小李:护栏边的绿地是公共绿地,属于小区的所有人。物业为此下发了整改通知书,要求小李限期恢复绿地。小李对此辩称:"我难道不是小区的人吗?护栏边的绿地既然属于小区的所有人,当然也属于我。因此,我有权在自己的土地上种黄瓜。"

以下哪项论证和小李的错误最为相似?

A. 所有人都要对他的错误行为负责,小梁没有对他的这次行为负责,所以,小梁的这次行为没有错误。

B. 所有参展的兰花在这次博览会上被订购一空,李阳花大价钱买了一盆花。由此可见,李阳买的必定是兰花。

C. 没有人能够一天读完大仲马的所有作品,没有人能够一天读完《三个火枪手》,因此,《三个火枪手》是大仲马的作品之一。

D. 所有莫尔碧骑士组成的军队在当时的欧洲是不可战胜的,翼雅王是莫尔碧骑士之一,所以,翼雅王在当时的欧洲是不可战胜的。

E. 任何一个人都不可能掌握当今世界的所有知识,"地心说"不是当今世界的知识,因此,有些人可以掌握"地心说"。

【解析】"公共绿地，属于小区的所有人"，此处的"所有人"是个集合概念。集合概念的全体具有的性质，组成集合的个体不一定具有。

小李误认为集合体具有的性质，集合体中的每个个体也具有。D项所犯的逻辑错误与题干相同。

【答案】D

3 概念之间的关系

3.1 全同关系

两个概念的外延完全相同，称为全同关系。如图 2-16 所示：

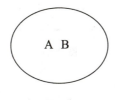

图 2-16

例如：

等边三角形　　所有角均为 60° 的三角形
北京　　　　　中华人民共和国首都

3.2 种属关系

一个概念 A(种)的外延包含于另外一个概念 B(属)的外延，称为种属关系，也称为从属关系或者包含于关系。如图 2-17 所示：

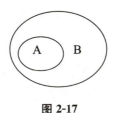

图 2-17

例如：

兔子　　动物
宪法　　法律

3.3 交叉关系

两个概念在外延上有并且只有一部分是重合的，称为交叉关系。如图 2-18 所示：

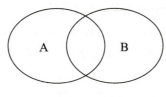

图 2-18

例如：

青年　　土豪　　重合部分：青年土豪
男人　　教授　　重合部分：男教授

3.4　全异关系

全异关系是指两个概念的外延没有重合。它包括两种：矛盾关系和反对关系。

矛盾关系是指两个概念的外延没有重合，并且两个概念的外延相加是全集。矛盾双方必为一真一假。如图 2-19 所示：

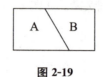

图 2-19

例如：

若规定"人"为全体，则"男人"和"女人"没有重合部分，相加又是全体，所以"男人"和"女人"是矛盾关系。一个人，要么是男人，要么是女人，必有一真一假。

反对关系是指两个概念的外延没有重合，并且两个概念的外延相加不是全集，至少还有一个事物不属于这两个概念。反对关系可以同假，不能同真。如图 2-20 所示：

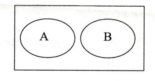

图 2-20

例如：

假设人按年龄可以分为儿童、青年、中年、老年。儿童和中年是反对关系，他们没有公共部分，相加也不是全部人。可以有一个人，既不是儿童，也不是中年（可同假），但不可能有一个人，既是儿童，又是中年（不可同真）。

典型例题

例15　概念 A 和概念 B 之间有交叉关系，当且仅当：(1)存在对象 x，x 既属于 A 又属于 B；(2)存在对象 y，y 属于 A 但是不属于 B；(3)存在对象 z，z 属于 B 但是不属于 A。

根据上述定义，以下哪项中画线的两个概念之间有交叉关系？

A. 国画按题材分主要有<u>人物画</u>、花鸟画、山水画等，按技法分主要有<u>工笔画</u>和写意画等。

B. 《<u>盗梦空间</u>》除了是<u>最佳影片</u>的有力争夺者外，它在技术类奖项的争夺中也将有所斩获。

C. 洛邑小学 30 岁的<u>食堂总经理</u>为了改善伙食，在食堂放了几个意见本，征求<u>学生们</u>的意见。

D. 在<u>微波炉清洁剂</u>中加入漂白剂，就会释放出<u>氯气</u>。

E. <u>高校教师</u>包括<u>教授</u>、副教授、讲师和助教等。

【解析】概念的关系。

A项中的两个概念的外延有重合，是交叉关系。

B项，《盗梦空间》和最佳影片的关系不定，如果《盗梦空间》最终是唯一的最佳影片，二者就是全同关系；如果不是，就是全异关系。

C、D项，两个概念是全异关系。

E项，两个概念是种属关系，教授包含于高校教师。

【答案】A

例16 某大学一寝室中住着若干个学生。其中，一个是哈尔滨人，两个是北方人，一个是广东人，两个在法律系，三个是进修生。该寝室中恰好住了8个人。

如果题干中关于身份的介绍涉及寝室中所有的人，则以下各项关于该寝室的断定都不与题干矛盾，除了：

A. 该校法律系每年都招收进修生。

B. 该校法律系从未招收过进修生。

C. 来自广东的室友在法律系就读。

D. 来自哈尔滨的室友在财政金融系就读。

E. 该寝室的三个进修生都是南方人。

【解析】概念的关系。

"哈尔滨人"包含于"北方人"。假定其他概念间关系不交叉，则最多可能介绍8个人。所以，要保证介绍到8个人，其他概念间的关系不能交叉。

C项，"广东人"与"法律系学生"为交叉关系，故与题干矛盾。

【答案】C

4 概念的划分

4.1 概念划分的定义

对概念的划分，就是将一个概念划分成子类。

例如：

把"人"这个概念划分为"男人"和"女人"。

4.2 概念划分的规则

(1)每次划分只能根据一个标准。违反这一规则，就会犯"划分标准不一致"的错误。

例如：

"杂志分为季刊、月刊、自然科学刊物、外文刊物。"这是错误的划分，因为杂志划分所采用的标准不一致。

(2)各子类外延之和与原概念的外延全同。违反这一规则，就会犯"划分不全"或"多出子项"的错误。

例如：

"燃料工业分为煤炭工业、石油工业、太阳能利用工业、原子能工业以及天然气加工工业。"这是错误的划分，因为多出了子项。

(3) 各子类的外延应是全异关系，或者说，应互相排斥。违反这一规则就会犯"子项相容"的错误。

例如：

"戏剧分为悲剧、喜剧、舞剧、话剧、地方剧、儿童剧等。"这是错误的划分，因为子项之间存在交叉关系。

【注意】

概念、定义、划分等知识，虽然在《大纲》里面有明确的要求，但是在实际命题中，很少单独出题。

典型例题

例17 我最爱阅读外国文学作品，英国的、法国的、古典的，我都爱读。

上述陈述在逻辑上犯了哪项错误？

A. 划分外国文学作品的标准混乱，前者是按国别的，后者是按时代的。
B. 外国文学作品，没有分是诗歌、小说还是戏剧的。
C. 没有说最喜好什么。
D. 没有说是外文原版还是翻译本。
E. 在"古典的"后面，没有紧接着指出"现代的"。

【解析】 概念的划分。

"英国、法国"是按照国别划分的，而"古典"则是按照年代划分的。

违反了划分的规则：每次划分只能根据一个标准，划分出来的概念不能存在交叉关系。

【答案】 A

例18 2010年，学校为教师提供培训的具体情况为：38%的公立学校有1%～25%的教师参加，18%的公立学校有26%～50%的教师参加，13%的公立学校有51%～75%的教师参加，30%的公立学校有76%甚至更多的教师参加。与此相对照，37%的农村学校有1%～25%的教师参加，20%的农村学校有26%～50%的教师参加，12%的农村学校有51%～75%的教师参加，29%的农村学校有76%甚至更多的教师参加。这说明，该国农村学校教师和城市、市郊以及城镇的学校教师接受培训的概率几乎相当。

以下哪项如果为真，最能反驳上述论证？

A. 教师培训的内容丰富多彩，各不相同。
B. 教师培训的条件差异性很大，效果也不相同。
C. 有些教师既在公立学校任职，也在农村学校兼职。
D. 教师培训的时间，公立学校一般较长，农村学校一般较短。
E. 农村也有许多公立学校，市郊也有许多农村学校。

【解析】 概念的划分。

题干：通过公立学校教师与农村学校教师的数据对比，得出"农村学校教师和城市、市郊以及城镇的学校教师接受培训的概率几乎相当"的结论。

题干中的问题是概念的划分标准不统一，学校按主办方划分可以分为公立学校和私立学校，按地理位置划分可分为农村、乡镇、市郊和城市学校。

E项指出题干中对学校的划分有重合之处。

【答案】E

5 同一律

在同一思维过程中，每个概念其自身都具有同一性，包括两个方面的内容：第一，概念的含义必须是确定的；第二，在同一思维过程中，每个概念的前后应当保持一致。

违背了同一律，就犯了概念模糊或偷换概念的逻辑错误。

典型例题

例19 对同一事物，有的人说"好"，有的人说"不好"，这两种人之间没有共同语言。可见，不存在全民族通用的共同语言。

以下除哪项外，都与题干推理所犯的逻辑错误类似？

A. 甲：厂里规定，工作时禁止吸烟。乙：当然，可我吸烟时从不工作。

B. 有的写作教材上讲，写作中应当讲究语言形式的美，我的看法不同。我认为语言就应该朴实，不应该追求那些形式主义的东西。

C. 象是动物，所以小象是小动物。

D. 这种观点既不属于唯物主义，又不属于唯心主义，我看两者都有点像。

E. 甲：我反对孩子在课余时间到处乱跑。乙：你怎么能把孩子关起来？

【解析】偷换概念。

题干中的推理犯了偷换概念的错误。前一个"共同语言"，指的是对同一事物的评价；后一个"共同语言"，是指语言，如中国使用汉语，英国使用英语。

A项，"工作时"是时间概念，"工作"是动作概念。

B项，"形式"和"形式主义"是不同的概念。

C项，"小象"中的"小"是指年龄小，"小动物"中的"小"是指体型小，不是同一概念。

D项，唯物主义与唯心主义是矛盾的概念，矛盾双方必有一真一假，不可能两者都像，犯了自相矛盾的逻辑错误。

E项，"反对到处乱跑"和"把孩子关起来"是两个不同的概念。

【答案】D

例20 东方日出，西方日落；社会是发展的，生物是进化的。这些都反映了不以人的意志为转移的客观规律。小王对此不以为然。他说，有的规律是可以改造的，人能改造一切，当然也能改造某些客观规律。比如价值规律不是乖乖地为精明的经营者服务了吗？人不是把肆虐的洪水制住而变害为利了吗？

试问，以下哪项最为确切地揭示了小王上述议论中的错误？

A. 他过高地估计了人的力量。

B. 他认为"人能改造一切"是武断的。

C. 他混淆了"运用"与"改造"这两个概念。

D. 洪水并没有都被彻底制服。

E. 价值规律若被改造就不叫价值规律了。

【解析】偷换概念。

小王在论证过程中混淆了"运用客观规律"与"改造客观规律"这两个概念。

【答案】C

微模考 2 ▶ 简单命题及概念

（基础篇）

（共 30 题，每题 2 分，限时 60 分钟）

1. 舌尖现象：在问题解决过程中通常会遇见的体验是所谓的"舌尖现象"，这是一种"几乎就有了"的感受，答案就在嘴边，我们能够清晰地感觉到，却没有办法把它说出口，或加以具体的描述。这是因为大脑对记忆内容的暂时性抑制所造成的，这种抑制受多方面因素影响。
根据上述定义，以下现象属于"舌尖现象"的是：
   A. 小欣做了一份非常漂亮的策划方案纸稿，却在展示时没法运用恰当的语言表述出方案中的精华部分，最后还是同事帮忙才得以过关。
   B. 老林在逛街时遇到多年前的同学，由于时间太过久远，印象模糊，导致他怎么也叫不出该同学的名字。
   C. 小轩为了准备即将到来的 GRE 考试，突击强记英语词汇，但早晨刚记住的 200 个词汇，到了晚上就忘记大半。
   D. 小茜参加数学竞赛时，有道很熟悉的大题，记得老师辅导时讲过，但就是想不起来怎么做，交了卷刚出考场，就回忆起老师讲过的解法。
   E. 唯唯与男友分手后，有时候会回忆起和他在一起的场景，但心头的伤心却无法说出口。

2. 有人说："哺乳动物都是胎生的。"
以下哪项最能驳斥以上判断？
   A. 也许有的非哺乳动物是胎生的。
   B. 可能有的哺乳动物不是胎生的。
   C. 没有见到过非胎生的哺乳动物。
   D. 非胎生的动物不大可能是哺乳动物。
   E. 鸭嘴兽是哺乳动物，但不是胎生的。

3. 大会主席宣布："此方案没有异议，大家都赞同，通过。"
如果以上不是事实，则下面哪项必为事实？
   A. 大家都不赞同方案。   B. 有少数人不赞同方案。
   C. 有些人赞同，有些人反对。   D. 至少有人是赞同方案的。
   E. 至少有人是反对方案的。

4. 有人说："最高明的骗子，可能在某个时刻欺骗所有的人，也可能所有的时刻欺骗某些人，但不可能在所有的时刻欺骗所有的人。"
如果上述断定为真，而且世界上总有一些高明的骗子，那么下述哪项断定必定是假的？
   A. 张三可能在某个时刻受骗。
   B. 李四可能在任何时候都不受骗。
   C. 骗人的人也可能在某个时刻受骗。

D. 不存在某一时刻所有的人都不会受骗。

E. 不存在某一时刻有人可能不受骗。

5. 并非明星不都是女神。

    以下哪项最接近于上述断定的含义？

    A. 所有的明星不是女神。　　　　　B. 所有的明星是女神。

    C. 有的明星不是女神。　　　　　　D. 有的明星是女神。

    E. 不是所有明星都是女神。

6. 并非有的人不可能考上研究生。

    以下哪项最接近于上述断定的含义？

    A. 所有的人可能考上研究生。　　　B. 所有的人必然考不上研究生。

    C. 有的人可能考上研究生。　　　　D. 有的人可能考不上研究生。

    E. 所有的人可能考不上研究生。

7. 假设"并非无奸不商"为真，则以下哪项一定为真？

    A. 所有商人都是奸商。　　　　　　B. 所有商人都不是奸商。

    C. 并非有的商人不是奸商。　　　　D. 并非有的商人是奸商。

    E. 有的商人不是奸商。

8. 某公司一批优秀的中层干部竞选总经理职位。所有的竞选者除了李女士自身外，没有人能同时具备她的所有优点。

    从以上断定中能合乎逻辑地得出以下哪项结论？

    A. 在所有竞选者中，李女士最具备条件当选总经理。

    B. 李女士具有其他竞选者都不具备的某些优点。

    C. 李女士具有其他竞选者的所有优点。

    D. 李女士的任一优点都有竞选者不具备。

    E. 任何其他竞选者都有不及李女士之处。

9. 有一个人能读完天下所有的书。这样的人是不可能存在的。

    以下哪项最接近于上述断定的含义？

    A. 任何人必然读不完天下所有的书。　B. 至少有人可能读完天下所有的书。

    C. 有的人可能读完一些书。　　　　D. 有的人必然能读完一些书。

    E. 任何人必然能读完天下所有的书。

10. 某单位共有 20 名工作人员。

    (1)有人是本科学历。

    (2)单位的负责人不是本科学历。

    (3)有人不是本科学历。

    上述三个判断中只有一个是真的。

    以下哪项正确地表示了该单位具有本科学历的工作人员的人数情况？

    A. 20 个人都是本科学历。　　　　B. 只有 1 个人是本科学历。

    C. 20 个人都不是本科学历。　　　D. 只有 1 个人不是本科学历。

E. 由题干无法判断具体人数。

11. 老王的四个儿子老大、老二、老三和老四中有一人买彩票中了大奖。有人问他们时，老大说："中大奖的可能是老三也可能是老四。"老二说："老四中了大奖。"老三说："我没有中大奖。"老四说："中大奖的肯定不是我。"了解儿子的老王说："他们中有三位绝对不会说谎话。"
   如果老王说的话正确，则中大奖的是哪位？
   A. 老大。 B. 老二。
   C. 老三。 D. 老四。
   E. 均没中奖。

12. 甲、乙、丙、丁四人在一起议论本班同学申请银行助学贷款的情况。
   甲：我班所有的同学都已申请了贷款。
   乙：如果班长申请了贷款，那么学习委员就没有申请。
   丙：班长申请了贷款。
   丁：我班有人没有申请贷款。
   已知四人中只有一个人说假话，则可推出以下哪项结论？
   A. 甲说假话，学习委员没有申请。 B. 乙说假话，班长没有申请。
   C. 丙说假话，学习委员没有申请。 D. 丁说假话，学习委员申请了。
   E. 甲说假话，班长没有申请。

13. 并非任何战争都必然导致自然灾害，但不可能有不阻碍战争的自然灾害。
   以下哪一项与上述断定的含义最为接近？
   A. 有的战争可能不导致自然灾害，但任何自然灾害都可能阻碍战争。
   B. 有的战争可能不导致自然灾害，但任何自然灾害都必然阻碍战争。
   C. 任何战争都不可能导致自然灾害，但有的自然灾害可能阻碍战争。
   D. 任何战争都可能不导致自然灾害，但有的自然灾害必然阻碍战争。
   E. 有的战争可能不导致自然灾害，但有的自然灾害可能阻碍战争。

14. 若"所有灵长类动物的大脑可能都具有额叶皮质"为真，则以下哪项一定为真？
   A. 并非所有灵长类动物的大脑都具有额叶皮质，这是不必然的。
   B. 所有灵长类动物的大脑都具有额叶皮质，这是必然的。
   C. 所有灵长类动物的大脑都具有额叶皮质。
   D. 并非所有灵长类动物的大脑都具有额叶皮质，这是可能的。
   E. 有的灵长类动物的大脑一定不具有额叶皮质。

15. 某个会议的与会人员的情况如下：
   (1) 3人是由基层提升上来的；
   (2) 4人是北方人；
   (3) 2人是黑龙江人；
   (4) 5人具有博士学位；
   (5) 上述情况包含了与会的所有人员。
   那么，与会人员的人数是：

A. 最少9人，最多14人。　　　　　　B. 最少5人，最多14人。
C. 最少7人，最多12人。　　　　　　D. 最少7人，最多14人。
E. 最少5人，最多12人。

16. 某单位统计上班迟到人数，一部门四人对是否迟到的说法如下：

    赵：我没有迟到。

    李：王和赵至少有一个没有迟到。

    王：我们中有人迟到。

    张：我们四人都没有迟到。

    上述四人中有两人说的是真话，有两人说的是假话，则以下哪项断定为真？

    A. 说真话的是赵和张。　　　　　　B. 说真话的是赵和李。
    C. 说真话的是李和王。　　　　　　D. 说真话的是李和张。
    E. 说真话的是赵和王。

17. 所有公共政策的后续效应可能是难以预料的。

    下列哪项判断的含义与上述判断最为接近？

    A. 所有公共政策的后续效应必然是难以预料的。
    B. 所有公共政策的后续效应不必然不是难以预料的。
    C. 有的公共政策的后续效应必然不是难以预料的。
    D. 有的公共政策的后续效应可能不是难以预料的。
    E. 所有公共政策的后续效应可能不是难以预料的。

18. 年轻人小王是一位新人，刚到某处级单位上班。处长鼓励他说："我们单位所有的年轻人事业上都取得了很大的进步。"副处长则告诫他："我们单位有的年轻人事业上并没有取得很大的进步！"科长对小王表示欢迎，并介绍说："我们科所有的年轻人都很勤奋敬业。"同一科的老乡小李则告诉小王："我们科长为人很勤奋敬业，但不太诚实。"经过一段时间的工作相处，小王发现上述四人的话中只有一句是假话。

    据此，可以推断小王单位里：

    A. 所有的年轻人都很勤奋敬业。　　B. 有的年轻人很勤奋敬业。
    C. 科长并不勤奋敬业但很诚实。　　D. 科长很勤奋敬业又很诚实。
    E. 处长很勤奋敬业。

19. 并非所有出于良好愿望的行为必然会导致良好的结果。

    如果以上断定为真，则以下哪项断定必为真？

    A. 所有出于良好愿望的行为必然不会导致良好的结果。
    B. 所有出于良好愿望的行为可能不会导致良好的结果。
    C. 有的出于良好愿望的行为不会导致良好的结果。
    D. 有的出于良好愿望的行为可能不会导致良好的结果。
    E. 有的出于良好愿望的行为一定不会导致良好的结果。

20. 藏獒是世界上最勇猛的狗，1只壮年的藏獒能与5只狼搏斗。所有的藏獒都对自己的主人忠心耿耿，而所有忠实于自己主人的狗也为人所珍爱。

如果以上陈述为真，则以下哪项陈述不一定为真？

A. 有些藏獒为人所珍爱。

B. 任何不为人所珍爱的狗不是藏獒。

C. 世界上有些最勇猛的狗为人所珍爱。

D. 有些忠实于自己主人的狗是世界上最勇猛的狗。

E. 有些为人所珍爱的狗不是藏獒。

21. 所有的零部件都被检查过了。

如果上述断定为真，则在下述三个断定中哪项可确定为假？

Ⅰ. 没有零部件被检查过。

Ⅱ. 有的零部件被检查过。

Ⅲ. 有的零部件没有被检查过。

A. 仅Ⅰ。　　　　　　　　　　　　B. 仅Ⅱ。

C. 仅Ⅰ、Ⅱ。　　　　　　　　　　D. 仅Ⅰ、Ⅲ。

E. 仅Ⅱ、Ⅲ。

22. 古希腊哲学家同时也是自然科学家。例如：泰勒斯是天文学家，他确定了1年有365天，曾预言不定期一次日食；阿那克西曼德制造过日晷等仪器，还制作过海陆地图。

据此，可以推出：

A. 有些自然科学家是古希腊哲学家。　　B. 有些自然科学家不是古希腊哲学家。

C. 古希腊自然科学家都是哲学家。　　　D. 古希腊哲学家都是天文学家。

E. 古希腊自然科学家都是天文学家。

23. 工业和信息化部在其官方网站上推出"轻型汽车燃料消耗量通告"专栏，要求汽车厂商在新车挡风玻璃上贴上燃料消耗量标识。该消息一出，引发了热议。某记者试图再次登录工业和信息化部网站时，发现原来可以查询油耗的网页已经瘫痪。他断言，有车族都对汽车油耗问题高度关注。他同时也发现，也有很多个体商户根本不关心汽车油耗问题。

假定该记者的断言和发现都是正确的。据此，可以推出：

A. 有些个体商户高度关注汽车油耗问题。　B. 有些有车族并不关注汽车油耗问题。

C. 有些个体商户并不是有车族。　　　　　D. 有些个体商户是有车族。

E. 该记者高度关注汽车油耗问题。

24. 在一次机关作风检查中，当场发现有四人上班期间在办公室打牌。单独进行身份询问时，戴眼镜的说："我们都不是该单位的。"年轻的说："至少有一人是该单位的。"黑脸的说："我什么都不知道。"穿皮夹克的说："至少有一人不是该单位的。"

经核实，四人中只有一人讲了真话，则以下哪项一定为真？

A. 戴眼镜和穿皮夹克的不是该单位的。

B. 黑脸的是该单位的，但年轻的不是该单位的。

C. 年轻的不是该单位的，而戴眼镜的是该单位的。

D. 年轻的和穿皮夹克的都是该单位的。

E. 黑脸的不是该单位的。

25. 这个单位已发现有育龄职工违纪超生。

    如果上述断定是真的，则在下述三个断定中不能确定真假的是：

    Ⅰ. 这个单位没有育龄职工不违纪超生。

    Ⅱ. 这个单位有的育龄职工没违纪超生。

    Ⅲ. 这个单位所有的育龄职工都未违纪超生。

    A. 只有Ⅰ和Ⅱ。 B. Ⅰ、Ⅱ和Ⅲ。
    C. 只有Ⅰ和Ⅲ。 D. 只有Ⅱ。
    E. 只有Ⅰ。

26. 所有的三星级饭店都被搜查过了，没有发现犯罪嫌疑人的踪迹。

    如果上述断定为真，则在下面四个断定中可确定为假的是：

    Ⅰ. 没有三星级饭店被搜查过。

    Ⅱ. 有的三星级饭店被搜查过。

    Ⅲ. 有的三星级饭店没有被搜查过。

    Ⅳ. 犯罪嫌疑人躲藏的三星级饭店已被搜查过。

    A. 仅Ⅰ、Ⅱ。 B. 仅Ⅰ、Ⅲ。
    C. 仅Ⅱ、Ⅲ。 D. 仅Ⅰ、Ⅲ和Ⅳ。
    E. Ⅰ、Ⅱ、Ⅲ和Ⅳ。

27. 所有南京人都是江苏人；所有南京人都喜欢吃盐水鸭；有些江苏人喜欢旅游。

    如果以上断定为真，则以下哪项也为真？

    Ⅰ. 有些江苏人不是南京人。

    Ⅱ. 有些江苏人不喜欢旅游。

    Ⅲ. 有些江苏人喜欢吃盐水鸭。

    A. Ⅰ。 B. Ⅱ。
    C. Ⅲ。 D. Ⅰ和Ⅲ。
    E. Ⅰ、Ⅱ和Ⅲ。

28. 一所大学共有四个区，住在北区的都不是文科类院系的学生，因此，在西区上课的学生有的不住在北区。

    为了使这个推理正确，必须补充以下哪项作为前提？

    A. 文科类院系的学生有的不在西区上课。

    B. 在西区上课的学生有的不是文科类院系的学生。

    C. 住在北区的学生有的是在西区上课的。

    D. 文科类院系的学生有的是在西区上课的。

    E. 住在北区的学生有的不是文科类院系的学生。

29. 任何无法量化及不设定时限的目标都是无效的目标，而任何无效的目标都没有实际操作的方法。因此，详细的职业规划不是无法量化及不设定时限的目标。

    为了使这个推理正确，必须补充以下哪项作为前提？

    A. 详细的职业规划有实际操作的方法。

B. 详细的职业规划不都是无效的目标。

C. 有效的目标都是可以量化和设定时限的目标。

D. 无法量化及不设定时限的目标没有实际操作的方法。

E. 有的详细的职业规划没有实际操作的方法。

30. 湘君：因为茱萸是优秀运动员，所以，他有资格进入名人俱乐部。

国风：但是因为茱萸吸烟，他不是年轻人的好榜样，因此，茱萸不应被名人俱乐部接纳。

国风的论证使用了以下哪项作为前提？

Ⅰ. 有些优秀运动员吸烟。

Ⅱ. 所有吸烟者都不是年轻人的好榜样。

Ⅲ. 所有被名人俱乐部接纳的都是年轻人的好榜样。

A. 仅Ⅰ。　　　　　　　　　　　B. 仅Ⅱ。

C. 仅Ⅲ。　　　　　　　　　　　D. 仅Ⅱ和Ⅲ。

E. Ⅰ、Ⅱ和Ⅲ。

微模考 2 ▶ 参考答案

（基础篇）

1. D

   【解析】定义题。

   "舌尖现象"的定义要点：

   ①答案就在嘴边，能够清晰地感觉到。

   ②无法说出口或加以具体的描述。

   ③大脑对记忆内容的暂时性抑制。

   A 项不符合③，B 项不符合①和③，C 项不符合①，E 项不符合①和③。

   D 项符合"舌尖现象"的定义要点，故正解答案为 D 项。

2. E

   【解析】简单命题的负命题。

   题干：所有的哺乳动物都是胎生的。

   E 项，鸭嘴兽是哺乳动物，但不是胎生的（举反例），可得：有的哺乳动物不是胎生的，与题干矛盾，故最能削弱题干。

3. E

   【解析】简单命题的负命题。

   主席：所有人都赞同。

   其矛盾命题为：有人不赞同，故 E 项正确。

4. E

   【解析】简单命题的负命题。

   题干有以下判断：

   ①可能在某个时刻欺骗所有的人。

   ②可能所有的时刻欺骗某些人。

   ③不可能在所有的时刻欺骗所有的人。

   A、B、C 项均可能为真。

   D 项，不存在某一时刻所有的人都不会受骗＝所有时刻有的人会受骗＝有的人会在所有时刻受骗，可能为真。

   E 项，不存在某一时刻有人可能不受骗＝所有时刻所有人必然受骗，与题干条件③矛盾，必然为假。

5. B

   【解析】简单命题的负命题。

   方法一：双重否定表示肯定，故"并非明星不都是女神"＝"明星都是女神"＝"所有明星是女神"。

方法二："明星不都是女神"＝"不是所有明星是女神"＝"有的明星不是女神"。

故：并非"明星不都是女神"＝并非"有的明星不是女神"＝"所有明星是女神"。

6. A

【解析】 简单命题的负命题。

"有的人不可能考上研究生"＝"有的人必然考不上研究生"。

所以，并非"有的人不可能考上研究生"＝并非"有的人必然考不上研究生"＝"所有人可能考上研究生"。

规律：如果出现两个否定词，则把两个否定词中间的部分按照替换法口诀替换，第二个否定词后面的句子不变即可。如本题中，并非有的人不可能考上研究生。把"并非"和"不"中间的"有的"变为"所有"，第二个否定词"不"后面的部分不变即可。所以，"并非有的人不可能考上研究生"＝"所有人可能考上研究生"。

7. E

【解析】 简单命题的负命题。

无奸不商＝¬奸→¬商＝商→奸，即：所有商人都是奸商。

并非"无奸不商"＝并非"所有商人都是奸商"＝有的商人不是奸商。

8. E

【解析】 简单命题的负命题。

题干：所有的竞选者除了李女士自身外，没有人能同时具备她的所有优点。

即，任何其他竞选者在某一方面或某些方面都不如李女士。

因此，题干的断定能合乎逻辑地得出 E 项所示的结论。

9. A

【解析】 简单命题的负命题。

题干：　不可能　　存在一个人　　读完　　天下所有的书。

等价于：　必然　　任何人　　读不完　　天下所有的书。

10. A

【解析】 简单命题的真假话问题。

题干：

①有人是本科学历。

②单位的负责人不是本科学历。

③有人不是本科学历。

①"有的"和③"有的不"是下反对关系，至少一真，由题干中"上述三个判断中只有一个是真的"可知，②为假，即"单位的负责人是本科学历"为真。

根据推理关系"某个"可以推出"有的"可知，①为真，③为假，则③的矛盾命题即"所有人都是本科学历"为真，故 A 项正确。

11. D

【解析】简单命题的真假话问题。

将题干信息形式化：

①老大：老三∨老四。

②老二：老四。

③老三：¬老三。

④老四：¬老四。

题干信息②和④矛盾，必有一真一假。又由题干"三个人不会说谎话"可知，题干信息①和③为真，则可以推出中大奖的是老四，故 D 项正确。

12. A

【解析】简单命题的真假话问题。

将题干信息形式化：

①甲：所有同学申请。

②乙：班长申请→¬学委申请。

③丙：班长申请。

④丁：有的没有申请。

甲和丁的话矛盾，必有一真一假。又已知四人中只有一个人说假话，所以乙和丙的话为真，则班长申请∧¬学委申请，那么甲的话为假，丁的话为真，故 A 项正确。

13. B

【解析】简单命题的负命题。

并非任何战争都必然导致自然灾害，但不可能有不阻碍战争的自然灾害

＝并非任何战争都必然导致自然灾害，但不可能有的自然灾害不阻碍战争

＝有的战争可能不导致自然灾害，但必然所有自然灾害都阻碍战争。

14. A

【解析】简单命题的负命题。

题干：所有灵长类动物的大脑可能都具有额叶皮质。

A 项，不必然并非所有灵长类动物的大脑都具有额叶皮质＝可能所有灵长类动物的大脑都具有额叶皮质，与题干相同，为真。

B 项，由对当关系可知，"可能"无法推出"必然"，可真可假。

C 项，由对当关系可知，"可能"无法推出"事实"，可真可假。

D 项，可能并非所有灵长类动物的大脑都具有额叶皮质＝可能有的灵长类动物的大脑不具有额叶皮质，可真可假。

E 项，有的灵长类动物的大脑一定不具有额叶皮质＝并非（所有灵长类动物的大脑可能都具有额叶皮质），与题干矛盾，为假。

15. E

【解析】概念间的关系。

黑龙江人是北方人。

最少的情况是由基层提升上来的都是北方人，而且北方人都具有博士学位，因此最少5人。最多的情况是由基层提升上来的人都不是北方人，而且由基层提升上来的人和北方人都没有博士学位，因此最多应是3＋4＋5＝12(人)。

16. C

【解析】简单命题的真假话问题。

题干有如下信息：

赵：¬赵。

李：¬王∨¬赵。

王：有人迟到。

张：都没有迟到。

王和张的话矛盾，必有一真一假，因为"有两人说的是真话，有两人说的是假话"，所以赵和李的话也必有一真一假。

如果赵的话为真，则李的话也为真，与题干不符，所以赵的话为假，李的话为真，可以推出赵迟到了，所以张的话为假，那么王的话为真，故C项正确。

17. B

【解析】简单命题的负命题。

题干：所有公共政策的后续效应可能是难以预料的。

B项，所有公共政策的后续效应不必然不是难以预料的，等价于：所有公共政策的后续效应可能是难以预料的，与题干意思相同。

其余各项均与题干不同。

18. B

【解析】简单命题的真假话问题。

题干：

处长：我们单位所有的年轻人事业上都取得了很大的进步。

副处长：我们单位有的年轻人事业上并没有取得很大的进步。

科长：我们科所有的年轻人都很勤奋敬业。

小李：我们科长为人很勤奋敬业，但不太诚实。

处长和副处长的话矛盾，两人的话必有一真一假，又因为四人的话中只有一句是假话，故科长和小李的话均为真话，即："该科所有的年轻人都很勤奋敬业"且"科长为人很勤奋敬业，但不太诚实"。

A项，由科长的话为真可知，"我们科"所有的年轻人都很勤奋敬业，但不能推出"全单位"年轻人的情况，故此项可真可假。

B项，由科长的话为真可知，有的年轻人很勤奋敬业，故此项为真。

C项，由小李的话为真可知，此项为假。

D项，由小李的话为真可知，此项为假。

E项，题干没有涉及处长的情况，可真可假。

19. D

   【解析】简单命题的负命题。

   题干：

   ￢（所有出于良好愿望的行为必然会导致良好的结果）

   ＝有的出于良好愿望的行为可能不会导致良好的结果。

   故正确答案为D项。

20. E

   【解析】对当关系。

   将题干信息形式化：

   ①藏獒→世界上最勇猛的狗。

   ②藏獒→对自己的主人忠心耿耿。

   ③忠实于自己主人的狗→为人珍爱。

   ②、③串联可得：④藏獒→对自己的主人忠心耿耿→为人珍爱。

   A项，由题干信息④可知，所有藏獒为人所珍爱，故"有些藏獒为人所珍爱"为真。

   B项，"￢为人珍爱的狗→￢藏獒"，等价于："藏獒→为人珍爱"，由题干信息④可知，为真。

   C项，由题干信息①、④可推出"有些世界上最勇猛的狗为人所珍爱"，为真。

   D项，由题干信息①、②可推出"有些忠实于自己主人的狗是世界上最勇猛的狗"，为真。

   E项，由题干信息④得"有些为人所珍爱的狗是藏獒"，与E项是下反对关系，一真另不定，故可真可假。

21. D

   【解析】对当关系。

   题干：所有的零部件都被检查过了。

   Ⅰ项，等价于"所有的零部件都没有被检查过"，"所有"与"所有不"是反对关系，一真另必假，所以Ⅰ项为假。

   Ⅱ项，根据推理关系"所有"可以推出"有的"，所以Ⅱ项为真。

   Ⅲ项，"所有"和"有的不"是矛盾关系，因此Ⅲ项为假。

   故正确答案为D项。

22. A

   【解析】对当关系。

   题干：古希腊哲学家同时也是自然科学家。

   A项，"所有"可以推出"有的"，即可以推出"有的古希腊哲学家是自然科学家"，根据"有的互换原则"，可得"有的自然科学家是古希腊哲学家"，此项为真。

   其余各选项均不可以由题干推出。

23. C

   【解析】箭头的串联。

   将题干信息形式化：

   ①有车族→关注汽车油耗问题＝￢关注汽车油耗问题→￢有车族。

②有的个体商户→┐关注汽车油耗问题。

②、①串联可得：有的个体商户→┐关注汽车油耗问题→┐有车族。

因此，C项"有些个体商户并不是有车族"为正确选项。

24. D

【解析】简单命题的真假话问题。

题干：

戴眼镜的：我们都不是该单位的。

年轻的：有人是该单位的。

黑脸的：我什么都不知道。

穿皮夹克的：有人不是该单位的。

戴眼镜的和年轻的说的话矛盾，必有一真一假，又因为四人中只有一人讲了真话，所以，黑脸的和穿皮夹克的说的话都是假的，即"有人不是该单位的"为假，则"所有人都是该单位的"为真，故D项正确。

25. A

【解析】对当关系。

题干：有的育龄职工违纪超生。

Ⅰ项，等价于：所有的育龄职工都违纪超生，"有的"推不出"所有"，故此项可真可假。

Ⅱ项，"有的"与"有的不"是下反对关系，一真另不定，故此项可真可假。

Ⅲ项，"有的"与"所有不"矛盾，故此项必为假。

26. B

【解析】对当关系。

题干：①所有的三星级饭店都被搜查过了∧②没有发现犯罪嫌疑人的踪迹。

Ⅰ项，没有三星级饭店被搜查过=所有的三星级饭店都没被搜查过，与①是反对关系，①为真，则Ⅰ项必为假。

Ⅱ项，根据"所有→有的"可知，此项为真。

Ⅲ项，与①是矛盾关系，此项必为假。

Ⅳ项，根据"所有→某个"可知，此项为真。

27. C

【解析】箭头的串联＋对当关系。

将题干信息形式化：

①南京人→江苏人。

②南京人→喜欢吃盐水鸭。

③有的江苏人→喜欢旅游。

由①知：有的南京人→江苏人＝有的江苏人→南京人，与②串联得：有的江苏人→南京人→喜欢吃盐水鸭，故Ⅲ项为真。

由对当关系可知，Ⅰ项和Ⅱ项无法判断真假。

28. D

【解析】隐含三段论。

题干中的前提：住在北区→┐文科，等价于：文科→┐住在北区。

题干中的结论：有的在西区上课→┐住在北区。

补充前提：有的在西区上课→文科，即可串联得：有的在西区上课→文科→┐住在北区，可得到题干中的结论。

补充的前提等价于：有的文科→在西区上课，故 D 项正确。

29. A

【解析】隐含三段论。

题干中的前提：

①无法量化及不设定时限的目标→无效的目标＝┐无效的目标→┐（无法量化及不设定时限的目标）。

②无效的目标→┐实际操作的方法＝实际操作的方法→┐无效的目标。

②、①串联可得：实际操作的方法→┐无效的目标→┐（无法量化及不设定时限的目标）。

题干中的结论：详细的职业规划→┐（无法量化及不设定时限的目标）。

故需要补充的前提为：详细的职业规划→实际操作的方法，即 A 项正确。

30. D

【解析】搭桥法(此题可学完假设题一章后再做)。

国风：因为茱萸吸烟，他不是年轻人的好榜样，因此，茱萸不应被名人俱乐部接纳。

分析：

(1)国风的第一个论证关系，"茱萸吸烟，他不是年轻人的好榜样"，需补充的前提是：吸烟→┐年轻人的好榜样，即Ⅱ项。

(2)国风的第二个论证关系，"他不是年轻人的好榜样，因此，茱萸不应被名人俱乐部接纳"，需补充的前提是：┐年轻人的好榜样→┐应被名人俱乐部接纳，等价于：被名人俱乐部接纳→年轻人的好榜样，即Ⅲ项。

故 D 项正确。

第二部分 论证逻辑

本部分知识架构

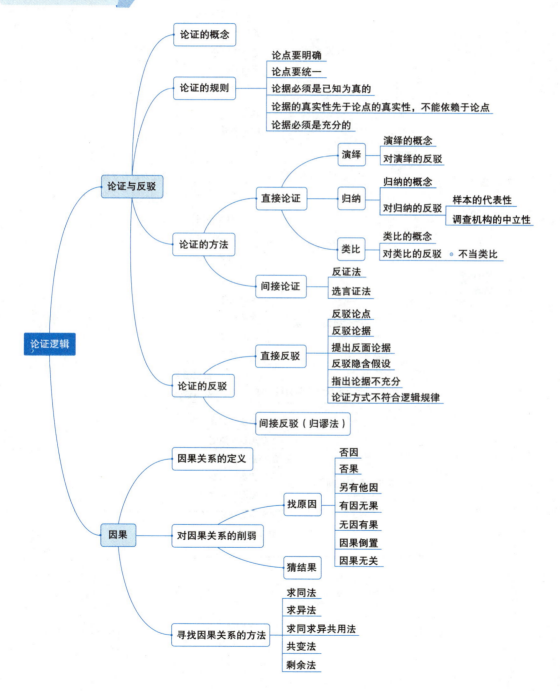

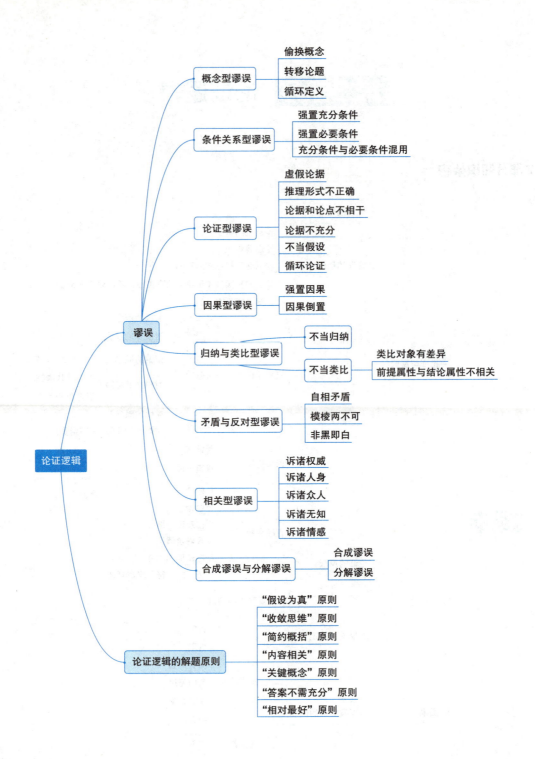

第3章 论证、因果与谬误

第1节 论证与反驳

1 论证的概念与规则

1.1 论证的概念

所谓论证，就是用一个或一些已知为真的命题来证明另一命题的真实性。

这些已知为真的命题，叫作"论据"；待证明的命题，叫作"论点"或"论题"；证明的过程，叫作"论证方式"。

例如：

凤姐眼睛大大的，头发长长的，笑起来萌萌的，是一代女神。

在本例中，论据是"凤姐眼睛大大的，头发长长的，笑起来萌萌的"，结论是"凤姐是女神"，其论证方式为直接证明。

扫码免费听
老吕讲解

1.2 论证的规则

(1)论点要明确。

论点中所使用概念的内涵和外延都是明确的。构成论点的命题不能有歧义，否则会犯"论点模糊"的逻辑错误。

(2)论点要统一。

整个论证过程中，论点必须保持一致，否则会犯"转移论点"或"偷换论点"的逻辑错误。

(3)论据必须是已知为真的。

论证要求论据必须为真，且这种真实性不是尚待证明的，否则就犯了"虚假论据"的逻辑错误。

(4)论据的真实性先于论点的真实性，不能依赖于论点。

论据的真实性在先，论点的真实性在后，如果论据的真实性依赖于论点的真实性，就犯了"循环论证"的逻辑错误。

(5)论据必须是充分的。

论据必须是充分的，足以推出结论，否则就犯了"论据不充分"或"推不出"的逻辑错误。

1.3 推理与论证的区别

推理与论证是密切联系又相互区别的概念。一个推理和一个论证可以用相同的语言形式表达出来。

例如：

所有的鸟都会飞，鸵鸟是鸟，所以，鸵鸟会飞。

这个例子可以看作是推理，也可以看作是论证。如果看作是推理，根据箭头的串联，此推理为真；如果看作是论证，则此论证未必为真，因为其论据"所有的鸟都会飞"和"鸵鸟是鸟"都可能是假的，其结论"鸵鸟会飞"也可能是假的。

所以，论证要求论据和结论均为真，并且论据足以证明结论。而推理仅要求推理形式符合形式逻辑的法则。

2 论证的方法

2.1 直接论证

直接论证是由几个正确的论据，直接证明一个结论的正确性。其基本结构为：

$$论据 \xrightarrow{证明} 结论$$

大部分论证都属于直接论证。

例如：

曹操文治武功卓越（论据），是一代枭雄（结论）。

论证方法按照论证方向来分，可以分为演绎、归纳和类比。演绎是由一般到个别，归纳是由个别到一般，类比是由个别到个别或一般到一般。

2.1.1 演绎

(1)演绎的概念。

演绎是由一般到个别的论证方法，它由一般原理出发，推导出关于个别情况的结论。最常见的形式是三段论。

例如：

所有美女都喜欢自拍，凤姐也是美女，因此，凤姐也喜欢自拍。

(2)对演绎的反驳。

如果把上面的例子看作一个推理，则这是一个正确的推理。所以，演绎是必然性的论证，即：如果前提为真，则结论一定为真。

但如果把这个例子看作一个论证，则它不一定正确。我们既可以质疑它的前提，也可以质疑它的结论。

例如：

反驳论据：①有的美女不喜欢自拍；②凤姐不是美女。

反驳结论：凤姐不喜欢自拍。

2.1.2 归纳

(1)归纳的概念。

归纳就是通过个别性、特殊性认识概括出一般性认识的推理。归纳可分为两种：一种叫不完全归纳，另一种叫完全归纳。

例①：

邓超参加了《奔跑吧，兄弟》，人气爆棚了。

baby 参加了《奔跑吧，兄弟》，人气爆棚了。

祖蓝参加了《奔跑吧，兄弟》，人气爆棚了。

少林宝强参加了《奔跑吧，兄弟》，人气爆棚了。

大黑牛参加了《奔跑吧，兄弟》，人气爆棚了。

……

所以，参加了《奔跑吧，兄弟》的明星都人气爆棚了。

在本例中，前提只考察了一类事物中的一部分对象（邓超、baby、祖蓝、少林宝强、大黑牛），结论却是这一类事物的全体（参加了《奔跑吧，兄弟》的明星），这叫作不完全归纳法。这一结论扩大了论证对象的范围，结果是或然性的，即前提为真，结论不一定为真。当前提为真，结论为假时，就犯了以偏概全的错误。

例②：

张亮和天天参加《爸爸去哪儿》，火了。

田亮和田雨橙参加《爸爸去哪儿》，火了。

林志颖和 Kimi 参加《爸爸去哪儿》，火了。

郭涛和石头参加《爸爸去哪儿》，火了。

王岳伦和王诗龄参加《爸爸去哪儿》，火了。

一共只有五对明星家庭参加《爸爸去哪儿》。

所以，参加《爸爸去哪儿》的明星家庭都火了。

例②和例①看起来很相似，但是，例②考察的是一类事物的全部对象（参加《爸爸去哪儿》的全部五组明星家庭），这叫作完全归纳法。其结论是必然性的，即：如果前提是正确的，结论一定是正确的。

(2)对归纳的反驳。

现实中，归纳法的使用往往是问卷调查、数据统计等。一个问卷调查、数据统计是否有效，一般要考虑：样本有代表性吗？调查的主持者中立吗？

①样本的代表性。

如果一个样本的数量太少、广度不够、样本的选取不是随机的，我们就称样本没有代表性。

例如：

北京市亲子鉴定中心的鉴定结果表明，凡是来做亲子鉴定的人中，有接近一半孩子不是亲生的。因此，北京市民的孩子中，有一半不是亲生的。

这一论证难以成立，因为在亲子鉴定中心进行鉴定的市民，难以代表普通市民。

②调查机构的中立性。

调查机构必须作为中立方来主持调查。

这和足球比赛类似，一场中国队和韩国队的比赛，如果选用韩国的裁判执法，即使这个裁判确实秉公执法了，也往往会被球迷骂黑哨，因为这样的裁判不具备中立性。

同样，"老王卖瓜，自卖自夸"，他夸得再好，你也不一定相信，因为他可能为了赚钱而把不甜的瓜说成是甜的。他同样不具备中立性。

类似地,老吕宣传自己的课讲得好,让你报班,你可能会半信半疑;但如果你的师兄师姐大力推荐老吕的课,你可能会更加相信。这是因为老吕和你师兄师姐的中立性不同。

典型例题

例1 为了调查当前人们的识字水平,某实验者列举了20个词语,请30位文化人士识读,这些人的文化程度都在大专以上。识读结果显示,多数人只读对3到5个词语,极少数人读对15个以上,甚至有人全部读错。其中,"蹒跚"的辨识率最高,30人中有19人读对;"呱呱坠地"所有人都读错。20个词语的整体误读率接近80%。该实验者由此得出,当前人们的识字水平并没有提高,甚至有所下降。

以下哪项如果为真,最能对该实验者的结论构成质疑?

A. 实验者选取的20个词语不具有代表性。

B. 实验者选取的30位识读者均没有博士学位。

C. 实验者选取的20个词语在网络流行语言中不常用。

D. "呱呱坠地"这个词的读音有些大学老师也经常读错。

E. 实验者选取的30位识读者中约有50%大学成绩不佳。

【解析】调查统计型削弱题。

题干:实验者列举了"20个词语",请"30位文化人士"识读,误读率很高——证明→当前"人们"的"识字水平"并没有提高,甚至有所下降。

题干中的推论要成立,30位文化人士的识字水平必须能代表当前人们的识字水平,实验的20个词语的识别情况必须能代表对所有词语的识别情况。

A项,指出所选的词语没有代表性,可以削弱。

其余各项均不能削弱。

【答案】A

例2 丈夫和妻子讨论孩子上哪所小学为好。丈夫称:根据当地教育局最新的教学质量评估报告,青山小学教学质量不高。妻子却认为:此项报告未必客观准确,因为撰写报告的人中有来自绿水小学的人员,而绿水小学在青山小学附近,两所学校有生源竞争的利害关系,因此青山小学的教学质量其实是较高的。

以下哪项最能弱化妻子的推理?

A. 撰写评估报告的人中也有来自青山小学的人员。

B. 对青山小学盲目信任,主观认为质量评估报告不可信。

C. 用有偏见的论据论证"教学质量评估报告是错误"的。

D. 并没有提供确切的论据,只是猜测评估报告有问题。

E. 没有证明青山小学和绿水小学的教学质量有显著差异。

【解析】妻子认为:撰写报告的人中有来自绿水小学的人员,而绿水小学与青山小学有竞争关系——证明→教育局关于"青山小学教学质量不高"的结论未必准确。

妻子认为调查机构的人员构成有问题，导致调查机构不中立。

A项，撰写评估报告的人中也有来自青山小学的人员，所以，妻子认为的人员结构问题不存在，削弱了妻子的论证。

【答案】A

2.1.3 类比

(1)类比的概念。

类比是根据两个或两类相关对象具有某些相似或相同的属性，从而推理他们在另外的属性上也相同或者相似。

类比论证其实在日常生活中很常见，同学们也经常用，只是没有把它上升到逻辑的高度。

先看一个例子：

东哥：小天是我心中最纯洁最善良的人，希望可以牵手而行。

神回复：幼儿园小朋友是我心中最纯洁最善良的人。

在这个回复中，其实应用了类比论证。小天和小朋友都具有"最纯洁最善良"这个性质，所以在"牵手而行"这个性质上也应该是一致的，所以，其结论应该是："希望和小朋友牵手而行"。

再如：

思聪：我交朋友，从来不在乎对方有没有钱，反正都没有我有钱。

老吕：我交朋友，从来不在乎对方丑不丑。

你是不是笑了呢，然后在心里得出了一个结论：反正都没老吕丑？所以，类比论证是日常生活中常用的一个论证方法，多观察多总结，能找到很多这样的例子。

总结上面两个例子，我们可以发现，类比论证的结构为：

对象1：有性质A，有性质B；

对象2：也有性质A；

所以，对象2也有性质B。

(2)对类比的反驳。

类比论证是或然性论证，如果前提为真，其结论不一定为真。前提中类比对象的共同属性越多，共同属性越本质，前提中的属性和结论中的属性相关度越高，结论的可靠性就越大。所以，指出类比对象之间具有本质差异，或者指出前提属性与结论属性之间不相关(即不当类比)，就可以削弱类比推理的有效性。

例如：

鱼是有生命的，人也是有生命的，鱼能在水里长期生存，所以，人也能在水里长期生存。

分析：鱼在水里长期生存，是因为鱼用鳃呼吸，而人是用肺呼吸的，这是鱼和人的差异，所以人并不能在水里长期生存(类比对象有本质差异)。

典型例题

例3 某中学发现有学生在课余时间用扑克玩带有赌博性质的游戏，因此规定学生不得带扑克进入学校，不过即使是硬币，也可以用作赌具，但禁止学生带硬币进入学校是不可思议的，因此，禁止学生带扑克进入学校是荒谬的。

以下哪项如果为真，最能削弱上述论证？

A. 禁止带扑克进入学校不能阻止学生在校外赌博。

B. 硬币作为赌具远不如扑克方便。

C. 很难查明学生是否带扑克进入学校。

D. 赌博不但败坏校风，而且影响学生的学习成绩。

E. 有的学生玩扑克不涉及赌博。

【解析】题干采用的是类比论证，将硬币和扑克作类比，属于类比型削弱题。

> 硬币：可以用作赌具，不禁止；
> 扑克：可以用作赌具；
> 所以，不禁止扑克。

A项，无关选项，题干中的建议是约束学生在校内的行为，与"校外赌博"无关。

B项，指出硬币和扑克有差异（类比对象有差异），不当类比，故削弱题干。

C项，"很难查明"不代表"不能查明"。

D项，无关选项，赌博有什么坏处与学生会不会用硬币赌博无关。

E项，"有的"学生玩扑克不涉及赌博，不代表"所有"学生都不用扑克赌博。

【答案】B

例 4 核战争将导致漫长的"核冬季"包围地球，这种预测是不可相信的。大气科学家和天气专家无法可靠而准确地预测明天的天气。而核爆炸对本地和世界范围大气情况的影响一定遵循那些控制着日常天气变化的规律。如果天气无法用目前的知识预测，那么"核冬季"这一假设用目前的知识也不能预测。

下面哪一项如果正确，将严重削弱上述论断：如果科学家无法准确地预测日常天气，他们对"核冬季"的预测也不可相信？

A. "核冬季"的理论使用的是那些预报日常天气的人可以得到的数据。

B. 科学家对"核冬季"的预测只能是凭空构想的，因为这些预测无法通过不造成伤害的实验加以证实。

C. 天气预报人员通常不坚持说他们的预报不会出错。

D. 对灾难性自然事件，如火山爆发、地震，所做的科学预测比日常天气预报的可信度要低。

E. "核冬季"这一理论与剧烈的天气变化而非日常天气变化相关。

【解析】题干使用类比论证：日常天气无法用目前的知识预测 —证明→ "核冬季"也不能预测。

A项，支持题干，类比对象有相似性。

B项，诉诸无知。（"诉诸无知"属于常见逻辑谬误中的"相关型谬误"，你会在本章第3节学习相关知识。）

C项，无关选项。

D项，支持题干，说明灾难性自然事件难以预测。

E项，削弱题干，说明类比对象有差异。

【答案】E

2.2 间接论证

(1) 反证法。

反证法是间接论证的一种方法，通过论证与论点矛盾的观点(矛盾命题)不成立，来论证论点的真实性。

原命题为 A，先假设其不正确(即 ¬A)，发现推出了矛盾，所以 ¬A 不成立，故 A 成立。

例如：

证明：这个餐馆的菜好吃。

证明过程：假设这个餐馆的菜不好吃，则不会有很多顾客，而现在有很多顾客，所以这个餐馆的菜好吃。

(2) 选言证法。

选言证法，即排除法，即已知几个论断中必有一真，排除其他几个论断为真的可能性，从而确定论点为真。

即：A∨B 成立，¬A，所以 B。

例如：

你男朋友或者是小宋，或者是小岳岳。经调查发现，你不喜欢黑的，所以你男朋友是小岳岳。

典型例题

例 5 雌性斑马和它们的幼小子女离散后，可以在相貌体形相近的成群斑马中很快又聚集到一起。研究表明，斑马身上的黑白条纹是它们互相辨认的标志，而幼小斑马不能将自己母亲的条纹与其他成年斑马的条纹区分开来。显而易见，每个母斑马都可以辨别出自己后代的条纹。

上述论证采用了以下哪种论证方法？

A. 通过对发生机制的适当描述，支持关于某个可能发生现象的假说。

B. 在对某种现象的两种可供选择的解释中，通过排除其中的一种，来确定另一种。

C. 论证一个普遍规律，并用来说明某一特殊情况。

D. 根据两组对象有某些类似的特性，得出它们具有一个相同特性。

E. 通过反例推翻一个一般性结论。

【解析】选言证法(排除法)。

题干："斑马身上的黑白条纹是互相辨认的标志"，即母斑马辨认幼斑马或幼斑马辨认母斑马，而幼斑马不能辨认母斑马，自然就是母斑马辨认幼斑马。

即在两种可能的解释中，排除其中一种，确定另外一种，故 B 项正确。

【答案】B

3 论证的反驳

反驳是用一个或一些已知为真的命题去确定另一个或另一些论点虚假性的思维过程。

例如：

亚里士多德认为"物体越重，下落速度越快"，意大利科学家伽利略反驳他时指出，如果一个轻石头和一个重石头绑在一起下落，会得出两个相互矛盾的结论：轻石头下落速度慢，会降低重石头的下落速度；两个石头绑在一起，比重石头要重，根据物体越重，下落速度越快，则此时速度应该快于重石头单独的下落速度。由此可见，"物体越重，下落速度越快"不成立。

3.1 直接反驳

(1) 反驳论点。

直接说明对方论点的虚假性。

例如：

凤姐眼睛大大的，头发长长的，笑起来萌萌的，是一代女神。

反驳：凤姐不是女神。

(2) 反驳论据。

说明对方所使用的论据是虚假的，从而论证它的论点是虚假的。

例如：

凤姐眼睛大大的，头发长长的，笑起来萌萌的，是一代女神。

反驳：凤姐的眼睛不大，头发不长，笑起来不萌。

(3) 提出反面论据。

提出能够证明对方论点虚假的反面论据。

例如：

凤姐眼睛大大的，头发长长的，笑起来萌萌的，是一代女神。

反驳：凤姐的嘴巴不好看。

(4) 反驳隐含假设。

隐含假设就是对方在论述中虽未言明，但是其结论要想成立，必须具有的一个前提。如果对方的论证存在这样的隐含前提，只需说明隐含前提不成立，即可证明其论证是不成立的。

例如：

凤姐眼睛大大的，头发长长的，笑起来萌萌的，是一代女神。

其隐含假设为：凤姐是女的。

反驳：凤姐不是女的。

(5) 指出论据不充分。

论据虽然正确，但并不能充分证明论点。

例如：

凤姐眼睛大大的，头发长长的，笑起来萌萌的，是一代女神。

反驳：凤姐虽然眼睛挺大，头发挺长，笑起来挺萌，但是，仅有这三个特点不足以成为女神。

(6) 论证方式不符合逻辑规律。

论据与论点之间不存在必然的逻辑关系，或者违反形式逻辑的推理规则。

例如：

所有鸟都会飞，飞机不是鸟。因此，飞机不会飞。

由形式逻辑知识易知，这是一个错误的推理（推理默认前提为真）或论证（论证要求前提为真,但前提不一定为真)。

典型例题

例6 人们经常使用微波炉给食品加热。有人认为,微波炉加热时食物的分子结构发生了改变,产生了人体不能识别的分子。这些奇怪的新分子是人体不能接受的,有些还具有毒性,甚至可能会致癌。因此,经常吃微波食品的人或动物,体内会发生严重的生理变化,从而造成严重的健康问题。

以下哪项最能质疑上述观点?

A. 微波加热不会比其他烹调方式导致更多的营养流失。
B. 我国微波炉生产标准与国际标准、欧盟标准一致。
C. 发达国家使用微波炉也很普遍。
D. 微波只是加热食物中的水分子,食品并未发生化学变化。
E. 自1947年发明微波炉以来,还没有因微波食品导致癌变的报告。

【解析】削弱题。

题干:微波炉加热时食物的分子结构发生了改变,这些奇怪的新分子是人体不能接受的,有些还具有毒性,甚至可能会致癌(论据)——证明→经常吃微波食品的人或动物,体内会发生严重的生理变化,从而造成严重的健康问题(结论)。

A项,无关选项,题干讨论的是"毒性",此项讨论的是"营养"。

B、C项,诉诸权威。

D项,反驳论据,微波只加热食物中的水分子,食品并未发生化学变化,即食物的分子结构并没有变化。

E项,诉诸无知。

注意:什么是诉诸权威和诉诸无知,本章第3节会讲解。

【答案】D

例7 济南市政府有关负责人表示,誓将今年的拆违拆临工作进行到底,凡是违法建筑均应拆除,绝不姑息。因此,矸石桥下的这片建筑均应拆除。

以下哪项如果为真,最能削弱上述论证?

A. 矸石桥下的这片建筑已经得到相关部门的默许。
B. 矸石桥下的这片建筑都是违法建筑。
C. 矸石桥下的这片建筑均有经营许可证。
D. 矸石桥下的这片建筑有些没有得到相关部门的批准。
E. 矸石桥下的这片建筑有些不是违法建筑。

【解析】论证型削弱题。

题干:违法建筑均应拆除——证明→矸石桥下的这片建筑均应拆除。

题干暗含了一个假设:矸石桥下的这片建筑都是违法建筑。

A项,无关选项。

B项，支持题干，此项就是题干的隐含假设。

C项，无关选项，因为题干并没有提及"经营许可证"。

D项，不能削弱题干。

E项，削弱假设，矸石桥下的这片建筑有些不是违法建筑，与隐含假设"矸石桥下的这片建筑都是违法建筑"是矛盾命题。

【答案】E

3.2　间接反驳（归谬法）

归谬法是先假设对方论点为真，从而推出荒谬的结论，以证明对方论点虚假的论证方法。

例如：

老吕：这一次孙杨的 400 米自由泳游得不好，只拿了银牌。

冬雨：你有什么资格评价孙杨？ 你行你上呀。

老吕：只有自己行，才能评价别人吗？ 照你这么说，篮球评论员恐怕只有乔丹能胜任，足球评论员恐怕也只能由贝利来当啦。

老吕从冬雨的论证出发，推出了显然荒谬的结论，使用了归谬法。

再如：

老吕刚出道的时候，经常受到这样的质疑：老吕才讲了两三年课，凭什么说比讲了十年的老师讲得好。 老吕呵呵一笑，脑中一个念头闪过：照你这么说，诺基亚手机就不应该被苹果和安卓超越，诺基亚做了多少年手机，苹果和谷歌才做了几年？ 摩托罗拉岂不是更悲催？ 手机可是摩托罗拉公司的马丁·库帕发明的！

典型例题

例8　语言不能生产物质财富，如果语言能够生产物质财富，那么夸夸其谈的人就会成为世界上的富翁。

下面哪项论证在方式上与上述论证最类似？

A. 人在自己的生活中不能不尊重规律，如果违背规律，就会受到规律的无情惩罚。

B. 加强税法宣传十分重要，这样做可以普及税法知识，增强人们的纳税意识，增加国家的财政收入。

C. 有些近体诗是要求对仗的，因为有些近体诗是律诗，而所有律诗都要求对仗。

D. 风水先生惯说空，指南指北指西东，倘若真有龙虎地，何不当年葬乃翁。

E. 金属都具有导电的性质，因为，我们研究了金、银、铜、铁、铅这些金属，发现它们都能导电。

【解析】结构相似题。

题干使用了归谬法：假设"语言能够生产物质财富"为真，从而推出了"夸夸其谈的人就会成为世界上的富翁"这样荒谬的结论，进而反驳了"语言能够生产物质财富"这一结论。

A项，反证法。

B项，直接论证。

C项，三段论。

D项，风水先生不是总说有风水宝地吗？如果有的话，当年你为什么不把你家老人葬在这里？用归谬法说明风水先生所指为虚。

E项，不完全归纳法。

【答案】D

第2节　因果

1 因果与论证

1.1 因果关系的定义

如果一种(或一些)现象的发生，导致了另外一种(或一些)现象的发生，那么这两种(或两类)现象之间就存在因果关系，并将前面的现象称为因，后面的现象称为果。

扫码免费听
老吕讲解

例如：

他给了她一刀，她死了。

显然，"他给了她一刀"这个事件的发生，导致了"她死了"这个事件的发生，我们将前者称为因，后者称为果，二者之间的联系称为因果关系。

因果关系用符号"——→"来表示。所以上面的例子，我们可以表示为：
　　　　导致

$$他给了她一刀 \xrightarrow{导致} 她死了$$

因果关系的两个现象，一定是原因先发生，结果后发生，即前因后果。因果关系未必是一对一的，也可能是一因多果、多因一果或者多因多果。

1.2 因果和论证的区别与联系

很多同学难以区分因果和论证，其实二者是既相互联系又相互区别的概念。

例如：

凤姐眼睛大大的，头发长长的，笑起来萌萌的，是一代女神。

如果把这句话看作一个论证，其论据显然是"凤姐眼睛大大的，头发长长的，笑起来萌萌的"，结论是"凤姐是一代女神"。如果把这句话看作是一个因果关系，也可以讲得通，即"凤姐眼睛大大的，头发长长的，笑起来萌萌的"这个原因，导致她成为"一代女神"。正是因为这两种关系都可以解释这句话，使很多同学认为，论证和因果是相同的。其实并不一样。

再看一个例子：

冬雨有一天生病了，去看医生。

医生：冬雨，你怎么了？

冬雨：人家肚子疼。

医生：拉肚子吗？

冬雨：拉了5次。

医生：稠的稀的？

冬雨：稀的。

医生：你得了肠胃炎。

我们来分析一下医生的思维过程。

医生通过询问得到了 3 个症状（现象）：肚子疼、拉 5 次、拉稀的。医生通过对这 3 个症状的分析，得到一个结论：冬雨得了肠胃炎。从论证的角度来分析，3 个症状是医生的论据，"肠胃炎"是医生的结论。但是从因果的角度来分析，是"肠胃炎"，导致出现"肚子疼、拉 5 次、拉稀的"这三个结果。

所以，论证关系和因果关系是不同的。论证，是用几个论据（证据）去证明一个结论，可以认为是证明关系，用"论据 —证明→ 结论"来表示。因果，是一个事件的发生导致了另外一个事件的发生，用"因 —导致→ 果"来表示。

在现实生活中，我们一般都是先观察到现象，然后再去寻找出现这种现象的原因，所以，在真题中，多数也是这样命题的。这种**以现象（果）作为研究对象，寻找导致其产生的原因的过程，称为"溯因推理"**，用"果 ←导致— 因"来表示。

例如：

H 国赤道雨林的面积每年以惊人的比例减少，引起了全球的关注。但是，卫星照片的数据显示，去年 H 国赤道雨林面积缩小的比例明显低于往年。去年，H 国政府支出数百万美元用以制止滥砍滥伐和防止森林火灾。H 国政府宣称，上述卫星照片的数据说明，本国政府保护赤道雨林的努力取得了显著成效。

分析：

题干中的论证关系：H 国赤道雨林面积缩小的比例低于往年 —证明→ 本国政府保护赤道雨林的努力取得了显著成效。

题干中的论据是现象（结果），题干中的结论是产生这一现象的原因，所以这是一个果因推理。可以用下列关系来表示：

H 国赤道雨林面积缩小的比例低于往年 ←导致— 本国政府保护赤道雨林的努力取得了显著成效。

2 对因果关系的削弱

2.1 找原因

日常生活中，我们很多情况都会找原因。

例如：

马云事业取得了成功，原因是什么？

冬雨这两年很红，原因是什么？

你一直找不到对象，原因是什么？

未名湖畔出现了一具无名女尸，死因是什么？

对一个事件，你找的原因我不认同，我就要说："你的原因找错了，因为……"这就是对"找原因"的削弱。

看一个例子：

老吕：你喜欢我(结果)，一定是因为我帅(找原因)。		
你应该如何削弱老吕？		
符号化：老吕帅 —导致→ 你喜欢老吕。		
你的反驳		削弱方式
老吕，你并不帅。		否因
老吕，我不喜欢你。		否果
老吕，我喜欢你，是因为喜欢你开着玛莎拉蒂时的专注神情。		另有他因
老吕，黄晓明各方面条件和你差不多，他也挺帅，但我并不喜欢他。		有因无果
老吕，你整容变帅之前，我就喜欢你了。		无因有果
老吕，你听说过一句话，叫情人眼里出西施吗？我觉得你帅，是因为我喜欢你。		因果倒置
老吕，我喜欢你，和你帅不帅没有关系。		因果无关

因此，对于"找原因"的削弱，可总结如下：

对因果关系的削弱

(1)否因削弱。

指出对方的原因没有发生。

(2)否果削弱。

指出对方的结果没有发生。

(3)另有他因。

其他原因导致了结果 B 的发生，而不是原因 A。另有他因是万能命题法，所有因果关系都可以用"另有他因"来削弱。

(4)有因无果。

出现了原因 A，却没有出现结果 B。

(5)无因有果。

没有原因 A，也出现了结果 B。

(6)因果倒置。

B 是造成 A 的原因，而非 A 是造成 B 的原因。

(7)因果无关。

题干中的因和果并不存在因果关系。

典型例题

例9　H 国赤道雨林的面积每年以惊人的比例减少，引起了全球的关注。但是，卫星照片的数据显示，去年 H 国赤道雨林面积缩小的比例明显低于往年。去年，H 国政府支出数百万美元用以制止滥砍滥伐和防止森林火灾。H 国政府宣称，上述卫星照片的数据说明，本国政府保护赤道雨林的努力取得了显著成效。

以下哪项如果为真，最能削弱 H 国政府的上述结论？

A. 去年 H 国用以保护赤道雨林的财政投入明显低于往年。

B. 与 H 国毗邻的 G 国的赤道雨林的面积并未缩小。

C. 去年 H 国的旱季出现了异乎寻常的大面积持续降雨。

D. H 国用于保护赤道雨林的费用只占年度财政支出的很小比例。

E. 森林面积的萎缩是全球性的环保问题。

【解析】果因型削弱题。

题干：去年 H 国赤道雨林面积缩小的比例低于往年 ←——导致—— 本国政府保护赤道雨林的努力取得了显著成效。

A 项，不能削弱，题干的论证不涉及去年和往年财政投入的比较。

B 项，无关选项，题干的论证只涉及 H 国，与 G 国无关。

C 项，另有他因，去年 H 国赤道雨林面积缩小的比例低于往年，可能真正原因是大面积持续降雨，而不是政府保护赤道雨林的努力。

D 项，不能削弱，因为即使 H 国用于保护赤道雨林的费用占年度财政支出的比例很小，也无法说明费用不够用或者无效果。

E 项，无关选项，不涉及题干的论证。

【答案】C

例 10 S 市持有驾驶证的人员数量较五年前增加了数十万，但交通死亡事故却较五年前有明显的减少。由此可以得出结论：目前 S 市驾驶员的驾驶技术熟练程度较五年前有明显的提高。

以下各项如果为真，都能削弱上述论证，除了：

A. 交通事故的主要原因是驾驶员违反交通规则。

B. 目前 S 市的交通管理力度较五年前有明显加强。

C. S 市加强对驾校的管理，提高了对新驾驶员的培训标准。

D. 由于油价上涨，许多车主改乘公交车或地铁上下班。

E. S 市目前的道路状况及安全设施较五年前有明显改善。

【解析】论证型（果因型）削弱题。

题干的论证关系：S 市持有驾驶证的人员增加，但交通死亡事故却减少 ——证明—→ S 市驾驶员的驾驶技术提高了。

本例是一个果因推理：S 市持有驾驶证的人员增加，但交通死亡事故却减少（果）←——导致—— S 市驾驶员的驾驶技术提高了（因）。

C 项，支持题干，驾校的培训标准提高了，意味着驾驶员的驾驶技术通过培训得到了提高。

其余各项均为另有他因，削弱题干。

【答案】C

例 11 在我国北方严寒冬季的夜晚，车辆前挡风玻璃会因低温而结冰霜。第二天对车辆发动预热后，玻璃上的冰霜会很快融化。何宁对此不解，李军解释道：因为车辆仅有的除霜孔位于前挡风玻璃，而车辆预热后除霜孔完全开启，因此，是开启除霜孔使车辆玻璃上的冰霜融化。

以下哪项如果为真，最能质疑李军对车辆玻璃冰霜迅速融化的解释？

A. 车辆一侧玻璃窗没有出现冰霜现象。
B. 尽管车尾玻璃窗没有除霜孔，其玻璃上的冰霜融化速度与前挡风玻璃没有差别。
C. 当吹在车辆玻璃上的空气气温增加，其冰霜的融化速度也会增加。
D. 车辆前挡风玻璃除霜孔的暖气流排出后可能很快冷却。
E. 即使启用车内空调暖风功能，除霜孔的功用也不能被取代。

【解析】因果型削弱题。

题干：位于前挡风玻璃的除霜孔的开启——导致——车辆玻璃上的冰霜融化。

A 项，无关选项，不涉及题干的论证。

B 项，无因有果，没有除霜孔的车尾玻璃窗与有除霜孔的前挡风玻璃具有相同的冰霜融化速度，可以削弱。

C 项，支持题干，吹在玻璃上的空气气温增加，冰霜的融化速度就会增加，通过共变法可知，除霜孔吹出来的空气使玻璃冰霜融化。

D 项，无关选项，不涉及题干的论证。

E 项，支持题干，除霜孔具有不可替代的作用。

【答案】B

2.2 猜结果

除了找原因外，我们还会预测结果。

比如：

赵四学习很努力，我猜测他会考上研究生。

王五总是酒后驾驶，我猜测他早晚有一天会因酒驾被拘留。

隔壁老王得了癌症，医生预测他命不久矣。

对一个事件，你对它的结果做了一个猜测，但这一猜测我不认同，我就要说："你的结果推断不当，因为……"这就是对"猜结果"的削弱。

典型例题

例12 在期货市场上，粮食可以在收获前就"出售"，如果预测歉收，粮价就上升；如果预测丰收，粮价就下跌。目前粮食作物正面临严重干旱，今晨气象学家预测，一场足以解除旱情的大面积降雨将在傍晚开始。因此，近期期货市场上的粮价会大幅度下跌。

以下哪项如果为真，最能削弱上述论证？

A. 气象学家气候预测的准确性并不稳定。
B. 气象学家同时提醒做好防涝准备，防备这场大面积降雨延续过长。
C. 农业学家预测，一种严重的虫害将在本季粮食作物的成熟期出现。
D. 和期货市场上的某些商品相比，粮食价格的波动幅度较小。
E. 干旱不是对粮食作物生长最严重的威胁。

【解析】论证型削弱题。

题干：①预测歉收，粮价上升；②预测丰收，粮价下跌；③足以解除旱情的大面积降雨将在傍晚开始（原因）——证明→粮价会下跌（结果）。

A项，诉诸未知。

B项，削弱题干，若大面积降雨延续过长，可能会导致预测歉收，引起粮价上升，削弱题干中"粮价会大幅度下跌"这一预测。

C项，严重虫害导致预测歉收，引起粮价上升，削弱题干中"粮价会大幅度下跌"这一预测。比较B、C两项的削弱程度，B项是"防备"，C项是"严重"，故C项力度大。

D项，无关选项，题干不涉及粮食价格波动幅度与其他商品价格波动幅度的比较。

E项，不能削弱，干旱不是"最严重的威胁"，不代表干旱不是"威胁"。

【答案】C

3 找因果的方法：求因果五法

1843年，约翰·斯图亚特·穆勒在著作《逻辑体系》中提出了著名的"归纳五法"，对探求现象产生的原因的方法进行了系统概括，即现在被普遍使用的"求因果五法"，也叫"穆勒五法"。

3.1 求同法

3.1.1 求同法的定义和结构

如果在某个现象中出现的两个或两个以上的场合中，仅有一个因素是共同出现的，则这个共同因素可能与该现象存在因果关系。

例如：

沫沫出名之后，吸毒了。

默默出名之后，吸毒了。

虎虎出名之后，吸毒了。

名名出名之后，吸毒了。

台湾地区来的小鲜肉东东出名之后，也吸毒了。

根据求同法，观察这5种情况，可以得出一个因果关系：出名可能会导致人吸毒。

求同法的基本结构是：

第一组对象：有A，有B；

第二组对象：有A，有B；

故有：A ——导致→ B。

3.1.2 对求同法的削弱

求同法得到的是或然性的结论，结论不一定是正确的。上例中，明星吸毒的原因未必是"出名"，当然也有可能是"出名"。

使用求同法，必须注意只能有一个相同情况。如果相比较的两个场合还有其他共同因素未被发觉，结论就很可能出现误差，所以，我们常用另有其他共同因素来对求同法得到的因果关系进行削弱（另有他因）。

例如：

某人第一天看了2小时的书，喝了咖啡，失眠了；第二天他又看了2小时的书，喝了浓茶，又失眠了。根据求同法，他认为是看了2小时的书导致其失眠。实际上，浓茶和咖啡都具有兴奋神经的作用，这可能是导致他失眠的真正原因。

3.2 求异法
3.2.1 求异法的定义和结构

求异法是指在某个现象出现和不出现的场合中，只有一个因素不同，其他因素完全相同。那么，这个不同的因素可能是此现象出现和不出现的原因。

求异法一般可分为两种情况：

一种是两类对象作横向对比。

例如：

吃了左旋肉碱的胖子，减肥了。

没有吃左旋肉碱的胖子，没有减肥。

因此，左旋肉碱可以减肥。

老吕友好提醒：科学运动减肥，少吃减肥药。

其基本结构是：

$$\begin{aligned}&\text{第一组对象：有 A，有 B；}\\&\text{第二组对象：无 A，无 B；}\\ \hline &\quad\text{故有：} A \xrightarrow{\text{导致}} B。\end{aligned}$$

另外一种是对同一对象在某因素出现前和出现后的情况进行纵向对比。

例如：

隔壁老王以前是个胖子，跳了两年广场舞，变成了瘦子。因此，跳广场舞可能是他减肥成功的原因。

其基本结构是：

$$\begin{aligned}&\text{同一对象有因素 A 前：没有 B；}\\&\text{同一对象有因素 A 后：有 B；}\\ \hline &\quad\text{故有：} A \xrightarrow{\text{导致}} B。\end{aligned}$$

3.2.2 对求异法的削弱

用求异法求因果，得到的是或然性的结论，结论不一定是正确的。

运用求异法，必须注意只能有一个情况不同，如果相比较的两个场合中还有其他差异因素，结论就很可能出现误差，所以，我们常用另有其他差异因素来对求异法得到的因果关系进行削弱（另有他因）。

例如：

某人戴着3D眼镜看了电影《阿凡达》，看完后头晕眼花；不看电影《阿凡达》时，头不晕眼不花。

这两个场合，有两个差异因素：看不看电影和戴不戴眼镜。需要进一步分析才可得知到底是哪个原因导致他头晕眼花。

典型例题

例13 在村庄东、西两块玉米地中,东面的地施过磷酸钙单质肥料,西面的地则没有。结果,东面的地亩产玉米300公斤,西面的地亩产玉米仅150公斤。因此,东面的地比西面的地产量高的原因是施用了过磷酸钙单质肥料。

以下哪项如果为真,最能削弱上述论证?

A. 给东面的地施用的过磷酸钙是过期的肥料。

B. 北面的地施用过硫酸钾单质化肥,亩产玉米220公斤。

C. 每块地种植了不同种类的四种玉米。

D. 两块地的田间管理无明显不同。

E. 东面和西面两块地的土质不同。

【解析】求异法型削弱题。

题干:

> 东面地块:施过磷酸钙单质肥料,亩产玉米300公斤;
>
> 西面地块:没施过磷酸钙单质肥料,亩产玉米仅150公斤;
>
> 故:施用了过磷酸钙单质肥料 ——导致→ 产量高。

A项,过期的肥料都可以增产,可能不过期的效果会更好,不能削弱题干。

B项,与题干不是同一种肥料,无关选项。

C项,东、西地块都种了四种玉米,东、西地块之间没有差异,不能削弱。

D项,排除其他差异因素,支持题干。

E项,存在其他差异因素,另有他因,削弱题干。

【答案】E

例14 光线的照射有助于缓解冬季抑郁症。研究人员曾对9名患者进行研究,他们均因冬季白天变短而患上了冬季抑郁症。研究人员让患者在清早和傍晚各接受3小时伴有花香的强光照射。一周之内,7名患者完全摆脱了抑郁,另外2人也表现出了显著的好转。由于光照会诱使身体误以为夏季已经来临,这样便治好了冬季抑郁症。

以下哪项如果为真,最能削弱上述论证的结论?

A. 研究人员在强光照射时有意使用花香伴随,对于改善患上冬季抑郁症的患者的适应性有不小的作用。

B. 9名患者中最先痊愈的3位均为女性,而对男性患者治疗的效果较为迟缓。

C. 该实验均在北半球的温带气候中,无法区分南北半球的实验差异,但也无法预先排除。

D. 强光照射对于皮肤的损害已经得到专门研究的证实,其中夏季比冬季的危害性更大。

E. 每天6小时的非工作状态,改变了患者原来的生活环境,改善了他们的心态,这是对抑郁症患者的一种主要影响。

【解析】求异法型削弱题。

题干采用前后对比:采用伴有花香的阳光照射后,9名研究对象的冬季抑郁症得到了好转

证明 ——→ 光线的照射有助于缓解冬季抑郁症。

A 项，另有他因，可以削弱，但是此项说的是"不小的作用"，而 E 项说的是"主要影响"，力度不如 E 项。

B 项，题干只说有疗效，并没有说迅速得到治疗，故此项不能削弱。

C 项，诉诸未知。

D 项，无关选项，对皮肤有损害与是否可以治疗抑郁症无关。

E 项，另有他因，可以削弱题干。

【答案】E

3.3 求同求异共用法

如果某现象出现的各个场合（正面场合）只有一个共同的因素，而这个现象不出现的各个场合（反面场合）都没有这个共同因素，那么，这个共同的因素可能就是此现象的原因。

例如：

中午老吕请大家吃饭，吃完饭后有一些人拉肚子。经过调查，发现所有吃了辣条的同学，都拉肚子；所有没吃辣条的同学，都没拉肚子。所以，可能是吃了不合格的辣条，导致了拉肚子的发生。

运用求同求异共用法，必须只能有一个情况在所有正面场合出现，在所有反面场合不出现，否则结论就很可能出现误差。

3.4 共变法

3.4.1 共变法的定义

在其他条件不变的情况下，如果一个现象发生变化，另一个现象就随之发生变化，那么，这两个现象间可能存在因果关系。

例如：

汽车之家有一个栏目，叫《媳妇当车模》，内容是各位车友带着自己的媳妇或女朋友给自己的爱车拍一组照片，发到该栏目显摆一番，以求各位点赞。

经过老吕的调查发现，开比亚迪的车友，媳妇漂亮的占 20%；开大众的车友，媳妇漂亮的占 30%；开奥迪的车友，媳妇漂亮的占 40%；开保时捷的车友，媳妇漂亮的占 60%；开布加迪的车友，媳妇漂亮的占 90%。

在这组调查中，发现两个现象发生了共变，车的价值越高，媳妇漂亮的比例越大。因此，老吕得出一个结论：开好车可能是找到漂亮媳妇的原因。

3.4.2 对共变法的削弱

(1) 共变法的结论是或然性的。有时两种现象共变，但实际并无因果关系，可能二者都是另一现象引起的结果，因此可以用另有他因导致这两种现象的发生来削弱，此种削弱方式，也叫共因削弱。如闪电与雷鸣，都是因为云层间的放电现象产生的。

(2) 使用共变法时，其他条件应保持不变。

(3) 两种现象同时发生变化时，容易犯因果倒置的错误。比如上例中，可能是车友找了个漂亮媳妇（原因），所以才买个好车给自己心爱的媳妇开（结果）。

典型例题

例15 一般认为,出生地间隔较远的夫妻所生子女的智商较高。有资料显示,夫妻均是本地人,其所生子女的平均智商为 102.45;夫妻是省内异地的,其所生子女的平均智商为 106.17;而隔省婚配的,其所生子女的智商则高达 109.35。因此,异地通婚可提高下一代的智商水平。

以下哪项如果为真,最能削弱上述结论?

A. 统计孩子平均智商的样本数量不够多。

B. 不难发现,一些天才儿童的父母均是本地人。

C. 不难发现,一些低智商儿童的父母的出生地间隔较远。

D. 能够异地通婚者是智商比较高的,他们自身的高智商促成了异地通婚。

E. 一些情况下,夫妻双方出生间隔很远,但他们的基因可能接近。

【解析】共变法型削弱题。

题干:异地通婚 —导致→ 子女智商较高。

A 项,质疑样本的数量,可以削弱,但是没有 D 项力度强。

B 项和 C 项的错误相同,个体数据不能削弱全体的平均数。

D 项,另有他因,不是因为异地通婚导致孩子智商高,而是因为他们本身智商高,导致他们异地通婚,进而导致孩子的智商较高(共因削弱)。

E 项,无关选项,题干没有提及基因相近与否和智商高低的关系。

【答案】D

例16 世界卫生组织在全球范围内进行了一项有关献血对健康影响的跟踪调查。调查对象分为三组:第一组中的对象均有两次以上的献血记录,其中最多的达数十次;第二组中的对象均仅有一次献血记录;第三组中的对象均从未献过血。调查结果显示,被调查对象中癌症和心脏病的发病率,第一组分别为 0.3% 和 0.5%,第二组分别为 0.7% 和 0.9%,第三组分别为 1.2% 和 2.7%。一些专家依此得出结论:献血有利于减少患癌症和心脏病的风险。这两种病已经不仅在发达国家而且也在发展中国家成为威胁中老年人生命的主要杀手。因此,献血利己利人,一举两得。

以下哪项如果为真,将削弱以上结论?

Ⅰ. 60 岁以上的调查对象,在第一组中占 60%,在第二组中占 70%,在第三组中占 80%。

Ⅱ. 献血者在献血前要经过严格的体检,一般具有较好的体质。

Ⅲ. 调查对象的人数,第一组为 1 700 人,第二组为 3 000 人,第三组为 7 000 人。

A. 仅Ⅰ。 B. 仅Ⅱ。
C. 仅Ⅲ。 D. 仅Ⅰ和Ⅱ。
E. Ⅰ、Ⅱ和Ⅲ。

【解析】共变法型削弱题。

题干使用共变法:调查对象中,献血记录越多,癌症和心脏病的发病率越小 —证明→ 献血有利于减少患癌症和心脏病的风险。

Ⅰ 项，另有他因，是年龄影响了癌症和心脏病的发病率，削弱题干。

Ⅱ 项，体质好才有资格献血，而不是献血导致身体变好，题干因果倒置，削弱题干。

Ⅲ 项，三组调查对象的人数和题干的结论不相关，因为问题的关键在于每组中的发病率，而不是人群总数。

【答案】D

3.5 剩余法

如果某一复合现象已确定是由某种复合原因引起的，把其中已确认有因果关系的部分减去，那么，剩余部分也可能有因果关系。用通俗的话说，剩余法就是排除法。

例如：

1885 年，德国夫顿堡矿业学院的矿物学教授威斯巴克发现了一种新矿石。他首先请当时著名的化学家李希特对矿石作定性分析，发现其中含有银、硫和微量的汞等。后来，他又请文克勒作一次精确的定量分析，一方面证明李希特对矿物成分的分析是正确的，但另一方面又发现，把各种化验出来的已知成分按百分比加起来，始终只得到 93%，还有 7% 的含量找不到下落。文克勒认为，既然已知成分之和只得 93%，那么剩余的 7% 必定是由矿物中含有的某种未知元素所构成。于是，他对矿石进行分离和提纯，终于得到了新元素。

典型例题

例 17 化学课上，张老师演示了两个同时进行的教学实验：一个实验是 $KClO_3$，有 O_2 缓慢产生；另一个实验是 $KClO_3$，加热后迅速撒入少量 MnO_2，这时立即有大量的 O_2 产生。张老师由此指出：MnO_2 是 O_2 快速产生的原因。

以下哪项与张老师得出结论的方法类似？

A. 同一个品牌的化妆品，价格越高，卖得就越火。由此可见，消费者喜欢价格高的化妆品。

B. 居里夫人在沥青矿物中提取放射性元素时发现，从一定量的沥青矿物中提取的全部纯铀的放射性强度比同等数量的沥青矿物的放射性强度低数倍。她据此推断，沥青矿物中还存在其他放射性更强的元素。

C. 统计分析发现，在 30 岁至 60 岁之间，年纪越大胆子越小。因此，有理由相信：岁月是勇敢的腐蚀剂。

D. 将闹钟放在玻璃罩里，使它打铃，可以听到铃声；然后把玻璃罩里的空气抽空，再使闹钟打铃，就听不到铃声了。由此可见，空气是声音传播的介质。

E. 人们通过对绿藻、蓝藻、红藻的大量观察，发现结构简单、无根叶是藻类植物的主要特征。

【解析】题干使用求异法：

没有 MnO_2 时，有 O_2 缓慢产生；

加入少量 MnO_2 时，立即有大量的 O_2 产生；

所以，MnO_2 是 O_2 快速产生的原因。

A 项，共变法，与题干不同。

B 项，剩余法，与题干不同。

C 项，共变法，与题干不同。

D 项，求异法，与题干相同。

E 项，求同法，与题干不同。

【答案】D

例 18 黑脉金斑蝶的幼虫以乳草植物为食，这种植物所含的毒素使得黑脉金斑蝶对它的一些捕食动物有毒。副王峡蝶的外形和黑脉金斑蝶非常相似，但它的幼虫并不以乳草植物为食。因此可以得到结论：副王峡蝶之所以很少被捕食，是因为它和黑脉金斑蝶在外形上相似。

以下哪项如果为真，最能削弱上述论证？

A. 有些动物在捕食了以乳草植物为食的昆虫后并不中毒。

B. 仅仅单个蝴蝶对捕食者有毒并不能对它产生保护作用。

C. 有些黑脉金斑蝶的捕食动物也捕食副王峡蝶。

D. 副王峡蝶对大多数捕食动物都有毒。

E. 只有蝴蝶才具有通过自身的毒性来抵御捕食者的保护机制。

【解析】求同法＋剩余法。

题干：

　　求同：副王峡蝶和黑脉金斑蝶外形相似；

　　排除：副王峡蝶不以乳草植物为食，试图排除"有毒"这一因素；

　　所以，副王峡蝶之所以很少被捕食，是因为它和黑脉金斑蝶在外形上相似。

D 项，另有他因，是"有毒"导致不被捕食，而不是"外形相似"，说明题干的剩余法（排除法）使用不当。

其余各项均为无关选项。

【答案】D

第 3 节　谬误

扫码免费听
老吕讲解

> 谬误是指推理或论证过程中违反思维规律或规则所犯的逻辑错误。可以分为形式谬误和非形式谬误两种。形式谬误是指推理结构有错误的谬误；非形式谬误是有关于内容、实质的谬误。
>
> 在论证逻辑的削弱题、评价题、结构相似题以及论证有效性分析题中，常见的逻辑谬误都是考试重点。

1 概念型谬误

1.1 偷换概念与转移论题

偷换概念是将一些貌似一样的概念进行偷换，实际上改变了概念的修饰语、适用范围、所指对象，等等。当偷换的是对方的论点时，我们也叫"转移论题"。

例如：

象是动物，所以小象是小动物。

偷换概念："小象"中的"小"是指年龄小，"小动物"中的"小"是指体型小。

再如：

老吕："我比你帅。"

邓超："你再帅能有吴彦祖帅？"

转移论题：老吕说的是"老吕比邓超帅"，邓超说的是"老吕不如吴彦祖帅"，不是同一个话题。

典型例题

例19 临床试验显示，对偶尔食用一定量的牛肉干的人而言，大多数品牌的牛肉干的添加剂并不会导致动脉硬化。因此，人们可以放心食用牛肉干而无须担心对健康的影响。

以下哪项如果为真，最能削弱上述论证？

A. 食用大量牛肉干不利于动脉健康。

B. 动脉健康不等于身体健康。

C. 肉类都含有对人体有害的物质。

D. 喜欢吃牛肉干的人往往也喜欢食用其他对动脉健康有损害的食品。

E. 题干所述的临床试验大都是由医学院的实习生在医师指导下完成的。

【解析】论证型削弱题。

题干：对偶尔食用一定量的牛肉干的人而言，大多数品牌的牛肉干的添加剂并不会导致动脉硬化 —证明→ 人们可以放心食用牛肉干而无须担心对健康的影响。

论据是"不会导致动脉硬化"，结论是"健康"，偷换概念，动脉健康不等于身体健康，故B项正确。

A项，削弱题干，但题干中涉及的是"偶尔食用一定量的牛肉干"，此项涉及的是"食用大量的牛肉干"，因此力度弱。

C项，偷换论证对象，题干只涉及"牛肉干"，此项涉及的是"肉类"。

D项，偷换论证对象，题干只涉及"牛肉干"，与其他食品无关。

E项，显然是无关选项。

【答案】B

例20 研究人员报告说，一项超过1万名70岁以上老人参与的调查显示，每天睡眠时间超过9小时或少于5小时的人，他们的平均认知水平低于每天睡眠时间为7小时左右的人。研究人员据此认为，要改善老年人的认知能力，必须使用相关工具检测他们的睡眠时间，并对睡眠进行干预，使其保持适当的睡眠时间。

以下哪项如果为真，最能质疑上述研究人员的观点？

A. 尚没有专业的医疗器具可以检测人的睡眠时间。

B. 每天睡眠时间为7小时左右的都是70岁以上的老人。

C. 每天睡眠时间超过 9 小时或少于 5 小时的都是 80 岁以上的老人。

D. 70 岁以上的老人一旦醒来就很难再睡着。

E. 70 岁以上的老人中，有一半以上失去了配偶。

【解析】求异法型＋措施目的型削弱题。

题干：

<u>睡眠 7 小时左右的老人：认知能力高；</u>

<u>睡眠时间超过 9 小时或少于 5 小时的老人：认知能力低；</u>

故：保持适当的睡眠时间可改善老年人的认知能力。

A 项，<u>不能削弱</u>，没有"专业的医疗器具"，不代表没有"相关工具"检测睡眠时间。此项改变了题干中概念的修饰语，犯了偷换概念的逻辑错误，这是干扰项的常见设置方式。

B 项，<u>不能削弱</u>，此项与题干的背景知识相同。

C 项，<u>另有他因</u>，每天睡眠时间超过 9 小时或少于 5 小时的老年人认知能力低，是因为年龄更大。

D、E 项，<u>无关选项</u>。

【答案】C

1.2 循环定义

下定义时，定义项中不得直接或间接地包含被定义项，否则就会犯"循环定义"的错误。参见本书第 2 章。

例如：

化学家就是研究化学的专家。

循环定义还有一种表现形式，即用 A 定义 B，又用 B 定义 A。

例如：

什么是男人？ 男人就是不是女人的人。

什么是女人？ 女人就是不是男人的人。

再如：

什么是理性活动？ 理性活动是人的高级神经活动。

什么是高级神经活动？ 高级神经活动是人的理性活动。

典型例题

例 21 甲：什么是奇数？

乙：奇数就是偶数加 1。

甲：什么是偶数？

乙：偶数就是奇数减 1。

以下哪项与题干中的逻辑错误最为类似？

A. 甲：什么是战争？

　　乙：战争就是和平的中断。

　　甲：什么是和平？

　　乙：和平就是战争的中断。

B. 甲：什么是人？
   乙：人就是哺乳动物的一种。
   甲：什么是哺乳动物？
   乙：哺乳动物就是动物的一种。

C. 甲：什么是循环小数？
   乙：循环小数就是一个数的小数部分从某一位起，一个或几个数字依次重复出现的无限小数。
   甲：什么是无限不循环小数？
   乙：无限不循环小数就是一个数的小数点后有无数位，但没有周期性的重复的数。

D. 甲：什么是商品？
   乙：商品就是为交换生产的劳动产品。
   甲：什么是劳动产品？
   乙：劳动产品就是价值的载体。

E. 甲：什么是家庭？
   乙：家庭就是一种以婚姻、血缘或收养关系为基础组成的社会群体。
   甲：什么是血缘？
   乙：血缘就是由于生育所天然形成的具有相似基因的人们之间的关系。

【解析】循环定义。
题干中乙用奇数解释偶数，又用偶数解释奇数，犯了循环定义的逻辑错误。
A 项，用战争解释和平，又用和平解释战争，犯了与题干相同的逻辑错误。
【答案】A

2 条件关系型谬误

2.1 强置充分条件

强置充分条件就是误把不充分的条件当作充分条件来使用，认为只要有了 A，一定会有 B。这类错误的句子中，常出现"一定""就""必然"等绝对化词句。

此类谬误在逻辑真题中出现较少，但是在论证有效性分析真题里面大量出现。

例如：

（2015 年管理类联考论证有效性分析真题）我国部分行业出现生产过剩，并不是真正的生产过剩。道理很简单，在市场经济条件下，生产过剩实际上只是一种假象。只要生产企业开拓市场，刺激需求，就能扩大销售，生产过剩马上就可以化解。

谬误分析：

材料认为"只要生产企业开拓市场，刺激需求，就能扩大销售，生产过剩马上就可以化解"，过于绝对化。是否能够扩大销售，不仅要看生产企业有没有开拓市场，还要受消费者需求、市场竞争状况等多种因素的影响。如果某种产品的市场已经饱和，则未必能扩大销售。即使这些努力能够扩大销售，但如果这种销售的扩大不足以解决供过于求的问题，也就无法"化解生产过剩问题"。

2.2 强置必要条件

强置必要条件就是把普通条件当作必要条件来使用的错误，认为只有有了 A，才会有 B；没有 A，就一定没有 B。

与强置充分条件一样，此类谬误在逻辑真题中出现较少，但是在论证有效性分析真题里面大量出现。

例如：

（2010年在职MBA联考论证有效性分析真题）市场营销也是如此，如果希望推动人们接受某种新商品，应当首先影响引领时尚的文体明星。如果位于时尚高端的消费者对于某种新商品不接受，该商品一定会遭遇失败。

谬误分析：

"位于时尚高端的消费者"接受某种商品，可能影响普通消费者，但前者并非后者的必要条件。高端消费者与普通消费者的消费需求和消费能力显然是有很大差别的，可能高端消费者更注重品牌和品位，普通消费者更注重实用和价格。所以，高端消费者不接受的产品，可能普通消费者反而非常喜欢。

2.3 充分条件与必要条件混用

逻辑考试中常出现的条件关系型谬误是，误把充分条件当成必要条件，或者误把必要条件当成充分条件。

典型例题

例22 麦老师：只有博士生导师才能担任学校"高级职称评定委员会"评委。

宋老师：不对。董老师是博士生导师，但不是"高级职称评定委员会"评委。

宋老师的回答说明他将麦老师的话错误地理解为：

A. 有的"高级职称评定委员会"评委是博士生导师。

B. 董老师应该是"高级职称评定委员会"评委。

C. 只要是博士生导师，就是"高级职称评定委员会"评委。

D. 并非所有的博士生导师都是"高级职称评定委员会"评委。

E. 董老师不是学科带头人，但他是博士生导师。

【解析】假言命题及其负命题。

麦老师：博士生导师←评委。

宋老师：博士生导师∧¬评委，与"博士生导师→评委"矛盾，故宋老师错把必要条件当成充分条件，认为只要是博士生导师就是评委，即C项为真。

【答案】C

3 论证型谬误

论证的重要规则是要求从论据出发能合乎逻辑地推出论点，即论据和论点之间要有必然的联系。违反这条规则就会犯"推不出"或"推断不当"的逻辑错误。有以下几种常见的情况。

3.1 虚假论据

论据不真实，称为虚假论据。

例如：

《狼和小羊》这则寓言故事，狼要吃小羊的理由是，小羊站在下游喝水污染了它在上游的水。这个理由显然是站不住脚的。

3.2 推理形式不正确

推理形式不正确即从论据不能必然地推出论题。

例如：

所有的聪明人都是近视眼，他近视得很厉害，所以，他一定很聪明。

根据形式逻辑的知识，显然此论证不正确。

3.3 论据和论点不相干

论据和论点不相干即论据和论点在内容上毫无关系。

例如：

老吕很帅，所以，他一定很富有。

3.4 论据不充分

论据不充分即论据虽然为真，但不足以推出结论。

例如：

张三和李四不和，张三一定是杀李四的凶手。

仅仅依据两人不和，显然无法确认其是杀人凶手，还需要其他证据。

3.5 不当假设

如果论证中存在隐含假设，但隐含假设不成立，就称之为不当假设。

例如：

如果将孝作为选拔官员的标准，就会将很多有识之士、有志之才拒之门外，使庸才占据领导岗位。

此例的隐含假设为：人才多为不孝之人，庸才才会孝敬老人，这显然是不妥当的。

3.6 循环论证

用 A 来证明 A，就犯了"循环论证"的逻辑错误。

例如：

谢霆锋有一首歌这么唱：因为爱，所以爱，温柔经不起安排。

"因为爱，所以爱"犯了循环论证的逻辑错误。

典型例题

例23 李教授：目前的专利事务所工作人员很少有科技专业背景，但专利审理往往要涉及专业科技知识。由于本市现有的专利律师没有一位具有生物学的学历和工作经验，因此难以处理有关生物方面的专利。

以下哪项如果为真，最能削弱李教授的结论？

A. 大部分科技专利事务仅涉及专利政策和一般科技知识，不需要太多的专门技术知识。

B. 生物学专家对专利工作不感兴趣，因此专利事务所很少与生物学专家打交道。

C. 既熟悉生物知识，又熟悉专利法规的人才十分缺乏。

D. 技术专家很难有机会成为本专业以外的行家。

E. 专利律师的收入和声望不及高科技领域的专家，因此难以吸引他们加入。

【解析】论证型削弱题。

李教授认为：①专利审理要涉及专业科技知识；②本市的专利律师没有人具有生物学的学历和工作经验 —证明→ 难以处理有关生物方面的专利。

A项，指出题干论据虚假，说明专利审理不需要专业知识，削弱题干。

其余各项均为无关选项。

【答案】A

例24 办公室主任：本办公室不打算使用循环再利用纸张。给用户的信件必须能留下好的印象，不能打印在劣质纸张上。

文具供应商：循环再利用纸张不一定是劣质的。事实上，最初的纸张就是用可回收材料制造的。一直到19世纪50年代，由于碎屑原料供不应求，才使用木纤维作为造纸原料。

以下哪项最为恰当地概括了文具供应商的反驳中存在的漏洞？

A. 没有意识到办公室主任对于循环再利用纸张的偏见是由于某种无知。

B. 使用了不相关的事实来证明一个关于产品质量的断定。

C. 不恰当地假设办公室主任了解纸张的制造工艺。

D. 忽视了办公室主任对产品质量关注的合法权利。

E. 不恰当地假设办公室主任忽视了环境保护。

【解析】办公室主任：不打算使用循环再利用纸张，因为他认为这种纸是劣质纸张。

文具供应商：循环再利用纸张不一定是劣质的，因为最初的纸张就是用可回收材料制造的。

文具供应商列举了新的事实，但是，"最初的纸张"质量如何并不清楚，可能也是劣质纸张，因此，他使用的事实无法证明循环再利用纸张的质量。

B项恰当地指出了文具供应商的反驳中存在的漏洞。

【答案】B

例25 张林是奇美公司的总经理，潘洪是奇美公司的财务主管。奇美公司每年生产的紫水晶占全世界紫水晶产品的2%。潘洪希望公司通过增加产量使公司利润增加。张林却认为，增加产量将会导致全球紫水晶价格下降，反而会导致利润减少。

以下哪项最为恰当地指出了张林的逻辑推断中存在的漏洞？

A. 将长期需要与短期需要互相混淆。

B. 将未加工的紫水晶与加工后的紫水晶的价格互相混淆。

C. 不当地假设奇美公司的产品是与全球的紫水晶市场紧密联系的。

D. 不当地假设奇美公司的生产目标与财务目标不一定是一致的。

E. 不当地假设奇美公司的产品供给变化会显著改变整个水晶市场产品的总供给。

【解析】张林：增加产量将会导致全球紫水晶价格下降，反而会导致利润减少。

其论证假设了奇美公司紫水晶产量的提高，使得全球紫水晶供给增加，从而导致价格下降，利润减少，但是此假设未必成立，公司的产品供给不一定会影响全球水晶市场的产品供给。E 项正确地指出了张林推断中存在的漏洞。

【答案】E

4 因果型谬误

4.1 强置因果

把没有因果关系的两个事件，误认为有因果关系，就犯了强置因果的逻辑谬误。

因果关系具有时间上的先后性和空间上的一致性，但具有这两个性质的两个事物之间未必有因果关系。仅仅依据两个事物之间具有时间上的先后性和空间上的一致性，就认为二者之间有因果关系，就犯了以先后为因果的逻辑谬误，这是强置因果的常见表现。

例如：

我刚打开电视机，巴西队就进球了，我真是巴西队的幸运之神。

4.2 因果倒置

事件的原因和结果总是紧密联系的，呈现正相关的关系。因此，事件 B 本来是事件 A 的原因，往往会被误认为事件 A 是事件 B 的原因，这就犯了因果倒置的逻辑错误。

例如：

盲人的听力一般比正常人好，所以听力好的人容易失明。

盲人因为失明导致听力更好，而不是因为听力好导致失明，上述论证犯了因果倒置的逻辑错误。

典型例题

例 26 小陈经常因驾驶汽车超速收到交管局寄来的罚单。他调查发现同事中开小排量汽车超速的可能性低得多。为此，他决定将自己驾驶的大排量汽车卖掉，换购一辆小排量汽车，以此降低超速驾驶的可能性。

小陈的论证推理最容易受到以下哪项的批评？

A. 仅仅依据现象间有联系就推断出有因果关系。

B. 依据一个过于狭隘的范例得出一般结论。

C. 将获得结论的充分条件当作必要条件。

D. 将获得结论的必要条件当作充分条件。

E. 进行了一个不太可信的调查研究。

【解析】求异法型评论题。

小陈采用求异法：

大排量，则罚单多；
小排量，则罚单少；
所以，大排量导致更多的超速驾驶。

求异法求得的因果未必成立，"大排量"与"更多的超速驾驶"之间并没有必然的因果关系，所以，小陈犯了强置因果关系的逻辑错误，最容易受到 A 项的批评。

【答案】A

例27 一项关于婚姻的调查显示,那些起居时间明显不同的夫妻之间,虽然每天相处的时间相对要少,但每月爆发激烈争吵的次数,比起那些起居时间基本相同的夫妻明显要多。因此,为了维护良好的夫妻关系,夫妻之间应当注意尽量保持基本相同的起居规律。

以下哪项如果为真,最能削弱上述论证?

A. 夫妻间不发生激烈争吵不一定关系就好。
B. 夫妻间闹矛盾时,一方往往用不同时起居的方式以示不满。
C. 个人的起居时间一般随季节变化。
D. 起居时间的明显变化会影响人的情绪和健康。
E. 起居时间的不同很少是夫妻间争吵的直接原因。

【解析】因果型削弱题。

题干:起居时间不同 ——导致→ 夫妻争吵。

A项,无关选项,题干只涉及"夫妻争吵",不涉及夫妻关系是不是好。

B项,指出题干犯了因果倒置的逻辑错误,不是起居时间不同导致夫妻间争吵,而是夫妻间争吵导致起居时间不同,削弱题干。

C项,无关选项,题干不涉及"季节变化"。

D项,无关选项,题干不涉及起居时间的变化是否会"影响人的情绪和健康"。

E项,不能削弱,因为不是直接原因,可能是间接原因。

【答案】B

5 归纳与类比型谬误

5.1 不当归纳

不当归纳,又称以偏概全,是指以一些样本去推测全体的情况时,样本不具备代表性而引起的逻辑谬误。

例如:

前往北京亲子鉴定中心做亲子鉴定的男人中,有一半男人的孩子不是自己的,所以,在中国,有一半的男人为别人养孩子。

本例中,论据的主体是"在北京亲子鉴定中心做亲子鉴定的男人",结论的主体是"中国的男人",但前者的特征并不能代表后者的特征,故犯了以偏概全的逻辑错误。

典型例题

例28 为了估计当前人们对基本管理知识掌握的水平,《管理者》杂志为读者开展了一次管理知识有奖答卷活动。答卷评分后发现,60%的参加者对于基本管理知识掌握的水平很高,30%左右的参加者也表现出了一定的水平。《管理者》杂志因此得出结论:目前社会群众对于基本管理知识的掌握还是不错的。

以下哪项如果为真,最能削弱以上结论?

A. 基本管理知识的范围很广,仅凭一次答卷就得出结论,未免过于草率。
B. 基本管理知识的掌握与管理水平的真正提高之间还有相当的差距。

C. 并非所有《管理者》的读者都参加了此次答卷活动。

D. 从定价、发行渠道等方面看，《管理者》的读者主要集中在高学历知识阶层。

E. 可能有几位杂志社工作人员的亲戚也参加了此次答卷，并获了奖。

【解析】调查统计型削弱题。

题干：《管理者》杂志的调查 ——证明——> 社会群众对于基本管理知识的掌握还是不错的。

A 项，不能削弱，一次问卷可以得出结论。

B 项，无关选项，题干只涉及"基本管理知识的掌握"，不涉及"管理水平的真正提高"。

C 项，不能削弱，"并非所有"="有的没有"，有的没有参加，只能削弱"所有人都参加"，但题干没有表达"所有人都参加"。

D 项，样本没有代表性，可以削弱。

E 项，个别情况不能削弱整体调查。

【答案】D

5.2 不当类比

类比的结构为：事物 1、2 都具有某些性质 A，事物 1 又具有性质 B，所以，事物 2 也具有性质 B。

如果类比不恰当，我们将其称为不当类比或机械类比。不当类比的表现有以下两种：

> (1) 类比对象有差异。
> (2) 前提属性与结论属性不相关。

例如：

《庄子·外篇·至乐》所载鲁侯养鸟的故事，就是机械类比的典型。鲁侯把飞到鲁国城郊的一只海鸟看作神鸟，就用招待贵宾的办法，把它迎到庙堂里，献酒供奉。海鸟被吓得惊慌失措，不吃不喝，三天之后就死了。

鲁侯以自己之所好，推之于鸟，忽略了人与鸟的本质区别，犯了机械类比的错误。

典型例题

例 29 某市繁星商厦服装部在前一阵疲软的服装市场中打了一个反季节销售的胜仗。据统计，繁星商厦皮服的销售额在 6、7、8 三个月连续成倍数增长，6 月 527 件，7 月 1 269 件，8 月 3 218 件。该市有关主管部门希望在今年冬天向全市各大商场推广这种反季节销售的策略，力争今年 11、12 月和明年 1 月全市的夏衣销售有一个大的突破。

以下哪项如果为真，能够最好地说明该市有关主管部门的这种希望可能会落空？

A. 皮衣的价格可以在夏天一降再降，是因为厂家可以在皮衣淡季的时候购买厚材料，其价格可以降低 30%。

B. 皮衣的生产企业为了使生产－销售可以正常循环，宁愿自己保本或者微利，把利润压缩了 55%。

C. 在盛夏里搞皮衣反季节销售的不只是繁星商厦一家，但只有繁星商厦同时推出了售后服务时间由消协规定的 3 个月延长到 7 个月，打消了很多消费者的顾虑，所以在诸商家中独领风骚。

D. 今年夏天繁星商厦的冬衣反季节销售并没有使该商厦夏衣的销售获益，反而略有下降。

E. 根据最近进行的消费者心理调查的结果，买夏衣重流行、买冬衣重实惠是消费者极为普遍的心理。

【解析】类比型削弱题。

题干：冬装的反季节销售取得成功 ——证明→ 应对夏装进行反季节销售。

类比型削弱题的削弱手段有两种：一是指出类比对象有差异；二是指出前提属性与结论属性不相关。

E项，说明夏装和冬装消费者的购买心理有很大区别，故该计划不可行。

【答案】E

6 矛盾与反对型谬误

6.1 自相矛盾

相互矛盾的两个命题，必然为一真一假，相互反对的两个命题，至少一假。同时肯定两个矛盾或反对的命题就犯了自相矛盾的逻辑错误。

例如：

电视上脑白金的广告："今年过节不收礼，收礼只收脑白金。"

此广告既肯定了"不收礼"，又肯定了"收礼"，犯了自相矛盾的逻辑错误。

6.2 模棱两不可

相互矛盾的两个命题，必然为一真一假。同时否定了矛盾的双方，就犯了模棱两不可的逻辑错误，也叫"两不可"。

例如：

老吕在课堂上问同学："这道题会的人举手"，冬雨没有举手；老吕又问："这道题不会的人举手"，冬雨也没有举手。

冬雨否定了矛盾的双方，犯了模棱两不可的逻辑错误。

在考试中，如果不区分自相矛盾和模棱两不可的区别，都认为是自相矛盾，一般并不影响解题。

6.3 非黑即白

黑色和白色是反对关系，而不是矛盾关系。因为，除了黑色和白色外，还有很多其他颜色，所以，不是黑色并不一定就是白色。

所以，非黑即白就是误把反对关系当作矛盾关系，误认为否定一方，就肯定了另外一方，也称为非此即彼。

例如：

冬雨：你养宠物了吗？

老吕：养了。

冬雨：你养的是猫吗？

老吕：不是。

冬雨：那你养的一定是狗。

猫和狗不是矛盾关系，没有养猫，不代表养的就是狗，可能养的是猪、骡子、蛇、虎，等等。所以，冬雨犯了非黑即白的逻辑错误。

典型例题

例30　主持人：有网友称你为国学巫师，也有网友称你为国学大师。你认为哪个名称更适合你？

上述提问中的不当也存在于以下各项中，除了：

A. 你要社会主义的低速度，还是资本主义的高速度？

B. 你主张为了发展可以牺牲环境，还是主张宁可不发展也不能破坏环境？

C. 你认为人都自私，还是认为人都不自私？

D. 你认为"9·11"恐怖袭击必然发生，还是认为有可能避免？

E. 你认为中国队必然夺冠，还是认为不可能夺冠？

【解析】矛盾与反对关系。

题干："国学巫师"与"国学大师"是反对关系而非矛盾关系，提问不当，因为对方可能既不是"国学巫师"，也不是"国学大师"。

D项，"必然发生"和"可能避免"（即"可能不发生"）为矛盾关系，与题干不同。

其余各项中的概念均为反对关系，与题干相同。

【答案】D

7 相关型谬误

相关型谬误是指用在逻辑上不相关的而在感情、情绪、态度和信念等心理因素上相关的论据进行论证，而导致的思维错误。论证应当重视情感因素的作用，但不能以情感来替代逻辑的合理性。

7.1 诉诸权威

诉诸权威即在论证过程中，以本人或他人的权威为根据来论证某一论点。

例如：

地球是由水、火、气、土四种元素组成的，因为伟大的哲学家亚里士多德认为地球是由水、火、气、土四种元素组成的。

7.2 诉诸人身

诉诸人身即在论证过程中，将立论或反驳的重心指向提出论点的人，而不是论点本身，因人立言或因人废言。

例如：

这个人学历太低，品行恶劣，说的话一定是假话。

7.3 诉诸众人

诉诸众人即在论证过程中，以众人的意见、见解来进行论证，大家都认为是对的，那一定就是对的。

> 例如：

前面有两条路，左边的路上景色一定好，因为左边的路上脚印多。

7.4 诉诸无知

人们断定一件事物正确，只是因为它未被证明是错误，或断定一件事物是错误，只因为它未被证明是正确，都属于诉诸无知，即把没有证据当作证据进行论证。

> 例如：

世界上有鬼，因为没有人能证明没有鬼。
世界上没有鬼，因为没有人能证明有鬼。

7.5 诉诸情感

诉诸情感即借助于打动人们的同情心等感情，以诱使人们相信其命题。

> 例如：

我上有八十岁的老母，下有三个吃奶的孩子，拜托您给我加薪吧。

典型例题

例31 计算机科学家已经发现称为"阿里巴巴"和"四十大盗"的两种计算机病毒。这些病毒常常会侵入计算机系统文件中，阻碍计算机文件的正确存储。幸运的是，目前还没有证据证明这两种病毒能够完全删除计算机文件，所以，发现这两种病毒的计算机用户不必担心自己的文件被清除掉。

以上论证是错误的，因为它：
A. 用仅仅是对结论加以重述的证据来支持它的结论。
B. 没有考虑这一事实：没被证明的因果关系，人们也可以假定这种关系的存在。
C. 没有考虑这种可能性：即使尚未证明因果关系的存在，这种关系也是存在的。
D. 并没有说明计算机病毒删除文件的技术机制。
E. 没有说明这两种病毒是通过哪种方式侵害计算机。

【解析】题干："没有证据证明"病毒能够完全删除文件"，所以，"发现病毒的用户不必担心自己的文件被删除"，犯了"诉诸无知"的逻辑错误，即没有证据证明某种关系的存在，这种关系也可能存在，即C项正确。

【答案】C

例32 学生：IQ和EQ哪个更重要？您能否给我指点一下？
学长：你去书店问问工作人员关于IQ和EQ的书，哪类销得快，哪类就更重要。
以下哪项与题干中的问答方式最为相似？
A. 员工：我们正制定一个度假方案，你说是在本市好，还是去外地好？
   经理：现在年终了，各公司都在安排出去旅游，你去问问其他公司的同行，他们计划去哪里，我们就不去哪里，不凑热闹。
B. 平平：母亲节那天我准备给妈妈送一份礼物，你说是送花好，还是送巧克力好？

佳佳：你在母亲节前一天去花店看一下，看看买花的人多不多不就行了嘛？
C. 顾客：我准备买一件毛衣，你看颜色是鲜艳一点好，还是素一点好？
   店员：这个需要结合自己的性格与穿衣习惯，各人可以有自己的选择与喜好。
D. 游客：我们前面有两条山路，走哪一条更好？
   导游：你仔细看看，哪一条山路上车马的痕迹深，我们就走哪一条。
E. 学生：我正在准备期末复习，是做教材上的练习重要，还是理解教材内容更重要？
   老师：你去问问高年级得分高的同学，他们是否经常背书做练习。

【解析】结构相似题。

学长：关于IQ和EQ的书，哪类销得快，哪类就更重要，学长犯了诉诸众人的逻辑错误。

A项，不是诉诸众人。

B项，诉诸众人，但是题干还进行了两类对象的比较，而B项没有比较，因此类似度不高。

C项，诉诸无知。

D项，诉诸众人，且有比较，与题干相同。

E项，诉诸权威。

【答案】D

8 合成谬误与分解谬误

合成谬误与分解谬误是由著名经济学家萨缪尔森提出来的，指的是误认为部分具有的性质，整体也一定具有（合成谬误），或者整体具有的性质，部分也一定会具有（分解谬误）。

8.1 合成谬误

合成谬误即不当地将部分的性质误认为整体也具有，或者个体具有的性质误认为集体也具有。

例如：

这辆车的音响是世界顶级音响，所以，这辆车也是世界顶级跑车。

这只狗比这只老鼠吃得多，所以，所有的狗比所有的老鼠吃得多。

8.2 分解谬误

分解谬误即不当地将整体具有的性质看作每个部分也具有，或者认为集体具有的性质个体也具有。

例如：

这个公司是家非常优秀的公司，所以，公司里的每个员工也是优秀的。

典型例题

例33 舞蹈学院的张教授批评本市芭蕾舞团最近的演出没能充分表现古典芭蕾舞的特色。他的同事林教授认为这一批评是个人偏见。作为芭蕾舞技巧专家，林教授考察过芭蕾舞团的表演者，结论是每一位表演者都拥有足够的技巧和才能来表现古典芭蕾舞的特色。

以下哪项最为恰当地概括了林教授反驳中存在的漏洞？

A. 他对张教授的评论风格进行攻击而不是对其观点加以反驳。

B. 他无视张教授的批评意见是与实际情况相符的。

C. 他仅从维护自己的权威地位的角度加以反驳。

D. 他依据一个特殊事例轻率地概括出一个普遍结论。

E. 他不当地假设，如果一个团体的每个成员具有某种特征，那么这个团体就总能体现这种特征。

【解析】合成谬误。

题干：每一位表演者都拥有足够的技巧和才能来表现古典芭蕾舞的特色──证明→芭蕾舞团的演出表现了古典芭蕾舞的特色。

林教授误认为每个个体具有的性质，整体也具有（合成谬误），E 项指出了这一漏洞。

【答案】E

例 34 公达律师事务所以为刑事案件的被告进行有效辩护而著称，成功率达 90% 以上。老余是一位以专门为离婚案件的当事人成功辩护而著称的律师。因此，老余不可能是公达律师事务所的成员。

以下哪项最为确切地指出了上述论证中存在的漏洞？

A. 公达律师事务所具有的特征，其成员不一定具有。

B. 没有确切指出老余为离婚案件的当事人辩护的成功率。

C. 没有确切指出老余为刑事案件的当事人辩护的成功率。

D. 没有提供公达律师事务所统计数据的来源。

E. 老余具有的特征，其所在工作单位不一定具有。

【解析】分解谬误。

题干：公达律师事务所因刑事案件的成功率而著称，而老余是专门办理离婚案件的律师──证明→老余不是公达律师事务所的成员。

题干因为公达律师事务所擅长刑事案件，从而推断公达律师事务所的律师也都擅长刑事案件，进而推断擅长离婚案件的老余不是该律师事务所的律师，犯了分解谬误的逻辑错误，即集体具有的性质，个体未必具有，故 A 项正确。

【答案】A

第 4 节 论证逻辑的解题原则

论证逻辑题看起来灵活多变，其实不论哪一种论证逻辑题型，都遵循相同的解题原则。本书总结了论证逻辑的七大解题原则，请大家务必掌握。

原则 1 "假设为真"原则

论证逻辑的解题方向有两种：自下而上和自上而下。

削弱题、支持题、假设题、评价题等题型，假设选项为真，要求自下而上地去支持、削弱、评价题干；推论题则假设题干为真，要求自上而下地去推理选项。

如果假设选项为真，则即使选项不符合真理、常识，在题目中也是真的。
如果假设题干为真，则即使题干不符合真理、常识，在题目中也是真的。

典型例题

例 35　有个叫大忽悠的中国人发明了永动机。

如果上述断定为真，则以下哪项一定为真？

A. 永动机违反科学原理。
B. 所有的中国人都没有发明永动机。
C. 有的中国人发明了永动机。
D. 有的中国人没有发明永动机。
E. 发明永动机的只有中国人。

【解析】题干中的断定确实是违反科学常识的，在现实中不可能是真的。但是，题目要求假设题干中的断定为真，则在此题目中，这个断定就是真的。我们只看从这个断定可以推论出什么结论，而不能质疑题干的断定。

根据对当关系"所有→某个→有的"，可知"有的中国人发明了永动机"为真。

【答案】C

原则 2　"收敛思维"原则

逻辑题仅通过题干和选项本身的意思进行推理论证，不允许发散思维、联想，不允许依据题干和选项之外的信息去进一步推导。许多考生总是对考题进行递进式推理，喜欢用选项进行诸如"如果，那么"的推进，这是不恰当的。

典型例题

例 36　莫大伟到吉安公司上班的第一天，就被公司职工自由散漫的表现所震惊。莫大伟由此得出结论：吉安公司是一个管理失效的公司，吉安公司的员工都缺乏工作积极性和责任心。

以下哪项如果为真，最能削弱上述论证？

A. 当领导不在时，公司的员工会表现出自由散漫。
B. 吉安公司的员工超过2万，遍布该省的十多个城市。
C. 莫大伟大学刚毕业就到吉安公司，对校门外的生活不适应。
D. 吉安公司的员工和领导的表现完全不一样。
E. 莫大伟上班的这一天刚好是节假日后的第一个工作日。

【解析】调查统计型削弱题。

题干：莫大伟上班的第一天，发现公司职工自由散漫 ——证明——→ 吉安公司的员工都缺乏工作积极性和责任心。

A项，支持题干，提出了新论据：员工在领导不在时"自由散漫"，说明管理失效。

B项，削弱题干，指出莫大伟所见的样本数量远小于公司的人数，其所见所闻没有代表性。

C、D项，无关选项。

E项，干扰项，误导同学们产生这样的联想：节假日后的第一个工作日，大家还没有从放假的状态中恢复，莫大伟所见的是特殊情况，平时不是自由散漫的。这样的推理依据了题干以外的信息(生活中的节后综合征)，但实际情况是否如此，E项并没有明确表示，不能削弱。

【答案】B

原则3 "简约概括"原则

论证逻辑题的题干一般较长，但是其关键信息却往往只有一两句话，其结论句多在题干的第一句话或最后一句话，所以，读题目要读重点，找到题干的逻辑关系，并对其进行简约概括，其余冗余信息(如背景介绍)可以忽略。

典型例题

例37 英国纽克大学和曼彻斯特大学考古人员在北约克郡的斯塔卡发现一处有一万多年历史的人类房屋遗迹。测年结果显示，它为一个高约3.5米的木质圆形小屋，存在于公元前8500年，比之前发现的英国最古老房屋至少早500年。考古人员还在附近发现一个木头平台和一个保存完好的大树树干。此外他们还发现了经过加工的鹿角饰品，这说明当时的人已经有了一些仪式性的活动。

以下哪项如果为真，最能支持上述观点？

A. 木头平台是人类建造小木屋的工作场所。
B. 当时的英国人已经有了相对稳定的住址，而不是之前认为的居无定所的游猎者。
C. 人类是群居动物，附近还有更多的木屋等待发掘。
D. 人类在一万多年前就已经在北约克郡附近进行农耕活动。
E. 只有举行仪式性的活动，才会出现经过加工的鹿角饰品。

【解析】论证型支持题。

题干的信息虽然很长，但其实都是冗余信息，关键信息只有最后一句："此外他们还发现了经过加工的鹿角饰品，这说明当时的人已经有了一些仪式性的活动。"

我们对题干进行简约概括：

$$\text{经过加工的鹿角饰品} \xrightarrow{\text{证明}} \text{仪式性活动}$$

搭桥法，建立论据"经过加工的鹿角饰品"和结论"仪式性活动"之间的联系，如果有"经过加工的鹿角饰品"，就有"仪式性活动"，等价于：只有举行仪式性的活动，才会出现经过加工的鹿角饰品。故E项为正确答案。

【答案】E

原则4 "内容相关"原则

内容相关原则，就是指正确的选项与题干的论证是有密切逻辑关系的。一般地，相关选项含有题干中论证的关键词(另有他因除外),而无关选项一般不含有题干中论证的关键词。所以,通过关键词的定位,可以很快地区分相关选项和无关选项(参考原则5"关键概念"原则)。

典型例题

例38 中国的姓氏有一个非常大的特点,那就是同是一个汉族姓氏,却很可能有着非常大的血缘差异。总体而言,以武夷山—南岭为界,中国姓氏的血缘明显地分成南北两大分支,两地汉族血缘差异颇大,甚至比南北两地汉族与当地少数民族的差异还要大。这说明随着人口的扩张,汉族不断南下,并在2 000多年前渡过长江进入湖广,最终越过海峡到达海南岛。在这个过程中间,南迁的汉族人不断同当地说侗台、南亚和苗族语的诸多少数民族融合,从而稀释了北方汉族的血缘特征。

以下哪项如果为真,最能反驳上述论证?

A. 南方的少数民族有可能是更久远的时候南迁的北方民族。
B. 封建帝王曾经敕封少数民族中的部分人以帝王姓氏。
C. 同姓的南北两支可能并非出自同一祖先。
D. 历史上也曾有少数民族北迁的情况。
E. 不同姓的南北两支可能出自同一祖先。

【解析】因果型削弱题。

题干:<u>南迁的汉族人与当地少数民族融合</u> —导致→ <u>汉族的同一姓氏南北两地血缘差异大</u>。

题干中讲的是"汉族同一姓氏"南北两地的血缘差异,而A、B、D项说的是"少数民族"的血缘差异,E项说的是"不同姓"的血缘差异,与题干的论证没有关系,可直接排除。

C项,"<u>同姓的</u>"南北两支可能并非出自同一祖先,具有相关性。仔细分析,此项属于另有他因,不同的祖先导致汉族同一姓氏南北两地血缘差异大,而不是汉族与少数民族融合。

【答案】C

原则5 "关键概念"原则

关键概念往往是解题的题眼。首先,<u>要找到题干中前提和结论的关键概念,看有无必然的因果联系</u>;其次,<u>要找到选项中的关键概念,看与题干的关键概念是否相关</u>。

典型例题

例39 书最早是以昂贵的手稿复制品出售的,印刷机问世后,书就便宜多了。在印刷机问世的最初几年里,市场上对书的需求量成倍增长。这说明,印刷书籍的出现刺激了人们的阅读兴趣,大大增加了购书者的数量。

以下哪项如果为真,最能质疑上述论证?

A. 书的手稿复制品比印刷品更有收藏价值。
B. 在印刷机问世的最初几年里,原来手稿复制书籍的购买者,用原先能买一本书的钱,买了多本印刷书籍。

C. 在印刷机问世的最初几年里，印刷品的质量远不如现代的印刷品那样图文并茂，很难吸引年轻人购买。

D. 在印刷机问世的最初几年里，印刷书籍都没有插图。

E. 在印刷机问世的最初几年里，读者的主要阅读兴趣从小说转到了科普读物。

【解析】论证型削弱题。

题干：书的需求量成倍增长 ——证明——> 购书者的数量增长。

题干中前提的关键概念是"书的需求量"，结论中的关键概念是"购书者的数量"，只要考生抓住了这两个关键概念，这道题的答案就显而易见了。

B 项，原来买一本手稿书的钱，现在可以买许多本印刷书，这样就存在一种可能：书的需求量多了，但是购书者并没有增加，所以能削弱题干。

【答案】B

原则 6 "答案不需充分"原则

对于削弱题、支持题等题型来说，其正确答案，能起到题干要求的削弱、支持等作用即可，并不要求是充分的。这种作用，表现在使题干的推论成立的可能性增大或者减少，而不一定要使结论必然成立。

但是，假设题、推论题则要求结论必然成立。

典型例题

例 40 "闪婚"是指男女双方恋爱不到半年就结婚。某研究所对某市法院审理的所有离婚案件作了调查。结果显示，闪婚夫妻三年内起诉离婚的比例远远高于非闪婚夫妻。由此，该研究机构认为，闪婚是目前夫妻离婚的一个重要原因。

下列哪项如果为真，最能削弱以上论证？

A. 调查发现，离婚最快的夫妻往往不是闪婚夫妻。

B. 到该市民政部门办理的协议离婚案件占该市离婚案件总量的 70%。

C. 调查显示，闪婚夫妻婚后感情更加融洽。

D. 调查显示，恋爱时间过长的夫妻离婚率高于闪婚夫妻。

E. 王二小和他老婆是闪婚，但结婚十年了仍没有离婚。

【解析】调查统计型削弱题。

题干：闪婚夫妻三年内起诉离婚的比例远远高于非闪婚夫妻 ——证明——> 闪婚是目前夫妻离婚的一个重要原因。

B 项说协议离婚的占 70%，那么起诉离婚的只占 30%。可以看出：起诉离婚的案件比例很小，不能代表所有的离婚情况，样本没有代表性，所以 B 项可以削弱题干的论证。

但是，仔细分析 B 项，有两种可能：如果协议离婚的夫妻中也有较大的比例是闪婚的夫妻，则支持了题干中的推论；如果协议离婚的夫妻中只有很少的比例是闪婚的夫妻，则削弱题干中的推论。所以，削弱题的正确选项能减少题干论证成立的可能性即可，未必要使其必然不成立。

同理，支持题的正确选项能增加题干论证成立的可能性即可，未必要使其必然成立。
【答案】B

原则7 "相对最好"原则

逻辑考试要求从选项中挑一个"最能削弱""最能支持""最符合题干"的。所以，我们需要从几个选项中，选出相对最好的。

典型例题

例41 某市主要干道上的摩托车车道的宽度为2米，很多骑摩托车的人经常在汽车道上抢道行驶，严重破坏了交通秩序，使交通事故频发。有人向市政府提出建议：应当将摩托车车道扩宽为3米，让骑摩托车的人有较宽的车道，从而消除抢道的现象。

以下哪项如果为真，最能削弱上述论点？

A. 摩托车车道宽度增加后，摩托车车速将加快，事故也许会随着增多。
B. 摩托车车道变宽后，汽车车道将会变窄，汽车驾驶者会有意见。
C. 当摩托车车道扩宽后，有些骑摩托车的人仍会在汽车车道上抢道行驶。
D. 扩宽摩托车车道的办法对汽车车道上的违章问题没有什么作用。
E. 扩宽摩托车车道的费用太高，需要进行项目评估。

【解析】措施目的型削弱题。

题干：扩宽摩托车车道——以求→消除抢道现象。

A项，措施"也许"有恶果，属于可能的削弱，力度较轻。一般带有"也许""可能"等弱化词的选项，不会成为"最能削弱"的选项。

B项，措施有恶果，引发汽车驾驶者的意见，可以削弱，但"有意见"力度较弱。

C项，摩托车车道扩宽后，仍会有抢道现象，措施无效果，是力度最强的削弱。

D项，"违章问题"与"抢道现象"并不是同一概念，应该选择针对题干中"核心论点"的选项。

E项，诉诸无知，需要进行项目评估不代表项目不可行，经过评估后也许可行。

【答案】C

微模考 3 ▶ 论证、因果与谬误

（基础篇）

（共 30 题，每题 2 分，限时 60 分钟）

1. 王鸿的这段话不大会错，因为他是听他爸爸说的。而他爸爸是一个治学严谨、受人尊敬、造诣很深、世界著名的数学家。
   如果以下哪项是真的，则最能反驳上述结论？
   A. 王鸿谈的不是关于数学的问题。
   B. 王鸿平时曾说过错话。
   C. 王鸿的爸爸并不认为他的每句话都是对的。
   D. 王鸿的爸爸已经老了。
   E. 王鸿很听他爸爸的话。

2. "常在河边走，哪有不湿鞋。"搞财会工作的，都免不了有或多或少的职业操守问题，特别是在当前商品经济大潮下，更是如此。
   以下哪项如果是真的，则最有力地否定了上述断定？
   A. 某投资信托公司的会计，经管财务 30 年，拒受贿赂，一尘不染，多次受到表彰。
   B. 随着法制的健全，经济犯罪必将受到严厉的打击。
   C. 由于加强了两个文明建设，广大财会人员的思想觉悟有了明显的提高。
   D. 以上断定，宣扬的是一种"人不为己，天诛地灭"的剥削阶级世界观。
   E. "慎独"是中国的传统美德，这种传统美德，必将发扬光大。

3. "人靠衣服马靠鞍"，汽车的外观设计实际上就是汽车的衣装。顾客在购买汽车时不可能一眼就看出汽车的性能，他们总是先从汽车的外观来判断汽车的档次，并由此形成是否购买的初步意向。因此，汽车推销最重要的是向顾客展示汽车的外观美。
   以下哪项如果为真，最能削弱上述结论？
   A. 人们的审美观念影响到他们的购买行为。
   B. 人们购买汽车时总希望一部汽车的某些特征能符合自己的身份。
   C. 当价格相近时，显得豪华的汽车更能赢得顾客的青睐。
   D. 绝大部分顾客购买汽车都是以方便实用为目的。
   E. 汽车推销广告都设计得非常漂亮。

4. 许多消费者并没有充分利用他们所购买的运动器械。据调查，美国有 17% 的成年人都有跑鞋，但其中只有 45% 的人一年跑一次以上，17% 的人一周跑一次以上。
   下述哪项如果为真，则最能构成对以上结论的质疑？
   A. 跑步者在刚开始跑步的六个月里，很容易因运动拉伤。
   B. 在有关的调查中，跑步者经常夸大跑步的次数。
   C. 许多消费者买跑鞋是为了参加其他活动，而不是跑步。

D. 喜欢跑步的消费者通常买运动鞋，因为这可提高成绩。

E. 每周坚持跑步一次以上的人，往往是其他运动的积极分子。

5. 从历史上看，美国的繁荣是依靠企业不断涌现的新发明，这些新发明促使汽车、飞机制造、化工、制药、电子、计算机等领域出现了一批新工业和新产品。因此，经济不断壮大的最好保障是企业在科学研究和发展方面增加经费。

   以下哪项如果为真，最能削弱以上命题？

   A. 企业花在研究和开发上的投入关系着企业的发展战略。

   B. 由于增加了资金投入，企业研究和开发部门申请的专利比以前多了。

   C. 有一些工业的发展直接依靠公司研究和开发部门取得的科技突破。

   D. 多数企业只能对现有产品做微小的改进，要发展新技术还要靠研究所。

   E. 在今后五年中，企业对研究人才的需求将会增加。

6. 一位社会学家对两组青少年做了研究。第一组成员每周看暴力内容的影视的时间平均不少于10小时；第二组则不多于2小时。结果发现第一组成员中举止粗鲁者所占的比例要远高于第二组。因此，此项研究认为，多看暴力内容的影视容易导致青少年举止粗鲁。

   以下哪项如果为真，将对上述研究的结论提出质疑？

   A. 第一组中有的成员的行为并不粗鲁。

   B. 第二组中有的成员的行为比第一组中有的成员的行为粗鲁。

   C. 第二组中很多成员的行为很文明。

   D. 第一组中有的成员的文明行为是父母从小教育的结果，这使得他们能抵制暴力影视的不良影响。

   E. 第一组成员中很多成员的粗鲁举止是从小养成的，这使得他们特别爱看暴力影视。

7. 母亲：这学期冬冬的体重明显下降，我看这是因为他的学习负担太重了。

   父亲：冬冬体重下降和学习负担没有关系。医生说冬冬营养不良，我看这是冬冬体重下降的原因。

   以下哪项如果是真的，则最能对父亲的意见提出质疑？

   A. 学习负担过重，会引起消化紊乱，妨碍身体对营养的正常吸收。

   B. 隔壁松松和冬冬一个班，但松松是个小胖墩，正在减肥。

   C. 由于学校的重视和努力，这学期冬冬和同学们的学习负担比上学期有所减轻。

   D. 现在学生的普遍问题是过于肥胖，而不是体重过轻。

   E. 冬冬所在的学校承认学生的负担偏重，并正在采取措施解决。

8. 甲：从举办奥运会的巨额耗费来看，观看各场奥运比赛的票额应该要高得多。是奥运会主办者的广告收入降低了每份票券的单价。因此，奥运会的现场观众从奥运会拉的广告中获得了经济利益。

   乙：你的说法不能成立。谁来支付那些看来导致奥运会票券降价的广告费用？到头来还不是消费者，包括作为奥运会现场观众的消费者？因为厂家通过提高商品的价格把广告费用摊到了消费者的身上。

   以下哪项如果为真，则能够有力地削弱乙对甲的反驳？

A. 奥运会的票价一般要远高于普通体育比赛的票价。

B. 在各种广告形式中，电视广告的效果要优于其他形式的广告。

C. 近年来，利用世界性体育比赛做广告的厂家越来越多，广告费用也越来越高。

D. 奥运会的举办带有越来越浓的商业色彩，引起了普遍的不满。

E. 总体上说，各厂家的广告支出是一个常量，有选择地采取广播、电视、报纸、杂志、广告牌、邮递印刷品等各种形式。

9. 科学家们发现，一种曾在美洲普遍栽培的经济作物比目前的主食作物如大米和小麦，含有更高的蛋白质成分。科学家们宣称，推广这种作物，对那些人口稠密、人均卡路里和蛋白质摄入量均不足的国家是很有利的。

下列哪项如果为真，最能对科学家的宣称产生怀疑？

A. 这种作物的亩产量大大低于目前主食作物的亩产量。

B. 许多重要的食物，如西红柿，都原产于美洲。

C. 小麦蛋白质含量比大米高。

D. 这种作物的卡路里含量高于目前主食作物的含量。

E. 只有20种不同的作物提供了地球上主要的食物供应。

10. 我国多数企业完全缺乏"专利意识"，不懂得通过专利来保护自己的合法利益。中国专利局最近对500家大中型企业专利工作的一次调查的结果表明，在科研或新产品规划时制定了专利计划的仅有26%。

以下哪项如果为真，最能削弱上述论证？

A. 在被调查的500家企业以外，有一部分企业也制定了专利计划。

B. 一些企业不知道应当怎样制定专利计划。

C. 有不少企业申请了很多专利，但并没有制定专利计划。

D. "专利意识"的培养是长期的任务。

E. 制定了专利计划的企业不一定就牢固地树立了"专利意识"。

11. 北方航空公司实行对教师机票六五折优惠，这实际上是吸引乘客的一种经营策略，该航空公司并没有实际让利，因为当某天某航班的满员率超过90%时，就停售当天优惠价机票，而即使在高峰期，航班的满员率也很少超过90%的。有座位空着，何不以优惠价促销它呢？

以下哪项如果是真的，将最有力地削弱上述论证？

A. 绝大多数教师乘客并不是因为票价优惠才选择北方航空公司的航班的。

B. 该航空公司实施优惠价的7月份的营业额比未实施优惠价的2月份增加了30%。

C. 实施教师优惠票价是表示对教师职业的一种尊重，不应从功利角度对此进行评价。

D. 该航空公司在实施教师优惠价的同时，实施季节性调价。

E. 该航空公司各航班全年的平均满员率是50%。

12. 以下是一则广告：就瘘痛而言，四分之三的医院都会给病人使用"诺维克斯"镇痛剂。因此，你想最有效地镇瘘痛，请选择"诺维克斯"。

以下哪项如果为真，可以最有力地削弱该广告的论点？

A. 一些名牌的镇痛剂除了减少瘘痛外，还可减少其他的疼痛。

B. 许多通常不用"诺维克斯"的医院，对那些不适应医院常用药的人，也用"诺维克斯"。

C. 许多药物制造商，以他们愿意提供的最低价格，销售这些产品给医院，从而增加他们产品的销售额。

D. 和其他名牌的镇痛剂不一样，没有医生的处方，也可以在药店里买到"诺维克斯"。

E. 在临床试验中发现，"诺维克斯"比其他名牌镇痛剂更有效。

13. 最近公布的一项国家特别咨询委员会的调查报告声明：在选择了大量的研究对象进行对比实验后，发现在名人家族中才能出众者是普通人家族中才能出众者人数的 23 倍，因此，我们可以得出可信度很高的结论：人的素质主要是由遗传决定的。

以下哪项如果为真，则最能削弱上述论证？

A. 美国心理学界普遍有这样的认识：一两的遗传胜过一吨的教育。而事实也确实如此。

B. "家无三代兴"，才能再出众也避免不了兴衰轮回的历史规律。

C. 普通人家族中才能出众的表现方式与名人家族中不同，需要另外的衡量规则。

D. 一个人的才能培养、后天接受教育的程度，与他的成长环境之间有很强的正相关性。

E. 名人与普通人结合的下一代中才能出众者的人数不如名人家族中的比例高。

14. 近三年来，京津市餐饮业的年利润一直稳定在 8 000 万元左右。据估算，扣除物价上涨的因素，这个数字近几年不会因为新的餐饮点的出现而扩大。因此，随着粤菜馆的兴旺，原先最受欢迎的川菜馆的收入会随之减少。

以下哪项如果是真的，最能动摇上述论证？

A. 粤菜一般要比川菜贵，而且部分顾客觉得粤菜真是"好看不中吃"。

B. 该市相当一批餐馆既供应粤菜又供应川菜，而且分别由不同特长的厨师掌厨。

C. 粤菜馆虽逐年增多，但绝对数量仍不及川菜馆多。

D. 由于粤菜的兴起，人们用于粤菜馆和川菜馆以外的餐饮消费明显减少。

E. 一些川菜馆正在改变经营策略，树立新的形象，提高服务质量。

15. 某特级招待所报案失窃现款 200 万元。保安人员经过周密调查，得出结论是前台经理孙某作的案。所长说："这是最不可能的。"保安人员说："当所有其他的可能性都被排除了，剩下的可能性不管看来是多么不可能，都一定是事实。"

以下哪项如果为真，则最为有力地动摇保安人员的说法？

A. 保安人员事实上不可能比所长更了解自己的经理。

B. 对非法行为惩处的根据，不能是逻辑推理，而只能是证据。

C. 保安人员无法穷尽所有的可能性。

D. 孙某是该招待所公认的优秀经理。

E. 该招待所前台出纳王某的丈夫有作案的前科。

16. 禁止在大众媒介上做香烟广告并未减少吸烟人数，他们知道在哪里弄到烟，不需要广告给他们提供信息。

下述哪项如果为真，最能反驳上述观点？

A. 看到或听到某产品广告往往会提高人们对该产品的需求欲望。

B. 禁止在大众媒介上做香烟广告会使零售点香烟广告增加。

C. 在大众媒介上做广告已成为香烟厂家的一项巨大开支。

D. 反对香烟的人从发现香烟危害之日起就开始在大众媒介上宣传。

E. 青年人比老年人更不易受大众媒介上的广告影响。

17. 在某西方国家，高等学校的学费是中等收入家庭难以负担的，然而，许多家长还是节衣缩食供孩子上大学。有人说，这是因为高等教育是一项很好的投资。

以下哪项对以上说法提出了质疑？

A. 一个大学文凭每年的利润率是13％以上，超过了股票的长期利润率。

B. 在25～29岁的人中，只有高中学历的失业率是受过高等教育的人的3倍。

C. 科技发展迅速，经济从依赖体力转变为更多地依赖脑力，对大学学历的回报进一步提高。

D. 1980年有大学文凭的人的收入大约比只有高中文凭的人多43％，1996年增加到75％。

E. 随着计算机技术的发展，许多原来需要高技术人才承担的工作可以雇只会操作键盘的技工来干。

18. 在人口最稠密的城市中，警察人数占总人口的比例也最大。这些城市中的"无目击证人犯罪"的犯罪率也最低。看来，维持高比例的警察至少可达到有效地阻止此类犯罪的效果。

下列哪项如果为真，最能有效地削弱上述推论？

A. 警察的工作态度和巡逻频率在各个城市是有很大差别的。

B. 高人口密度本身使得犯罪现场无目击证人的可能性减少。

C. 许多发生在大城市的非暴力犯罪都与毒品有关。

D. 人口稠密的城市中，大多数罪犯并不是被警察抓获的。

E. 无目击证人犯罪在所有犯罪中本来就只占很小的比例。

19. 一段时间以来，国产洗发液在国内市场的占有率逐渐减小。研究发现，国外公司的产品广告比国内的广告更吸引人。因此，国产洗发液生产商需要加大广告投入，以增加市场占有率。

以下哪项如果为真，将严重地弱化上述的论证？

A. 一些国外洗发液的广告是由国内广告公司制作并由国内媒体传播的。

B. 广告只能引起人们对某种商品的注意，质量才能使人们产生对商品的喜爱。

C. 国产洗发液生产商的广告费现在只有国外厂商的一半。

D. 尽管国外洗发液的销售额增加，但国产洗发液的销售额同样也在增加。

E. 准备购买新的洗发液的人喜欢从广告中发现合意的品牌。

20. 我国科研人员经过对动物的多次临床试验，发现中药山茱萸具有抗移植免疫排斥反应和治疗自身免疫性疾病的作用，是新的高效低毒免疫抑制剂。某医学杂志首次发表了关于这一成果的论文。多少有些遗憾的是，从杂志社收到该论文到它的发表，间隔了6周。如果这一论文能尽早发表的话，这6周内许多这类患者可以避免患病。

以下哪项如果为真，最能削弱上述论证？

A. 上述医学杂志在发表此论文前，未送有关专家审查。

B. 只有口服山茱萸超过两个月，药物才具有免疫抑制作用。

C. 山茱萸具有抗移植免疫排斥反应和治疗自身免疫性疾病的作用仍有待进一步证实。

D. 上述杂志不是国内最权威的医学杂志。

E. 口服山茱萸可能会引起消化系统不适。

21. 过去的 20 年里，科幻类小说占全部小说的销售比例从 1% 提高到了 10%。其间，对这种小说的评论也有明显的增加。一些书商认为，科幻小说销售量的上升主要得益于有促销作用的评论。

    以下哪项如果为真，最能削弱题干中书商的看法？

    A. 科幻小说的评论，几乎没有读者。

    B. 科幻小说的读者中，几乎没有人读科幻小说的评论。

    C. 科幻小说评论文章的读者，几乎都不购买科幻小说。

    D. 科幻小说评论文章的作者中，包括著名的科学家。

    E. 科幻小说评论文章的作者中，包括因鼓吹伪科学而臭了名声的作家。

22. 这次新机种试飞只是一次例行试验，既不能算成功，也不能算不成功。

    以下哪项对于题干的评价最为恰当？

    A. 题干的陈述没有漏洞。

    B. 题干的陈述有漏洞，这一漏洞也出现在后面的陈述中：这次关于物价问题的社会调查结果，既不能说完全反映了民意，也不能说一点儿也没有反映民意。

    C. 题干的陈述有漏洞，这一漏洞也出现在后面的陈述中：这次考前辅导，既不能说完全成功，也不能说彻底失败。

    D. 题干的陈述有漏洞，这一漏洞也出现在后面的陈述中：人有特异功能，既不是被事实证明的科学结论，也不是纯属欺诈的伪科学结论。

    E. 题干的陈述有漏洞，这一漏洞也出现在后面的陈述中：在即将举行的大学生辩论赛中，我不认为我校代表队一定能进入前四名，我也不认为我校代表队可能进不了前四名。

23. 所有的灰狼都是狼，这一断定显然是真的。因此，所有的疑似 SARS 病例都是 SARS 病例，这一断定也是真的。

    以下哪项最为恰当地指出了题干论证中存在的漏洞？

    A. 题干的论证忽略了：一个命题是真的，不等于具有该命题形式的任一命题都是真的。

    B. 题干的论证忽略了：灰狼与狼的关系，不同于疑似 SARS 病例和 SARS 病例的关系。

    C. 题干的论证忽略了：在疑似 SARS 病例中，大部分不是 SARS 病例。

    D. 题干的论证忽略了：许多狼不是灰色的。

    E. 题干的论证忽略了：此种论证方式会得出其他许多明显违反事实的结论。

24. 维护个人利益是个人行为的唯一动机。因此，维护个人利益是影响个人行为的主要因素。

    以下哪项如果为真，则最能削弱题干论证？

    A. 维护个人利益是否是个人行为的唯一动机，值得讨论。

    B. 有时动机不能成为影响个人行为的主要因素。

    C. 个人利益之间既有冲突，也有一致。

    D. 维护个人利益的行为也能有利于公共利益。

    E. 个人行为不能完全脱离群体行为。

25. 有 90 个病人，都患难治疾病 T，服用过同样的常规药物。这些病人被分为人数相等的两组，第一组服用一种用于治疗疾病 T 的实验药物 W 素，第二组服用不含有 W 素的安慰剂。10 年后的统计显示，两组都有 44 人死亡。因此，这种实验药物是无效的。

以下哪项如果为真，则最能削弱上述论证？

A. 在上述死亡的病人中，第二组从发病到死亡的平均时间比第一组短两年。

B. 在上述死亡的病人中，第二组的平均寿命比第一组小两岁。

C. 在上述活着的病人中，第二组的病情比第一组的更严重。

D. 在上述活着的病人中，第二组的比第一组的更年长。

E. 在上述活着的病人中，第二组的比第一组的更年轻。

26. 有些家长对学龄前的孩子束手无策，他们自愿参加了当地的一个为期六周的"家长培训"计划。家长们在参加该项计划前后，要在一份劣行调查表上为孩子评分，以表明孩子到底给他们带来了多少麻烦。家长们报告说，在参加该计划之后他们遇到的麻烦确实比参加之前要少。

以下哪项如果为真，最可能怀疑家长们所受到的这种培训的真正效果？

A. 这种训练计划所邀请的课程教授尚未结婚。

B. 参加这项训练计划的单亲家庭的家长比较多。

C. 家长们通常会在烦恼不堪、情绪落入低谷时才参加"家长培训"计划，而孩子们的捣乱和调皮有很强的周期性。

D. 填写劣行调查表对于这些家长来说不是一件容易的事情，尽管并不花费太多的时间。

E. 学龄前的孩子最需要父母亲的关心。起码，父母亲应当在每天都有和自己的孩子相处谈话的时间。专家建议，这个时间的底限是 30 分钟。

27. 某国报载："在过去的 20 年里，州立法机关的黑人成员人数增长超过了 100%，而白人成员却略微下降。这充分说明黑人的政治力量将很快与白人基本相等。"

下列哪一事实有力地削弱了上述观点？

A. 州立法机关提供的席位总数在 20 年里保持不变。

B. 20 年前，州立法机关成员中有 168 个黑人，7 614 个白人。

C. 过去 20 年里，选黑人为州长的州连五个也不到。

D. 过去 20 年里，中等家庭的收入提高了 80%左右。

E. 过去 20 年里，登记选举的黑人比例提高了，而白人比例却有所下降。

28. 硕鼠通常不患血癌。在一项实验中发现，给 300 只硕鼠同等量的辐射后，将它们平均分为两组：第一组可以不受限制地吃食物；第二组限量吃食物。结果，第一组 75 只硕鼠患血癌，第二组 5 只硕鼠患血癌。因此，通过限制硕鼠的进食量，可以控制由实验辐射导致的硕鼠血癌的发生。

以下哪项如果为真，则最能削弱上述实验的结论？

A. 硕鼠与其他动物一样，有时原因不明就患有血癌。

B. 第一组硕鼠的食物易于使其患血癌，而第二组的食物不易使其患血癌。

C. 第一组硕鼠体质较弱，第二组硕鼠体质较强。

D. 对其他种类的实验动物，实验辐射很少导致患血癌。

E. 不管是否控制进食量，暴露于实验辐射的硕鼠都可能患有血癌。

29. 对东江中学全校学生进行调查发现，拥有 MP3 播放器人数最多的班集体同时也是英语成绩最佳的班集体。由此可见，利用 MP3 播放器可以提高英语水平。

    以下哪项如果为真，则最能加强上述结论？

    A. 拥有 MP3 播放器的同学英语学习热情比较高。
    B. 喜欢使用 MP3 播放器的同学都是那些学习自觉性较高的学生。
    C. 随着 MP3 播放器性能的提高，其提高英语水平的作用将更加明显。
    D. 拥有 MP3 播放器人数最多的班级是最会利用 MP3 播放器的班级。
    E. 拥有 MP3 播放器人数最多的班上的同学更多地利用 MP3 进行英语学习。

30. 一种流行的看法是：人们可以通过动物的异常行为来预测地震。实际上，这种看法是基于主观类比，不一定能揭示客观联系。一条狗在地震前行为异常，这自然会给它的主人留下深刻印象；但事实上，这个世界上的任何一刻，都有狗出现行为异常。

    为了评价上述论证，回答以下哪个问题最不重要？

    A. 两种不同类型的动物，在地震前的异常行为是否类似？
    B. 被认为是地震前兆的动物异常行为，在平时是否也同样出现过？
    C. 地震前有异常行为的动物在整个动物中所占的比例是多少？
    D. 在地震前有异常行为的动物中，此种异常行为未被注意的比例是多少？
    E. 同一种动物，在两次地震前的异常行为是否类似？

微模考3 参考答案

（基础篇）

1. A

   【解析】论证型削弱题。

   题干：王鸿的爸爸是知名数学家 —证明→ 王鸿的这段话不大会错。

   题干显然犯了诉诸权威的逻辑错误，王鸿的爸爸是知名数学家只能证明他在数学领域具有权威性，但是在其他领域，王鸿的爸爸的见解可能与常人无异。故 A 项最能削弱题干。

   C 项，对题干有一定的削弱，但不如 A 项力度大。

   其余各项显然不能反驳题干的结论。

2. A

   【解析】论证型削弱题。

   题干："如果常在河边走，那么一定会湿鞋"，所有搞财会工作的，都有或多或少的职业操守问题。

   一个反例足以推翻一个一般性结论，A 项提供了一个反例，削弱力度最大。

3. D

   【解析】论证型削弱题。

   题干：顾客在购买汽车时不可能一眼就能看出汽车的性能，他们总是先从汽车的外观来判断汽车的档次，并由此形成是否购买的初步意向 —证明→ 汽车推销最重要的是向顾客展示汽车的外观美。

   A 项，支持题干。

   B 项，无法断定"某些特征"是不是"外观"。

   C 项，支持题干，"显得豪华"说明外观对顾客的购买起到了作用。

   D 项，削弱题干，说明顾客主要考虑的不是外观，而是方便实用。

   E 项，无关选项。

4. C

   【解析】调查统计型削弱题。

   题干：美国有 17% 的成年人都有跑鞋，但其中只有 45% 的人一年跑一次以上，17% 的人一周跑一次以上 —证明→ 许多消费者并没有充分利用他们所购买的运动器械。

   A 项，无关选项，不知道被调查者是否刚开始跑步。

   B 项，支持题干，夸大跑步次数后才只有这么少的人跑步，那就更说明许多消费者没有充分利用跑鞋。

   C 项，题干的论据是"没有用跑鞋跑步"，结论是"没有充分利用运动器械"。如果此项为真，那么没有用跑鞋跑步，可能是做了其他的运动，也是利用了跑鞋，削弱题干。

D项，无关选项。

E项，无关选项。

5. **D**

   【解析】论证型削弱题。

   题干：美国的繁荣是依靠企业不断涌现的新发明 —→证明 经济不断壮大的最好保障是企业在科学研究和发展方面增加经费。

   A项，无关选项，题干讨论的是研发投入与新发明的关系，而不是研发投入与企业发展战略的关系。

   B、C项，支持题干，说明企业增加研发投入确实能促进新发明的出现。

   D项，题干认为"新发明"促进了美国的繁荣，因此，经济不断壮大的最好保障是增加企业的科研经费。其隐含假设是增加企业的科研经费能促进新发明的出现，此项反驳了这一假设。

   E项，无关选项。

6. **E**

   【解析】求异法型削弱题。

   题干采用求异法：

   第一组：看暴力内容的影视的时间平均不少于10小时；

   第二组：看暴力内容的影视的时间平均不多于2小时；

   第一组的举止粗鲁者所占的比例要远高于第二组；

   故：多看暴力内容的影视容易导致青少年举止粗鲁。

   注意：对于求异法的题目，常用两种削弱方式：另有其他差异因素、因果倒置。

   E项，指出举止粗鲁导致他们爱看暴力内容的影视，因果倒置。

   A、B、C项，个别人的情况，不能削弱或支持题干中"举止粗鲁者所占的比例"。

   D项，说明暴力内容的影视还是有不良影响，支持题干。

7. **A**

   【解析】因果型削弱题。

   母亲：学习负担太重导致冬冬体重下降。

   父亲：冬冬体重下降和学习负担没有关系，冬冬营养不良导致他体重下降（另有他因）。

   A项，指出是学习负担重导致了营养不良，从而导致体重下降，说明冬冬体重下降和学习负担还是有关系的，削弱父亲的意见。

   B项，无关选项。

   C项，无关选项，题干中不存在本学期和上学期关于学习负担的比较；学习负担比上学期减轻，可能负担不再很重，也可能负担仍然很重，只是比上学期轻一些而已。

   D项，无关选项。

   E项，无关选项，只能说明学习负担重，但无法确定学习负担重是否和体重下降有关系。

8. **E**

   【解析】因果型削弱题。

甲：奥运会广告收入降低了每份票券的单价 —导致→ 奥运会的现场观众从奥运会拉的广告中获得了经济利益。

乙：厂家通过提高商品的价格把广告费用摊到了消费者的身上 —导致→ 奥运会的现场观众没有从奥运会拉的广告中获得经济利益。

E项，说明各厂家的广告支出是一个常量，不会因为奥运会而增加，也就是说，作为消费者，平均承受的广告费用是一个定值，也不会因为奥运会而增加，削弱乙对甲的反驳。

其余各项均为无关选项。

9. A

【解析】措施目的型削弱题。

题干：一种曾在美洲普遍栽培的经济作物比目前的主食作物如大米和小麦，含有更高的蛋白质成分（原因）—导致→ 推广这种作物（措施）—以求→ 利于人口稠密、人均卡路里和蛋白质摄入量均不足的国家（目的）。

A项，说明这种作物虽然蛋白质成分高，但是亩产量大大低于目前主食作物的亩产量，所以推广这种作物未必能达到目的，削弱题干。

D项支持题干，其余各项均为无关选项。

10. C

【解析】调查统计型削弱题。

题干：对500家大中型企业的调查结果表明，在科研或新产品规划时制定了专利计划的仅有26% —证明→ 我国多数企业完全缺乏"专利意识"，不懂得通过专利来保护自己的合法利益。

C项，指出没有制定专利计划的企业，也申请了专利，说明他们有专利意识，削弱题干。

E项，加强题干，制定了专利计划的都不一定有专利意识，说明有专利意识的比例应该比统计的更少。

其余各项均不能削弱题干。

11. A

【解析】论证型削弱题。

题干：航班的满员率很少超过90% —证明→ 对教师机票实行六五折优惠，该航空公司并没有实际让利。

锁定关键词"教师"，可知B、E项为无关选项。

A项，说明即使不让利，绝大多数教师仍然会买北方航空公司的机票，那么六五折优惠让他们以更便宜的价格买到机票，有实际的让利，可以削弱题干。

C项，无关选项，此项并没有说明航空公司是否让利。

D项，是否实施季节性调价与题干无关。

12. C

【解析】果因型削弱题。

题干：四分之三的医院都会给病人使用"诺维克斯"镇痛剂（结果）←—导致— "诺维克斯"可以最有

效地镇瘘痛(原因)。

A项，无关选项，题干中的广告只涉及"镇瘘痛"，与其他疼痛无关。

B项，无关选项，不知道换用"诺维克斯"是否因为其镇瘘痛的效果更好。

C项，另有他因，削弱题干，医院用"诺维克斯"不是因为它的效果好，而是因为价格低。

D项，无关选项，题干的论据是"医院"，与"药店"无关。

E项，支持题干。

13. D

【解析】调查统计型削弱题。

题干：名人家族中才能出众者是普通家族中才能出众者人数的23倍 —证明→ 人的素质主要是由遗传决定的。

A项，支持题干。

B项，没有说明"家无三代兴"是遗传原因还是其他原因。

C项，诉诸未知。

D项，另有他因，是"环境因素"而不是"遗传因素"，削弱题干。

E项，无关选项，讨论的对象与题干不同。

14. D

【解析】论证型削弱题。

题干：京津市餐饮业的年利润保持稳定 —证明→ 随着粤菜馆的兴旺，川菜馆的收入会随之减少。

A项，削弱力度弱，①贵的不一定利润就不好；②"部分顾客"不喜欢粤菜，不排斥其他顾客喜欢；③题干假定了"粤菜馆的兴旺"这一前提。

B项，不能削弱，不排斥有专门的粤菜馆的兴旺，影响专门的川菜馆的利益。

C项，不能削弱，即使粤菜馆的绝对数量不如川菜馆多，也可以对川菜馆形成竞争。

D项，可以削弱，餐饮业除了粤菜和川菜外，还有其他餐饮形式，在总利润稳定的情况下，粤菜馆的兴旺，可能影响的不是川菜馆，而是其他餐饮。

E项，削弱力度弱。

15. C

【解析】论证型削弱题。

保安：当所有其他的可能性都被排除了，剩下的可能性一定是事实。

从逻辑上来说，如果真的可以"排除所有其他的可能性"，那么"剩下的可能性一定是事实"。但是C项指出，无法"排除所有其他的可能性"，前提无法实现，故削弱保安的论证。

D、E项，诉诸人格，优秀的人也可能犯错，有前科的人未必会再次犯罪。

其余各项均为无关选项。

16. A

【解析】论证型削弱题。

题干：吸烟者知道在哪里弄到烟，不需要广告给他们提供信息 —证明→ 禁止在大众媒介上做香烟广告并未减少吸烟人数。

A项，削弱题干，说明香烟广告可以刺激香烟的消费需求。

B项，无关选项，题干仅讨论在大众媒介上做广告对吸烟人数的影响，并不涉及它对"香烟零售点广告数量"的影响。

17. E

【解析】因果型削弱题。

题干：高等教育是一项很好的投资 —导致→ 许多家长还是节衣缩食供孩子上大学。

E项，削弱题干，未来的高技术人才承担的工作可以由技工代替，那么高等教育的必要性就值得怀疑。

其余各项都阐述了高等教育的好处，支持题干。

18. B

【解析】因果＋论证型削弱题。

题干：人口最稠密的城市中，警察人数占总人口的比例也最大，"无目击证人犯罪"的犯罪率也最低 —证明→ 维持高比例的警察至少可达到有效地阻止此类犯罪的效果。

A项，诉诸未知，并没有说明人口稠密的城市中，警察的工作态度和巡逻频率是更好还是更差。

B项，另有他因，是人口稠密导致"无目击证人犯罪"的犯罪率低，削弱题干。

C项，无关选项。

D项，题干只涉及犯罪的发生，不涉及罪犯的抓获。

E项，无关选项，题干涉及的是不同城市间"无目击证人犯罪"的犯罪率的比较，不涉及"无目击证人犯罪"与其他犯罪的比例的比较。

19. B

【解析】措施目的型削弱题。

题干：国产洗发液在国内市场的占有率逐渐减小，国外公司的产品广告比国内的广告更吸引人（原因）—导致→ 国产洗发液生产商需要加大广告投入（措施）—以求→ 增加市场占有率（目的）。

A项，无关选项，题干只讨论广告的效果，没有讨论广告的制作方。

B项，说明只通过广告未必能提高市场占有率，质量对销量的影响更大，措施达不到目的，削弱题干。

C项，说明现在国产洗发液的广告投入不够，需要加大广告投入，支持题干。

D项，不能削弱题干，即使国产洗发液的销售额也在增加，也未必说明其市场占有率不是在缩小。

E项，支持题干，说明广告有效。

20. B

【解析】论证型削弱题。

题干：从杂志社收到该论文到它的发表，间隔了6周，如果这一论文能尽早发表的话，这6周内许多这类患者可以避免患病。

A项，无关选项。

B项，削弱题干，说明即使论文尽早发表，许多这类患者也不能在6周内避免患病，有因无果。

C项，诉诸未知。

D项，诉诸权威。

E项，是否会引起消化系统不适与是否可以治疗免疫性疾病无关。

21. C

【解析】因果型削弱题。

题干中的书商认为：有促销作用的评论——导致——科幻小说销量上升。

C项，因果无关，说明科幻小说评论对科幻小说销量无促进作用。

A项、B项都可以削弱题干，但这两项都分析"科幻小说评论"与"读者"的关系，而不是"科幻小说评论"与"科幻小说销量"的关系，因此不如C项直接。

D、E项为无关选项。

22. E

【解析】评论逻辑漏洞。

"成功"和"不成功"是一对矛盾命题，必为一真一假。题干对两个命题同时否定，自相矛盾（两不可）。

A项，显然不恰当。

B项，"完全反映了民意"与"一点儿也没有反映民意"是反对关系（还有"部分反映民意"），不是矛盾关系。

C项，"完全成功"与"彻底失败"是反对关系（还有"有成功之处也有失败之处"），不是矛盾关系。

D项，"被事实证明的科学结论"与"纯属欺诈的伪科学结论"是反对关系（还有"尚待证明的科学结论"），不是矛盾关系。

E项，"一定进入前四名"和"可能进不了前四名"互相矛盾，不能同时加以否定，与题干的逻辑漏洞相同。

23. B

【解析】类比型评论题。

题干使用类比论证，其漏洞在于类比不当，这是因为，"灰狼"是"狼"的一种（种属关系），而"疑似SARS病例"不是"SARS病例"的一种，B项恰当地指出了这一漏洞。

其余各项均不正确。

24. B

【解析】论证型削弱题。

题干：维护个人利益是个人行为的唯一动机——证明——维护个人利益是影响个人行为的主要因素。

前提说的是"动机"，结论说的是"影响个人行为的主要因素"，所以题干暗含一个隐含假设：动机是影响个人行为的主要因素。

B项，削弱题干，有时动机不能成为影响个人行为的主要因素，指出题干的隐含假设不当。

A项，诉诸无知。

C、D、E项，无关选项，不涉及题干论证。

25. A

【解析】求异法型削弱题。

题干：

第一组：服用含 W 素的药物，10 年后 44 人死亡；

第二组：不服用含 W 素的药物，10 年后 44 人死亡；

故：含有 W 素的实验药物无效。

A项，削弱题干，说明虽然两组 10 年后都死了 44 个人，但是第一组发病后存活时间更长，药物有效。

B项，无关选项，"平均寿命"的长短与"发病到死亡的时间"长短没有关系。

C、D、E 项均为无关选项。

26. C

【解析】因果型削弱题。

题干：参加当地为期六周的"家长培训"计划 ——导致→ 减少了孩子带来的麻烦。

A项，无关选项，教授没结婚不代表不能指导别人带孩子。

C项，削弱题干，家长在培训后遇到较少麻烦的现象，可能不是培训带来的效果，而是孩子们正处于调皮捣乱的"低潮"所造成的，另有他因。

其余各项显然均为无关选项。

27. B

【解析】数字型削弱题（增长率）。

题干：在过去的 20 年里，州立法机关的黑人成员人数增长超过了 100%，而白人成员却略微下降 ——证明→ 黑人的政治力量将很快与白人基本相等。

B项，说明即使黑人增加了 100%，与白人相比，数量差距也很大，削弱题干（增长率问题不仅要考虑增长率，还要考虑基数）。

其余各项均不能削弱题干。

28. B

【解析】求异法型削弱题。

题干使用求异法：

第一组硕鼠：不受限制地吃食物，75 只患血癌；

第二组硕鼠：限量吃食物，5 只患血癌；

因此，限制硕鼠的进食量，可以控制由实验辐射导致的硕鼠血癌的发生。

使用求异法时，要保证只有一个差异因素，B项说明是食物原因导致第一组硕鼠易患血癌，有其他差异因素（另有他因），削弱题干。

A项，诉诸无知。

C项，无法确定体质强弱与是否患血癌的直接关系，力度不如 B 项。

D项，无关选项，题干不涉及硕鼠与其他动物的比较。

E项，不能削弱，可能性大和可能性小都是"有可能"。

29. E

【解析】共变法型支持题。

题干：

拥有 MP3 播放器人数最多的班集体同时也是英语成绩最佳的班集体；

所以，利用 MP3 播放器可以提高英语水平。

题干是用共变法求因果，拥有 MP3 人数多和英语成绩佳是同时存在的现象，但同时存在的现象未必是因果关系，所以需要建立二者的因果关系。E项建立了这种因果关系。

A项，削弱题干，学习热情导致英语水平提高，另有他因。

B项，削弱题干，学习自觉性高导致英语水平提高，另有他因。

C项，无关选项，题干与 MP3 播放器的性能是否提高无关。

D项，无关选项，"利用 MP3 播放器"和题干中"利用 MP3 学英语"是两回事，偷换概念。

30. A

【解析】求同法求异法型评价题。

要评价的题干中的论证是：是否可以通过动物的异常行为来预测地震。

A项，无关选项，例如：青蛙在地震前异常大叫，鸡在地震前异常上树，二者并不类似，却都可以预测地震。

B项，如果认为是地震前兆的动物异常行为，在平时没有出现过，根据求异法，则可以预测；反之，则不能预测。所以此问题对于题干中论证成立与否有重要作用。

C项，地震前有异常行为的动物在整个动物中所占的比例大，根据求同法，则可以预测；若比例很小，则不能预测。所以此问题对于题干中论证成立与否有重要作用。

D项，在地震前有异常行为的动物中，此种异常行为未被注意的比例小，根据求异法，则可以预测；反之，则不能预测。所以此问题对于题干中论证成立与否有重要作用。

E项，同一种动物，在两次地震前的异常行为若类似，根据求同法，则可以预测；反之，则不能预测。所以此问题对于题干中论证成立与否有重要作用。

老吕专硕系列

MBA/MPA/MPAcc

主编 ◎ 吕建刚　　副主编 ◎ 毋亮

管理类、经济类联考
老·吕·逻·辑
—— 要点精编 ——

（第6版）

（母题篇）

北京理工大学出版社
BEIJING INSTITUTE OF TECHNOLOGY PRESS

版权专有 侵权必究

图书在版编目（CIP）数据

管理类、经济类联考·老吕逻辑要点精编/吕建刚主编．—6 版．—北京：北京理工大学出版社，2019.10
ISBN 978-7-5682-7720-4

Ⅰ.①管⋯　Ⅱ.①吕⋯　Ⅲ.①逻辑-研究生-入学考试-自学参考资料　Ⅳ.①B81

中国版本图书馆 CIP 数据核字（2019）第 227818 号

出版发行 / 北京理工大学出版社有限责任公司	
社　　址 / 北京市海淀区中关村南大街 5 号	
邮　　编 / 100081	
电　　话 /（010）68914775（总编室）	
（010）82562903（教材售后服务热线）	
（010）68948351（其他图书服务热线）	
网　　址 / http：//www.bitpress.com.cn	
经　　销 / 全国各地新华书店	
印　　刷 / 保定市中画美凯印刷有限公司	
开　　本 / 787 毫米×1092 毫米　1/16	
印　　张 / 34	责任编辑 / 多海鹏
字　　数 / 798 千字	文案编辑 / 多海鹏
版　　次 / 2019 年 10 月第 6 版　2019 年 10 月第 1 次印刷	责任校对 / 周瑞红
定　　价 / 99.80 元（全两册）	责任印制 / 李志强

图书出现印装质量问题，请拨打售后服务热线，本社负责调换

图书使用说明及联考备考规划

"老吕专硕"系列图书自问世以来，受到了广大考生的热烈欢迎，成为市面上最受欢迎的管理类、经济类联考教材之一，销量每年呈数倍增长，屡创新高。2020版老吕系列图书总销量更是突破80万册，其中，《老吕逻辑要点精编》《老吕数学要点精编》《老吕逻辑母题800练》《老吕数学母题800练》销量均破10万册，《老吕写作要点精编》销量破8万册。

今年，老吕团队做了更加深入的教研工作，对老吕系列图书做了颠覆性的创新和优化。介绍如下：

1. 图书体系及图书内容的优化

(1) 新增图书

增加三本新书，即《老吕数学真题超精解（母题分类版）》《老吕逻辑真题超精解（母题分类版）》《老吕写作真题超精解（母题分类版）》。这三本书将从"母题"的角度分析真题，探析真题的命题规律与破解之道。

(2) 重新定位

《老吕数学要点精编》《老吕逻辑要点精编》《老吕写作要点精编》这三本书的内容做了深度优化和重新定位。其中，基础篇对知识的讲解更加精细，真正做到从零起步讲知识点；"提高篇"修订为"母题篇"，系统总结101类数学题型（母题）、40类逻辑题型（母题）。这样，"要点精编"系列图书将成为基础教材，成为老吕图书全系列（即11本图书）的核心和基座。

《老吕数学母题800练》《老吕逻辑母题800练》将与"要点精编"的"母题篇"完全配套，并在内容的难度和深度上有所提高，从而与"要点精编"的三本书共同构成老吕"母题5件套"，成为老吕书系的核心系列。

(3) 内容优化

与2020版图书相比，2021版老吕全系列图书都将做不同程度的优化。其中，《老吕写作要点精编》优化了全书内容的80%，《老吕数学要点精编》优化了全书内容的60%，《老吕逻辑要点精编》优化了全书内容的30%。

2. 老吕书系的鲜明特点

(1) 清晰的备考逻辑

老吕在2013年创造性地编制了全系列图书统一的母题编号。今年，老吕又以统一的母题编号为基础，对整个书系的架构进行了优化，从而形成了以"母题"为核心的备考逻辑，如图1所示：

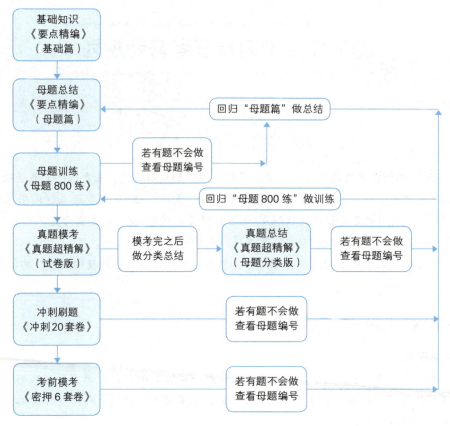

图 1

(2) 详尽的母题总结

母题者，题妈妈也，一生二，二生四，以至无穷。

老吕书系详细总结了数学 101 类母题，303 种变化；逻辑 40 类母题，98 种变化；写作 5 大类 43 个母题，5 个母例，4 大类 16 个母理。

具体内容如图 2 所示：

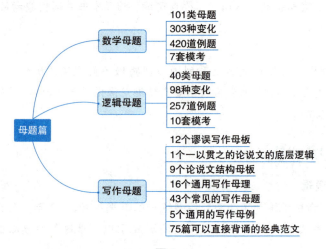

图 2

(3) 独到的解题思路

管理类联考的考试时间紧张，要在 180 分钟之内，做 25 道数学题、30 道逻辑题，写 2 篇作文，另外，还要涂写答题卡。好消息是，管理类联考综合除了写作以外，所有题目均为选择题。

题量巨大、选择题多，就决定了管理类联考的解题思路必须简洁、快速、准确。因此，老吕的解题思路注重以下方面：

①系统化解题。

以知识为基础，以母题为核心，以解题技巧为手段，打造系统化解题的网络。

②技巧化解题。

每年真题中都有一些选择题用常规方法做费时费力。比如 2019 年真题的第 8 题，常规方法做需要 5 分钟左右，但很难做对，因为计算量太大了，但使用一些解题技巧，只需要 30 秒左右即可确保拿分。所以，系统性地掌握一些选择题的解题技巧是考上研究生的关键。

③注重命题陷阱。

我们都有这样的体验，一道题明明会做，但是做错了。一方面是因为我们都有粗心的时候，另一方面是因为命题人设置了命题陷阱，而你没有发现。所以，老吕的图书和课程非常重视命题陷阱的总结，以求会做的题一定要拿分。

(4) 简单粗暴的知识体系和解题方法

老吕注重知识体系的简洁实用和解题方法的简单粗暴。

以逻辑为例，传统的逻辑学习方法，致力于让考生学习复杂的逻辑学理论。的确，学好这些复杂理论，足以应付考试。但问题是，正是这些理论，让人痛苦万分。

例如，逻辑的经典理论"三段论"：

"三段论推理是演绎推理中的一种简单判断推理。它包含两个性质判断构成的前提和一个性质判断构成的结论。一个正确的三段论有且仅有三个词项，其中联系大小前提的词项叫中项；出现在大前提中，又在结论中做谓项的词项叫大项；出现在小前提中，又在结论中做主项的词项叫小项。"

你看晕了吗？然而，这才仅仅是三段论的定义而已，要想掌握和使用三段论，还需要掌握七个推理规则：

①一个正确的三段论，有且只有三个不同的项。

②三段论的中项至少要周延一次。

③在前提中不周延的词项，在结论中不得周延。

④两个否定前提不能推出结论。

⑤前提有一个是否定的，其结论必是否定的；若结论是否定的，则前提必有一个是否定的。

⑥两个特称前提推不出结论。

⑦前提中有一个是特称的，结论必须也是特称的。

你真看晕了吧？而老吕可以让你用 5 个小时左右的时间学会传统形式逻辑学习方法中 100 多页的基础知识，且让绝大部分同学做题的正确率立即达到 80％ 以上。这就是一个简洁的知识体系的重要性。

3. 全年备考规划

看了以上介绍,如果你认同老吕的图书体系和备考方法,请你按照下述表格,结合自己的实际情况,规划自己的全年备考。

(1) 数学、逻辑全年备考规划

阶段	时间	备考用书	配套课程
零基础阶段	4月前	《老吕数学要点精编》(基础篇) 《老吕逻辑要点精编》(基础篇)	基础班
母题基础阶段	5—6月	《老吕数学要点精编》(母题篇) 《老吕逻辑要点精编》(母题篇)	母题班
母题强化阶段	7—8月	《老吕数学母题800练》 《老吕逻辑母题800练》	暑假母题直播集训营
真题阶段	9—10月	第1遍模考: 《老吕综合真题超精解》(试卷版) 第2遍总结: 《老吕数学真题超精解》(母题分类版) 《老吕逻辑真题超精解》(母题分类版)	近年真题串讲班 真题母题密训班
冲刺阶段	11月	《老吕综合冲刺20套卷》	20套卷讲评班
模考阶段	12月	《老吕综合密押6套卷》	冲刺模考班

说明:

① 在校考生建议按以上计划学习,时间充分的学员可以把"要点精编"和"母题800练"做2遍。备考启动晚的在校考生可根据自己的备考情况,适当减少部分图书和课程的学习。

② 在职考生,尤其是考 MBA、MPA、MEM、MTA 的考生,可以适当减少部分图书和课程的学习,但应至少保证"要点精编"和"真题"的学习。

③ 在职考 MPAcc 的考生,尤其是考全日制 MPAcc 的考生,由于你要与应届生竞争,所以请你把自己当成应届生那样去备考。

(2) 写作全年备考规划

阶段	时间	备考用书	配套课程
基础阶段	8月前	《老吕写作要点精编》(基础篇)	基础班
母题阶段	9—10月	《老吕写作要点精编》(母题篇)	写作母题班
真题阶段	10—11月	《老吕写作真题超精解》(母题分类版)	写作真题班
押题冲刺阶段	12月	押题讲义	写作押题密训

续表

| 阶段 | 时间 | 备考用书 | 配套课程 |

说明：

① 在校考生建议按以上计划学习；在职考生请以《老吕写作要点精编》为主进行写作的复习，并辅以押题课程。

② 由于论证有效性分析是基于逻辑知识的，因此，我们建议考生在逻辑有一定基础后再开始备考。但论说文需要时间积累素材，所以，在正式开课前，学员也可自行搜集和背诵一些素材。同时老吕会开专门的素材搜集讲座，详情请关注乐学喵App。

4. 联系老吕

老吕已开通多种方式与各位同学互动。希望与老吕沟通的同学，可以选择以下联系方式：

微博：老吕考研吕建刚

微信公众号：老吕考研　老吕教你考MBA

微信：miao-lvlv　laolvmba2018

冰心先生有一首小诗《成功的花》，里面有一段话是这样写的："成功的花儿，人们只惊羡她现时的明艳！然而当初她的芽儿，浸透了奋斗的泪泉，洒遍了牺牲的血雨。"现在，让我们开始努力，让我们一起努力，让我们一直努力！

祝你金榜题名！

吕建刚

目 录
contents

下部　母题篇

第一部分　形式逻辑母题精讲　/ 3

本部分题型思维导图　/ 3
历年真题考点统计　/ 4
命题趋势及预测　/ 5

第1章　复言命题母题精讲　/ 6

题型1　充分与必要　/ 6
变化1　充分必要条件　/ 9
变化2　充分必要条件的误用　/ 10

题型2　并且、或者、要么　/ 11
变化1　并且、或者、要么的理解　/ 12
变化2　德摩根定律　/ 13
变化3　并且、或者、要么的关系　/ 14

题型3　箭头＋德摩根　/ 14
变化1　箭头与德摩根定律的使用　/ 15
变化2　大嘴鲈鱼问题　/ 16

题型4　"∨"与"→"的互换　/ 17
变化1　箭头与或者互换公式的考查　/ 18
变化2　多重复言命题　/ 19
变化3　补充条件题　/ 20

题型5　箭头的串联　/ 20
变化1　普通箭头的串联　/ 22
变化2　带"有的"的串联问题　/ 25

题型 6 假言命题的负命题 / 27
    变化 1 假言命题负命题的基本问题 / 28
    变化 2 串联＋负命题 / 30

题型 7 二难推理 / 31
    变化 1 公式(1)～(3)的考查 / 32
    变化 2 公式(4)的考查 / 35
    变化 3 复杂二难推理问题 / 36

题型 8 复言命题的真假话问题 / 36
    变化 1 题干中有矛盾 / 38
    变化 2 题干中无矛盾 / 38

微模考 1 复言命题 / 41
微模考 1 参考答案 / 48

第 2 章 简单命题及概念母题精讲 / 56

题型 9 对当关系 / 56
    变化 1 基本的对当关系问题 / 57
    变化 2 对当关系＋假言命题综合题 / 58

题型 10 替换法解简单命题的负命题 / 59
    变化 1 替换法的基础题型 / 62
    变化 2 宾语上有量词 / 65

题型 11 隐含三段论 / 66
    变化 1 隐含三段论 / 66
    变化 2 隐含三段论＋负命题 / 67
    变化 3 隐含三段论＋串联 / 67

题型 12 简单命题的真假话问题 / 68
题型 13 定义题 / 72
题型 14 概念间的关系 / 74

微模考 2 简单命题及概念 / 77
微模考 2 参考答案 / 84

第二部分 论证逻辑母题精讲 / 91

本部分题型思维导图 / 91
历年真题考点统计 / 92
命题趋势及预测 / 94

第 3 章　削弱题 / 95

题型 15　论证型削弱题 / 95
变化 1　论证的削弱 / 97
变化 2　归纳论证的削弱（调查统计） / 100
变化 3　类比论证的削弱 / 102

题型 16　因果型削弱题 / 104
变化 1　找原因型削弱题 / 107
变化 2　猜结果型削弱题 / 110
变化 3　求因果五法型削弱题（求异法） / 112
变化 4　求因果五法型削弱题（求异法之百分比对比型） / 113
变化 5　求因果五法型削弱题（求同法） / 115
变化 6　求因果五法型削弱题（共变法） / 116

题型 17　措施目的型削弱题 / 116
变化 1　措施目的型削弱题 / 117
变化 2　必要措施 / 120

题型 18　数据陷阱型削弱题 / 120
变化 1　比率陷阱 / 121
变化 2　平均值陷阱 / 123
变化 3　增长率陷阱 / 124

微模考 3　削弱题 / 126

微模考 3　参考答案 / 134

第 4 章　支持题 / 142

题型 19　论证型支持题 / 142
变化 1　论证的支持 / 144
变化 2　搭桥法 / 145
变化 3　调查统计型支持题 / 146
变化 4　类比型支持题 / 148

题型 20　因果型支持题 / 148
变化 1　因果关系的支持 / 150
变化 2　求因果五法型支持题（求异法） / 152

题型 21　措施目的型支持题 / 154

微模考 4　支持题 / 157

微模考 4　参考答案 / 165

第5章 假设题 / 173

题型 22　论证型假设题 / 173
　　变化 1　论证的假设 / 176
　　变化 2　搭桥法 / 178
　　变化 3　归纳型（调查统计型） / 180
　　变化 4　类比型 / 181

题型 23　因果型假设题 / 182
　　变化 1　因果型假设题 / 183
　　变化 2　求因果五法型假设题（求异法） / 184

题型 24　措施目的型假设题 / 185
　　变化 1　措施目的型 / 186
　　变化 2　必要措施 / 189

题型 25　数字型假设题 / 189

微模考 5　假设题 / 192

微模考 5　参考答案 / 200

第6章 解释题 / 208

题型 26　解释现象 / 208
　　变化 1　解释现象 / 209
　　变化 2　解释差异 / 212

题型 27　解释数量关系 / 214

微模考 6　解释题 / 218

微模考 6　参考答案 / 226

第7章 推论题 / 234

题型 28　一般推论题 / 234
　　变化 1　形式逻辑型推论题 / 235
　　变化 2　论证型推论题 / 239
　　变化 3　类比型推论题 / 243
　　变化 4　因果型推论题 / 244
　　变化 5　阅读理解型推论题 / 247

题型 29　概括结论题 / 248
　　变化 1　人丑模型 / 249
　　变化 2　求异法型 / 251

　　　　变化 3　完成段落型　/ 251
　　微模考 7　推论题　/ 253
　　微模考 7　参考答案　/ 261

第 8 章　评论题　/ 269

　　题型 30　评论逻辑漏洞　/ 269
　　　　变化 1　评价漏洞　/ 270
　　　　变化 2　有无漏洞　/ 274
　　题型 31　评论逻辑技法　/ 276
　　　　变化 1　论证方法　/ 277
　　　　变化 2　反驳方法　/ 278
　　题型 32　争论焦点题　/ 279
　　题型 33　评价题　/ 282
　　　　变化 1　评价题　/ 282
　　　　变化 2　构造对比实验　/ 283
　　微模考 8　评论题　/ 284
　　微模考 8　参考答案　/ 292

第 9 章　结构相似题　/ 298

　　题型 34　形式逻辑型结构相似题　/ 298
　　　　变化 1　结构相似　/ 299
　　　　变化 2　结构相似＋归谬　/ 301
　　题型 35　论证逻辑型结构相似题　/ 302
　　　　变化 1　逻辑谬误　/ 303
　　　　变化 2　论证方法　/ 304
　　微模考 9　结构相似题　/ 305
　　微模考 9　参考答案　/ 315

第三部分　综合推理母题精讲　/ 323

本部分题型思维导图　/ 323
历年真题考点统计　/ 324
命题趋势及预测　/ 324

第10章 综合推理 / 325

题型36 排序题 / 325
变化1 排序题 / 326
变化2 排序+匹配题 / 326

题型37 方位题 / 327
变化1 左右方位 / 328
变化2 围桌而坐 / 329

题型38 数字推理题 / 330
变化1 交集问题 / 331
变化2 集合的两次分类问题 / 332
变化3 配对问题 / 334
变化4 定比例问题 / 334
变化5 其他数字问题 / 335

题型39 简单匹配题 / 336
变化1 简单匹配 / 336
变化2 简单匹配+真假话 / 337
变化3 可能符合题干 / 337

题型40 复杂匹配与题组 / 339
变化1 两组元素的匹配 / 340
变化2 三组元素的匹配 / 342
变化3 复杂匹配 / 346
变化4 数量关系 / 348
变化5 题组 / 349

微模考10 综合推理 / 353
微模考10 参考答案 / 360

下部

母题篇

母题者，题妈妈也。

一生二，二生四，以至无穷。

母题篇学习指导

(1) 母题篇旨在总结归纳联考逻辑的常见题型。

(2) 母题篇的题目难度等于真题。

(3) 母题篇的例题90%以上来自历年真题,但题目与《老吕综合真题超精解》基本不重复。其余题目改编自 GCT、公务员考试真题。

(4) 母题篇适用于第二轮复习。

(5) 母题篇与《老吕逻辑母题800练》的区别:

①母题篇内容以例题为主,《老吕逻辑母题800练》以习题为主。

②母题篇和《老吕逻辑母题800练》的题目来源相同,但《老吕逻辑母题800练》选用的题目难度更大。

③母题篇适用于第二轮复习,《老吕逻辑母题800练》可用于第三轮复习或者配合母题篇进行强化练习。

第一部分 形式逻辑母题精讲

本部分题型思维导图

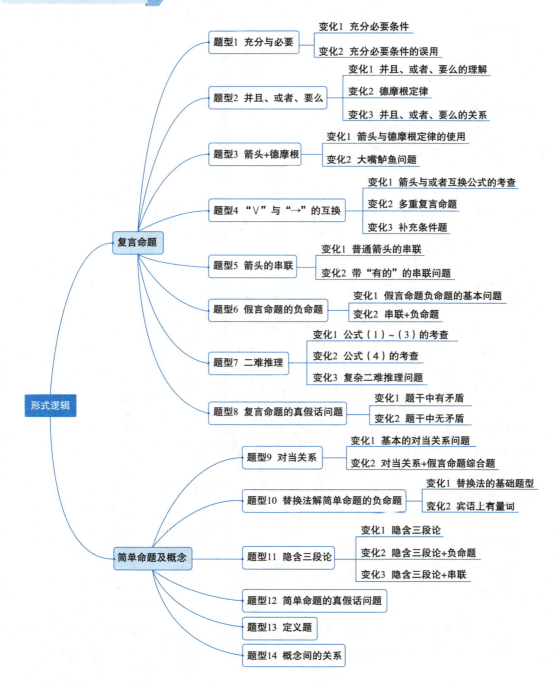

历年真题考点统计

题型名称	2009	2010	2011	2012	2013	2014	2015	2016	2017	2018	2019	合计
充分与必要	31			38	29		30 34 50			26 43 46		9
并且、或者、要么及德摩根定律	54	39		33 37							40	5
箭头+德摩根	28	26 28 33			51			47	26	37		8
"∨"与"→"的互换	30					42						2
箭头的串联	50	46 50	27	29 34 49	31 32 43 49 51	43 48	37 43 51	27 35	26 27 31 53	30 31 33 50 52	26	29
假言命题的负命题				27 32 39	40 44 53	28	33 45 46	31	41			13
二难推理	47	36 55	52	30 44		44				53	35	9
复言命题的真假话问题			34 44	31	42			49		38		6
对当关系						50			44	27		3
简单命题的负命题	34			48 52	48	34 51				32		7
隐含三段论				45		40				44		3
简单命题的真假话问题	27 39	44							37			4
定义题	55	42			30					48		4
概念间的关系			41									1

说明：由于很多真题都是综合题，不是考查1个知识点而是考查2个甚至3个知识点，所以，此表中的统计并不能做到完全准确，但可大致反映真题的命题趋势。

命题趋势及预测

2009—2019 年,本部分内容考了 103 道题,另有 9 道形式逻辑型结构相似题,合计 112 道,平均每年约 10.2 道。

难度较大的题型有:复言命题的真假话问题、二难推理等。但整体而言,形式逻辑题难度不大,考生应尽量做到满分。

考试频率较高的题型为:充分必要条件、德摩根定律、二难推理、箭头的串联、真假话问题、负命题。

第1章　复言命题母题精讲

题型1　充分与必要

母题精讲

母题1.1　已知"如果我爱你，我就嫁给你"为真，请完成下表：

已知"如果我爱你，我就嫁给你"为真			
序号	命题	符号化	真假情况
(1)	如果我爱你，我不嫁给你。		
(2)	只有我爱你，我才嫁给你。		
(3)	如果我嫁给你，说明我爱你。		
(4)	如果我嫁给你，说明我不爱你。		
(5)	如果我不爱你，我就不会嫁给你。		
(6)	如果我不爱你，我就嫁给你。		
(7)	如果我不爱你，说明我不爱你。		
(8)	我爱你，并且我不嫁给你。		
(9)	除非我爱你，否则我不嫁给你。		
(10)	我不爱你，否则我嫁给你。		
(11)	我嫁你，除非我不爱你。		
(12)	或者我不爱你，或者我嫁给你。		

【解析】

题干：爱→嫁＝¬嫁→¬爱＝¬爱∨嫁。

序号	命题	符号化	真假情况
(1)	如果我爱你，我不嫁给你。	爱→¬嫁＝¬爱∨¬嫁 注意：此项与题干不矛盾，因为当"¬爱"为真时，此项与题干均为真	可真可假
(2)	只有我爱你，我才嫁给你。	嫁→爱	可真可假

续表

题干：爱→嫁＝¬嫁→¬爱＝¬爱∨嫁。				
序号	命题	符号化	真假情况
(3)	如果我嫁给你，说明我爱你。	嫁→爱	可真可假
(4)	如果我嫁给你，说明我不爱你。	嫁→¬爱	可真可假
(5)	如果我不爱你，我就不会嫁给你。	¬爱→¬嫁	可真可假
(6)	如果我不爱你，我就嫁给你。	¬爱→嫁	可真可假
(7)	如果我不嫁给你，说明我不爱你。	¬嫁→¬爱	真
(8)	我爱你，并且我不嫁给你。	爱∧¬嫁	假
(9)	除非我爱你，否则我不嫁给你。	¬爱→¬嫁	可真可假
(10)	我不爱你，否则我嫁给你。	爱→嫁	真
(11)	我嫁你，除非我不爱你。	爱→嫁	真
(12)	或者我不爱你，或者我嫁给你。	¬爱∨嫁	真

母题 1.2 已知"只有你初试和复试都通过了，你才能考上研究生"为真，请完成下表：

已知"只有你初试和复试都通过了，你才能考上研究生"为真			
序号	命题	符号化	真假情况
(1)	你考上了研究生。		
(2)	你初试和复试都通过了。		
(3)	如果你初试和复试都通过了，就能考上研究生。		
(4)	如果你考上了研究生，说明你初试和复试都通过了。		
(5)	如果你考上了研究生，那么或者你初试通过了，或者你复试通过了。		
(6)	如果你初试没通过，那么你考不上研究生。		
(7)	或者你没考上研究生，或者你初试和复试都通过了。		
(8)	如果你初试通过了但复试没通过，那么你考不上研究生。		
(9)	如果你没考上研究生，那么或者你初试没通过或者你复试没通过。		
(10)	你考上了研究生，但是你初试没通过。		
(11)	你考上了研究生，但是你或者初试没通过或者复试没通过。		
(12)	你考上了研究生，但是你初试和复试都没通过。		

【解析】

序号	命题	符号化	真假情况
	题干：考上→初∧复，等价于：¬初∨¬复→¬考上，等价于：¬考上∨(初∧复)。		
(1)	你考上了研究生。	考上	可真可假
(2)	你初试和复试都通过了。	初∧复	可真可假
(3)	如果你初试和复试都通过了，就能考上研究生。	初∧复→考上	可真可假
(4)	如果你考上了研究生，说明你初试和复试都通过了。	考上→初∧复	真
(5)	如果你考上了研究生，那么或者你初试通过了，或者你复试通过了。	考上→初∨复	真
(6)	如果你初试没通过，那么你考不上研究生。	¬初→¬考上	真
(7)	或者你没考上研究生，或者你初试和复试都通过了。	¬考上∨(初∧复)	真
(8)	如果你初试通过了但复试没通过，那么你考不上研究生。	初∧¬复→¬考上	真
(9)	如果你没考上研究生，那么或者你初试没通过或者你复试没通过。	¬考上→¬初∨¬复	可真可假
(10)	你考上了研究生，但是你初试没通过。	考上∧¬初	假
(11)	你考上了研究生，但是你或者初试没通过或者复试没通过。	考上∧(¬初∨¬复)	假
(12)	你考上了研究生，但是你初试和复试都没通过。	考上∧(¬初∧¬复)	假

母题技巧

通常是对以下口诀和公式的考查：

（1）充分条件前推后：A→B；必要条件后推前：A←B；充要条件前后推：A↔B。

（2）"¬A→B"公式：

① "除非 A，否则 B" = "¬A→B"。

② "A，否则 B" = "¬A→B"。

③ "B，除非 A" = "¬A→B"。

（3）箭头使用的六大原则：

①逆否原则：逆否命题等于原命题。

②串联原则。

③箭头指向原则：有箭头指向则为真，无箭头指向则可真可假。

④有的互换原则："有的 A→B" = "有的 B→A"。

⑤有的开头原则：一个逻辑串只能有一个有的，有的只能放开头，不能放中间。

⑥相同概念原则：概念相同才能串联。

母题变化

变化 1　充分必要条件

例 1　除非调查,否则就没有发言权。

以下各项都符合题干的断定,除了:

A. 如果调查,就一定有发言权。　　B. 如果调查,才有发言权。

C. 没有调查,就没有发言权。　　　D. 如果有发言权,则一定做过调查。

E. 或者调查,或者没有发言权。

【解析】题干:除非否则去"除""否",箭头直接向右划,¬调查→¬发言权＝发言权→调查。

A 项,调查→发言权,与题干不符。

B 项,调查←发言权,与题干相同。

C 项,¬调查→¬发言权,与题干相同。

D 项,发言权→调查,与题干相同。

E 项,调查∨¬发言权,等价于:¬调查→¬发言权,与题干相同。

【答案】A

例 2　只要不起雾,飞机就能按时起飞。

以下哪项正确地表达了上述断定?

Ⅰ. 如果飞机按时起飞,则一定没有起雾。

Ⅱ. 如果飞机不按时起飞,则一定起雾。

Ⅲ. 除非起雾,否则飞机按时起飞。

A. 仅Ⅰ。　　B. 仅Ⅱ。　　C. 仅Ⅲ。　　D. 仅Ⅱ和Ⅲ。　　E. Ⅰ、Ⅱ和Ⅲ。

【解析】题干:充分条件前推后,¬起雾→起飞＝¬起飞→起雾。

Ⅰ项,起飞→¬起雾,不符合题干。

Ⅱ项,¬起飞→起雾,符合题干。

Ⅲ项,¬起雾→起飞,符合题干。

【答案】D

例 3　任何国家,只有稳定,才能发展。

以下各项都符合题干的条件,除了:

A. 任何国家,如果得到发展,则一定稳定。　　B. 任何国家,除非稳定,否则不能发展。

C. 任何国家,不可能稳定但不发展。　　　　　D. 任何国家,或者稳定,或者不发展。

E. 任何国家,不可能发展但不稳定。

【解析】题干:稳定←发展＝¬稳定→¬发展。

A 项,发展→稳定,符合题干。

B 项,¬稳定→¬发展,符合题干。

C 项,¬(稳定∧¬发展)＝¬稳定∨发展＝稳定→发展,不符合题干。

D 项,稳定∨¬发展＝发展→¬发展,符合题干。

E 项,¬(发展∧¬稳定)＝¬发展∨稳定＝发展→稳定,符合题干。

【答案】C

例4 生活节俭应当成为选拔国家干部的标准。一个不懂得节俭的人，怎么能尽职地为百姓当家理财呢？

以下各项都符合题干的断定，除了：

A. 一个生活节俭的人，一定能成为称职的国家干部。

B. 只有生活节俭，才能尽职地为社会服务。

C. 一个称职的国家干部，一定是一个生活节俭的人。

D. 除非生活节俭，否则不能成为称职的国家干部。

E. 不存在生活不节俭却又合格的国家干部。

【解析】题干：¬节俭→¬尽职＝尽职→节俭。

A项，节俭→尽职，与题干不同。

B项，节俭←尽职，与题干相同。

C项，尽职→节俭，与题干相同。

D项，¬节俭→¬尽职，与题干相同。

E项，¬(¬节俭∧尽职)＝节俭∨¬尽职＝¬节俭→¬尽职，与题干相同。

【答案】A

例5 除非不把理论当作教条，否则就会束缚思想。

以下各项都表达了与题干相同的含义，除了：

A. 如果不把理论当作教条，就不会束缚思想。

B. 如果把理论当作教条，就会束缚思想。

C. 只有束缚思想，才会把理论当作教条。

D. 只有不把理论当作教条，才不会束缚思想。

E. 除非束缚思想，否则不会把理论当作教条。

【解析】题干：教条→束缚思想＝¬束缚思想→¬教条。

A项，¬教条→¬束缚思想，与题干不同。

B项，教条→束缚思想，与题干相同。

C项，束缚思想←教条，与题干相同。

D项，¬教条←¬束缚思想，与题干相同。

E项，¬束缚思想→¬教条，与题干相同。

【答案】A

变化2 充分必要条件的误用

例6 小林因未戴泳帽被拒绝进入深水池。小林出示深水合格证说："根据规定我可以进入深水池。"游泳池的规定是：未戴游泳帽者不得进入游泳池，只有持有深水合格证，才能进入深水池。

小林最可能把游泳池的规定理解为：

A. 除非持有深水合格证，否则不得进入深水池。

B. 只有持有深水合格证的人，才不需要戴游泳帽。

C. 如果持有深水合格证，就能进入深水池。

D. 准许进入游泳池的,不一定准许进入深水池。
E. 有了深水合格证,就不需要戴游泳帽。

【解析】题干:只有持有深水合格证,才能进入深水池。

小林认为:只要持有深水合格证,就能进入深水池。小林误把必要条件当充分条件。

【答案】C

题型2　并且、或者、要么

母题精讲

母题2.1　请将下表补充完整:

已知		判断真假			
A	B	A∧B	A∨B	A∀B	A→B
真	真				
真	假				
假	真				
假	假				

【解析】

已知		判断真假			
A	B	A∧B	A∨B	A∀B	A→B
真	真	真	真	假	真
真	假	假	真	真	假
假	真	假	真	真	真
假	假	假	假	假	真

母题2.2　请将下表补充完整:

已知	判断真假					
	A	B	A∧B	A∨B	A∀B	A→B
A∧B为真						
A∨B为真						
A∀B为真						
A∧B为假						
A∨B为假						
A∀B为假						

【解析】

已知	判断真假					
	A	B	A∧B	A∨B	A∀B	A→B
A∧B 为真	真	真	真	真	假	真
A∨B 为真	可真可假	可真可假	可真可假	真	可真可假	可真可假
A∀B 为真	可真可假	可真可假	假	真	真	可真可假
A∧B 为假	可真可假	可真可假	假	可真可假	可真可假	可真可假
A∨B 为假	假	假	假	假	假	真
A∀B 为假	可真可假	可真可假	可真可假	可真可假	假	真

母题技巧

通常是对以下口诀和公式的考查：

（1）A∧B，读作"A 并且 B"，是指事件 A 和事件 B 同时发生。

（2）A∨B，读作"A 或者 B"，是指事件 A 和事件 B 至少发生一个。

（3）A∀B，读作"A 要么 B"，是指事件 A 和事件 B 发生且仅发生一个。

（4）A，B 至少一真 =（A∨B）；

　　A，B 至多一真 =（¬A∨¬B）；

　　不是 A，就是 B =（¬A→B）=（A∨B）。

（5）德摩根定律：

① ¬（A∧B）=（¬A∨¬B）。

② ¬（A∨B）=（¬A∧¬B）。

③ ¬（A∀B）=（¬A∧¬B）∀（A∧B）。

母题变化

变化 1 并且、或者、要么的理解

例 7 某山区发生了较大面积的森林病虫害。在讨论农药的使用时，老许提出："要么使用甲胺磷等化学农药，要么使用生物农药。前者过去曾用过，价钱便宜，杀虫效果好，但毒性大；后者未曾使用过，效果不确定，价格贵。"

从老许的提议中，不可能推出的结论是：

A. 如果使用化学农药，那么就不使用生物农药。

B. 或者使用化学农药，或者使用生物农药，两者必居其一。

C. 如果不使用化学农药，那么就使用生物农药。

D. 化学农药比生物农药好，应该优先考虑使用。

E. 化学农药和生物农药是两类不同的农药，两类农药不要同时使用。

【解析】老许：化学∀生物，可知化学农药和生物农药使用且仅使用一种。

A项，化学农药和生物农药使用且仅使用一种，故如果使用化学农药，就不使用生物农药，为真。

B项，化学∀生物，为真。

C项，化学农药和生物农药使用且仅使用一种，故如果不使用化学农药，则一定使用生物农药，为真。

D项，老许对于两种农药，只是给了一个客观评价，并没有给出倾向使用哪一种，故D项不正确。

E项，化学农药和生物农药使用且仅使用一种，故不能两种同时使用，为真。

【答案】D

变化 2 德摩根定律

例 8 总经理：建议小李和小孙都提拔。

董事长：我有不同意见。

以下哪项符合董事长的意思？

A. 小李和小孙都不提拔。　　B. 提拔小李，不提拔小孙。

C. 不提拔小李，提拔小孙。　　D. 除非不提拔小李，否则不提拔小孙。

E. 要么不提拔小李，要么不提拔小孙。

【解析】

总经理：小李∧小孙。

董事长：¬（小李∧小孙）=¬小李∨¬小孙。

A项，¬小李∧¬小孙，与董事长意思不同。

B项，小李∧¬小孙，与董事长意思不同。

C项，¬小李∧小孙，与董事长意思不同。

D项，¬不提拔小李→¬提拔小孙，等价于：¬小李∨¬小孙，与董事长意思相同。

E项，¬小李∀¬小孙，与董事长意思不同。

【答案】D

例 9 并非蔡经理负责研发或者负责销售工作。

如果上述陈述为真，则以下哪项陈述一定为真？

A. 蔡经理既不负责研发也不负责销售。

B. 蔡经理负责销售但不负责研发。

C. 蔡经理负责研发但不负责销售。

D. 如果蔡经理不负责销售，那么他负责研发。

E. 如果蔡经理负责销售，那么他不负责研发。

【解析】题干：¬（研发∨销售）=¬研发∧¬销售。

因此，蔡经理既不负责研发也不负责销售。

【答案】A

变化 3　并且、或者、要么的关系

例 10　大、小行星悬浮在太阳系边缘，极易受附近星体引力作用的影响。据研究人员计算，有时这些力量会将彗星从奥尔特星云拖出。这样，它们更有可能靠近太阳。两位研究人员据此分别做出了以下两种有所不同的断定：

①木星的引力作用要么将它们推至更小的轨道，要么将它们逐出太阳系；

②木星的引力作用或者将它们推至更小的轨道，或者将它们逐出太阳系。

如果上述两种断定只有一种为真，则可以推出以下哪项结论？

A. 木星的引力作用将它们推至更小的轨道，并且将它们逐出太阳系。

B. 木星的引力作用没有将它们推至更小的轨道，但是将它们逐出太阳系。

C. 木星的引力作用将它们推至更小的轨道，但是没有将它们逐出太阳系。

D. 木星的引力作用既没有将它们推至更小的轨道，也没有将它们逐出太阳系。

E. 木星的引力作用如果将它们推至更小的轨道，就不会将它们逐出太阳系。

【解析】题干有两个断定：

①推至更小的轨道 $\veebar$ 逐出太阳系。

②推至更小的轨道 $\vee$ 逐出太阳系。

要么→或者，故若①为真，则②也为真，与题干"两种断定只有一种为真"矛盾，故①为假。

由①为假可推出：推至更小的轨道 $\wedge$ 逐出太阳系，或者，¬推至更小的轨道 $\wedge$ ¬逐出太阳系。

由①为假可知，②为真，故必有：推至更小的轨道 $\wedge$ 逐出太阳系。

【答案】A

题型 3　箭头＋德摩根

母题精讲

母题 3　只要有足够的勇气和智慧，就没有办不成的事。

如果上述断定为真，则以下哪项一定为真？

A. 如果有事办不成，说明既缺乏足够的勇气，又缺乏足够的智慧。

B. 如果有事办不成，说明缺乏足够的勇气，或者缺乏足够的智慧。

C. 如果没有办不成的事，说明至少有足够的勇气。

D. 如果缺乏足够的勇气和智慧，那就办不成任何事。

E. 如果缺乏足够的勇气和智慧，就总有事办不成。

【解析】"和"的意思是"并且"，故题干："勇气 $\wedge$ 智慧→没有办不成的事"，等价于："有办不成的事→¬（勇气 $\wedge$ 智慧）"＝"有办不成的事→¬勇气 $\vee$ ¬智慧"。

所以，如果有事办不成，说明缺乏足够的勇气，或者缺乏足够的智慧。

【答案】B

> **母题技巧**
>
> 此类题型是对充分、必要条件和德摩根定律的综合考查，解题的一般步骤是：
>
> ①将题干符号化。
>
> ②写出题干的逆否命题。
>
> ③使用德摩根定律对逆否命题进行等价转换。
>
> ④判断各选项是否符合题干。
>
> 例如：
>
> A∧B→C，等价于：¬C→¬（A∧B），等价于：¬C→¬A∨¬B。
>
> A∨B→C，等价于：¬C→¬（A∨B），等价于：¬C→¬A∧¬B。
>
> A→B∧C，等价于：¬（B∧C）→¬A，等价于：¬B∨¬C→¬A。
>
> A→B∨C，等价于：¬（B∨C）→¬A，等价于：¬B∧¬C→¬A。

母题变化

变化 1　箭头与德摩根定律的使用

例 11　一个产品要畅销，产品的质量和经销商的诚信缺一不可。

以下各项都符合题干的断定，除了：

A. 一个产品滞销，说明它或者质量不好，或者经销商缺乏诚信。

B. 一个产品，只有质量高并且诚信经销，才能畅销。

C. 一个产品畅销，说明它质量高并有诚信的经销商。

D. 一个产品，除非有高的质量和诚信的经销商，否则不能畅销。

E. 一个质量好并且由诚信者经销的产品不一定畅销。

【解析】题干：畅销→质量∧诚信。

等价于：¬（质量∧诚信）→¬畅销。

等价于：¬质量∨¬诚信→¬畅销。

A 项，"不畅销"后面没有箭头指向，说明 A 项可真可假。

B 项，质量∧诚信←畅销，为真。

C 项，畅销→质量∧诚信，为真。

D 项，¬（质量∧诚信）→¬畅销，为真。

E 项，质量∧诚信，后面没有箭头指向，所以可能畅销也可能不畅销，E 项说不一定畅销，为真。

【答案】A

例 12　针对威胁人类健康的甲型 H1N1 流感，研究人员研制出了相应的疫苗。尽管这些疫苗是有效的。但某大学研究人员发现，阿司匹林、羟苯基乙酰胺等抑制某些酶的药物会影响疫苗的效果，这位研究人员指出："如果你使用了阿司匹林或者对乙酰氨基酚，那么你注射疫苗后就必然不会产生良好的抗体反应。"

如果小张注射疫苗后产生了良好的抗体反应,那么根据上述研究结果可以得出以下哪项结论?

A. 小张服用了阿司匹林,但没有服用对乙酰氨基酚。

B. 小张没有服用阿司匹林,但感染了 H1N1 流感病毒。

C. 小张服用了阿司匹林,但没有感染 H1N1 流感病毒。

D. 小张没有服用阿司匹林,也没有服用对乙酰氨基酚。

E. 小张服用了对乙酰氨基酚,但没有服用羟苯基乙酰胺。

【解析】题干:阿司匹林∨对乙酰氨基酚→不会产生良好的抗体反应。

等价于:产生良好的抗体反应→¬(阿司匹林∨对乙酰氨基酚)。

等价于:产生良好的抗体反应→¬阿司匹林∧¬对乙酰氨基酚。

显然,小张产生了良好的抗体反应,则他没有服用阿司匹林,也没有服用对乙酰氨基酚。

【答案】D

例13 蟋蟀是一种非常有趣的小动物。宁夏的夏夜,草丛中传来阵阵清脆悦耳的鸣叫声。那是蟋蟀在唱歌。蟋蟀优美动听的歌声并不是出自它的好嗓子,而是来自它的翅膀。左右两翅一张一合,相互摩擦,就可以发出悦耳的响声了。蟋蟀还是建筑专家,与它那柔软的挖掘工具相比,蟋蟀的住宅真可以算得上是伟大的工程了。在其住宅门口,有一个收拾得非常舒适的平台。夏夜,除非下雨或者刮风,否则蟋蟀肯定会在这个平台上唱歌。

根据以上陈述,以下哪项是蟋蟀在无雨的夏夜所做的?

A. 修建住宅。　　　　　　　　　　B. 收拾平台。

C. 在平台上唱歌。　　　　　　　　D. 如果没有刮风,它就在抢修工程。

E. 如果没有刮风,它就在平台上唱歌。

【解析】题干:夏夜,除非下雨或者刮风,否则蟋蟀肯定会在这个平台上唱歌。

符号化:¬(下雨∨刮风)∧夏夜→蟋蟀唱歌。

等价于:¬下雨∧¬刮风∧夏夜→蟋蟀唱歌。

所以,无雨的夏夜,如果不刮风,则蟋蟀在平台上唱歌,故 E 项正确。

【答案】E

变化2　大嘴鲈鱼问题

例14 大嘴鲈鱼只在有鲦鱼出现的河中、长有浮藻的水域里生活。漠亚河中没有大嘴鲈鱼。从上述断定能得出以下哪项结论?

Ⅰ. 鲦鱼只在长有浮藻的河中才能被发现。

Ⅱ. 漠亚河中既没有浮藻,又发现不了鲦鱼。

Ⅲ. 如果在漠亚河中发现了鲦鱼,则其中肯定不会有浮藻。

A. 仅Ⅰ。　　　　　　　B. 仅Ⅱ。　　　　　　　C. 仅Ⅲ。

D. 仅Ⅰ和Ⅱ。　　　　　E. Ⅰ、Ⅱ和Ⅲ都不是。

【解析】箭头+德摩根定律。

题干有以下断定:

①大嘴鲈鱼→鲦鱼∧浮藻，等价于：②¬鲦鱼∨¬浮藻→¬大嘴鲈鱼。
③漠亚河中没有大嘴鲈鱼。
根据箭头指向原则：有箭头指向则为真，没有箭头指向则可真可假。
由题干断定①知，鲦鱼后面没有箭头，故Ⅰ项可真可假。
由题干断定②知，"¬大嘴鲈鱼"后面没有箭头，故Ⅱ项可真可假。
由题干断定①知，"鲦鱼"后面没有箭头，故Ⅲ项可真可假。
【答案】E

例 15 除非年龄在 50 岁以下，并且能持续游泳 3 000 米以上，否则不能参加下个月举行的花样横渡长江活动。同时，高血压和心脏病患者不能参加。老黄能持续游泳 3 000 米以上，但没被批准参加这项活动。

以上断定能推出以下哪项结论？

Ⅰ．老黄的年龄至少 50 岁。
Ⅱ．老黄患有高血压。
Ⅲ．老黄患有心脏病。

A. 仅Ⅰ。　　　　　　　　B. 仅Ⅱ。　　　　　　　　C. 仅Ⅲ。
D. Ⅰ、Ⅱ和Ⅲ至少有一项。　E. Ⅰ、Ⅱ和Ⅲ都不能从题干推出。

【解析】题干有两个判断：
①¬(50 岁以下∧游 3 000 米以上)→不能参加。
②高血压不能参加∧心脏病不能参加。
根据箭头指向原则，"不能参加"后面没有任何箭头指向，所以，从"不能参加"，推不出任何论断。
【答案】E

题型 4　"∨"与"→"的互换

母题精讲

母题 4　如果品学兼优，就能获得奖学金。
假设以下哪项为真，能依据上述断定得出结论：李桐学习欠优？
A. 李桐品行优秀，但未能获得奖学金。　　　B. 李桐品行优秀，并获得了奖学金。
C. 李桐品行欠优，未获得奖学金。　　　　　D. 李桐品行欠优，但获得了奖学金。
E. 李桐并非品学兼优。

【解析】题干：品优∧学优→获奖学金＝¬获奖学金→¬品优∨¬学优。
又因为：¬品优∨¬学优＝品优→¬学优。
故有：¬获奖学金∧品优→¬学优。
即：若李桐没获奖学金，并且品行优秀，则能推出其学习欠优。故 A 项正确。
【答案】A

母题技巧

（1）掌握以下两组公式：

①箭头变或者：（A→B）=（¬A∨B）。

②或者变箭头：（A∨B）=（¬A→B）=（¬B→A）。

（2）常考题型。

题干：A∧B→C，通过什么条件，可得¬A？

解析：（A∧B→C）=（¬C→¬A∨¬B）；

又有（¬A∨¬B）=（B→¬A）；

故有，C不发生，可知，¬A和¬B至少发生一个，如果又已知B发生了，可得¬A。

即，已知¬C∧B，可得¬A。

（3）正确答案的形式。

如果题干的运算结果为"A∨B"，答案的正确形式常见四种：

①如果，那么。

②或者，或者。

③至少。

④除非，否则。

母题变化

变化 1 箭头与或者互换公式的考查

例16 董事长：如果提拔小李，就不提拔小孙。

以下哪项符合董事长的意思？

A. 如果不提拔小孙，就要提拔小李。　　B. 不能小李和小孙都提拔。

C. 不能小李和小孙都不提拔。　　　　　D. 除非提拔小李，否则不提拔小孙。

E. 只有提拔小孙，才能提拔小李。

【解析】董事长：小李→¬小孙＝小孙→¬小李＝¬小李∨¬小孙＝¬（小李∧小孙）。

即：不能两个都提拔，故B项与董事长意思相符。

A项，¬小孙→小李，与董事长意思不符。

C项，¬（¬小李∧¬小孙）＝小李∨小孙，与董事长意思不符。

D项，¬小李→¬小孙，与董事长意思不符。

E项，小李→小孙，与董事长意思不符。

【答案】B

例17 小李考上了清华，或者小孙没考上北大。

增加以下哪项条件，能推出小李考上了清华？

A. 小张和小孙至少有一人未考上北大。　　B. 小张和小李至少有一人未考上清华。

C. 小张和小孙都考上了北大。　　　　　　D. 小张和小李都未考上清华。

E. 小张和小孙都未考上北大。

【解析】题干：小李清华∨¬小孙北大＝小孙北大→小李清华。

可知，如果小孙考上了北大，则可推出小李考上了清华。

C项，小张和小孙都考上了北大，必有小孙考上北大，则可推出小李考上了清华。

【答案】C

例18 小陈并非既懂英语又懂法语。

如果上述断定为真，那么下述哪项断定必定为真？

A. 小陈懂英语但不懂法语。

B. 小陈懂法语但不懂英语。

C. 小陈既不懂英语也不懂法语。

D. 如果小陈懂英语，那么他一定不懂法语。

E. 如果小陈不懂法语，那么他一定懂英语。

【解析】德摩根定律＋或者变箭头。

题干：¬（英语∧法语）＝¬英语∨¬法语＝英语→¬法语。

故如果小陈懂英语，那么他一定不懂法语，即D项正确。

【答案】D

变化2 多重复言命题

例19 如果飞行员严格遵守操作规程，并且飞机在起飞前经过严格的例行技术检验，那么，飞机就不会失事，除非出现例如劫机这样的特殊意外。这架波音747在金沙岛上空失事。

如果上述断定为真，则以下哪项也一定为真？

A. 如果失事时无特殊意外发生，则飞行员一定没有严格遵守操作规程，并且飞机在起飞前没有经过严格的例行技术检验。

B. 如果失事时有特殊意外发生，则飞行员一定严格遵守了操作规程，并且飞机在起飞前经过了严格的例行技术检验。

C. 如果飞行员没有严格遵守操作规程，并且飞机起飞前没有经过严格的例行技术检验，则失事时一定没有特殊意外发生。

D. 如果失事时没有特殊意外发生，则可得出结论：只要飞机失事的原因是飞行员没有严格遵守操作规程，那么飞机在起飞前一定经过了严格的例行技术检验。

E. 如果失事时没有特殊意外发生，则可得出结论：只要飞机失事的原因不是飞机在起飞前没有经过严格的例行技术检验，那么一定是飞行员没有严格遵守操作规程。

【解析】箭头＋德摩根定律。

题干：遵守操作规程∧例行技术检验∧¬特殊意外→¬失事。

等价于：失事→¬遵守操作规程∨¬例行技术检验∨特殊意外。

¬遵守操作规程∨¬例行技术检验∨特殊意外，等价于：¬特殊意外∧例行技术检验→¬遵守操作规程，故E项正确。

【答案】E

变化 3　补充条件题

例 20　假设"如果甲是经理或乙不是经理，那么丙是经理"为真，则由以下哪个前提可推出"乙是经理"的结论？

A. 丙不是经理。　　　　B. 甲和丙都是经理。　　　　C. 丙是经理。
D. 甲不是经理。　　　　E. 甲或丙有一个不是经理。

【解析】箭头＋德摩根定律。

题干：甲 ∨ ¬乙 → 丙 ＝ ¬丙 → ¬甲 ∧ 乙。

故有：¬丙 → 乙。

故，只要丙不是经理，就可以得出"乙是经理"的结论。

【答案】A

例 21　如果甲和乙考试都没有及格的话，那么丙一定及格了。

上述前提再增加以下哪项，就可以推出"甲考试及格了"的结论？

A. 丙及格了。　　　　B. 丙没有及格。　　　　C. 乙没有及格。
D. 乙和丙都没有及格。　　　E. 乙和丙都及格了。

【解析】箭头＋德摩根定律。

题干：¬甲 ∧ ¬乙 → 丙 ＝ ¬丙 → 甲 ∨ 乙。

故由丙没有及格，可知甲或者乙及格了。

又由：甲 ∨ 乙 ＝ ¬乙 → 甲。

故再加上条件：乙不及格，可得甲及格了。

【答案】D

题型 5　箭头的串联

母题精讲

母题 5　中国要拥有一流的国家实力，必须有一流的教育。只有拥有一流的国家实力，中国才能作出应有的国际贡献。

以下各项都符合题干的意思，除了：

A. 中国难以作出应有的国际贡献，除非拥有一流的教育。
B. 只要中国拥有一流的教育，就能作出应有的国际贡献。
C. 如果中国拥有一流的国家实力，就不会没有一流的教育。
D. 不能设想中国作出了应有的国际贡献，但缺乏一流的教育。
E. 中国面临选择：或者放弃应尽的国际义务，或者创造一流的教育。

【解析】第一步：符号化。

①国家实力 → 教育。

②国家实力 ← 国际贡献。

第二步：串联。

由②、①串联可得：③国际贡献 → 国家实力 → 教育。

第三步：逆否。

③逆否得：¬教育→¬国家实力→¬国际贡献。

第四步：判断真假。

A项，¬教育→¬国际贡献，与题干相同。

B项，教育→国际贡献，不符合题干的意思。

C项，国家实力→教育，与题干相同。

D项，¬(国际贡献∧¬教育)=¬国际贡献∨教育=国际贡献→教育，与题干相同。

E项，¬国际贡献∨教育=国际贡献→教育，与题干相同。

【答案】B

母题技巧

1. 普通串联题的解题步骤如下：

①符号化。

用箭头表达题干中的每个判断。

②串联。

将箭头统一成右箭头"→"并串联成"A→B→C→D"的形式（注意：不能串联的箭头就不需要串联）。

③逆否。

如有必要，写出其逆否命题：¬D→¬C→¬B→¬A。

④判断选项真假。

根据箭头指向原则，判断选项的真假。

2. 带"有的"的串联题的解题步骤如下：

①符号化。

用箭头表达题干中的每个判断。

②串联。

将箭头统一成右箭头"→"并串联成"有的A→B→C→D"的形式（注意："有的"放开头）。

③逆否。

如有必要，写出其逆否命题：¬D→¬C→¬B（注意：带"有的"的项不逆否）。

④判断选项真假。

根据箭头指向原则和有的互换原则，判断选项的真假。

3. 注意

①（有的A→B）=（有的B→A）。

②（所有A→B）→（有的A→B）=（有的B→A）。

③有的A不是B=（有的A→¬B）=（有的¬B→A）。

母题变化

变化1 普通箭头的串联

例22 相互尊重是相互理解的基础，相互理解是相互信任的前提。在人与人的相互交往中，自重、自信也是非常重要的，没有一个人尊重不自重的人，没有一个人信任他所不尊重的人。

以上陈述可以推出以下哪项结论？

A. 不自重的人也不被任何人信任。　　　　B. 相互信任才能相互尊重。
C. 不自信的人也不自重。　　　　　　　　D. 不自信的人也不被任何人信任。
E. 不自信的人也不受任何人尊重。

【解析】第一步：符号化。

①相互理解→相互尊重。
②相互信任→相互理解。
③┐自重→┐被尊重。
④┐被尊重→┐被信任。

第二步：串联。

由③、④串联可得：⑤┐自重→┐被尊重→┐被信任。

由②、①串联可得：⑥相互信任→相互理解→相互尊重。

第三步：判断真假。

A项，┐自重→┐被信任，由⑤可知，此项必为真。

B项，相互尊重→相互信任，"相互尊重"之后无箭头指向，故此项可能为真可能为假。

题干中没有提到不自信会怎么样，所以C、D、E项均可能为真，也可能为假。

【答案】A

例23 所有校学生会委员都参加了大学生电影评论协会。张珊、李斯和王武都是校学生会委员。大学生电影评论协会不吸收大学一年级学生参加。

如果上述断定为真，则以下哪项一定为真？

Ⅰ. 张珊、李斯和王武都不是大学一年级学生。
Ⅱ. 所有校学生会委员都不是大学一年级学生。
Ⅲ. 有些大学生电影评论协会的成员不是校学生会委员。

A. 仅Ⅰ。　　B. 仅Ⅱ。　　C. 仅Ⅲ。　　D. 仅Ⅰ和Ⅱ。　　E. Ⅰ、Ⅱ和Ⅲ。

【解析】第一步：符号化。

①校学生会委员→电影评论协会。
②张珊、李斯和王武→校学生会委员。
③电影评论协会→┐大学一年级学生。

第二步：串联。

由②、①、③串联可得：张珊、李斯和王武→校学生会委员→电影评论协会→┐大学一年级学生。

第三步：判断真假。

Ⅰ项，张珊、李斯和王武→¬大学一年级学生，为真。

Ⅱ项，校学生会委员→¬大学一年级学生，为真。

Ⅲ项，有的电影评论协会→¬校学生会委员，可真可假。

【答案】D

例24 所有爱斯基摩土著人都是穿黑衣服的。所有北婆罗洲土著人都是穿白衣服的。没有既穿白衣服又穿黑衣服的人。H是穿白衣服的。

基于以上事实，下列哪个判断必为真？

A. H是北婆罗洲土著人。　　　　　　B. H不是爱斯基摩土著人。

C. H不是北婆罗洲土著人。　　　　　　D. H是爱斯基摩土著人。

E. H既不是爱斯基摩土著人，也不是北婆罗洲土著人。

【解析】题干中有以下判断：

①爱斯基摩→黑衣服＝¬黑衣服→¬爱斯基摩。

②北婆罗洲→白衣服。

③¬(黑衣服∧白衣服)＝¬黑衣服∨¬白衣服＝白衣服→¬黑衣服。

④H→白衣服。

由④、③、①串联可得：H→白衣服→¬黑衣服→¬爱斯基摩，故H不是爱斯基摩土著人。

【答案】B

例25 陕西出土的秦始皇兵马俑，其表面涂有生漆和彩绘。这为研究秦代军人的服色提供了重要信息。但兵马俑出土后，表面的生漆会很快发生起翘和卷曲，造成整个彩绘层脱落，因此，必须用防护液和单体渗透两套方法进行保护，否则不能供研究使用。而一旦采用这两套方法对兵马俑进行保护，就会破坏研究者可能从中获得的有关秦代彩绘技术的全部信息。

如果以上陈述为真，则以下哪项必然为真？

A. 采取保护措施后的秦始皇兵马俑只能提供秦代军人服色方面的信息。

B. 一个供研究秦代军人服色的兵马俑，不能成为了解秦代彩绘技术的新信息的来源。

C. 秦始皇兵马俑是了解秦代彩绘技术的唯一信息来源。

D. 一个没有采取保护措施的兵马俑能够比采取保护措施后的兵马俑提供更多信息。

E. 如果对秦始皇兵马俑进行研究，则不能借此了解秦代彩绘技术的全部信息。

【解析】题干有以下信息：

①不保护→无法研究＝研究→保护。

②保护→无法获得全部信息。

①、②串联可得：研究→保护→无法获得全部信息。

故如果对秦始皇兵马俑进行研究，就无法获得关于秦代彩绘技术的全部信息，即E项正确。

【答案】E

例26 如果"红都"娱乐宫在同一天既开放交谊舞厅又开放迪斯科舞厅，那么它也一定开放保龄球厅。该娱乐宫星期二不开放保龄球厅，李先生只有当开放交谊舞厅时才去"红都"娱乐宫。

(1)如果上述断定是真的，那么以下哪项也一定是真的？

A. 星期二李先生不会光顾"红都"娱乐宫。
B. 李先生不会同一天在"红都"娱乐宫既光顾交谊舞厅又光顾迪斯科舞厅。
C. "红都"娱乐宫在星期二不开放迪斯科舞厅。
D. "红都"娱乐宫只在星期二不开放交谊舞厅。
E. 如果"红都"娱乐宫在星期二开放交谊舞厅,那么这天它一定不开放迪斯科舞厅。

(2)如果题干的断定是真的,并且事实上李先生星期二光顾"红都"娱乐宫,则以下哪项一定是真的?

A. "红都"娱乐宫在李先生光顾的那天没开放迪斯科舞厅。
B. "红都"娱乐宫在李先生光顾的那天没开放交谊舞厅。
C. "红都"娱乐宫在李先生光顾的那天开放了保龄球厅。
D. "红都"娱乐宫在李先生光顾的那天既开放了交谊舞厅,又开放了迪斯科舞厅。
E. "红都"娱乐宫在李先生光顾的那天既没开放交谊舞厅,又没开放迪斯科舞厅。

【解析】(1)题干有以下信息:

①交谊舞∧迪斯科→保龄球,等价于:¬保龄球→¬交谊舞∨¬迪斯科。

②星期二→¬保龄球。

③李先生→交谊舞。

由②、①串联可得:星期二→¬保龄球→¬交谊舞∨¬迪斯科。

④¬交谊舞∨¬迪斯科≡交谊舞→¬迪斯科。

所以,周二如果开放交谊舞厅,那么这天它一定不开放迪斯科舞厅,即E项为真。

其余各项均可能为真,也可能为假。

(2)由上题③可知,星期二开放了交谊舞厅,再由上题的④可知,星期二没开放迪斯科舞厅,故A项为真。

【答案】(1)E;(2)A

例27 当且仅当苹果是绿色的,辣椒是红色时,浆果不是蓝色的;当且仅当浆果是蓝色时,樱桃是不成熟的;当且仅当樱桃不成熟时,草是褐色的,或叶子是小的,或两者都出现。

如果草是褐色的,则下面哪项一定正确?

A. 苹果不是绿色的,或者辣椒不是红色的。
B. 浆果不是蓝色的。
C. 辣椒是红色的。
D. 樱桃是红色的。
E. 叶子是小的。

【解析】将题干信息形式化:

①苹果绿∧辣椒红↔¬浆果蓝,等价于:¬苹果绿∨¬辣椒红↔浆果蓝。

②浆果蓝↔¬樱桃熟。

③¬樱桃熟↔草褐∨叶子小。

由③、②、①串联可得:草褐→¬樱桃熟→浆果蓝→¬苹果绿∨¬辣椒红,故A项正确。

【答案】A

变化 2　带"有的"的串联问题

例 28　有些具有良好效果的护肤化妆品是诺亚公司生产的。所有诺亚公司生产的护肤化妆品都价格昂贵,而价格昂贵的护肤化妆品无一例外得到女士们的青睐。

以下各项都能从题干的断定中推出,除了:

A. 有些效果良好的护肤化妆品得到女士们的青睐。

B. 得到女士们青睐的护肤化妆品中,有些实际效果并不好。

C. 所有诺亚公司生产的护肤化妆品都得到女士们的青睐。

D. 有些价格昂贵的护肤化妆品是效果良好的。

E. 所有不被女士们青睐的护肤化妆品都便宜。

【解析】题干有以下断定:

①有的良好效果的化妆品→诺亚公司生产。

②诺亚公司生产→昂贵。

③昂贵→得到青睐。

由①、②、③串联可得:有的良好效果的化妆品→诺亚公司生产→昂贵→得到青睐。

逆否可得:¬得到青睐→¬昂贵→¬诺亚公司生产。

根据箭头指向原则,A、C、D、E 项都可以被推出,B 项不能被推出。

【答案】B

例 29　某班学生全都是足球迷。在 2014 年世界杯足球赛期间,所有支持阿根廷队的学生都不支持德国队,凡是支持阿根廷队的学生也都不支持巴西队。有些支持美国队的学生支持阿根廷队,有些支持美国队的学生支持德国队,有些支持美国队的学生支持巴西队。

如果以上陈述为真,则以下哪一项关于该班学生的陈述必然为真?

A. 有些支持德国队的学生既不支持巴西队,也不支持美国队。

B. 有些支持美国队的学生既不支持德国队,也不支持巴西队。

C. 所有支持美国队的学生或支持阿根廷队,或支持德国队,或支持巴西队。

D. 有些支持巴西队的学生支持德国队。

E. 有些支持德国队的学生支持巴西队。

【解析】题干中有以下信息:

①支持阿根廷→¬支持德国。

②支持阿根廷→¬支持巴西。

③有的支持美国→支持阿根廷。

④有的支持美国→支持德国。

⑤有的支持美国→支持巴西。

由题干信息①、②得:⑥支持阿根廷→¬支持巴西∧¬支持德国。

由题干信息③、⑥串联得:有的支持美国→支持阿根廷→¬支持巴西∧¬支持德国。

故有:有的支持美国→¬支持巴西∧¬支持德国,即 B 项为真。

【答案】B

例30 某戒毒所收容了一批当地吸毒犯。其中发现有艾滋病毒感染者。另据有关统计数据显示,近年来当地艾滋病毒感染和发病率呈明显上升趋势。其感染途径,按其感染率,第一位是静脉注射吸毒,其次是同性恋,再次是卖淫嫖娼。除此以外,没有其他感染途径。

如果上述断定为真,并且上述统计数据是准确反映事实的,则以下哪项断定也一定为真?

Ⅰ. 该批吸毒犯中有用静脉注射方式吸毒的。

Ⅱ. 该批吸毒犯中有同性恋者。

Ⅲ. 该批吸毒犯中有卖淫嫖娼者。

A. Ⅰ、Ⅱ和Ⅲ。　　　　　　B. 仅Ⅰ。　　　　　　C. 仅Ⅱ。

D. 仅Ⅲ。　　　　　　E. Ⅰ、Ⅱ和Ⅲ都不一定是真的。

【解析】将题干信息形式化:

①有的吸毒犯→感染艾滋病。

②感染艾滋病→静脉注射∨同性恋∨卖淫嫖娼。

由①、②串联可得:有的吸毒犯→感染艾滋病→静脉注射∨同性恋∨卖淫嫖娼。

故"静脉注射""同性恋""卖淫嫖娼"这三种情况都有可能发生,但具体发生哪一种并不知道,即E项为真。

【答案】E

例31 大多数独生子女都有以自我为中心的倾向,有些非独生子女同样有以自我为中心的倾向。以自我为中心倾向的产生有各种原因,但有一个共同原因是缺乏父母的正确引导。

如果上述断定为真,则以下哪项一定为真?

A. 每个缺乏父母正确引导的家庭都有独生子女。

B. 有些缺乏父母正确引导的家庭有不止一个子女。

C. 有些家庭虽然缺乏父母的正确引导,但子女并不以自我为中心。

D. 大多数缺乏父母正确引导的家庭都有独生子女。

E. 缺乏父母正确引导的多子女家庭,少于缺乏父母正确引导的独生子女家庭。

【解析】题干:

①大多数独生子女→以自我为中心。

②有的非独生子女→以自我为中心。

③以自我为中心→缺乏父母的正确引导。

由②、③可得:有的非独生子女→缺乏父母的正确引导。

即,有的缺乏父母正确引导的孩子是非独生子女。

即,有的缺乏父母正确引导的家庭有不止一个子女,故B项正确。

注意:D项不正确,因为"大多数"可以推出"有的",但"有的"不能反推出"大多数"。

【答案】B

例32 有些新雇员一进厂就当了机关干部。在该厂的整顿改造中,所有的上海籍员工都支持孙阳当选厂长,所有的机关干部都反对孙阳当选厂长。

(1)如果上述断定为真,则以下哪项关于该厂的断定也为真?

A. 所有的新雇员都是上海籍。

B. 有些上海籍员工是机关干部。

C. 有些新雇员不是上海籍。

D. 并非所有上海籍员工都是新雇员。

E. 某些机关干部是上海籍。

(2)如果在上述断定中再增加以下断定："所有的新雇员一进厂就都当了机关干部"，并肯定这些断定均为真，那么以下哪项必定为假？

A. 某些新雇员不是上海籍。

B. 并非所有机关干部都是新雇员。

C. 某些上海籍员工是新雇员。

D. 所有的新雇员都反对孙阳当选。

E. 某些机关干部不是上海籍。

【解析】(1)题干信息整理如下：

①有的新雇员→机关干部。

②上海籍→支持孙阳，等价于：反对孙阳→¬上海籍。

③机关干部→反对孙阳。

①、③、②串联可得：④有的新雇员→机关干部→反对孙阳→¬上海籍。

根据箭头指向原则可知，有些新雇员不是上海籍，故C项为真。

(2)根据题干条件，联合上题④可得：新雇员→机关干部→反对孙阳→¬上海籍。

逆否得：上海籍→支持孙阳→¬机关干部→¬新雇员。

故，上海籍员工都不是新雇员，与C项矛盾，所以，C项必为假。

【答案】(1)C；(2)C

题型6　假言命题的负命题

母题精讲

母题6　只要不起雾，飞机就能按时起飞。

以下哪项如果为真，说明上述断定不成立？

Ⅰ. 没起雾，但飞机没按时起飞。

Ⅱ. 起雾，但飞机仍然按时起飞。

Ⅲ. 起雾，飞机航班延期。

A. 仅Ⅰ。　　　　　　B. 仅Ⅱ。　　　　　　C. 仅Ⅲ。

D. 仅Ⅱ和Ⅲ。　　　　E. Ⅰ、Ⅱ和Ⅲ。

【解析】题干：¬起雾→起飞。

否定题干，即：¬(¬起雾→起飞) = ¬起雾 ∧ ¬起飞，故仅Ⅰ项符合题意。

【答案】A

母题技巧

（1）假言命题的负命题是重点题型，常以削弱题的形式出现。题干常用如下方式提问：

①以下哪项如果为真，说明上述断定不成立？

②以下哪项如果为真，最能质疑题干的论述？

③如果上述命题为真，则以下哪项不可能为真？

（2）假言命题的负命题公式：$\neg(A \to B) = (A \wedge \neg B)$。

（3）【易错点】$A \to B$ 的负命题是 $A \wedge \neg B$，不是 $A \to \neg B$。

因为：$(A \to B) = (\neg A \vee B)$，$(A \to \neg B) = (\neg A \vee \neg B)$。所以，当出现 $\neg A$ 时，$A \to B$ 和 $A \to \neg B$ 均为真，所以二者并非矛盾关系。

母题变化

变化1 假言命题负命题的基本问题

例33 天降大雪，多条高速公路纷纷关闭。有些高速公路管理者认为，如果不关闭高速公路，就会发生重大交通事故，给人民生命财产带来巨大损失。但是，很多司机并不同意这种观点。

据此，下列哪项判断最有可能是这些司机所同意的观点？

A. 如果关闭高速公路，同样会发生重大交通事故。

B. 如果不关闭高速公路，就不会发生重大交通事故。

C. 关闭高速公路，但不发生重大交通事故。

D. 不关闭高速公路，但发生重大交通事故。

E. 不关闭高速公路，也不发生重大交通事故。

【解析】$\neg$(不关闭高速公路→发生重大事故)=不关闭高速公路 $\wedge \neg$ 发生重大事故。

注意：$\neg$(不关闭高速公路→发生重大事故)≠不关闭高速公路→$\neg$ 发生重大事故。

故 E 项正确。

【答案】E

例34

| A | B | 4 | 7 |

如果以上是四张卡片，一面是大写英文字母，另一面是阿拉伯数字。主持人断定，如果一面是 A，则另一面是 4。

如果试图推翻主持人的断定，但只允许翻动以上两张卡片，则正确的选择是：

A. 翻动 A 和 4。　　　　　　　　B. 翻动 A 和 7。

C. 翻动 A 和 B。　　　　　　　　D. 翻动 B 和 7。

E. 翻动 B 和 4。

【解析】主持人：A→4。

推翻主持人的断定，即：¬(A→4)＝A∧¬4，即卡片的一面是A，并且另外一面不是4，这样就推翻了主持人的断定。

因此，翻动A，另一面不是4，那么，翻动7(不是4)，另一面是A，就推翻了主持人的断定。故B项正确。

【答案】B

例35 在近20年世界杯上，凡是淘汰阿根廷队的球队，都会在下一轮比赛中输掉，这被称为"阿根廷魔咒"。1994年，罗马尼亚在1/8决赛中干掉了失去老马的阿根廷，紧接着就被瑞典挡在4强之外；1998年，荷兰靠博格坎普灵光一现淘汰阿根廷，下一轮他们就点球负于巴西；2002年，瑞典在小组赛末轮淘汰阿根廷，一出线就被塞内加尔打败；2006年和2010年，德国两次淘汰阿根廷，但都在随后的决赛或半决赛中输掉了。

下面各项都没有反驳或削弱"阿根廷魔咒"，除了：

A. 在2002年世界杯上，阿根廷队在小组赛中没有出线。
B. 在2014年世界杯上，巴西队淘汰阿根廷队，最终赢得冠军。
C. 1990年，阿根廷队在首战输给喀麦隆队之后，最后获得亚军。
D. 2006年，意大利队获得冠军，但比赛过程中未遭遇阿根廷队。
E. 2002年，中国队进入日韩世界杯决赛圈，小组赛即被淘汰。

【解析】"阿根廷魔咒"：淘汰阿根廷队的球队→在下一轮比赛中输掉。

其矛盾命题为：淘汰阿根廷队的球队∧¬在下一轮比赛中输掉。

B项，巴西队淘汰阿根廷∧最终赢得冠军(没有在下一轮比赛中输掉)，反驳了"阿根廷魔咒"。

其余各项均不能反驳"阿根廷魔咒"。

【答案】B

例36 如果小张来开会，则小李来开会或小赵不来开会。小李没来开会。

如果上述信息为真，则下列哪项一定为假？

A. 小张来开会了。
B. 小张没来开会。
C. 小赵没来开会。
D. 小张和小赵都没来开会。
E. 小张和小赵都来开会了。

【解析】题干信息整理如下：

①小张→小李∨¬小赵。

②¬小李。

因为，小李∨¬小赵＝¬小李→¬小赵，联合题干信息①可得：小张→¬小赵。

因此其矛盾命题"小张∧小赵"必然为假，故E项必然为假。

【答案】E

变化2 串联＋负命题

例37 期末考试后，有人预测：如果张珊的成绩保持稳定，那么李思的成绩保持稳定；如果王伍的成绩不稳定，那么李思的成绩也将出现波动。班主任由此断定：张珊的成绩保持稳定，但是赵六的成绩提高。

根据上述预测，以下哪项如果为真，最能对班主任的观点提出质疑？

A. 如果王伍的成绩稳定，那么赵六的成绩会提高。

B. 如果王伍的成绩稳定，那么赵六的成绩不会提高。

C. 如果赵六的成绩不会提高，那么王伍的成绩提高。

D. 如果王伍的成绩出现波动，那么赵六的成绩不会提高。

E. 只有王伍的成绩稳定，赵六的成绩才不会提高。

【解析】题干信息整理如下：

①张珊稳定→李思稳定。

②¬王伍稳定→¬李思稳定，等价于：李思稳定→王伍稳定。

由①、②串联可得：③张珊稳定→李思稳定→王伍稳定。

班主任：张珊稳定∧赵六提高。

B项，王伍稳定→¬赵六提高，再结合③可得：张珊稳定→李思稳定→王伍稳定→¬赵六提高，即：张珊稳定→¬赵六提高，与班主任的话是矛盾命题，故削弱班主任的论证。

其余各项均不能对班主任的观点提出质疑。

【答案】B

例38 只有具备足够的资金投入和技术人才，一个企业的产品才能拥有高科技含量。而这种高科技含量，对于一个产品长期稳定地占领市场是必不可少的。

以下哪项情况如果存在，最能削弱以上断定？

A. 苹果牌电脑拥有高科技含量，并长期稳定地占领着市场。

B. 西门子洗衣机没能长期稳定地占领市场，但该产品并不缺乏高科技含量。

C. 长江电视机没能长期稳定地占领市场，因为该产品缺乏高科技含量。

D. 清河空调长期稳定地占领着市场，但该产品的厂家缺乏足够的资金投入。

E. 开开电冰箱没能长期稳定地占领市场，但该产品的厂家有足够的资金投入和技术人才。

【解析】用箭头表示题干中的判断，如下：

①资金投入∧技术人才←高科技含量。

②高科技含量←长期稳定地占领市场。

②、①串联可得：长期稳定地占领市场→高科技含量→资金投入∧技术人才。

故有：长期稳定地占领市场→资金投入∧技术人才。

其矛盾命题为：长期稳定地占领市场∧¬（资金投入∧技术人才）。

即：长期稳定地占领市场∧（¬资金投入∨¬技术人才）。

故D项最能削弱题干中的结论。

【答案】D

题型7 二难推理

母题精讲

母题7 威尼斯面临的问题具有典型意义。一方面，为了解决市民的就业，增加城市的经济实力，必须保留和发展它的传统工业，这是旅游业所不能替代的经济发展的基础；另一方面，为了保护其独特的生态环境，必须杜绝工业污染，但是，发展工业将不可避免地导致工业污染。

以下哪项能作为结论从上述的断定中推出？

A. 威尼斯将不可避免地面临经济发展的停滞或生态环境的破坏。
B. 威尼斯市政府的正确决策应是停止发展工业以保护生态环境。
C. 威尼斯市民的生活质量只依赖于经济和生态环境。
D. 旅游业是威尼斯经济收入的主要来源。
E. 如果有一天威尼斯的生态环境受到了破坏，这一定是它为发展经济所付出的代价。

【解析】二难推理。

题干中有以下断定：

①经济发展→发展工业。

②保护环境→¬工业污染＝工业污染→¬保护环境。

③发展工业→工业污染。

①、③串联得：④经济发展→发展工业→工业污染＝¬工业污染→¬发展工业→¬经济发展。

根据二难推理公式，由②、④可得：¬保护环境∨¬经济发展。

即：不能保护环境或者不能发展经济，A项为真。

【答案】A

母题技巧

二难推理是重点题型，真题中大量出现。那么什么是二难推理呢？请看以下例子：

你找男朋友有两个选择，或者找思聪，或者找晓明。如果选思聪，太丑；如果选晓明，太矮，所以你面临二难选择：或者找个丑男友，或者找个矮男友。

我们将这个例子符号化：

同理，我们有以下公式：

公式（1）

$$A \vee \neg A;$$
$$A \to B;$$
$$\neg A \to B;$$
$$\text{所以，} B。$$

公式（2）

$$A \to B, \text{等价于：} \neg B \to \neg A;$$
$$A \to \neg B, \text{等价于：} B \to \neg A;$$
$$\text{所以，} \neg A。$$

公式（3）

$$A \vee B;$$
$$A \to C;$$
$$B \to D;$$
$$\text{所以，} C \vee D。$$

公式（4）

$$A \wedge B;$$
$$A \to C;$$
$$B \to D;$$
$$\text{所以，} C \wedge D。$$

公式（2）也可以理解为归谬法：

$$A \to B;$$
$$(A \to \neg B) = (B \to \neg A);$$

串联得：$A \to B \to \neg A$，所以，必有 $\neg A$。

母题变化

变化1　公式（1）～（3）的考查

例39　小李考上了清华，或者小孙未考上北大。如果小张考上了北大，则小孙也考上了北大；如果小张未考上北大，则小李考上了清华。

如果上述断定为真，则以下哪项一定为真？

A. 小李考上了清华。　　　　　　B. 小张考上了北大。
C. 小李未考上清华。　　　　　　D. 小张未考上北大。
E. 以上断定都不一定为真。

【解析】题干有以下断定：

①小李清华∨¬小孙北大，等价于：小孙北大→小李清华。

②小张北大→小孙北大。

③¬小张北大→小李清华。

由②、①串联可得：小张北大→小孙北大→小李清华，故有：④小张北大→小李清华。

所以，根据二难推理的公式(1)，由③、④得：小李必然考上了清华。故A项一定为真。

【答案】A

例40 太阳风中的一部分带电粒子可以到达M星表面，将足够的能量传递给M星表面粒子，使后者脱离M星表面，逃逸到M星大气中。为了判定这些逃逸的粒子，科学家们通过三个实验获得了如下信息：

实验一：或者是X粒子，或者是Y粒子。

实验二：或者不是Y粒子，或者不是Z粒子。

实验三：如果不是Z粒子，就不是Y粒子。

根据上述三个实验，以下哪项一定为真？

A. 这种粒子是X粒子。　　　　　　　　B. 这种粒子是Y粒子。

C. 这种粒子是Z粒子。　　　　　　　　D. 这种粒子不是X粒子。

E. 这种粒子不是Z粒子。

【解析】题干有以下断定：

①X∨Y，等价于：¬Y→X。

②¬Y∨¬Z，等价于：Z→¬Y。

③¬Z→¬Y。

根据二难推理的公式(1)，由②、③得：¬Y。

再由①可知，¬Y→X。故该粒子为X粒子。

【答案】A

例41 如果李生喜欢表演，则他报考戏剧学院。如果他不喜欢表演，则他可以成为戏剧理论家。如果他不报考戏剧学院，则他不能成为戏剧理论家。

由此可推出李生将：

A. 不喜欢表演。　　　　　　　　　　　B. 成为戏剧理论家。

C. 不报考戏剧学院。　　　　　　　　　D. 报考戏剧学院。

E. 不能成为戏剧理论家。

【解析】题干存在以下断定：

①喜欢表演→报考戏剧学院。

②¬喜欢表演→成为戏剧理论家。

③¬报考戏剧学院→¬成为戏剧理论家，等价于：成为戏剧理论家→报考戏剧学院。

由②、③串联可得：④¬喜欢表演→成为戏剧理论家→报考戏剧学院。

根据二难推理的公式(1)，由①、④得：报考戏剧学院。

【答案】D

例42 在潮湿的气候中仙人掌很难成活；在寒冷的气候中柑橘很难生长。在某省的大部分地区，仙人掌和柑橘至少有一种不难成活、生长。

如果上述断定为真，则以下哪项一定为假？

A. 该省的一半地区，既潮湿又寒冷。　　　　B. 该省的大部分地区炎热。
C. 该省的大部分地区潮湿。　　　　　　　　D. 该省的某些地区既不寒冷也不潮湿。
E. 柑橘在该省的所有地区都无法生长。

【解析】题干有如下判断：

①潮湿→仙人掌难成活，等价于：¬仙人掌难成活→¬潮湿。

②寒冷→柑橘难生长，等价于：¬柑橘难生长→¬寒冷。

③某省大部分地区：¬仙人掌难成活∨¬柑橘难生长。

根据二难推理的公式(3)，由③、①、②得：某省大部分地区：¬潮湿∨¬寒冷。

A项与此结论矛盾，必然为假。

【答案】A

例43 某中药配方有如下要求：

①如果有甲药材，那么也要有乙药材。
②如果没有丙药材，那么必须有丁药材。
③人参和天麻不能都有。
④如果没有甲药材而有丙药材，则需要有人参。

如果含有天麻，则关于该配方的断定哪项为真？

A. 含有甲药材。　　　　B. 含有丙药材。　　　　C. 没有丙药材。
D. 没有乙药材和丁药材。　　　　E. 含有乙药材或丁药材。

【解析】题干有以下断定：

①甲→乙。

②¬丙→丁。

③¬(人参∧天麻)，等价于：¬人参∨¬天麻，等价于：天麻→¬人参。

④(¬甲∧丙)→人参，等价于：¬人参→甲∨¬丙。

⑤天麻。

由⑤、③、④串联可得：⑥天麻→¬人参→甲∨¬丙。

根据二难推理的公式(3)，由⑥、①、②得：乙∨丁。故E项正确。

【答案】E

例44 爱因斯坦发表狭义相对论时，有人问他：预计公众会有什么反应？他答道：很简单，如果我的理论是正确的，那么，德国人会说我是德国人，法国人会说我是欧洲人，美国人会说我是世界公民；如果我的理论不正确，那么，美国人会说我是欧洲人，法国人会说我是德国人，德国人会说我是犹太人。

如果爱因斯坦的话为真，则以下哪项陈述一定为真？

A. 有人会说爱因斯坦是德国人。　　　　B. 有人会说爱因斯坦是世界公民。
C. 有人会说爱因斯坦是犹太人。　　　　D. 德国人会说爱因斯坦是欧洲人。
E. 法国人会说爱因斯坦是德国人。

【解析】由题干知：

爱因斯坦的理论正确→德国人会说爱因斯坦是德国人。

爱因斯坦的理论错误→法国人会说爱因斯坦是德国人。

由二难推理可知：爱因斯坦的理论正确∨爱因斯坦的理论错误。

所以，德国人会说爱因斯坦是德国人∨法国人会说爱因斯坦是德国人。

故一定有人会说爱因斯坦是德国人。

【答案】A

例45 如果这项改革措施不受干部的欢迎，我们就应该进行修改。如果它不受工人们的欢迎，我们就应该采用一项新的改革措施，并且这项措施必定是，要么不受干部的欢迎，要么不受工人们的欢迎。

如果以上陈述为真，则以下哪项也一定为真？

A. 我们应当修改这项改革措施，当且仅当这样做不会降低该措施在工人中的声望。

B. 我们应该在干部或工人中间努力推广这项改革措施。

C. 如果修改这项改革措施不会影响它在干部中受欢迎的程度，我们就应该立即进行修改。

D. 如果这项改革措施受到了工人们的欢迎，我们就应该采取一项新的改革措施。

E. 如果这项改革措施受到了干部们的欢迎，我们就应该采取一项新的改革措施。

【解析】题干信息整理如下：

①不受干部欢迎→修改。

②不受工人欢迎→新的措施。

③不受干部欢迎∨不受工人欢迎。

由③可得：④受干部欢迎→不受工人欢迎。

将④、②串联可得：受干部欢迎→不受工人欢迎→新的措施。故E项必然为真。

【答案】E

变化2 公式(4)的考查

例46 如果他勇于承担责任，那么他就一定会直面媒体，而不是选择逃避；如果他没有责任，那么他就一定会聘请律师，捍卫自己的尊严。可是事实上，他不仅没有聘请律师，现在逃得连人影都不见。

根据以上陈述，可以得出以下哪项结论？

A. 即使他没有责任，也不应该选择逃避。

B. 虽然选择了逃避，但是他可能没有责任。

C. 如果他有责任，那么他应该勇于承担责任。

D. 如果他不敢承担责任，那么说明他责任很大。

E. 他不仅有责任，而且他没有勇气承担责任。

【解析】题干有以下论断：

①勇于承担责任→¬逃避，等价于：逃避→¬勇于承担责任。

②¬责任→聘请律师，等价于：¬聘请律师→责任。

③¬聘请律师∧逃避。

根据二难推理的公式(4)，由③、②、①可得：责任∧¬勇于承担责任，即：他不仅有责任，而且他没有勇气承担责任。故E项正确。

【答案】E

变化3　复杂二难推理问题

例47　储存在专用电脑中的某财团的商业核心机密被盗窃。该财团的三名高级雇员甲、乙、丙涉嫌被拘审。经审讯，查明了以下事实：

①机密是在电脑密码被破译后窃取的，破译电脑密码必须受过专门训练。

②如果甲作案，那么丙一定参与。

③乙没有受过破译电脑密码的专门训练。

④作案者就是这三人中的一人或一伙。

从上述条件，可推出以下哪项结论？

A. 作案者中有甲。　　　　B. 作案者中有乙。　　　　C. 作案者中有丙。

D. 作案者中有甲和丙。　　E. 甲、乙和丙都是作案者。

【解析】题干存在以下断定：

①作案者→受过训练，等价于：¬受过训练→¬作案者。

②甲→丙。

③乙→¬受过训练。

④甲∨乙∨丙。

由③、①串联得：乙→¬受过训练→¬作案者，即：⑤乙不是作案者，或者乙伙同他人作案。

若乙不是作案者，则由④得：甲∨丙，等价于：⑥¬甲→丙。

根据二难推理的公式(1)，由②、⑥得：丙。故作案者中有丙。

若乙伙同他人作案，如果他的同伙是甲，由②知，丙也作案。如果他的同伙不是甲，那同伙一定是丙。

综上所述，丙一定作案。

【答案】C

题型8　复言命题的真假话问题

母题精讲

母题8　以下关于某案件的四个断定中只有一个为真。

Ⅰ. 如果甲作案，则乙是同案犯。

Ⅱ. 作案者是丙。

Ⅲ. 作案者是甲，但乙没作案。

Ⅳ. 作案者是甲或丁。

则这一真的断定是：

A. Ⅰ。　　B. Ⅱ。　　C. Ⅲ。　　D. Ⅳ。　　E. 无法确定。

【解析】

第一步：符号化。

①甲→乙=¬甲∨乙。

②丙。
③甲∧¬乙。
④甲∨丁。

第二步：找矛盾。

断定①和断定③矛盾，必有一真一假。

第三步：确定其他命题的真假。

题干说四个断定中只有一个为真，故断定②和断定④均为假。

第四步：确定真实情况，判断选项真假。

由断定④为假可得：¬甲∧¬丁，故可知断定①为真，断定③为假。

【答案】A

> 母题技巧

1. 真假话问题的分类

真假话问题有两类：一类是复言命题的真假话问题；一类是简单命题的真假话问题（见本书第 2 章），本节讲的是第一类。

2. 真假话问题的命题形式

给出几个人说的几句话，然后告知这些话里面有几个为真几个为假，由此判断选项的真假。

3. 复言命题的真假话问题的解题技巧

（1）找矛盾法。

第一步：符号化。

第二步：找矛盾。

①A 与 ¬A。

②A→B 与 A∧¬B。

③A∧B 与 ¬A∨¬B。

④A∨B 与 ¬A∧¬B。

⑤A∀B 与 (A∧B)∨(¬A∧¬B)。

第三步：矛盾关系必有一真必有一假，可根据真命题的个数，推知其他命题的真假。

第四步：根据命题的真假，判断真实情况，即可判断各选项的真假。

（2）找"至少一真"或"至少一假"。

有的题目中没有矛盾关系，则可根据以下知识解题：

①A 与 A→B（等价于 ¬A∨B），至少一真。

②A 与 ¬A∧B，至少一假。

（3）假设法。

如果以上两种思路都无法解题，则可以使用假设法。假设其中一个命题为真，看是否推出与题干矛盾的结论，如果能推出矛盾，则说明此命题为假。

（4）选项排除法。

母题变化

变化 1 题干中有矛盾

例 48 当代商城年终特别奖的评定结果即将揭晓。该商城营业部的四位职工在对本部门的评定结果进行推测。

张艳说:"如果营业部经理能评上,那么李霞也能评上。"

李霞说:"我看我们营业部没人能评上。"

于平说:"我看营业部经理评不上。"

赵蓉说:"恕我直言,我看李霞评不上,但营业部经理能评上。"

结果证明,四位职工中只有一人的推测成立。

如果上述断定为真,则以下哪项也一定为真?

A. 张艳的推测成立。

B. 李霞的推测成立。

C. 如果李霞评不上年终特别奖,则赵蓉的推测成立。

D. 赵蓉的推测成立。

E. 如果李霞评不上年终特别奖,则张艳的推测成立。

【解析】将四人所说的话形式化可得:

①经理→李霞。

②所有人都没评上。

③¬经理。

④¬李霞∧经理。

①和④矛盾,必有一真一假。又因只有一句话为真,故②和③均为假。

根据②为假可知,有人能评上。

根据③为假可知,经理能评上。

若李霞能评上,则①真④假;若李霞未评上,则①假④真。

【答案】C

变化 2 题干中无矛盾

例 49 关于某案件的作案者有以下猜测:

(1)如果甲是作案者,则乙肯定是作案者。

(2)甲是作案者。

(3)甲或丙是作案者。

(4)丁是作案者。

已知甲、乙、丙、丁中一定有作案者,并且上述四个猜测中只对了一个,则以下哪项正确?

A. 甲是作案者,其他人不是。　　　　B. 乙是作案者,其他人不是。

C. 丙是作案者,其他人不是。　　　　D. 丁是作案者,其他人不是。

E. 可以确定四人中有两人作案,但无法确定具体是谁作案。

【解析】
第一步：符号化。
(1)甲→乙，等价于：¬甲∨乙。
(2)甲。
(3)甲∨丙。
(4)丁。

方法一：找至少一真。
第二步：四句话中无矛盾，找至少一真。
如果甲是作案者，则(2)为真；如果甲不是作案者，则(1)为真。故(1)和(2)至少一真。
第三步：确定其他命题的真假。
又由于四句话中只有一句为真，所以(1)和(2)为一真一假，(3)和(4)均为假。
第四步：确定真实情况，判断选项真假。
由(3)和(4)为假可知，甲、丙、丁均不是作案者。
又知甲、乙、丙、丁中一定有作案者，故乙是作案者。

方法二：做假设。
第二步：四句话中无矛盾，做假设。
假设(2)为真，则甲是作案者，那么(3)也为真，故(2)为假，即甲不是作案者。故(1)为真。
第三步：确定其他命题的真假。
又由于四句话中只有一句为真，又知(1)为真，故(2)、(3)、(4)均为假。
第四步：确定真实情况，判断选项真假。
由(3)和(4)为假可知，甲、丙、丁均不是作案者。
又知甲、乙、丙、丁中一定有作案者，故乙是作案者。

【答案】B

例50 有五个国家的足球队参加了中国杯足球赛，对于比赛结果，观众有如下议论：
(1)冠军队不是韩国队，就是日本队。
(2)冠军队既不是中国队，也不是伊朗队。
(3)冠军队只能是伊朗队。
(4)冠军队不是韩国队。
比赛结果显示，只有一条议论是正确的。那么获得冠军队的是：
A. 韩国队。　　B. 伊朗队。　　C. 中国队。　　D. 日本队。　　E. 巴西队。

【解析】
第一步：符号化。
(1)¬韩国→日本，等价于：韩国∨日本。
(2)¬中国∧¬伊朗。
(3)伊朗。
(4)¬韩国。

方法一：找至少一真。

第二步：四句话中无矛盾，找至少一真。

韩国是冠军和韩国不是冠军矛盾，若韩国是冠军，则(1)为真；若韩国不是冠军，则(4)为真。故(1)、(4)至少一真。

第三步：确定其他命题的真假。

由题干知，只有一条议论为真，故(2)和(3)均为假。

第四步：确定真实情况，判断选项真假。

由(2)为假可知：中国∨伊朗，等价于：¬伊朗→中国。

由(3)为假可知：¬伊朗。

故中国队是冠军队。

方法二：选项排除法。

若A项为真，即韩国队是冠军，则(1)和(2)均为真，排除。

若B项为真，即伊朗队是冠军，则(3)和(4)均为真，排除。

若D项为真，即日本队是冠军，则(1)、(2)、(4)均为真，排除。

若E项为真，即巴西队是冠军，则(2)和(4)均为真，排除。

故C项正确，即中国队是冠军队。

【答案】C

微模考 1 ▶ 复言命题

(母题篇)

(共 30 题,每题 2 分,限时 60 分钟)

1. 针对作弊屡禁不止的现象,某学院某班承诺,只要全班同学都在承诺书上签字,那么,如果全班有一人作弊,全班同学的考试成绩都以不及格计。校方接受并严格实施了该班的这一承诺。结果班上还是有人作弊,但班长的考试成绩是优秀。
   以下哪项是上述断定的合乎逻辑的结论?
   A. 作弊的就是班长本人。
   B. 全班多数人没有作弊。
   C. 全班没有人在承诺书上签字。
   D. 全班有人没在承诺书上签字。
   E. 作弊的不是班长本人。

2. 所有切实关心教师福利的校长,都被证明是管理得法的校长;而切实关心教师福利的校长,都首先把注意力放在解决中青年教师住房上。因此,那些不首先把注意力放在解决中青年教师住房上的校长,都不是管理得法的校长。
   为使上述论证成立,以下哪项必须为真?
   A. 中青年教师的住房问题,是教师的福利中最为突出的问题。
   B. 所有管理得法的校长,都是关心教师福利的校长。
   C. 中青年教师的比例近年来普遍有了大的增长。
   D. 所有首先把注意力放在解决中青年教师住房上的校长,都是管理得法的校长。
   E. 有的管理得法的校长,是关心教师福利的校长。

3. 去年 4 月,股市出现了强劲反弹,某证券部通过对该部股民持仓品种的调查发现,大多数经验丰富的股民都买了小盘绩优股,所有年轻的股民都选择了大盘蓝筹股,而所有买小盘绩优股的股民都没有买大盘蓝筹股。
   如果上述断定为真,则以下哪项关于该证券部股民的调查结果也必定为真?
   Ⅰ. 有些年轻的股民是经验丰富的股民。
   Ⅱ. 有些经验丰富的股民没买大盘蓝筹股。
   Ⅲ. 年轻的股民都没买小盘绩优股。
   A. 仅仅Ⅰ。
   B. 仅仅Ⅰ和Ⅱ。
   C. 仅仅Ⅱ和Ⅲ。
   D. 仅仅Ⅰ和Ⅲ。
   E. Ⅰ、Ⅱ和Ⅲ。

4. 甲说:"我最近经常看到他带着孩子散步。"乙说:"这么说,他已经做父亲了。"
   以下哪项是乙谈话的逻辑前提?
   A. 所有已经做父亲的人,一定经常带孩子散步。
   B. 有些经常带孩子散步的人已经做了父亲。
   C. 只有经常带着孩子散步的人才是已经做父亲的人。
   D. 经常带着孩子散步的人,可能是已经做了父亲的人。

E. 不是已经做父亲的人，不可能经常带着孩子散步。

5. 某发展中国家所面临的问题是：要维持它的经济发展，必须不断加强国内企业的竞争力；要保持社会稳定，必须不断建立健全养老、医疗、失业等社会保障体系。而要建立健全社会保障体系，则需要企业每年为职工缴纳一定比例的社会保险费。如果企业每年为职工缴纳这样比例的社会保险费，则会降低企业的竞争力。

以下哪项结论可以从上面的陈述中推出？

A. 这个国家无法维持它的经济发展，或者不能保持它的社会稳定。
B. 这个国家或者可以维持它的经济发展，或者可以保持它的社会稳定。
C. 如果降低企业每年为职工缴纳社会保险费的比例，则可以保持企业的竞争力量。
D. 这个国家的经济发展会受到一定影响。
E. 这个国家无法维持它的经济发展，并且不能保持它的社会稳定。

6. 参议员要在大会上演讲，那么他必定是一个民主党员。一个民主党员不能同时在大会上演讲且是一个参议员。

下面哪一个结论能从上面的陈述中推导出来？

A. 除参议员们之外没有人在大会上演讲。　　B. 没有民主党员在大会上演讲。
C. 没有参议员在大会上演讲。　　D. 只有民主党员在大会上演讲。
E. 有参议员在大会上演讲。

7. 在某大型理发店，所有的理发师都是北方人，所有的女员工都是南方人，所有的已婚者都是女员工，因此，所有的已婚者都不是理发师。

下面哪一项如果为真，将证明上述推理的前提至少有一个是假的？

A. 该店内有一位出生在北方的未婚男性理发师。
B. 该店内有一位不是理发师的未婚女员工。
C. 该店内有一位出生在南方的女理发师。
D. 该店内有一位出生在南方的已婚女员工。
E. 该店内有一位出生在南方的已婚非理发师。

8. A、B、C、D、E、F 六人参加一场决赛，赛前三人猜测：

甲：冠军不是 A，就是 B。

乙：冠军是 C 或 D。

丙：D、E、F 绝不可能是冠军。

赛后发现他们三个人的猜测中只有一个是正确的，那么谁是冠军？

A. A 是冠军。　　B. B 是冠军。　　C. C 是冠军。
D. D 是冠军。　　E. F 是冠军。

9～10 题基于以下题干：

在某校的家属区中：所有的保姆都加入了工会。有些清洁工是湖北人。有些保姆是湖北人。所有的工会会员都入了医疗保险。清洁工没有入医疗保险。

9. 以下各项都能依据上述前提推出，除了：

A. 在该校的家属区中，所有的保姆都入了医疗保险。

B. 在该校的家属区中，有些湖北人入了医疗保险。

C. 在该校的家属区中，有些湖北人没有入医疗保险。

D. 在该校的家属区中，有些保姆兼当清洁工。

E. 在该校的家属区中，没有清洁工加入工会。

10. 以下哪项所描述的那个人是上述前提所做断定的一个反例？

A. 一个女清洁工。　　　　　　　　　　B. 一个入了工会的清洁工。

C. 一个没入医疗保险的湖北人。　　　　D. 一个人入了医疗保险，但并非保姆。

E. 一个人入了医疗保险，但并非清洁工。

11～12题基于以下题干：

对于上市公司而言，有分红的企业才能发行新的股票。可是，如果一个企业有分红，那它就不需要融资。如果它需要融资，就没有办法分红。

11. 如果以上陈述为真，则以下哪项陈述不可能为假？

A. 一个上市公司不需要融资，或者不是有分红的企业。

B. 一个上市公司需要融资，或者是没有分红的企业。

C. 一个上市公司不需要发行新的股票，或者不是有分红的企业。

D. 一个上市公司融资的唯一渠道是发行新的股票。

E. 一个上市公司需要融资，并且有分红。

12. 如果以上陈述为真，则以下哪项陈述不可能为真？

A. 一个上市公司需要融资，而且没有办法分红。

B. 一个上市公司不是需要融资，就是有办法分红。

C. 一个上市公司不需要融资，就一定会分红。

D. 一个上市公司既需要融资，也有办法分红。

E. 一个上市公司需要融资，或者没有办法分红。

13. 滨海市政府决定上马一项园林绿化工程，政府有关部门在调研论证的基础上，就特色树种的选择问题形成如下几项决定：

(1)樟树、柳树至少选择一样。

(2)如果不种桂树，那么就要种雪松。

(3)如果种柳树，那么就要种桃树。

(4)桃树、雪松至少要舍弃一样。

据此，可以推出以下哪项是该市应选择的特色树种？

A. 柳树或者桃树。　　　　　　B. 樟树或者桂树。　　　　　　C. 雪松或者柳树。

D. 雪松或者樟树。　　　　　　E. 樟树和桂树。

14. 有以下几个条件成立：

(1)如果小王是工人，那么小张不是医生。

(2)或者小李是工人，或者小王是工人。

(3)如果小张不是医生，那么小赵不是学生。

(4)或者小赵是学生，或者小周不是经理。

以下哪项如果为真，可得出"小李是工人"的结论？

A. 小周不是经理。　　　　　B. 小王是工人。　　　　　C. 小赵不是学生。
D. 小周是经理。　　　　　　E. 小周是工人。

15. 某市发生了肇事逃逸事件，警方逮捕了四位嫌疑人。对于四位嫌疑人有以下断定：

(1)如果甲和乙是肇事者，丙就不是肇事者。

(2)如果丁是肇事者，那么乙就是肇事者。

(3)甲和丙都是肇事者。

若以上三个断定都为真，则以下哪项一定为真？

A. 乙和丁都是肇事者。　　　　　　　　B. 乙和丁都不是肇事者。
C. 乙是肇事者，丁不是肇事者。　　　　D. 乙不是肇事者，丁是肇事者。
E. 乙和丁至少有一个是肇事者。

16. 绝大部分优秀运动员具有良好的心理素质，绝大部分优秀运动员在比赛中取得过好成绩，而所有在比赛中取得过好成绩的运动员都是训练刻苦的。

以下哪项陈述可以从上面的陈述中适当地推出？

A. 大部分训练刻苦的运动员具有良好的心理素质。

B. 某些具有良好心理素质的优秀运动员是训练刻苦的。

C. 所有优秀的运动员都是训练刻苦的。

D. 某些不具有良好心理素质的运动员在比赛中取得过好成绩。

E. 具有良好心理素质的优秀运动员都是训练刻苦的。

17. 明代学者王阳明训示儿子说：现在人的病痛，大多是因为傲；千罪百恶，都是从傲上来的。事实也说明，所有的人都不会相信自傲的人，也没有一个人愿意与他不相信的人合作。

据此，可以推出以下哪项？

A. 谦虚的人总能避免人生的病痛。　　　B. 谁都不愿意与自傲的人合作。
C. 谁都愿意与谦虚的人合作。　　　　　D. 谦虚的人会获得所有人的信任。
E. 有的人愿意与自傲的人合作。

18. 今年中国南方地区出现"民工荒"。究其原因，或者是由于民工在家乡已找到工作；或者是由于南方地区民工工资太低，不再具有吸引力；或者是由于新农村建设进展加快，农民在农村既能增收，又能过上稳定的家庭生活。今年中国新农村建设确实进展加快，农民在农村既能增收，又能过上稳定的家庭生活。

据此，可以推出今年南方地区出现"民工荒"的原因是以下哪项？

A. 是由于民工在家乡已找到工作。

B. 可能是由于民工在家乡已找到工作。

C. 不是由于民工在家乡已找到工作。

D. 是由于南方地区民工工资太低，不再具有吸引力。

E. 是由于南方地区民工工资太低，不再具有吸引力，或者民工在家乡已找到工作。

19. 如果阿根廷参加联盟，则巴西和智利将抵制联盟。如果巴西和智利有一国抵制联盟，那么联盟就会名存实亡。而联盟没有名存实亡。

从这段文字可以推出以下哪项？

A. 巴西没有参加联盟。
B. 巴西参加联盟。
C. 智利或巴西至少有一国没有参加联盟。
D. 阿根廷抵制联盟。
E. 阿根廷没有参加联盟。

20. 所有硕士研究生都具有较强的研究能力。有的来福州的硕士毕业生当上了大学老师。有的来福州的博士毕业生也成为大学老师。因为某种原因，所有来福州的博士毕业生的妻子户口都没有迁入福州。

    根据这段文字，不能判断正误的是：

    A. 有的硕士研究生具有较强的研究能力。
    B. 有些大学老师具有较强的研究能力。
    C. 有些大学老师的妻子户口没有迁入福州。
    D. 有些硕士毕业生的妻子的户口也没有迁入福州。
    E. 有的妻子户口没有迁入福州的人是大学老师。

21. 某班级在选班干部，对于班干部能否连任，几位同学做出如下猜测：

    甲：班长不能连任。
    乙：只有团支书不能连任，班长才会连任。
    丙：这次选举团支书、班长都能连任。
    丁：或者班长连任，或者团支书连任。

    后来选举结果出来，证明只有一位同学猜错了。

    则猜错的同学是：

    A. 甲。
    B. 乙。
    C. 丙。
    D. 丁。
    E. 无法确定。

22. 《高山流水》是任何人都极为欣赏的古典音乐，而每个人对任何一种古典音乐的态度是要么着迷，要么不欣赏。

    由此可以推出以下哪项？

    A. 任何人都欣赏古典音乐。
    B. 任何人都不欣赏古典音乐。
    C. 任何人都对《高山流水》着迷。
    D. 有些人对《高山流水》不着迷。
    E. 有些人对《高山流水》不欣赏。

23. 某领导在一次工作会议上说："我们首先要有'亲民'意识。有了'亲民'意识，我们就能站在老百姓的角度来考虑问题，就能负责地为老百姓解决实际问题。如果我们及时帮助群众解决困难，那么干群关系就拉近了。"

    从领导的这句话，我们可以推出以下哪项？

    A. 如果有"亲民"意识，那么干群关系就拉近了。其结果必然是，我们能及时帮助群众解决困难。
    B. 如果有"亲民"意识，那么干群关系就拉近了。但是，其前提是，我们能及时帮助群众解决困难。
    C. 只有具备"亲民"意识，我们才能站在老百姓的角度来考虑问题，才能负责地为老百姓解决实际问题。其结果必然是，我们拉近了干群关系。

D. 如果我们能负责地为老百姓解决实际问题，我们就具备"亲民"意识。但是，其前提是，我们必须重视干群关系。

E. 如果我们拉近了干群关系，就能更好地为老百姓解决问题，就能站在老百姓角度考虑问题。

24. 老王是大学教师，又写过许多哲学论文，则他一定是哲学系的教师。

上述断定是根据以下哪项做出的？

A. 老王写过许多哲学论文。

B. 哲学系的教员写过许多哲学论文。

C. 大学教师中只有哲学系的教师写过许多哲学论文。

D. 很少有教师写过许多哲学论文。

E. 数学系的教员没有写过哲学论文。

25. 签订技术转让合同必须遵守国家的法律，符合国家政策的要求。否则，即使是当事人双方自愿签订的合同，也非但不能受到法律保护，还要根据情况依法追究法律责任。

以下哪项与以上论述等价？

A. 如果双方当事人的行为都是自愿的，就会受到法律的保护。

B. 如果双方当事人的行为都是自愿的，就要承担法律责任。

C. 只有双方当事人的行为合法，才能产生预期的法律后果，受到法律的保护。

D. 如果双方当事人的行为合法，就会产生预期的法律后果，受到法律的保护。

E. 如果双方当事人的行为不合法，就要承担法律责任。

26. 为恶意和憎恨所局限的观察者，即使具有敏锐的观察力，也只能见到表面的东西；而只有当敏锐的观察力同善意和热爱相结合，才能探到人和世界的最深处，并且还有希望达到最崇高的目标。

由此可以推出以下哪项？

A. 世界上没有人能够达到最崇高的目标。

B. 没有敏锐的观察力不可能探到人的最深处。

C. 人性恶是人的表面现象。

D. 有善意的观察者见不到表面的东西。

E. 只能看到表面的东西的观察者为恶意和憎恨所局限。

27. 有关专家指出，月饼高糖、高热量，不仅不利于身体健康，甚至演变成了"健康杀手"。月饼要想成为一种健康食品，关键要从工艺和配料方面进行改良，如果不能从工艺和配料方面进行改良，口味再好，也不能符合现代人对营养方面的需求。

由此不能推出的是：

A. 只有从工艺和配料方面改良了月饼，才能符合现代人对营养方面的需求。

B. 如果月饼符合了现代人对营养方面的需求，说明一定从工艺和配料方面进行了改良。

C. 只要从工艺和配料方面改良了月饼，即使口味不好，也能符合现代人对营养方面的需求。

D. 没有从工艺和配料方面改良月饼，却能符合现代人对营养方面需求的情况是不可能存在的。

E. 除非从工艺和配料方面改良月饼，否则不能符合现代人对营养方面的需求。

28. 所有甲都属于乙，有些甲属于丙，所有乙都属于丁，没有戊属于丁，有些戊属于丙。

    以下哪一项不能从上述论述中推出？

    A. 有些丙属于丁。 　　　　　　　　　　B. 没有戊属于乙。

    C. 有些甲属于戊。 　　　　　　　　　　D. 所有甲都属于丁。

    E. 有的丙不属于甲。

29. 黄土村上过小学的人，只要现年不超过 25 岁，都是辛老师的学生。该村的人没有一个不认识辛老师，赵大认识辛老师。黄土村的李兰是赵大的老婆，她现年 24 岁，14 岁时才小学毕业。

    由此可以推出以下哪项？

    A. 赵大不是辛老师的学生。 　　　　　　B. 赵大不是黄土村人。

    C. 李兰是辛老师的学生。 　　　　　　　D. 赵大是黄土村人。

    E. 赵大现年不超过 25 岁。

30. 小丁说："只要高局长过目，2016 年年度统计报告就不会出错。"小陈说："如果我和小丁认真负责，高局长就不过目。"小马说："高局长审过了 2016 年年度统计报告，他一眼就看出其中的一个统计数字有问题。"

    假如三人中有一人说错并且高局长确实看过 2016 年年度统计报告，则以下哪项为真？

    A. 小马说了假话。 　　　　　　　　　　B. 小陈说了假话。

    C. 小丁没有认真负责。 　　　　　　　　D. 小丁或小陈没有认真负责。

    E. 小丁和小陈没有认真负责。

微模考1 ▶ 参考答案

(母题篇)

1. D

【解析】箭头＋德摩根定律。

题干：全班同学签字∧有人作弊→全班不及格。

等价于：¬全班不及格→¬全班同学签字∨¬有人作弊。

班长成绩优秀，即并非全班不及格，可得：¬全班同学签字∨¬有人作弊。

又由：¬全班同学签字∨¬有人作弊＝有人作弊→¬全班同学签字。

故有：有人没在承诺书上签字。故 D 项正确。

2. B

【解析】隐含三段论。

题干中的前提：

①关心教师福利→管理得法。

②关心教师福利→解决中青年教师住房。

题干中的结论：不解决中青年教师住房→不管理得法，等价于：管理得法→解决中青年教师住房。

需补充条件：管理得法→关心教师福利，可得：管理得法→关心教师福利→解决中青年教师住房，即可得出题干中的结论。

故 B 项为正确选项。

3. C

【解析】箭头的串联。

将题干信息形式化：

①有的经验丰富的股民→买小盘绩优股。

②年轻股民→买大盘蓝筹股，等价于：¬买大盘蓝筹股→¬年轻股民。

③买小盘绩优股→¬买大盘蓝筹股，等价于：买大盘蓝筹股→¬买小盘绩优股。

①、③、②串联可得：有的经验丰富的股民→买小盘绩优股→¬买大盘蓝筹股→¬年轻股民，故Ⅰ项可真可假，Ⅱ项为真。

②、③串联可得：年轻股民→买大盘蓝筹股→¬买小盘绩优股，故Ⅲ项为真。

故 C 项为正确选项。

4. E

【解析】充分必要条件。

题干的逻辑前提：经常带孩子散步→做父亲＝¬做父亲→¬经常带孩子散步，故 E 项正确。

5. A

【解析】二难推理。

将题干信息形式化：

①维持经济发展→加强企业竞争力。

②保持社会稳定→建立健全社会保障体系→缴纳社会保险费→降低企业竞争力。

由①逆否可得：¬加强企业竞争力→¬维持经济发展。

由②逆否可得：加强企业竞争力→¬保持社会稳定。

根据二难推理可知：　（永真式）

¬保持社会稳定 ∨ ¬维持经济发展

所以 A 项为正确选项。

6. C

【解析】二难推理。

将题干信息形式化：

①参议员∧演讲→民主党员，等价于：¬民主党员→¬（参议员∧演讲）。

②民主党员→¬（参议员∧演讲）。

根据二难推理：　（永真式）

¬（参议员∧演讲）　¬（参议员∧演讲）

所以，没有参议员在大会上演讲，即 C 项为正确选项。

7. C

【解析】假言命题的负命题。

题干中的条件：

①理发师→北方人，等价于：¬北方人→¬理发师。

②女员工→南方人。

③已婚者→女员工。

③、②、①串联可得：已婚者→女员工→南方人→¬北方人→¬理发师。

故题干得出结论：已婚者→¬理发师。

C 项，女员工∧南方人∧理发师，与①和②矛盾，说明①和②中至少有一个为假，故 C 项正确。

A、B、D、E 项都符合题干。

8. D

【解析】真假话问题。

将题干信息形式化：

甲：¬A→B，等价于：A∨B。

乙：C∨D。

丙：¬D∧¬E∧¬F。

使用选项代入法，三人的话中只有一句为真，故：

假设 A 为冠军，则甲、丙的话均为真，不正确。

假设 B 为冠军，则甲、丙的话均为真，不正确。

假设 C 为冠军，则乙、丙的话均为真，不正确。

假设 D 为冠军，则乙的话为真，正确。

假设 F 为冠军，则甲、乙、丙的话均为假，不正确。

故 D 项为正确选项。

9. D

【解析】箭头的串联。

将题干信息形式化：

①保姆→工会＝￢工会→￢保姆。

②有的清洁工→湖北人＝有的湖北人→清洁工。

③有的保姆→湖北人＝有的湖北人→保姆。

④工会→医疗保险＝￢医疗保险→￢工会。

⑤清洁工→￢医疗保险＝医疗保险→￢清洁工。

②、⑤、④、①串联可得：⑥有的湖北人→清洁工→￢医疗保险→￢工会→￢保姆。

③、①、④、⑤串联可得：⑦有的湖北人→保姆→工会→医疗保险→￢清洁工。

A 项，保姆→￢医疗保险，由⑦可知，为真。

B 项，有的湖北人→医疗保险，由⑦可知，为真。

C 项，有的湖北人→￢医疗保险，由⑥可知，为真。

D 项，由⑦可知，保姆都不是清洁工，故此项为假。

E 项，清洁工→￢工会，由⑥可知，为真。

10. B

【解析】假言命题的负命题。

由⑥可知，清洁工→￢工会，与"清洁工∧工会"矛盾，故 B 项为题干的反例。

11. A

【解析】箭头变或者。

将题干信息形式化：

①发行新的股票→分红。

②分红→不需要融资。

③需要融资→￢分红。

由②可知，分红→不需要融资＝不分红∨不需要融资，故 A 项为真。

12. D

【解析】假言命题的负命题。

由②可知，分红→不需要融资，与"分红∧需要融资"矛盾，故 D 项为假。

13. B

【解析】二难推理。

将题干信息形式化：

(1)樟树∨柳树＝￢樟树→柳树＝￢柳树→樟树。
(2)￢桂树→雪松＝￢雪松→桂树。
(3)柳树→桃树＝￢桃树→￢柳树。
(4)￢桃树∨￢雪松。
根据二难推理可知：

故有：樟树∨桂树，即 B 项为正确选项。

14. D

【解析】箭头的串联。

将题干信息符号化：

①小王工人→￢小张医生＝小张医生→￢小王工人。
②小李工人∨小王工人＝￢小王工人→小李工人。
③￢小张医生→小赵学生＝￢小赵学生→小张医生。
④小赵学生∨￢小周经理＝小周经理→小赵学生。

由④、③、①、②串联可得：小周经理→小赵学生→小张医生→￢小王工人→小李工人。

故 D 项为正确选项。

15. B

【解析】箭头＋德摩根定律。

将题干信息符号化：

(1)甲∧乙→￢丙＝丙→￢甲∨￢乙。
(2)丁→乙＝￢乙→￢丁。
(3)甲∧丙。

由条件(3)可知，丙；故由条件(1)可知，￢甲∨￢乙。

再由条件(3)可知，甲，又由"￢甲∨￢乙＝甲→￢乙"，可知乙不是肇事者。

再根据条件(2)可知，丁也不是肇事者，所以 B 项为正确选项。

16. B

【解析】箭头的串联。

题干：

①绝大部分优秀运动员有良好的心理素质。
②绝大部分优秀运动员取得过好成绩。
③取得过好成绩→训练刻苦。

由①、②可得，"良好的心理素质"和"取得过好成绩"都超过了优秀运动员的一半，所以这两者之间必有交集，得：④某些有良好心理素质的优秀运动员→取得过好成绩。

④、③串联可得：某些有良好心理素质的优秀运动员→取得过好成绩→训练刻苦。故 B 项为真。

17. B

【解析】箭头的串联。

王阳明有如下断定：

①所有的人都不会相信自傲的人，即如果自傲，那么不被相信。即：自傲→不被相信。

②没有一个人愿意与他不相信的人合作，即如果不被相信，那么别人不愿合作。即：不被相信→别人不愿合作。

①、②串联可得：自傲→不被相信→别人不愿合作。

可得：自傲的人别人不愿意合作，即大家不愿意与自傲的人合作，故 B 项正确。

18. B

【解析】相容选言命题。

"民工荒"的原因：民工在家乡已找到工作∨南方地区民工工资太低∨新农村建设进展加快，农民在农村既能增收，又能过上稳定的家庭生活。

分析可知，肯定相容选言命题的一个选言肢，无法确定其余选言肢的真假情况，只有 B 项是可能性推理，故 B 项为正确选项。

19. E

【解析】箭头＋德摩根定律。

将题干信息符号化：

①阿根廷参加→巴西抵制∧智利抵制，等价于：¬巴西抵制∨¬智利抵制→¬阿根廷参加。

②巴西抵制∨智利抵制→名存实亡，等价于：¬名存实亡→¬巴西抵制∧¬智利抵制。

③¬名存实亡。

③、②、①串联可得：¬名存实亡→¬巴西抵制∧¬智利抵制→¬巴西抵制∨¬智利抵制→¬阿根廷参加。

故，阿根廷没有参加联盟，即 E 项为正确选项。

20. D

【解析】箭头的串联。

将题干信息形式化：

①硕士研究生→具有较强的研究能力。

②有的来福州的硕士毕业生→大学老师＝有的大学老师→来福州的硕士毕业生。

③有的来福州的博士毕业生→大学老师＝有的大学老师→来福州的博士毕业生。

④来福州的博士毕业生→妻子户口没有迁入福州。

A 项，"所有"可以推"有的"，故由①可知，此项为真。

B 项，①、②串联可得：有的大学老师→硕士毕业生→具有较强的研究能力，此项为真。

C 项，由③、④串联可得：有的大学老师→来福州的博士毕业生→妻子户口没有迁入福州，此项为真。

D 项，硕士毕业生的妻子在题干中没有提到，所以 D 项不能从题干中判断正误。

E项，有的大学老师→妻子户口没有迁入福州，等价于：有的妻子户口没有迁入福州→大学老师，此项为真。

21. C

【解析】真假话问题。

将题干信息形式化：

甲：¬班长。

乙：¬团支书←班长＝¬班长∨¬团支书。

丙：团支书∧班长。

丁：班长∨团支书。

乙和丙矛盾，必有一真一假，又由"只有一位同学猜错了"可知，甲和丁为真，可知班长没有连任，而团支书连任，所以丙猜错了，故C项为正确选项。

22. C

【解析】不相容选言命题。

题干：着迷∨不欣赏，可得：欣赏→着迷。

故，任何人都对《高山流水》着迷，即C项为正确选项。

23. B

【解析】箭头的串联。

题干信息串联可得：有亲民意识→站在老百姓角度考虑问题→为老百姓解决问题→干群关系拉近。

A项，"干群关系拉近"后面没有箭头，推不出"为老百姓解决问题"，不符合题干的推理。

B项，有亲民意识→干群关系拉近，有亲民意识→为老百姓解决问题，符合题干的推理。

C项，为老百姓解决问题∨站在老百姓角度考虑问题→有亲民意识→干群关系拉近，不符合题干的推理。

D项，为老百姓解决问题∧重视干群关系→有亲民意识，不符合题干的推理。

E项，干群关系拉近→为老百姓解决问题∧站在老百姓角度考虑问题，不符合题干的推理。

24. C

【解析】充分必要条件。

题干：大学教师∧写过许多哲学论文→哲学系的教师。

C项，大学教师∧写过许多哲学论文→哲学系的教师，与题干相同，故若C项为真，则题干为真。

25. C

【解析】充分必要条件。

题干：

①¬合法→¬保护＝保护→合法。

②有的不合法的合同需要依法追究法律责任。

A项，错误，不合法的合同即使是自愿的也不会受到法律的保护。

B项，题干没有涉及"自愿"与"承担法律责任"之间的关系。

C项，保护→合法，符合题干的推理。

D项，合法→保护，不符合题干的推理。

E项，推理过度。

26. B

【解析】箭头＋德摩根定律。

将题干信息形式化：

①为恶意和憎恨所局限的观察者→只能见到表面的东西。

②探到人和世界的最深处→敏锐的观察力∧善意∧热爱。

②等价于：¬敏锐的观察力∨¬善意∨¬热爱→¬探到人和世界的最深处，故B项正确。

27. C

【解析】充分必要条件。

将题干信息形式化：

①不改良→不符合，等价于：②符合→改良。

A项，改良←符合，由②可以推出。

B项，符合→改良，由②可以推出。

C项，改良→符合，推不出。

D项，¬(¬改良∧符合)=改良∨¬符合=¬符合→¬改良，由①可以推出。

E项，不改良→不符合，由①可以推出。

28. C

【解析】箭头的串联。

将题干信息形式化：

①甲→乙=¬乙→¬甲。

②有的甲→丙=有的丙→甲。

③乙→丁=¬丁→¬乙。

④戊→¬丁=丁→¬戊。

⑤有的戊→丙=有的丙→戊。

②、①、③、④串联可得：⑥有的丙→甲→乙→丁→¬戊。

⑤、④、③、①串联可得：⑦有的丙→戊→¬丁→¬乙→¬甲。

A项，有的丙→丁，符合⑥，可以推出。

B项，戊→¬乙，符合⑦，可以推出。

C项，有的甲→戊＝有的戊→甲，根据"⑦戊→¬甲"可知，矛盾，故此项不能推出。

D项，甲→丁，符合⑥，可以推出。

E项，有的丙→¬甲，符合⑦，可以推出。

29. C

【解析】充分必要条件。

将题干信息形式化：

①黄土村∧上过小学∧不超过25岁→辛老师的学生。

②黄土村→认识辛老师。

③赵大→认识辛老师。

④李兰→黄土村∧是赵大的老婆∧24岁∧上过小学。

由④可知：李兰→黄土村∧上过小学∧不超过25岁，再由①可知，李兰是辛老师的学生，故C项为真。

其余各项均无法确定。

30. D

【解析】 真假话问题。

将题干信息形式化：

小丁：高局长过目→¬出错=¬高局长过目∨¬出错。

小陈：小陈认真负责∧小丁认真负责→¬高局长过目=高局长过目→¬小陈认真负责∨¬小丁认真负责。

小马：高局长过目∧出错。

小丁和小马的话矛盾，必有一真一假，又知三句话中只有一句为假，故小陈的话为真。

又知，高局长过目，所以，小丁或小陈没有认真负责，故D项为正确选项。

第2章　简单命题及概念母题精讲

题型9　对当关系

母题精讲

母题9　在中唐公司的中层干部中，王宜获得了由董事会颁发的特别奖。

如果上述断定为真，则以下哪项断定不能确定真假？

Ⅰ．中唐公司的中层干部都获得了特别奖。

Ⅱ．中唐公司的中层干部都没有获得特别奖。

Ⅲ．中唐公司的中层干部中，有人获得了特别奖。

Ⅳ．中唐公司的中层干部中，有人没获得特别奖。

A. 仅Ⅰ。　　　　　　　　B. 仅Ⅲ和Ⅳ。　　　　　　　　C. 仅Ⅱ和Ⅲ。

D. 仅Ⅰ和Ⅳ。　　　　　　E. Ⅰ、Ⅱ和Ⅲ。

【解析】由所有→某个→有的，可知：王宜获得了特别奖→有人获得了特别奖。故Ⅲ项必然为真。

又已知Ⅲ项和Ⅱ项矛盾，故Ⅱ项必为假。

Ⅰ项和Ⅱ项为反对关系，至少一假，"一假另不定"，已知Ⅱ项为假，故Ⅰ项可真可假。

Ⅲ项和Ⅳ项为下反对关系，至少一真，"一真另不定"，已知Ⅲ项为真，故Ⅳ项可真可假。

【答案】D

母题技巧

此类题型是对以下四种关系的考查：

（1）矛盾关系（一真一假）

"A"与"¬A"

"所有"与"有的不"

"所有不"与"有的"

"必然"与"可能不"

"可能"与"必然不"

（2）反对关系（至少一假）

两个所有，至少一假；两个必然，至少一假。

（3）下反对关系（至少一真）

　　　　　　　两个有的，至少一真；两个可能，至少一真。

（4）推理关系

　　　　　　　所有→某个→有的

　　　　　　　所有不→某个不→有的不

　　　　　　　必然→事实→可能

　　　　　　　必然不→事实不→可能不

母题变化

变化 1　基本的对当关系问题

例 1　在一次歌唱竞赛中，每一名参赛选手都有评委投了优秀票。

如果上述断定为真，则以下哪项不可能为真？

Ⅰ. 有的评委投了所有参赛选手优秀票。

Ⅱ. 有的评委没有给任何参赛选手投优秀票。

Ⅲ. 有的参赛选手没得到一张优秀票。

A. 仅Ⅰ。　　　　　　　　B. 仅Ⅱ。　　　　　　　　C. 仅Ⅲ。

D. 仅Ⅰ和Ⅱ。　　　　　　E. Ⅰ和Ⅲ。

【解析】题干：每一名参赛选手都有评委投了优秀票，即所有的参赛选手都有评委投了优秀票。

"所有都有"与"有的没有"矛盾，故Ⅲ项必然为假。

Ⅰ、Ⅱ项的情况题干没有判断，故可能为真也可能为假。

【答案】C

例 2　某考场已发现有考生违纪。

如果上述断定为真，那么在下述三个断定中不能确定真假的是：

Ⅰ. 这个考场没有考生不违纪。

Ⅱ. 这个考场有的考生没有违纪。

Ⅲ. 这个考场的所有考生都没有违纪。

A. 只有Ⅰ和Ⅱ。　　　　　B. Ⅰ、Ⅱ和Ⅲ。　　　　　C. 只有Ⅱ和Ⅲ。

D. 只有Ⅱ。　　　　　　　E. 只有Ⅰ。

【解析】题干：有考生违纪。

Ⅰ项，此项等价于：所有考生都违纪，"有的"无法推"所有"，故此项不能判断真假。

Ⅱ项，有的考生没有违纪，"两个有的，至少一真，一真另不定"，故此项不能判断真假。

Ⅲ项，所有考生都没违纪，是题干的矛盾命题，故此项为假。

【答案】A

例3 古罗马的西塞罗曾说:"优雅和美不可能与健康分开。"意大利文艺复兴时代的人道主义者洛伦佐·巴拉强调说,健康是一种宝贵的品质,是"肉体的天赋",是大自然的恩赐。他写道:"很多健康的人并不美,但是没有一个美的人是不健康的。"

以下各项都可以从洛伦佐·巴拉的论述中推出,除了:

A. 有些不美的人是健康的。 B. 有些美的人不是健康的。

C. 有些健康的人是美的。 D. 没有一个不健康的人是美的。

E. 不可能美但是不健康。

【解析】题干信息整理如下:

①很多健康的人并不美,即:有的健康的人不美。

②没有一个美的人是不健康的,即:所有美的人都是健康的。

A项,由题干信息①可知,有的健康的人不美=有的不美的人健康,为真。

B项,与题干信息②矛盾,为假。

C项,由题干信息②可知,有的美的人是健康的=有的健康的人是美的,为真。

D项,等价于:不健康的人都是不美的。由题干信息②可知,美→健康,等价于:¬健康→¬美,为真。

E项,¬(美∧¬健康)=¬美∨健康=美→健康,由题干信息②可知,为真。

【答案】B

变化2 对当关系+假言命题综合题

例4 家园小区的每栋住宅楼旁边都有地面停车位,并且都是按照与住户1∶1的比例设置的。

如果上述断定为真,则以下哪项一定为真?

Ⅰ. 家园小区有住宅楼有停车位。

Ⅱ. 如果一栋住宅楼的旁边有按照与住户1∶1的比例的地面停车位,那么这栋住宅楼就是家园小区。

Ⅲ. 如果一栋住宅楼的旁边有按照与住户1∶2的比例的地面停车位,那么这栋住宅楼就不是家园小区。

A. 仅Ⅱ。 B. 仅Ⅰ和Ⅱ。

C. 仅Ⅰ和Ⅲ。 D. Ⅰ、Ⅱ和Ⅲ。

E. 仅Ⅰ。

【解析】题干:家园小区→(每栋住宅楼旁边都有地面停车位∧与住户1∶1设置)。

其逆否命题为:(¬每栋住宅楼旁边都有地面停车位∨¬与住户1∶1设置)→¬家园小区。

Ⅰ项,由"家园小区的每栋住宅楼旁边都有地面停车位"可知,"家园小区有住宅楼有停车位"为真。

Ⅱ项,根据箭头指向原则,可真可假。

Ⅲ项,根据题干的逆否命题,可知此项为真。

【答案】C

例5 每一个政客都不得不取悦他的选民。尽管马英九是一位诚实的人,但他也是一位政客。如果不偶尔说出一些含糊其词的话,任何人都不能取悦他的选民。

如果以上陈述为真,则以下哪项陈述一定为真?

A. 马英九不会说出含糊其词的话。

B. 马英九会说出一些含糊其词的话。

C. 说含糊其词话的政客不是诚实的人。

D. 有的诚实的人不是政客。

E. 有的政客不说含糊其词的话。

【解析】将题干信息形式化:

①政客→取悦选民。

②马英九→诚实的人。

③马英九→政客。

④¬说含糊其词的话→¬取悦选民=取悦选民→说含糊其词的话。

由③、①、④串联可得:⑤马英九→政客→取悦选民→说含糊其词的话。

A项,与⑤矛盾,为假。

B项,由⑤可知,为真。

C项,由题干可知,马英九是说含糊其词话的政客,但他是诚实的人,故此项为假。

D项,由"马英九是诚实的人,是政客"可得出"有的诚实的人是政客",与"有的诚实的人不是政客"是下反对关系,一真另不定,故此项可真可假。

E项,与⑤矛盾,为假。

【答案】B

题型10　替换法解简单命题的负命题

母题精讲

母题10　写出下列命题的等价命题。

(1)不可能所有运动员有洪荒之力。

(2)运动员不可能都有洪荒之力。

(3)运动员可能不都有洪荒之力。

(4)运动员都不可能有洪荒之力。

(5)并非不可能运动员都有洪荒之力。

(6)并非不必然有的运动员有洪荒之力。

(7)并非有的运动员不可能有洪荒之力。

(8)并非所有运动员不必然有洪荒之力。

(9)没有洪荒之力的运动员不可能夺金牌。

(10)不可能所有没有洪荒之力的运动员夺金牌。

【解析】

(1) 不 可能 所有 运动员 有 洪荒之力。

= 必然 有的 运动员 没有 洪荒之力。

(2) 运动员不可能都有洪荒之力。

= 不 可能 所有 运动员 有 洪荒之力（"都"等于"所有"）。

= 必然 有的 运动员 没有 洪荒之力。

(3) 运动员可能不都有洪荒之力。

= 可能不是 所有 运动员 有 洪荒之力。

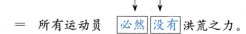

= 可能 有的 运动员 没有 洪荒之力。

注意："可能"前面没有否定词，不用变。

(4) 运动员都不可能有洪荒之力。

= 所有运动员不 可能 有 洪荒之力（"都"等于"所有"）。

= 所有运动员 必然 没有 洪荒之力。

注意："所有"前面没有否定词，不用变。

(5) 并非不 可能 运动员 都有 洪荒之力。

= 可能 运动员 都有 洪荒之力。

注意：连续两个否定词，双重否定表示肯定，直接约掉，后面的不用变。

(6) 并非不 必然 有的 运动员 有 洪荒之力。

= 必然 有的 运动员 有 洪荒之力。

注意：此题原理同第(5)题。

(7) 并非 有的 运动员不 可能 有 洪荒之力。

= 并非 有的 运动员 必然 没有 洪荒之力。

= 所有 运动员 可能 有 洪荒之力。

注意："有的"前面只有一个否定词"并非"，所以变了一次，变成了"所有"；而"可能有洪荒之力"前面有两个否定词"并非"和"不"，所以变了两次，相当于没变。所以，遇到此类问题，可以将前两个否定词中间的部分变掉，第二个否定词后面的部分不变即可。

(8) 并非 所有 运动员 不 必然 有 洪荒之力。

注意：此题原理同第(7)题。

(9) 没有洪荒之力的运动员 不 可能 夺 金牌。

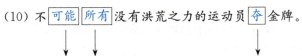

注意：此题中"没有洪荒之力的"作为形容词修饰"运动员"，即"没有洪荒之力的运动员"是这句话的主语，也就是我们的判断对象(主项)，所以，它作为一个整体来出现，相当于"A 是 B"中的"A"，不用考虑它的变化和否定问题。

(10) 不 可能 所有 没有洪荒之力的运动员 夺 金牌。

= 必然 有的 没有洪荒之力的运动员 不夺 金牌。

注意：此题原理同第(9)题。

母题技巧

求简单命题的负命题的等价命题，使用关键词替换法即可迅速求解。具体口诀如下：

"不"＋"原命题"，等价于，去掉原命题前面的"不"，再将"原命题"进行如下变化：

肯定变否定，否定变肯定；
并且变或者，或者变并且；
所有变有的，有的变所有；
必然变可能，可能变必然。

母题变化

变化 1 替换法的基础题型

例 6 不可能宏达公司和亚鹏公司都没有中标。

以下哪项最为准确地表达了上述断定的意思?

A. 宏达公司和亚鹏公司可能都中标。

B. 宏达公司和亚鹏公司至少有一个可能中标。

C. 宏达公司和亚鹏公司必然都中标。

D. 宏达公司和亚鹏公司至少有一个必然中标。

E. 如果宏达公司中标,那么亚鹏公司不可能中标。

【解析】

故:宏达公司和亚鹏公司至少有一个必然中标,即 D 项为正确选项。

【答案】D

例 7 某公司人力资源管理部人士指出:由于本公司招聘职位有限,本招聘考试中不可能所有的应聘者都被录用。

基于以下哪项可以得出该人士的上述结论?

A. 在本次招考中必然有应聘者被录用。

B. 招聘考试中可能有应聘者被录用。

C. 招聘考试中可能有应聘者不被录用。

D. 招聘考试中必然有应聘者不被录用。

E. 招聘考试中可能有应聘者被录用,也可能有应聘者不被录用。

【解析】

【答案】D

例 8 所有的错误决策都不可能不付出代价,但有的错误决策可能不造成严重后果。

如果上述断定为真,则以下哪项一定为真?

A. 有的正确决策也可能付出代价,但所有的正确决策都不可能造成严重后果。

B. 有的错误决策必然要付出代价,但所有的错误决策都不一定造成严重后果。

C. 所有的正确决策都不一定付出代价,但有的正确决策也可能造成严重后果。

D. 有的错误决策必然要付出代价，但所有的错误决策都可能不造成严重后果。

E. 所有的错误决策都必然要付出代价，但有的错误决策不一定造成严重后果。

【解析】

题干：所有的错误决策都不 可能 不付出 代价，但有的错误决策 可能不 造成严重后果。

等价于：所有的错误决策 必然 付出 代价，但有的错误决策 不一定 造成严重后果。

【答案】E

例9 一方面确定法律面前人人平等，同时又允许有人触犯法律而不受制裁，这是不可能的。以下哪项最符合题干的断定？

A. 或者允许有人凌驾于法律之上，或者任何人触犯法律都要受到制裁，这是必然的。

B. 任何人触犯法律都要受到制裁，这是必然的。

C. 有人凌驾于法律之上，触犯法律而不受制裁，这是可能的。

D. 如果不允许有人触犯法律而可以不受制裁，那么法律面前人人平等是可能的。

E. 一方面允许有人凌驾于法律之上，同时又声称任何人触犯法律都要受到制裁，这是可能的。

【解析】题干：不可能（法律面前人人平等∧有人触犯法律而不受制裁）。

等价于：必然（¬法律面前人人平等∨¬有人触犯法律而不受制裁）。

等价于：必然（有人凌驾于法律之上∨所有人触犯法律都要受到制裁）。

【答案】A

例10 对所有产品进行了检查，并没有发现假冒伪劣产品。

如果上述断定为假，则以下哪项为真？

Ⅰ. 有的产品尚未进行检查，但发现了假冒伪劣产品。

Ⅱ. 或者有的产品尚未进行检查，或者发现了假冒伪劣产品。

Ⅲ. 如果对所有产品进行了检查，则可发现假冒伪劣产品。

A. 仅Ⅰ。　　　　　　　B. 仅Ⅱ。　　　　　　　C. 仅Ⅲ。

D. 仅Ⅰ和Ⅱ。　　　　　E. 仅Ⅱ和Ⅲ。

【解析】题干：对所有产品进行检查∧没有发现假冒伪劣产品。

题干的断定为假，可知：¬（对所有产品进行检查∧没有发现假冒伪劣产品）为真。

等价于：没有对所有产品进行检查∨发现了假冒伪劣产品。

等价于：有的产品未进行检查∨发现了假冒伪劣产品。

等价于：对所有产品进行检查→发现了假冒伪劣产品。

故Ⅱ项和Ⅲ项为真，即E项正确。

【答案】E

例11 北方人不都爱吃面食，但南方人都不爱吃面食。

如果已知上述第一个断定为真，第二个断定为假，则以下哪项据此不能确定真假？

Ⅰ. 北方人都爱吃面食，有的南方人也爱吃面食。

Ⅱ．有的北方人爱吃面食，有的南方人不爱吃面食。

Ⅲ．北方人都不爱吃面食，南方人都爱吃面食。

A．仅Ⅰ。　　　　　　B．仅Ⅱ。　　　　　　C．仅Ⅲ。

D．仅Ⅱ和Ⅲ。　　　　E．Ⅰ、Ⅱ和Ⅲ。

【解析】题干有以下信息：

①北方人不都爱吃面食＝有的北方人不爱吃面食。

②并非"南方人都不爱吃面食"＝并非"所有南方人不爱吃面食"＝有的南方人爱吃面食。

Ⅰ项，北方人都爱吃面食，与①矛盾，为假；有的南方人也爱吃面食，符合②，为真。联言命题必须两个联言肢都为真才真，故Ⅰ项为假。

Ⅱ项，有的北方人爱吃面食，与①为下反对关系，真假不定；有的南方人不爱吃面食，与②为下反对关系，真假不定。故Ⅱ项真假不定。

Ⅲ项，北方人都不爱吃面食，由①知，真假不定；南方人都爱吃面食，由②知，真假不定。故Ⅲ项真假不定。

所以，D项为正确选项。

【答案】D

例 12　我想说的都是真话，但真话我未必都说。

如果上述断定为真，则以下各项都可能为真，除了：

A．我有时也说假话。

B．我不是想啥说啥。

C．有时说某些善意的假话并不违背我的意愿。

D．我说的都是我想说的话。

E．我说的都是真话。

【解析】题干：①想说→真话。

②真话我未 必 都 说。

等价于：真话我 可能 有的 不说。

①的矛盾命题为：想说∧￢真话，等价于：想说∧假话。

C项，有时说某些善意的假话并不违背我的意愿，即：想说∧假话，与题干矛盾，必然为假。

其余各项都有可能为真。

【答案】C

例 13　没有一个人尊重不自重的人。

以下哪项符合上述题干的断定？

Ⅰ．所有人不尊重自重的人。

Ⅱ．所有人不尊重不自重的人。

Ⅲ．不自重的人不被所有人尊重。

A．仅Ⅰ。　　B．仅Ⅱ。　　C．仅Ⅲ。　　D．仅Ⅰ和Ⅱ。　　E．仅Ⅱ和Ⅲ。

【解析】

题干：没 有一个 人 尊重 不自重的人。

等价于：所有 人 不尊重 不自重的人。

等价于：不自重的人不被所有人尊重。

【答案】E

变化2　宾语上有量词

例14　世界上最勤奋的人也不可能读完天下所有的书。

以下哪项准确表达了题干的断定？

Ⅰ．世界上最勤奋的人必然读不完天下所有的书。

Ⅱ．世界上最勤奋的人也必然有的书读不完。

Ⅲ．世界上最勤奋的人可能读不完天下所有的书。

A. 仅Ⅰ。　　　B. 仅Ⅱ。　　　C. 仅Ⅲ。　　　D. 仅Ⅰ和Ⅱ。　　　E. 仅Ⅱ和Ⅲ。

【解析】

题干：世界上最勤奋的人不 可能 读完 天下所有的书。

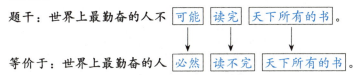

等价于：世界上最勤奋的人 必然 读不完 天下所有的书。

等价于：世界上最勤奋的人必然有的书读不完。

【答案】D

【注意】替换法口诀针对的是特称命题和全称命题，根据特称命题和全称命题的定义，量词"所有"和"有的"应该修饰主语，当量词修饰的是宾语时，量词仅做宾语的形容词，不属于句子的主干，这个时候，替换法口诀不见得适用，要根据句子的意思进行判断。

当然，这时可以将此句子（或分句）变成被动句，这时宾语将变成主语，再使用替换法口诀。

例15　一把钥匙能打开天下所有的锁。这样的万能钥匙是不可能存在的。

以下哪项最符合题干的断定？

A. 任何钥匙都必然有它打不开的锁。

B. 至少有一把钥匙必然打不开天下所有的锁。

C. 至少有一把锁天下所有的钥匙都必然打不开。

D. 任何钥匙都可能有它打不开的锁。

E. 至少有一把钥匙可能打不开天下所有的锁。

【解析】

题干：不 可能 有一把 钥匙 能打开 天下 所有的 锁。

等价于：必然 任何 钥匙 不能打开 天下 所有的 锁。

等价于：任何 钥匙 必然 有一些 锁 打不开。

即：任何钥匙都必然有它打不开的锁。

【答案】A

题型 11　隐含三段论

母题精讲

母题 11　某些理发师留胡子,因此,某些留胡子的人穿白衣服。

下述哪项如果为真,足以佐证上述论断的正确性?

A. 某些理发师不喜欢穿白衣服。　　　　B. 某些穿白衣服的理发师不留胡子。

C. 所有理发师都穿白衣服。　　　　　　D. 某些理发师不喜欢留胡子。

E. 所有穿白衣服的人都是理发师。

【解析】隐含三段论。

题干中的前提:有的理发师→留胡子,等价于:有的留胡子→理发师。

题干中的结论:有的留胡子→穿白衣服。

只需要补充一个条件:理发师→穿白衣服,即可得到:有的留胡子→理发师→穿白衣服,故 C 项正确。

【答案】C

母题技巧

　　隐含三段论是一种常见题型,常用假设题的形式出现。它是在使用串联规则时,少了某个前提条件,要求我们补充这个前提条件。

　　隐含三段论常见以下命题形式:

　　(1) A→B, 因此, A→C。要求补充一个条件,使上述结论成立。

　　显然需要补充:B→C, 串联得:A→B→C。

　　(2) 有的 A→B, 因此, 有的 A→C。要求补充一个条件,使上述结论成立。

　　显然需要补充:B→C, 串联得:有的 A→B→C。

　　(3) 有的 A→B, 因此, 有的 B→C。要求补充一个条件,使上述结论成立。

　　由"有的 A→B"="有的 B→A";需要补充:A→C, 串联得:有的 B→A→C。

母题变化

变化 1　隐含三段论

例 16　某些经济学家是大学数学系的毕业生,因此,某些大学数学系的毕业生是对企业经营很有研究的人。

下列哪项如果为真,则能够保证上述论断的正确性?

A. 某些经济学家专攻经济学的某一领域,对企业经营没有太多的研究。

B. 某些对企业经营很有研究的经济学家不是大学数学系毕业的。

C. 所有对企业经营很有研究的人都是经济学家。

D. 某些经济学家不是大学数学系的毕业生,而是学经济学的。

E. 所有的经济学家都是对企业经营很有研究的人。

【解析】隐含三段论。

题干中的前提：有的经济学家→数学系＝有的数学系→经济学家。

补充一个前提：经济学家→对企业经营很有研究(E项)。

串联可得：有的数学系→经济学家→对企业经营很有研究。

即可得到题干中的结论：有的数学系→对企业经营很有研究。

【答案】E

例17 大山中学所有骑自行车上学的学生都回家吃午饭，因此，有些家在郊区的大山中学的学生不骑自行车上学。

为使上述论证成立，以下哪项关于大山中学的断定是必须假设的？

A. 骑自行车上学的学生家都不在郊区。　　B. 回家吃午饭的学生都骑自行车上学。
C. 家在郊区的学生都不回家吃午饭。　　　D. 有些家在郊区的学生不回家吃午饭。
E. 有些不回家吃午饭的学生家不在郊区。

【解析】隐含三段论。

题干中的前提：骑车上学→回家吃午饭，等价于：①¬回家吃午饭→¬骑车上学。

题干中的结论：有的郊区→¬骑车上学。

要使此结论成立，需要补充条件：有的郊区→¬回家吃午饭。

与①串联可得：有的郊区→¬回家吃午饭→¬骑车上学，故可得题干中的结论。

【答案】D

变化2　隐含三段论＋负命题

例18 有些低碳经济是绿色经济，因此，低碳经济都是高技术经济。

以下哪项如果为真，最能反驳上述论证？

A. 绿色经济都不是高技术经济。　　　　　B. 绿色经济有些是高技术经济。
C. 有些低碳经济不是绿色经济。　　　　　D. 有些绿色经济不是低碳经济。
E. 低碳经济就是绿色经济。

【解析】隐含三段论。

题干中的前提：①有的低碳经济→绿色经济。

题干中的结论：低碳经济是高技术经济。

此结论的矛盾命题为：有的低碳经济不是高技术经济，即：②有的低碳经济→¬高技术经济。

若A项成立，则有：③绿色经济→¬高技术经济。

①、③串联可得：有的低碳经济→绿色经济→¬高技术经济，故可得到题干结论的矛盾命题（即②）。故A项最能反驳题干中的论证。

【答案】A

变化3　隐含三段论＋串联

例19 张华是甲班学生，对围棋感兴趣。该班学生或者对国际象棋感兴趣，或者对军棋感兴趣；如果对围棋感兴趣，则对军棋不感兴趣。因此，张华对中国象棋感兴趣。

以下哪项最可能是上述论证的假设？

A. 如果对国际象棋感兴趣，则对中国象棋感兴趣。
B. 甲班对国际象棋感兴趣的学生都对中国象棋感兴趣。
C. 围棋和中国象棋比军棋更具挑战性。
D. 甲班学生感兴趣的棋类只限于围棋、国际象棋、军棋和中国象棋。
E. 甲班所有学生都对中国象棋感兴趣。

【解析】
题干中的前提：

①张华是甲班学生，对围棋感兴趣。

②甲班学生→对国际象棋感兴趣∨对军棋感兴趣。

③对围棋感兴趣→对军棋不感兴趣。

题干中的结论：张华对中国象棋感兴趣。

由①、③得：张华对围棋感兴趣→张华对军棋不感兴趣。

由①、②得：张华是甲班学生→对国际象棋感兴趣∨对军棋感兴趣，又因为张华对军棋不感兴趣，故得：④张华必然对国际象棋感兴趣。

要由④推出题干中的结论，必须有：对国际象棋感兴趣→对中国象棋感兴趣，即 B 项正确。

注意，此题不能选 A 项，因为 A 项的主体是"所有人"，只要"甲班的同学对国际象棋感兴趣的，对中国象棋感兴趣"，就能得到题干结论，故不需要"所有人"。

【答案】B

题型 12　简单命题的真假话问题

母题精讲

母题 12　以下是关于某中学甲班同学参加夏令营的三个断定：

(1) 甲班有学生参加了夏令营。

(2) 甲班所有学生都没有参加夏令营。

(3) 甲班的蔡明没有参加夏令营。

如果这三个断定中只有一个为真，则以下哪项一定为真？

A. 甲班同学并非都参加了夏令营。　　B. 甲班同学并非都没有参加夏令营。
C. 甲班参加夏令营的学生超过半数。　　D. 甲班仅蔡明没有参加夏令营。
E. 甲班仅蔡明参加了夏令营。

【解析】
找矛盾：断定(1)和断定(2)为矛盾关系，必有一真一假。

推真假：由题干"三个断定中只有一个为真"可知，断定(3)必为假。

判断真实情况：由断定(3)为假可知，蔡明参加了夏令营。故断定(1)为真，甲班有学生参加了夏令营。

B项，并非都没有参加夏令营，等价于：有学生参加了夏令营，故此选项为真。

【答案】B

母题技巧

（1）简单命题的真假话问题的命题方法为：给出几个人说的几句话，然后告知这些话中有几个为真、几个为假，由此判断选项的真假。

（2）性质命题与模态命题真假话问题的解题技巧：

第一步：找矛盾。

①A与¬A。

②"所有"与"有的不"。

③"所有不"与"有的"。

④"必然"与"可能不"。

⑤"必然不"与"可能"。

没有矛盾关系时，找反对关系：

①反对关系（至少一假）："所有"与"所有不"，"必然"与"必然不"。

②下反对关系（至少一真）："有的"与"有的不"，"可能"与"可能不"。

第二步：推知其他命题的真假。

第三步：根据命题的真假，判断真实情况，即可判断各选项的真假。

（3）如果遇到矛盾或反对关系都不好找的情况，则使用归谬法。

假设某种情况为真，看能否推出矛盾。若能推出矛盾，则此假设为假；若不能推出矛盾，则此假设为真。

母题变化

例20 在一次对全省小煤矿的安全检查后，甲、乙、丙三个安检人员有如下结论：

甲：有小煤矿存在安全隐患。

乙：有小煤矿不存在安全隐患。

丙：大运和宏通两个小煤矿不存在安全隐患。

如果上述三个结论中只有一个正确，则以下哪项一定为真？

A. 大运和宏通煤矿都不存在安全隐患。

B. 大运和宏通煤矿都存在安全隐患。

C. 大运存在安全隐患，但宏通不存在安全隐患。

D. 大运不存在安全隐患，但宏通存在安全隐患。

E. 上述断定都不一定为真。

【解析】

方法一：归谬法（假设法）。

假设丙的话为真，则乙的话也为真，与题干"三个结论中只有一个正确"矛盾，所以，丙的话为假。

方法二：反对关系。

第一步：找矛盾或反对。

"有小煤矿存在安全隐患"与"有小煤矿不存在安全隐患"为下反对关系，必有一真。

第二步：推知其他命题的真假。

已知三个结论中只有一个正确，所以，丙的话必为假。

第三步：判断真实情况，判断选项真假。

由丙的话为假可知，大运和宏通两个小煤矿至少有一个煤矿存在安全隐患。所以甲的话为真，乙的话为假。

由乙的话为假可知：并非有小煤矿不存在安全隐患，等价于：所有的小煤矿都存在安全隐患。故大运和宏通煤矿都存在安全隐患。

【答案】B

例21 在宏达杯足球联赛前，四个球迷有如下预测：

甲：红队必然不能夺冠。

乙：红队可能夺冠。

丙：如果蓝队夺冠，那么黄队是第三名。

丁：冠军是蓝队。

如果四人的断定中只有一个断定为假，可推出以下哪项结论？

A. 冠军是红队。　　B. 甲的断定为假。　　C. 乙的断定为真。

D. 黄队是第三名。　　E. 丁的断定为假。

【解析】

找矛盾：甲与乙的预测相互矛盾，必为一真一假。

推真假：由题干"四人的断定中只有一个断定为假"可知，丙和丁的预测都是真的。

判断真实情况：所以，冠军是蓝队，黄队是第三名。故D项为真。

【答案】D

例22 小王参加了某公司的招工面试。不久，他得知以下消息：

(1)公司已决定，他与小陈至少录用一人。

(2)公司可能不录用他。

(3)公司一定录用他。

(4)公司已录用小陈。

其中两条消息为真，两条消息为假。

如果上述断定为真，则以下哪项也为真？

A. 公司已录用小王，未录用小陈。

B. 公司未录用小王，已录用小陈。

C. 公司既录用了小王，也录用了小陈。

D. 公司未录用小王，也未录用小陈。

E. 不能确定录用结果。

【解析】消息(2)和消息(3)互相矛盾，必为一真一假，又已知"两条消息为真，两条消息为假"，故消息(4)和消息(1)也为一真一假。

假设消息(4)为真，则消息(1)也为真，与"消息(4)和消息(1)为一真一假"矛盾，故消息(4)为假，即公司没有录用小陈。消息(1)为真，则(小王∨小陈)＝(¬小陈→小王)，所以公司录用了小王。

【答案】A

例23 甲、乙、丙和丁进入某围棋邀请赛半决赛，最后要决出一名冠军。张、王和李三人对结果作了如下预测：

张：冠军不是丙。

王：冠军是乙。

李：冠军是甲。

已知张、王、李三人中恰有一人的预测正确，则以下哪项为真？

A. 冠军是甲。　　　　　B. 冠军是乙。　　　　　C. 冠军是丙。

D. 冠军是丁。　　　　　E. 无法确定冠军是谁。

【解析】假设王的预测正确，即冠军是乙，则张的预测也正确，这与题干"张、王、李三人中恰有一人的预测正确"相矛盾。因此，王的预测错误，即冠军不是乙。

同理，假设李的预测正确，即冠军是甲，则张的预测也正确，这与题干"张、王、李三人中恰有一人的预测正确"相矛盾。因此，李的预测错误，即冠军不是甲。

所以，张的预测正确，即冠军不是丙，从而可知冠军是丁。

【答案】D

例24 莎士比亚在《威尼斯商人》中，写富家少女鲍细娅品貌双全，贵族子弟、公子王孙纷纷向她求婚。鲍细娅按照其父遗嘱，由求婚者猜盒订婚。鲍细娅有金、银、铅三个盒子，分别刻有三句话，其中只有一个盒子放有鲍细娅肖像。求婚者通过这三句话，谁猜中肖像放在哪只盒子里，鲍细娅就嫁给谁。三个盒子上刻的三句话分别是：

①金盒子："肖像不在此盒中。"

②银盒子："肖像在铅盒中。"

③铅盒子："肖像不在此盒中。"

鲍细娅告诉求婚者，上述三句话中，最多只有一句是真的。

如果你是一位求婚者，鲍细娅的肖像究竟放在哪一个盒子里？

A. 金盒子。　　　　　B. 银盒子。　　　　　C. 铅盒子。

D. 要么金盒子，要么银盒子。　　E. 无法判断肖像在哪个盒子中。

【解析】由题干可知，②和③矛盾，则必有一真一假，又知三句话中最多只有一句是真的，所以①为假。

故肖像在金盒子中。

【答案】A

题型 13　定义题

母题精讲

母题 13　丈夫：你不要因为这次交通事故埋怨我。你完全知道，这次驾车出问题，是我的视力近日明显减退造成的。我不应当对自己的视力减退负责。

妻子：但是你应当对这次交通事故负责。一个人，如果明明知道某种行为有风险，仍然自愿去做，他就要对此种行为及其结果负责。

如果上述妻子的陈述为真，则最能支持以下哪项推断？

A. 李小姐误了从巴黎返回北京的航班，她本人应当对此结果负责，因为她不听导游的安排，明明知道会耽误航班，仍然擅自增加游览埃菲尔铁塔的项目。

B. 张先生见一老人猝然倒地，立即将其背往医院急救，不期老人中途死亡。张先生不应对此负责，因为当时他并不知道老人是急性心肌梗死，正确的处理应该是就地平躺，立即呼120急救。

C. 赵女士的新车在两周前被盗，她本人应当对此负责，因为她未听从厂家的劝告安装机动车自动防盗系统。

D. 赵局长明明知道官员受贿要被追究，但迫于妻子的压力还是接受了商家的钱财，结果受到了纪检部门的查处。赵局长自然要对自己的这一行为及其后果负责。

E. 王医生在和某患者发生争执的过程中被暴力袭击致伤，该患者当然要负法律责任，但王医生也要吸取教训，注意改进服务态度和提高医护质量。

【解析】定义题。

题干：①知道某种行为有风险，②自愿去做，那么，他就要对此种行为及其结果负责。

A 项，符合题干。

B、C 项，不符合条件①。

D 项，赵局长是迫于妻子的压力才受贿的，不是自愿去做的，不符合条件②。

E 项，伤人的行为不是医生自己做的，不需要为对方的行为负责。

【答案】A

母题技巧

（1）概念。

概念是反映对象本质属性的思维形式。概念包括内涵和外延。内涵是指概念所反映的事物的本质属性。外延是指具有概念的内涵所具有的那些属性的事物的范围。

（2）定义。

定义是对概念的描述。它包含被定义项、联项和定义项。

为了使定义下得正确，必须遵守以下规则：

①定义概念的外延和被定义概念的外延必须完全相等。

②定义概念中不得直接或间接地包含被定义的概念,否则就会犯"循环定义"的错误。

③定义不应包括含混的概念,不能用隐喻,这样的定义才是明确清晰的。

④定义不应当是否定的,特别是不能用否定形式给正概念下定义。

(3) 定义题的解法。

定义题在近年的真题中出现较少,一般将选项和题干中的定义要素一一对应即可。

母题变化

例25 经济学家区别正常品和低档品的唯一方法,就是看消费者对收入变化的反应如何。如果人们的收入增加了,对某种东西的需求反而变小,这样的东西就是低档品。类似地,如果人们的收入减少了,他们对低档品的需求就会变大。

以下哪项陈述与经济学家区别正常品与低档品的描述最相符?

A. 学校里的穷学生经常吃方便面,他们毕业找到工作后就经常下饭馆了。对这些学生来说,方便面就是低档品。

B. 在家庭生活中,随着人们收入的减少,对食盐的需求并没有变大,毫无疑问,食盐是一种低档品。

C. 在一个日趋老龄化的社区,对汽油的需求越来越小,对家庭护理服务的需求越来越大。与汽油相比,家庭护理服务属于低档品。

D. 当人们的收入增加时,家长会给孩子多买几件名牌服装,收入减少时就少买点。名牌服装不是低档品,也不是正常品,而是高档品。

E. 高档社区的大人经常给孩子买昂贵的汽车模型作玩具,而棚户区的孩子几乎没有玩具。

【解析】定义题。

题干:收入增加,低档品的需求量减少;收入减少,低档品的需求量增加。

A项,穷的时候,方便面的需求量增加,有钱后,方便面的需求量减少,符合题干的描述。

B项,收入减少,食盐的需求量不变,不符合题干的描述。

C项,只体现需求,没有说明收入情况,不符合题干的描述。

D项,说明了名牌服装是高档品,没有涉及正常品和低档品,不符合题干的描述。

E项,有钱的人买玩具,没有钱的人不买玩具,不符合题干的描述。

【答案】A

例26 美国政府决策者面临的一个头痛的问题就是所谓的"别在我家门口"综合征。例如,尽管民意测验一次又一次地显示大多数公众都赞成建造新的监狱,但是,当决策者正式宣布计划要在某地建造一所新的监狱时,总遭到附近居民的抗议,并且抗议者往往总有办法使计划搁浅。

以下哪项也属于上面所说的"别在我家门口"综合征?

A. 某家长主张,感染了艾滋病毒的孩子不能被允许进入公共学校;当知道一个感染艾滋病毒的孩子进入了他孩子的学校，他立即办理了自己孩子的退学手续。

B. 某政客为主张所有政府官员必须履行个人财产公开登记，他自己递交了一份虚假的财产登记表。

C. 某教授主张宗教团体有义务从事慈善事业，但自己拒绝捐款资助索马里饥民。

D. 某汽车商主张国际汽车自由贸易，以有利于各国经济，但要求本国政府限制外国制造的汽车进口。

E. 某军事战略家认为核战争会毁灭人类，但主张本国保持足够的核能力以抵御外部可能的核袭击。

【解析】定义题。

"别在我家门口"综合征：我赞同此项目，但是不要在我附近做。

A项，该家长并不赞同感染艾滋病毒的儿童进入学校，因此其行为不符合该综合征的特征。

B项，该政客并未反对自身进行财产公开登记，不符合该综合征的特征。

C项，该教授并不属于宗教团体，因此其行为不符合该综合征的特征。

D项，符合该综合征的特征。

E项，该战略家支持核防卫与其所反对的核战争并非同一个概念，因此不符合该综合征的特征。

【答案】D

题型 14　概念间的关系

母题精讲

母题 14　某个饭店中，一桌人边用餐边谈生意。其中，一个人是哈尔滨人，两个人是北方人，一个人是广东人，两个人只做电脑生意，三个人只做服装生意。

假设以上的介绍涉及这餐桌上所有的人，那么，这一餐桌上最少可能是几个人？最多可能是几个人？

A. 最少可能是3人，最多可能是9人。

B. 最少可能是5人，最多可能是8人。

C. 最少可能是5人，最多可能是9人。

D. 最少可能是3人，最多可能是8人。

E. 无法确定。

【解析】概念间的关系。

题干中，哈尔滨人是北方人，广东人不是北方人，所以地理位置一定涉及3个人。

两个人只做电脑生意，三个人只做服装生意，所以职业一定涉及5个人。

若地理涉及的3个人和职业涉及的5个人重合，则最少有5人；若不重合，则最多有8人。

【答案】B

母题技巧

（1）概念间的关系。

①全同：两个概念的外延完全相同，称为全同关系。

②种属：一个概念A（种）的外延包含于另外一个概念B（属）的外延，称为种属关系，也称为从属关系或者包含于关系。

③交叉：两个概念在外延上有且只有一部分是重合的，称为交叉关系。

④全异：全异关系是指两个概念的外延没有重合。它包括两种：矛盾关系和反对关系。

（2）概念的划分。

将概念进行分类，称为概念的划分。概念的划分要遵守以下原则：

①每次划分只能根据一个标准。

②各子类外延之和与原概念的外延全同。

③各子类的外延应是全异关系。

（3）偷换概念。

①在同一思维过程中，同一个概念的含义必须是前后一致的，否则就会犯偷换概念的逻辑错误。

②概念可以分为集合概念与类概念。类概念中，组成类的各个事物具有类的属性。集合概念中，此概念是一个整体，可能由不同的部分组成，但是部分并不一定具有整体的属性。

母题变化

例27 鲁迅的著作不是一天能读完的，《狂人日记》是鲁迅的著作，因此，《狂人日记》不是一天能读完的。

下列哪项最为恰当地指出了上述推理的逻辑错误？

A. 偷换概念。　　　　　　B. 自相矛盾。　　　　　　C. 以偏概全。

D. 倒置因果。　　　　　　E. 循环论证。

【解析】偷换概念。

题干中，第一个"鲁迅的著作"是指鲁迅的所有作品，集合概念。第二个"鲁迅的著作"是指作者是鲁迅，类概念，故题干犯了偷换概念的逻辑错误。

【答案】A

例28 在某校新当选的校学生会的七名委员中，有一个大连人，两个北方人，一个福州人，两个特长生（即有特殊专长的学生），三个贫困生（即有特殊经济困难的学生）。

假设上述介绍涉及了该学生会中的所有委员，则以下各项关于该学生会委员的断定都与题干不矛盾，除了：

A. 两个特长生都是贫困生。　　　　　　B. 贫困生不都是南方人。

C. 特长生都是南方人。　　　　　　　D. 大连人是特长生。

E. 福州人不是贫困生。

【解析】概念间的关系。

A 项的断定与题干矛盾。因为，如果两个特长生都是贫困生，又由于大连人一定是北方人，则题干中的介绍最多只能涉及六个人，与题干信息矛盾。

其余各项均与题干不矛盾。

【答案】A

微模考 2 ▶ 简单命题及概念

(母题篇)

(共 30 题，每题 2 分，限时 60 分钟)

1. "客文化"是随着网络传媒的形成和发展而出现的一种虚拟文化，具有个性、即时性、开放性、交互性、合作性，是民生文化的一种形式。它包括的形态多样，比如博客、播客、微博客、维客、黑客、红客、换客、晒客、拍客等。

   根据上述定义，以下哪项不属于"客文化"？

   A. 小晴是个新潮的大学生，热衷于用文字和照片将自己的生活点滴展现在网上，以获得一种心理满足。

   B. 小谢是个"北漂"，刚工作不久，积蓄也不多，喜欢用自己的一些闲置小物品换取别人的闲置物品来满足自己的使用需求。

   C. 小温是个计算机高手，常在工作之余的闲暇时间，主动找寻国内一些政府部门重要网站的系统漏洞，并告知对方弥补的方法。

   D. 导游小黄提醒前来旅游观光的游人，注意尊重客家人的文化习俗。

   E. 小刘爱好公益，他喜欢带着摄像机四处转，看到一些文明的或者不文明的行为会拍下到微博曝光。

2. 在上次考试中，老师出了一道非常古怪的难题，有 86% 的考生不及格。这次考试之前，王见明预测说："根据上次考试情况，这次考试不一定会出那种难题了。"胡思明说："这就是说这次考试肯定不出那种难题了。太好了!"王见明说："我不是那个意思。"

   下面哪句话与王见明说的意思相似？

   A. 这次考试老师不可能不出那种难题。　　B. 这次考试老师必定不出那种难题了。
   C. 这次考试老师可能不出那种难题了。　　D. 这次考试老师不可能出那种难题了。
   E. 这次考试不一定不出那种难题了。

3. 在新疆恐龙发掘现场，专家预言：可能发现恐龙头骨。

   以下哪个命题和专家意思相同？

   A. 不可能不发现恐龙头骨。　　B. 不一定发现恐龙头骨。
   C. 恐龙头骨被发现的可能性很小。　　D. 不一定不发现恐龙头骨。
   E. 在其他地方也可能发现恐龙头骨。

4. 有球迷喜欢所有参赛球队。

   如果上述断定为真，则以下哪项不可能为真？

   A. 所有参赛球队都有球迷喜欢。　　B. 有球迷不喜欢所有参赛球队。
   C. 所有球迷都不喜欢某个参赛球队。　　D. 有球迷不喜欢某个参赛球队。
   E. 每个参赛球队都有球迷不喜欢。

5. 学校为了提高学生的素质，开设文理两类选修课。统计表明，有学生选修了全部文科类选修课，也有学生选修了全部理科类选修课。

那么，以下哪项一定为真？

A. 有学生选修了全部选修课。
B. 每门选修课都有学生选修。
C. 有一门选修课，选修它的学生不止一个。
D. 有人只选修理科类选修课。
E. 不可能有人只选一门选修课。

6. 乒乓球单打决赛在甲、乙、丙、丁四位选手中进行。赛前，有些人预测比赛的结果：

老吕说："甲第四。"

汤唯说："乙不是第二，也不是第四。"

范冰冰说："丙的名次在乙的前面。"

吴彦祖说："丁将得第一。"

比赛结果表明，四个人中只有一个人预测错了。

那么，以下哪项是甲、乙、丙、丁四位选手的名次？

A. 二、三、四、一。
B. 一、二、四、三。
C. 一、三、四、二。
D. 四、三、一、二。
E. 三、二、一、四。

7. 张三到某店买巧克力，店主领他看四个箱子，每个箱子都写着一句话。第一个箱子："所有箱中都是荔枝。"第二个箱子："本箱中有苹果。"第三个箱子："本箱中没有巧克力。"第四个箱子："有些箱子中没有荔枝。"店主对张三说："四句话中只有一句真话，您看巧克力在哪个箱子里？"

以下哪项是正确的答案？

A. 巧克力在第一个箱子里。
B. 巧克力在第二个箱子里。
C. 巧克力在第三个箱子里。
D. 巧克力在第四个箱子里。
E. 所有箱子里都没有巧克力。

8. 所有诚实的人都不可能听信一些非正式渠道的流言。

以下哪项与上述语句意思相同？

A. 所有诚实的人必然不会听信一些非正式渠道的流言。
B. 有的诚实的人必然不会听信一些非正式渠道的流言。
C. 有的诚实的人可能听信一些非正式渠道的流言。
D. 有的诚实的人可能不会听信一些非正式渠道的流言。
E. 所有诚实的人可能不会听信所有非正式渠道的流言。

9. 所有诚实的人都不可能听信一些非正式渠道的流言。

如果以上命题为假，则以下哪项为真？

A. 所有诚实的人必然不会听信所有非正式渠道的流言。
B. 有的诚实的人必然不会听信一些非正式渠道的流言。
C. 有的诚实的人可能听信一些非正式渠道的流言。
D. 有的诚实的人可能不会听信一些非正式渠道的流言。
E. 所有诚实的人可能不会听信所有非正式渠道的流言。

10. 世界上不可能有某种原则适用于所有不同的国度。

    以下哪项与上述断定的含义最为接近？

    A. 有某种原则可能不适用于世界上所有不同的国度。

    B. 任何原则都可能有它不适用的国度。

    C. 任何原则都必然有它所适用的国度。

    D. 任何原则都必然有它不适用的国度。

    E. 有些原则可能有它不适用的国度。

11. 没有人爱每一个人；牛郎爱织女；织女爱每一个爱牛郎的人。

    如果以上陈述为真，则下列哪项不可能为真？

    Ⅰ. 每一个人都爱牛郎。

    Ⅱ. 每一个人都爱一些人。

    Ⅲ. 织女不爱牛郎。

    A. 仅仅Ⅰ。 B. 仅仅Ⅱ。 C. 仅仅Ⅲ。

    D. 仅仅Ⅰ和Ⅲ。 E. Ⅰ、Ⅱ和Ⅲ。

12. 没有脊索动物是导管动物，所有的翼龙都是导管动物，所以，没有翼龙属于类人猿家族。

    以下哪项陈述是上述推理所必须假设的？

    A. 所有类人猿都是导管动物。 B. 所有类人猿都是脊索动物。

    C. 没有类人猿是脊索动物。 D. 没有脊索动物是翼龙。

    E. 有的类人猿是导管动物。

13. 你可以随时愚弄某些人。

    假若以上属实，则以下哪些判断必然为真？

    Ⅰ. 张三和李四随时都可能被你愚弄。

    Ⅱ. 你随时都想愚弄人。

    Ⅲ. 你随时都可能愚弄人。

    Ⅳ. 你只能在某些时候愚弄人。

    Ⅴ. 你每时每刻都在愚弄人。

    A. 只有Ⅲ。 B. 只有Ⅱ。 C. 只有Ⅰ和Ⅲ。

    D. 只有Ⅱ、Ⅲ和Ⅳ。 E. 只有Ⅰ、Ⅲ和Ⅴ。

14. 在LH公司，从董事长、总经理、总会计师到每个员工，没有人信任所有的人。董事长信任总经理。总会计师不信任董事长。总经理信任所有信任董事长的人。

    如果上述断定为真，则以下哪项不可能为真？

    Ⅰ. 总经理不信任董事长。

    Ⅱ. 总经理信任总会计师。

    Ⅲ. 所有的人都信任董事长。

    A. 仅Ⅰ。 B. 仅Ⅱ。 C. 仅Ⅲ。

    D. 仅Ⅱ和Ⅲ。 E. Ⅰ、Ⅱ和Ⅲ。

15. 林园小区有住户发现了白蚁。除非有住户发现白蚁，否则任何小区都不能免费领取高效杀蚁灵。

如果上述断定为真，则以下哪项据此不能判断真假？

Ⅰ．林园小区所有的住户中都发现了白蚁。

Ⅱ．林园小区所有的住户中都没有发现白蚁。

Ⅲ．林园小区有的住户中没有发现白蚁。

Ⅳ．林园小区能免费领取高效杀蚁灵。

Ⅴ．尽管有住户发现了白蚁，但林园小区仍不能免费领取高效杀蚁灵。

A. 只有Ⅰ、Ⅲ、Ⅳ和Ⅴ。　　B. 只有Ⅰ和Ⅱ。　　C. 只有Ⅳ和Ⅴ。

D. 只有Ⅰ。　　　　　　　　E. 只有Ⅰ和Ⅲ。

16. 在某次全校学生身体健康检查后，校医院四个医生各有如下结论：

甲：所有学生都没有携带乙肝病毒。

乙：一年级学生王某没有携带乙肝病毒。

丙：学生不都没有携带乙肝病毒。

丁：有的学生没有携带乙肝病毒。

如果四个医生中只有一人断定属实，那么以下哪项是真的？

A. 甲断定属实，王某没有携带乙肝病毒。

B. 丙断定属实，王某携带了乙肝病毒。

C. 丙断定属实，但王某没有携带乙肝病毒。

D. 丁断定属实，王某未携带乙肝病毒。

E. 丁断定属实，但王某携带了乙肝病毒。

17. 男士不都爱看足球赛，女士都不爱看足球赛。

如果已知上述第一个断定为真，第二个断定为假，则以下哪项据此不能确定真假？

Ⅰ．男士都爱看足球赛，有的女士也爱看足球赛。

Ⅱ．有的男士爱看足球赛，有的女士不爱看足球赛。

Ⅲ．有的男士不爱看足球赛，女士都爱看足球赛。

A. 只有Ⅰ。　　　　　　B. 只有Ⅱ。　　　　　　C. 只有Ⅲ。

D. 只有Ⅰ和Ⅱ。　　　　E. 只有Ⅱ和Ⅲ。

18. 某班有一位同学做了好事没留下姓名，他是甲、乙、丙、丁四人中的一个。

当老师问他们时，他们分别这样说：

甲：这件好事不是我做的。

乙：这件好事是丁做的。

丙：这件好事是乙做的。

丁：这件好事不是我做的。

这四人中只有一人说了真话，请你推出是谁做了好事？

A. 甲。　　　　　　　　B. 乙。　　　　　　　　C. 丙。

D. 丁。　　　　　　　　E. 不能推出。

19. 某律师事务所共有12名工作人员。①有人会使用计算机；②有人不会使用计算机；③所长不会使用计算机。上述三个判断中只有一个是真的。

以下哪项正确表示了该律师事务所会使用计算机的人数?

A. 12 人都会使用。 B. 12 人没人会使用。

C. 仅有一人不会使用。 D. 仅有一人会使用。

E. 无法确定。

20. 相传古时候某国的国民都分别居住在两座坚城中,一座"真城",一座"假城"。凡真城里的人个个说真话,假城里的人个个说假话。一位知晓这一情况的国外游客来到其中一座城市,他只向遇到的该国国民提了一个是非问题,就明白了自己所到的是真城还是假城。

根据上述断定,下列哪个问句是最恰当的?

A. 你是真城的人吗? B. 你是假城的人吗?

C. 你是说真话的人吗? D. 你是说假话的人吗?

E. 你是这座城的人吗?

21. 学校抗洪抢险献爱心捐助小组突然收到一大笔没有署名的捐款,经过多方查找,可以断定是赵、钱、孙、李中的某一个人捐的。经询问,赵说:"不是我捐的。"钱说:"是李捐的。"孙说:"是钱捐的。"李说:"我肯定没有捐。"最后经过详细调查证实四个人中只有一个人说的是真话。

根据以上已知条件,请判断下列哪项为真?

A. 赵说的是真话,是孙捐的。 B. 李说的是真话,是赵捐的。

C. 钱说的是真话,是李捐的。 D. 孙说的是真话,是钱捐的。

E. 李说的是假话,是李捐的。

22. 某公司共有包括总经理在内的 20 名员工。有关这 20 名员工,以下三个断定中只有一个是真的。

Ⅰ. 有人在该公司入股。

Ⅱ. 有人没在该公司入股。

Ⅲ. 总经理没在该公司入股。

根据以上事实,以下哪项是真的?

A. 20 名员工都入了股。 B. 20 名员工都没入股。

C. 只有一人入了股。 D. 只有一人没入股。

E. 无法确定入股员工的人数。

23. 某县领导参加全县的乡计划生育干部会,临时被邀请上台讲话。由于事先没有做调查研究,也不熟悉县里计划生育的具体情况,只能说些模棱两可、无关痛痒的话。他讲道:"在我们县 14 个乡中,有的乡完成了计划生育指标;有的乡没有完成计划生育指标;李家集乡就没有完成嘛。"在领导讲话时,县计划生育委员会主任手里捏了一把汗,因为领导讲的三句话中有两句不符合实际,真后悔临时拉领导来讲话。

以下哪项正确表示了该县计划生育工作的实际情况?

A. 在 14 个乡中至少有一个乡没有完成计划生育指标。

B. 在 14 个乡中除李家集乡外还有别的乡没有完成计划生育指标。

C. 在 14 个乡中没有一个乡没有完成计划生育指标。

D. 在14个乡中只有一个乡没有完成计划生育指标。

E. 在14个乡中只有李家集乡完成了计划生育指标。

24. 一对夫妻带着他们的一个孩子在路上碰到一个朋友。朋友问孩子："你是男孩还是女孩?"朋友没听清孩子的回答。孩子的父母中某一个说："我孩子回答的是'我是男孩',一个接着说:'这孩子撒谎,她是女孩。'"这家人中男性从不说谎,而女性从来不连续说两句真话,也不连续说两句假话。

如果上述陈述为真,那么以下哪项一定为真?

Ⅰ. 父母俩第一个说话的是母亲。

Ⅱ. 父母俩第一个说话的是父亲。

Ⅲ. 孩子是男孩。

A. 仅Ⅰ。 B. 仅Ⅱ。 C. 仅Ⅰ和Ⅲ。

D. 仅Ⅱ和Ⅲ。 E. 无法确定。

25. 以下关于某案件的四个断定中只有一个是真的。

(1) 如果甲作案,则乙是同案犯。

(2) 作案者是丙。

(3) 作案者是甲,但乙没作案。

(4) 作案者是甲或丁。

则这一真的断定是:

A. (1)。 B. (2)。 C. (3)。

D. (4)。 E. 无法确定。

26. 某地住着甲、乙两个部落,甲部落总是讲真话,乙部落总是讲假话。一天,一个旅行者来到这里,碰到一个土著人A。旅行者就问他:"你是哪一个部落的人?"A回答说:"我是甲部落的人。"这时,又过来一个土著人B,旅行者就请A去问B属于哪一个部落。A问过B后,回来对旅行者说:"他说他是甲部落的人。"

根据这种情况,对A、B所属的部落,旅行者所作出的正确的判断应是下列的哪一项?

A. A是甲部落,B是乙部落。 B. A是乙部落,B是甲部落。

C. A是甲部落,B所属部落不明。 D. A所属部落不明,B是乙部落。

E. A、B所属部落不明。

27. 某单位要从100名报名者中挑选20名献血者进行体检。最不可能被挑选上的是1993年以来已经献过血,或是1995年以来在献血体检中不合格的人。

如果上述断定是真的,则以下哪项所言及的报名者最有可能被选上?

A. 小张1995年献过血,他的血型是O型,医用价值最高。

B. 小王是区献血标兵,近年来每年献血,这次她坚决要求献血。

C. 小刘1996年报名献血,因"澳抗"阳性体检不合格,这次出具了"澳抗"转阴的证明,并坚决要求献血。

D. 大陈最近一次献血时间是在1992年,他因公伤截肢,血管中流动着义务献血者的血。他说,我比任何人都有理由献血。

E. 老孙 1993 年因体检不合格未能献血，1995 年体检合格献血。

28. 中星集团要招聘 20 名直接参加中层管理的职员。最不可能被招上的是学历在大专以下，或是完全没有管理工作实践经验的人；在有可能被招上的人中，懂英语或懂日语将大大增加这种可能性。

    如果上述断定是真的，则以下哪项所言及的报名者最有可能被选上？

    A. 张先生现年 40 岁，中专学历，毕业后一直没有放松学习，曾到京平大学经济管理学院进修过半年，收获很大。最近，他刚辞去已任职五年的华亭宾馆前厅经理的职务。

    B. 王女士是经济管理学院的副教授，硕士研究生学历，出版过管理学专著。出于收入的考虑，她表示如被聘用，将立即辞去现职。

    C. 陈小姐是经贸大学专科班的应届毕业生，在学校实习期间，曾任过某商场业务部见习经理。

    D. 刘小姐是外国语学院 1995 年的本科毕业生，毕业后当过半年涉外导游和近两年专职翻译，精通英语和日语。

    E. 老孙曾是远近闻名的南方投资集团公司的老总，曾被誉为是无学历、无背景，白手起家的传奇式的企业家，南方投资集团的倒闭使他不得不从头做起。

29. 有的漫画家是自学成才的。所以，有的作家也是自学成才的。

    以下哪项如果为真，最能保证上述论证的成立？

    A. 所有的作家都是漫画家。
    B. 有的漫画家是作家。
    C. 所有的漫画家都是作家。
    D. 有的漫画家不是作家。
    E. 有的作家不是漫画家。

30. 所有物质实体都是可见的，而任何可见的东西都没有神秘感。因此，精神世界不是物质实体。

    以下哪项最可能是上述论证所假设的？

    A. 精神世界是不可见的。
    B. 有神秘感的东西都是不可见的。
    C. 可见的东西都是物质实体。
    D. 精神世界有时也是可见的。
    E. 精神世界具有神秘感。

微模考 2 ▶ 参考答案

(母题篇)

1. D

【解析】定义题。

A 项，小晴是晒客；B 项，小谢是换客；C 项，小温是红客；E 项，小刘是拍客。

只有 D 项客家人的文化习俗不属于"客文化"。

2. C

【解析】简单命题的负命题。

王见明：不一定会出那种难题＝可能不出那种难题，故 C 项正确。

3. D

【解析】简单命题的负命题。

专家：可能发现恐龙头骨。

A 项，等价于"必然发现恐龙头骨"，与专家意思不同。

B 项，等价于"可能不发现恐龙头骨"，与专家意思不同。

C 项，无关选项，题干没有涉及恐龙头骨被发现的概率大小。

D 项，等价于"可能发现恐龙头骨"，与专家意思相同。

E 项，无关选项。

4. C

【解析】对当关系。

选不可能为真的，即选题干的矛盾命题。

题干：有的球迷喜欢所有参赛球队，等价于：所有参赛球队都有球迷喜欢。

题干的矛盾命题为：并非 所有 参赛球队 有 球迷喜欢。

根据对当关系图可知，C 项不可能为真。

A 项，此项由题干可知，一定为真。

B 项，"有的"与"有的不"是下反对关系，此项可真可假。

D 项，可真可假。

E 项，等价于"所有参赛球队都有球迷不喜欢"，可真可假。

5. B

【解析】对当关系。

题干：

①有学生选修了全部文科类选修课，可知所有的文科类选修课都有学生选修。

②有学生选修了全部理科类选修课，可知所有的理科类选修课都有学生选修。

故，全部选修课都有学生选修，即 B 项为真。

A 项，有可能有学生选修了全部选修课，此项可真可假。

C 项，由题干中的"有的"无法判断具体的学生人数，此项可真可假。

D 项，有可能有人只选修理科类选修课，此项可真可假。

E 项，有可能有人只选一门选修课，此项为假。

6. D

【解析】简单命题的真假话问题。

选项代入法：

若 A 项为真，则老吕预测错误，范冰冰也预测错误，与题干矛盾。

若 B 项为真，则四人预测均错误，与题干矛盾。

若 C 项为真，则老吕、范冰冰、吴彦祖三个人都预测错误，与题干矛盾。

若 D 项为真，则仅吴彦祖预测错误，与题干不矛盾，故 D 项为正确答案。

若 E 项为真，则老吕、汤唯、吴彦祖三个人都预测错误，与题干矛盾。

7. C

【解析】简单命题的真假话问题。

题干：

①所有箱中都是荔枝。

②第二个箱子里有苹果。

③第三个箱子里没有巧克力。

④有些箱子中没有荔枝。

①和④是矛盾关系，必有一真一假，又由题干可知"四句话中只有一句真话"，则③为假，所以巧克力在第三个箱子里，故 C 项正确。

8. A

【解析】简单命题的负命题。

题干：所有诚实的人都不可能听信一些非正式渠道的流言＝所有诚实的人必然不会听信一些非正式渠道的流言。

故 A 项为正确选项。

9. C

【解析】简单命题的负命题。

题干："所有诚实的人都不可能听信一些非正式渠道的流言"为假，则其负命题为真，即：

并非（所有诚实的人都不可能听信一些非正式渠道的流言）

＝有的诚实的人可能听信一些非正式渠道的流言。

故 C 项正确。

10. D

【解析】简单命题的负命题。

不可能有某种原则适用于所有不同的国度

=¬（可能有的原则适用于所有国度）

=必然所有原则不适用于有的国度。

故 D 项与题干意思最为接近。

11. A

【解析】对当关系。

题干信息：

①没有人爱每一个人。

②牛郎爱织女。

③织女爱每一个爱牛郎的人＝爱牛郎的人→被织女爱。

Ⅰ项，每一个人→爱牛郎的人，根据③可得，每一个人→爱牛郎的人→被织女爱，即织女爱每一个人，与①矛盾，为假。

Ⅱ项，与题干不矛盾，可能为真。

Ⅲ项，织女→¬爱牛郎，与题干不矛盾，可能为真。

故 A 项正确。

12. B

【解析】隐含三段论。

将题干信息形式化：

①脊索动物→¬导管动物，等价于：导管动物→¬脊索动物。

②翼龙→导管动物。

由②、①串联可得：③翼龙→导管动物→¬脊索动物。

要推出的结论：④翼龙→¬类人猿。

需补充的条件：¬脊索动物→¬类人猿，等价于：类人猿→脊索动物。

故 B 项为正确答案。

13. A

【解析】对当关系。

题干：你可以随时愚弄某些人。

Ⅰ项，不一定为真，"某些"有几个特点：数量从 1 到所有都有可能；具体是哪些对象不确定。

Ⅱ项，不一定为真，你随时都"想"愚弄人，与题干你随时"可以"愚弄某些人，意思不同。

Ⅲ项，由题干，你可以随时愚弄某些人，意味着你愚弄人的行为，随时"可能发生"，为真。

Ⅳ项，题干说"随时可以"，此项说"只能在某些时候"，与题干矛盾，为假。

Ⅴ项，不一定为真，因为你随时"可以"愚弄人，不代表你随时"都在"愚弄人。

14. C

【解析】对当关系。

题干有以下断定：

①没有人信任所有人。

②董事长信任总经理。

③总会计师不信任董事长。

④总经理信任所有信任董事长的人。

Ⅰ项，总经理是否信任董事长，题干没有断定，故可能为真也可能为假。

Ⅱ项，由④可知，信任董事长→被总经理信任；由③可知，总会计师不信任董事长，故总会计师可能被总经理信任也可能不被总经理信任。

Ⅲ项，由③可知，此项为假。

15. A

【解析】对当关系。

将题干信息形式化：

①林园小区有的住户发现白蚁。

②无住户发现白蚁→不能领取杀蚁灵＝领取杀蚁灵→有住户发现白蚁。

Ⅰ项，由"有的"为真，可知"所有"可真可假，故由①可知，此项可真可假。

Ⅱ项，"有的"与"所有不"矛盾，故此项为假。

Ⅲ项，"有的"与"有的不"为下反对关系，一真另不定，故此项可真可假。

Ⅳ项，"发现白蚁"后无箭头，推不出任何结论，故此项可真可假。

Ⅴ项，有住户发现白蚁∧不能领取杀蚁灵。其中"有住户发现白蚁"为真，但无法判断"不能领取杀蚁灵"的真假，故此项可真可假。

16. B

【解析】简单命题的真假话问题。

丙：学生不都没有携带乙肝病毒＝有的学生携带了乙肝病毒。

故，甲与丙的话矛盾，必有一真一假。又因四个医生中只有一人断定属实，故乙和丁的话都为假。

由丁的话为假可知，所有学生均携带了乙肝病毒，故王某也携带了乙肝病毒。

由"所有学生均携带了乙肝病毒"可知，丙的话为真。

故 B 项为正确选项。

17. E

【解析】对当关系。

第一个断定为真，即男士不都爱看足球赛，等价于：有的男士不爱看足球赛。

第二个断定为假，即并非女士都爱看足球赛，等价于：并非所有女士不爱看足球赛＝有的女士爱看足球赛。

Ⅰ项，前半句必然为假，后半句为真，故整个命题为假。

Ⅱ项，前半句和后半句均真假不定，故整个命题真假不定。

Ⅲ项，前半句为真，后半句真假不定，故整个命题真假不定。

18. A

【解析】真假话问题。

题干中有以下判断：

①甲：¬甲。

②乙：丁。

③丙：乙。

④丁：¬丁。

乙和丁的话矛盾，必有一真一假。又由题干"只有一人说了真话"可知，甲和丙说的都是假话。由甲说的是假话可知，甲做了好事。故 A 项正确。

19. A

【解析】真假话问题。

①和②为下反对关系，必有一真。又知只有一句是真话，故③为假，则所长会使用计算机。

由"某个→有的"可知①为真，②为假。由②为假可知，所有人会使用计算机，即 12 人都会使用计算机。

20. E

【解析】真假话问题。

选项代入法：

A 项，真城和假城的人都会回答"是的"，无法判断是真城还是假城。

B 项，真城和假城的人都会回答"不是"，无法判断是真城还是假城。

C 项，真城和假城的人都会回答"是的"，无法判断是真城还是假城。

D 项，真城和假城的人都会回答"不是"，无法判断是真城还是假城。

E 项，若此游客到的是真城，住在此城的该国国民会说："是的"，不住在此城的该国国民（住在假城）也会说："是的"，因为他要说假话。当游客听到"是的"的回答，就知道此城是真城。若游客到的是假城，住在此城的该国国民会说："不是"，因为他说假话；不住在此城的该国国民（住在真城）也会说："不是"，因为他说真话。当游客听到"不是"的回答，就知道此城是假城。

21. B

【解析】真假话问题。

题干中有以下判断：

①钱是赵、钱、孙、李中的某一个人捐的。

②赵：¬赵。

③钱：李。

④孙：钱。

⑤李：¬李。

⑥只有一人说真话。

钱和李的话矛盾，必有一真一假，由⑥可知，赵和孙的话是假的。

由赵的话为假可知，钱是赵捐的。由①可知，钱不是李捐的，故李的话为真。

所以 B 项正确，李的话为真，钱是赵捐的。

22. A

【解析】 真假话问题。

Ⅰ项和Ⅱ项为下反对关系，必有一真。又由三句话中只有一句为真，故Ⅲ项为假，得：总经理在该公司入股。

由"某个→有的"可知Ⅰ项为真，Ⅱ项为假。由Ⅱ项为假可知，本公司所有人都入了股，即20名员工都入了股。

23. C

【解析】 真假话问题。

县领导有以下断定：

①有的乡完成了计划生育指标。

②有的乡没有完成计划生育指标。

③李家集乡没有完成计划生育指标。

①和②是下反对关系，必有一真，又知三句话中只有一句为真，故③为假，所以李家集乡完成了计划生育指标。由"某个→有的"可知①为真，②为假。

由②为假可得：所有乡都完成了计划生育指标，即没有一个乡没有完成计划生育指标。

24. A

【解析】 真假话问题。

假设父母俩第一个说话的是父亲，则第二个说话的是母亲。

由于这家人中男性从不说谎，因此，由父亲说的话可推知，孩子的回答确实是"我是男孩"。

如果孩子是男孩，则母亲连续说了两句假话；如果孩子是女孩，则母亲连续说了两句真话。这与题干的断定矛盾。因此，假设不成立，即父母俩第一个说话的是母亲。

所以，Ⅰ项为真，Ⅱ项为假。

因为父母俩第二个说话的是父亲，且男性都说真话，因此事实上孩子是女孩，故Ⅲ项为假。

25. A

【解析】 真假话问题。

将题干信息形式化：

①甲→乙＝¬甲∨乙。

②丙。

③甲∧¬乙。

④甲∨丁。

①和③矛盾，必有一真一假。又知以上信息中只有一个为真，故②和④为假。

由②为假可知，丙不是作案者。由④为假可知，¬甲∧¬丁。故③为假，①为真。

26. C

【解析】 真假话问题。

若B是甲部落的人，他会说真话，因此他会说"我是甲部落的人"，若B是乙部落的人，他会说假话，也会说"我是甲部落的人"，故B的回答一定是"我是甲部落的人"。

A说："B说他是甲部落的人"，为真话，故A是甲部落的人。而无论B是哪一个部落的人，他都可以说"我是甲部落的人",所以,B所属部落不明。

27. D

【解析】题干:最不可能选上的有两种:①1993年以来已经献过血;②1995年以来在献血体检中不合格。

A项,符合条件①,不可能被选上。

B项,符合条件①,不可能被选上。

C项,符合条件②,不可能被选上。

D项,不符合条件①、②,有可能被选上。

E项,符合条件①,不可能被选上。

28. C

【解析】题干:①学历在大专以下∨没有管理工作实践经验→不可能被招上。②懂英语或懂日语将大大增加被招上的可能性。

A项,学历在大专以下,由①可知,不可能被招上。

B项,不知道王女士是否有管理经验,可能被招上也可能不被招上。

C项,学历在大专以上,有管理经验,有可能被招上。

D项,导游和翻译不能算管理经验,不可能被招上。

E项,无学历,不可能被招上。

29. C

【解析】隐含三段论。

题干中的前提:有的漫画家→自学成才=有的自学成才→漫画家。

题干中的结论:有的作家→自学成才=有的自学成才→作家。

只需要补充一个条件:漫画家→作家,故有:有的自学成才→漫画家→作家。

故需要补充的条件为:所有的漫画家都是作家,即C项正确。

30. E

【解析】隐含三段论。

题干中的前提:物质实体→可看见→¬神秘感,等价于:①神秘感→¬可看见→¬物质实体。

题干中的结论:精神世界→¬物质实体。

A项,精神世界→¬可看见,与①串联可得:精神世界→¬可看见→¬物质实体,即可得到题干中的结论。

E项,精神世界→神秘感,与①串联可得:精神世界→神秘感→¬可看见→¬物质实体,即可得到题干中的结论。

但如果假设A项为真,则由原论证的第一个论据就能推出结论,第二个论据就成为多余。因此,相比之下,E项最可能是题干的论证所假设的。

第二部分 论证逻辑母题精讲

本部分题型思维导图

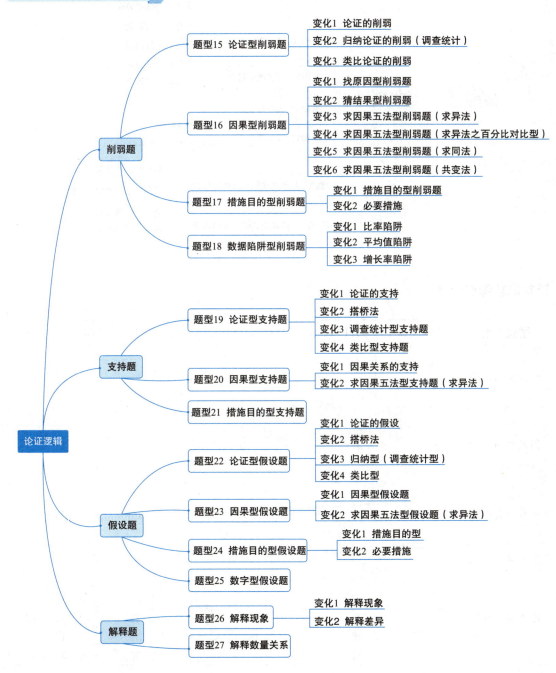

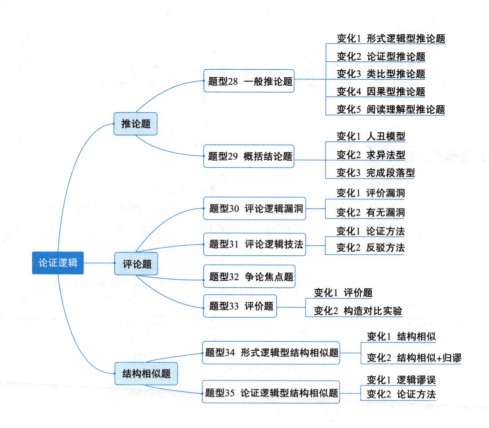

历年真题考点统计

题型名称	2009	2010	2011	2012	2013	2014	2015	2016	2017	2018	2019	合计
论证型削弱题	26 41	27 29	37	50	33		35	34 38 41	45		42 52	14
因果型削弱题	44	32 34 43 54	29 32 45		26 52	26 30 49		33				14
措施目的型削弱题			53	26			27	36 51 53			53	7
数据陷阱型削弱题			33			32				36		3
论证型支持题			30 36 39 46 54			31	48 53	50	28 30 32 36 50	28 29	27 32 34 45 51	21

续表

题型名称	2009	2010	2011	2012	2013	2014	2015	2016	2017	2018	2019	合计
因果型支持题		38 40 41		46	34	35 50	52	32		49		10
措施目的型支持题								39	39			2
论证型假设题	40 45 49	45	49 51		41	39	29		38		29	11
因果型假设题			55									1
措施目的型假设题							36 49	46 52				4
数字型假设题	35											1
解释现象		37	26 35 48	36 47	37	36 41	26	40 42 45	49	39		15
解释数量关系		35	31		39							3
一般推论题	42 46		28 42 47	35		45				43 48		9
概括结论题	29											1
评论逻辑漏洞	43 52 53		38					47				5
评论逻辑技法	32 37									33		3
争论焦点题	36	51						30	35			4
评价题									42			1
形式逻辑型结构相似题	51		41	28	27 45				40 43 46	34		9
论证逻辑型结构相似题	38 48	30 31 47 49	40	40 42 43		27	44	28		42 51	39	16

命题趋势及预测

2009—2019 年，本部分内容考了 145 道题(不含上表中的 9 道形式逻辑型结构相似题)，平均每年约 13 道。

本部分所有题型几乎难度都较大，容易出错。

考试频率较高的题型为：论证的削弱、支持、假设，因果关系的削弱、支持，措施目的的削弱，数量关系的削弱、支持、假设、解释，解释现象，一般推论题，结构相似题。

第 3 章　削弱题

削弱题是论证逻辑中最重要的题型,另外,论证有效性分析的基础也是削弱题,因此削弱题掌握的水平如何,对考试有着重要影响。

削弱题的特点是:题干给出一个论证或者表达某种观点,要求从选项中找出最能(或不能)削弱题干的选项。

削弱题的常见提问方式如下:
"以下哪项如果为真,最能(或不能)削弱上述结论?"
"以下哪项如果为真,最能(或不能)对上述结论提出质疑?"
"以下哪项如果为真,最能反驳上述结论?"
"以下哪项如果为真,最能说明上述结论不成立?"
"以下选项都是对上述论点的质疑,除了哪项?"

对于削弱题,我们常采取以下解题步骤:
①读题目要求,判断此题属于削弱题。
②读题干,找出题干的逻辑主线,并判断题目属于哪种命题模型。
③依据解题模型及常见削弱方法,找出正确选项。

【注意】
在形式逻辑题中,也有以上提问方式,但形式逻辑中出现"削弱题",其题干中一般包含形式逻辑中的常见关键词,如:"如果,那么""只有,才""或者,或者""所有""有的",等等。对于这一类题目,直接运用本书前文中有关复言命题和简单命题的负命题的相关知识即可迅速解题。本章所讲的削弱题是论证逻辑中的削弱题。

题型 15　论证型削弱题

母题精讲

母题 15　据报道,某国科学家在一块 60 万年前来到地球的火星陨石上发现了有机生物的痕迹,因为该陨石由二氧化碳化合物构成,该化合物产生于甲烷,而甲烷可以是微生物受到高压和高温作用时产生的。由此可以推断火星上曾经有过生物,甚至可能有过像人一样的高级生物。

以下条件除了哪项外,都能对上文的结论提出质疑?

A. 火星陨石在地球上的 60 万年间可能产生了很多的化学变化,要界定其中哪些物质仍完全保留着在火星上的性质不是那么容易的。

B. 60 万年的时间与宇宙的年龄相比是微不足道的,但在这一期间的生物进化历史可以是丰富多彩的。

C. 微生物受到高压和高温作用时可以产生甲烷，但甲烷是否可以由其他方法产生是有待探讨的一个问题。

D. 由微生物进化到人类需要足够的时间和合适的条件，其复杂性及其中的一些偶然性可能是现在的人们难以想象的。

E. 所说的二氧化碳化合物可以从甲烷产生，但也不能绝对排除从其他物质产生的可能性。

【解析】论证型削弱题。

题干：①该陨石由二氧化碳化合物构成，②该化合物产生于甲烷，③而甲烷可以是微生物受到高压和高温作用时产生的 —证明→ ④火星陨石上发现了有机生物的痕迹 —证明→ ⑤火星上曾经有过生物，⑥甚至可能有过像人一样的高级生物。

A项，质疑④→⑤，就算在火星陨石上发现有机生物，也无法说明火星上曾经有过生物。

B项，支持⑤→⑥，说明可以由火星上有过生物，推断火星上有像人一样的高级生物。

C项，质疑③→④，就算发现了甲烷，也不见得存在有机生物。

D项，质疑⑤→⑥，就算火星上有过生物，也无法推断出火星上有像人一样的高级生物。

E项，质疑论据②。

【答案】B

母题技巧

论证型削弱题方法总结

（题干结构：论据 A 结论 B）

1. 论证的基本削弱方法

（1）削弱论点。

直接说明对方论点的虚假性。

（2）削弱论据。

说明对方所使用的论据是虚假的，从而论证它的论点是虚假的。

（3）提出反面论据。

提出能够证明对方论点虚假的反面论据。

（4）削弱隐含假设。

隐含假设就是对方在论述中虽未言明，但是其结论要想成立，必须具有的一个前提。反驳隐含假设就是指出题干的论证蕴含的假设不成立。

（5）指出论据不充分。

论据虽然成立，但不足以支持结论成立。

（6）举反例。

要说明一个命题是假命题，通常可以举出一个例子，使之具备命题的条件，而不具有命题的结论，这种例子称为反例。

2. 归纳论证的削弱

归纳论证，又可称为调查统计型题目，题干一般是通过调查、抽样统计、某个人的所见所闻，总结出一个结论。调查统计型题目的论据是某个或某些样本的情况，结论却是全体的情况，所以其结论不一定成立。常见的有以下削弱方式：

（1）样本没有代表性。

调查统计的结论要有效，样本必须能够代表全体的情况。样本的代表性从样本的数量、广度、随机性等方面判断。

需要注意的是，对于多大数量的样本才是有代表性的样本，在统计学领域并没有统一规定。同样，这一问题在逻辑题里也没有具体规定，需要同学们根据题意进行判断。

从统计学的角度讲，样本应该是呈正态分布的，但是对于逻辑考试，我们只需要了解样本应该具有一定的广度、样本的选取应该是随机的。

如果样本没有代表性，我们就可以说这个抽样统计是以偏概全的。

（2）调查机构不中立。

调查机构必须持中立态度，具有独立性。

3. 类比论证的削弱

（1）类比。

类比，简单来说，就是以此物比它物，通过两种对象在一些性质上的相似性，得出它们在其他性质上也是相似的。

（2）类比的典型结构。

对象1：有性质 A、B；

对象2：有性质 A；

―――――――――――

所以，对象2也有性质 B。

（3）类比的削弱。

①类比对象存在本质差异，使得类比不成立。

②前提属性与结论属性不相关，使得类比不成立。

母题变化

变化 1　论证的削弱

例1　据调查，滨州市有24%的家庭拥有电脑，但拥有电脑的家庭中的12%每周编写程序2小时以上，23%在1至2小时，其余的每周都不到1小时。可见，滨州市大部分购买电脑的家庭并没有充分利用他们的家庭电脑。

以下哪种说法如果为真，最能构成对上述结论的质疑？

A. 过多地使用电脑会对眼睛产生危害，对孕妇身体也有影响。

B. 许多人购买电脑是为了娱乐或其他用途，而不是编写程序。

C. 在调查中，会有相当比例的被调查对象夸大他们的电脑知识。

D. 使用电脑需要不断地学习与动手实践，有一个循序渐进的过程。
E. 家庭电脑的普及和充分利用肯定需要一个过程，不可操之过急。

【解析】论证型削弱题。

题干：滨州市的家庭电脑拥有者中，很少用电脑来编写程序 ——证明→ 滨州市大部分购买电脑的家庭并没有充分利用他们的家庭电脑。

没有用电脑来"编写程序"，不代表没有充分"利用"电脑，可能有其他作用，B项指出了这一点，削弱题干。

【答案】B

例2 2005年打捞公司在南川岛海域调查沉船时意外发现一艘载有中国瓷器的古代沉船，该沉船位于海底的沉积层上。据调查，南川岛海底沉积层在公元1000年形成，因此，水下考古人员认为，此沉船不可能是公元850年开往南川岛的"征服号"沉船。

以下哪项如果为真，最能严重地弱化上述论证？

A. 历史学家发现，"征服号"既未到达其目的地，也未返回其出发的港口。
B. 通过碳素技术测定，在南海沉积层发现的沉船是在公元800年建造的。
C. 经检查发现，"征服号"船的设计有问题，出海数周内几乎肯定会沉船。
D. 公元700—900年某些失传的中国瓷器在南川岛海底沉船中被发现。
E. 在南川岛海底沉积层发现的沉船可能是搁在海底礁盘数百年后才落到沉积层上的。

【解析】论证型削弱题。

题干：发现沉船的沉积层形成于公元1000年 ——证明→ 此沉船不可能是公元850年开往南川岛的"征服号"沉船。

题干暗含了一个假设：①沉积层的年代和沉船的年代相同。

A项，无关选项。

B项，不能削弱，因为公元800年建造，不代表公元850年不能行驶。

C项，无关选项。

D项，不能削弱，若船上有900年的某些失传的中国瓷器，自然不可能是50年前(850年)就沉船了。

E项，削弱隐含假设，沉积层和沉船的年代可能不同，与假设①是矛盾命题。

【答案】E

例3 魏先生：计算机对于当代人类的重要性，就如同火对于史前人类，因此，普及计算机知识应当从孩子抓起。从小学甚至幼儿园开始就应当介绍计算机知识，一进中学就应当学习计算机语言。

贾女士：你忽视了计算机技术的一个重要特点：这是一门知识更新和技术更新最为迅速的科学。童年时代所了解的计算机知识，中学时代所学的计算机语言，到需要运用的成年时代早已陈旧过时了。

以下哪项作为魏先生对贾女士的反驳最为有力？

A. 快速发展和更新并不仅是计算机技术的特点。

B. 孩子具备接受不断发展的新知识的能力。
C. 在中国，算盘早已被计算机取代，但这并不能说明有关算盘的知识已毫无价值。
D. 学习计算机知识和熟悉某种计算机语言，有利于提高理解和运用计算机的能力。
E. 计算机课程并不是中小学教育的主课。

【解析】论证型削弱题。

贾女士：在小学或幼儿园阶段所普及的计算机知识到成年时代就过时了 ——证明→ 不应从小学习计算机知识。

A项，无关选项，题干的论证和计算机是否有其他特点无关。

B项，无关选项，孩子是否具备不断接受新知识的能力，与是否开设计算机课程没有必然联系。

C项，举例类比，可以削弱，但是力度弱。

D项，可以削弱，提出反面论据，说明从小学习计算机知识，不仅仅是为了学识，还有利于提高能力。

E项，无关选项，计算机课程是不是主课，与是否要从小学习计算机知识没有关系。

【答案】D

例4 一般认为，一个人80岁和他在30岁时相比，理解和记忆能力都显著减退。最近一项调查显示，80岁的老人和30岁的年轻人在玩麻将时所表现出的理解和记忆能力没有明显差别。因此，认为一个人到了80岁理解和记忆能力会显著减退的看法是站不住脚的。

以下哪项如果为真，最能削弱上述论证？

A. 玩麻将需要的主要不是理解和记忆能力。
B. 玩麻将只需要较低的理解和记忆能力。
C. 80岁的老人比30岁的年轻人有更多的时间玩麻将。
D. 玩麻将有利于提高一个人的理解和记忆能力。
E. 一个人到了80岁理解和记忆能力会显著减退的看法，是对老年人的偏见。

【解析】论证型削弱题。

题干：80岁的老人和30岁的年轻人在玩麻将时所表现出的理解和记忆能力没有明显差别 ——证明→ 人到了80岁理解和记忆能力不会显著减退。

A项，不能削弱，因为玩麻将需要的"主要"不是理解和记忆能力，不代表不需要理解和记忆能力。

B项，削弱题干，玩麻将只需要较低的理解和记忆能力，说明不能通过玩麻将发现老年人和年轻人理解和记忆能力的差距。比如：教授和小学生都会做1＋1＝2，并不是说他们的数学能力相同，只是二者的差距没有表现出来而已。

C项，无关选项，老年人有更多的时间玩麻将，最多只能说明老年人对麻将更熟练，与理解和记忆能力关系不大。

D项，无关选项，如果玩麻将有利于提高一个人的理解和记忆能力，那么应该是玩麻将的老年人和年轻人的理解和记忆能力都提高了，无法断定是老年人提高得更多。

E项，支持题干，说明一个人到了80岁理解和记忆能力不会显著减退。

【答案】B

▶ 变化2　归纳论证的削弱（调查统计）

例5　周清打算请一个钟点工，于是上周末她来到惠明家政公司。但公司工作人员粗鲁的接待方式使她得出结论：这家公司的员工缺乏教养，不适合家政服务。

以下哪项如果为真，最能削弱上述论证？

A. 惠明家政公司员工通过有个性的服务展现其与众不同之处。
B. 惠明家政公司员工有近千人，绝大多数为外勤人员。
C. 周清是一个爱挑剔的人，她习惯于否定他人。
D. 教养对家政公司而言并不是最主要的。
E. 周清对家政公司员工的态度既傲慢又无礼。

【解析】削弱题。

题干：惠明家政公司工作人员粗鲁地接待周清 —证明→ 这家公司的员工缺乏教养，不适合家政服务。

A项，"个性的服务"无法解释"粗鲁"，不能削弱题干。

B项，样本没有代表性，说明周清遇到的现象为个别现象，相对于公司员工数量来说，样本数量太少，可以削弱题干。

C、E项，诉诸人身，通过指责顾客性格或态度来进行反驳，缺乏说服力。

D项，教养对家政公司而言并不是"最主要"的，不代表教养对家政公司而言不重要，不能削弱题干。

【答案】B

例6　《花与美》杂志受A市花鸟协会委托，就A市评选市花一事对杂志读者群进行了民意调查，结果60%以上的读者将荷花选为市花，于是编辑部宣布，A市大部分市民赞成将荷花定为市花。

以下哪项如果属实，最能削弱该编辑部的结论？

A. 有些《花与美》的读者并不喜欢荷花。
B. 《花与美》杂志的读者主要来自A市一部分收入较高的女性市民。
C. 《花与美》杂志的有些读者并未在调查中发表意见。
D. 市花评选的最后决定权是A市政府而非花鸟协会。
E. 《花与美》杂志的调查问卷将荷花放在十种候选花的首位。

【解析】调查统计型削弱题。

题干通过一个民意调查，得到一个结论，属于调查统计型削弱题。

题干：《花与美》杂志60%以上的读者将荷花选为市花 —证明→ 大部分市民赞成将荷花定为市花。

A项，不能削弱，因为某些个体的情况不能削弱整体情况。

B项，削弱题干，指出调查对象的广度不够，样本没有代表性。

C项，不能削弱，对于一个调查来说，只需要样本有代表性即可，没必要调查所有对象。

D项，无关选项，调查的是市民的意见，而不是政府的意见。

E项，无关选项，因为对于一个调查来说，选项的排放次序一般情况下不影响被调查者的选择。

【答案】B

例7 在一项调查中，对"如果被查出患有癌症，你是否希望被告知真相"这一问题，80％的被调查者作了肯定回答。因此，当人们被查出患有癌症时，大多数都希望被告知真相。

以下各项如果为真，都能削弱上述论证，除了：

A. 上述调查的策划者不具有医学背景。

B. 上述问题的完整表述是：作为一个意志坚强和负责任的人，如果被查出患有癌症，你是否希望被告知真相。

C. 在另一项相同内容的调查中，大多数被调查者对这一问题作了否定回答。

D. 上述调查是在一次心理学课堂上实施的，调查对象受过心理素质的训练。

E. 在被调查时，人们通常都不讲真话。

【解析】调查统计型削弱题。

题干：80％的"被调查者"希望被告知真相——证明→大多数"癌症患者"都希望被告知真相。

A项，不能削弱，此调查并不涉及医学知识，无须医学背景。

B项，问卷设计带有暗示性语言，影响调查结论，可以削弱。

C项，此调查不具有代表性，可以削弱。

D项，样本不具有代表性，调查对象受过心理素质训练，可以削弱。

E项，调查结论不真实，可以削弱。

【答案】A

例8 孩子出生后的第一年在托儿所度过，会引发孩子的紧张不安。在我们的研究中，有464名12～13岁的儿童接受了特异情景测试法的测验，该项测验意在测试儿童1岁时的状况与对母亲的依附心理之间的关系。其结果：有41.5％曾在托儿所看护的儿童和25.7％曾在家看护的儿童被认为紧张不安，过于依附母亲。

以下哪项如果为真，最没有可能对上述研究的推断提出质疑？

A. 研究中所测验的孩子并不是从托儿所看护和在家看护两种情况下随机选取的，因此，这两组样本儿童的家庭很可能有系统性的差异存在。

B. 这项研究的主持者被证实曾经在自己的幼儿时期受到过长时间来自托儿所阿姨的冷落。

C. 针对孩子的母亲另一部分研究发现：由于孩子在家里表现出过度的依附心理，父母因此希望将其送入托儿所予以矫正。

D. 因为风俗的关系，在464名被测试者中，在托儿所看护的大多数为女童，而在家看护的多数为男童。一般地说，女童比男童更易表现为紧张不安和依附母亲。

E. 出生后第一年在家看护的孩子多数是由祖父母或外祖父母看护的，并形成浓厚的亲情。

【解析】调查统计型削弱题。

题干：有41.5％曾在托儿所看护的儿童和25.7％曾在家看护的儿童被认为紧张不安 —证明→ 孩子出生后的第一年在托儿所度过，会引发孩子的紧张不安。

A项，样本没有代表性，样本选取不是随机的，可以削弱。

B项，调查者不中立，受儿时情况的影响，可以削弱。

C项，因果倒置，可以削弱。

D项，另有他因，是性别原因，而不是托儿所的原因，可以削弱。

E项，无关选项，题干涉及的是依附"母亲"，而此项是"祖父母或外祖父母"。

【答案】E

例9 20世纪90年代初，小普村镇建立了洗涤剂厂，当地村民虽然因此提高了收入，但工厂每天排出的大量污水使村民们忧心忡忡：如果工厂继续排放污水，他们的饮用水将被污染，健康将受到影响。然而，这种担心是多余的。因为1994年对小普村镇的村民健康检查发现，几乎没人因水污染而患病。

以下哪项如果为真，最能质疑上述论证？

A. 1994年，上述洗涤剂厂排放的污水量是历年中较小的。

B. 1994年，小普村镇的村民并非全体参加健康检查。

C. 在1994年，上述洗涤剂厂的生产量减少了。

D. 合成洗涤剂污染饮用水导致的疾病需要多年后才会显现出来。

E. 合成洗涤剂污染饮用水导致的疾病与一般疾病相比更难检测。

【解析】调查统计型削弱题。

题干：1994年的检查发现几乎没人因水污染而患病 —证明→ 不需要担心水污染对健康的影响。

A项，可以削弱，说明是因为1994年污水量排放小，村民的健康检查情况较好，其他年份污水排放量更高，可能就会对健康有影响。但是，一般来说污水对人的影响是长期的，所以此项的削弱力度弱。

B项，不能削弱，因为在抽样统计中，并不要求统计所有人，只要抽取的样本有代表性就可以了。

C项，无关选项。

D项，可以削弱，说明虽然暂时没有发现因水污染而患病，但长久来看会对健康有影响，调查结果不能代表实际情况。

E项，无关选项，题干不存在不同疾病之间的比较。而且，即使合成洗涤剂污染饮用水导致的疾病难以检测也不代表无法检测。

【答案】D

变化3 类比论证的削弱

例10 在举办奥运会之前的几年里，奥运会主办国要进行大量的基础设施建设和投资，从而带动经济增长。奥运会当年，居民消费和旅游明显上升，也会拉动经济增长。但这些因素在奥运会后消失，使得主办国的经济衰退。韩国、西班牙、希腊等国家在奥运会后都出现经济下滑现象。因此，2008年奥运会后中国也会出现经济衰退。

如果以下陈述为真，除哪项陈述外，都能对上述论证的结论提出质疑？

A. 专家预测，即使结束后，奥运会对中国经济增长的推动作用也有0.2%~0.4%。
B. 1984年洛杉矶奥运会和1996年亚特兰大奥运会都没有造成美国经济下滑。
C. 中国城市化进程处于加速阶段，城镇建设在今后几十年内将有力地推动中国经济发展。
D. 为奥运会兴建的体育场馆在奥运会后将成为普通市民健身和娱乐的场所。
E. 2008年北京奥运会带动了中国体育事业的发展，而这种发展在奥运会后仍有很强的延续性。

【解析】类比型削弱题。

题干：奥运会结束后，韩国、西班牙、希腊等国家都出现经济下滑现象 —证明→ 2008年奥运会后中国也会出现经济衰退。

D项，无关选项，"娱乐健身"和经济发展不直接相关。

B项，可以削弱，举反例削弱题干。

A、C、E项均说明奥运会后经济仍会有所发展，削弱题干。

【答案】D

例11 毫无疑问，未成年人吸烟应该加以禁止。但是，我们不能为了防止给未成年人吸烟以可乘之机，就明令禁止自动售烟机的使用。马路边上不是到处有避孕套自动销售机吗？为什么不担心有人从中买了避孕套去嫖娼呢？

以下哪项如果为真，最能削弱题干的论证？

A. 嫖娼是触犯法律的，但未成年人吸烟并不触犯法律。
B. 公众场合是否适合放置避孕套自动销售机，一直是一个有争议的问题。
C. 人工售烟营业点明令禁止向未成年人售烟。
D. 在司法部门的严厉打击下，卖淫嫖娼等社会丑恶现象逐年减少。
E. 据统计，近年来未成年吸烟者的比例有所上升。

【解析】类比型削弱题。

题干采用类比论证：不能因为担心有人买避孕套去嫖娼而禁止避孕套自动销售机的使用 —证明→ 不能为了防止给未成年人吸烟以可乘之机，就明令禁止自动售烟机的使用。

A项，干扰项，虽然此项也指出了类比对象的差异，但这种差异并不能削弱题干结论的成立。试想，嫖娼是违法的，都无须禁止避孕套自动销售机，那么吸烟并不违法，就更不需要禁止自动售烟机了。故，此项支持题干。

B项，诉诸无知。

C项，可以削弱，此项指出类比对象有差异，避孕套有多种购买方式，避孕套自动销售机对于嫖娼者来说，可有可无，故无须禁止。而对于未成年人来说，烟草只能通过自动售烟机购买，故为了减少未成年人吸烟，应禁止自动售烟机的使用。

D、E项，显然是无关选项。

【答案】C

题型 16 因果型削弱题

母题精讲

母题 16 经过对最近十年的统计资料分析,大连市因癌症死亡的人数比例比全国城市的平均值要高两倍。而在历史上大连市一直是癌症特别是肺癌的低发病地区。看来,大连市最近这十年对癌症的防治出现了失误。

以下哪项如果为真,最能削弱上述论断?

A. 十年来大连市的人口增长和其他城市比起来并不算快。

B. 大连市的气候和环境适合疗养,很多癌症病人在此地走过了最后一段人生之路。

C. 大连市最近几年医疗保健的投入连年上升,医疗设施有了极大的改善。

D. 大连市医学院在以中医理论探讨癌症机理方面取得了突破性的进展。

E. 尽管肺癌的死亡率上升,但大连市的肺结核死亡率几乎降到了零。

【解析】因果型削弱题(找原因)。

题干:大连市对癌症的防治出现了失误 —导致→ 大连市因癌症死亡的人数比例比全国城市的平均值要高两倍。

A 项,题干说的是得病比例高,而不是得病人数多,所以与人口总数量没有关系。

B 项,另有他因,削弱题干。

C 项,削弱力度弱,不知道这些投入是否是为了防治癌症。

D 项,削弱力度弱,不知道这样的进展是否已经用于防治癌症。

E 项,无关选项。

【答案】B

母题技巧

1. "猜结果"型削弱题

如果题干是基于某个事件,推测这个事件引发的结果,就称为"猜结果"型题目。题干的基本结构为:

原因 —推测→ 结果

削弱方法最常见的有两种:一是指这个事件并未发生(否因),二是指出由于某种原因,使得题干推测的这个结果并不会出现(结果推断不当)。

2. "找原因"型削弱题

如果题干是已知发现了某种现象,推测这个事件产生的原因,就称为"找原因"型题目。题干的基本结构为:

结果 —猜测→ 原因,或者,现象 ←导致— 原因

削弱方法有以下几种:

(1) 否因削弱。

指出对方的原因没有发生。

(2) 否果削弱。

指出对方的结果没有发生。

(3) 另有他因。

其他原因导致了结果 B 的发生,而不是原因 A。另有他因是万能命题法,所有因果关系都可以用"另有他因"来削弱。

(4) 有因无果。

出现了原因 A,却没有出现结果 B。

(5) 无因有果。

没有原因 A,也出现了结果 B。

(6) 因果倒置。

B 是造成 A 的原因,而非 A 是造成 B 的原因。

(7) 因果无关。

题干中的因和果并不存在因果关系。

【注意】

如果一个选项的内容不涉及题干中的论证,对题干论证成立与否起不到作用,我们称之为无关选项。

无关选项是最常见的错误选项。因为无关选项一般不涉及题干中的关键词,所以使用关键词定位法一般可以迅速排除无关选项。

需要注意的是,"另有他因"和"无关选项"都是在选项中出现了题干中没有提及的新内容。如果这个新内容可以造成题干中的结果,则称为另有他因。但是如果这个新内容和题干中的论据不相关,也不能造成题干中的结果,则称为无关选项。

3. "找原因"的方法——求因果五法

对穆勒因果五法的考查,是真题的重点。在削弱题中,求异法考查的次数最多,共变法次之,求同法偶尔考查。所以我们将这三种方法的模型总结如下:

(1) 求异法。

求异法题目的题干,一般是两组对象进行比较(横向对比),或者同一组对象前后比较(纵向对比)的形式。

横向对比:

第一组对象:有 A,有 B;

第二组对象:无 A,无 B;

故有:A $\xrightarrow{导致}$ B。

纵向对比：

同一对象有因素 A 前：没有 B；

同一对象有因素 A 后：有 B；

故有：A $\xrightarrow{导致}$ B。

削弱方法：

使用求异法，要保证只能有一个差异因素。所以，最常用的削弱方式是"还有其他差异因素"对结果产生影响（另有他因）。常见的差异因素有：比较对象本身有差异、比较的起点不一致、比较对象所处环境不一致，等等。因果倒置也常在选项中出现。

（2）求异法的一种类型：百分比对比型削弱题方法总结。

百分比对比型题目的本质是求异法，一般分为三种场合：正面场合（如吸烟的人），反面场合（如不吸烟的人），全体场合（所有人）。

根据求异法，如果正面场合和反面场合、全体场合的百分比有差异，则支持因果关系；如果正面场合和反面场合、全体场合的百分比没有差异，则削弱因果关系。

例如：

正面场合：得糖尿病的人，60%肥胖；

反面场合：不得糖尿病的人，40%肥胖；

支持：肥胖引发糖尿病。

又如：

正面场合：得糖尿病的人，60%肥胖；

全体场合：所有人，40%肥胖；

支持：肥胖引发糖尿病。

再如：

正面场合：得糖尿病的人，60%肥胖；

全体场合：所有人，60%肥胖；

削弱：肥胖引发糖尿病。

口诀：同比削弱，差比加强。

（3）求同法。

题干结构：

第一组对象：有 A，有 B；

第二组对象：有 A，有 B；

故有：A $\xrightarrow{导致}$ B。

削弱方法：

使用求同法，要保证只能有一个相同因素。因此，可以用"还有其他相同因素"对结果产生影响来削弱（另有他因）。因果倒置也常在选项中出现。

（4）共变法。

共变法，是指两个现象存在共生共变的关系，则把其中一个现象作为另外一个现象的原因。使用共变法，最常犯的错误是因果倒置。

另外，两个共变的现象很可能是由另外一个共同的原因导致的，所以共变法的因果关系可以用另有他因来削弱，此时，也称为共因削弱。

【注意】

①穆勒五法是求因果的方法，因此，这类题型本质上还是因果型的题目，以上所有关于因果关系的削弱方法也适用于求因果五法型题目。

②求因果五法的作用是探求某个现象的原因，所以题干一般先写结果，后写原因，且原因常常是题干的结论。

母题变化

变化 1 找原因型削弱题

例 12 一般认为，剑乳齿象是从北美洲迁入南美洲的。剑乳齿象的显著特征是具有较长的剑型门齿，颚骨较短，齿的齿冠隆起，齿板数目为 7、8 个，并呈乳状突起，剑乳齿象因此得名。剑乳齿象的牙齿比较复杂，这表明它能吃草，在南美洲的许多地方都有证据显示史前人类捕捉过剑乳齿象。由此可以推测，剑乳齿象的灭绝可能与人类的过度捕杀有密切关系。

以下哪项如果为真，最能反驳上述结论？

A. 史前动物之间经常发生大规模相互捕杀的现象。

B. 剑乳齿象在遇到人类攻击时缺乏自我保护能力。

C. 剑乳齿象也存在由南美洲进入北美洲的回迁现象。

D. 由于人类活动范围的扩大，大型食草动物难以生存。

E. 幼年剑乳齿象的牙齿结构比较简单，自我生存能力弱。

【解析】因果型削弱题（找原因）。

题干：人类的过度捕杀 ——导致→ 剑乳齿象的灭绝。

A 项，另有他因，可能是史前动物之间经常发生的大规模相互捕杀导致了剑乳齿象的灭绝。

B 项，支持题干，说明了剑乳齿象为什么会因为人类捕杀而灭绝。

C 项，无关选项，"回迁现象"与"灭绝"无关。

D 项，支持题干，"人类活动"包含"捕杀"。

E 项，削弱力度弱，幼年时自我生存能力弱，不代表它们不能生存（例如：在成年象抚育下生存）。

【答案】A

例13 某公司自去年初开始实施一项"办公用品节俭计划",每位员工每月只能免费领用限量的纸笔等各类办公用品。年末统计时发现,公司用于各类办公用品的支出较上年度下降了30%。在未实施该计划的过去5年间,公司年均消耗办公用品10万元。公司总经理由此得出:该计划去年已经为公司节约了不少经费。

以下哪项如果为真,最能构成对总经理推论的质疑?

A. 另一家与该公司规模及其他基本情况均类似的公司,未实施类似的节俭计划,在过去的5年间办公用品年均消耗也为10万元。

B. 在过去的5年间,该公司大力推广无纸化办公,并且取得很大成效。

C. "办公用品节俭计划"是控制支出的重要手段,但说该计划为公司"一年内节约不少经费",没有严谨的数据分析。

D. 另一家与该公司规模及其他基本情况均类似的公司,未实施类似的节俭计划,但在过去的5年间办公用品人均消耗额越来越低。

E. 去年,该公司在员工困难补助、交通津贴等方面的开支增加了3万元。

【解析】因果型削弱题(找原因)。

题干：办公用品节俭计划 ——导致→ 节约经费。

A项，<u>不能削弱</u>，因为虽然两家公司在过去的5年间办公用品年均消耗值一样,但是不知道没实行此计划之前的费用趋势如何,可能此公司的办公用品消耗是递增的。

B项，<u>削弱力度弱</u>，因为无法判断无纸化办公取得的"很大成效"是不是"节约经费",例如可以是提高办公效率等成效。

C项，<u>削弱力度弱</u>，因为承认了"办公用品节俭计划"可以控制支出,并且C项中说没有严谨的数据分析,实际上题干是有数据分析的。

D项，<u>无因有果</u>，没有实施办公用品节俭计划的公司,人均消耗额也越来越低,故能削弱题干。

E项，<u>无关选项</u>，题干仅涉及"节约办公经费",与其他方面的开支无关。

【答案】D

例14 最近举行的一项调查表明,师大附中的学生对滚轴溜冰的着迷程度远远超过其他任何游戏,同时调查发现经常玩滚轴溜冰的学生的平均学习成绩相对其他学生更好一些。看来,玩滚轴溜冰可以提高学生的学习成绩。

以下哪项如果为真,最能削弱上面的推论?

A. 师大附中与学生家长签订了协议,如果孩子的学习成绩的名次没有排在前二十名,双方共同禁止学生玩滚轴溜冰。

B. 玩滚轴溜冰能够锻炼身体,保证学习效率的提高。

C. 玩滚轴溜冰的同学受到了学校有效的指导,其中一部分同学才不至于因此荒废学业。

D. 玩滚轴溜冰有助于智力开发,从而提高学习成绩。

E. 玩滚轴溜冰很难,能够锻炼学生克服困难做好一件事情的毅力,这对学习是有帮助的。

【解析】因果型削弱题(找原因)。

题干：玩滚轴溜冰 ——导致→ 学生的学习成绩提高。

A项，削弱题干，指出题干因果倒置。

B项，支持题干，说明玩滚轴溜冰确实提高了学习成绩，因果相关。

C项，削弱题干，此项的意思是多亏了学校的有效指导，一些玩滚轴溜冰的同学才不至于荒废学业，说明玩滚轴溜冰本身会使一些同学荒废学业，但是力度不如A项。

D项，补充论据，支持题干。

E项，补充论据，支持题干。

【答案】A

例15 美国的一个动物保护组织试图改变蝙蝠在人们心目中一直存在的恐怖形象。这个组织认为，蝙蝠之所以让人觉得可怕和遭到捕杀，仅仅是因为这些羞怯的动物在夜间表现得特别活跃。

以下哪项如果为真，将对上述动物保护组织的观点构成最严重的质疑？

A. 蝙蝠之所以能在夜间特别活跃，是由于它们具有在夜间感知各种射线和声波的特殊能力。

B. 蝙蝠是夜间飞行昆虫的主要捕食者。在这样的夜间飞行昆虫中，有很多是危害人类健康的。

C. 蝙蝠在中国及其他许多国家同样被认为是一种恐怖的飞禽。

D. 美国人熟知的浣熊和中国人熟知的食蚊雀，都是一些在夜间特别活跃的羞怯动物，但在人们的印象中一般并没有恐怖的形象。

E. 许多视觉艺术品，特别是动画片丑化了蝙蝠的形象。

【解析】因果型削弱题（找原因）。

题干：夜间活跃 ——导致→ 形象恐怖。

A项，无关选项，不涉及题干的论证。

B项，无关选项，不涉及题干的论证。

C项，无关选项，并且此项犯了诉诸众人的逻辑错误。

D项，有因无果，浣熊和食蚊雀都是在夜间特别活跃的羞怯动物（有因），但并没有恐怖的形象（无果），也可以认为是举反例。

E项，另有他因，但是此项存在一个概念的偷换，"丑化"不代表"恐怖"，因此不如D项质疑力度大。

【答案】D

例16 某网络公司通过问卷对登录"心理医生之窗"网站寻求心理帮助的人群进行调查。结果显示：持续登录"心理医生之窗"网站6个月或更长时间的人群中，46%声称与"心理医生之窗"网站的沟通与交流使他们的心情变得好多了。因此，更长时间登录"心理医生之窗"网站比短期登录会更有效地改善人们的心理状态。

以下哪项如果为真，最能削弱上述论断？

A. 持续登录该网站6个月以上的人群中，10%的人反映登录后心情变得更糟了。

B. 持续登录该网站6个月以上的人比短期登录的人更愿意回答问卷调查的问题。

C. 对"心理医生之窗"网站不满意的人往往是那些没有耐心的人,他们对问卷调查往往持消极态度。

D. 登录网站获得良好心情的人会更积极地登录,而那些感觉没有效果的人往往会离开。

E. 登录"心理医生之窗"网站不足半年的人多于登录该网站 6 个月以上的人。

【解析】因果型削弱题(找原因)。

题干:更长时间登录"心理医生之窗"网站——导致→有效改善人们的心理状态。

A项,不能削弱,10%的人心情变差不能削弱46%的人心情变好。

B项,无关选项,"更愿意回答"与"心情好坏"没有关系。

C项,无关选项,有没有"耐心"和心情是不是变好无关。

D项,因果倒置,不是因为长时间登录该网站让人们心情变好,而是人们心情变好才会更积极地登录该网站,削弱题干。

E项,无关选项。

【答案】D

变化2 猜结果型削弱题

例17 人体在晚上分泌的镇痛荷尔蒙比白天多,因此,在晚上进行手术的外科病人需要较少的麻醉剂。既然较大量的麻醉剂对病人的风险更大,那么,如果经常在晚上做手术,手术的风险也就可以降低了。

下列哪项如果为真,最能反驳上述结论?

A. 医院晚上能源的费用比白天低。

B. 多数的新生儿在半夜和早上七点之间出生。

C. 晚上的急症病人比白天多,包括那些急需外科手术的病人。

D. 护士和医疗技师晚上每小时薪金比白天高。

E. 手的灵巧和脑的警觉晚上比白天低,即使对习惯晚上工作的人也如此。

【解析】因果型削弱题(猜结果)。

题干:在晚上进行手术的外科病人需要较少的麻醉剂,而大量的麻醉剂对病人的风险更大(原因)——推测→在晚上做手术会降低手术风险(结果)。

A项,无关选项,此项可以支持晚上做手术,但与手术的风险无关。

B项,无关选项,题干涉及的是"外科病人",而此项涉及的是"新生儿"。

C项,无关选项,题干不涉及白天和晚上急症病人数量的比较。

D项,无关选项,此项说明晚上做手术会有更高的成本,但与手术的风险无关。

E项,指出医生在晚上做手术,会带来更大的手术风险,说明"晚上做手术会降低手术风险"这一结果推断不当。

【答案】E

例18 由于工业废水的污染,淮河中下游水质恶化,有害物质的含量大幅度提高,这引起了多种鱼类的死亡。但由于蟹有适应污染水质的生存能力,因此,上述沿岸的捕蟹业和蟹类加工业将不会像渔业同行那样受到严重影响。

以下哪项如果是真的,将严重削弱上述论证?

A. 许多鱼类已向淮河上游及其他水域迁移。
B. 上述地区渔业的资金向蟹业转移,激化了蟹业的竞争。
C. 作为幼蟹主要食物来源的水生物蓝藻无法在污染水质中继续存活。
D. 蟹类适应污染水质的生理机制尚未得到科学的揭示。
E. 在鱼群分布稀少的水域中蟹类繁殖较快。

【解析】因果型削弱题(猜结果)。

题干:蟹有适应污染水质的生存能力 —导致→ 捕蟹业和蟹类加工业将不会像渔业同行那样受到严重影响。

A项,无关选项。
B项,竞争加大了,可以削弱。
C项,因为污染,幼蟹失去了食物来源,削弱力度强于B项。
D项,诉诸无知。
E项,鱼类死亡给蟹类带来了更好的生存环境,支持题干。

【答案】C

例19 1985年,W国国会降低了单身公民的收入税收比率,这对有两份收入的已婚夫妇十分不利,因为他们必须支付比分别保持单身更多的税。从1985年到1995年,未婚同居者的数量上升了205%。因此,国会通过修改单身公民的收入税收比率,可使更多的未婚同居者结婚。

以下哪项如果为真,将最有力地削弱上述论证?

A. 从1985年到1995年,W国的离婚率上升185%,高离婚率对当事者特别是单亲子女造成的伤害,成为受到普遍关注特别是受到婚龄段青年人关注的社会问题。
B. 在H国,国会并未降低单身公民的收入税收比例,但在1985年至1995年间,未婚同居者的数量也有所上升。
C. W国的税收比率在相同发展水平的国家中并不算高。
D. 从1985年到1995年,W国的未婚同居者的数量并不呈直线上升,而是在1990年有所回落。
E. W国的未婚同居的现象,并不像在有些国家中那样受到道义上的指责。

【解析】因果型削弱题(找原因+猜结果)。

题干:①1985年,W国国会降低了单身公民的收入税收比率,有两份收入的已婚夫妇必须支付比分别保持单身更多的税;

②从1985年到1995年,未婚同居者的数量上升了205% —证明→ 国会通过修改单身公民的收入税收比率,可使更多的未婚同居者结婚。

A项,另有他因,从1985年到1995年间,未婚同居者的数量大幅度上升的另外一个原因是,高离婚率所造成的伤害使得人们对结婚更为保守和谨慎,因此,仅通过修改相应税率,未必能使更多的未婚同居者结婚。

B 项，偷换论证对象，题干的论证对象为 W 国，而此项是 H 国。

其余各项均不能削弱。

【答案】A

变化 3　求因果五法型削弱题（求异法）

例 20　一项研究将一组有严重失眠的人与另一组未曾失眠的人进行比较，结果发现，有严重失眠的人出现了感觉障碍和肌肉痉挛，例如，皮肤过敏或不停地"跳眼"症状。研究人员的这一结果有力地支持了这样一个假设：失眠会导致周围神经系统功能障碍。

以下哪项如果为真，最能质疑上述假设？

A. 感觉障碍或肌肉痉挛是一般人常有的周围神经系统功能障碍。

B. 常人偶尔也会严重失眠。

C. 该项研究并非由权威人士组织实施。

D. 周围神经系统功能障碍的人常患有严重的失眠。

E. 参与研究的两组人员的性别与年龄构成并不完全相同。

【解析】求异法型削弱题。

题干：

　　失眠的人：出现了感觉障碍和肌肉痉挛；

　　不失眠的人：无上述现象；

　　故：失眠会导致周围神经系统功能障碍。

A、B 项，无关选项。

C 项，诉诸权威。

D 项，因果倒置，不是失眠会导致周围神经系统功能障碍，而是周围神经系统功能障碍导致失眠，削弱题干。

E 项，比较对象有差异，但是没有说明这种比较对象的差异会不会对失眠造成影响，因此，削弱力度弱。

【答案】D

例 21　马医生发现，在进行手术前喝高浓度加蜂蜜的热参茶可以使他手术时主刀更稳，用时更短，效果更好。因此，他认为，要么是参，要么是蜂蜜，含有的某些化学成分能帮助他更快更好地进行手术。

以下哪项如果为真，能削弱马医生的上述结论？

Ⅰ. 马医生在喝含高浓度加蜂蜜的热柠檬茶后的手术效果同喝高浓度加蜂蜜的热参茶一样好。

Ⅱ. 马医生在喝白开水之后的手术效果与喝高浓度加蜂蜜的热参茶一样好。

Ⅲ. 洪医生主刀的手术效果比马医生好，而前者没有术前喝高浓度的蜂蜜热参茶的习惯。

A. 仅Ⅰ。　　　　　　　B. 仅Ⅱ。　　　　　　　C. 仅Ⅲ。

D. 仅Ⅰ和Ⅱ。　　　　　E. Ⅰ、Ⅱ和Ⅲ。

【解析】求异法型削弱题。

题干：术前喝高浓度加蜂蜜的热参茶，手术效果更好 —证明→ 要么是参，要么是蜂蜜，含有的某些化学成分能帮助他更快更好地进行手术。

Ⅰ项，求同法，都有蜂蜜，可能是蜂蜜的原因使手术效果更好，支持马医生。

Ⅱ项，无因有果，削弱马医生。

Ⅲ项，题干的结论是"使他"更快更好地手术，论证对象是"马医生"，Ⅲ项的论证对象是洪医生，论证对象不同，无关选项。

【答案】B

例22 新挤出的牛奶中含有溶菌酶等抗菌活性成分。将一杯原料奶置于微波炉加热至50℃，其溶菌酶活性降低至加热前的50%。但是，如果用传统热源加热原料奶至50℃，其内的溶菌酶活性几乎与加热前一样，因此，对酶产生失活作用的不是加热，而是产生热量的微波。

以下哪项如果属实，最能削弱上述论证？

A. 将原料奶加热至100℃，其中的溶菌酶活性会完全失活。
B. 加热对原料奶酶的破坏可通过添加其他酶予以补偿，而微波对酶的破坏却不能补偿。
C. 用传统热源加热液体奶达到50℃的时间比微波炉加热至50℃的时间长。
D. 经微波炉加热的牛奶口感并不比用传统热源加热的牛奶口感差。
E. 微波炉加热液体会使内部的温度高于液体表面达到的温度。

【解析】求异法型削弱题。

题干：

> 微波炉加热至50℃，溶菌酶活性降至加热前的50%；
> 传统热源加热至50℃，溶菌酶活性几乎与加热前一样；
> 故：对酶产生失活作用的不是加热，而是产生热量的微波。

A项，无关选项，此项与题干中的条件并不相同，在100℃时能使酶失活，不代表在50℃时也可以。例如，100℃的水可以烫死一个人，不代表50℃的水也可以烫死一个人。

B、C、D项均为无关选项。

E项，削弱题干，在使用求异法时，只能有一个差异因素，如果E项为真，则出现了两个差异因素：加热方式不同，内部温度也不同，另有他因。

【答案】E

变化4 求因果五法型削弱题（求异法之百分比对比型）

例23 对某高校本科生的某项调查统计发现：在因成绩优异被推荐免试攻读硕士研究生的文科专业学生中，女生占70%。由此可见，该校本科生文科专业的女生比男生优秀。

以下哪项如果为真，能最有力地削弱上述结论？

A. 在该校本科生文科专业学生中，女生占30%以上。
B. 在该校本科生文科专业学生中，女生占30%以下。
C. 在该校本科生文科专业学生中，男生占30%以下。
D. 在该校本科生文科专业学生中，女生占70%以下。
E. 在该校本科生文科专业学生中，男生占70%以上。

【解析】百分比对比型削弱题。

题干：在因成绩优异被推荐免试攻读硕士研究生的文科专业学生中，女生占 70% $\xrightarrow{证明}$ 该校本科生文科专业的女生比男生优秀。

C 项与题干形成求异法：

题干：推荐免试攻读硕士研究生的文科专业学生中，女生占 70%；

C 项：所有文科专业学生中，男生占 30% 以下（即女生占 70% 以上）；

正面场合和全体场合无差异，削弱：该校本科生文科专业的女生比男生优秀。

这个题有很多同学不理解，为什么提供一个百分比的对比就能削弱呢？我们来想一想，如果题干中的学校是中华女子学院，学校里 98% 以上的学生都是女生，那么保研的学生中有 70% 是女生能证明女生优秀吗？当然不能，因为这说明占所有人仅 2% 的男生居然拿到了 30% 的保研名额，男生也太优秀了吧，这就削弱了题干！反之，如果这个学校是工科院校，一共没几个女生，女生占比远远低于 50%，结果她们却拿到了 70% 的保研名额，女生是不是很优秀？这样的话就支持了题干。

【答案】C

例 24 以下两题基于以下题干：

某校的一项抽样调查显示：该校经常泡网吧的学生中，家庭经济条件优越的占 80%，学习成绩下降的也占 80%，因此，家庭条件优越是学生泡网吧的重要原因，泡网吧是学习成绩下降的重要原因。

(1) 以下哪项如果为真，最能削弱上述论证？

A. 该校位于高档住宅区，学生九成以上家庭条件优越。

B. 经过清理整顿，该校周围网吧符合规范。

C. 有的家庭条件优越的学生并不泡网吧。

D. 家庭条件优越的家长并不赞成学生泡网吧。

E. 被抽样调查的学生占全校学生的 30%。

(2) 以下哪项如果为真，最能加强上述论证？

A. 该校是市重点学校，学生的成绩高于普通学校。

B. 该校狠抓教学质量，上学期半数以上学生的成绩都有明显提高。

C. 被抽样调查的学生多数能如实填写问卷。

D. 该校经常做这种形式的问卷调查。

E. 该项调查的结果已上报，受到了教育局的重视。

【解析】百分比对比型削弱题。

题干：家庭经济条件优越的占 80%，学习成绩下降的也占 80% $\xrightarrow{证明}$ 家庭条件优越是学生泡网吧的重要原因，泡网吧是学习成绩下降的重要原因。

(1) A 项，指出正面场合与全体场合无差异：

题干：泡网吧、学习成绩下降的学生，80% 家庭优越；

A 项：所有学生，90% 家庭优越；

削弱：家庭优越导致学生泡网吧、学习成绩下降。

(2) B项，指出正面场合和全体场合有差异：

> 题干：泡网吧的学生，学习成绩下降的占80%；
>
> B项：所有学生，半数以上成绩提高；
>
> 支持：泡网吧是学习下降的原因。

【答案】(1) A；(2) B

例25 据某国卫生部门统计，2004年全国糖尿病患者中，年轻人不到10%，70%为肥胖者。这说明，肥胖将极大地增加患糖尿病的危险。

以下哪项如果为真，将严重削弱上述结论？

A. 医学已经证明，肥胖是心血管病的重要诱因。

B. 2004年，该国的肥胖者的人数比1994年增加了70%。

C. 2004年，肥胖者在该国中老年人中所占的比例超过60%。

D. 2004年，该国年轻人中的肥胖者所占的比例，比1994年提高了30%。

E. 2004年，该国糖尿病的发病率比1994年降低了20%。

【解析】百分比对比型削弱题。

题干：糖尿病患者中，年轻人不到10%，70%为肥胖者 —证明→ 肥胖将极大地增加患糖尿病的危险。

C项，指出正面场合和全体场合几乎无差异：

> 题干：糖尿病患者中，年轻人不到10%，70%为肥胖者，说明大部分是中老年肥胖者；
>
> C项：所有中老年人中，肥胖者超过60%；
>
> 削弱：肥胖将极大地增加患糖尿病的危险。

【答案】C

变化5 求因果五法型削弱题（求同法）

例26 一项对30名年龄在3岁的独生孩子与30名同龄非独生的第一胎孩子的研究发现，这两组孩子日常行为能力非常相似，这种日常行为能力包括语言能力、对外界的反应能力，以及和同龄人、他们的家长及其他大人相处的能力，等等。因此，独生孩子与非独生孩子的社会能力发展几乎一致。

以下哪项如果为真，最能削弱上述结论？

A. 进行对比的两组孩子是不同地区的孩子。

B. 独生孩子与母亲接触的时间多于非独生孩子与母亲接触的时间。

C. 家长通常在第一胎孩子接近3岁时怀有他们的第二胎孩子。

D. 大部分参与此项目的研究者没有兄弟姐妹。

E. 独生孩子与非独生孩子与母亲接触的时间和与父亲接触的时间是各不相同的。

【解析】求同法型削弱题。

题干：

> 3岁独生孩子与3岁非独生的第一胎孩子的日常行为能力非常相似；
>
> 故：独生孩子与非独生孩子的社会能力发展几乎一致。

使用求同法时，要保证只有一个共同因素，如果<u>有其他共同因素</u>，就会导致误差。

C项，说明3岁的非独生第一胎孩子的弟弟或妹妹在他们接近3岁时才刚刚出生，他们与独生孩子在3岁前的成长环境是一致的，成长环境的一致使他们日常行为能力相似，而不是社会能力发展一致，<u>另有他因</u>，削弱题干。

【答案】C

变化6　求因果五法型削弱题（共变法）

例27　大约在12 000年前，当气候变暖时，人类开始陆续来到北美洲各地。在同一时期，大型哺乳动物，如乳齿象、猛犸和剑齿虎等，却从它们曾经广泛分布的北美洲土地上灭绝了。所以，和人类曾经与自然界其他生物和平相处的神话相反，早在12 000年前，人类的活动便导致了这些动物的灭绝。

以上论证最容易受到以下哪项陈述的质疑？

A. 该论证未经反思地把人类排除在自然界之外。

B. 人类来到北美洲可能还会导致乳齿象、猛犸和剑齿虎之外的其他动物灭绝。

C. 乳齿象、猛犸和剑齿虎等大型哺乳动物的灭绝，对于早期北美洲的原始人类来说，具有非同寻常的意义。

D. 所提出的证词同样适用于两种可选择的假说：气候的变化导致大型哺乳动物灭绝，但同样的原因使得人类来到北美洲各地。

E. 12 000年前，很多小型哺乳动物遭到了灭绝。

【解析】共变法型削弱题。

题干：人类的活动 —导致→ 大型哺乳动物的灭绝。

D项，共因削弱，指出人类的活动和大型哺乳动物的灭绝都是由气候的变化导致的。

其余各项均为无关选项。

【答案】D

题型17　措施目的型削弱题

母题精讲

母题17　某乡间公路附近经常有鸡群聚集。这些鸡群对这条公路上高速行驶的汽车的安全造成了威胁。为了解决这个问题，当地交通部门计划购入一群猎狗来驱赶鸡群。

以下哪项如果为真，最能对上述计划构成质疑？

A. 出没于公路边的成群猎狗会对交通安全构成威胁。

B. 猎狗在驱赶鸡群时可能伤害鸡群。

C. 猎狗需要经过特殊训练才能驱赶鸡群。

D. 猎狗可能会有疫病，有必要进行定期检疫。

E. 猎狗的使用会增加交通管理的成本。

【解析】措施目的型削弱题。

题干：购入猎狗来驱赶鸡群 —以求→ 消除鸡群对高速行驶的汽车造成的安全威胁。

A项，措施达不到目的，成群猎狗虽然消除了鸡群的安全威胁，但是带来了更大的安全隐患，达不到消除安全隐患的目的。

B项，措施有恶果，但伤害鸡群和带来安全隐患比，显然是次要因素。

C项，措施有恶果，即使需要特殊训练，只要能解决安全威胁问题也是值得的。

D项，措施有恶果，即使需要定期检疫，只要能解决安全威胁问题也是值得的。

E项，措施有恶果，但力度显然不如A项。

【答案】A

母题技巧

措施目的型题目的题干结构一般为：因为某个原因，导致计划采取某个措施（方法、建议），以达到某种目的（解决某个问题），即：

原因 —导致→ 措施 —以求→ 目的

对"措施目的"关系的削弱方式如下面的例子：

注射青霉素（措施），以治疗甲型流感（目的）。

符号化：注射青霉素 —以求→ 治疗甲型流感。

削弱理由	削弱方式
青霉素尚未提取成功	措施不可行
青霉素治不好甲型流感	措施达不到目的（措施无效）
青霉素会导致严重的过敏	措施有恶果（副作用）

【注意】

一般来说，措施都或多或少地有一些副作用，但如果措施有效并且副作用的危害不是很大，就值得采取这一措施。所以措施有恶果（副作用）常常用作干扰项。

当措施的副作用太大，采取这一措施弊大于利时，这一措施就不值得采取了。此时，措施有恶果的削弱力度就很大了。

母题变化

变化1 措施目的型削弱题

例28 口腔癌对那些很少刷牙的人是危险的。为了能在早期发觉这些人的口腔癌，一些城镇的公共卫生官员向所有的该镇居民散发了一份小册子，上面描述了如何进行每周口腔的自我检查，以发现口腔的肿瘤。

以下哪项如果为真，最好地批评了把这份小册子作为一种达到公共卫生官员的目标的方法？

A. 有些口腔疾病的病征靠自检难以发现。

B. 预防口腔癌的方案因人而异。

C. 经常刷牙的人也可能患口腔癌。

D. 口腔自检的可靠性不如在医院所做的专门检查。

E. 很少刷牙的人不大可能每周对他们的口腔进行检查。

【解析】措施目的型削弱题。

题干：发放小册子——以求→进行口腔的自我检查——以求→减少口腔癌对那些很少刷牙的人的危险。

A项，不能削弱，因为题干的目的是要发现口腔癌，而不是其他的口腔疾病，无关选项。

B项，诉诸无知，"因人而异"的意思是题干的结论对于那些很少刷牙的人是不是正确的是未知的。

C项，无关选项，题干讨论的是"很少刷牙的人"，此项是"经常刷牙的人"，论证主体不同。

D项，无关选项，题干不存在口腔自检和医院专门检查之间的比较。

E项，措施达不到目的，很少刷牙的人不大可能每周对自己的口腔进行检查，所以，即使发放了小册子也起不到作用。

【答案】E

例29 某单位检验科需大量使用玻璃烧杯。一般情况下，普通烧杯和精密刻度烧杯都易于破损，前者的破损率稍微高些，但价格便宜得多。如果检验科把下年度计划采购烧杯的资金全部用于购买普通烧杯，就会使烧杯数量增加，从而满足检验需求。

以下哪项如果为真，最能削弱上述论证？

A. 如果把资金全部用于购买普通烧杯，可能会将其中部分烧杯挪为他用。

B. 下年度计划采购烧杯的数量不能用现在的使用量来衡量。

C. 某些检验人员喜欢使用精密刻度烧杯而不喜欢使用普通烧杯。

D. 某些检验需要精密刻度烧杯才能完成。

E. 精密刻度烧杯使用更加方便，易于冲洗与保存。

【解析】措施目的型削弱题。

题干：下年度全部资金用于购买比精密刻度烧杯便宜的普通烧杯——以求→增加烧杯数量，满足检验需求。

A项，无关选项。

B项，诉诸无知。

C项，某些检验人员的喜好，不足以成为决定性因素，削弱力度弱。

D项，削弱题干，精密刻度烧杯具有不可替代性，若只买普通烧杯，则无法满足检验需求，措施达不到目的。

E项，可以削弱，说明精密刻度烧杯具有优势，但力度不如D项。

【答案】D

例 30 市场上推出了一种新型的电脑键盘。新型键盘具有传统键盘所没有的"三最"特点，即最常用的键设计在最靠近最灵活手指的部分。新型键盘能大大提高键盘的输入速度，并减少错误率。因此，用新型键盘替换传统键盘能迅速提高相关部门的工作效率。

以下哪项如果为真，最能削弱上述论证？

A. 有的键盘使用者最灵活的手指和平常人不同。

B. 传统键盘中最常用的键并非设计在离最灵活手指最远的部分。

C. 越能高效率地使用传统键盘，短期内越不易熟练地使用新型键盘。

D. 新型键盘的价格高于传统键盘的价格。

E. 无论使用何种键盘，输入速度和错误率都因人而异。

【解析】措施目的型削弱题。

题干：使用新型键盘 ──以求──→ 迅速提高工作效率。

A 项，"有的"人的情况，不能削弱整体情况。

B 项，不能削弱，传统键盘无论是怎么设计的，新型键盘只要有所改进就可以达到提高效率的目的。

C 项，削弱题干，说明传统键盘短期内无法取代，使用新型键盘达不到"迅速提高工作效率"的目的。

D 项，无关选项，题干不涉及两种键盘价格的比较。

E 项，诉诸无知。

【答案】C

例 31 研究发现，市面上 X 牌香烟的 Y 成分可以抑制 EB 病毒。实验证实，EB 病毒是很强的致鼻咽癌的病原体，可以导致正常的鼻咽部细胞转化为癌细胞。因此，经常吸 X 牌香烟的人将减少患鼻咽癌的风险。

以下哪项如果为真，最能削弱上述论证？

A. 不同条件下的实验，可以得出类似的结论。

B. 已经患有鼻咽癌的患者吸 X 牌香烟后并未发现病情好转。

C. Y 成分可以抑制 EB 病毒，也可以对人的免疫系统产生负面作用。

D. 经常吸 X 牌香烟会加强 Y 成分对 EB 病毒的抑制作用。

E. Y 成分的作用可以被 X 牌香烟的 Z 成分中和。

【解析】措施目的型削弱题。

题干：①X 牌香烟的 Y 成分可以抑制 EB 病毒；②EB 病毒可以导致鼻咽癌 ──证明──→ 经常吸 X 牌香烟将减少患鼻咽癌的风险。

A 项，支持题干。

B 项，无关选项，题干讲的是"减少患鼻咽癌的风险"，此项讲的是"治疗鼻咽癌患者"，偷换概念。

C 项，可以削弱，措施有恶果，削弱力度弱。

D 项，支持题干。

E项，削弱题干，Y成分被Z成分中和，则对EB病毒的抑制作用没有效果，措施达不到目的（削弱题干的结论），削弱力度强。

【答案】E

变化2　必要措施

例32　番茄红素、谷胱甘肽、谷氨酰胺是有效的抗氧化剂，这些抗氧化剂可以中和人体内新陈代谢所产生的自由基。体内自由基过量会加速细胞的损伤，从而加速人的衰老。因而为了延缓衰老，人们必须在每天的饮食中添加这些抗氧化剂。

以下哪项如果为真，最能削弱上述论证？
A. 体内自由基不是造成人衰老的唯一原因。
B. 每天参加运动可有效中和甚至清除体内的自由基。
C. 抗氧化剂的价格普遍偏高，大部分消费者难以承受。
D. 缺乏锻炼的超重者在体内极易出现自由基过量。
E. 吸烟是导致体内细胞损伤的主要原因之一。

【解析】措施目的型削弱题。

题干：①自由基过量会加速细胞的损伤，从而加速人的衰老。

②抗氧化剂可以中和自由基（原因）——导致——→人们必须在每天的饮食中添加抗氧化剂——以求——→延缓衰老。

A项，不能削弱，不是"唯一"原因，可能是原因之一。

B项，削弱题干，另有他法，注意题干的措施是必须添加抗氧化剂，如果运动可以达到目的，则添加抗氧化剂就不是必需的。一般地，措施目的型题目不能用另有其他措施来削弱。此题之所以可以，就是因为题干中出现了"必须"二字。

C项，无关选项，"买不起"不代表"不需要"。

D、E项，无关选项。

【答案】B

题型18　数据陷阱型削弱题

母题精讲

母题18　在"非典"期间，某地区共有7名参与治疗"非典"的医务人员死亡，同时也有10名未参与"非典"治疗工作的医务人员死亡。这说明参与"非典"治疗并不比日常医务工作危险。

以下哪项相关断定如果为真，最能削弱上述结论？
A. 参与"非典"治疗死亡的医务人员的平均年龄，略低于未参与"非典"治疗而死亡的医务人员。
B. 参与"非典"治疗的医务人员的体质，一般高于其他医务人员。
C. 个别参与治疗"非典"死亡的医务人员的死因，并非是感染"非典"病毒。

D. 医务人员中只有一小部分参与了"非典"治疗工作。

E. 经过治疗的"非典"患者死亡人数，远低于未经治疗的"非典"患者死亡人数。

【解析】比率型削弱题。

题干：7名参与治疗"非典"的医务人员死亡，同时也有10名未参与"非典"治疗工作的医务人员死亡 —证明→ 参与"非典"治疗并不比日常医务工作危险。

题干比较的是<u>数量</u>，评价参与"非典"是否更加危险，需要知道<u>死亡率</u>。

D项，只有一小部分医务人员参与"非典"治疗工作，所以即使死亡人数少，也可能死亡率很高，这就削弱了题干中的结论。

【答案】D

> **母题技巧**
>
> 数字型题目，题干中的论证基于某些数据，但实际上，通过这些数据并不能充分地推出题干中的结论，需要我们加强或削弱。
>
> 这类题目我们统称为数据陷阱型题目。常见以下几类：
>
> **1. 比率陷阱**
>
> （1）用数据做比较时，应该使用数量时使用了比率，或者应该使用比率时使用了数量。
>
> （2）在衡量一个比率的大小时，只衡量了分子的大小，忽略了分母的大小。
>
> （3）错用分母，某个比率的分母应该是A，误用成B。
>
> （4）错用比率，应该用比率A衡量一个对象，误用了比率B。
>
> **2. 平均值陷阱**
>
> （1）误将一组样本的平均值，当作每个个体的值。
>
> （2）误将个体的值，当作一组样本的平均值。
>
> **3. 增长率陷阱**
>
> $$现值 = 原值 \times (1 + 增长率)^n;$$
> $$b = a \times (1 + x)^n。$$
>
> 仅比较两个对象的增长率的大小，不能确定哪个对象的数值大，还受其基数的影响。

> **母题变化**

> **变化1 比率陷阱**

例33 H地区95%的海洛因成瘾者在尝试海洛因前曾吸食过大麻，因此，该地区吸大麻的人数如果能减少一半，新的海洛因成瘾者将显著减少。

以下哪项如果为真，最能削弱上述论证？

A. 长期吸食大麻可能导致海洛因成瘾。

B. 吸毒者可以通过积极地治疗而戒毒。

C. H地区吸大麻的人成为海洛因成瘾者的比例很小。

D. 大麻和海洛因都是通过相同的非法渠道获得的。

E. 大麻吸食者的戒毒方法与海洛因成瘾者的戒毒方法是不同的。

【解析】比率型削弱题。

题干：95%的海洛因成瘾者在尝试海洛因前曾吸食过大麻 —证明→ 吸大麻的人数如果能减少一半，新的海洛因成瘾者将显著减少。

题干中的前提是海洛因成瘾者中吸食大麻的比例，而结论依赖的却是吸食大麻者中海洛因成瘾者的比例，不是同一比例。如果"吸大麻的人成为海洛因成瘾者的比例很小"，题干中的结论就可能无法成立，即C项正确。

【答案】C

例34 自从《行政诉讼法》颁布以来，"民告官"的案件成为社会关注的热点。人们普遍担心的是，"官官相护"会成为公正审理此类案件的障碍。但据H省本年度的调查显示，凡正式立案审理的"民告官"案件，65%都是以原告胜诉结案。这说明，H省的法院在审理"民告官"的案件中，并没有出现社会舆论所担心的"官官相护"。

以下哪项如果为真，最能削弱上述论证？

A. 在"民告官"案件中，原告如果不掌握能胜诉的确凿证据，一般不会起诉。

B. 有关部门收到的关于司法审理有失公正的投诉，H省要多于周边省份。

C. 所谓"民告官"的案件，在法院受理的案件中只占很小的比例。

D. 在"民告官"的案件审理中，司法公正不能简单地理解为原告胜诉。

E. 由于新闻媒介的特殊关注，"民告官"案件审理的透明度要大大高于其他的案件。

【解析】比率型削弱题。

题干："民告官"案件的65%都是以原告胜诉结案 —证明→ 没有出现社会舆论所担心的"官官相护"。

判断是否出现"官官相护"，应该看案件审理的正确率，而不是看原告的胜诉率，即：

$$正确率 = \frac{实际胜诉率}{应当胜诉率} \times 100\%.$$

所以，题干忽略分母。

A项，"原告如果不掌握能胜诉的确凿证据，一般不会起诉"，说明分母"原告应当胜诉率"可能高于65%，削弱题干。

【答案】A

例35 讯通驾校希望减少中老年学员的数量。因为一般而言，中老年人的培训难度较大。但统计数据表明，该校中老年学员的比例在逐渐增加。很显然，讯通驾校的上述希望落空了。

以下哪项如果为真，最能削弱上述论证？

A. 讯通驾校关于年龄阶段的划分不准确。

B. 国家关于汽车驾驶者的年龄限制放宽了。

C. 培训合格的中老年驾驶员是驾校不可推卸的责任。

D. 中老年人学习驾车是汽车进入家庭后的必然趋势。

E. 讯通驾校附近另一家驾校开设了专招青年学员的低价速成培训班。

【解析】比率型削弱题。

题干：中老年学员的比例增加 —证明→ 中老年学员数量增加了。

$$中老年学员比例 = \frac{中老年学员数量}{学员总数} \times 100\%。$$

所以，中老年学员的比例增加，不一定是分子变大了，也可能是分母变小了。

E项，有竞争对手出现，导致分母中的青年学员数量变小，因此，可能中老年学员并没有增加。

A项不能选，因为如果有足够多的青年学员被错划为中老年学员，则削弱题干；如果把中老年学员错划为青年学员，则加强题干。

其余各项均为无关选项。

【答案】E

例36 2000年，宏发投资基金的基金总值的40%用于债券的购买。近几年来，由于股市比较低迷，该投资基金更加重视投资债券，在2004年，其投资基金的60%都用于购买债券。因此，认为该投资基金购买债券比过去减少的观点是站不住脚的。

以下哪项如果为真，最能削弱上述论证？

A. 2004年宏发投资基金的总额比2000年少。

B. 宏发投资基金的领导层关于基金的投资取向一直存在不同的看法和争论。

C. 宏发投资基金经营部有许多新来的员工，对该基金的投资决策情况并不了解。

D. 宏发投资基金面临的竞争压力越来越大，无论怎样调整投资结构，经营风险都在增加。

E. 宏发投资基金2004年投资股票的比例比2000年要低。

【解析】比率型削弱题。

题干：2000年，基金总值的40%用于购买债券；2004年，基金总值的60%用于购买债券 —证明→ 购买债券比过去减少不成立。

显然有以下公式：

购买债券额 = 基金总额 × 购买债券的百分比。

所以，不知道基金总额（忽略基数）只比较百分比是没有意义的，故A项能削弱。

B、C、D项均为无关选项。

E项，债券和股票不是同一概念，无关选项。

【答案】A

▶ **变化2　平均值陷阱**

例37 东升商城公关部职工的平均工资是营业部职工的2倍，因此，公关部职工比营业部职工普遍有较高的收入。

以下哪项如果是真的，将最能削弱上述论证？

A. 公关部职工的人均周实际工作时数要超过营业部职工的50%。

B. 按可比因素计算，公关部职工为商城创造的人均价值是营业部职工的近 10 倍。

C. 公关部职工中最高工资与最低工资间的差别要远大于营业部职工。

D. 公关部职工的人数只是营业部职工的 10%。

E. 公关部职工中有 20% 享受商城的特殊津贴，营业部职工中则有 25% 享受此种津贴。

【解析】平均值型削弱题。

题干：东升商城公关部职工的"平均工资"是营业部职工的 2 倍 —证明→ 公关部职工比营业部职工"普遍有较高的收入"。

东升商城公关部职工的平均工资高，可能是由于少数人的工资特别高，从而拉高了所有人的平均值，并不能说明他们的职工"普遍有较高的收入"，因此 C 项能很好地削弱题干。

【答案】C

例 38 李工程师：在日本，肺癌病人的平均生存年限（即从确诊至死亡的年限）是 9 年，而在亚洲的其他国家，肺癌病人的平均生存年限只有 4 年。因此，日本在延长肺癌病人生命方面的医疗水平要高于亚洲的其他国家。

张研究员：你的论证缺乏充分的说服力。因为日本人的自我保健意识总体上高于其他的亚洲人，因此，日本肺癌患者的早期确诊率要高于亚洲其他国家。

以下哪项如果为真，能最有力地指出李工程师论证中的漏洞？

A. 亚洲一些发展中国家的肺癌患者是死于由肺癌引起的并发症。

B. 日本人的平均寿命不仅居亚洲之首，而且居世界之首。

C. 日本的胰腺癌病人的平均生存年限是 5 年，接近于亚洲的平均水平。

D. 日本医疗技术的发展，很大程度上得益于对中医的研究和引进。

E. 一个数大大高于某些数的平均数，不意味着这个数高于这些数中的每个数。

【解析】平均值型削弱题。

题干：日本肺癌病人的平均生存年限是 9 年，亚洲其他国家的肺癌病人的平均生存年限只有 4 年 —证明→ 日本在延长肺癌病人生命方面的医疗水平要高于亚洲的其他国家。

日本肺癌病人的平均生存年限高于亚洲其他国家的平均值，不代表高于这些国家中的任何一个国家。

【答案】E

变化 3　增长率陷阱

例 39 在过去的 10 年中，由美国半导体工业生产的半导体增加了 200%，但日本半导体工业生产的半导体增加了 500%，因此，日本现在比美国制造的半导体多。

以下哪项如果为真，最能削弱上述论证？

A. 在过去 5 年中，由美国半导体工业生产的半导体增加仅 100%。

B. 在过去 10 年中，美国生产的半导体的美元价值比日本生产的高。

C. 今天美国半导体出口在整个出口产品中所占的比例比 10 年前高。

D. 10 年前，美国生产的半导体占世界半导体的 90%，而日本仅占 2%。

E. 10年前，日本生产半导体是世界第4位，而美国列第1位。

【解析】数字型削弱题(增长率)。

题干：在过去的10年中，由美国半导体工业生产的半导体增加了200%，但日本半导体工业生产的半导体增加了500% —证明→ 日本现在比美国制造的半导体多。

A项，这一数据并不能支持或削弱10年以来美国生产的半导体增加了200%。

B、C项，无关选项。

D项，本题是增长率问题，不仅要看增长率的大小，还要看其基数的大小。例如，不妨设10年前美国生产90个单位的半导体，日本生产2个单位的半导体，那么现在美国生产270个单位的半导体，而日本生产12个单位的半导体，所以美国的半导体产量比日本大，削弱题干。

E项，只知道排名，无法确定10年前两国生产的半导体的数量。

【答案】D

微模考 3 ▶ 削弱题

（母题篇）

（共30题，每题2分，限时60分钟）

1. 为什么人类在长距离奔跑方面要比跑得更快的四足动物更有耐力？也许这是因为早期人类是炎热的非洲热带草原上的猎人。人类逐渐发展出了通过出汗散热的能力，而大多数哺乳动物只能靠喘气，这一功能在跑的时候很难调节。而且，四足动物必须采取一种速度能让它们在一步中间呼吸一次，否则，它们前足落地的撞击力将会阻碍深呼吸。人类则可以改变跑步中呼吸的次数，确定一种其猎物无法适应的速度，最终使之力竭。
   以下哪项如果为真，该作者对人类为何会发展为更好的长跑者的解释将受到最严重的削弱？
   A. 早期人类一般猎捕那些没有人类擅长长跑的动物。
   B. 早期人类只是在非洲热带草原上进行狩猎的物种之一。
   C. 早期人类狩猎主要是通过偷偷靠近并围成圈来捕捉猎物。
   D. 狩猎对于后来处在较寒冷气候中的人类与对早期非洲热带草原上的人类一样重要。
   E. 今天的人类保持了长跑的能力，但不再通过追赶猎物来狩猎了。

2. 随着生物技术公司的出现，人们害怕这些公司对他们的专职研究人员和学术顾问的专利化成果不予公开。这种抑制将会减缓生物科学和工程的发展速度。
   以下哪一项如果正确，将最能严重地削弱以上描述的关于科学保密的预测？
   A. 由实业界资助的生物技术研究已经取得了一些具有重大科学意义的结果。
   B. 当科学研究的结果作为秘密被保存起来时，独立的研究人员无法利用这些结果做进一步发展。
   C. 由于生物技术公司研究的优先次序与学术机构的不同，对这些公司的研究工作提供经济资助扭曲了研究的正常次序。
   D. 为提高公司在科学界的地位，生物技术公司鼓励员工将他们的成果，特别是重要的成果公开发表。
   E. 生物技术公司将一部分研究资源投入到具有基础性科学意义和并不能期望立即产生实际应用的问题研究上。

3. 自从1978年的航空公司管制法颁布以来，美国主要的航空公司已经裁减了3 000多人。因此，尽管放松管制带来的竞争帮消费者大大降低了票价，但美国的经济也受到了对航空公司放松管制的破坏。
   以下哪项如果为真，将会严重削弱以上论述？
   A. 美国很多人表达了对解除航空公司管制的强烈支持。
   B. 现在乘坐商业航班的人数比1978年的人数减少了，结果是运行航班所需的雇员也比1978年少了。
   C. 现在航班定期飞行的路线比1978年更加少了，因此航空业比1978年以前更加集中了，竞争也更加激烈了。

D. 几家主要的航空公司现在的利润和雇佣水平都比放松管制法通过以前要高了。

E. 小型的旅客承运商因为该放松管制法案的实施而繁荣起来，现在他们提供的新工作比1978年以来主要航空公司取消的岗位要多。

4. 最近的一项调查显示：某公司的许多工人对他们的工作不满意。调查同时显示：大多数感到不满意的工人认为对自己的工作安排没有自主权。因此，为了提高工人对工作的满意程度，公司的管理层仅仅需要改变工人对他们工作安排自主权程度的观念。

下列哪一项假如也在调查中被显示，则最能使上文作者的结论产生动摇？

A. 不满意的工人感到他们的工资太低并且工作条件不令人满意。

B. 公司中对工作满意的工人的数目比对工作不满意的工人数目多。

C. 该公司的工人与其他公司的工人相比，对他们的工作更不满意。

D. 公司管理层的大多数人相信工人对他们的工作已经有太多的控制权力。

E. 该公司中，对工作满意的人认为他们对自己的工作安排有很多控制的权力。

5. 瑜伽功的教师说他知道做瑜伽功感觉多好，并知道这种运动对他的心灵和精神健康多么有利。他说："不管怎么说，有着长达3 000年历史的东西一定会对人类行为有其合理之处。"

下面哪一项如果正确，是对瑜伽功教师基于瑜伽功历经时间论断的最强的相关性反驳？

A. 该教师受益于教授瑜伽功，因此，他作为一名受益者不是一个公正的验证人。

B. 瑜伽功的练习在3 000年中有一些变化。

C. 该教师只以一个人的经历来论证，他的健康可能是有其他原因。

D. 战争贯穿整个人类历史，它不能被公正地称为是好的。

E. 3 000年是对这一时间段的过少估计。

6. 人们经常能回忆起在感冒前有冷的感觉。这就支持了这样一种假设：感冒是（至少有时候是）由着凉引起的，是寒冷使病毒（如果存在的话）感染人体。

下面哪项如果正确，将最严重地削弱上述论据的说服力？

A. 着凉是一种压力，而压力会削弱防止人体染病的人体免疫系统的抵御能力。

B. 病毒存在于人体内数日后，引起的第一个症状就是冷的感觉。

C. 先受累然后着凉的人比不受累只受凉的人更容易患重感冒。

D. 有些患感冒的人并不知道是什么引发了他们感冒。

E. 病毒并不总是存在于环境中，因此一个人有可能只着凉而不得感冒。

7. 统计表明，美国亚利桑那州死于肺病的人的比例大于其他州死于肺病的人的比例，因为亚利桑那州的气候更容易引起肺病。

以下哪项最能反驳上述论证？

A. 气候只是引起肺病的一个因素。

B. 亚利桑那州的气候对肺病有利，有肺病的人纷纷来到此州。

C. 美国人通常不会一生住在一个地方。

D. 没有证据证明气候对肺病有影响。

E. 亚利桑那州的气候不是一成不变的。

8. 李强说："我认识了100个人，在我所认识的人中没有一个是失业的，所以中国的失业率一定是很低的。"

   以下哪项最能反驳李强的推理？

   A. 李强所认识的人中有小孩。

   B. 李强所在城市的失业率和其他城市不一样。

   C. 由于流动人口的存在，很难计算失业率。

   D. 李强认识的绝大多数是单位的同事。

   E. 有专家指出中国的失业率是很高的。

9. 班主任老师对一个学习优秀的学生说："你之所以取得这样好的成绩，主要是因为我教学有方。"

   以下哪项如果为真，将最有力地反驳老师的说法？

   A. 内因是变化的根据，外因是变化的条件。

   B. 班里大部分同学学习都不好。

   C. 另一个班里也有学习很优秀的学生，而他并不是班主任。

   D. 这个优秀学生的家长为该学生请了一个著名的学者当家教。

   E. 这个班主任经常单独教育这个学生。

10. 足协官员："与广大球迷一样，我们也迫切希望惩办那些收受贿赂的黑哨。但打击黑哨要靠真凭实据，不能靠猜测，否则很可能出现冤假错案。所以，有的人在没有证据的情况下，仅根据某些现象猜测某些裁判是黑哨还是很不应该的。"

    以下哪项如果为真，将能有力地削弱足协官员的论证？

    A. 被猜测为黑哨的裁判通常在足球场上表现了某种不公正。

    B. 被猜测为黑哨的裁判有可能真的是黑哨。

    C. 被猜测为黑哨的裁判不一定真的是黑哨。

    D. 受贿案件一般侦破过程是：先根据现象进行猜测，再根据猜测查找证据。

    E. 裁判被球迷指责为黑哨后，即使没有受贿，也应该首先检查自己是否公正。

11. 某国人口总数自2005年起开始下降，预计到2100年，该国人口总数将只有现在的一半。为此该国政府出台了一系列鼓励生育的政策。但到目前为止该国妇女平均只生育1.3个孩子，远低于维持人口正常更新的水平（2.07个）。因此，有人认为该国政府实施的这些鼓励生育的政策是无效的。

    以下哪项如果为真，最能反驳上述论断？

    A. 该国政府实施的这些鼓励生育的政策是一项长期国策，短时间内看不出效果。

    B. 如果该国政府没有出台鼓励生育的政策，该国儿童人口总数会比现在低很多。

    C. 如果该国政府出台更加有效的鼓励生育的政策，就可以提高人口数量。

    D. 近年来该国人口总数呈缓慢上升的趋势。

    E. 与该国地理位置相近的H国，生育水平也低于维持人口正常更新的水平。

12. 海洋中珊瑚的美丽颜色来自于其体内与之共存的藻类生物，其中虫黄藻是最重要的一类单细胞海藻。二者各取所需，相互提供食物。全球气候变暖造成的海水升温导致虫黄藻等藻类大量死亡，进而造成珊瑚本身死亡，引发珊瑚礁白化现象，然而研究发现，珊瑚能通过选择耐热的其他藻类生物等途径，来应对气候变暖带来的挑战。

以下哪项如果为真，将削弱这一研究发现？

A. 一些虫黄藻能够比耐热的其他藻类耐受更高的海水温度。

B. 有些藻类耐热性的形成需要一个长期的过程。

C. 有些虫黄藻逐渐适应了海水温度的升高并存活了下来。

D. 在已白化的珊瑚礁中也发现了死去的耐热性藻类生物。

E. 海洋中存在许多耐热藻。

13. 关于基本粒子目前最被认可的理论是"标准理论"。它约在 30 年前确立，已发现的基本粒子都可以根据这一理论进行解释。100 多年来，质子、中子、电子等基本粒子陆续被发现。面对这些成绩，有人认为，宇宙间的基本粒子被发现得差不多了，即使有，也可以用现有的理论解释，因而不会给人们带来太大的惊奇。

以下哪项如果为真，最能反驳以上观点？

A. 基于"标准理论"而被发现的基本粒子很少。

B. 基于"标准理论"做出的某些预测未在实验中得到证实。

C. 新发现的基本粒子与"标准理论"做出的预测不相符。

D. 有科学家提出了颠覆人们以往对基本粒子认识的新理论。

E. 近 10 年来，没有新的基本粒子被发现。

14. 去年，和羊毛的批发价不同，棉花的批发价大幅度地下跌。因此，虽然目前商店中棉织品的零售价还没有下跌，但它肯定会下跌。

以下哪项如果为真，最能削弱上述论证？

A. 去年由于引进新的工艺，棉织品的生产加工成本普遍上升。

B. 去年，羊毛批发价的上涨幅度，小于棉花批发价的下跌幅度。

C. 棉织品比羊毛制品更受消费者的欢迎。

D. 零售价的变动一般都滞后于批发价的变动。

E. 目前商品中羊毛制品的零售价没有大的变动。

15. 美国交通部公布的统计数字表明，接近 80％的交通死亡事故具有以下特点：第一，车速低于每小时 50 英里；第二，出事地点在距肇事者家 25 英里之内。因此，如果你在美国驾车时速高于 50 英里并且超出你家方圆 25 英里之外，那么，你是较为安全的。

以下哪项如果为真，最能有力地削弱上述论证的结论？

A. 在导致死亡的交通事故肇事者中 75％是年轻人。

B. 在因车速超过法定时速而被捕的人中 80％是酒后驾车者。

C. 全国每年的交通死亡事故中，50％发生在周末，这六个周末被认为是交通高风险周末，因为它们包括全国的节日。

D. 一天中只有凌晨一时至三时，才允许汽车超过时速 50 英里并超出司机家方圆 25 英里。

E. 一般人在开车时速较低时，更加容易精力不集中。

16. 有人再三声称倾倒核废物不会对附近的居民造成威胁。如果这种说法正确，那么不能把核垃圾场设在人口密集的地区就显得毫无道理。但是要把核废物倒在人口稀少的地区的方针表明，这项政策的负责者们至少在安全方面还是有些担忧的。

以下哪项如果为真，最能严重地削弱上述论证？

A. 如果发生事故，除了在人口稀少的地区外，疏散方案不可能得以顺利实施。

B. 如果发生事故，人口稀少地区的受害人数肯定比人口稠密地区的少。

C. 在人口稀少的地区倾倒核废物所带来的经济和政治问题要比人口稠密地区的少。

D. 化学废物也有危险，所以应把它倾倒在远离人口稠密的地区。

E. 如果人们不能确保核废物是安全无疑的，那么就应当把它们放置在对公众造成最小威胁的地方。

17. 根据文物保护法，被作为文物保护的建筑物或其他设施，其所有权即使属于个人，所有者也无权对其进行修缮、装饰乃至改建。这一规定并不妥当，因为有的所有者提出对文物进行外观和内部结构的改造，是因为他们确信，这样做有利于加固和美化文物，从而提高它们的价值。

以下哪项如果为真，最能削弱上述论证？

A. 对文物建筑的改造，不一定就能起到加固和美化的作用，有时反而会弄得不伦不类。

B. 有的文物建筑年久失修，如不及时改造，将严重损害其价值。

C. 文物建筑的真正价值在于它是历史的遗迹，对其原貌的任何改变都是在降低其价值。

D. 一个所有者不能对其所有物进行处置，这是对其基本权利的侵犯。

E. 个人所有者往往缺乏对文物建筑进行改造的技术能力。

18. 在过去的十年中，美国年龄在85岁或以上的人口数开始大量增长。出现这一趋势的主要原因是这些人在脆弱的孩提时期受到了良好的健康医疗照顾。

下面哪项如果正确，最能严重地削弱上面的解释？

A. 在美国，年龄85岁或85岁以上的人中，有75%的人其父母的寿命小于65岁。

B. 在美国，现在85岁以上年龄组出生人数少于比这一年龄组大一点和小一点的年龄组。

C. 在美国，年龄在85岁以上的人中，有35%需要24小时护理。

D. 美国很多85岁以上的人是在20岁或20岁以后才移民至美国的。

E. 由于联邦政府用于怀孕妇女和儿童的医疗护理的资金减少，美国公民的寿命有可能会缩短。

19. 因为青少年不应该吸烟，所以提案禁止向青少年出售香烟是十分合理的。但是，禁止使用自动售烟机，就如同在交通要道上设置路障，堵住100位驾驶员，仅仅只是为了逮捕其中的一位无证驾驶者。路障阻碍的不仅仅只是那些违法的人，而是所有的人。

下列哪一个问题的答案，能够帮助我们正确评价上述提出的禁令，即对禁止使用自动售烟机所提出的反对意见？

A. 自动售烟机比其他自动售货机更容易出错吗？

B. 目前是否有法律规定，禁止将成人专用的东西出售给青少年？

C. 提高香烟销售税能阻止青少年购买香烟吗？

D. 禁止设置自动售烟机是否给许多成年买烟者带来了不便？

E. 禁止自动售烟机是否会减少烟草行业的利润？

20. 公共教育正在遭受社会管理过度这种疾病的侵袭，这种疾病剥夺了许多家长对孩子接受教育类型的控制权。父母们曾经拥有的这种权利被转移到专职教育人员那里了，而且这种病症随着学校集权化和官僚化而日趋严重。

    下面哪项如果正确，会削弱以上关于家长对孩子教育控制权减弱的这种观点？

    A. 由于社会压力，越来越多的学校管理者听从了家长提出的建议。
    B. 尽管过去 10 年学生的数量减少了，但是专职教育人员的数量却增加了。
    C. 游说学校更改学校课程设置的家长组织通常是白费力气。
    D. 大多数学校理事会的成员是由学校管理者任命的，而不是公众选举的。
    E. 在过去 20 年里，州范围内统一使用的课程方案增加了。

21. 一块石头被石匠修整后，暴露于自然环境中时，一层泥土和其他的矿物便逐渐地开始在刚修整过的石头的表面聚集，这层泥土和矿物被称作岩石覆盖层。在一安迪斯纪念碑的石头的覆盖层下面，发现了被埋藏一千多年的有机物质。那些有机物质肯定是在石头被修理后不久就生长到它上面的，因此，那个纪念碑是在 1492 年欧洲人到达美洲之前很早建造的。

    下面哪项如果正确，最能严重地削弱上述论证？

    A. 岩石覆盖层自身就含有有机物质。
    B. 在安迪斯，1492 年前后重新使用古人修理过的石头的现象非常普遍。
    C. 安迪斯纪念碑与在西亚古代遗址中发现的纪念碑极为相似。
    D. 最早的关于安迪斯纪念碑的书面资料始于 1778 年。
    E. 储存在干燥和封闭地方的修理过的石头表面，倘若能形成岩石覆盖层的话，形成的速度也会非常缓慢。

22. 商场经理为减少营业员和方便顾客，把儿童小玩具从营业专柜移入超市，让顾客自选。

    以下哪项如果为真，则经理的做法会导致销售量下跌？

    A. 儿童小玩具品种多，占地并不多。
    B. 儿童和家长是在营业员的演示下引起对小玩具的兴趣的。
    C. 儿童小玩具能启发儿童的智力，一直畅销。
    D. 儿童自己不容易看懂玩具的说明书。
    E. 儿童玩具的色彩艳丽，很有吸引力。

23. 电影的年票房收入将开始下降。去年售出的电影票中有一半以上是给了占人口总数 27% 的 25 岁以下的年龄组，然而，在今后 10 年中，25 岁以下的人口数量将持续下降。

    下面哪项如果正确，将对上述关于将来的电影票房收入的预测提出最大的质疑？

    A. 医学进步降低了 40 岁到 60 岁的人的死亡率。
    B. 很多人在 25 岁以后逐渐失去了去电影院看电影的兴趣。
    C. 电影院的数目正在增多，预计这一趋势在将来的 10 年里会继续。
    D. 电影票房趋向于随着劳动力的增加而增加，而在今后的 10 年里劳动力人数将逐年增加。
    E. 专家认为在今后 10 年的每一年中卖出的电影票总数中有一多半是给 25 岁以下的人。

24. 在最近关于大脑反常和暴力行为内在性的研究中，研究者对 300 多个对自己的朋友和家人有过暴力行为的人进行研究。结果发现,大部分研究对象有大脑反常的痕迹,包括过去脑损伤和身体不正常的迹象。研究者得出结论说大脑反常的迹象可以用于预测暴力行为。

下面哪一项如果正确,将最严重地削弱研究者的结论?

A. 在一般人中大脑反常的发病率与这一组被研究人群的发病率一样高。

B. 被研究的人所患大脑反常有明显的两种类型。

C. 被研究的人显示了多种暴力行为。

D. 实验中被研究的人对陌生人和他们认识的人都有暴力行为。

E. 该研究的实验对象来自较大的地域范围。

25. 某高校本科生毕业论文中被发现有违反学术规范行为的人次在近10年来明显增多,这说明当代大学生在学术道德方面的素质越来越差。

以下哪项如果为真,将会明显削弱上述结论?

A. 互联网的强大功能为学术不端行为带来了极大的便利。

B. 高校没有对大学生进行学术道德方面的相关教育。

C. 近10年来大学本科毕业生的数量大幅增加。

D. 仍有三十名大学本科生的毕业论文被评为省优秀论文。

E. 有的违反学术规范的行为没有被检查出来。

26. 约翰:我在一生的各个时期中尝试了几种不同的心理治疗,如三种"交谈"疗法(弗洛伊德式、荣格式、认知式)和行为疗法。接受治疗期间是我一生中最不快乐的时光,因此,我得出结论:心理治疗对我不起作用。

下面哪一个陈述如果正确,最能削弱约翰的结论?

A. 行为疗法在设计时所针对的问题与交谈疗法所针对的问题不同。

B. 行为疗法所用的方法与交谈疗法所用的方法不大相同。

C. 尝试几种不同心理治疗法的人要比只用一种心理治疗法的人快乐。

D. 尝试几种不同心理治疗法的人要比只用一种心理治疗法的人更容易找到对他们起作用的一种疗法。

E. 接受最终有效的心理治疗的人在接受治疗时经常不快乐。

27. 在一次考古发掘中,考古人员在一座唐代古墓中发现多片先秦时期的夔文(音 kuí,一种变体的龙文)陶片。对此,专家解释说,由于雨水冲刷等原因,这些先秦时期的陶片后来被冲至唐代的墓穴中。

以下哪项如果为真,最能质疑上述专家的观点?

A. 在这座唐代古墓中还发现多件西汉时期的文物。

B. 这座唐代古墓保存完好,没有漏水、毁塌迹象。

C. 并非只有先秦时期才使用夔文,唐代文人以书写夔文为能事。

D. 唐代的墓葬风俗是将墓主生前喜爱的物品随同墓主一同下葬。

E. 在考古过程中很少发现雨水冲刷导致不同年代的物品存在于同一墓穴。

28. 研究人员对四川地区出土的一批恐龙骨骼化石进行分析后发现,骨骼化石内的砷、钡、铬、铀、稀土元素等含量超高,与现代陆生动物相比,其体内的有毒元素要高出几百甚至上千倍。

于是一些古生物学家推测这些恐龙死于慢性中毒。

如果以下各项为真，不能质疑上述推测的是哪一项？

A. 恐龙化石附近土壤中的有毒元素会渗进化石。

B. 恐龙化石内还有很多相应的解毒元素。

C. 这批恐龙化石都是老年恐龙，属于自然死亡。

D. 在恐龙化石附近的植物化石里，有毒元素含量很少。

E. 在这些恐龙化石上，都发现了能致命的伤痕。

29. 为了预测大学生毕业后的就业意向，《就业指南》杂志在大学生中进行了一次问卷调查，结果显示，超过半数的答卷都把教师作为首选的职业。这说明，随着我国教师社会地位和经济收入的提高，大学生毕业后普遍不愿意当教师的现象已经成为过去。

以下哪项如果为真，将严重削弱上述结论？

A. 目前我国教师的平均收入，和各行业相比，仍然是中等偏下。

B. 被调查者虽然遍布全国100多所院校，但总人数不过1 000多人。

C. 被调查者的半数是师范院校的学生。

D. 《就业指南》并不是一份很有影响的杂志。

E. 上述调查问卷的回收率超过90%。

30. S企业与J企业生产和销售一样的仪表。S企业和J企业中员工的工资都占了生产仪表成本的40%。S企业正在寻求强于J企业的竞争优势。因此，为促使达到这个目的，S企业应降低员工的工资。

以下哪项如果是正确的，将削弱以上的论述？

A. 因为生产少量的精密仪器，仪表制造商们不能在原材料上获得批量的折扣。

B. 工资降低会降低员工的工作质量，这种质量降低将导致销量的下降。

C. J企业去年抢走了S企业20%的生意。

D. S企业付给它的员工的工资，平均来说比J企业高10%。

E. 许多为制造业工厂工作的人居住在同一地区附近，他们工作的制造工厂是该地区的唯一企业。

微模考3 ▶ 参考答案

（母题篇）

1. C

【解析】因果型削弱题。

题干：早期人类必须追赶猎物打猎 —证明→ 人类可以发展为很好的长跑者。

A项，不能削弱，即使早期人类猎捕的是没有人类擅长长跑的动物，也无法说明人类在当时不需要长跑。

C项，削弱题干，直接说明早期人类不是靠追赶猎物打猎而是围猎猎物，否因削弱。

其余各项均为无关选项。

2. D

【解析】因果型削弱题。

题干：生物技术公司对其研究人员的科学成果进行保密 —导致→ 减缓生物科学和工程的发展速度。

B项，支持题干，说明科学成果的保密会导致生物研究发展的减缓，因果相关。

D项，否因削弱，说明生物技术公司不会对其研究人员的科学成果进行保密。

其余各项均为无关选项。

3. E

【解析】论证型削弱题。

题干：航空管制法颁布以来，美国主要的航空公司已经裁减3 000多人 —证明→ 美国经济受到了对航空公司放松管制的破坏。

A项，诉诸众人。

B项，支持题干，说明现在航空业确实存在就业减少的情况。

C项，支持题干，提供新论据，支持题干信息"放松管制带来竞争"。

D项，不能削弱，因为个案不能削弱整体状况，几家主要航空公司的状况变好不代表整体航空业变好。

E项，削弱题干，提供反面论据，说明美国航空公司总体雇员较之前是增多，而不是减少。

4. A

【解析】因果型削弱题。

题干：

①工作安排没有自主权 —导致→ 工人对工作不满意。

②提高工人对工作的满意程度，"仅仅"需要改变工人对他们工作安排自主权程度的观念。

A项，另有他因，说明除了"工作安排没有自主权"，还有其他原因导致工人的不满，那么，"仅仅"改变工人对他们工作安排自主权程度的观念，难以提高工人的工作满意度。

B项，不能削弱，满意的工人多不代表不存在不满意的工人。

C项，无关选项，题干没有涉及该公司与其他公司的比较。

D项，无关选项，题干涉及的是工人的观点，而非管理层的观点。

E项，支持题干，此项说明满意的人有自主权，题干说明不满意的人没有自主权，根据求异法可知，此项支持工作自主权影响工人的工作满意度。

5. D

【解析】论证型削弱题。

瑜伽功的教师：有着长达3 000年历史的东西一定合理 —证明→ 瑜伽功好，并对心灵和精神健康有利。

A项，无关选项，此项指出论证者不中立，可以削弱题干，但是，题目要求反驳"瑜伽功教师基于瑜伽功历经时间的论断"，此项不涉及"时间"。

B项，不能削弱，瑜伽功的练习发生变化不代表它没有作用。

C项，无关选项，此项指出样本没有代表性，可以削弱题干，但是，题目要求反驳"瑜伽功教师基于瑜伽功历经时间的论断"，此项不涉及"时间"。

D项，削弱题干，通过类比构造了一个和对方类似的论证（战争也很久远），但这一论证的结论显然与题干不符（战争不是好的），用了归谬法。

E项，显然不能削弱题干。

6. B

【解析】因果型削弱题。

题干：着凉、寒冷 —导致→ 感冒发冷。

A项，支持题干，说明着凉会引起感冒。

B项，因果倒置，说明不是因为寒冷导致了感冒，而是感冒导致了感觉寒冷。

C项，无关选项，题干不涉及受累与感冒的关系。

D项，诉诸无知。

E项，无关选项，题干表示感冒至少有时候是由着凉引起的，并非着凉一定引发感冒。

7. B

【解析】因果型削弱题。

题干：亚利桑那州的气候 —导致→ 肺病。

A项，支持题干，说明气候确实可以引发肺病。

B项，因果倒置，说明不是因为气候导致了肺病，而是有肺病的人都来此处养病。

C项，无关选项。

D项，诉诸无知。

E项，无关选项，气候是不是一成不变与气候对肺病有影响不直接相关。

8. D

【解析】调查统计型削弱题。

题干：李强认识的100个人中没有人失业 —证明→ 中国的失业率低。

A项，无关选项。

B 项，无关选项，题干不涉及不同城市之间的比较。而且，有可能其他城市的失业率低于李强所在的城市，那就更能说明中国的失业率低了。

C 项，诉诸无知，失业率很难计算不代表不能计算。

D 项，削弱题干，样本没有代表性。

E 项，诉诸权威。

9. B

【解析】因果型削弱题。

班主任：班主任教学有方 —导致→ 学生学习优秀。

A 项，不能削弱，内因有作用，不能否定外因也有作用。

B 项，否因削弱，大多数学生成绩不好，说明班主任教学无方。

C 项，无关选项，另一个班的学生和题干中的班主任之间没有关系。

D 项，另有他因，但是也有可能是学者和班主任的共同教育使得这位学生学习优秀，所以，无法排除班主任的作用，削弱力度弱。

E 项，支持题干，说明班主任的教育是学生学习优秀的原因，因果相关。

10. D

【解析】论证型削弱题。

足协官员：打击黑哨要靠真凭实据，不能靠猜测。

A 项，不能削弱，因为表现出某种"不公正"不一定是黑哨，也可能是误判等其他原因。

B 项，削弱题干，但"可能"力度弱。

C 项，支持题干，说明打击黑哨不能依据猜测。

D 项，削弱题干论点，说明猜测也是侦破案件(即发现黑哨)的一个必要途径。

E 项，无关选项。

11. B

【解析】论证型削弱题。

题干：政府出台鼓励生育的政策后，生育水平低于维持人口正常更新的水平 —证明→ 鼓励生育的政策是无效的。

A 项，诉诸无知。

B 项，削弱题干，如果该国政府没有出台鼓励生育的政策，该国儿童人口总数会比现在低很多，说明鼓励生育的政策还是起到了作用。

C 项，支持题干，说明目前的生育政策无效。

D 项，削弱题干，说明鼓励生育的政策可能起到了增加人口的作用，但力度很弱。

E 项，无关选项。

12. D

【解析】措施目的型削弱题。

研究发现：珊瑚能选择耐热的其他藻类生物 —以求→ 应对气候变暖带来的挑战。

A、C 项，无关选项，题干要求削弱"研究发现"，研究发现的是"其他耐热藻类"，而不是"某些虫黄藻"。

B项，不能削弱，藻类耐热性的形成需要长期的过程不代表不具有耐热性。

D项，削弱题干，耐热性藻类生物也无法应对气候变暖，措施达不到目的。

E项，支持题干，说明确实有耐热藻可供选择，措施可行。

13. C

【解析】论证型削弱题。

题干：宇宙间的基本粒子都可以用"标准理论"来解释；宇宙间的基本粒子被发现得差不多了，即使有，也可以用现有的理论解释，因而不会给人们带来太大的惊奇。

A项，无关选项。

B项，诉诸无知。

C项，削弱题干，说明新发现的粒子不能用"标准理论"进行解释。

D项，诉诸权威。

E项，支持题干，说明基本粒子被发现得差不多了。

14. A

【解析】论证型（因果型）削弱题。

题干：棉花的批发价下跌 —证明→ 棉织品的零售价下跌。

此题也是一个对结果的推断：由于棉花的批发价下跌，推断会引发一个结果，即棉织品的零售价会下跌。

A项，削弱题干，提出反面论据，其他成本上升了，所以棉织品的零售价不一定下跌。

B项，无关选项，题干不存在羊毛批发价和棉花批发价的价格变动大小的比较。

C、D、E项显然均为无关选项。

15. D

【解析】百分比对比型削弱题。

题干：交通死亡事故的共同特点：①时速低于50英里；②出事地点在距家方圆25英里之内 —证明→ 在美国驾车时速高于50英里并且超出你家方圆25英里之外，是较为安全的。

D项，削弱题干，交通死亡事故之所以"①时速低于50英里；②出事地点在距家方圆25英里之内"，是因为绝大多数车辆都在这个范围内出行，而不是因为这样驾驶不安全（同比削弱）。

其余各选项均为无关选项。

16. C

【解析】因果型削弱题。

题干：出于安全方面的考虑 —导致→ 不能把核垃圾场设在人口密集的地区。

A项，支持题干，说明确实有安全方面的考虑。

B项，支持题干，说明确实有安全方面的考虑。

C项，另有他因，说明不是由于安全问题将核废物倾倒在人口稀少地区，而是出于经济和政治问题的考虑，可以削弱。

D项，无关选项，题干不涉及化学废物，偷换论证对象。

E 项, 支持题干, 说明确实有安全方面的考虑。

17. C

【解析】论证型削弱题。

题干：文物所有者确信，他们对文物进行改造有利于加固和美化文物，从而提高文物价值 —证明→ 不允许文物所有者改造的规定不妥当。

A 项, 削弱题干论据, "不一定""有时"是弱化词, 力度弱。

B 项, 支持题干, 指出了文物建筑改造的必要性。

C 项, 削弱论据, 说明对文物的改造一定会降低文物的价值, 力度强。

D 项, 支持题干, 说明文物的所有者有权利对文物进行改造。

E 项, 不能削弱, 所有者自身缺乏技术能力, 不代表他无法请有技术能力的人或团队进行改造。

18. D

【解析】因果型削弱题。

题干：美国人在孩提时期受到良好的健康医疗照顾 —导致→ 年龄在 85 岁以上的人口数大量增长。

A 项, 无关选项, 研究对象与题干不符。

B 项, 无关选项, 题干不存在不同年龄组出生人数的比较。

C 项, 无关选项, 题干的论证只涉及寿命, 不涉及是否需要护理。

D 项, 否因削弱, 说明年龄在 85 岁以上的人孩提时期并没有在美国享受良好的医疗照顾。

E 项, 支持题干, 无因无果。

19. D

【解析】类比型削弱题。

题干：设置路障会在逮捕其中的一位无证驾驶者的同时, 堵住 100 位驾驶员, 因此不应该设置路障 —证明→ 不应该禁止使用自动售烟机。

D 项, 如果禁止设置自动售烟机给成年买烟者带来了不便, 则说明题干中的类比有效; 反之, 则说明题干中的类比无效, 因此回答 D 项的问题最有利于帮助评价题干中的论证。

其余各项均为无关选项。

20. A

【解析】因果型削弱题。

题干：社会管理过度, 父母对孩子的管理权被转移到专职教育人员手中 —导致→ 家长对孩子的教育控制权减弱。

A 项, 削弱题干, 提出反面论据, 说明家长仍然可以通过影响学校来获得对孩子教育的控制权。

B 项, 支持题干, 说明专职教育人员增多。

其余各项均为无关选项。

21. B

【解析】论证型削弱题。

论据：
①安迪斯纪念碑的石头的覆盖层下面，发现了被埋藏一千多年的有机物质。
②有机物质是在石头被修理后不久就生长到它上面的。
论点：安迪斯纪念碑是在1492年之前很早建造的。
其隐含假设是：石头覆盖层下方的有机物质的形成时间，约等于石头被修理的时间，等同于纪念碑建造的时间。
A项，无关选项，岩石覆盖层"自身"就含有有机物质与岩石覆盖层"下面"的有机物质无关。
B项，削弱隐含假设，说明纪念碑的建造时间和石头表面修整的时间不一致。
其余各项显然均为无关选项。

22. B
【解析】措施目的型削弱题。
经理：让顾客在超市自选儿童小玩具 —以求→ 减少营业员和方便顾客。
B项，说明营业员对于儿童玩具的销量的重要性，减少营业员会影响儿童小玩具的销量，措施有恶果。
D项，削弱题干，但力度弱，因为即使孩子看不懂，只要家长能看懂也可以实现购买。
其余各项均为无关选项。

23. D
【解析】论证型削弱题。
论据：
①去年售票的一半以上是给了占人口总数27％的25岁以下的年龄组。
②在今后10年中，25岁以下的人口将持续下降。
结论：电影的年票房收入将开始下降。
A项，无关选项。
B项，支持题干，说明看电影的人主要是25岁以下的人。
C项，不能削弱，题干涉及的是电影的需求方"25岁以下的人"，而此项涉及的是电影的供给方。
D项，削弱题干，说明电影票房与劳动力人数有关，劳动力人数的上升将增加电影票房。
E项，诉诸权威。

24. A
【解析】百分比对比型削弱题。
题干：大部分有过暴力行为的人，大脑有反常痕迹 —证明→ 大脑的反常迹象可以预测暴力行为。
A项，削弱题干，普通人和有暴力行为的人，大脑反常的发病率一样高，削弱大脑反常可以预测暴力行为(同比削弱)。
B、C项，无关选项，题干的论证只涉及"有暴力行为"，不涉及暴力行为的种类。
D项，无关选项，题干不涉及暴力行为的对象是否是陌生人。
E项，支持题干，说明样本的选取具有代表性。

25. C

【解析】因果型削弱题。

题干：大学生在学术道德方面素质差 —导致→ 毕业论文被发现违规的人在近 10 年来明显增多。

A 项，支持题干，说明互联网导致了毕业论文违规的人增多。

B 项，支持题干，指出了大学生在学术道德方面素质差的可能原因。

C 项，削弱题干，说明毕业论文违规的人增多并非是由于学生素质差，而是因为毕业生的数量增多，另有他因。

D 项，不能削弱，个别论文被评为省优秀论文，并不能说明其他论文是否存在违规。

E 项，支持题干，说明实际上毕业论文违规的人应该更多。

26. E

【解析】论证型削弱题。

约翰：心理治疗期间最不快乐 —证明→ 心理治疗对自己不起作用。

A、B 项，无关选项，题干不涉及交谈疗法和行为疗法之间的比较。

C、D 项，无关选项，题干不涉及尝试几种不同心理治疗法的人和只用一种心理治疗法的人之间的比较。

E 项，削弱题干，有效的心理治疗会让人不快乐，指出题干的论据(让人不快乐)得出了与题干相反的结论(心理治疗有效)。

27. B

【解析】因果型削弱题。

专家：雨水冲刷 —导致→ 在唐代墓穴中发现了先秦时期的陶片。

A 项，无关选项。

B 项，否因削弱，直接否定了雨水冲刷的原因。

C 项，无关选项。

D 项，另有他因，说明先秦陶片有可能是随墓主一起下葬的，但力度较 B 项弱。

E 项，不能削弱，很少发现不代表不存在。

28. D

【解析】论证型削弱题(果因型)。

古生物学家：恐龙骨骼化石中有毒元素含量高(果) —证明→ 恐龙死于慢性中毒(因)。

A 项，削弱题干，说明其他原因导致恐龙化石中有毒元素含量高，另有他因。

B 项，削弱题干，说明恐龙不会因为体内存在有毒元素而中毒，否因削弱。

C 项，削弱题干，说明恐龙的死因是自然死亡而不是慢性中毒，另有他因。

D 项，无关选项，不能削弱。

E 项，削弱题干，说明恐龙死因可能是致命的伤痕，另有他因。

29. C

【解析】调查统计型削弱题。

题干：超过半数的答卷都把教师作为首选的职业 —证明→ 随着我国教师社会地位和经济收入的提

高，大学生毕业后普遍不愿意当教师的现象已经成为过去。

A项，不能削弱，教师平均收入中等偏下不代表教师收入没有提高。

B项，不能削弱，1 000人已经是一个较大的样本，不能充分说明样本没有代表性。

C项，削弱题干，说明样本没有代表性。

D项，无关选项，不是很有影响不代表调查结果不真实。

E项，不能削弱，回收率的多少不能削弱调查结果。

30. B

【解析】措施目的型削弱题。

题干：S企业降低员工的工资 ——以求→ S企业获得强于J企业的竞争优势。

A项，无关选项。

B项，削弱题干，工资降低会导致销量的下降，不能获得强于J企业的竞争优势，措施达不到目的。

C项，无关选项。

D项，支持题干，说明S企业应当降低员工的工资，措施有必要。

E项，无关选项。

第4章　支持题

支持题是论证逻辑的重要题型。此类题型的特点是：题干给出一个论证或者表达某种观点，要求从选项中找出最能（或不能）支持题干的选项。

支持题的一般提问方式如下：
"以下哪项如果为真，最能支持上述结论？"
"以下哪项如果为真，最能加强上述结论？"
"以下哪项如果为真，最不能支持上述结论？"

对于支持题，我们常采取以下解题步骤：

①读题目要求，判断题目属于支持题；需要注意的是，如果题目问的是"以下哪项最能支持题干"，是支持题；但如果题目问的是"题干最能支持以下哪个选项"，则是推论题，而不是支持题。

②写出题干的逻辑主线，并判断属于哪种模型。

③依据解题模型及常见支持方法，找出正确选项。

题型 19　论证型支持题

母题精讲

母题19　在塞普西路斯的一个古城蒙科云，发掘出了城市的残骸，这一残骸呈现出被地震损坏的典型特征。考古学家猜想，该城的破坏是这个地区公元365年的一次地震所致。

以下哪项如果为真，最有力地支持了考古学家的猜想？

A. 经常在公元365年前后的墓穴里发现的青铜制纪念花瓶，在蒙科云城里也发现了。
B. 在蒙科云城废墟里没有发现在公元365年以后铸的硬币，但是却有365年前的铸币。
C. 多数现代塞普西路斯历史学家曾经提及，在公元365年前后附近发生过地震。
D. 在蒙科云城废墟中发现了公元300年至400年风格的雕塑。
E. 在蒙科云发现了塞普西路斯365年以后才使用的希腊字母的石刻。

【解析】论证型支持题。

考古学家：在蒙科云发掘出的城市残骸呈现出被地震损坏的典型特征──证明→该城的破坏是这个地区公元365年的一次地震所致。

A项，因为花瓶是在公元365年"前后"被发现的，无法确定是在"前"还是在"后"，如果是公元365年后的花瓶，那么就说明城市没有在公元365年被破坏，此时削弱题干的论证。

B项，由于在蒙科云城废墟里没有发现在公元365年以后铸的硬币，但是却有365年前的铸币，那么很有可能在公元365年该城市被破坏，因此支持题干的论证。

C项，诉诸权威，另外365年"前后"附近发生过地震，无法确定是在"前"还是在"后"，如果是365年后发生地震，那么就说明城市没有在公元365年被破坏，此时削弱题干的论证。

D项，由"公元300年至公元400年"无法确定是公元365年之前还是公元365年之后，故不必然支持题干的论证。

E项，发现了365年以后的石刻，说明城市在365年尚未被破坏，削弱题干。

【答案】B

母题技巧

论证型支持题方法总结
（题干结构：论据 —— 证明 → 结论）

1. 论证的支持

（1）支持论据。

说明题干的论据成立。

（2）提出新论据。

补充一个新论据，帮助证明结论成立。

（3）支持结论。

直接说明结论成立。

（4）补充隐含假设。

补充题干的隐含前提。

（5）搭桥法。

题干：论据A，因此，结论B。

搭桥：如果有论据A，一定有结论B，即A→B。那么有了论据A，结论B一定成立，是必然的支持。

（6）例证法。

举一个正面的例子，证明题干中的结论成立。需要注意的是，例证法的支持力度很弱，除非没有其他支持选项，否则不选。

2. 归纳论证的支持（调查统计型）

①样本具有代表性。

②调查机构中立。

3. 类比论证的支持

类比对象本质上相似，可以进行类比。

母题变化

变化 1　论证的支持

例 1　S市环保检测中心的统计分析表明，2009年空气质量为优的天数为150天，比2008年多出22天。二氧化碳、一氧化碳、二氧化氮、可吸入颗粒物四项污染物浓度平均值，与2008年相比分别下降了约21.3％、25.6％、26.2％、15.4％。S市环保负责人指出，这得益于近年来本市政府持续采取的控制大气污染的相关措施。

以下除哪项外，均能支持上述市环保负责人的看法？

A. S市广泛开展环保宣传，加强了市民的生态理念和环保意识。

B. S市启动了内部控制污染方案，凡是不达标的燃煤锅炉停止运行。

C. S市执行了机动车排放国Ⅳ标准，单车排放比Ⅲ降低了49％。

D. S市市长办公室最近研究了焚烧秸秆的问题，并着手制定相关条例。

E. S市制定了"绿色企业"标准，继续加快污染重、能耗高的企业的退出。

【解析】论证型支持题（果因型）。

题干：空气质量改善（果）——证明→本市政府控制大气污染的措施有效（因）。

A、B、C、E四项均补充论据，指出了本市政府为控制大气污染采取的具体措施，支持题干中的结论。

D项，相关措施尚未实施，所以不能支持题干中的结论。

【答案】D

例 2　一项新的医疗技术，只有当它的疗效和安全性都确实可靠之后才能临床使用。1998年美国科学家成功地使人类胚胎干细胞在体外生长和增殖，这种干细胞技术如果与克隆技术相结合，将可以由患者的体细胞培养出所需的组织细胞，取代患者的坏损细胞，以治疗各种疑难疾病，这就是所谓"治疗性克隆"。但现在"治疗性克隆"离临床使用还有相当长的距离。

以下哪项如果为真，将给上述结论以最强的支持？

A. 由于"治疗性克隆"涉及破坏人类早期胚胎的问题，因而引起罗马教会以及美、法、德等国政府的强烈反对。

B. 到目前为止，人类胚胎干细胞的获得是相当困难的。

C. 韩国学者黄禹锡承诺为一名因车祸瘫痪的儿童进行干细胞修复，但他有关干细胞的研究成果全部属于造假。

D. 目前科学家还远未弄清人类胚胎干细胞定向分化为各种细胞的机制以及如何防止它转化为癌细胞的问题。

E. 目前只有极少数科学家能够熟练进行人类胚胎干细胞技术与克隆技术的结合。

【解析】论证型支持题。

题干：一项新的医疗技术，只有当它的疗效和安全性都确实可靠之后才能临床使用——证明→"治疗性克隆"离临床使用还有相当长的距离。

B项，不能支持，"人类胚胎干细胞的获得是相当困难的"不代表无法获得。

D项，补充论据，说明"治疗性克隆"的安全性不是确实可靠的（有可能转化为癌细胞）。

其余各项均为无关选项，与题干的论据"疗效和安全性"无关。

【答案】D

例3 小儿神经性皮炎一直被认为是由母乳过敏引起的。但是，如果我们让患儿停止进食母乳而改用牛乳，他们的神经性皮炎并不能因此而消失。因此，显然存在别的某种原因引起小儿神经性皮炎。

下列哪项如果为真，最能支持题干的结论？

A. 医学已经证明，母乳是婴儿最理想的食料。
B. 医学尚不能揭示母乳过敏诱发小儿神经性皮炎的病理机制。
C. 已发现有小儿神经性皮炎的患儿从未进食过母乳。
D. 已发现有母乳过敏导致婴儿突发性窒息的病例。
E. 小儿神经性皮炎的患儿并没有表现出对母乳的拒斥。

【解析】论证型支持题。

题干：让患儿停止进食母乳而改用牛乳，他们的神经性皮炎并不能因此而消失 —证明→ 存在别的某种原因（而不是母乳）引起小儿神经性皮炎。

A项，诉诸权威。

B项，诉诸未知。

C项，例证法，证明从未进食过母乳的婴儿也会得"小儿神经性皮炎"，不是母乳引起小儿神经性皮炎，支持题干。

D项，无关选项，与题干不是同一种病。

E项，无关选项。

【答案】C

变化2 搭桥法

例4 在两座"甲"字形大墓与圆形夯土台基之间，集中发现了五座马坑和一座长方形的车马坑。其中两座马坑各葬6匹马。一座坑内骨架分南北两排摆放整齐，前排2匹，后排4匹，由西向东依序摆放；另一座坑内马骨架摆放方式较特殊，6匹马两两成对或相背放置，头向不一。比较特殊的现象是在马坑的中间还放置了一个牛角，据此推测该马坑可能和祭祀有关。

以下哪项如果为真，最能支持上述推测？

A. 牛角是古代祭祀时的重要物件。
B. 祭祀时殉葬的马匹必须头向一致基本形制。
C. 6匹马是古代王公祭祀时的一种基本形制。
D. 只有在祭祀时，才在马坑中放置牛角。
E. 如果马骨摆放的比较杂乱，那一定是由于祭祀时混乱的场面造成的。

【解析】论证型支持题（搭桥）。

题干：马坑的中间放置了一个牛角 —证明→ 该马坑可能和祭祀有关。

搭桥法：

前提：马坑的中间放置了一个牛角。
　　　↓　←搭桥：牛角→祭祀
结论：该马坑可能和祭祀有关。

D项，搭桥法，牛角→祭祀，补充题干的隐含假设，支持题干。

A项虽然也可支持题干，但不是必然的支持，力度不如D项。

【答案】D

例5　陈先生：昨天我驾车时被警察出具罚单，理由是我超速。警察这样做是不公正的。我敢肯定，当时我看到很多车都超速，为什么受罚的只有我一个？

贾女士：你并没有受到不公正的对待，因为警察当时不可能制止所有的超速汽车。事实上，当时每个超速驾驶的人都同样可能被出具罚单。

确定以下哪项原则，最能支持贾女士的观点？

A. 任何处罚的公正性，只能是相对的，不是绝对的。绝对公正的处罚，是一种理想化的标准，不具有可操作性。

B. 对违反交通规则的处罚不是一种目的，而是一种手段。

C. 违反交通规则的处罚对象，应当是所有违反交通规则的人。

D. 任何处罚，只要有法规依据，就是公正的。

E. 如果每个违反交通规则的人被处罚的可能性均等，那么，对其中任何一个人的处罚都是公正的。

【解析】论证型支持题（搭桥）。

贾女士：每个超速驾驶的人都同样可能被出具罚单 ——证明→ 陈先生并没有受到不公正的对待。

搭桥法：

前提：每个超速驾驶的人都同样可能被出具罚单。
　　　↓　←搭桥：可能性均等→公正
结论：陈先生并没有受到不公正的对待。

A项，贾女士并没有讨论公正的相对性和绝对性，无关选项。

B项，无关选项。

C项，削弱贾女士的观点。

D项，贾女士并没有提及警察出具的罚单是否有"法规依据"，无关选项。

E项，搭桥法，补充了贾女士的隐含假设，支持题干。

【答案】E

变化3　调查统计型支持题

例6　交管局要求司机在通过某特定路段时，在白天也要像晚上一样使用大灯，结果发现这条路上的年事故发生率比从前降低了15%。他们得出结论说，在全市范围内都推行该项规定会同样地降低事故发生率。

以下哪项如果为真，最能支持上述论断？

A. 该测试路段在选取时包括了在该市驾车时可能遇见的多种路况。
B. 由于可以选择其他路线，因此所测试路段的交通量在测试期间减少了。
C. 在某些条件下，包括有雾和暴雨的条件下，大多数司机已经在白天使用了大灯。
D. 司机们对在该测试路段使用大灯的要求的了解来自在每个行驶方向上的三个显著的标牌。
E. 该特定路段由于附近山群遮挡，导致白天能见度非常低。

【解析】调查统计型支持题。

题干：在某特定路段规定白天使用大灯，年事故率降低15% —证明→ 在全市范围内推行该规定同样会降低事故发生率。

A项，支持题干，说明该路段能够代表全市其他路段，样本具有代表性。

B项，削弱题干，说明题干中的测试不准确。

C项，削弱题干，说明现在的司机已经在需要的时候在白天开启大灯，那么，题干的措施就有可能无效。

D项，无关选项。

E项，削弱题干，指出该路段不具有代表性，因此在全市范围内推行该措施很可能没有效果。

【答案】A

例7 当前的大学教育在传授基本技能上是失败的。有人对若干大公司人事部门负责人进行了一次调查，发现很大一部分新上岗的工作人员都没有很好地掌握基本的写作、数量和逻辑技能。

以下哪项如果为真，最能支持以上论证？

A. 有的大学生没有选修基本技能方面的课程。
B. 新上岗人员中极少有大学生。
C. 写作、数量、逻辑方面的基本技能对胜任工作很重要。
D. 大公司的新上岗人员基本代表了当前大学毕业生的水平。
E. 过去的大学生比现在的大学生接受了更多的基本技能教育。

【解析】调查统计型支持题。

题干：该公司新上岗员工没有很好地掌握写作、数量和逻辑技能 —证明→ 大学技能教育失败。

A项，支持题干，但"有的"是弱化词，力度较小。

B项，削弱题干。

C项，无关选项，题干讨论是否具有这些技能，没有讨论这些技能的重要性。

D项，说明样本具有代表性，支持题干。

E项，无关选项，题干不存在过去的大学生和现在的大学生之间的比较。

【答案】D

变化 4　类比型支持题

例 8　食用某些食物可降低体内自由基，达到排毒、清洁血液的作用。研究者将大鼠设定为实验动物，分为两组，A 组每天喂养含菌类、海带、韭菜和绿豆的混合食物，B 组喂养一般饲料。研究观察到，A 组大鼠的体内自由基比 B 组显著降低。科学家由此得出结论：人类食入菌类、海带、韭菜和绿豆等食物同样可以降低体内自由基。

以下哪项如果为真，最能支持以上论证？

A. 一般人都愿意食入菌类、海带、韭菜和绿豆等食物。
B. 不含菌类、海带、韭菜和绿豆的食物将增加体内自由基。
C. 没有其他的途径降低体内自由基。
D. 体内自由基的降低有助于人体的健康。
E. 人对菌类、海带、韭菜和绿豆等食物的吸收和大鼠相比没有实质性的区别。

【解析】求异法＋类比型支持题。

题干：

A 组大鼠：食用菌类、海带、韭菜和绿豆的混合食物；

B 组大鼠：食用一般饲料；

A 组大鼠的体内自由基低于 B 组；

故：人类食入菌类、海带、韭菜和绿豆等食物可以降低体内自由基。

对照实验的对象是"大鼠"，结论的对象是"人类"，显然要假设实验所用食物对"人类"具有相同作用，故 E 项最能支持上述论证。

【答案】E

题型 20　因果型支持题

母题精讲

母题 20　一种常见的现象是，从国外引进的一些畅销科普读物在国内并不畅销。有人对此解释说，这与我们多年来沿袭的文理分科有关。文理分科人为地造成了自然科学与人文社会科学的割裂，导致科普类图书的读者市场还没有真正形成。

以下哪项如果为真，最能加强上述观点？

A. 有些自然科学工作者对科普读物也不感兴趣。
B. 科普读物不是没有需求，而是有效供给不足。
C. 由于缺乏理科背景，非自然科学工作者对科学敬而远之。
D. 许多科普电视节目都拥有固定的收视群，相应的科普读物也大受欢迎。
E. 国内大部分科普读物只是介绍科学常识，很少真正关注科学精神的传播。

【解析】因果型支持题。

题干：文理分科 —导致→ 自然科学与人文社会科学的割裂 —导致→ 科普类图书的读者市场还没有真正形成 —导致→ 国外畅销科普读物在国内并不畅销。

A项，不能支持，"有些"自然科学工作者的情况，无法支持整体状况。

B项，另有他因，削弱题干。

C项，补充新论据，缺乏理科背景的人，对科学敬而远之，从而导致他们不喜欢阅读科普类图书，说明题干中的现象确实是"文理分科"的结果，加强题干。

D项，无关选项，未涉及"文理分科"。

E项，无关选项，未涉及"文理分科"。

【答案】C

母题技巧

1. 因果关系的支持

因果关系型的支持题，多数是考"找原因型"。找原因型的题目，支持方法如下：

（1）因果相关。

直接说明题干中的因果关系成立，即搭桥法。

（2）排除他因。

题干说原因A导致了结果B的发生，正确的选项指出不是别的原因导致了B发生，当然就支持了题干。

（3）无因无果。

题干：有原因A时，有结果B；

选项：无原因A时，无结果B。

根据求异法，支持A、B之间存在因果关系。

（4）并非因果倒置。

题干认为A是B的原因，正确的选项排除B是A的原因这种可能。

2. 求因果五法型支持题

（1）求异法。

①使用求异法要求只能有一个差异因素，因此，常用排除其他差异因素的方法支持（排除他因）。

②若题干为有因有果，选项为无因无果即可支持（增加对照组）。

③并非因果倒置。

（2）求同法。

①使用求同法要求只能有一个共同因素，因此，常用排除其他共同因素的方法支持（排除他因）。

②并非因果倒置。

（3）共变法。

共变法，是指两个现象存在共生共变的关系，则把其中一个现象作为另外一个现象的原因。使用共变法，最常犯的错误是因果倒置，因此，要支持共变法，可排除因果倒置的可能。

母题变化

变化 1　因果关系的支持

例 9　对常兴市 23 家老人院的一项评估显示,爱慈老人院在疾病治疗水平方面得到的评价相当低,而在其他不少方面评价不错。虽然各老人院的规模大致相当,但爱慈老人院医生与住院老人的比率在常兴市的老人院中几乎是最小的。因此,医生数量不足是造成爱慈老人院在疾病治疗水平方面评价偏低的原因。

以下哪项如果为真,最能加强上述论证?

A. 和祥老人院也在常兴市,对其疾病治疗水平的评价比爱慈老人院还要低。

B. 爱慈老人院的医务护理人员比常兴市其他老人院都要多。

C. 爱慈老人院的医生发表的相关学术文章很少。

D. 爱慈老人院位于常兴市的市郊。

E. 爱慈老人院某些医生的医术一般。

【解析】因果型支持题。

题干:医生数量不足 —导致→ 爱慈老人院在疾病治疗水平方面的评价偏低。

B 项,排除他因,指出并非医务护理人员数量过少导致爱慈老人院在疾病治疗水平方面的评价偏低,支持题干。

E 项,另有他因,某些医生医术一般,是医生医术的原因而不是数量的原因,削弱题干。

A、C、D 项均为无关选项。

【答案】B

例 10　鸽子走路时,头部并不是有规律地前后移动,而是一直在往前伸。行走时,鸽子脖子往前一探,然后,头部保持静止,等待着身体和爪子跟进。有学者曾就鸽子走路时伸脖子的现象作出假设:在等待身体跟进的时候,暂时静止的头部有利于鸽子获得稳定的视野,看清周围的食物。

以下哪项如果为真,最能支持上述假设?

A. 鸽子行走时如果不伸脖子,很难发现远处的食物。

B. 步伐太大的鸟类,伸脖子的幅度远比步伐小的要大。

C. 鸽子行走速度的变化,刺激内耳控制平衡的器官,导致伸脖子。

D. 鸽子行走时一举翅一投足,都可能出现脖子和头部肌肉的自然反射,所以头部不断运动。

E. 如果雏鸽步态受到限制,功能发育不够完善,那么,成年后鸽子的步伐变小,脖子伸缩幅度则会随之降低。

【解析】因果型支持题。

题干:伸脖子的目的是使得暂时静止的头部可以获得稳定的视野,看清周围的食物。

A 项,无因无果,支持题干。

B 项,无关选项,题干的论证对象是"鸽子",而此项的论证对象是"鸟类"。

C 项,此项解释了伸脖子的原因,但并没有对伸脖子的目的进行削弱或支持。

D项，此项解释了伸脖子的原因，但并没有对伸脖子的目的进行削弱或支持。

E项，显然是无关选项。

【答案】A

例11 一项调查显示，某班参加挑战杯比赛的同学，与那些未参加此项比赛的同学相比，学习成绩一直保持较高的水平。此项调查得出结论：挑战杯比赛通过开阔学生的视野、增加学生的学习兴趣、激发学生的创造潜力，有效地提高了学生的学习成绩。

以下哪项如果为真，最能加强上述调查结论的说服力？

A. 没有参加挑战杯比赛的同学如果通过其他活动开阔视野，也能获得好成绩。

B. 整天在教室内读书而不参加课外科技活动的学生，他们的视野、学习兴趣和创造力都会受到影响。

C. 没有参加挑战杯比赛的同学大都学习很努力。

D. 参加挑战杯比赛并不以学习成绩好为条件。

E. 参加挑战杯比赛的同学约占全班的半数。

【解析】因果型支持题。

题干：参加挑战杯比赛 —导致→ 提高了学生的学习成绩。

A项，无因有果，不参加挑战杯也能提高成绩，削弱题干。

D项，并非因果倒置，不是因为学习成绩好才可以参加挑战杯比赛，支持题干。

其余各项均为无关选项。

【答案】D

例12 一份对北方山区先天性精神分裂症患者的调查统计表明，大部分患者都出生在冬季。专家们指出，其原因很可能是那些临产的孕妇营养不良，因为在这一年最寒冷的季节中，人们很难买到新鲜食品。

以下哪项如果为真，能支持题干中专家的结论？

A. 在精神分裂症患者中，先天性患者只占很小的比例。

B. 调查中相当比例的患者有家族史。

C. 与引起精神分裂症有关的大脑区域的发育，大部分发生在产前一个月。

D. 新鲜食品与腌制食品中的营养成分对大脑发育的影响相同。

E. 虽然生活在北方山区，但被调查对象的家庭大都经济条件良好。

【解析】因果型支持题。

题干：冬天人们很难买到新鲜食品 —导致→ 临产孕妇营养不良 —导致→ 先天性精神分裂症。

A项，无关选项。

B项，另有他因，是遗传导致先天性精神分裂症，削弱题干。

C项，支持题干，说明临产孕妇营养不良，影响大脑发育，从而引发先天性精神分裂症，指出题干因果相关。

D项，无关选项，不知道腌制食品是否会导致先天性精神分裂症。

E项，无关选项，不论经济条件好坏，都很难买到新鲜食品。

【答案】C

变化 2　求因果五法型支持题（求异法）

例 13　将患癌症的实验鼠按居住环境分为两组。一组是普通环境：每个标准容器中生活的实验鼠不多于 5 只，没有娱乐设施。另一组是复杂环境：每 20 只实验鼠共同居住在一个宽敞的、配有玩具、转轮等设施的容器中。几周后，与普通环境的实验鼠相比，复杂环境中实验鼠的肿瘤明显缩小了。因此，复杂环境与动物之间的互动可以抑制肿瘤生长。

以下哪项陈述如果为真，能给上面的结论以最有力的支持？

A. 在复杂环境中生活的实验鼠面临更多的纷争和挑战。

B. 两组中都有自身患癌症和因注射癌细胞而患癌症的实验鼠，且两组均有充足的食物和水。

C. 与普通环境实验鼠相比，复杂环境实验鼠体内一种名为"瘦素"的激素的水平明显偏低。

D. 与普通环境实验鼠相比，复杂环境实验鼠体内的肾上腺素水平有所提高。

E. 与复杂环境实验鼠相比，普通环境实验鼠的体质更差。

【解析】求异法型支持题。

题干：

　　普通环境：每个标准容器中实验鼠不多于 5 只，没有娱乐设施；肿瘤没有明显缩小；
　　复杂环境：每个容器中实验鼠 20 只，配有玩具、转轮等设施；肿瘤明显缩小；
　　　　　　故：复杂环境与动物之间的互动可以抑制肿瘤生长。

A 项，无关选项，"纷争和挑战"与肿瘤生长关系不大。

B 项，排除其他差异因素：实验鼠患癌情况和饮食方面的因素，支持题干。

C 项，另有其他差异因素："瘦素"，削弱题干。

D 项，另有其他差异因素：肾上腺素水平，削弱题干。

E 项，另有其他差异因素：普通环境实验鼠的体质更差，削弱题干。

【答案】B

例 14　爱尔兰有大片泥煤蕴藏量丰富的湿地。环境保护主义者一直反对在湿地区域采煤。他们的理由是开采泥煤会破坏爱尔兰湿地的生态平衡，其直接严重后果是会污染水源。然而，这一担心是站不住脚的。据近 50 年的相关统计，从未发现过因采煤而污染水源的报告。

以下哪项如果为真，最能加强题干的论证？

A. 在爱尔兰的湿地采煤已有 200 年的历史，其间从未因此造成水源污染。

B. 在爱尔兰，采煤湿地的生态环境和未采煤湿地没有实质性的不同。

C. 在爱尔兰，采煤湿地的生态环境和未开采前没有实质性的不同。

D. 爱尔兰具备足够的科技水平和财政支持来治理污染，保护生态。

E. 爱尔兰是世界上生态环境最佳的国家之一。

【解析】求异法型支持题。

题干：据近 50 年的相关统计，从未发现过因采煤而污染水源的报告──证明→开采泥煤不会破坏爱尔兰湿地的生态平衡，不会污染水源。

根据求异法，要确定开采泥煤是否污染环境，要将开采前和开采后进行对比(纵向对比)，所以C项可以支持题干。

B项，将采煤湿地和未采煤湿地进行比较，力度不如C项，有可能采煤湿地采煤前的环境就不如未采煤湿地的了。

A项，也能支持题干，但是因为环保主义者不仅担心水源污染问题，还担心其他生态平衡问题，但A项只表示没有水污染，所以支持力度较小。

其余各项均为无关选项。

【答案】C

例15 某研究人员分别用新鲜的蜂王浆和已经存放了30天的蜂王浆喂养蜜蜂幼虫，结果显示：用新鲜蜂王浆喂养的幼虫成长为蜂王。进一步研究发现，新鲜蜂王浆中一种叫作"royalactin"的蛋白质能促进生长激素的分泌量，使幼虫出现体格变大、卵巢发达等蜂王的特征，研究人员用这种蛋白质喂养果蝇，果蝇也同样出现体长、产卵数和寿命等方面的增长，说明这一蛋白质对生物特征的影响是跨物种的。

以下哪项如果为真，可以支持上述研究人员的发现？

A. 蜂群中的工蜂、蜂王都是雌性且基因相同，其幼虫没有区别。
B. 蜜蜂和果蝇的基因差别不大，它们有许多相同的生物学特征。
C. "royalactin"只能短期存放，时间一长就会分解为别的物质。
D. 能成长为蜂王的蜜蜂幼虫的食物是蜂王浆，而其他幼虫的食物只是花粉和蜂蜜。
E. 名为"royalactin"的这种蛋白质具有雌性激素的功能。

【解析】求异法型支持题。

题干：

第一组：喂新鲜的蜂王浆，成长为蜂王；

第二组：喂存放了30天的蜂王浆，没有成长为蜂王；

又因为，新鲜蜂王浆的"royalactin"蛋白质能促进生长激素的分泌量；

故：用新鲜蜂王浆的幼虫成长为蜂王。

A项，支持题干，排除工蜂和蜂王的区别是基因所致的可能性，排除他因，但力度较小。

B项，支持题干，解释了为什么蛋白质对蜜蜂幼虫和果蝇产生了类似的影响，但力度较小。

C项，补充论据，解释了新鲜蜂王浆和存放了30天的蜂王浆之间出现区别的原因，支持题干。要注意，此题使用了一个求异法，研究"royalactin"蛋白质对蜜蜂的影响，又使用了一个求同法，研究"royalactin"蛋白质对蜜蜂和果蝇的影响。两个实验有一个共同的研究对象："royalactin"蛋白质。A、B、C三个支持项中，只有C项的判断对象是"royalactin"蛋白质，所以C项的力度最大。

D项，无关选项，题干是"新鲜的蜂王浆"与"存放了30天的蜂王浆"之间的对比，而此项说的是"蜂王浆"与"花粉和蜂蜜"的对比。

E项，强干扰项，因为题干说的是"生长激素"使幼虫出现体格变大、卵巢发达等蜂王的特征，认为这些特征的出现是"雌性激素"的作用是主观臆断，题干未提到这一点。

【答案】C

例16 一项研究对1 262名67~84岁的男女参试者进行了为期3年的跟踪调查,内容涉及参试者食盐日摄入量和身体活动情况。研究人员测量了参试者的认知能力及心理健康状况。结果发现,饮食含盐量高的老人,认知能力下降速度最快;饮食清淡的老人,认知能力下降速度缓慢。因此,吃太咸增加患老年痴呆症的危险。

以下哪项如果为真,最能支持上述结论?

A. 认知功能障碍是常见的老年痴呆症症状。

B. 研究发现了一种老年痴呆症的致病基因,所以老年痴呆症可能有遗传性。

C. 许多研究证实,高盐饮食会增加患高血压、胃癌等疾病的风险。

D. 调查显示,痴呆与人的精神状况关系密切,抑郁、易怒、悲伤等不良精神刺激容易导致痴呆的发生。

E. 饮食含盐量高的老人年龄大都在75岁以上。

【解析】求异法型支持题。

题干:

饮食含盐量高的老人:认知能力下降速度最快;

饮食清淡的老人:认知能力下降速度缓慢;

因此,吃太咸增加患老年痴呆症的危险。

A项,搭桥法,建立了论据中"认知能力下降速度"与结论中"老年痴呆症"的联系,支持题干。

C项,无关选项,"高血压、胃癌"与"老年痴呆症"无关。

B、D、E项,另有他因,削弱题干。

【答案】A

题型21 措施目的型支持题

母题精讲

母题21 目前食品包装袋上没有把纤维素的含量和其他营养成分一起列出。因此,作为保护民众健康的一项措施,国家应该规定在食品包装袋上要明确列出纤维素的含量。

以下哪项如果为真,则能作为论据支持上述论证?

Ⅰ. 大多数消费者购买食品时能注意包装袋上关于营养成分的说明。

Ⅱ. 高纤维食品对于预防心脏病、直肠癌和糖尿病有重要作用。

Ⅲ. 很多消费者都具有高纤维食品营养价值的常识。

A. 仅Ⅰ。　　　　　　　　　　B. 仅Ⅱ。　　　　　　　　　　C. 仅Ⅲ。

D. 仅Ⅰ和Ⅲ。　　　　　　　　E. Ⅰ、Ⅱ和Ⅲ。

【解析】措施目的型支持题。

题干:规定在食品包装袋上要明确列出纤维素的含量(措施)——以求→保护民众健康(目的)。

Ⅰ项,支持题干,否则,若大多数消费者不能注意包装袋上关于营养成分的说明,这个措施就是无效的。

Ⅱ项，支持题干，说明高纤维食品确实对保护民众健康有作用。

Ⅲ项，支持题干，否则，若大多数消费者不具备高纤维食品营养价值的常识，那么即使采取题干中的措施，也会因为消费者不具备这方面的常识而被消费者忽略，措施就无效了。

【答案】E

母题技巧

措施目的型支持题方法总结

（题干结构：措施 A $\xrightarrow{\text{以求}}$ 目的 B）

（1）措施可行。
（2）措施可达目的。
（3）措施无恶果。
（4）补充要采取这个措施的原因（措施有必要）。

母题变化

例17 过去，人们很少在电脑上收到垃圾邮件。现在，只要拥有自己的电子邮件地址，人们一打开电脑，每天可以收到几件甚至数十件包括各种广告和无聊内容的垃圾邮件。因此，应该制订限制各种垃圾邮件的规则并研究反垃圾邮件的有效方法。

以下哪项如果为真，最能支持上述论证？
A. 目前的广告无孔不入，已经渗透到每个人的日常生活领域。
B. 目前，电子邮箱地址探测软件神通广大，而防范的软件和措施却软弱无力。
C. 现在的电脑性能与过去的电脑相比，功能十分强大。
D. 对于经常使用计算机的现代人来说，垃圾邮件是他们的最主要烦恼之一。
E. 广告公司通过电子邮件发出的广告，被认真看过的不足千分之一。

【解析】措施目的型支持题。

题干：制订限制各种垃圾邮件的规则并研究反垃圾邮件的有效方法（措施） $\xrightarrow{\text{以求}}$ 解决垃圾邮件的困扰（目的）。

A项，无关选项，"广告"渗透到"日常生活领域"，不是"垃圾邮件"，论证主体不同。

B项，措施有必要，现在的防范软件和措施是软弱无力的，所以需要研究反垃圾邮件的有效方法。

C项，无关选项，电脑性能如何与垃圾邮件无关。

D项，支持题干，但力度不如B项。

E项，无关选项。

【答案】B

例18 现在不少青年男女没有经过法律上登记结婚的手续，就共同生活在一起，结果出现了财产等民事纠纷时，不能得到法律上的承认和保护。因此，登记结婚除在其法律上的严肃性之外，还有着避免婚姻关系变化后导致的无谓纠纷的作用，当前要加强这一工作。

以下哪项如果为真，最能加强上述论点？

A. 这一代年轻人对男女之间的关系比以前要看得淡，他们追求一种相互之间的投合。

B. 现代社会婚姻的变化比起以前要多变，不少婚姻的结局是离异和分手。

C. 不尊重婚姻的人，也得不到婚姻的尊重。

D. 法律上登记结婚的手续，可能会防止重婚罪的发生。

E. 并非每一对非婚同居者都会发生财产上的纠纷。

【解析】措施目的型支持题。

题干：加强登记结婚工作 ——以求→ 避免婚姻关系变化时的纠纷。

A项，无关选项。

B项，支持题干，措施有必要，说明确实有不少婚姻的结局是离异和分手，有必要加强登记结婚工作。

C项，无关选项。

D项，无关选项，题干说的是"婚姻关系变化引发的纠纷"，不是"重婚"。

E项，不能支持，此项等价于：有的非婚同居者不会发生财产上的纠纷。

【答案】B

微模考 4 ▶ 支持题

（母题篇）

（共 30 题，每题 2 分，限时 60 分钟）

1. 动物种群的跨物种研究表明，出生一个月就与母亲隔离的幼仔常常表现出很强的侵略性。例如，在觅食时好斗且拼命争食，别的幼仔都退让了它还在争抢。解释这一现象的假说是，形成侵略性强的毛病是由于幼仔在初始阶段缺乏由父母引导的社会化训练。

   以下哪项陈述如果为真，能够最有力地加强上述论证？

   A. 早期与母亲隔离的羚羊在冲突中表现出极大的侵略性以确立其在种群中的优势地位。

   B. 在父母的社会化训练环境中长大的黑猩猩在交配冲突中的侵略性，比没有在这一环境中长大的黑猩猩弱得多。

   C. 出生头三个月被人领养的婴儿在童年时期常常表现得富有侵略性。

   D. 许多北极熊在争食冲突中的侵略性比交配冲突中的侵略性强。

   E. 动物幼仔争食好斗是动物的本能。

2. 近年来最常被演奏的 15 部歌剧中不包括 19 世纪德国作曲家瓦格纳的作品。尽管音乐出品人乐于制作观众想要的作品，而瓦格纳的作品却不在被频繁演出之列，但这并不能说明瓦格纳的作品不受欢迎，而是因为瓦格纳的歌剧的演出费用极其昂贵。

   下列哪一项如果正确，最能支持上面的结论？

   A. 最频繁演奏的歌剧不包括由小的业余团体演奏的歌剧。

   B. 一些歌剧公司背后有愿意承担大量费用来享受奢华作品的顾客。

   C. 近年来被频繁演奏的所有的 15 部歌剧是至少已流行了 75 年的作品。

   D. 最近出品的瓦格纳作品的录音制品比其他歌剧作曲家的多。

   E. 近年来所有种类的歌剧作品的受欢迎程度一直在增加。

3. 雄性的园丁鸟能构筑装饰精美的鸟巢，或称为凉棚。基于对本地同种园丁鸟不同群落构筑凉棚的构筑和装饰风格不同这个事实的判断，研究者们得出结论：园丁鸟构筑鸟巢的风格是一种后天习得的，而不是基因遗传的特性。

   以下哪项如果为真，将最有力地加强研究者们得出的结论？

   A. 通过对园丁鸟的广泛研究发现，它们的筑巢风格中的共性多于差异。

   B. 年幼的雄性园丁鸟不会构筑凉棚，在能以本地凉棚风格构筑凉棚之前，很明显地花了好几年时间观看比它们年纪大的园丁鸟构筑凉棚。

   C. 有一种园丁鸟的凉棚缺少大多数其他种类园丁鸟构筑凉棚的塔形和装饰特征。

   D. 只在新圭亚那和澳大利亚发现有园丁鸟，而在那里本地鸟类显然很少互相接触。

   E. 众所周知，一些鸣禽的鸣唱方式是后天习得的，而不是基因遗传的。

4. 最近几年，许多精细木工赢得了很多赞扬，被称为艺术家。但由于家具必须实用，精细木工在施展他们的精湛手艺时，必须同时注意他们产品的实用价值。因此，精细木工不是艺术。

以下哪项最能支持该结论?

A. 一些家具制作出来是为了陈放在博物馆里,在那里它不会被任何人使用。

B. 一些精细木工比其他人更关注他们制作的产品的实用价值。

C. 精细木工应比他们现在更加关注他们产品的实用价值。

D. 一个物品,如果它的制作者注意到它的实用价值,就不是艺术品。

E. 艺术家们不关心他们作品的货币价值。

5. 从比例上讲,被诊断患有大脑紊乱精神分裂的人中,出生在冬季月份的人比出生在一年中其他时间的人多。最近的一项研究显示,其原因可能是一些母亲在一年中最冷的几个月中的营养不良,在这一时期,人们最难买到或买得起多种新鲜食品。

下面哪项如果正确,能够支持上述的结论?

A. 几年以来,精神分裂症的发病率并未显示出与经济萧条的程度有关。

B. 大部分精神分裂症中染病的脑部区域是在母亲怀孕期的最后一个月发育的。

C. 冬季的自杀率明显高于其他季节。

D. 新鲜食品中的营养与冷藏食品中的营养对脑部发育产生的效果相同。

E. 相当一部分被调查研究的病人有精神分裂症的家族病史。

6. 蝙蝠发射声波并通常非常高效地利用声波的反射来发现、予以定位并捕捉其猎物。然而,据说该过程特有的效率因蛾子能够听到蝙蝠发出的声波而降低。

下面哪项如果为真,最能支持上述说法?

A. 听不见食昆虫的蝙蝠发射声波的蛾子与听得见该声波的蛾子如果都生活在持续没有该类蝙蝠的环境中,听不见的蛾子平均而言比听得见的蛾子的寿命长。

B. 听不见食昆虫的蝙蝠发射声波的蛾子是最易被这种蝙蝠捉住的昆虫之一。

C. 当蛾子改变其飞行的速度和方向时,其翅膀运动所产生的声波波形也改变了。

D. 能听见食昆虫的蝙蝠发射声波的蛾子比听不见的蛾子被这种蝙蝠捕捉到的可能性更小。

E. 听得见食昆虫的蝙蝠发射声波的蛾子,在其采取躲避行动来逃脱该种蝙蝠捕捉的能力上各不相同。

7. 有许多公司现在免费向员工提供健身课程,帮助他们锻炼身体,减轻压力,甚至学习怎样戒烟。这些课程提高了员工的生产力,降低了他们的缺勤率,并且可以使公司减少保险支出。因此,这一课程既对公司有益,又对员工有益。

以下哪项如果为真,能够有效地支持上述结论?

A. 健身课程是许多公司向员工提供的很普及的服务。

B. 研究表明,在压力管理下的练习对很多人都没有效果。

C. 常规性的锻炼能够减少人们患心脏病的可能,并使他们精力充沛。

D. 过快地适应高负荷的健身课程,容易造成伤病。

E. 公司需要专门雇用一些员工来指导各种锻炼课程。

8. 某外国航空公司经理:"新开发的避撞系统,虽然还未经全面测试以发现潜在的问题,但必须马上在客机上安装,因为这个系统的机械报警装置可以使飞行员避免撞机事故。"

该公司飞行员:"飞行员不能驾驶一架避撞系统未经全面测试的飞机,因为有故障的避撞系统将会误导飞行员，造成撞机。"

以下哪项如果为真，最能加强飞行员的反对意见？

A. 机械设备总是有可能出现故障。

B. 喷气式发动机在第一次投入使用之前也未经彻底测试，但是其性能与安全记录却是有目共睹的。

C. 虽然避撞系统能使飞行员避免一些相撞事故，但是未经测试的避撞系统的潜在问题可能会造成更多的撞机事故。

D. 许多撞机事故是由于飞行员过度疲劳造成的。

E. 处于目前开发阶段的避撞系统，在6个月的试用期间，在客机上的工作效果比在货机上好。

9. 一位医生给一组等候手术的前列腺肿瘤患者服用他从西红柿中提取的番茄红素制成的胶囊，每天两次，每次15毫克，3周后发现这组病人的肿瘤明显缩小，有的几乎消除，医生由此推测：番茄红素有缩小前列腺肿瘤的功效。

以下哪项如果为真，最能支持医生的结论？

A. 服用番茄红素的前列腺肿瘤患者的年龄在45~65岁。

B. 服用番茄红素的前列腺肿瘤患者中有少数人的病情相当严重。

C. 还有一组相似的等候手术的前列腺肿瘤患者，没有服用番茄红素胶囊，他们的肿瘤没有缩小。

D. 番茄红素不仅存在于西红柿中，也存在于西瓜、葡萄等水果中。

E. 这组病人还采用了放射疗法。

10. 科学家发现，一种名为"SK3"的蛋白质在不同年龄的实验鼠脑部的含量与其记忆能力密切相关：老年实验鼠脑部SK3蛋白质的含量较高，年轻实验鼠含量较少；而老年实验鼠的记忆力比年轻实验鼠差。因此，科学家认为，脑部SK3蛋白质含量增加会导致实验鼠记忆力衰退。

以下哪项如果为真，最能支持科学家的结论？

A. 在年轻的实验鼠中，也发现脑部SK3蛋白质含量较高的情况。

B. 已经发现人类的脑部也含有SK3蛋白质。

C. 当科学家设法降低老年实验鼠脑部SK3蛋白质的含量后，它们的记忆力出现了好转。

D. 科学家已经弄清了SK3蛋白质的分子结构。

E. 年老的实验鼠脑部的SK3含量低于年轻的实验鼠。

11. 科学家给内蒙古的40亩盐碱地施入一些发电厂的脱硫灰渣，结果在这块地里长出了玉米和牧草。科学家得出结论：燃煤电厂的脱硫灰渣可以用来改造盐碱地。

以下哪项如果为真，最能支持科学家的结论？

A. 用脱硫灰渣改良过的盐碱地中生长的玉米与肥沃土壤中玉米的长势差不多。

B. 脱硫灰渣的主要成分是石膏，而用石膏改良盐碱地已有一百多年的历史。

C. 这40亩试验田旁边没有施用脱硫灰渣的盐碱地上灰蒙蒙一片，连杂草也很少见。

D. 这些脱硫灰渣中重金属及污染物的含量均未超过国家标准。

E. 该块地里施加了复合肥料。

12. 游隼的数目在20世纪50年代迅速下降，并且在20世纪70年代达到空前的最低点。这种下降被科学家归因于乡村地区广泛使用的杀虫药DDT。

下列哪一项如果正确，最能支持科学家的主张？

A. DDT在重工业地区通常不使用。

B. 在1972年后DDT被禁止使用的时间里，游隼的数目已经稳定增加。

C. 游隼，不像其他的捕食性鸟类，放弃落出巢的鸟蛋，即使这些鸟蛋并没有损坏。

D. 欧椋鸟、家居麻雀等游隼所捕食的鸟类，在它们的栖息地未被DDT影响。

E. 经调查发现游隼的食物来源不足。

13. 桑洛镇最近通过了一项禁止在全镇范围内所有餐厅吸烟的法律，因为通常在桑洛餐厅吃饭的许多人不愿意在吃饭时控制吸烟，桑洛的餐厅将毫无疑问地失去许多顾客和相当多的收入。

下列哪一项如果正确，最能加强上面的论述？

A. 大多数在餐厅吃饭的桑洛的居民是不吸烟者。

B. 大多数与不吸烟者吃饭的吸烟者愿意在吃饭时控制住吸烟。

C. 假如在餐厅中限制吸烟的法律没有被制定，可能将制定更严格的在桑洛所有公共场合限制吸烟的法律。

D. 在桑洛禁止吸烟的法律通过前，小镇有一项要求大多数餐厅有无烟区的法令。

E. 与桑洛相邻的其他区域，有许多与桑洛的餐厅差不多的餐厅，没有制定或执行任何反吸烟者的法律。

14. 某城市一个居民小区2014年以前盗窃事件经常发生，2014年在小区居民的要求下，物业管理部门为该小区安装了技术先进的多功能防盗系统，结果该小区盗窃事件的发生率显著下降，这说明多功能防盗系统对于防止盗窃事件的发生起到了重要的作用。

以下哪一项如果为真，最能加强上述结论？

A. 从2014年开始，该城市其他小区的盗窃事件有显著增加。

B. 该城市另一个居民小区也安装了这种多功能防盗系统，但效果不佳。

C. 从2014年开始，该城市加强了治安管理，盗窃事件有所减少。

D. 采取其他的防盗措施对预防盗窃事件也能起到一定的效果。

E. 该多功能防盗系统设计巧妙，多次获得奖项。

15. 尽管象牙交易已被国际协议宣布为非法行为，但是，一些钢琴制造者仍使用象牙来覆盖钢琴键，这些象牙通常通过非法手段获得。最近，专家们发明了一种合成象牙，不像早期的象牙替代物，这种合成象牙受到了全世界范围内音乐会钢琴家的好评。但是因为钢琴制造者从来不是象牙的主要消费者，所以合成象牙的发展可能对抑制为获得最自然的象牙而捕杀大象的活动没什么帮助。

下面哪一项如果正确，最有助于加强上述论证？

A. 大多数会弹钢琴，但不是音乐会钢琴家的人也可以轻易地区分新的合成象牙和较次的象牙替代物。

B. 新型的合成象牙被生产出来，这种象牙的颜色、表面质地可以与任何一种具有商业用途的自然象牙的质地相媲美。

C. 其他自然产物，如骨头和乌龟壳被证明不是自然象牙在钢琴键上的替代物。

D. 自然象牙最普遍的应用是在装饰性雕刻品方面。这些雕刻品不但因为它们的工艺质量，而且因为它们的材料的真实性而被珍藏。

E. 生产新型象牙的费用要比生产科学家们以前开发的任何象牙替代品的费用低得多。

16. 转基因食品可能带来副作用，但一种转基因大豆含有有益于人体健康的微量元素，专家建议人们食用这种大豆加工成的产品。

以下哪项最能支持专家的建议？

A. 加工后的转基因食品副作用会减少。

B. 从其他食品中不能得到此种微量元素。

C. 没有证据表明转基因食品会带来副作用。

D. 这种微量元素对人体健康的益处大于转基因食品副作用带来的危害。

E. 人们正在寻找含这种微量元素的天然食品，估计5年内就能成功。

17. 由于常规的抗生素的使用可以产生能在抗生素环境下存活的抗生菌，人体内存在抗生菌是由于人们使用处方抗生素。但是，一些科学家相信人体内大多数抗生菌是由人们吃下的已经被细菌感染的肉类而来的。

以下哪项如果为真，将最显著地增强这些科学家的想法？

A. 给牲畜喂的饲料中通常含有抗生素，这样畜牧业主可以提高他们牲畜的生长速度。

B. 大多数吃了已经被细菌感染的肉类而食物中毒的人，是用处方抗生素来医治的。

C. 在城市人口中抗生菌的发现率比在肉类质量相仿的乡村地区高得多。

D. 从来不使用处方抗生素的人是那些最不可能有抗生菌的人。

E. 畜牧业主宣称动物中的抗生菌不能通过感染的肉类向人类传播。

18. 大多数道路的修理比预算的要花费更多的时间和金钱，但去年夜间修理93号高速公路和类似的道路并未比预算花费更多的时间和金钱。因此，在夏季，夜间修理主要道路可能更省时省钱。

下列哪一项假如正确，最能支持上面得到的结论？

A. 夜间路上较少数目的车辆和较舒适的夜间温度允许修路工人工作得更快。

B. 在夜间工作的道路修理工作人员用明亮刺眼的灯光标志他们的工作地点，并且加上白天使用的橘红色的圆锥标志。

C. 修理93号高速公路的预算足够用，以至于使它不可能被超过。

D. 愿意在晚上工作的修路工人较容易找到工作的机会，因为大多数人宁愿在白天工作。

E. 用于道路修理的沥青在较高温度下膨胀，在较低温度下收缩。

19. E河大坝建成20年后，E河土产的八种鱼中没有一种仍能在大坝的下游充分繁殖。由于该坝将大坝的下游的河水温度每年的变化范围由50℃降低到了6℃，科学家们提出了一个假想，认为迅速升高的河水温度在提示土产鱼开始繁殖周期方面起了一定的作用。

下面哪项如果为真，最能支持上述假想？

A. 土产的八种鱼仍能但只能在大坝下游的支流中繁殖，在那里每年温度的变化范围保持在大约50℃。

B. 在大坝修建以前，E河每年都要漫出河岸，从而产生出土产鱼类最主要繁殖区域的回流水。

C. 该坝修建以前，E 河有记录的最低温度是 34℃，而大坝建成以后的有记录的最低温度是 43℃。

D. 非土产的鱼类，在大坝建成之后引入 E 河，开始同日益减少的土产鱼类争夺食物和空间。

E. E 河土产的五种鱼在北美其他任何河流中都不算是土产的。

20. 今年 M 市开展了一次前所未有的化妆品广告大战。但是调查表明，只有 25％的 M 市居民实际使用化妆品。这说明化妆品公司的广告投入有很大的盲目性。

以下哪项陈述最有力地加强了上述结论？

A. 化妆品公司做广告是因为产品供过于求。

B. 去年实际使用化妆品的 M 市居民有 30％。

C. 大多数不使用化妆品的居民不关心其广告宣传。

D. 正是因为有 25％的居民使用化妆品，才要针对他们做广告。

E. 化妆品使用者在看到广告前，不一定是广告投放厂商的产品消费者。

21. "节食族"是指那些早餐吃水果、午餐吃蔬菜，几乎不吃高热量食物的人。在这个物品丰盛的时代，过度节食，就像把一个 5 岁的孩子带进糖果店，却告诉他只能吃一个果冻。营养专家指出，这种做法既不科学也不合乎情理。

以下哪项陈述如果为真，能给专家的观点以最有力的支持？

A. 科学家发现，使老鼠的卡路里摄入量减少 30％，就会降低老鼠罹患癌症的可能性。

B. 科学家发现，采用限制卡路里的饮食方法，可以降低血压，减少动脉栓塞的可能。

C. 有专家警告说，限制卡路里的摄入，有造成骨质疏松和生育困难的风险。

D. 冲绳岛是世界上百岁老人比例最高的地区，那里的居民信奉"八分饱"的饮食哲学。

E. 暴饮暴食的做法比节食更加不科学也不合乎情理。

22. 那种认为只伤害自己而不伤害别人就行的态度，实际上是忽视了人们彼此之间的相互依存关系。破坏自己的生活或者健康就意味着不能帮助家庭成员或者社会，相反，它意味着要耗费社会的食物、健康服务和教育方面的有限资源，却不能完全地回报于社会。

下面哪项最能支持上面的观点？

A. 本可以避免的事故和疾病的费用提高了个人的健康保险费。

B. 对某个人的伤害可能带来间接的益处，如在与健康有关的领域内给其他人提供工作机会。

C. 戒绝所有可能对参加者造成伤害的娱乐，生活会变得乏味不堪。

D. 人对社会做出的贡献不能由个人的健康程度衡量。

E. 喝酒、吸烟、服非法的毒品，造成主要伤害的对象是那些消费这些物品的人。

23. 户籍改革的要点是放宽对外来人口的限制。G 市在对待户籍改革上面临两难：一方面，市政府懂得吸引外来人口对城市化进程的意义；另一方面，又担心人口激增的压力。在决策班子里形成了"开放"和"保守"两派意见。

以下各项如果为真，都只能支持上述某一派的意见，除了：

A. 城市与农村户口分离的户籍制度，不适应目前社会主义市场经济的需要。

B. G 市存在严重的交通堵塞、环境污染等问题，其城市人口的合理容量有限。

C. G 市近几年的犯罪案件增加，案犯中来自农村的打工人员比例增高。

D. 近年来，G市的许多工程的建设者多数是来自农村的农民工，其子女的就学成为市教育部门面临的难题。

E. 由于计划生育政策和生育观的转变，近年来G市的幼儿园、小学乃至中学的班级数量递减。

24. 地球表面大部分是海洋，只有用比现在更为精密的仪器才可能对海底进行广泛的研究。因此，科学家对海底环境的了解一定比对地球上其他环境的了解少。

以下哪项如果正确，最能支持上面的结论？

A. 许多山脉完全在海平面下，然而新的水下探测设备产生的三维图像如地面上的山脉的三维图像一样精确。

B. 强大的水流在海底循环，但是它们运动的总体形态不像气流在陆地上运动的形态那样易于理解。

C. 与大多数陆地环境相反，海平面的温度条件通常是稳定和一致的，因为太阳光不能穿透到极深的海平面下。

D. 非常少的人看过详细的海底延伸区域图，即使这样的图在几乎所有的大图书馆中都可以得到。

E. 现在深海探测技术发展非常迅速。

25. 一项对于黄金时间电视节目收视情况的调查结果表明，对于收视率相近的节目的质量，观众给予的评价却有很大的分歧。这一结果对广告公司可能很有价值，因为他们可能会因此而把广告费投在观众觉得质量高的节目上。

下面哪一项如果为真，最能支持上述主张？

A. 被观众普遍认为高质量的节目在全部被评节目中占有较大的比重。

B. 被观众普遍认为高质量的节目通常是在经济台和教育台播出的。

C. 电视观众比较经常地记得他们所喜欢的节目的赞助商的名字，而不怎么记得那些他们认为没有什么特色的节目的赞助商的名字。

D. 电视观众通常只有在新节目是伴随他们所熟悉的老节目出现时才会看新节目。

E. 电视观众反映说电视广告的质量对于他们的购物习惯没有什么影响。

26. 自然界的水因与大气、土壤、岩石等接触，所以含有多种"杂质"，如钙、镁、钾、钠、铁、氟等。现代人趋向于饮用越来越纯净的水，如蒸馏水、纯水、太空水等。殊不知，长期饮用这种超纯净的水会不利于健康。

下列哪个选项如果为真，最能支持上述论断？

A. 人们对饮食卫生越注重，人体的健康就会越脆弱。

B. 只有未经处理的自然界的水，才符合人体健康的需要。

C. 超纯净水之所以大受欢迎，是因为它更加卫生、口感更好。

D. 自然界水中的所谓"杂质"，可能是人体必需微量元素的重要来源。

E. 纯净水中所含对人体有害的细菌很少。

27. 史书记载，春秋战国时期的古滇国历时五百余年，在云南历史上的地位颇为重要。古滇国的青铜文化吸收和融合了不同地区和民族的文化精华，然而东汉以后，古滇国却神秘消失，唐代以后的史书上竟没留下任何记载。近年来，抚仙湖南岸江川县李家山墓葬群出土了数千件古滇青铜器，抚仙湖北岸相连的晋宁石寨山曾出土滇王印。据此，考古学家推测云南抚仙湖水下古城就是神秘消失的古滇王城。

以下哪项如果为真，最能支持上述推测？

A. 在抚仙湖水下古城，也发现了大量青铜器。

B. 按考古常规看，王国都城附近都有墓葬群。

C. 抚仙湖水下古城与史料记载的古滇国都位于今云南境内。

D. 据专家推测，抚仙湖水下古城与古滇国处于同一历史时期。

E. 在离云南抚仙很远的陕西，也出土了类似的文物。

28. 具有大型天窗的百货商场的经验表明，商场内射入的阳光可增加销售额。该百货商场的大天窗可使商场的一半地方都有阳光射入，这样可以降低人工照明需要，商场的另一半地方只有人工照明。从该商场两年前开张开始，天窗一边的各部门的销售量要远高于其他各部门的销售量。

以下哪项如果正确，最能支持上面的论述？

A. 除了天窗，商场两部分的建筑之间还有一些明显的差别。

B. 在某些阴天里，商场中天窗下面的部分需要更多的人工灯光来照明。

C. 在商场夜间开放的时间里，位于商场中天窗下面部分的各部门的销售额不比其他部门高。

D. 位于商场天窗下面部分的各部门，在该商场的其他一些连锁店中也是销售额最高的部门。

E. 靠近天窗的一边的部门销售的产品，在其他商场也是畅销产品。

29. 在1988年，波罗的海有很大比例的海豹死于病毒性疾病。然而在苏格兰的沿海一带，海豹由于病毒性疾病而死亡的比率大约是波罗的海的一半。波罗的海海豹血液内的污染性物质水平比苏格兰海豹的高得多。因为人们知道污染性物质能削弱海洋哺乳动物对病毒感染的抵抗力，所以波罗的海中海豹的死亡率较高很可能是由于它们的血液中污染性物质的含量较高所致。

下面哪一项如果正确，能给上述论述提供最多的附加支持？

A. 绝大多数死亡的苏格兰海豹都是老的或不健康的海豹。

B. 杀死苏格兰海豹的那种病毒击垮损害的免疫系统的速度要比击垮健康的免疫系统的速度快得多。

C. 在波罗的海海豹的血液中发现的污染性物质的水平略有波动。

D. 在波罗的海发现的污染性物质种类与在苏格兰沿海水域发现的大相径庭。

E. 1988年，在波罗的海内的除了海豹之外的海洋哺乳动物死于病毒性疾病的死亡率要比苏格兰海岸沿海水域的高得多。

30. 最近一项调查显示，近年来在某市高收入人群中，本地人占70%以上，这充分说明外地人在该市获得高收入相当困难。

以下哪项如果为真，最能支持上述结论？

A. 外地人占该市总人口的比例高达40%。

B. 外地人占该市总人口的比例不足30%。

C. 该市中低收入人群中，外地人占40%。

D. 该市中低收入人群中，本地人占不足30%。

E. 本市外地流动人口较少。

微模考 4 ▶ 参考答案

（母题篇）

1. B

【解析】因果型支持题。

题干：幼仔在初始阶段缺乏由父母引导的社会化训练 —导致→ 幼仔侵略性强。

A 项，支持题干，但没有突出父母引导的作用，力度较 B 项弱。

B 项，采用求异法，通过比较有无父母引导的黑猩猩在面对冲突时的侵略性，得出"在缺乏父母的社会化训练环境中长大的黑猩猩的侵略性强"的结论，故支持题干。

C 项，不能支持，因为被人领养的婴儿其实是有养父母引导的。

D 项，无关选项，题干不涉及不同冲突间的侵略性的比较。

E 项，无关选项。

2. D

【解析】因果型支持题。

题干：瓦格纳的作品不在被频繁演出之列，并不是由于瓦格纳的作品不受欢迎，而是因为瓦格纳的歌剧的演出费用极其昂贵。

D 项，支持题干，排除他因，说明瓦格纳的作品是受欢迎的。

B 项有一定的削弱作用，其余各项均为无关选项。

3. B

【解析】论证型支持题。

题干：本地同种园丁鸟不同群落构筑凉棚的构筑和装饰风格不同 —证明→ 园丁鸟构筑鸟巢的风格是一种后天习得的，而不是基因遗传的特性。

A 项，削弱论据。

B 项，支持题干，提出新论据，证明园丁鸟筑巢是由后天习得的。

其余各项均为无关选项。

4. D

【解析】论证型支持题。

题干：精细木工在施展他们的精湛手艺时，必须同时注意他们产品的实用价值 —证明→ 精细木工不是艺术。

A 项，削弱题干，说明有的精细木工无须注意产品的实用价值，它是艺术。

B 项，无关选项，题干不涉及精细木工与其他人的比较。

C 项，无关选项。

D 项，支持题干，搭桥法，说明注意到实用价值就不是艺术品。

E 项，无关选项。

5. B

【解析】因果型支持题。

题干：母亲在冬季营养不良 —导致→ 冬季比其他月份出生的人患有大脑紊乱精神分裂的人多。

A项，无关选项，题干不涉及经济萧条。

B项，支持题干，说明精神分裂症确实跟出生月份有关，冬季营养不良确实容易患精神分裂症，因果相关。

C项，无关选项，题干讨论的是精神分裂，并不是自杀。

D项，削弱题干，说明冬季虽然缺乏新鲜食品，但可以由冷藏食品弥补。

E项，削弱题干，说明精神分裂症跟遗传有关，另有他因。

6. D

【解析】求异法型支持题。

题干：蛾子能够听到蝙蝠发出的声波 —导致→ 蝙蝠通过声波捕捉猎物特有的效率降低。

A项，削弱题干，听得见蝙蝠发射声波的蛾子的寿命反而更短。

B项，支持题干，说明蝙蝠对听不见声波的蛾子的捕捉效率高，但力度弱。

C项，无关选项，题干说的是"蝙蝠发射的声波"而不是蛾子自身形成的声波。

D项，利用求异法支持题干，通过比较能听见声波和不能听见声波的两种蛾子被捕捉的可能性，直接证明了题干的论点。

E项，无关选项，题干是"听不见"与"听得见"蝙蝠发射声波的蛾子之间的比较，而不是"听得见"的蛾子的内部比较。

7. C

【解析】论证型支持题。

题干：公司免费向员工提供健身课程，提高了员工的生产力，降低了他们的缺勤率，并且可以使公司减少保险支出 —证明→ 健身课程既对公司有益，又对员工有益。

A项，无关选项。

B项，削弱论据，说明健身课程无效。

C项，支持题干，提出新论据，证明健身锻炼对人身体有益。

D项，削弱论据，说明健身课程有害。

E项，削弱论点，说明锻炼课程需要公司负担费用，即对公司有不利的因素。

8. C

【解析】论证型支持题。

飞行员：有故障的避撞系统将会误导飞行员，造成撞机 —证明→ 飞行员不能驾驶一架避撞系统未经全面测试的飞机。

A项，诉诸无知。

B项，削弱飞行员的意见，举反例说明未经彻底测试的喷气式发动机，性能和安全性是比较可靠的。

C项，直接支持飞行员的论据。

D项，削弱飞行员的意见，另有他因，说明撞机事故是由于飞行员疲劳造成的，并非是未经测试的避撞系统造成的。

E项，无关选项，题干不涉及在客机和货机上避撞系统效果的比较。

9. C

【解析】求异法型支持题。

医生：番茄红素 ——导致——→ 前列腺肿瘤缩小。

A项，无关选项。

B项，支持题干，少数人的病情相当严重，服用番茄红素后肿瘤缩小了，说明服用番茄红素有用。

C项，无因无果，通过建立对照组支持题干，力度比B项大。

D项，无关选项。

E项，削弱题干，另有他因。

10. C

【解析】求异法型支持题。

科学家通过求异法证明：脑部SK3蛋白质含量增加 ——导致——→ 实验鼠记忆力衰退。

A项，削弱题干，有因无果。

B项，无关选项，与题干的论证对象不同。

C项，无因无果，降低脑部SK3蛋白质含量后，记忆力好转，支持题干。

D项，无关选项。

E项，削弱论据，否定了题干中科学家的实验。

11. C

【解析】求异法型支持题。

科学家：科学家给内蒙古的40亩盐碱地施入一些发电厂的脱硫灰渣，结果在这块地里长出了玉米和牧草 ——证明——→ 燃煤电厂的脱硫灰渣可以改造盐碱地。

A项，支持题干，脱硫灰渣的改良效果好。

B项，支持题干，解释了脱硫灰渣能改造盐碱地的原因，但诉诸历史，力度弱。

C项，支持题干，构造对照组，通过求异法支持题干，无因无果，力度大。

D项，支持力度弱，脱硫灰渣中重金属及污染物的含量均未超过国家标准，只能说明脱硫灰渣没有坏处，但与能否改造盐碱地并不直接相关。

E项，削弱题干，另有他因。

12. B

【解析】求异法型支持题。

科学家：乡村地区广泛使用的杀虫药DDT ——导致——→ 游隼数目迅速下降。

A项，无关选项，题干涉及的是"乡村地区"，与"重工业地区"无关。

B项，无因无果，DDT被禁用，游隼数目增加，支持题干。

C项，无关选项。

D项，无关选项。

E项，另有他因，削弱题干。

13. E

【解析】因果型支持题。

题干：禁止在餐厅抽烟 —导致→ 餐厅失去许多顾客和收入。

A项，削弱题干，在餐厅吃饭的人中不吸烟者居多，说明禁止抽烟不会导致失去许多顾客。

B项，无关选项，题干指出"吸烟者在餐厅吃饭时不愿意控制"，不涉及与"不吸烟者吃饭"时的情况。

C项，无关选项，诉诸无知。

D项，削弱题干，如果是这样，那么在禁烟前后餐厅的顾客应该没有太大变化。

E项，支持题干，说明吸烟者还可以选择别的餐厅，那么禁烟会导致餐厅失去顾客。

14. A

【解析】求异法型支持题（求异法）。

题干：安装多功能防盗系统后，盗窃事件发生率下降 —证明→ 多功能防盗系统对防止盗窃事件有作用。

A项，无因无果，证明了多功能防盗系统的作用，支持题干。

B项，有因无果，削弱题干。

C项，另有他因，指出盗窃事件减少有其他的可能性，削弱题干。

D项，另有他因，削弱题干。

E项，无关选项。

15. D

【解析】论证型支持题。

论据：

①合成象牙可以用于钢琴制造。

②钢琴制造者不是象牙的主要消费者。

论点：合成象牙的发展可能对抑制为获得最自然的象牙而捕杀大象的活动没什么帮助。

B项，削弱题干，合成象牙可以替代所有自然象牙，说明合成象牙会抑制为获得自然象牙而捕杀大象的活动。

D项，加强题干，提出新论据，说明自然象牙的一些用途不能被合成象牙替代。

其余各项均为无关选项。

16. D

【解析】论证型支持题。

论据：转基因食品可能带来副作用，但一种转基因大豆含有有益于人体健康的微量元素。

论点：建议人们食用这种大豆加工成的产品。

A项，支持题干，说明加工后的转基因食品害处少，但力度弱。

B项，支持题干，说明了食用转基因大豆的益处，但是没有对食用转基因食品的害处和益处进行比较，力度弱。

C项，诉诸无知。

D项，支持题干，说明转基因食品利大于弊，力度强。

E项，无关选项。

17. A

【解析】 论证型支持题。

背景信息：①抗生素的使用可以产生能在抗生素环境下存活的抗生菌。

②人体内存在抗生菌是由于人们使用处方抗生素。

科学家认为：③人体内大多数抗生菌是由人们吃下的已经被细菌感染的肉类而来的。

A项，支持题干，牲畜的饲料中含有抗生素，由①可知，牲畜体内会产生抗生菌，因此人在吃下肉类时可能会获得抗生菌，支持科学家的观点。

B项，削弱题干，因为使用处方抗生素对细菌感染的肉类引发的食物中毒进行医治，说明人体内抗生菌的来源还是"处方抗生素"，而不是来源于肉类。

C项，无关选项，题干不涉及城市与农村的比较。

D项，削弱科学家的观点，如果从来不使用处方抗生素的人是那些最不可能有抗生菌的人，那么抗生菌的来源主要是使用处方抗生素而不是肉类。

E项，不能支持，畜牧业主的观点并不代表是事实，而且畜牧业主也不具备评论此事的中立性。

18. A

【解析】 论证型支持题。

题干：大多数道路的修理比预算的要花费更多的时间和金钱，但是去年夜间修理93号高速公路和类似的道路并未比预算花费更多的时间和金钱 —证明→ 在夏季，夜间修路可能更省时省钱。

A项，支持题干，解释了夏季夜间修理道路节省时间和金钱的原因。

C项，削弱题干，说明修理93号公路的花费低于预算，不是因为夜间修路省钱，而是因为预算太高了。

B、D、E项均为无关选项。

19. A

【解析】 求异法型支持题。

题干：

大坝下游河水温度每年的变化范围由50℃降低到了6℃，土产的八种鱼无法充分繁殖；

选项A：大坝下游支流中每年温度变化范围保持在大约50℃，土产的八种鱼可以繁殖；

支持：迅速升高的河水温度在提示土产鱼开始繁殖周期方面起了一定的作用。

A项，建立对照组，支持题干。

B项，削弱题干，是回流水消失导致土产鱼无法繁殖，另有他因。

C项，无关选项，题干涉及的是"温度变化"，此项涉及的是"最低温度"。

D项，削弱题干，竞争导致土产鱼无法繁殖，另有他因。

E项，无关选项。

20. C

【解析】论证型支持题。

题干：只有25％的M市居民实际使用化妆品 —证明→ 化妆品公司的广告投入有很大的盲目性。

A项，削弱题干，说明化妆品公司做广告不是盲目的。

B项，削弱论据，不是只有25％的居民使用化妆品，而是有30％。

C项，支持题干，说明广告对75％的不使用化妆品的人无效，广告投入有盲目性。

D项，削弱题干，说明广告投放是针对25％的使用者，并非盲目。

E项，削弱题干，说明广告投放可能带来了新的消费者，并非盲目。

21. C

【解析】论证型支持题。

题干：节食既不科学也不合乎情理。

A项，无关选项，题干讨论的是人，此项讨论的是老鼠。

B项，指出节食有降低血压、减少动脉栓塞可能的优点，削弱了专家的观点。

C项，支持专家的观点，指出节食有造成骨质疏松和生育困难的风险的危害，即节食既不科学，也不合乎情理。

D项，提出反面的论据，指出有些节食地区的居民寿命长，从而削弱了专家的观点。

E项，无关选项，题干与暴饮暴食无关。

22. A

【解析】论证型支持题。

论据：伤害自己导致不能帮助社会，耗费社会资源，却不能回报社会。

论点：伤害自己其实也是伤害别人。

A项，支持题干，提出新论据，说明本可以避免的事故和疾病的费用却让别人为自己承担了多余费用。

B项，削弱论据，说明伤害自己会给别人带来好处。

C项，提出反面论据，削弱题干，说明不伤害自己有坏处，可以适度伤害一下自己。

D项，削弱论据，说明不能由破坏自己的健康得到不能回报社会。

E项，举反例，削弱题干，说明喝酒、吸烟等过程中主要是伤害自己而不是伤害别人。

23. D

【解析】论证型支持题。

开放派：赞成吸引外来人口。

保守派：吸引外来人口会带来压力。

A项，支持开放派，赞成吸引外来人口。

B项，支持保守派，城市人口的容量有限说明不赞成吸引外来人口。

C项，支持保守派，说明外来人口的犯罪比例高。

D项，前一句肯定了外来人口对城市建设的意义，支持开放派；后一句说明外来人口的子女就学成为城市的压力，支持保守派。

E项，支持开放派，说明现在有条件给外来人口提供教育。

24. B

【解析】论证型支持题。

论据：只有用比现在更为精密的仪器才可能对海底进行广泛的研究。

论点：科学家对海底环境的了解一定比对地球上其他环境的了解少。

A项，削弱题干，提出反面论据，说明水下探测设备足够精密。

B项，支持题干，提出新论据，说明海底探测更为困难。

C项，无关选项，题干主要讨论的是海底环境，并非是海平面的情况。

D项，无关选项。

E项，提出反面论据，说明深海探测技术发展非常迅速，有可能实现对海底环境的广泛研究。

25. C

【解析】因果型支持题。

题干：电视节目的质量会影响广告费的投入。

C项，支持题干，因果相关，说明质量高的电视节目，观众会记住其赞助商，即电视节目的质量影响广告费的投入。

其余各选项均为无关选项。

26. B

【解析】论证型支持题。

题干：自然界的水含有多种"杂质" $\xrightarrow{\text{证明}}$ 长期饮用纯净水不利于健康。

A项，支持题干，但饮食卫生与饮用纯净水不是同一个概念，力度弱。

B项，搭桥法，符合人体健康的需要→未经处理的自然界的水，等价于：经处理的自然界的水→不符合人体健康的需要。故，若此项为真，则"长期饮用纯净水不利于健康"这一结论必然为真，力度大。

C项，无关选项，此项解释了人们喜欢饮用纯净水的原因，但未能说明超纯净的水与健康之间的关系。

D项，支持题干，提出新论据，说明自然界的水可以为人体提供微量元素，如果长期饮用纯净水会导致人体必需微量元素的缺乏，不利于人体健康，但"可能"是弱化词，力度不如B项。

E项，削弱题干，说明纯净水对人体健康有利。

27. B

【解析】论证型支持题。

论据：

①抚仙湖南岸江川县李家山墓葬群出土了数千件古滇青铜器。

②抚仙湖北岸相连的晋宁石寨山曾出土滇王印。

论点：云南抚仙湖水下古城就是神秘消失的古滇王城。

A项，无关选项，无法确定这些青铜器是否是古滇青铜器。

B项，支持题干，搭桥法，说明论据①确实支持题干的论点。

C项，支持题干，说明抚仙湖水下古城和古滇国地理位置相似，但云南是个较大的范围，力度弱。

D 项，诉诸权威。

E 项，削弱题干，提出反面论据，说明仅有这些文物无法断定古滇国的位置。

28. C

【解析】因果型支持题。

题干：百货商场的天窗有阳光射入 —导致→ 销售额高。

A 项，削弱题干，说明还有其他差异因素。

B 项，无关选项。

C 项，支持题干，无因无果，夜间销售时天窗失去了它的作用，销售额不会增加。

D 项，支持题干，但无法排除其他因素的影响导致销售额高(如 A、E 项)，力度不如 C 项。

E 项，削弱题干，产品因素导致销售额高，另有他因。

29. E

【解析】求异法型支持题。

题干通过求异法认为：波罗的海中的海豹血液中污染性物质的含量较高 —导致→ 死亡率高。

A 项，另有他因，削弱题干。

B 项，无关选项，题干的论证对象是波罗的海的海豹，而不是苏格兰海豹。

C 项，无关选项。

D 项，另有他因，可能是污染物的不同导致海豹死亡率高，而不是因为血液中污染性物质的含量较高。

E 项，支持题干，补充新论据，说明波罗的海的污染性物质确实造成了海洋哺乳动物的高死亡率。(注意：此项的论证对象与题干的论证对象并不一致，但这两个论证对象具有某种程度的相似性，根据类比论证的原理，支持题干，但支持力度弱。)

30. A

【解析】百分比对比型支持题。

题干：高收入人群中，本地人占 70% —证明→ 外地人在本市很难获得高收入。

A 项，支持题干，说明外地人占总人口的 40%，但外地人只占高收入人群的 30%，加强了外地人难以获得高收入的结论。

B 项，削弱题干，外地人占总人口的比例不足 30%，但外地人占高收入人群的比例达到了 30%，说明外地人与本地人相比，并不难获得高收入。

其余各项均为无关选项。

第 5 章　假设题

假设题的特点是：题干给出一个论证或者表达某种观点，要求从选项中找出题干的隐含假设。

假设题的一般提问方式如下：
"上述结论如果要成立，必须基于以下哪项假设？"
"上述论证假设了以下哪项？"
"以下哪项最可能是上述论证所作的假设？"
"假设以下哪项，能使上述题干成立？"

对于假设题，我们一般采取以下解题步骤：
①阅读题目要求，判断题目属于假设题。
②阅读题干，写出题干的逻辑主线。
③寻找推理缺口，找到能填补推理缺口的选项。
④较难的题，可以用"取非法"验证选项是否正确。

题型 22　论证型假设题

母题精讲

母题22.1　美国是当今世界上最富裕的国家，所以每一个美国人都是富人。

(1)假设以下哪项，能使上述论证成立？
Ⅰ．世界上最富裕的国家的含义是人均收入世界上最高。
Ⅱ．世界上最富裕的国家的含义是每个国民都是富人。
Ⅲ．世界上最富裕的国家的含义是国民中没有赤贫者。
A. 仅Ⅰ。　　　　　　　　B. 仅Ⅱ。　　　　　　　　C. 仅Ⅲ。
D. 仅Ⅱ和Ⅲ。　　　　　　E. Ⅰ、Ⅱ和Ⅲ。

(2)为使上述论证成立，以下哪项必须假设？
Ⅰ．世界上最富裕的国家的含义是人均收入世界上最高。
Ⅱ．世界上最富裕的国家的含义是每个国民都是富人。
Ⅲ．世界上最富裕的国家的含义是国民中没有赤贫者。
A. 仅Ⅰ。　　　　　　　　B. 仅Ⅱ。　　　　　　　　C. 仅Ⅲ。
D. 仅Ⅱ和Ⅲ。　　　　　　E. Ⅰ、Ⅱ和Ⅲ。

【解析】充分型假设与必要型假设。

(1)此题问的是"假设以下哪项,能使上述论证成立",故为充分型假设题,补充一个选项作为条件,联立题干中的条件,能使题干的结论成立即可。

题干中的前提：美国→最富裕的国家。

补充Ⅱ项：最富裕的国家→每个国民都是富人。

串联可得：美国→最富裕的国家→每个国民都是富人。

故可得题干中的结论：每一个美国人都是富人。

Ⅰ项和Ⅲ项无法保证题干成立,不正确。故B项正确。

(2)此题问的是"为使上述论证成立,以下哪项必须假设",故为必要型假设题,即如果没有正确的选项作为条件,题干的结论一定不成立,可使用取非法。

Ⅰ项,不必假设,题干没有提及"人均收入"。

Ⅱ项,必须假设,否则,如果世界上最富裕的国家不是每个人都是富人,就无法得到题干中的结论"每个美国人都是富人"。

Ⅲ项,必须假设,否则,如果世界上最富裕的国家中有赤贫者,就无法得到题干中的结论"每个美国人都是富人"。

故D项正确。

【答案】(1)B；(2)D

母题22.2　根据一种心理学理论,一个人要想快乐就必须和周围的人保持亲密的关系,但是世界上伟大的画家往往是在孤独中度过了他们的大部分时光,并且没有亲密的人际关系。所以,这种心理学理论是不成立的。

以下哪项最可能是上述论证所假设的？

A. 该心理学理论是为了揭示内心体验与艺术成就的关系。

B. 有亲密人际关系的人几乎没有孤独的时候。

C. 孤独对于伟大的绘画艺术家来说是必需的。

D. 有些著名画家有亲密的人际关系。

E. 获得伟大成就的艺术家不可能不快乐。

【解析】可能型假设题。

此题的问法是："以下哪项最可能是上述论证所假设的",是可能型假设题。即有必要条件优先选必要条件,没有必要条件选充分条件。

题干：

心理学理论：快乐→亲密。

其矛盾命题为：快乐∧¬亲密。

因此,如果以伟大的画家作为反例来反驳这一心理学理论,必须得有"伟大的画家快乐∧¬亲密"。但题干仅说画家"不亲密",所以要补充的假设为"伟大的画家快乐"。

E项,获得伟大成就的艺术家不可能不快乐,可以推理出"伟大的画家快乐",因此,若补充E项可以使题干的反驳成立。

需要注意的是,如果题干问的是"题干的论证要想成立,必须假设以下哪项",则E项不能选,因为,题干只要求假设"伟大的画家快乐"即可,不要求假设"所有伟大的艺术家"都快乐。

【答案】E

母题技巧

1. 充分型、必要型、可能型假设

(1) 充分型假设题

充分型假设题的一般提问方式如下:

"假设以下哪项,能使上述题干成立?"

其原理是,补充一个正确的选项作为前提,联合题干中的前提,一定能使题干的结论成立。图示如下:

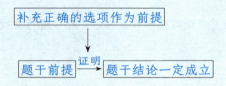

(2) 必要型假设题

必要型假设题的一般提问方式如下:

"上述结论如果要成立,必须基于以下哪项假设?"

"上述论证假设了以下哪项?"

"以下哪项是张医生的要求所预设的?"

隐含假设的含义是,虽未言明,但是题干中的论证要想成立所必须具备的一个前提。也就是说,隐含假设是题干论证的隐含必要条件。因此,严格意义上来说,必要型的假设题才真正符合假设的定义。

必要条件的含义是:没它不行。所以,正确的选项取非以后,会使题干的论证不成立。这种方法称为"取非法",是必要型假设题的常用方法。图示如下:

(3) 可能型假设题

可能型假设题的一般提问方式如下:

"以下哪项最可能是上述论证所作的假设?"

此类题目,如果选项中有题干的必要条件,就选这个必要条件的选项。如果选项中没有题干的必要条件,就选充分条件的选项。

2. 搭桥法

搭桥法(1):

题干:论据 A —→ 结论 B。
       证明

指出论据是结论的充分条件，即只要有论据 A，一定有结论 B，即可使题干成立。形式化为："A→B"。 就像是在论据和结论之间搭了一个桥，所以称之为搭桥法。

搭桥法(2)：

题干论据中的概念和结论中的概念出现了不一致或者明显的跳跃，只需表明这两个概念的一致性，即可使题干的论证成立。 就像是在两个概念之间搭了一个桥，所以称之为搭桥法。

3. 归纳论证的假设

题干：通过抽样统计、调查、某个人的所见所闻等，归纳出一个一般性结论。 调查统计型的假设题在真题里面很少出现，它必须要假设"样本具有代表性"。

4. 类比论证的假设

类比论证必须要假设"类比对象本质上相似，可以进行类比。"

母题变化

变化 1 论证的假设

例 1 以一般读者为对象的评介建筑作品的著作，应当包括对建筑作品两方面的评介，一是实用价值，二是审美价值，否则就是有缺陷的。摩顿评介意大利巴洛克宫殿的专著，详细地分析评介了这些宫殿的实用功能，但是没能指出，这些宫殿，特别是它们的极具特色的拱顶，是西方艺术的杰作。

假设以下哪项，能从上述断定得出结论：摩顿的上述专著是有缺陷的？

A. 摩顿对巴洛克宫殿实用功能的评介比较客观。
B. 除了实用价值和审美价值以外，摩顿的上述专著没有从其他方面对巴洛克宫殿作出评介。
C. 摩顿的上述专著以一般读者为对象。
D. 摩顿的上述专著是他的主要代表作。
E. 有些读者只关心建筑作品的审美价值，不关心其实用价值。

【解析】充分型假设题。

此题的问法是："假设以下哪项，能从上述断定得出结论"，因此，是充分型假设题，即选一个选项，联立这个选项和题干的前提，能得到结论"摩顿的上述专著是有缺陷的"。

题干中的前提：

①以一般读者为对象的评介建筑作品的著作，需要包括实用价值和审美价值的评介。

②摩顿的专著只评介了实用价值。

补充一个前提：摩顿的专著是以一般读者为对象的。结合①可知，摩顿的专著需要包括对实用价值和审美价值的评介，又由②可知，摩顿的专著只评介了实用价值，所以可得到题干中的结论：摩顿的专著有缺陷。故 C 项正确。

【答案】C

例2 林教授患有支气管炎。为了取得疗效,张医生要求林教授立即戒烟。

以下哪项是张医生的要求所预设的?

A. 林教授抽烟。　　　　　　　　　　　　B. 林教授的支气管炎非常严重。
C. 林教授以前戒过烟,但失败了。　　　　D. 林教授抽的都是劣质烟。
E. 林教授有支气管炎家族史。

【解析】必要型假设题。

此题的问法是:"以下哪项是张医生的要求所预设的",是必要型假设题。即正确的选项是题干结论成立的必要条件,没有这个条件,题干的结论就不能成立。

A项是必须预设的,否则,林教授本来就不抽烟,何谈戒烟?(取非法)

【答案】A

例3 生活成本与一个地区的主导行业支付的平均工资水平呈正相关。例如,某省雁南地区的主导行业是农业,而龙山地区的主导行业是汽车制造业,由此,我们可以得出结论:龙山地区的生活成本一定比雁南地区高。

以下哪项最可能是上文所作的假设?

A. 龙山地区的生活质量比雁南地区高。
B. 雁南地区参与汽车制造业的人比龙山地区少。
C. 汽车制造业支付的平均工资水平比农业高。
D. 龙山地区的生活成本比其他地区都高。
E. 龙山地区的居民希望离开龙山地区,到生活成本较低的地区生活。

【解析】可能型假设题。

此题的问法是:"以下哪项最可能是上文所假设的",是可能型假设题。即有必要条件优先选必要条件,没有必要条件选充分条件。

题干中的前提:

①一个地区主导行业的平均工资水平越高,该地区的生活成本越高。
②龙山地区的主导行业是汽车制造业,雁南地区的主导行业是农业。

补充一个前提:汽车制造业的平均工资水平比农业的平均工资水平高。

即可得到题干中的结论:龙山地区的生活成本一定比雁南地区高。

所以C项最可能是题干中的假设(充分型条件)。

【答案】C

例4 在高速公路上行驶时,许多司机都会超速。因此,如果规定所有汽车都必须安装一种装置,这种装置在汽车超速时会发出声音提醒司机减速,那么,高速公路上的交通事故将会明显减少。

上述论证依赖于以下哪项假设?

Ⅰ. 在高速公路上超速行驶的司机,大都没有意识到自己超速。
Ⅱ. 高速公路上发生交通事故的重要原因,是司机超速行驶。
Ⅲ. 上述装置的价格十分昂贵。

A. 仅Ⅰ。　　　　　　　　　　B. 仅Ⅱ。　　　　　　　　　　C. 仅Ⅲ。
D. 仅Ⅰ和Ⅱ。　　　　　　　　E. Ⅰ、Ⅱ和Ⅲ。

【解析】必要型假设题。

此题的问法是："上述论证依赖于以下哪项假设"，是必要型假设题。即正确的选项是题干结论成立的必要条件，没有这个条件，题干的结论就不能成立。

题干：装置在汽车超速时可以提醒司机减速的设备 —证明→ 高速公路上的交通事故将会明显减少。

Ⅰ项，必须假设，否则，司机本身就知道自己超速了，就不必另外安装设备提醒其超速了（取非法）。

Ⅱ项，必须假设，题干中的前提说的是"减速"，结论说的是"事故减少"，搭桥法建立速度和事故的因果联系。

Ⅲ项，显然不需要假设。

【答案】D

例5 莱布尼兹是17世纪伟大的哲学家。他先于牛顿发表了他的微积分研究成果。但是当时牛顿公布了他的私人笔记，说明他至少在莱布尼兹发表其成果的10年前已经运用了微积分的原理。牛顿还说，在莱布尼兹发表其成果的不久前，他在给莱布尼兹的信中谈起过自己关于微积分的思想。但是事后的研究说明，牛顿的这封信中，有关微积分的几行字几乎没有涉及这一理论的任何重要之处。因此，可以得出结论：莱布尼兹和牛顿各自独立地发现了微积分。

以下哪项是上述论证必须假设的？

A. 莱布尼兹在数学方面的才能不亚于牛顿。

B. 莱布尼兹是个诚实的人。

C. 没有第三个人不迟于莱布尼兹和牛顿独立地发现了微积分。

D. 莱布尼兹发表微积分研究成果前从没有把其中的关键性内容告诉任何人。

E. 莱布尼兹和牛顿都没有从第三渠道获得关于微积分的关键性细节。

【解析】

题干：牛顿与莱布尼兹的信中没有涉及微积分理论的任何重要之处 —证明→ 莱布尼兹和牛顿各自独立地发现了微积分。

必须假设，两人没有通过其他方式获取关于微积分的关键性细节，排除其他渠道，故E项为正确选项。

【答案】E

变化2 搭桥法

例6 香蕉叶斑病是一种严重影响香蕉树生长的传染病，它的危害范围遍及全球。这种疾病可由一种专门的杀菌剂有效控制，但喷洒这种杀菌剂会对周边人群的健康造成危害。因此，在人口集中的地区对小块香蕉林喷洒这种杀菌剂是不妥当的。幸亏规模香蕉种植园大都远离人口集中的地区，可以安全地使用这种杀菌剂。因此，全世界的香蕉产量，大部分不会受到香蕉叶斑病的影响。

以下哪项可能是上述论证所假设的？

A. 人类最终可以培育出抗叶斑病的香蕉品种。

B. 全世界生产的香蕉，大部分产自规模香蕉种植园。

C. 和在小块香蕉林中相比，香蕉叶斑病在规模香蕉种植园中传播得较慢。
D. 香蕉叶斑病是全球范围内唯一危害香蕉生长的传染病。
E. 香蕉叶斑病不危害植物。

【解析】搭桥法。

题干：规模香蕉种植园可以安全使用这种杀菌剂以避免香蕉叶斑病的影响 →证明→ 全世界的香蕉产量，大部分不会受到香蕉叶斑病的影响。

前提和结论中出现了概念的跳跃，搭桥法，建立"规模香蕉种植园"和"全世界的香蕉产量"之间的等价性，故 B 项正确。

【答案】B

例7 大城市相对于中小城市，尤其是小城镇来讲，其生活成本是比较高的。这必然限制农村人口的进入，因此，仅靠发展大城市实际上无法实现城市化。

以下哪项是上述论证所假设的？

A. 城市化是我国发展的必由之路。
B. 单纯发展大城市不利于城市化的推进。
C. 要实现城市化，就必须让城市充分吸纳农村人口。
D. 大城市对外地农村人口的吸引力明显低于中小城市。
E. 城市化不能单纯发展大城市，也要充分重视发展其他类型的城市。

【解析】搭桥法。

题干：大城市生活成本高，限制农村人口进入大城市 →证明→ 仅靠发展大城市无法实现城市化。

搭桥法：限制农村人口进入大城市→无法实现城市化，等价于：要实现城市化，就必须让城市充分吸纳农村人口，故 C 项正确。

【答案】C

例8 任何行为都有结果。任何行为的结果中，必定包括其他行为。而要判断一个行为是否好，就需要判断它的结果是否好；要判断它的结果是否好，就需要判断作为其结果的其他行为是否好。这样，实际上我们面临着一个不可完成的思考。因此，一个好的行为实际上不可能存在。

以下哪项最可能是上述论证所假设的？

A. 有些行为的结果中只包括其他行为。
B. 我们可以判断已经发生的行为是否好，但不能判断正在发生的行为是否好。
C. 判断一个行为是好的，就需要判断制止该行为的行为是坏的。
D. 我们应该实施好的行为。
E. 一个好的行为必须是能够被我们判断的。

【解析】搭桥法。

题干：我们无法判断一个行为是不是好的 →证明→ 不可能有好的行为。

搭桥法：无法判断→不好，等价于：好→判断。即一个好的行为必须是能够被我们判断的，故 E 项正确。

【答案】E

例 9 在 H 国前年出版的 50 000 部书中，有 5 000 部是小说。H 国去年发行的电影中，恰有 25 部是由这些小说改编的。因为去年 H 国共发行了 100 部电影，因此，由前年该国出版的书改编的电影，在这 100 部电影中所占的比例不会超过四分之一。

基于以下哪项假设能使上述推理成立？

A. H 国去年发行电影的剧本，都不是由专业小说作家编写的。

B. 由小说改编的电影的制作周期不短于一年。

C. H 国去年发行的电影中，至少 25 部是国产片。

D. H 国前年出版的小说中，适合改编成电影的不超过 0.5%。

E. H 国去年发行的电影，没有一部是基于小说以外的书改编的。

【解析】搭桥法。

题干：去年 H 国发行的 100 部电影中，有 25 部由前年出版的"小说"改编 ——证明→ 由前年该国出版的"书"改编的电影，在这 100 部电影中所占的比例不会超过四分之一。

题干中出现了概念的跳跃，前提中提到的概念是"小说"，结论中的概念是"书"，搭桥法，建立"小说"与"书"的等价性。

E 项，H 国去年发行的电影，没有一部是基于小说以外的书改编的，这样"小说"的数量与"书"的数量就相等了，故 E 项正确。

【答案】E

变化 3 归纳型（调查统计型）

例 10 免疫研究室的钟教授说："生命科学院从前的研究生那种勤奋精神越来越不多见了，因为我发现目前在我的研究生中，起早摸黑做实验的人越来越少了。"

钟教授的论证基于以下哪项假设？

A. 现在生命科学院的研究生需要从事的实验外活动越来越多。

B. 对于生命科学院的研究生来说，只有起早摸黑才能确保完成实验任务。

C. 研究生是否起早摸黑做实验是他们勤奋与否的一个重要标准。

D. 钟教授的研究生做实验不勤奋是由于钟教授没有足够的科研经费。

E. 现在的年轻人并不热衷于实验室工作。

【解析】调查统计型假设题。

题干：钟教授的研究生中，起早摸黑做实验的人越来越少 ——证明→ 生命科学院研究生那种勤奋精神越来越不多见了。

题干中的推论暗含了两个假设：一是起早摸黑做实验可以代表勤奋精神，二是钟教授的研究生可以代表生命科学院研究生的整体情况(样本具有代表性)。

【答案】C

例 11 当前的青少年早恋现象十分严重。一项调查表明，近年来在中学生中"写情书"现象较常见，一些同学精心制作"情书"。他们有的用印有漂亮图案的信纸，画上一支"丘比特箭"来表达爱意；也有的用彩笔画上一颗心来表达对方的情意。

以下哪项是上述论证的隐含假设?

A. 有的中学生没有写情书。

B. 青少年中只有一部分人是中学生。

C. 情书制作水平的好坏对于能否找到女朋友十分重要。

D. 中学生的早恋情况基本代表了当前青少年的早恋情况。

E. 过去的中学生比现在的中学生早恋现象要更少。

【解析】调查统计型支持题。

题干：近年来在中学生中"写情书"现象较常见 ——证明——> 当前的青少年早恋现象十分严重。

A项，不是隐含假设。

B项，削弱题干，指出题干的样本没有代表性。

C项，无关选项，题干没有讨论情书制作水平的作用。

D项，必须假设，说明"中学生"的情况能够代表"青少年"的情况，样本具有代表性。

E项，无关选项，题干不存在过去的中学生和现在的中学生之间的比较。

【答案】D

变化4 类比型

例12 实验发现，口服少量某种类型的安定药物，可使人们在测谎器的测验中撒谎而不被发现。测谎器对人们所产生的心理压力能够被这类安定药物有效地抑制，同时没有显著的副作用。因此，这类药物可同样有效地减少日常生活的心理压力而无显著的副作用。

以下哪项最可能是题干的论证所假设的?

A. 任何类型的安定药物都有抑制心理压力的效果。

B. 如果禁止测试者服用任何药物，测谎器就有完全准确的测试结果。

C. 测谎器所产生的心理压力与日常生活中人们面临的心理压力类似。

D. 大多数药物都有副作用。

E. 越来越多的人在日常生活中面临日益加重的心理压力。

【解析】类比型假设题。

题干：测谎器对人们所产生的心理压力能够被这类安定药物有效地抑制，同时没有显著的副作用 ——证明——> 这类药物可同样有效地减少日常生活的心理压力而无显著的副作用。

A项，不必假设，题干的主体是"某种类型的安定药物"而不是"任何类型的安定药物"。

B项，无关选项。

C项，必须假设，指出题干"测谎器对人们所产生的心理压力"与"日常生活的心理压力"是类似的，题干中的类比有效。

D项，无关选项，题干不涉及"副作用"问题。

E项，不必假设，药物只需要对有心理压力的人有作用即可，与有心理压力的人的数量无关。

【答案】C

题型 23　因果型假设题

母题精讲

母题 23　1979 年,在非洲摩西地区发现有一只大象在觅食时进入赖登山的一个山洞。不久,其他的大象也开始进入洞穴,以后几年进入山洞集聚成为整个大象群的常规活动。1979 年之前,摩西地区没有发现大象进入山洞,山洞内没有大象的踪迹。到 2006 年,整个大象群在洞穴内或附近度过其大部分的冬季。由此可见,大象能够接受和传授新的行为,而这并不是由遗传基因所决定的。

以下哪项是上述论述的假设?

A. 大象的基因突变可以发生在相对短的时间跨度,如数十年。
B. 大象群在数十年前出现的新的行为不是由遗传基因预先决定的。
C. 大象新的行为模式易于成为固定的方式,一般都会延续几代。
D. 大象的群体行为不受遗传影响,而是大象群内个体间互相模仿的结果。
E. 某一新的行为模式只有在一定数量的动物群内成为固定的模式,才可以推断出发生了基因突变。

【解析】因果型假设题。

题干:一只大象进入山洞后,其他大象也进入山洞(果) —证明→ 大象能够接受和传授新的行为,而这并不是由遗传基因所决定的(因)。

A 项,削弱题干,说明是基因的原因。
B 项,排除他因,必须假设,排除了大象接受和传授新行为是由遗传基因预先决定的可能。
C 项,无关选项,没有涉及大象新行为的原因。
D 项,偷换概念,题干说的是"新的群体行为",此项说的是"群体行为"。
E 项,无关选项,是否发生基因突变和题干中的论证无关。

【答案】B

母题技巧

1. 因果型假设题

因果型假设题的常用方法如下:

(1) 因果相关。
指出题干的原因和结果确实存在因果关系。

(2) 排除他因。
题干说原因 A 导致了结果 B 的发生,其隐含假设是没有别的原因会导致 B 的发生。

(3) 并非因果倒置。
题干认为 A 是 B 的原因,要排除 B 是 A 的原因这种可能。

2. 求因果五法

（1）求异法。

①排除其他差异因素（比较的起点是否一致，比较对象所处的环境是否一致，比较对象本身有无差异，等等）。

②因果相关。

③并非因果倒置。

（2）求同法。

①排除其他相同因素。

②因果相关。

③并非因果倒置。

（3）共变法。

①因果相关。

②并非因果倒置。

母题变化

变化 1 因果型假设题

例 13 如今的音像市场上，正版的激光唱盘和影视盘销售不佳，而盗版的激光唱盘和影视盘却屡禁不绝，销售非常火爆。有的分析人员认为，这主要是因为在价格上盗版盘更有优势，所以在市场上更有活力。

以下哪项是这位分析人员在分析中隐含的假定？

A. 正版的激光唱盘和影视盘往往内容呆板，不适应市场的需要。

B. 与价格的差别相比，正版和盗版质量差别不大。

C. 盗版的激光唱盘和影视盘比正版的盘进货渠道畅通。

D. 正版的激光唱盘和影视盘不如盗版的盘销售网络完善。

E. 知识产权保护对盗版盘的打击使得盗版盘的价格上涨。

【解析】因果型假设题。

题干：在价格上盗版盘更有优势 —导致→ 盗版盘比正版盘卖得好。

B 项，排除他因，即排除是盗版盘的质量更好导致其卖得更好的可能性，必须假设。

A、C、D 项，均为另有他因，削弱题干。

E 项，削弱题干的原因。

【答案】B

例 14 一项实验显示，那些免疫系统功能较差的人，比起那些免疫系统功能一般或较强的人，在进行心理健康的测试时记录明显较差。因此，这项实验的设计和实施者得出结论：人的免疫系统，不仅保护人类抵御生理疾病，而且保护人类抵御心理疾病。

上述结论基于以下哪项假设？

A. 免疫系统功能较强的人比功能一般的人，更能抵御心理疾病。

B. 患有某种心理疾病的人，一定患有某种相关的生理疾病。

C. 具有较强的免疫系统功能的人不会患心理疾病。

D. 心理疾病不会引起免疫系统功能的降低。

E. 心理疾病不能依靠药物治疗，而只能依靠心理治疗。

【解析】求异法型假设题。

题干：免疫系统功能较差的人，比起那些免疫系统功能一般或较强的人，在进行心理健康的测试时记录明显较差 ——证明→ 人的免疫系统可以保护人类抵御生理和心理疾病。

A项，无关选项，题干的双方是免疫系统"差"和"一般或较强"的人，不是将"一般"和"较强"的人对比。

B、C项，绝对化，显然不必假设。

D项，排除因果倒置的可能，必须假设。

E项，无关选项，题干的论证与治疗手段无关。

【答案】D

变化2　求因果五法型假设题（求异法）

例15　区别于知识型考试，能力型考试的理想目标，是要把短期行为的应试辅导对于成功应试所起的作用降低到最低限度。能力型考试从理念上不认同应试辅导。一项调查表明，参加各种专业硕士考前辅导班的考生的实考平均成绩，反而低于未参加任何辅导的考生。因此，考前辅导不利于专业硕士考生的成功应试。

为使上述论证成立，以下哪项是必须假设的？

A. 专业硕士考试是能力型考试。

B. 上述辅导班都由名师辅导。

C. 在上述调查对象中，经过考前辅导的考生在辅导前的平均水平和未参加辅导的考生大致相当。

D. 专业硕士考试对于考生的水平有完全准确的区分度。

E. 在上述调查对象中，男女比例大致相当。

【解析】求异法型假设题。

题干：

参加辅导班的同学：成绩差；

未参加辅导班的同学：成绩好；

故：考前辅导不利于专业硕士考生的成功应试。

使用求异法时，要排除其他差异因素，C项说明比较双方的起点是一致的，排除他因，故C项正确。

A、B、E项显然均为无关选项。

D项，不必假设，一个考试不必有"完全准确"的区分度，99%准确是不是也可以？

【答案】C

例16 宏达山钢铁公司由5个子公司组成。去年，其子公司火龙公司试行与利润挂钩的工资制度，其他子公司则维持原有的工资制度。结果，火龙公司的劳动生产率比其他子公司的平均劳动生产率高出13%。因此，在宏达山钢铁公司实行与利润挂钩的工资制度有利于提高该公司的劳动生产率。

以下哪项最可能是上述论证所假设的？
A. 火龙公司与其他各子公司分别相比，原来的劳动生产率基本相同。
B. 火龙公司与其他各子公司分别相比，原来的利润率基本相同。
C. 火龙公司的职工数量，和其他子公司的平均职工数量基本相同。
D. 火龙公司原来的劳动生产率，与其他子公司相比不是最高的。
E. 火龙公司原来的劳动生产率，和其他子公司原来的平均劳动生产率基本相同。

【解析】求异法型假设题。
题干：

火龙公司：试行与利润挂钩的工资制度；

其他公司：维持原有的工资制度；

火龙公司的劳动生产率比其他子公司的平均劳动生产率高出13%；

故：实行与利润挂钩的工资制度有利于提高该公司的劳动生产率。

求异法要保证只有一个差异因素，E项指出比较起点一致，排除他因，必须假设。

A项，不必假设，因为题干是"火龙公司"与"其他子公司的平均劳动生产率"做比较，而不是与其他每个子公司做比较。

【答案】E

题型24　措施目的型假设题

母题精讲

母题24 赵家村的农田比马家村少得多，但赵家村的单位生产成本近年来明显比马家村低。马家村的人通过调查发现：赵家村停止使用昂贵的化肥，转而采用轮作和每年两次施用粪肥的方法。不久，马家村也采用了同样的措施，很快，马家村获得了很好的效果。

以下哪项最可能是上文所作的假设？
A. 马家村有足够的粪肥来源可以用于农田施用。
B. 马家村比赵家村更善于促进农作物生长的田间管理。
C. 马家村经常调查赵家村的农业生产情况，学习降低生产成本的经验。
D. 马家村用处理过的污水软泥代替化肥，但对生产成本的影响不大。
E. 赵家村和马家村都减少使用昂贵的农药，降低了生产成本。

【解析】措施目的型假设题。

题干：采用轮作和每年两次施用粪肥的方法（措施）——以求→获得单位生产成本降低的效果（目的）。

A项，必须假设，措施可行，否则，如果没有足够的粪肥来源，上述措施就无法得到实施，就推翻了题干中的结论。

B项，无关选项，与题干中"粪肥"这一措施无关。

C项，无关选项，与题干中"粪肥"这一措施无关。

D项，措施无效，削弱了题干中"单位生产成本降低"的结论。

E项，另有他因，削弱题干。

【答案】A

> **母题技巧**
>
> 1. "措施目的型"题目的假设方法
> （1）措施可行。
> （2）措施有必要。
> （3）措施有效果。
>
> 要注意的是，对于假设题，我们一般并不要求措施没有恶果（副作用），因为，为了达到我们的目的，有点副作用也是可以接受的。
>
> 2. "原因＋措施＋目的"结构
>
> 措施目的型的题目，常用"某个原因，导致我们要采用某个措施，以达到某个目的"的结构。此结构的推理要成立，除了以上三点外，还必须要求题干中的"原因"和"措施"之间具有必然的因果联系。

母题变化

▶ **变化1　措施目的型**

例17　黑脉金蝴蝶幼虫先折断含毒液的乳草属植物的叶脉，使毒液外流，再食入整片叶子。一般情况下，乳草属植物叶脉被折断后其内的毒液基本完全流掉，即便有极微量的残留，对幼虫也不会构成威胁。黑脉金蝴蝶幼虫就是采用这样的方式以有毒的乳草属植物为食物来源直到它们发育成熟。

以下哪项最可能是上文所作的假设？

A. 幼虫有多种方法对付有毒植物的毒液，因此，有毒植物是多种幼虫的食物来源。

B. 除黑脉金蝴蝶幼虫外，乳草属植物不适合其他幼虫食用。

C. 除乳草属植物外，其他有毒植物已经进化到能防止黑脉金蝴蝶幼虫破坏其叶脉的程度。

D. 黑脉金蝴蝶幼虫成功对付乳草属植物毒液的方法不能用于对付其他有毒植物。

E. 乳草属植物的叶脉没有进化到黑脉金蝴蝶幼虫不能折断的程度。

【解析】措施目的型假设题。

题干：先折断含毒液的乳草属植物的叶脉，使毒液外流，再食入整片叶子（措施）——以求以有毒的乳草属植物为食物来源直到它们发育成熟（目的）。

A项，不必假设，题干说的是"这样的方式"可行，和其他方法是否可行没有关系。

B项，无关选项，题干说的是"黑脉金蝴蝶幼虫"，和其他幼虫无关。

C项，无关选项，"其他"有毒植物和"乳草属植物"无关。

D项，无关选项，能不能对付其他有毒植物与题干无关。

E项，措施可行，必须假设，否则，如果乳草属植物的叶脉进化到了黑脉金蝴蝶幼虫不能折断的程度，那么该幼虫就无法折断叶脉获取食物了（取非法）。

【答案】E

例18 一种对偏头痛有明显疗效的新药正在推广。不过服用这种药可能加剧心脏病。但是只要心脏病患者在服用该药物时严格遵从医嘱，它的有害副作用就完全可以避免。因此，关于这种药物副作用的担心是不必要的。

上述论证基于以下哪项假设？

A. 药物有害副作用的产生都是因为患者在服用时没有严格遵从医嘱。
B. 有心脏病的偏头痛患者在服用上述新药时不会违背医嘱。
C. 大多数服用上述新药的偏头痛患者都有心脏病。
D. 上述新药有多种副作用，但其中最严重的是会加剧心脏病。
E. 上述新药将替代目前其他治疗偏头痛的药物。

【解析】措施目的型假设题。

题干：服用该药物时严格遵从医嘱（措施）——以求——>避免有害副作用（目的）。

A项，不必假设，题干只涉及如何避免副作用，而不涉及副作用产生的原因。

B项，必须假设，指出措施可行，否则心脏病患者违背医嘱，就不能避免有害副作用了。

其余各项显然均不必假设。

【答案】B

例19 在近代科技发展中，技术革新从发明、应用到推广的循环过程不断加快。世界经济的繁荣是建立在导致新产业诞生的连续不断的技术革新上的。因此，产业界需要增加科研投入以促进经济进一步持续发展。

上述论证基于以下哪项假设？

Ⅰ. 科研成果能够产生一系列新技术、新发明。

Ⅱ. 电讯、生物制药、环保是目前技术革新循环最快的产业，将会在未来几年中产生大量的新技术、新发明。

Ⅲ. 目前产业界投入科研的资金量还不足以确保一系列新技术、新发明的产生。

A. 仅Ⅰ。　　　　　　　　B. 仅Ⅲ。　　　　　　　　C. 仅Ⅰ和Ⅱ。
D. 仅Ⅰ和Ⅲ。　　　　　　E. Ⅰ、Ⅱ和Ⅲ。

【解析】措施目的型假设题。

题干：增加科研投入——以求——>产生技术革新——以求——>促进经济持续发展。

Ⅰ项，必须假设，增加科研投入确实会产生技术革新，措施有效。

Ⅱ项，显然不必假设。

Ⅲ项，必须假设，说明措施有必要。

【答案】D

例20 为了提高运作效率，H公司应当实行灵活工作日制度，也就是充分考虑雇员的个人意愿，来决定他们每周的工作与休息日。研究表明，这种灵活工作日制度，能使企业员工保持良好的情绪和饱满的精神。

上述论证依赖于以下哪项假设？

Ⅰ．那些希望实行灵活工作日的员工，大都是H公司的业务骨干。
Ⅱ．员工良好的情绪和饱满的精神，能有效提高企业的运作效率。
Ⅲ．H公司不实行周末休息制度。

A. 仅Ⅰ。　　　　　　B. 仅Ⅱ。　　　　　　C. 仅Ⅲ。
D. 仅Ⅱ和Ⅲ。　　　　E. Ⅰ、Ⅱ和Ⅲ。

【解析】措施目的型假设题。

题干：灵活工作日制度能使企业员工保持良好的情绪和饱满的精神（原因）——导致→H公司应当实行灵活工作日制度（措施）——以求→提高运作效率（目的）。

Ⅰ项，无关选项。

Ⅱ项，必须假设，建立"员工良好的情绪和饱满的精神"和"提高企业的运作效率"之间的联系，措施可以达到目的。

Ⅲ项，必须假设，保证措施可行，否则，如果H公司实行周末休息制度，则意味着不能实行灵活工作日制度。

【答案】D

例21 一些国家为了保护储户免受因银行故障造成的损失，由政府给个人储户提供相应的保险。有的经济学家指出，这种保险政策应对这些国家的银行高故障率承担部分责任。因为有了这种保险，储户在选择银行时就不关心其故障率的高低，这极大地影响了银行通过降低故障率来吸引储户的积极性。

为使上述经济学家的论证成立，以下哪项是必须假设的？

A. 银行故障是可以避免的。
B. 储户有能力区分不同银行的故障率的高低。
C. 故障率是储户选择银行的主要依据。
D. 储户存入的钱越多，选择银行就越谨慎。
E. 银行故障的主要原因是计算机病毒。

【解析】措施目的型假设题。

题干：储户在选择银行时不关心其故障率的高低——导致→影响了银行通过降低故障率来吸引储户的积极性。

隐含假设是：储户有能力区分故障率的高低，否则，如果储户没有能力区分不同银行故障率的高低，那么就不可能影响对银行故障率的选择（取非法），故B项必须假设。

【答案】B

变化 2　必要措施

例 22　某些精神失常患者可以通过心理疗法而痊愈,例如,癔症和心因性反应等。然而,某些精神失常是因为大脑神经递质化学物质不平衡,例如,精神分裂症和重症抑郁,这类患者只能通过药物进行治疗。

上述论述基于以下哪项假设?

A. 心理疗法对大脑神经递质化学物质的不平衡所导致的精神失常无效。

B. 对精神失常患者,药物治疗往往比心理疗法见效快。

C. 大多数精神失常都不是由脑神经递质化学物质的不平衡导致的。

D. 对精神失常患者,心理疗法比药物治疗疗效差些。

E. 心理疗法仅仅是减轻精神失常患者的病情,根治还是需要药物治疗。

【解析】因果＋措施目的型假设题。

题干:①某些精神失常患者可以通过心理疗法而痊愈。

②某些精神失常是因为大脑神经递质化学物质不平衡 —导致→ 第二类患者只能通过药物进行治疗。

隐含的假设是:心理疗法对于第二类精神失常患者无效,排除其他方法,否则,如果心理疗法有效,就得不出只能通过药物进行治疗的结论。

【答案】A

题型 25　数字型假设题

母题精讲

母题 25　为了提高管理效率,跃进公司打算更新公司的办公网络系统。如果在白天安装此网络系统,将会中断员工的日常工作;如果夜晚安装此网络系统,则要承担高得多的安装费用。跃进公司的陈经理认为,为了省钱,跃进公司应该白天安装此网络系统。

以下哪项最可能是陈经理所作的假设?

A. 安装新的网络系统需要的费用白天和夜晚是一样的。

B. 在白天安装网络系统导致误工损失的费用,低于夜晚与白天安装费用的差价。

C. 白天安装网络系统所需要的人数比夜晚安装网络系统所需要的人数要少。

D. 白天安装网络系统后公司员工可以立即投入使用,提高工作效率。

E. 当白天安装网络系统时,公司员工的工作积极性和效率更高。

【解析】数字型假设题。

题干:

①白天安装会中断员工的日常工作。

②夜晚安装,则要承担更高的安装费用 —证明→ 为了省钱,应该在白天安装此系统。

暗含一个假设:白天的安装费用＋员工误工的损失＜夜晚的安装费用。

即：员工误工的损失＜夜晚的安装费用－白天的安装费用，故 B 项必须假设。

【答案】B

母题技巧

1. 数字型假设题是对简单数学公式的考查，例如：平均值、增长率、比例、两个对象的和与差等，建议用数学思维做这样的试题。

2. 很多数字型假设题是可能型假设（充分型假设），找到能使题干成立的数学公式即可。

母题变化

例 23 某地区过去三年日常生活必需品平均价格增长了 30%。在同一时期，购买日常生活必需品的开支占家庭平均月收入的比例并未发生变化。因此，过去三年中家庭平均收入一定也增长了 30%。

以下哪项最可能是上述论证所假设的？

A. 在过去三年中，平均每个家庭购买的日常生活必需品数量和质量没有变化。

B. 在过去三年中，除生活必需品外，其他商品平均价格的增长低于 30%。

C. 在过去三年中，该地区家庭的数量增加了 30%。

D. 在过去三年中，家庭用于购买高档消费品的平均开支明显减少。

E. 在过去三年中，家庭平均生活水平下降了。

【解析】数字型假设题。

题干：

①日常生活必需品平均价格增长了 30%。

②购买日常生活必需品的开支占家庭平均月收入的比例并未发生变化 —证明→ 家庭平均收入一定也增长了 30%。

因为，**支出＝价格×购买数量**，显然题干暗含一个假设：平均每个家庭购买的日常生活必需品数量和质量没有变化，否则，如果平均每个家庭购买的日常生活必需品数量和质量有变化（提升或者下降），则不能推出题干中的结论（取非法），故 A 项必须假设。

【答案】A

例 24 西方航空公司由北京至西安的全额票价一年多来保持不变，但是，目前西方航空公司由北京至西安的机票 90% 打折出售，只有 10% 全额出售。而在一年前则一半打折出售，一半全额出售。因此，目前西方航空公司由北京至西安的平均票价比一年前要低。

以下哪项最可能是上述论证所假设的？

A. 目前和一年前一样，西方航空公司由北京至西安的机票，打折的和全额的，有基本相同的售出率。

B. 目前和一年前一样，西方航空公司由北京至西安的打折机票售出率，不低于全额机票。

C. 目前西方航空公司由北京至西安的打折机票的票价，和一年前基本相同。

D. 目前西方航空公司由北京至西安航线的服务水平比一年前下降。

E. 西方航空公司所有航线的全额票价一年多来保持不变。

【解析】数字型假设题。

题干：现在机票有90%打折，一年前仅有一半打折 —证明→ 目前的平均票价比一年前要低。

要知道平均票价如何，除了看打折机票的数量，还要看打折的力度，例如：一年前一半的机票打一折，现在90%的机票打九折，就推不出题干中的结论。

所以，要使题干中的论证成立，C项必须假设，即现在的打折力度和一年前基本相同。

【答案】C

例25 国产影片《英雄》显然是前两年最好的古装武打片。这部电影是由著名导演、演员、摄影师、武打设计师参与的一部国际化大制作的电影，票房收入明显领先，说明观看该片的人数远多于进口的美国大片《卧虎藏龙》的人数，尽管《卧虎藏龙》也是精心制作的中国古装武打片。

为使上述论证成立，以下哪项是必须假设的？

Ⅰ．国产影片《英雄》和美国影片《卧虎藏龙》的票价基本相同。

Ⅱ．观众数量是评价电影质量的标准。

Ⅲ．导演、演员、摄影师、武打设计师和服装设计师的阵容是评价电影质量的标准。

A. 仅Ⅰ。　　　　　　B. 仅Ⅱ。　　　　　　C. 仅Ⅲ。

D. 仅Ⅰ和Ⅱ。　　　　E. Ⅰ、Ⅱ和Ⅲ。

【解析】数字型假设题。

题干：

①《英雄》的票房收入领先 —证明→ 观看人数多。

②《英雄》是由著名导演、演员、摄影师、武打设计师参与的一部国际化大制作的电影，《英雄》的观看人数多 —证明→《英雄》显然是前两年最好的古装武打片。

Ⅰ项，是论证①的假设，因为票房＝观看人数×票价，如果只知道票房高不知道票价的情况，无法判断人数情况。

Ⅱ项，是论证②的假设，说明"观看人数"确实是"影片质量"的判定标准。

Ⅲ项，论证②有一个假设：电影制作阵容必须得是评价电影质量的标准。但是，此项中提到了"服装设计师"，而题干并不涉及"服装设计师"，故此项不必假设。

【答案】D

微模考5 ▶ 假设题

（母题篇）

（共30题，每题2分，限时60分钟）

1. 鸡汤历来被人们当成是营养佳品，很多人只喝汤却把炖过的肉弃之不食。但一项最新的研究认为鸡汤营养价值并不高，鸡汤里的鸡肉才是营养丰富的宝贝。估计这项研究成果公布以后，将会改变人们长久以来"吃肉不如喝汤"的观点。

    上述推论基于以下哪项假设？
    A. 鸡汤里只含有水溶性小分子物质、油和热量，客观上并不营养。
    B. 现在很多人不吃肉只喝汤是因为他们相信鸡肉的营养物质都在汤里。
    C. 经过了长期的煲汤过程，鸡肉被炖得很烂，容易消化，营养也利于吸收。
    D. 多喝鸡汤其实就是摄取动物性脂肪的过程，饮用大量的鸡汤对身体很不利。
    E. 喜欢喝鸡汤的人也喜欢搭配一些其他的健康食品。

2. 连续四年的统计数字显示，在加州转入夏令时的一星期里和转回正常时间制的一星期里发生的机动车事故要比转换时制的前一星期多4%。这些数字显示这些时制转换给加州司机的机敏度造成了负面影响。

    上述论证中得出的结论依据下面哪个假设？
    A. 加州的司机与美国其他地区的司机有着类似的驾驶方式。
    B. 观察到的事故率升高几乎完全是由于较小事故的增加而引起的。
    C. 四年的时间对判断上述现象不足够长。
    D. 没有其他的因素——如学校假期或者节日庆祝——引起事故发生率在这几星期内增加。
    E. 在一年的其他时间的时制转换不会引起类似的事故率上升。

3. 对患有心脏疼痛和消化不良等症状的患者的调查表明，喜欢戴墨镜的患者比不喜欢戴墨镜的患者心情会更加消沉或有忧郁症的倾向。对此，研究人员解释道，墨镜可以减少令人易怒的视觉刺激，有消沉或忧郁症倾向的患者更加喜欢戴上墨镜以减少这种刺激。

    上述论证以下面哪项为假设？
    A. 消沉或忧郁症都不是由身体的有机条件造成的。
    B. 戴墨镜者认为墨镜不是一种把自己与别人疏远开来的方法。
    C. 消沉有很多原因，包括任何人消沉都合乎情理的真实条件。
    D. 对于戴墨镜的忧郁症患者来说，眼镜可以作为让别人看来戴镜者的健康不佳的视觉信号。
    E. 墨镜没有把光线变得如此黯淡以致戴镜者的心情急剧消沉。

4. 如果将中心位置的机场附近的空域仅限于商用客机和那些装备了雷达的私人飞机使用，私人飞机流量的绝大部分将被迫使用偏远的机场。这种私人飞机流量的减少将降低在中心位置的机场附近发生空中撞击的危险。

    上述结论依赖以下哪个假设？

A. 对于大多数私人飞机的飞行员来说，使用偏远的机场同中心位置的机场一样方便。
B. 大多数偏远的机场没有装备处理商业客机流量的设备。
C. 大多数使用中心位置机场的私人飞机没有装备雷达。
D. 商业客机比私人飞机有更大的空中相撞的危险。
E. 空中撞击危险的减少将最终导致商业客机流量增加。

5. 对埃德加爱伦的通信的全面研究已经展示，没有一封信中他提到过其出名的吗啡瘾。基于这个证据，可以保险地说，说他有吗啡瘾是不对的，怀疑他有吗啡瘾的报道是不真实的。

   以下哪项是上文论述所作的假设？

   A. 宣称他有吗啡瘾的报道是在他死后开始流传的。
   B. 没有任何报道可以说明，认识他的那些人可以证实他有吗啡瘾。
   C. 他来自写作的收入不足以支持其吗啡瘾。
   D. 他在吗啡瘾的影响下不能进行广泛的通信。
   E. 对后果的害怕不会阻止他在通信中指出他有吗啡瘾。

6. 休斯敦《每日通报》的一篇社论声称，休斯敦的投票者会普遍欢迎某前控制市议会的政党下台。该社论基于最近的一次调查报告发表了这个声明。调查报告显示，有59％的休斯敦在册选民认为该政党在后年的市议会选举中肯定下台。

   以下哪项最可能是上述论证的假设？

   A. 投票者在某一限定时间对某一政党的态度可被合理地认为是他们将继续对该政党保持这一态度的可信赖的指示器，除了发生不可预测的政治发展之外。
   B. 对投票者对某一政党的情绪的估计的调查报告结果可被合理地用作发表关于那个政党可能会有的前景的声明的基础。
   C. 对某一执政党不满情绪的增加可被合理地认为它将会导致在野党的被支持率相应地增加。
   D. 期望某一政治上可能发生的事情能够实现的投票者的比例可被合理地认为与赞成这个可能事情实现的投票者的比例相近。
   E. 可以合理地认为，那些接受有关将来选举结果的调查的人会在这场选举中行使他们的投票权。

7. 一个著名歌手获得了一场诉讼的胜利，控告一个广告公司在一则广告里使用了由另一名歌手对一首众所周知由该著名歌手演唱的歌曲进行的翻唱版本。这场诉讼的结果是广告公司将停止在广告中使用模仿者的版本。因此，由于著名歌手的演唱费用比他的模仿者要高，广告费用将上升。

   以上结论基于以下哪项假设？

   A. 大多数人无法将一个著名歌手某一首歌的版本同一个好的模仿者对同一首歌的演唱区分开来。
   B. 使用著名歌手做广告通常比使用著名歌手的模仿者做广告更有效果。
   C. 一些广为人知的歌曲的原版不能在广告中使用。
   D. 广告公司将继续使用模仿者来模仿著名歌手的形体动作。
   E. 广告公司将在广告中使用该歌曲的原唱版本。

8. 上一个冰川形成并从极地扩散时期的珊瑚化石在比它现在生长的地方深得多的海底被发现了，因此，尽管它与现在生长的珊瑚看起来没多大区别，但能在深水中生长说明它们之间在重要的方面有很大的不同。

   上述论证依据下面哪个假设？

   A. 在冰川未从极地扩散之前的时期，还没有发现相应年代的珊瑚化石。

   B. 冰川扩散时代的地理变动并未使珊瑚化石下沉。

   C. 今天的珊瑚大都生活在与那些在较深处发现的珊瑚化石具有相同地理区域的较浅位置。

   D. 已发现了冰川从极地扩散的各个时期的珊瑚化石。

   E. 现在的珊瑚能够在更深、比它们现在生活的温度更冷的水中生存。

9. 最近的一项对都乐县所有的汽车事故受害者的调查发现，在严重受伤的司机和前排乘客中，80％的人在事故发生时没有系安全带。这表明，通过系安全带，司机和前排乘客可以在事故发生时大幅降低他们严重受伤的风险。

   上面得出的结论是不恰当的，除非下面哪项是正确的？

   A. 所有调查中的司机和前排乘客中，超过 20％ 的人在事故发生时系了安全带。

   B. 都乐县中远远超过 20％ 的司机和前排乘客在驾车旅行时不系安全带。

   C. 在这次调查中，受重伤的司机和前排乘客比后排乘客多。

   D. 调查中超过一半的司机和前排乘客在事故发生时没有系安全带。

   E. 大多数向都乐县警方报告的汽车事故不涉及任何重伤。

10. 有些末日论者警告说，天气形势长期转暖或转冷的趋势都将大量减少谷物产量。但是，比较乐观的报告指出，即使平均气温的这种变化真的发生，我们可以预期谷物产量不会有太大变化，因为几乎没有迹象表明降雨量会改变。此外，对大多数庄稼来说，气候导致的产量变化将被年产量的波动和科技因素引起的产量增加而掩盖。

    下面哪项是上文提到的较乐观的报告所基于的假设？

    A. 天气形势长期的变化无法被准确地预测。

    B. 谷物的生产高度依赖于科技因素，以至于不论气候条件如何，产量提高的可能性都不大。

    C. 降雨量的变化趋势比温度变化趋势更难孤立地去考虑。

    D. 长期的转暖或转冷趋势如果伴随着降雨形势的变化，其对谷物产量的破坏比没有降雨形势的变化时更大。

    E. 长期转冷趋势比长期转暖趋势对谷物产量的潜在破坏更严重。

11. 国家的政府官员和公民对于政府在其行动中负有义务遵守规则的理解是相同的。因此，如果一个国家故意无视国际法，该国的政府官员的态度也会变得不支持他们的政府。

    上面的议论是基于下面哪一个假设？

    A. 人民对政府义务的理解经常改变。

    B. 一个国家的公民将赞成其政府通过合法的方式发展其国际影响力的努力。

    C. 集权主义政府的一些官员对国际法所体现的规则是不敏感的。

    D. 每个国家的公民相信国际法是政府应当遵守的规则之一。

    E. 当选的政府官员比任命的政府官员更可能怀疑他们自己政府行动的明智性。

12. 一位贫穷的农民喜欢这样教导他的孩子们："在这个世界上，你不是富就是穷，你不是诚实就是不诚实。由于所有贫穷的农民都是诚实的，所以，每个富裕的农民都是不诚实的。"

    假设以下哪项，能使这位农民的结论合乎逻辑地推导出来？

    A. 每个诚实的农民都是贫穷的。

    B. 每个诚实的人都是农民。

    C. 每个不诚实的人都是富裕的农民。

    D. 每个穷人都是诚实的。

    E. 每个贫穷的人都是农民。

13. 刀耕火种的农业需要烧掉数亩林木，把植物的灰烬留在地里为以后三四年的粮食丰收准备丰富的肥料。然而，此后土地将逐渐失去养分，以至于无法继续耕种，因此，又需要通过刀耕火种的方法来开垦新的土地，一切又从头开始。由于热带大部分农业使用这种方法，因此，在这一地带的森林将最终被永久地毁灭。

    上述论证以下面哪一项为假设？

    A. 热带森林用刀耕火种的方法修整过后不能很好地再生，以恢复原貌。

    B. 其他农艺方法不像刀耕火种方法这样对热带地区的环境造成破坏。

    C. 热带森林本质上缺乏的不是这一地区所固有的农作物生长所需要的养分。

    D. 刀耕火种的方法特别适合于热带地区的农业。

    E. 刀耕火种的方法在第一年能比任何其他方法取得更大的丰收。

14. 山奇是一种有降血脂特效的野花，它数量特别稀少，正濒临灭绝。但是，山奇可以通过和雏菊的花粉自然杂交产生山奇－雏菊杂交种子。因此，在山奇尚存的地域内应当大量地人工培育雏菊。虽然这种杂交品种会失去父本或母本的一些重要特征，例如不再具有降血脂的特效，但这是避免山奇灭绝的几乎唯一的方式。

    上述论证依赖于以下哪项假设？

    Ⅰ. 只有人工培育的雏菊才能和山奇自然杂交。

    Ⅱ. 在山奇尚存的地域内没有野生雏菊。

    Ⅲ. 山奇－雏菊杂交种子具有繁衍后代的能力。

    A. 仅仅Ⅰ。　　　　　B. 仅仅Ⅱ。　　　　　C. 仅仅Ⅲ。

    D. 仅仅Ⅱ和Ⅲ。　　　E. Ⅰ、Ⅱ和Ⅲ。

15. 比较古树上的生长年轮使科学家从一片木片上测定用作木材的树被砍伐时的年代。因此，通过分析残存古代建筑上的木材的生长年轮，考古学家能够精确测定那些建筑物被建造的年代。

    下列哪一个是上文所基于的假设？

    A. 在古代建筑中所用的木材来自非常老的树。

    B. 用于古代建筑的木材，在被用于建筑之前，不会在一段无法确定的时间被闲置不用。

    C. 在某一确定年代中砍伐的任何树木的生长年轮与那一年被砍伐的其他树的生长年轮相同。

    D. 幸存到现在的最古老的建筑是由最持久的木材建成的。

    E. 古代的建筑师在一特定建筑物的建造中不会使用超过一种类型的木材。

16. 据最近的统计，在需要同等学力的十个不同职业中，教师的平均工资五年前排列第九，而目前上升到第六；另外，目前教师的平均工资是其他上述职业的平均工资的86%，而五年前只是55%。因此，教师工资相对偏低的状况有了较大的改善，教师的相对生活水平有了很大的提高。

上述论证基于以下哪项假设？

Ⅰ. 近五年来的通货膨胀率基本保持稳定。

Ⅱ. 和其他职业一样，教师中的最高工资和最低工资的差别是很悬殊的。

Ⅲ. 学历是确定工资标准的重要依据。

Ⅳ. 工资是实际收入的主要部分。

A. 仅Ⅰ、Ⅲ。　　　　　B. 仅Ⅱ、Ⅳ。　　　　　C. 仅Ⅲ。

D. 仅Ⅳ。　　　　　　E. 仅Ⅲ、Ⅳ。

17. 在世界市场上，中国生产的汽车比其他国家生产的汽车要便宜得多，因此，其他国家的汽车工业将失去一部分市场，而这些市场将被中国汽车占据。

以下哪一项是上述论述所要假设的？

Ⅰ. 中国汽车的油耗比其他国家汽车的油耗更低。

Ⅱ. 价格是汽车购买者考虑的重要因素。

Ⅲ. 中国的汽车和其他国家的汽车的耐用性基本相同。

Ⅳ. 汽车购买者具有较高的品牌忠诚度。

A. Ⅰ和Ⅱ。　　　　　B. Ⅰ、Ⅱ和Ⅲ。　　　　C. Ⅱ、Ⅲ和Ⅳ。

D. Ⅱ和Ⅲ。　　　　　E. 只有Ⅱ。

18. 类人猿和其后的史前人类所使用的工具很相似。最近在东部非洲考古所发现的古代工具，就属于史前人类和类人猿都使用过的类型。但是，发现这些工具的地方是热带大草原，热带大草原有史前人类居住过，而类人猿只生活在森林中。因此，这些被发现的古代工具是史前人类而不是类人猿使用过的。

为使上述论证有说服力，以下哪项是必须假设的？

A. 即使在相当长的环境生态变化过程中，森林也不会演变为草原。

B. 史前人类从未在森林中生活过。

C. 史前人类比类人猿更能熟练地使用工具。

D. 史前人类在迁移时并不携带工具。

E. 类人猿只能使用工具，并不能制造工具。

19. 研究显示，大多数有创造性的工程师，都有在纸上乱涂乱画，并记下一些看来稀奇古怪想法的习惯。他们的大多数最有价值的设计，都直接与这习惯有关。而现在的许多工程师都用电脑工作，在纸上乱涂乱画不再是一种普遍的习惯。一些专家担心，这会影响工程师的创造性思维，建议在用于工程设计的计算机程序中匹配模拟的便条纸，能让使用者在上面涂鸦。

以下哪项最可能是上述建议所假设的？

A. 在纸上乱涂乱画，只可能产生工程设计方面的灵感。

B. 对计算机程序中匹配的模拟便条纸，只能用于乱涂乱画，或记录看来稀奇古怪的想法。

C. 所有用计算机工作的工程师都不会备有纸笔以随时记下有意思的想法。

D. 工程师在纸上乱涂乱画所记下的看来稀奇古怪的想法，大多数都有应用价值。

E. 乱涂乱画所产生的灵感，并不一定通过在纸上的操作获得。

20. 要杜绝令人深恶痛绝的"黑哨"，必须对其课以罚款，或者永久性地取消其裁判资格，或者直至追究其刑事责任。事实证明，罚款的手段在这里难以完全奏效，因为在一些大型赛事中，高额的贿金往往足以抵消被罚款的损失。因此，如果不永久性地取消"黑哨"的裁判资格，就不可能杜绝令人深恶痛绝的"黑哨"现象。

以下哪项是上述论证最可能假设的？

A. 一个被追究刑事责任的"黑哨"必定被永久性地取消裁判资格。

B. 大型赛事中对裁判的贿金没有上限。

C. "黑哨"是一种职务犯罪，本身已触犯法律。

D. 对"黑哨"的罚金不可能没有上限。

E. "黑哨"现象只存在于大型赛事中。

21. 某纺织厂从国外引进了一套自动质量检验设备。开始使用该设备的10月份和11月份，产品的质量不合格率由9月份的0.04％分别提高到0.07％和0.06％。因此，使用该设备对减少该厂的不合格产品进入市场起到了重要的作用。

以下哪项是上述论证最可能假设的？

A. 上述设备检测为不合格的产品中，没有一件事实上是合格的。

B. 上述设备检测为不合格的产品中，没有一件事实上是不合格的。

C. 9月份检测为合格的产品中，至少有一些是不合格的。

D. 9月份检测为不合格的产品中，至少有一些是合格的。

E. 上述设备是国内目前同类设备中最先进的。

22. 林教授的身体状况恐怕不宜继续担任校长助理的职务。因为近一年来，只要林教授给校长写信，内容只有一个，不是这里不舒服，就是那里有毛病。

为使上述论证成立，以下哪项是必须假设的？

Ⅰ. 胜任校长助理的职务，需要有良好的身体条件。

Ⅱ. 林教授给校长的信的内容基本上都是真实的。

Ⅲ. 近一年来，林教授经常给校长写信。

A. 仅Ⅰ。 B. 仅Ⅱ。 C. 仅Ⅲ。

D. 仅Ⅰ和Ⅱ。 E. Ⅰ、Ⅱ和Ⅲ。

23. 张勇认为他父亲生于1934年，而张勇的妹妹则认为父亲生于1935年。张勇的父亲出生的医院没有1934年的产科记录，但有1935年的记录。据记载，该医院没有张勇父亲的出生记录。因此，可以得出结论：张勇的父亲出生于1934年。

为使上述论证成立，以下哪项是必须假设的？

Ⅰ. 上述医院1935年的产科记录是完整的。

Ⅱ. 张勇和他妹妹关于父亲的出生年份的断定，至少有一个是真实的。

Ⅲ. 张勇的父亲已经过世。

A. 仅Ⅰ。 B. 仅Ⅱ。 C. 仅Ⅲ。

D. 仅Ⅰ和Ⅱ。　　　　　E. Ⅰ、Ⅱ和Ⅲ。

24. 小红装病逃学了一天，大明答应为她保密。事后，知道事情底细的老师对大明说，我和你一样，都认为违背承诺是一件不好的事，但是，人和人的交往，事实上默认一个承诺，这就是说真话，任何谎言都违背这一承诺。因此，如果小红确实装病逃学，那么，你即使已经承诺为她保密，也应该对我说实话。

要使老师的话成立，以下哪项是必须假设的？

A. 说谎比违背其他承诺更有害。

B. 有时，违背承诺并不是一件坏事。

C. 任何默认的承诺都比表达的承诺更重要。

D. 违背默认的承诺有时要比违背表达的承诺更不好。

E. 每一个人都不应该违背任何承诺。

25~26题基于以下题干：

小红说："如果中山大道只允许通行轿车和不超过10吨的货车，大部分货车将绕开中山大道。"

小兵说："如果这样的话，中山大道的车流量将减少，从而减少中山大道的撞车事故。"

25. 以下哪项是小红的断定所假设的？

A. 轿车和10吨以下的货车仅能在中山大道行驶。

B. 目前中山大道的交通十分拥挤。

C. 货车司机都喜欢在中山大道行驶。

D. 大小货车在中山大道外的马路行驶十分便利。

E. 目前行驶在中山大道的大部分货车都在10吨以上。

26. 以下哪项如果为真，最能加强小兵的结论？

A. 中山大道的撞车事故主要发生在10吨以上的货车之间。

B. 在中山大道上，大客车很少发生撞车事故。

C. 中山大道因为常发生撞车事故，交通堵塞严重。

D. 许多原计划购买10吨以上货车的单位转而购买10吨以下的货车。

E. 近来中山大道周围的撞车事故减少了。

27~28题基于以下题干：

陈先生：北欧人具有一种特别明显的乐观精神。这种精神体现为日常生活态度，也体现为理解自然、社会和人生的哲学理念。北欧人的人均寿命历来是最高的，这正是导致他们具备乐观精神的重要原因。

贾女士：你的说法难以成立。因为你的理解最多只能说明，北欧的老年人为何具备乐观精神。

27. 以下哪项最可能是贾女士的反驳所假设的？

A. 北欧的中青年人并不知道北欧人的人均寿命历来是最高的。

B. 只有已经长寿的人，才具备产生上述乐观精神的条件。

C. 北欧国家都有完善的保护老年人利益的社会福利制度。

D. 成熟的理解自然、社会和人生的哲学理念，只有老年人才可能具有。

E. 北欧人实际上并不具有明显的乐观精神。

28. 以下哪项如果为真，最能加强陈先生的观点并削弱贾女士的反驳？

A. 人均寿命是影响社会需求和生产的重要因素；经济发展水平是影响社会情绪的重要因素。

B. 北非的一些国家人均寿命不高，但并不缺乏乐观的民族精神。

C. 医学研究表明，乐观精神有利于长寿。

D. 经济发展水平是影响人的寿命及其情绪的决定因素。

E. 一家权威机构的最新统计表明，目前全世界人均寿命最高的国家是日本。

29～30题基于以下题干：

人的行为，分为私人行为和社会行为，后者直接涉及他人和社会利益。有人提出这样的原则：对于官员来说，除了法规明文允许的以外，其余的社会行为都是禁止的；对于平民来说，除了法规明文禁止的以外，其余的社会行为都是允许的。

29. 为使上述原则能对官员和平民的社会行为产生不同的约束力，以下哪项是必须假设的？

A. 官员社会行为的影响力明显高于平民。

B. 法规明文涉及（允许或禁止）的行为，并不覆盖所有的社会行为。

C. 平民比官员更愿意接受法规的约束。

D. 官员的社会行为如果不加严格约束，其手中的权力就会被滥用。

E. 被法规明文允许的社会行为，要少于被禁止的社会行为。

30. 如果实施上述原则能对官员和平民的社会行为产生不同的约束力，则以下各项断定均不违反这一原则，除了：

A. 一个被允许或禁止的行为，不一定是法规明文允许或禁止的。

B. 有些行为，允许平民实施，但禁止官员实施。

C. 有些行为，允许官员实施，但禁止平民实施。

D. 官员所实施的行为，如果法规明文允许，则允许平民实施。

E. 官员所实施的行为，如果法规明文禁止，则禁止平民实施。

微模考 5 ▶ 参考答案

(母题篇)

1. B

【解析】调查统计型假设题。

题干：鸡汤的营养价值不如鸡肉高 —导致→ 改变人们"吃肉不如喝汤"的观点。

A项，支持论据，但不必假设。

B项，必须假设，否则，不能由鸡肉营养价值更好得到会改变人们"吃肉不如喝汤"的观点的结论(取非法)。

C项，支持题干，但不必假设。

D项，无关选项，题干讨论的是营养价值的问题，与是否对身体有利无关。

E项，无关选项，题干只讨论鸡汤,与其他食品无关。

2. D

【解析】求异法型假设题。

题干使用求异法：在加州转入夏令时的一星期里和转回正常时间制的一星期里发生的机动车事故要比转换时制的前一星期多4% —证明→ 时制转换给加州司机的机敏度造成了负面影响。

A项，无关选项，题干不涉及加州的司机与其他地区的司机的比较。

B项，无关选项，题干只涉及事故的数量，不涉及事故的大小。

C项，削弱题干，说明题干的样本没有代表性。

D项，必须假设，说明不是由其他原因导致了事故率的增加，排除他因。

E项，无关选项，题干指的是夏令时的时制转换，而非其他时间。

3. E

【解析】因果型假设题。

题干：消沉或忧郁症 —导致→ 戴墨镜。

A项，无关选项，题干只涉及"消沉或忧郁症使人喜欢戴墨镜"，不涉及"消沉或忧郁症的原因"。

E项，必须假设，并非因果倒置，指出戴墨镜不是使人变消沉的原因。

其余各项显然均为无关选项。

4. C

【解析】因果型假设题。

题干：中心位置的机场禁止"没有装备雷达的私人飞机" —导致→ "大部分私人飞机"被迫使用偏远的机场。

A项，与题干信息矛盾，题干说使用偏远的机场是"被迫"的，说明在方便性上应该不如中心位置的机场。

B项，无关选项，题干的论证对象是私人飞机，而不是偏远机场。

C项，搭桥法，建立"没有装备雷达的私人飞机"和"大部分私人飞机"之间的联系，故题干的隐含假设是"大部分私人飞机没有装备雷达",必须假设。

D项,无关选项,题干不涉及商业客机与私人飞机之间的比较。

E项,无关选项。

5. E

【解析】论证型假设题。

题干:埃德加爱伦的所有信中都没有提到他的吗啡瘾 ——证明→ 埃德加爱伦没有吗啡瘾。

A项,无关选项。

B项,诉诸无知。

C项,不必假设,即使来自写作的收入不足以支持吗啡瘾,他也可能有别的收入来源足以支持吗啡瘾。

D项,无关选项,题干只涉及他的通信能否确定他有吗啡瘾,不涉及通信的范围。

E项,必须假设,说明信件反映的情况是真实的,否则,如果对后果的害怕阻止了他在通信中指出他有吗啡瘾,那么虽然信件中没提吗啡瘾,他也有可能有吗啡瘾(取非法)。

6. D

【解析】论证型假设题。

题干:59%的休斯敦在册选民"认为"该政党会下台 ——证明→ 休斯敦的投票者会普遍"欢迎"该政党下台。

"认为"和"欢迎"并不是相同的概念,比如,我认为今天会下暴雨,不代表我欢迎今天下暴雨。所以,题干要成立,必须建立二者的等价关系。

D项,搭桥法,建立"认为"政党下台(认为与赞成这个可能事情实现)和"欢迎"政党下台(期望某一政治上可能发生的事情能够实现)之间的等价性,必须假设。

其余各项均为无关选项。

7. E

【解析】论证型假设题。

题干:①广告公司将停止在广告中使用模仿者的版本。

②原唱歌手的演唱费用比模仿者高 ——证明→ 广告费用将上升。

A项,无关选项,题干不涉及能否区分原唱和模仿者。

B项,无关选项,题干不涉及原唱和模仿者关于广告效果的比较。

C、D项,削弱题干,说明广告公司不会使用原唱,那么就无法得出广告费用将上升的结论。

E项,必须假设,广告公司将使用原唱歌手,而原唱歌手的费用更高,所以广告费将会上升。

8. B

【解析】论证型假设题(果因型)。

题干:珊瑚化石在比它现在生长的地方深得多的海底被发现 ——证明→ 珊瑚以前生活在更深的海里 ——证明→ 古代珊瑚和现代珊瑚之间有很大的不同。

写成因果关系:古代珊瑚和现代珊瑚之间有很大的不同 ——导致→ 古代珊瑚可以生活在更深的海里

导致 → 珊瑚化石在更深的海底被发现。

A项，无关选项。

B项，必须假设，排除他因，说明不是地理变动导致了珊瑚化石深度的改变。

C项，支持题干，但不是题干的隐含假设，因为题干只涉及"海水深度"，不涉及是否在"相同地理区域"。

D项，无关选项。

E项，无关选项，题干只涉及海水的"深度"，不涉及海水的"温度"。

9. A

【解析】百分比对比型假设题。

题干：在严重受伤的司机和前排乘客中，80％的人在事故发生时没有系安全带 ——证明→ 系安全带可以降低他们严重受伤的风险。

A项，所有调查中的司机和前排乘客中，超过20％的人在事故发生时系了安全带。即所有人中没有系安全带的不到80％，出事故的人中没系安全带的人达到了80％，这说明不系安全带真的会增加受伤的风险，必须假设。

B项，无关选项，题干涉及的是系不系安全带对"发生事故的司机和前排乘客的影响"，而不是"所有司机和前排乘客"。

C项，无关选项，题干不涉及"司机和前排乘客"与"后排乘客"的比较。

D项，不必假设，若被调查者中有不到80％的人系了安全带，则加强题干；否则，削弱题干。

E项，无关选项，偷换论证对象，题干调查的是"都乐县所有的汽车事故受害者"，此项的论证对象是"大多数向都乐县警方报告的汽车事故"。

10. D

【解析】因果型假设题。

较乐观的报告：

①几乎没有迹象表明降雨量会改变。②气候导致的产量变化将被年产量的波动和科技因素引起的产量增加而掩盖 ——导致→ 平均气温的变化不会导致预期谷物产量有太大变化。

A项，诉诸无知。

B项，假设过度，"不论气候条件如何"绝对化。

C项，无关选项。

D项，必须假设，搭桥法，说明如果仅有温度的变化而降雨量不变，确实会使谷物的减产趋势得到缓解。

E项，无关选项，题干不涉及"长期转冷趋势"与"长期转暖趋势"之间的比较。

11. D

【解析】论证型假设题。

题干：

①对于政府应该遵守规则，官员的态度与公民的态度相同。

②如果一个国家无视国际法，则官员不支持政府。

D项，必须假设，如果公民相信国际法是政府应当遵守的规则之一，则由①可知，官员也如此认为，所以，如果国家无视这一规则（国际法），则官员不支持政府。

其余各项均为无关选项。

12. A

【解析】充分型假设题。

农民的结论：富裕→不诚实，等价于：诚实→不富裕。

A项，诚实的农民都是贫穷的，是题干结论的等价命题，故若A项为真，则题干为真。

其余各项均不必然使题干的结论为真。

13. A

【解析】因果型假设题。

题干：刀耕火种后，土地将逐渐失去养分，以至于无法继续耕种 ——导致→ 森林将被永久地毁灭。

A项，必须假设，搭桥法，说明刀耕火种的农业会导致森林的消失，且不会恢复，否则，如果森林能够被恢复，就不能得出森林被永久地毁灭的结论。

其余各项均为无关选项。

14. C

【解析】措施目的型假设题。

题干：山奇和雏菊的花粉自然杂交产生山奇－雏菊杂交种子 ——导致→ 在山奇尚存的地域内应当大量地人工培育雏菊 ——以求→ 避免山奇灭绝。

Ⅰ项，不必假设，人工培育的雏菊是避免山奇灭绝的充分条件，不是必要条件。

Ⅱ项，不必假设，即使有一定量的野生雏菊，但如果其数量不足以避免山奇的灭绝，那么也仍然需要人工培育。

Ⅲ项，必须假设，否则就不可避免山奇的灭绝，也失去了杂交的意义。

故C项正确。

15. B

【解析】论证型假设题。

题干：分析古树上的年轮可以测定木材被砍伐的年代 ——证明→ 分析古代建筑上的木材的年轮，可以测定建筑物被建造的年代。

题干的隐含假设是古树的年代与建筑物的年代相同，所以B项必须假设，否则，如果木材被长时间闲置不用，那么古树的年代就会明显早于建筑物的年代，题干的结论就不成立了（取非法）。

其余各项均不必假设。

16. E

【解析】论证型假设题。

论据：①教师平均工资五年前排第九，目前为第六。

②教师的平均工资五年前是其他职业平均工资的55%，目前是86%。

论点：①教师工资相对偏低的状况有了较大的改善。

②教师的相对生活水平有了很大的提高。

Ⅰ项，不必假设，因为题干比较的是教师工资和其他职业工资的相对情况，所有职业面对的都是相同的通货膨胀。

Ⅱ项，无关选项，题干讨论的是教师的工资和其他职业的工资，而不是教师之间的比较。

Ⅲ项，必须假设，否则题干对"需要同等学力"的职业做比较就没有意义。

Ⅳ项，必须假设，否则就不能由教师的平均工资的改善得到生活水平的提高。

故 E 项正确。

17. D

【解析】因果型假设题。

题干：中国汽车便宜 —导致→ 中国汽车将占据其他国家的汽车工业失去的市场。

Ⅰ项，假设过度，题干的论证只要求中国汽车和其他国家汽车的油耗差不多即可，而不要求其油耗更低。

Ⅱ项，必须假设，搭桥法，否则不能由中国汽车便宜得到中国汽车占据市场的结论。

Ⅲ项，必须假设，排除耐用性对汽车市场的影响(排除他因)，否则，如果中国的汽车耐用性较差，则即使价格较低，也不见得会占领市场。

Ⅳ项，削弱题干，如果此项为真，则中国汽车很难占据其他国家的汽车市场。

故 D 项正确。

18. A

【解析】论证型假设题。

题干：

①发现这些工具的地方是热带大草原。

②热带大草原有史前人类居住过。

③类人猿只生活在森林中 —证明→ 这些被发现的古代工具是史前人类而不是类人猿使用过的。

A 项，必须假设，否则可能发现工具的地方，以前是森林，后来变成了草原，那么那些原始工具就有可能是类人猿使用的了。

其余各项均不必假设。

19. E

【解析】措施目的型假设题。

题干：在纸上乱涂乱画可以帮助设计(原因) —导致→ 在电脑中匹配模拟便条纸，能让使用者在上面涂鸦(措施) —以求→ 获得灵感和创造性思维(目的)。

A、B 项，假设过度，"只能"过于绝对。

C 项，假设过度，"所有"过于绝对。

D 项，无关选项，是不是大多数都有应用价值和题干的论证无关。

E 项，必须假设，指出措施有可能实行；否则，如果乱涂乱画产生的灵感，必须通过在纸上才可以获得，那么电脑程序中匹配模拟便条纸的建议就无法产生效果(取非法)。

20. A

【解析】论证型假设题。

题干中的前提：

①杜绝"黑哨"→罚款∨取消裁判资格∨追究刑事责任。

②罚款无效。

题干中的结论：不取消裁判资格→无法杜绝"黑哨"，即：杜绝"黑哨"→取消裁判资格。

由前提①、②可得：杜绝"黑哨"→取消裁判资格∨追究刑事责任，与题干结论不一样。

所以，题干结论要成立，必须说明"追究刑事责任"也无效，或者"取消裁判资格"的也被"追究刑事责任"。故 A 项必须假设。

21. C

【解析】论证型假设题。

题干：使用新设备后，检测到的不合格率提高了 ——证明→ 使用新设备可以减少不合格产品进入市场。

题干的前提是"检测到的不合格率提高"，结论是"减少了不合格产品进入市场"。暗含的假设是：使用新设备前确实有的不合格产品进入了市场，故 C 项必须假设。

22. E

【解析】论证型假设题。

题干：林教授给校长的信中提到自己身体不好 ——证明→ 林教授的身体状况恐怕不宜继续担任校长助理的职务。

Ⅰ项，必须假设，否则即使林教授的身体条件不好，也可能适合担任校长助理的职务。

Ⅱ项，必须假设，否则林教授的身体条件可能是很好的。

Ⅲ项，必须假设，否则如果林教授仅是偶尔写过一两次信，那么，写信时的身体情况，不一定能代表林教授的身体情况。

23. D

【解析】论证型假设题（选言证法）。

题干中的前提：

①张勇认为他父亲生于 1934 年，张勇的妹妹则认为父亲生于 1935 年。

②1935 年的医院记录里面没有张勇父亲的出生记录。

题干中的结论：张勇的父亲出生于 1934 年。

Ⅰ项，必须假设，否则即使医院没有张勇父亲的出生记录，也不代表张勇父亲不是 1935 年出生的。

Ⅱ项，必须假设，否则，由张勇的父亲不是 1935 年出生的，无法推出张勇的父亲是 1934 年出生的。

Ⅲ项，无关选项。

24. D

【解析】论证型假设题。

题干：

①说真话是默认的承诺。

②大明答应为小红装病保密是表达的承诺。

老师认为：大明应该向老师说实话。

说明老师认为默认的承诺有时比表达的承诺更重要，故 D 项必须假设。

C 项过于绝对化，老师只需要认为说真话这种默认的承诺比表达的承诺更重要即可，不一定认为任何默认的承诺都比表达的承诺更重要。

25. E

【解析】搭桥法。

题干：中山大道只允许通行轿车和不超过 10 吨的货车 ——导致——→ 大部分货车将绕开中山大道。

前提中的关键词是"不超过 10 吨的货车"，结论中的关键词是"大部分货车"，搭桥法，建立二者的等价关系：目前行驶在中山大道的大部分货车都在 10 吨以上。故 E 项必须假设。

26. A

【解析】因果型支持题。

小兵：10 吨以上的货车减少 ——导致——→ 撞车事故减少。

原因中说的是"10 吨以上的货车"，结果说的是"撞车事故"，显然要建立二者的因果联系，故 A 项可以支持，说明因果相关。

27. B

【解析】因果型假设题。

陈先生：人均寿命高 ——导致——→ "北欧人"具备乐观精神。

贾女士：陈先生的论证只能说明，"北欧的老年人"为何具备乐观精神。

两人争论的核心是"北欧人"和"北欧的老年人"，所以，贾女士认为只有老年人，才会因为寿命长而具备乐观精神。

所以，只有已经长寿的人才具备产生上述乐观精神的条件，故 B 项为正确选项。

28. A

【解析】支持削弱题。

支持陈先生：人均寿命高 ——导致——→ "北欧人"具备乐观精神。

削弱贾女士：陈先生的论证只能说明，"北欧的老年人"为何具备乐观精神。

A 项，人均寿命影响社会需求和生产，社会需求和生产决定经济发展水平，经济发展水平影响社会情绪，从而推出人均寿命影响社会情绪，导致乐观精神，支持陈先生的观点并削弱贾女士的反驳。

B 项，削弱陈先生的观点。

C 项，此项因果倒置，不能支持。

D 项，无关选项。

E 项，无关选项。

29. B

【解析】论证型假设题。

题干中的原则：

①对于官员来说，除了法规明文允许的以外，其余的社会行为都是禁止的。

②对于平民来说，除了法规明文禁止的以外，其余的社会行为都是允许的。

结论：上述原则能对官员和平民的社会行为产生不同的约束力。

如果法规明文规定允许和禁止的行为，能包含所有的行为，那么，这个原则对官员和平民的效力就是一样的了，因此，要使上述原则能对官员和平民的社会行为产生不同的约束力，必须假定，还有一些行为，法规没有明文允许，也没有明文禁止，故B项正确。

30. C

【解析】推论题。

由题干可知，允许官员实施的行为，一定是法律允许的行为，这类行为平民也可以实施。因此，C项违反题干的原则。

第6章 解释题

解释题的题干给出一个现象或某种矛盾,要求解释现象发生的原因,或者找一个选项化解题干中表面上看起来的矛盾。解释题的本质是"找原因"。

解释题的常见提问方式如下:
以下哪项如果为真,最能解释题干中似乎存在的不一致?
以下哪项如果为真,最能解释题干中的现象?
以下哪项如果为真,最能解释题干中看起来的矛盾?

对于解释题,我们常采取以下解题步骤:
①读题目要求,判断此题属于解释题。
②读题干,找到题干中需要解释的现象或者矛盾的地方。
③找出正确的选项以解释现象或者化解矛盾。

题型 26 解释现象

母题精讲

母题 26 新疆的哈萨克人用经过训练的金雕在草原上长途追击野狼。某研究小组为研究金雕的飞行方向和判断野狼群的活动范围,将无线电传导器放置在一只金雕身上进行追踪。野狼为了觅食,其活动范围通常很广,因此,金雕追击野狼的飞行范围通常也很大。然而,两周以来,无线电传导器不断传回的信号显示,金雕仅在放飞地 3 公里范围内飞行。

以下哪项如果为真,最有助于解释上述金雕的行为?
A. 金雕的放飞地周边重峦叠嶂,险峻异常。
B. 金雕的放飞地 2 公里范围内有一牧羊草场,成为狼群袭击的目标。
C. 由于受训金雕的捕杀,放飞地广阔草原的野狼几乎灭绝了。
D. 无线电传导器信号仅能在有限的范围内传导。
E. 无线电传导器的安放并未削弱金雕的飞行能力。

【解析】解释现象或矛盾。

待解释的现象:野狼一般活动范围很广,因而金雕追击野狼的飞行范围通常也很大,然而,两周以来金雕仅在放飞地 3 公里范围内飞行。

B 项,另有他因,牧羊草场使野狼的范围变小,从而使金雕的飞行范围变小,可以解释题干。

D项，不能解释，因为无线电传导器只是记录金雕的飞行转变，而不是控制金雕的飞行。
【答案】B

母题技巧

1. 解释现象
题干给出一段关于某些事实、现象或差异的客观描述，要求找到一个正确的选项，用来解释事实、现象或差异发生的原因。

2. 解释矛盾
题干中存在两个相互矛盾的现象，要求找到正确的选项以化解矛盾或者解释为什么会存在这种矛盾。

3. 解释差异
题干涉及两类看起来相似、实际上不同的对象，这两类对象在某些方面表现出差异，要求找到造成这种差异的原因。

解释差异题的本质是求异法，前提中的差异因素造成了结果的差异。因此，找到两类对象的差异因素就找到了答案。

4. 解题技巧

（1）转折词。

解释题中往往有转折词，如"但是""然而"等，转折词的前后一般就是矛盾或差异的双方。

（2）关键词。

矛盾或差异的双方如果有关键词不同，可能是因为这个不同导致矛盾或差异。

（3）另有他因。

要找到差异或矛盾的原因，往往通过寻找他因的方法。

（4）不质疑现象。

题干中给出的现象默认为事实，我们需要找到这种现象发生的原因，而不能质疑这些事实。

（5）不质疑矛盾的任何一方。

题干中给出矛盾的双方，我们不质疑任何一方，只解释为什么出现矛盾，或者找个选项化解矛盾。

母题变化

变化1 解释现象

例1 夜晚点燃艾叶驱蚊曾是龙泉山区引起家庭火灾的重要原因。近年来，尽管使用艾叶驱蚊的人家显著减少，但是，家庭火灾所导致的死亡人数并没有呈现减少的趋势。

以下各项如果为真，都能够解释上述情况，除了：

A. 与其他引起龙泉山区家庭火灾的原因比较，夜晚点燃艾叶引起的火灾所导致的损害相对较小。

B. 夜晚点燃艾叶所导致的火灾一般在家庭成员睡熟后发生。

C. 龙泉人对夜晚点燃艾叶导致火灾的防范意识加强了，但对其他火灾隐患防范意识并没有加强。

D. 随着生活水平的提高，近年来居室内木质家具和家用电器增多，一旦发生火灾，火势比过去更为猛烈。

E. 现在龙泉山区家庭住宅一般都是相邻而建，因此，一户失火随即蔓延，死亡人数因而比过去增多。

【解析】解释现象或矛盾。

待解释的矛盾：使用艾叶驱蚊的人家显著减少，但是，火灾导致的死亡人数并没有减少。

A项，另有他因，艾叶引起的火灾所导致的损害相对较小，因此，使用艾叶的人家虽然减少，但是可能其他原因导致的火灾造成的死亡人数并没有减少，可以解释题干。

B项，不能解释，如果艾叶导致的火灾一般在家庭成员睡熟后发生，那么后果会很严重，很可能造成死亡，现在使用艾叶的人减少了，那么火灾死亡人数应该减少，加剧了题干中的矛盾。

C项，另有他因，说明其他原因导致的火灾死亡人数没有减少，可以解释题干。

D、E项，另有他因，说明火灾数量虽然少了，但一旦发生火灾，后果更严重了，可以解释。

【答案】B

例2 去年，美国费城由妇女控告的强奸案率增加了20%。具有讽刺意味的是，这个数字是由女权运动组织在年度报告中以赞许的口气公布的。

以下哪项如果为真，能逻辑地解释上述女权运动组织看起来不合情理的赞许态度？

A. 市政府鼓励受害妇女控告强奸的新法案的实施，极大地减少了受害妇女不敢控告的情况。

B. 近三年来，这个城市强奸案在刑事案中之比例逐年上升。

C. 女权组织的领导人一直把预防强奸案的发生作为优先考虑的问题。

D. 这个城市受害妇女控告的强奸案发生率最高的地区集中在东部的三个邻近街区。

E. 这个城市对强奸犯的法律惩治越来越严厉。

【解析】解释现象或矛盾。

待解释的现象：美国费城由妇女控告的强奸案率增加了20%，然而，女权运动组织却赞赏此现象。

要解释该女权运动组织看起来不合理的态度，只需要说明控告率增加并非因为案件发生率增加，而是发生案件后进行控告的比例增加即可。

A项，说明由妇女控告的强奸案率增加，不是因为强奸案件的增加，而是发生案件后原本不敢控告的受害妇女敢控告了，因此值得赞赏，可以解释题干。

B项，无关选项，题干的论证与强奸案在所有刑事案件中的比例无关。

C项，加剧题干矛盾。

D、E项均为无关选项。

【答案】A

例3 马晓敏是眼科医院眼底手术的一把刀，也是湖城市最好的眼底手术医生，但是，令人费解的是，经马晓敏手术后，患者视力获得明显提高的比例较低。

以下哪项如果为真，最有助于解释以上陈述？

A. 眼底手术大多是棘手的手术，需要较长的时间才能完成。

B. 除了马晓敏以外，湖城市眼科医院缺乏能干的眼底手术医生。

C. 除了眼底手术，马晓敏同时精通其他眼科手术。

D. 目前经马晓敏手术后患者视力获得明显提高的比例比过去有所提高。

E. 湖城市眼科医院难治的眼底疾病患者的手术大多数都是由马晓敏医生完成的。

【解析】解释现象或矛盾。

待解释的现象：马晓敏是最好的眼底手术医生，但是，经马晓敏手术后，患者视力获得明显提高的比例较低。

A项，不能解释，因为眼底手术的难度对于所有医生是等同的。

B项，加剧矛盾，其他医生的医术不如马晓敏，但是马晓敏的治疗效果反而更差。

C项，无关选项。

D项，无关选项，因为题干是马晓敏与他人的比较，D项是马晓敏与自己的比较。

E项，另有他因，是因为马晓敏所治疗的患者的病情更严重，所以才手术效果更差，可以解释题干。

【答案】E

例4 近年来，我国南北方都出现了酸雨。一项相关的研究报告得出结论：酸雨并没有对我国的绝大多数森林造成危害。专家建议将此结论修改为：我国的绝大多数森林没有出现受酸雨危害的显著特征，如非正常的落叶、高枯死率等。

以下哪项如果为真，最有助于说明专家所作的修改是必要的？

A. 酸雨对森林造成的危害结果有些是不显著的。

B. 我国有些森林出现了非正常的落叶、高枯死率的现象。

C. 非正常落叶、高枯死率是森林受酸雨危害的典型特征，如果不出现这种特征，说明森林未受酸雨危害。

D. 酸雨是工业污染，特别是燃煤污染的直接结果。

E. 我国并不是酸雨危害最严重的国家。

【解析】解释现象或矛盾。

待解释的现象：专家建议将酸雨没有对我国绝大多数森林造成危害，改为我国的绝大多数森林"没有出现受酸雨危害的显著特征"。

找关键词，一个是"没有危害"，一个是"没有显著特征"，只要说明这二者的差异即可，故A项可以解释。

【答案】A

变化 2　解释差异

例 5　巴斯德认为，空气中的微生物浓度与环境状况、气流运动和海拔高度有关。他在山上的不同高度分别打开装着煮过的培养液的瓶子，发现海拔越高，培养液被微生物污染的可能性就越小。在山顶上，20 个装了培养液的瓶子中只有 1 个长出了微生物。普歇另用干草浸液做材料重复了巴斯德的实验，却得出了不同的结果：即使在海拔很高的地方，所有装了培养液的瓶子都很快长出了微生物。

以下哪项如果为真，最能解释普歇和巴斯德实验所得到的不同结果？

A. 只要有氧气的刺激，微生物就会从培养液中自发地生长出来。

B. 培养液在加热、消毒、密封、冷却的过程中会被外界细菌污染。

C. 普歇和巴斯德的实验设计都不够严密。

D. 干草浸液中含有一种耐高温的枯草杆菌，培养液一旦冷却，枯草杆菌的孢子就会复活，迅速繁殖。

E. 普歇和巴斯德都认为，虽然他们用的实验材料不同，但是经过煮沸，细菌都能被有效地杀灭。

【解析】解释差异。

前提差异：巴斯德的实验中，使用普通培养液；普歇的实验中，采用干草浸液。

结果差异：巴斯德的实验中，海拔越高，培养液被微生物污染的可能性就越小；普歇的实验中，即使在海拔很高的地方，所有装了培养液的瓶子都很快长出了微生物。

D 项指出了前提中的差异为什么可以造成实验结果的不同，可以解释题干。

【答案】D

例 6　在 19 世纪，法国艺术学会是法国绘画及雕塑的主要赞助部门，当时个人赞助者已急剧减少。由于该艺术学会并不鼓励艺术创新，19 世纪的法国雕塑缺乏新意。然而，同一时期的法国绘画却表现出很大程度的创新。

以下哪项如果为真，最有助于解释 19 世纪法国绘画与雕塑之间创新的差异？

A. 在 19 世纪，法国艺术学会给予绘画的经费支持比雕塑多。

B. 在 19 世纪，雕塑家比画家获得更多的来自法国艺术学会的支持经费。

C. 由于颜料和画布价格比雕塑用的石料便宜，19 世纪法国的非赞助绘画作品比非赞助雕塑作品多。

D. 19 世纪极少数的法国艺术家既进行雕塑创作，也进行绘画创作。

E. 尽管法国艺术学会仍对雕塑家和画家给予赞助，但 19 世纪的法国雕塑家和画家得到的经费支持明显下降。

【解析】解释差异。

前提的相同点：法国绘画及雕塑的主要赞助部门均为不鼓励艺术创新的法国艺术学会。

结论的差异点：雕塑缺乏新意，法国绘画却有很大创新。

找到造成雕塑与绘画的不同结果的差异因素即可。C 项指出了二者的差异，说明绘画不像雕塑那样依赖于法国艺术学会的赞助，可以解释。

【答案】C

例7 实验证明：茄红素具有防止细胞癌变的作用。近年来W公司提炼出茄红素，将其制成片剂，希望让酗酒者服用以预防因饮酒过多引发的癌症。然而，初步的试验发现，经常服用W公司的茄红素片剂的酗酒者反而比不常服用W公司的茄红素片剂的酗酒者更易于患癌症。

以下哪项能解释上述矛盾？

Ⅰ．癌症的病因是综合的，对预防药物的选择和由此产生的作用也因人而异。

Ⅱ．酒精与W公司的茄红素片剂发生长时间作用后反而使其成为致癌物质。

Ⅲ．W公司生产的茄红素片剂不稳定，易于受其他物质影响而分解变性，从而与身体发生不良反应而致癌；自然茄红素性质稳定，不会致癌。

A. 仅Ⅰ和Ⅱ。　　　　　B. 仅Ⅰ和Ⅲ。　　　　　C. 仅Ⅱ和Ⅲ。

D. Ⅰ、Ⅱ、Ⅲ。　　　　E. Ⅰ、Ⅱ、Ⅲ都不是。

【解析】解释差异。

需要解释的差异：茄红素具有防止细胞癌变的作用，但是，W公司提炼的茄红素，酗酒者服用以后反而更容易患癌症。

题干涉及两类对象：茄红素和W公司提炼的茄红素，需要找到二者的差异。

Ⅰ项，不能解释，诉诸无知。

Ⅱ项，可以解释，说明了W公司提炼的茄红素使酗酒者易患癌症的具体原因。

Ⅲ项，比较型解释题，需要找到造成结果不同的差异因素，即"茄红素"与"W公司提炼的茄红素"之间的差异，Ⅲ项说明了二者的差异，可以解释。

【答案】C

例8 近年以来，A省的房地产市场出现了低迷迹象，成交量减少，房价下跌。但该省的S市是个例外，房价持续上涨，成交活跃。

以下哪项如果属实，最无助于解释上述的例外？

A. 经批准，S市将建立高新技术开发区，预计大量外资将进入该市。

B. 该市加大交通基础建设和投资已显示效果，交通拥堵的状况大为改观。

C. 与东部许多城市相比，S市的房地产价格一直偏低，上涨的空间较大。

D. S市的银行向房地产开发商发放了大量的贷款，促进该市房地产业的发展。

E. 经过网络投票和专家评定，S市被评为国内最适合人居住的城市之一。

【解析】解释差异。

结果的差异：A省的房地产市场低迷，但是，该省的S市却房价上涨，成交活跃。

题干涉及两个对象：A省的房地产和S市的房地产，找到二者的差异之处即可解释。

A、B、E项，都指出S市房地产市场的利好因素，可以解释。

C项，指出S市原来的房价偏低，上涨空间大，可以解释。

D项，银行向房地产商发放贷款，是对供方的利好因素，根据供求规律，在市场低迷期加大供给会导致价格更低，所以D项无法解释题干中的矛盾。

【答案】D

例9 汽车保险公司的统计数据显示：在所处理的汽车被盗索赔案中，安装自动防盗系统汽车的比例明显低于未安装此种系统的汽车。这说明，安装自动防盗系统能明显减少汽车被盗的风险。但警察局的统计数据却显示：在报案的被盗汽车中，安装自动防盗系统的比例高于未安装此种系统的汽车。这说明，安装自动防盗系统不能减少汽车被盗的风险。

以下哪项如果为真，最有利于解释上述看起来矛盾的统计结果？

A. 许多安装了自动防盗系统的汽车车主不再购买汽车被盗保险。
B. 有些未安装自动防盗系统的汽车被盗后，车主报案但未索赔。
C. 安装自动防盗系统的汽车大都档次较高，汽车的档次越高，越易成为被盗窃的对象。
D. 汽车被盗后，车主一般先到警察局报案，再去保险公司索赔。
E. 有些安装了自动防盗系统的汽车被盗后，车主索赔但未报案。

【解析】解释差异。

需要解释的差异：保险公司的统计显示，安装防盗系统的汽车被盗索赔案要少于未安装此系统的汽车，但是警察局的统计却显示，安装防盗系统的汽车被盗案件多于未安装此系统的汽车。

题干涉及两类对象：保险公司的统计和警察局的统计，需要找到二者的差异。

A项，许多安装了自动防盗系统的汽车车主不再购买汽车被盗保险，那么当他们的车被盗后，他们会去警察局报案，但不会去保险公司索赔，保险公司的统计和警察局的统计不相等。

【答案】A

题型27 解释数量关系

母题精讲

母题27 烟草业仍然是有利可图的。在中国，尽管今年吸烟者中成人的人数减少，烟草生产商销售的烟草总量还是增加了。

以下哪项不能用来解释烟草销售量的增长和吸烟者中成人人数的减少？

A. 今年中，开始吸烟的妇女数量多于戒烟的男子数量。
B. 今年中，开始吸烟的少年数量多于同期戒烟的成人数量。
C. 今年，非吸烟者中咀嚼烟草及嗅鼻烟的人多于戒烟者。
D. 今年和往年相比，那些有长年吸烟史的人平均消费了更多的烟草。
E. 今年中国生产的香烟中用于出口的数量高于往年。

【解析】解释数量关系。

待解释矛盾：今年成人吸烟者人数减少了，但是，烟草的销售量却增加了。

A项，不能解释题干。因为，虽然今年开始吸烟的妇女数量多于戒烟的男子数量，但是由于成人吸烟者（包括男子和妇女）的数量总体上减少了，因此，不能得出结论：是这些新吸烟的妇女造成了烟草销售量的增加。

其余各项显然均可以解释题干。

【答案】A

母题技巧

1. 数字型解释题的结构

数字型的题目，涉及一些简单的数学公式，常见比例、利润、增长率、平均值，等等，用数学的思维解这类题目，会变得相当简单。

2. 解题步骤

①读题干，若题干涉及利润、增长率、比例、平均值等数字关系，可认定是数字型解释题。

②判断适用题干的基本数学公式。

③找到造成题干中数字关系的原因。

母题变化

例 10 大投资的所谓巨片的票房收入，一般是影片制作与商业宣传总成本的 2 至 3 倍。但是电影产业的年收入大部分来自中小投资的影片。

以下哪项如果为真，最能解释题干中的现象？

A. 大投资的巨片中确实不乏精品。

B. 大投资巨片的票价明显高于中小投资的影片。

C. 对观众的调查显示，大投资巨片的平均受欢迎程度并不高于中小投资影片。

D. 票房收入不是评价影片质量的主要标准。

E. 投入市场的影片中，大部分是中小投资的影片。

【解析】数字型解释题。

要解释的矛盾：巨片能带来 2 至 3 倍的收益，但是电影产业的年收入大部分来自中小投资的影片。

$$总收益＝平均单部电影收益 \times 电影数量。$$

显然，只需要指出中小投资的影片的上映数量大于巨片的上映数量即可，即 E 项正确。

【答案】E

例 11 成品油生产商的利润在很大程度上受国际市场原油价格的影响，因为大部分原油是按国际市场价购进的。近年来，随着国际原油市场价格的不断提高，成品油生产商的运营成本大幅度增加，但某国成品油生产商的利润并没有减少，反而增加了。

以下哪项如果为真，最有助于解释上述看似矛盾的现象？

A. 原油成本只占成品油生产商运营成本的一半。

B. 该国成品油价格根据市场供需确定，随着国际原油市场价格的上涨，该国政府为成品油生产商提供了相应的补助。

C. 在国际原油市场价格不断上涨期间，该国成品油生产商降低了个别高薪雇员的工资。

D. 在国际原油市场价格上涨之后，除进口成本增加外，成品油生产的其他成本也有所提高。

E. 该国成品油生产商的原油有一部分来自国内，这部分受国际市场价格波动的影响较小。

【解析】数字型解释题。

需要解释的矛盾：成品油生产商的运营成本大幅度增加，但是，利润反而增加了。

$$利润＝收入－成本。$$

所以，只需要指出收入提高，即可解释题干中的矛盾。B项指出政府为成品油生产商提供了补助，使其收入提高，故B项可以解释题干中的矛盾。

其余各项均不能解释题干中的矛盾现象。

【答案】B

例12 以优惠价出售日常家用小商品的零售商通常有上千雇员，其中大多数只能领取最低工资。随着国家法定的最低工资额的提高，零售商的人力成本也随之大幅度提高。但是，零售商的利润非但没有降低，反而提高了。

以下哪项如果为真，最有助于解释上述看起来矛盾的现象？

A. 上述零售商的基本顾客，是领取最低工资的人。

B. 人力成本只占零售商经营成本的一半。

C. 在国家提高最低工资额的法令实施后，除了人力成本以外，其他零售商经营成本也有所提高。

D. 零售商的雇员有一部分来自农村，他们都拿最低工资。

E. 在国家提高最低工资额的法令实施后，零售商降低了某些高薪雇员的工资。

【解析】数字型解释题。

需要解释的矛盾：最低工资额提高导致人力成本上升，但是，利润反而提高了。

$$利润＝收入－成本。$$

所以，只需要说明零售商的收入提高了即可解释题干。

A项，上述零售商的基本顾客，是领取最低工资的人，则最低工资额的提高，增强了零售商的基本顾客的购买力，从而增加了零售商的利润，可以解释。

B项，不能解释。

C、D项，加剧矛盾。

E项，不能解释，因为解释题不得质疑题干。对于此题来说，题干说"人力成本上升了"，那么这就是真的，不能质疑它，E项中"降低了某些高薪雇员的工资"，试图质疑人力成本的上升，是无效的。

【答案】A

例13 新华大学在北戴河设有疗养院，每年夏季接待该校的教职工。去年夏季该疗养院的入住率，即全部床位的使用率为87%，来此疗养的教职工占全校教职工的比例为10%。今年夏季来此疗养的教职工占全校教职工的比例下降至8%，但入住率却上升至92%。

以下各项如果为真，都有助于解释上述看起来矛盾的数据，除了：

A. 今年该校新成立了理学院，教职工总数比去年有较大增长。

B. 今年该疗养院打破了历年的惯例，第一次有限制地对外开放。

C. 今年该疗养院的客房总数不变，但单人间的比例由原来的5%提高至10%，双人间由原来的40%提高到60%。

D. 该疗养院去年大部分客房今年改为足疗保健室或棋牌娱乐室。

E. 经过去年冬季的改建,该疗养院的各项设施的质量明显提高,大大增加了对疗养者的吸引力。

【解析】数字型解释题。

需要解释的矛盾:参加疗养的职工占全校职工的比例下降了,但疗养院的入住率反而上升了。

$$入住率 = \frac{入住人数}{床位数} \times 100\%。$$

A、B 两项说明入住人数提高了,分子变大,可以解释。

C、D 两项说明床位数减少了,分母变小,可以解释。

E 项,与分子和分母的数量不直接相关,不能解释。

【答案】E

例 14 1970 年,U 国汽车保险业的赔付总额中,只有 10% 用于赔付汽车事故造成的人身伤害。而 2000 年,这部分赔付金所占的比例上升到 50%,尽管这 30 年来 U 国的汽车事故率呈逐年下降的趋势。

以下哪项如果为真,最有助于解释上述看起来矛盾的现象?

A. 这 30 年来,U 国汽车的总量呈逐年上升的趋势。

B. 这 30 年来,U 国的医疗费用显著上升。

C. 2000 年 U 国的交通事故数量明显多于 1970 年。

D. 2000 年 U 国实施的新交通法规比 1970 年的更为严格。

E. 这 30 年来,U 国汽车保险金的上涨率明显高于此期间的通货膨胀率。

【解析】数字型解释题。

需要解释的矛盾:事故率下降,但是,赔付人身伤害的资金占汽车保险业的赔付总额的比例却从 10% 上升到了 50%。

$$题干中的比例 = \frac{事故造成人身伤害的赔偿金额}{汽车保险业总的赔偿金额}。$$

A 项,汽车总量上升,但因为事故率下降,所以事故数未必上升;即使事故数上升,造成人身伤害赔付的事故数也不一定上升,所以是可能的解释,力度弱。

B 项,可以解释,医疗费用显著上升,则上述公式的分子变大。

C 项,事故总量上升,造成人身伤害赔付的事故数不一定上升,所以是可能的解释,力度弱。

D、E 项,无关选项。

【答案】B

微模考 6 ▶ 解释题

（母题篇）

（共 30 题，每题 2 分，限时 60 分钟）

1. 一旦消费者认识到通货膨胀阶段开始了，一般就会产生消费的增长。这一增长可以很容易地解释为什么消费者不愿意推迟购买那些肯定要涨价的商品。但是，在通货膨胀的持续时期，消费者最终推迟他们的日常购买活动，尽管事实是消费者依然认为价格会上升，在通货膨胀时期工资也会上升。
   以下哪项如果为真，最有助于解释上述表面上的矛盾现象？
   A. 消费者在通货膨胀时期比在非通货膨胀时期积蓄更多的钱。
   B. 在经济标示器发出通货膨胀开始的信号和消费者认识到它开始之间存在一种滞后现象。
   C. 对人类行为的一般性描述不适用于每一种具体的行为模式。
   D. 如果足够产生影响的消费者不能购买的话，那么价格最终会跌落，而工资不会受到直接影响。
   E. 消费者的购买力在通货膨胀的持续时期降低是由于工资跟不上价格上升的速度。

2. 20 年前，任一公司的执行官在选择重新设置公司总部时主要关心的是土地的成本。今天一个执行官在重新设置总部时要关心的东西更广泛了，经常包括当地学校和住房的质量。
   假如上面的信息是正确的，则下面哪项最好地解释了上面所描述的执行官所关心的变化？
   A. 20 年前高质量的住房和学校像今天一样难以发现。
   B. 某些地区房地产和学校停止增加，现在允许许多人购买房屋。
   C. 公司执行官在做决定时总是考虑替换方法将怎样影响公司的利润。
   D. 一个近年人员缺乏的问题迫使公司找到尽可能多的方法来吸引新的雇员。
   E. 在今后 20 年中，一些地区比其他地区土地的价值变化少。

3. 路上有一个里程碑，当一个徒步旅行者走近它的时候，面对她的这一面写着"21"，而背面写着"23"。她推测如果沿着这条路继续向前走，下一个里程碑会显示她已经走到了这条路的一半的位置。然而她继续向前走了 1 英里后，里程碑面向她的一面是"20"，背面是"24"。
   以下哪项如果正确，将能够解释以上描述的矛盾？
   A. 下一个里程碑上的数字放颠倒了。
   B. 面向她的这面的数字指的是抵达路的终点的英里数，不是指到起点的英里数。
   C. 里程碑上的数字指的是公里数，不是英里数。
   D. 该旅行者遇到的两块里程碑之间丢失了一块里程碑。
   E. 设置里程碑最初是为了骑越野自行车的人使用，而不是为了徒步旅行者。

4. 佛罗里达的一些社区几乎全部是退休老人居住，如果有，也只有很少的带小孩的家庭居住。然而这些社区聚集了很多欣欣向荣的专门出租婴儿和小孩使用的家具的企业。
   以下哪项如果正确，能最好地调和以上描述的表面矛盾？

A. 专门出租小孩用的家具的企业是从佛罗里达的批发商那里买来的家具。
B. 居住在这些社区的为数不多的孩子都互相认识，并经常到其他人的房子里过夜。
C. 这些社区的许多居民经常搬家，更愿意租用他们的家具而不愿意去买。
D. 这些社区的许多居民必须为一年来访几个星期的孙子或者孙女们提供必要的用具。
E. 出租的孩子用的家具与商店里拿来卖的家具质量相同。

5. 虽然用椰子油制造的不含奶的咖啡伴侣每勺含2克饱和脂肪，或者说它所含的饱和脂肪比同样数量的牛奶高7倍，且这种咖啡伴侣通常不含胆固醇，但是，这样一勺含2克饱和脂肪的咖啡伴侣比含有2毫克胆固醇的同样数量的一勺牛奶使消费者血液中的胆固醇含量增高很多。

    以下哪项如果为真，能对上文中的不一致之处提供最好的解释？
    A. 营养学家指出，成人每日消耗的饱和脂肪可能不多于250毫克胆固醇。
    B. 含1克饱和脂肪的食物与含25毫克胆固醇的食物对血液中胆固醇含量增加的影响大约有同样的作用。
    C. 是牛奶胆固醇含量5倍的白色奶油通常被偏爱牛奶的消费者选作咖啡伴侣。
    D. 不用椰子油制造的不含奶的咖啡伴侣比纯牛奶含更少的饱和脂肪和胆固醇。
    E. 具有较低饱和脂肪含量的奶制品，它们的胆固醇含量通常也较低。

6. 一个社会的婴儿死亡率通常标志着这个社会的一般健康水平。虽然在美国的部分地区婴儿死亡率比发展中国家还要高，但从美国全国的总体比率来看，婴儿死亡率一直是持续下降的。不过，这种婴儿死亡率的下降却不足以表明美国现在的婴儿在出生时的一般健康水平比以前好。

    以下哪项如果为真，能对上面的矛盾现象提供最好的解释？
    A. 作为总体比率的婴儿死亡率的数字掩盖了个别地区的缺陷。
    B. 美国半数以上婴儿死亡的原因是由于出生时体重不足。
    C. 在美国，医疗技术已经有了很大的发展，足以挽救早产和体重不足的婴儿，这些婴儿需要在医院里延长寿命。
    D. 去年在美国11个地区的婴儿死亡率有所下降。
    E. 婴儿没有得到抚养者精心的照料，从而影响了他们的成长，并且使他们的体重增长缓慢。

7. 军队的战斗力取决于武器装备和人员素质。在2008年与俄罗斯的军事冲突中损失惨重的格鲁吉亚，准备花费90亿美元，用现代化装备重新武装自己的军队。尽管美国非常支持格鲁吉亚加强军事力量，却不准备将先进的武器卖给它。

    以下各项陈述，除哪项外都可以解释美国的这种做法？
    A. 格鲁吉亚军队的战机在开战后数小时就放弃起飞，巡逻艇直接被俄军俘获并用卡车运走。
    B. 格鲁吉亚军队为这场战争准备了3年，尽管全副美式装备，却不堪一击。
    C. 俄罗斯准备要求安理会对格鲁吉亚实行武器禁运。
    D. 格鲁吉亚军队的一名高级将领临阵脱逃，把部队丢弃不顾。
    E. 美国一直以来的做法是将相对落后的武器卖给别的国家，自己保留先进武器。

8. 几年前的一个司法法令的目标是鼓励电话业竞争，竞争可能导致消费者的节省。现在白天打的长途电话比法令公布前便宜了，但居民的长途电话的平均花费已经增加了25%。

    下面哪一项最好地解释了居民电话费的提高？

A. 企业打的长途电话比居民打得多。
B. 电话公司把他们的服务延伸到计算数据和数据处理领域。
C. 大多数居民打电话的时间是晚上，晚上的电话费率已经增加了。
D. 竞争的加剧已经导致电话公司为新技术的发展而扩大预算。
E. 电话公司在电话费率变化付诸实践前必须得到管理机构的批准。

9. 地理和历史的证据显示美国东部的地震与加州相比在强度上相同，但影响面积更大。相同震级的地震在美国东部打击的区域是加州的100倍。

下面哪项如果正确，最有利于解释上面所描述的被影响区域或面积的不同？

A. 美国东部的建筑比加州的建筑更古老，因此在大地震中易受更大的破坏。
B. 加州的地壳与东部相比，当地震波从震中向外传递时有更丰富的吸收地震波的断层。
C. 发生在美国的一些最强并且影响范围最大的地震是以美国东部的一些地方为中心发生的。
D. 因为发生在美国东部的主要地震没有加州那么频繁有规律，难以预测什么时候下一次地震可能发生。
E. 加州的地震原因比东部地震的原因更容易理解。

10. 20世纪70年代出现了大学毕业生的过度供给，过度的供给使大学毕业生的平均年收入降到了比只持有高中文凭的工人仅高18%的水平。到了20世纪80年代，大学毕业生的平均年收入比只持有高中文凭的工人高43%，尽管20世纪70年代到80年代后期大学毕业生的供给量没有下降。

下面哪项如果在20世纪80年代后期是正确的，则最好地调节了上述明显的分歧？

A. 经济放慢了，从而使对大学生的需求减少了。
B. 高中教育的质量提高了。
C. 与20世纪70年代相比，更多的高中为他们提供了职业指导计划。
D. 20年来第一次出现了仅有高中文凭的求职者的过度供给。
E. 有的大学毕业生毕业后找不到合适的工作，只能选择考研或创业。

11. 尽管大家开始抵制珍稀动物的皮草产品，但仍有家居制造商将珍稀动物的皮毛用于家居饰品。几年前专家发明了一种新的高仿合成皮草，受到了家居制造商广泛的好评。但从最近几年的统计看，各地为获取皮毛而对珍稀动物进行捕杀的活动却并没有减少。

以下哪一项如果正确，最有助于对"捕杀活动没有减少"进行解释？

A. 生产新的高仿合成皮草比生产原来的合成皮草的成本更低。
B. 新的高仿合成皮草与动物皮毛的质地相似，很难区分。
C. 绝大部分珍稀动物的皮毛用在越来越流行的皮草服饰上。
D. 家居制造商在销售大的家居物件时，往往将家居饰品当作赠品免费送给购买者。
E. 家居制造商也使用非珍稀动物的皮毛。

12. 当一只鱼鹰捕捉到一条白鲢、一条草鱼或一条鲤鱼而飞离水面时，往往会有许多鱼鹰几乎同时跟着飞聚到这一水面捕食。但是，当一只鱼鹰捕捉到的是一条鲇鱼时，这种情况却很少出现。

以下哪项如果为真，最能合理地解释上述现象？

A. 草鱼或鲤鱼比鲇鱼更符合鱼鹰的口味。

B. 在鱼鹰捕食的水域中，白鲢、草鱼和鲤鱼比较多见，而鲇鱼比较少见。

C. 在鱼鹰捕食的水域中，白鲢、草鱼和鲤鱼比较少见，而鲇鱼比较多见。

D. 白鲢、草鱼或鲤鱼经常成群出现，而鲇鱼则没有这种习性。

E. 白鲢、草鱼和鲤鱼比鲇鱼更易被鱼鹰捕食。

13. 对两个国家的居民平均生活水平的比较可以反映居民获取产品和服务的相对情况。以一国货币表示的其居民的平均收入的可靠数字可以轻易得到，但从这些数字中很难得到平均生活水平的准确比较。

    以下哪项是造成上述结论的原因？

    A. 通常没有数字来比较为购买一定数量的产品和服务需要花费多少不同货币。

    B. 同样工作的工资水平，因依赖于文化和纯粹的经济因素而在各国之间相差很大。

    C. 这些数字必须用一国的国民总收入除以其人口来计算。

    D. 获取产品和服务的相对情况只是决定生活质量的若干相关因素中的一个。

    E. 一国居民的财富以及生活水平与他们的收入紧密联系着。

14. 1975 年以来，美国的麻疹等传统儿童疾病的发病率已经有了显著的下降。这一下降的同时伴随着儿童中间 Peterson 病——一种迄今为止罕见的病毒感染——发病率的上升。但是，很少有成年人被这种疾病侵袭。

    下面哪项如果正确，最能帮助解释儿童中间 Peterson 病发病率的上升？

    A. 遗传因素部分决定了一个人易受导致 Peterson 病的病毒感染的程度。

    B. 传统儿童疾病的减少和与之相随的 Peterson 病的增加在其他任何国家都没有发现。

    C. 得过麻疹的儿童形成了对导致 Peterson 病的病毒的免疫力。

    D. 儿童时期没有得过麻疹的人到成年时可能得麻疹，在这种情况下，疾病的后果一般会更加严重。

    E. 那些得了 Peterson 病的人得水痘的危险增加了。

15. 一项对 N 国男女收入差异的研究结果表明，全职工作的妇女的收入是全职工作的男人的收入的 80%。然而，其他调查结果却一致显示，在 N 国所有受雇妇女的平均年收入只是所有受雇男性的平均年收入的 65%。

    下面哪一项如果也被调查所证实，最有助于解释上面研究结果之间的明显分歧？

    A. 在 N 国，所有女性雇员的平均年收入与所有男性雇员的平均年收入的差距在过去的 30 年中一直在逐渐增大。

    B. 在 N 国，全职工作的妇女的平均年收入与完全相同的职业和工作条件下的全职工作的男性的平均年收入是一样的。

    C. 在 N 国，女性工作者占据全职的、管理的、监督的、专业的职位的比例在增加，这些职位赚的钱通常比其他类型的职位赚的钱多。

    D. 在 N 国，妇女干兼职工作的比例比男性高，并且兼职工作者赚的钱通常比全职工作者的少。

    E. 在其他妇女在劳动力中的比例与 N 国相似的 10 个国家中，全职工作的妇女的平均年收入与全职工作的男性的平均年收入相比，其比例从较低的 50% 到较高的 90% 不等。

16. 国家最大的零售商曾经报道说，在过去的六个月中有销售旺季，在这个销售旺季中，利润比通常的低，这是不寻常的，因为通常而言当销售增加时，利润也增加。

下面哪项如果正确，有助于解释上面所描述的不寻常现象？

A. 利率的降低允许许多零售商增加他们的库存而不需付出削减利润的高利息。

B. 在男性衣服销售上升不大时，女性和孩子的衣服销售上升超过20％。

C. 两个最大的独立零售商设法以低价出售他们的商品。

D. 国家最大的零售商通过急剧增加在广告上的花费吸引更多的消费者。

E. 许多零售商为了在最近的消费者增加中获益而提高价格。

17. 20世纪初的海豹的数量由于捕猎已降到了几十只。在最近几十年，由于联邦政府的保护，其数量又迅速增加了。然而由于它们通过广泛地近亲交配进行自我繁殖，所以现在显示出了基因的单一性，这是其他哺乳动物所没有的。因此它们面临灭绝的危险性要比其他种类大得多。

以下哪一项最可能是其他哺乳动物比海豹灭绝的危险性要小的原因？

A. 其他种类的哺乳动物数量多，因此该种类数量减少一些并不明显。

B. 其他种类的哺乳动物经过一代代的经验，已经增加了对危险的了解。

C. 猎人很容易辨认出其他种类的哺乳动物的雄雌或老少。

D. 其他种类的哺乳动物中，一些成员因基因方面的原因能更好地抵御毁灭该种类中其他成员的疾病或灾害。

E. 因为其他种类的哺乳动物没有被当作濒临灭绝的动物而加以保护，所以保留了谨慎和警惕的习惯。

18. 服装业是劳动密集型产业，生产服装需要雇佣一大批工人。汽车业是资金密集型产业，大量资本投入到由相对少的人操纵的复杂设备上，如果不考虑附加收入的话，一个普通的美国服装工人在1979年的工资是一个普通的汽车工人的46％。

下面哪一项如果是正确的，可能是造成汽车工人和服装业工人工资差异的因素之一？

A. 通常，服装工人的工资比汽车工人的工资变化小。

B. 汽车工人工资的增加对制造商总成本的影响比服装工人工资的增加所产生的影响小。

C. 汽车制造商给雇员提供的附加收入比服装工人得到的更丰富。

D. 汽车业面临的来自美国以外支付较低工资的公司的竞争压力比服装业大。

E. 汽车业比服装业雇佣的工人总人数要多。

19. 为了更好地理解人类个性的特征及其发展，一些心理学家对动物的个性进行了研究。

以下各项如果为真，都能对上述行为提供解释，除了：

A. 人类和动物的行为都产生于类似的本能，但动物的本能较为明显。

B. 对人的某些实验受到法律的限制，但对动物的实验一般不受限制。

C. 和对动物的实验相比，对人的实验的费用较为昂贵。

D. 在数年中可完成对某些动物个体从幼年至老年个性发展的全程观察。

E. 对人的个性的科学理解，能为恰当理解动物的个性提供模式。

20. 1960—1970年间，非洲国家津巴布韦境内的狩猎者猎捕了6 500多头大象以获取象牙，这一时期津国大象总数从35 000头下降到30 000头以下。1970年津国采取了保护大象的措施，

1970—1980 年间逮捕并驱逐了 800 多名狩猎人。但是，到 1980 年津国大象总数还是下降到 21 000 头。

以下哪项如果为真，最有助于解释上述表面上的矛盾现象？

A. 1960—1980 年间逮捕的狩猎者并未被判处无期徒刑。

B. 津国的一个邻国 1970—1980 年间大象数量略有回升。

C. 1970 年以前，津国反对捕杀大象的法律没有得到执行。

D. 1970—1980 年间，津国大量砍伐了大象赖以生存的森林。

E. 公众反对滥捕大象呼声高涨，1970—1980 年间象牙的需求下降。

21. 日本电器 20 世纪 80 年代在我国十分畅销。进入 90 年代以来，人民币对西方主要货币（包括日元）汇率不断下调，这样会使进入我国市场的日本电器人民币价格上升。然而，日产电器在中国的销量却并未因此下降。

以下哪项最能解释日产电器销量居高不下的原因？

A. 日本国内电器生产厂家把成本的增幅控制在一定范围内。

B. 日本电器生产厂家成本增幅比我国国产电器增幅小。

C. 尽管目前日本电器销量未下降，未来两三年内就会显现下降趋势。

D. 我国消费者更加注重日产电器的优秀质量，弥补了价格上涨的不利局面。

E. 日本企业生产的电器的耗电量与国产电器差不多。

22. 根据古代记录，M 市政府对基本商品征收的第一种税是对在 M 市出售的每一罐食用油征税两个生丁。税务记录显示，尽管人口数量保持稳定且税法执行有力，食用油的税收额在税法生效的头两年中还是显著下降了。

下列哪一项如果正确，最有助于解释在 M 市油税收入下降的原因？

A. 在税法实施后的 10 年，M 市的平均家庭收入稳定增加。

B. 在 M 市，食用油罐传统上被用作结婚礼物，在税法实施后，食用油的礼物增多了。

C. M 市的商人，在税法实施后开始用比以前更大的罐子售油。

D. 很少 M 市的家庭在加税后开始生产他们自己的食用油。

E. 与 M 市相邻的 Y 市，同期食用油的税收额也下降了。

23. 为了解决某地区长期严重的鼠害，一家公司生产了一种售价为 2 500 元的激光捕鼠器，该产品的捕鼠效果及使用性能堪称一流，厂家为推出此产品又做了广泛的广告宣传，但结果是产品仍没有销路。

由此可知，这家公司开发该新产品失败的最主要原因可能是以下哪项？

A. 未能令广大消费者了解该产品的优点。　　B. 忽略消费者的价格承受力。

C. 人们不需要捕鼠。　　D. 人们没听说过这种产品。

E. 人们没有意识到鼠害的严重性。

24. 某年中国移动通信公司曾经投入巨资扩大移动通信服务覆盖区，结果当年用户增加了 25%，但是总利润却下降了 10%。

以下哪项如果为真，最能解释上述现象？

A. 中国移动新增用户的消费总额相对较低。　　B. 中国移动话费大幅度下降了。

C. 中国移动当年的管理出了问题。   D. 中国移动为扩大市场投入的资金过多。

E. 联通公司当年的利润也有所下滑。

25. 城市污染是工业化社会的一个突出问题。城市居民因污染而患病的比例一般高于农村。但奇怪的是，城市中心的树木反而比农村的树木长得更茂盛，更高大。

以下各项如果为真，哪项最无助于解释上述现象？

A. 城里人对树木的保护意识比农村人强。

B. 由于热岛效应，城市中心的年平均气温明显比农村高。

C. 城市多高楼，树木因其趋光性而长得更高大。

D. 城市栽种的主要树木品种与农村不同。

E. 农村空气中的氧气含量高于城市。

26. 刘建是乐进足球队的主力左后卫，有很强的助攻能力，有时甚至能破门得分。但是，新来的主教练上任后，刘建却降为替补，鲜有上场机会。该教练的理由是：刘建虽然助攻能力强，但他把守的左路经常在比赛中被对手突破，使本队陷入被动。

以下哪项如果为真，最有助于解释该教练决定的合理性？

A. 对队员的调整拥有决定权能树立新教练的权威。

B. 刘建曾公开为前主教练辩护，反对更换主教练。

C. 该教练崇尚进攻，主张进攻是最好的防守。

D. 足球队后卫最主要的职责是防守。

E. 刘建喜欢喝酒的习惯会影响训练和比赛的状态。

27. 俄罗斯某研究机构的调查结果显示，在处理乌克兰危机过程中，俄罗斯总统普京的支持率稳步上升，并且在三月中旬克里米亚加入俄罗斯时达到普京执政以来的新高。

以下哪一项陈述最准确地解释了上述现象？

A. 在国内民众中支持普京以强硬手段解决乌克兰危机的人多于不支持的人。

B. 在普京以强硬手段解决乌克兰危机后，先前不支持他的人现在转而支持他。

C. 在乌克兰发生危机之前，支持普京的人现在仍然继续支持他。

D. 普京以强硬手段解决乌克兰危机是其支持率飙升的唯一原因。

E. 不是所有选民都反对普京以强硬手段解决乌克兰危机。

28. S市规定，适龄儿童须接种麻疹疫苗，适龄儿童必须接受义务教育，如图6-1所示：

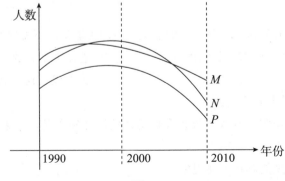

图 6-1

图中为 1990 年到 2010 年间 S 市儿童数量的一些统计，其中 M 表示接受义务教育的儿童总数，N 表示新生儿总数，P 表示接种麻疹疫苗的儿童总数。

下面哪一项最能解释 2000 年到 2010 年间 S 市接受义务教育的儿童总数与接种麻疹疫苗的儿童总数下降程度的不同？

A. 2000 年至 2010 年间，有部分在 S 市接种麻疹疫苗的儿童没有在 S 市入学。

B. 2000 年至 2010 年间，约有 20% 的父母没有按照 S 市的规定让他们的孩子接种麻疹疫苗。

C. 2000 年至 2010 年间，每年都有不在 S 市出生但已接种了麻疹疫苗的儿童在 S 市入学。

D. 2000 年至 2010 年间，S 市新生儿总数下降，因此入学儿童总数和接种麻疹疫苗的儿童总数也随之下降。

E. 2000 年至 2010 年间，有一些 S 市新生儿没有接种乙肝疫苗。

29. 二氧化硫是造成酸雨的重要原因。某地区饱受酸雨困扰，为改善这一状况，该地区 1—6 月累计减排 11.8 万吨二氧化硫，同比下降 9.1%。根据监测，虽然本地区空气中的二氧化硫含量降低，但是酸雨的频率却上升了 7.1%。

以下哪项如果为真，最能解释上述看起来矛盾的现象？

A. 该地区空气中的部分二氧化硫是从周围地区飘移过来的。

B. 虽然二氧化硫的排放得到了控制，但其效果要经过一段时间才能显现。

C. 机动车的大量增加加剧了氮氧化物的排放，而氮氧化物也是造成酸雨的重要原因。

D. 尽管二氧化硫的排放总量减少了，但二氧化硫在污染物中所占的比重没有变。

E. 酸雨对本地植被造成的危害，需要过一段时间才能显现。

30. 某位经营者投入巨资修建了一条连通市区和机场的高速公路，这条公路比原来市区通机场的高速公路路程短且路况好，当然，这条私营高速公路是要收费的。运行一段时间后，经营者发现车流量比预期的要少得多，这条期望中的"招财路"并没有立即招财。

以下哪项如果为真，最不可能造成上述结果？

A. 人们宁可多花时间也不愿意支付额外的"过路费"。

B. 绝大多数去机场的人还不知道新的高速公路已经开通。

C. 金融危机影响了当地居民的收入，外出坐飞机的人减少。

D. 与在一般公路上开车相比，在高速公路上开车更具危险性。

E. 通往新高速公路的路段经常堵车。

微模考6 ▶ 参考答案

(母题篇)

1. E

【解析】解释矛盾。

待解释的现象：通货膨胀开始时，消费者不愿意推迟购买那些肯定要涨价的商品，但通货膨胀持续时期，消费者推迟了购买。

A项，不能解释，此项不是消费者推迟购买的原因。

B项，不能解释，题干需要解释的是在"通货膨胀的持续时期"为什么消费者会推迟购买，既然通货膨胀在持续，那么，此项所涉及的"滞后性"并不影响消费者的决策。

C项，无关选项。

D项，不能解释，此项说的是消费者推迟购买会导致的结果，而不是消费者推迟购买的原因。

E项，可以解释，说明由于工资的上涨速度跟不上价格上升的速度，导致了消费者购买力下降，最终导致推迟购买。

2. D

【解析】解释差异。

待解释的现象：在选择重新设置公司总部时，20年前执行官关心的是土地的成本，现在还关心当地学校和住房的质量。

A项，不能解释，过去和现在在住房和学校方面是相同的，不能解释题干中的差异。

B项，无关选项。

C项，无关选项。

D项，可以解释，说明执行官关心学校和住房的质量，是为了吸引雇员。

E项，不能解释，因为此项只能解释执行官关心土地成本，无法解释他们为什么关心学校和住房的质量。

3. B

【解析】解释矛盾。

待解释的现象：旅行者向前走1英里后，本以为面向她的里程碑的数字会增加1，背面的数字会减少1，事实上，面向她的数字减少了1，背面的数字增加了1。

A项，不能解释，因为此项如果为真，她看到的第二个里程碑面向她的数字就是24而不是20。

B项，可以解释，说明旅行者越往前走，面向她的这面的数字会越来越小。

C项，不能解释，题干中的数字与单位无关。

D项，不能解释，如果丢失了里程碑，那么应该会出现数字上的跳跃，而不是题干中的现象。

E项，不能解释，无论是骑越野自行车的人还是徒步旅行者，里程不会因人改变。

4. D

【解析】解释矛盾。

待解释的现象：社区里居住的几乎全部是退休老人，却聚集了很多出租婴儿和小孩使用的家具的企业。

A项，无关选项，题干与家具的来源无关。

B项，不能解释，此项说明孩子的人数少，加剧题干中的矛盾。

C项，无关选项，题干涉及"出租婴儿和小孩使用的家具"，而此项涉及的是一般意义上的"家具"。

D项，可以解释，说明退休老人家经常有来访的小孩。

E项，无关选项。

5. B

【解析】解释矛盾。

待解释的矛盾：用椰子油制造的咖啡伴侣不含胆固醇，每勺含 2 克饱和脂肪，但是，它比含有 2 毫克胆固醇的牛奶使消费者血液中的胆固醇含量增高很多。

B项，可以解释，说明每勺椰子油制造的咖啡伴侣对血液胆固醇的影响相当于 50 毫克胆固醇，远大于题干中每勺牛奶的胆固醇含量。

其余各项显然都不能解释。

6. C

【解析】解释矛盾。

待解释的矛盾：婴儿死亡率标志着社会的一般健康水平，但美国的婴儿死亡率的下降却不足以说明现在的婴儿出生时的一般健康水平比以前好。

A项，不能解释，个别情况不能说明整体的情况。

B项，无关选项，题干不涉及婴儿的死亡原因。

C项，可以解释，说明现在的婴儿死亡率下降是因为医疗技术的发展，并非婴儿出生时健康水平高。

D项，支持题干论据，说明目前婴儿死亡率下降，但无法解释题干中的矛盾。

E项，无关选项，此项涉及的是婴儿的成长情况，而题干涉及的是婴儿出生时的情况。

7. C

【解析】解释矛盾。

美国矛盾的做法：美国支持格鲁吉亚加强军事力量，但不把先进的武器卖给格鲁吉亚。

A项，可以解释，说明在战斗中格鲁吉亚军队不能发挥武器的效用。

B项，可以解释，说明格鲁吉亚军队的弱势不在于武器。

C项，不能解释，因为俄罗斯只是提出了武器禁运的要求，这一要求尚未实施，不会对美国产生实质性的影响。

D项，可以解释，说明格鲁吉亚军队的人员素质是战争失利的原因。

E项，可以解释，说明美国卖给别的国家的武器都不是先进武器。

8. C

【解析】解释矛盾。

待解释的矛盾：竞争导致白天打长途电话比以前便宜了，但长途电话的平均花费增加了。

C项，可以解释，说明即使白天打长途电话比以前便宜了，但居民主要是晚上打，且晚上的电话费率增加了，因此，总体花费是增加了。

其余各项显然都不能解释。

9. B

【解析】解释差异。

待解释的现象：美国东部与加州的地震相比，强度相同时，影响面积却更大。

A项，无关选项，题干只涉及影响面积，不涉及破坏程度。

B项，可以解释，说明地震波在传递时被断层吸收，因此相同震级的地震对加州的影响变小。

C项，无关选项，与地震的影响面积无关。

D项，无关选项，地震的频率与地震的影响面积无关。

E项，无关选项，地震的原因与题干无关。

10. D

【解析】解释矛盾。

待解释的现象：大学毕业生的供给量没有下降，平均年收入却比只持有高中文凭的工人由原先的高18%提高到高43%。

A项，不能解释，此项说明对大学生的需求变少，会降低大学生的收入，加剧题干中的矛盾。

B项，不能解释，此项说明只持有高中文凭的工人收入会提高，那么二者的收入差距应该缩小，加剧题干中的矛盾。

C项，不能解释，此项说明高中毕业生收入会提高，那么二者的收入差距应该缩小，加剧题干中的矛盾。

D项，可以解释，说明高中生的收入降低了，加大了二者的收入差距。

E项，无关选项。

11. C

【解析】解释矛盾。

待解释的矛盾：高仿合成皮草受到了家居制造商的好评，但为获取皮毛而对珍稀动物进行捕杀的活动却并没有减少。

A项，不能解释，此项说明合成皮草的成本低，加剧了题干中的矛盾。

B项，不能解释，此项说明两种皮草质地相似，那么对珍稀动物的捕杀活动应该减少，加剧了题干中的矛盾。

C项，另有他因，此项说明皮草服饰对皮毛的需求使得珍稀动物被捕杀，可以解释。

D、E项，无关选项。

12. D

【解析】解释差异。

题干中的差异：当一只鱼鹰捕捉到白鲢、草鱼或鲤鱼时，会有许多鱼鹰前来捕食，但是，当一只鱼鹰捕捉到的是一条鲇鱼时，却没有此种现象。

说明题干中的结果有差异，找到"白鲢、草鱼或鲤鱼"与"鲇鱼"之间的差异即可，D项显然可以解释题干中的现象。

13. A

【解析】解释矛盾。

待解释的现象：居民的平均收入可以通过表示货币的数字得到，但从这些数字中很难得到平均生活水平的准确比较。

A项，可以解释，说明数字无法反映居民获取产品和服务的情况，那么就很难得到平均生活水平的比较。

其余各项显然都不能解释。

14. C

【解析】解释题。

待解释的现象：儿童传统疾病的发病率下降，同时伴随 Peterson 病发病率的上升，但是成年人很少被 Peterson 病侵袭。

A项，无关选项，题干涉及的是年龄差异，而此项是遗传原因。

B项，无关选项，其他国家有没有发现 Peterson 病与美国的情况无关。

C项，可以解释，得过麻疹的儿童形成了对导致 Peterson 病的病毒的免疫力，那么，当麻疹的发病率下降时，对 Peterson 病的免疫力就会随之下降，则 Peterson 病的发病率就会随之上升。

D项，无关选项，此项没有提及 Peterson 病的发病率。

E项，无关选项，题干的论证与水痘无关。

15. D

【解析】数字型解释题。

待解释的矛盾：全职工作的妇女的收入是全职工作的男人的收入的 80%，但是，所有受雇妇女的平均年收入是所有受雇男性的平均年收入的 65%。

A项，无关选项，题干不涉及过去 30 年男、女雇员平均年收入的差距。

B项，无关选项。

C项，不能解释，女性的高收入职位在增加，那么女性和男性的收入差异应该不那么大，加剧题干中的矛盾。

D项，可以解释，说明兼职工作的女性的收入少，从而拉低了女性的平均年收入。

E项，无关选项，题干不涉及 N 国和其他国家的比较。

16. D

【解析】数字型解释题。

待解释的现象：通常利润随着销售的增加而增加，但国家最大的零售商在过去的六个月的销售旺季中，利润却比通常的低。

因为利润＝收入－成本，只需要说明成本提高了即可解释题干的矛盾，故 D 项可以解释题干。

C项，低价出售，说明利润降低，加剧了题干中的矛盾。

其余各项均为无关选项。

17. D

【解析】解释差异。

题干：海豹通过广泛地近亲交配进行自我繁殖，所以现在显示出了基因的单一性，这是其他哺乳动物所没有的，因此，海豹面临灭绝的危险性要比其他种类大得多。

海豹有基因的单一性，容易灭绝；其他动物没有基因的单一性，不容易灭绝。因此，这一结果的差异与基因有关，故D项可以解释题干中的差异。

其余各项显然均为无关选项。

18. B

【解析】解释差异。

待解释的差异：生产服装需要雇佣一大批工人，生产汽车只需要雇佣较少的人操纵复杂设备；1979年服装业工人的工资是汽车工人的46%。

A项，无关选项，题干不涉及工人工资的变化情况。

B项，可以解释，由于服装业是劳动密集型产业，主要成本是工人的工资，即使工人工资小额增加，对于服装业的成本影响也很大，所以服装企业倾向于降低工人的工资。

C项，无关选项，题干中的数据"不考虑附加收入"。

D项，不能解释，如果美国汽车业面临其他企业的低价竞争，那么汽车业应该倾向于降低工人工资以降低成本，加剧题干中的矛盾。

E项，无关选项，雇佣的工人总数与工人的工资不直接相关。

19. E

【解析】解释矛盾。

需要解释的行为：为什么选择研究动物个性的方式来帮助研究人类个性。

A项，可以解释，说明人类和动物有相同点且动物实验有优势。

B项，可以解释，说明动物实验有优势。

C项，可以解释，说明人类实验有劣势。

D项，可以解释，说明动物实验有优势。

E项，不能解释，只能说明研究人的个性，有助于研究动物的个性，无助于说明可以通过研究动物的个性来研究人的个性。

20. D

【解析】解释矛盾。

待解释的矛盾：津国逮捕并驱逐了狩猎人，但是，津国的大象总数还是下降了。

A项，不能解释，此项至少说明狩猎人还是减少了。

B项，无关选项，题干不涉及邻国大象的情况。

C项，无关选项，题干的措施是在1970年以后采取的，与1970年前的情况无关。

D项，另有他因，大象的生存环境受到威胁导致大象数量减少，可以解释。

E项，不能解释，如果象牙的需求下降，那么大象被捕杀的可能性应该变小，加剧题干中的矛盾。

21. D

【解析】解释矛盾。

待解释的矛盾：日本电器进入中国市场的价格上升，但是，销量没有下降。

A项，不能解释，此项无法改变日本电器价格上升的事实。

B项，解释力度弱，题干没有直接涉及日本电器和国产电器的成本比较问题。

C项，无关选项。

D项，可以解释，说明日本电器销量不下降的原因是消费者注重质量。

E项，不能解释，在耗电量上日本电器并不具备优势。

22. C

【解析】数字型解释题。

待解释的矛盾：M市对出售的每一罐食用油征税两个生丁，虽然M市人口数量保持稳定且税法执行有力，但是，食用油的税收额在税法生效的头两年显著下降。

A项，无关选项，题干讨论的是税法生效的头两年，并非10年后。

B项，不能解释，说明食用油的销量增多了，那么税收额应该上升，加剧题干中的矛盾。

C项，可以解释，题干指出M市对食用油征税是按罐征收，商人用比以前更大的罐子售油，在售出相同油量的情况下，罐数会下降，从而会减少税收。

D项，不能解释，M市居民不会自己生产食用油，那么他们所用的食用油就只能购买，那么食用油的税收额就不应该下降，加剧题干中的矛盾。

E项，无关选项，题干只涉及M市，与Y市无关。

23. B

【解析】解释矛盾。

待解释的矛盾：公司生产的捕鼠器效果一流，且做了广告宣传，但在鼠害严重的地区却没有销路。

B项，说明2 500元的价格对于消费者来说难以承受，可以解释。

在公司已做了广泛宣传的情况下，A、D两项显然不能解释。

在鼠害严重的地区，C、E项不合理。

24. D

【解析】数字型解释题。

待解释的矛盾：移动用户增加了，但移动公司的总利润却减少了。

利润＝收入－成本，只需要说明成本提高了即可解释题干中的矛盾，故D项正确。

其余各项均不能解释题干。

25. E

【解析】解释差异。

需要解释的差异：城市居民因污染而患病的比例高于农村，但是，城市的树木反而比农村的树木长得更茂盛，更高大。

A、B、C、D项都给城市树木的高大提供了一个原因，是对题干的解释。

E项，给出有利于农村树木生长的条件，加剧了题干中的矛盾。

26. D

【解析】解释现象。

需要解释的现象：刘建助攻能力强，防守能力弱，但新来的主教练将其降为替补。

A、B项，说明教练的决定是由于个人因素，而不是合理的，削弱题干。

C项，加剧矛盾。

D项，说明刘建作为后卫不能胜任其主要职责，因此，教练的决定是合理的，可以解释题干。

E项，可以解释刘建为何会降为替补，但与教练的决定是否合理不直接相关。

27. B

【解析】解释题。

待解释的现象：在处理乌克兰危机过程中，俄罗斯总统普京的支持率稳步上升。

A项，不能解释支持率的变化。

B项，可以解释，说明支持的人数比先前多了。

C项，说明支持普京的人没有下降，但无法解释支持率提高。

D项，"唯一原因"过于绝对。

E项，不能解释，此项等价于"有的选民不反对普京以强硬手段解决乌克兰危机"，无法解释支持率的上升。

28. C

【解析】解释差异。

待解释的差异：2000年至2010年间，接种麻疹疫苗的儿童总数下降得比接受义务教育的儿童总数快。

A项，不能解释，此项说明接受义务教育的儿童总数应该比接种麻疹疫苗的儿童总数下降得快。

B项，不能解释，此项说明接种麻疹疫苗的儿童总数下降了20%，但不知道这些孩子是否接受了义务教育，因此无法解释二者之间下降数值的不同。

C项，可以解释，说明有些孩子在外地接种了麻疹疫苗，即没有在S市接种麻疹疫苗，但在S市接受了义务教育。

D项，无关选项，题干要求解释的是"接种麻疹疫苗的儿童总数"与"接受义务教育的儿童总数"之间的关系，而不是二者与"新生儿总数"之间的关系。

E项，无关选项，题干与"接种乙肝疫苗"无关。

29. C

【解析】解释矛盾。

待解释的矛盾：空气中二氧化硫的含量降低了，但酸雨的频率却上升了。

A项，不能解释，二氧化硫从外地飘来以后，就变成了本地的，会被统计在题干的数据中。

B项，不能解释，如果仅仅是因为二氧化硫控制的效果还需要时间才能显现，那么酸雨的频率应该不变而不是上升。

C项，可以解释，说明氮氧化物的排放导致了酸雨频率的增加。

D项，不能解释，二氧化硫的比重对酸雨的频率没有影响。

E项，无关选项。

30. D

【解析】解释矛盾。

待解释的现象：修建的收费高速公路路程短且路况好，但是，没有出现预期的车流量。

A项，可以解释，说明是由于收费导致了没有出现预期的车流量。

B项，可以解释，说明是由于人们还不知道这条路。

C项，可以解释，说明是由于去高速公路的车辆减少了。

D项，无关选项，题干中是对新旧两条高速公路的比较，而不是新高速公路与一般公路的比较。

E项，可以解释，说明是由于堵车使得人们不愿意开车去新高速公路。

第7章　推论题

推论题要求根据题干中的各种信息，合乎逻辑地推出某些结论。推论题假定题干中的各种信息为真，不能怀疑题干信息的合理性。传统的推论题的解题方法，只有取非法一种方法，本书将推论题进行了系统分类，并给出系统的解题方法。

推论题的常见提问方式如下：

"如果上述断定为真，则以下哪项断定必然为真？"

"如果上述断定为真，则能推出以下哪项断定？"

"如果上述断定为真，最能支持以下哪项断定？"

"以下哪项最为恰当地概括了上述断定所要表达的结论？"

题型28　一般推论题

母题精讲

母题28　人一般都偏好醒目的颜色。在婴幼儿眼里，红、黄都是醒目的颜色，这与成人相同；但与许多成人不同的是，黑、蓝和白色是不醒目的。市场上红、黄色为主的儿童玩具，比同样价格的黑、蓝和白色为主的玩具销量要大。

以上信息最能支持以下哪项结论？

A. 市场上黑、蓝和白色的成人服装比同样价格的红、黄色成人服装销量要大。

B. 市场上红、黄色为主的儿童服装，比同样价格的黑、蓝和白色为主的儿童服装销量要大。

C. 儿童玩具的销售状况至少在某种程度上反映了婴幼儿的喜好。

D. 儿童玩具的制造商认真研究了婴幼儿对颜色的喜好。

E. 颜色是婴幼儿选择玩具的唯一标准。

【解析】推论题。

题干：

①在婴幼儿眼中，红色、黄色比黑色、蓝色、白色更醒目。

②红、黄色为主的儿童玩具比黑、蓝、白色为主的玩具销量大。

建立"婴幼儿对颜色的喜好"和"玩具销量"的因果关系，所以，C项是合适的推论。

E项，推理过度，颜色不一定是选择玩具的唯一标准，只要是标准之一就可以了。

其余各项均为无关选项。

【答案】C

母题技巧

推论题解题技巧总结

（1）推论题解题步骤。

①读题要求，确定题目属于推论题。

②读题干，注意有无"如果，那么""除非，否则""只有，才"等关联词。

③如果题干有典型的关联词，则可将题目中的逻辑关系符号化，使用之前所学的形式逻辑知识直接进行推理即可。

④如果题干没有典型的关联词，则要找出题干中的论证关系或因果关系。

⑤拿不准的题目，可采用取非法：推论题要求从题干 A 中推出选项 B，因为 A→B 等价于非 B→非 A，所以 否定正确的选项，一定能否定题干中的结论，由此可以检验推论题选项的正确性。

（2）推论题解题技巧。

①相关性。

紧扣题干内容，正确的答案应该与题干直接相关，一般来说，与题干重合度越高的选项越可能成为正确答案。切忌用题干之外的信息进一步推理。

②关键词。

推论题一般都可以找到题干中的关键词，按关键词定位选项可提高解题速度。

③典型错误。

Ⅰ．无关选项。

内容与题干不直接相关。

Ⅱ．推理过度。

扩大推理的范围，扩大论证的主体。

Ⅲ．绝对化。

带有绝对化词汇的选项一般为错误选项，如："所有""只有""最""唯一""完全""仅"，等等。

Ⅳ．新内容。

出现了新内容的选项一般为错误选项，如：新概念、新名词、新动词、新的比较，等等。

母题变化

变化 1　形式逻辑型推论题

例 1　2009 年年底，我国卫生部的调查结果显示，整体具备健康素质的群众只占 6.48％，其中具备慢性疾病预防素质的人只占 4.66％。这说明国民对疾病的认识还非常匮乏。只有国民素质得到根本性的提高，李一、张悟本们的谬论才不会有那么多人盲从。

由以上陈述可以得出以下哪项结论？

A. 对疾病缺乏认识是国民素质有待根本性提高的表现之一。

B. 如果国民素质不能得到根本性的提高，李一等人的谬论还会有许多人盲从。

C. 国民缺乏基本的医学知识是江湖医生屡屡得逞的根本原因。

D. 只有国民提高对疾病的认识，国民的健康才能得到保障。

E. 国民医学知识的缺乏是由某些部门的功能缺位造成的。

【解析】推论题。

将题干信息符号化：

必要条件后推前：国民素质得到根本性的提高←李一、张悟本们的谬论不会有那么多人盲从。

等价于：¬国民素质得到根本性的提高→李一、张悟本们的谬论会有那么多人盲从。

故 B 项正确。

【答案】B

例 2　除非像给违反交通规则的机动车一样出具罚单，否则在交通法规中禁止自行车闯红灯是没有意义的。因为一项法规要有意义，必须能有效制止它所禁止的行为。但是上述法规对于那些经常闯红灯的骑车者来说显然没有约束力，而对那些习惯于遵守交通法规的骑车者来说，即使没有这样的法规，他们也不会闯红灯。

以下哪项最符合题干的断定？

A. 一项法规有意义的唯一标准，是能有效制止它所禁止的行为。

B. 大多数骑车者都习惯于遵守交通法规。

C. 大多数机动车驾驶员都不能自觉遵守交通法规。

D. 要使禁止自行车闯红灯的交通法规有效实施，必须给违规者出具罚单。

E. 如果出具罚单，那么自行车闯红灯的现象一定能有效制止。

【解析】推论题。

将题干信息符号化：

①除非出具罚单，否则禁止闯红灯没有意义。

即：¬出具罚单→¬有意义，等价于：有意义→出具罚单。

②有意义→能有效制止它所禁止的行为。

A 项，有意义←→能有效制止它所禁止的行为，与题干不同。

B 项，由题干不知道有多少比例的骑车者习惯于遵守交通法规，不符合题干。

C 项，由题干不知道有多少比例的驾驶员不能自觉遵守交通法规，不符合题干。

D 项，有效→出具罚单，与题干中的断定①相同。

E 项，出具罚单→有效，误把必要条件当成充分条件，与题干不同。

【答案】D

例 3　对行为的解释与对行为的辩护，是两个必须加以区别的概念。对一个行为的解释，是指准确地表达导致这一行为的原因。对一个行为的辩护，是指出行为者具有实施这一行为的正当理由。事实上，对许多行为的辩护，并不是对此种行为的解释。只有当对一个行为的辩护成为对该行为解释的实质部分时，这样的行为才是合理的。

基于上述断定能得出以下哪项结论？

A. 当一个行为得到辩护，则也得到解释。

B. 当一个行为的原因中包含该行为的正当理由，则该行为是合理的。

C. 任何行为都不可能是完全合理的。

D. 有些行为的原因是不可能被发现的。

E. 如果一个行为是合理的，则实施这一行为的正当理由必定也是导致该行为的原因。

【解析】推论题。

将题干信息符号化：

①解释是行为的原因。

②辩护是行为的正当理由。

③行为合理→辩护成为解释的实质部分。

可知：行为合理→行为的正当理由是行为的原因，即 E 项为正确选项。

【答案】E

例 4 在欧洲历史中，封建主义这一概念在出现时首先假设了贵族阶级的存在。但是，除非贵族的封号和世袭地位受到法律的确认，否则，严格意义上的贵族阶级就不可能存在。虽然欧洲的封建主义早在 8 世纪就存在，但是，直到 12 世纪，贵族世袭才开始受到法律确认。而到了 12 世纪，不少欧洲国家的封建制度已走向衰弱。

上述断定能恰当地推出以下哪项结论？

Ⅰ. 在欧洲历史上，封建主义这一概念存在不同的定义。

Ⅱ. 如果一个国家通过法律确认贵族的封号和世袭地位，则这个国家一定存在严格意义上的贵族阶级。

Ⅲ. 封建国家中可能不存在严格意义上的贵族阶级。

A. 仅Ⅰ。　　　　　　　B. 仅Ⅱ。　　　　　　　C. 仅Ⅲ。

D. 仅Ⅰ和Ⅲ。　　　　　E. Ⅰ、Ⅱ和Ⅲ。

【解析】推论题。

将题干信息符号化：

①封建主义→贵族阶级的存在，等价于：¬贵族阶级的存在→¬封建主义。

②除非 A，否则 B=¬A→B，故有：¬(贵族的封号和世袭地位受到法律的确认)→严格意义上的贵族阶级就不可能存在，等价于：贵族阶级存在→贵族的封号和世袭地位受到法律的确认。

③欧洲的封建主义早在 8 世纪就存在。

④贵族世袭在 12 世纪才开始受到法律确认。

由①、④可知，"12 世纪以前贵族的世袭地位没有得到法律确认"，所以"严格意义上的贵族阶级就不存在"，与③矛盾，说明"封建主义这一概念存在不同的定义"，故Ⅰ项必须成立，否则题干就犯了自相矛盾的错误。

由②可知，"贵族的封号和世袭地位受到法律的确认"是"贵族阶级存在"的必要条件，而非充分条件，故Ⅱ项不必然成立。

由③、④可知，Ⅲ项成立。

【答案】D

例 5 捐助希望工程的动机，大都是社会责任，但也有的是个人功利，当然，出于社会责任的行为，并不一定都不考虑个人功利。对希望工程的每一项捐助，都是利国利民的善举。

如果上述断定为真，则以下哪项不可能为真？

A. 有的行为出于社会责任，但不是利国利民的善举。

B. 所有考虑个人功利的行为，都不是利国利民的善举。

C. 有的出于社会责任的行为是善举。

D. 有的行为虽然不是出于社会责任，但是却是善举。

E. 对希望工程的有些捐助，既不是出于社会责任，也不是出于个人功利，而是有其他原因，例如服从某种摊派。

【解析】推论题。

题干有以下断定：

①对希望工程的每一项捐助→利国利民的善举。

②捐助希望工程的动机，大都是社会责任，但也有的是个人功利。

所以，有的考虑个人功利的行为→捐助希望工程的行为→利国利民的善举。

即：③有的考虑个人功利的行为是利国利民的善举。

③的矛盾命题为：所有考虑个人功利的行为都不是利国利民的善举。

故 B 项必然为假。

【答案】B

例 6 在接受治疗的腰肌劳损患者中，有人只接受理疗，也有人接受理疗与药物双重治疗。前者可以得到与后者相同的预期治疗效果。对于上述接受药物治疗的腰肌劳损患者来说，此种药物对于获得预期的治疗效果是不可缺少的。

如果上述断定为真，则以下哪项一定为真？

Ⅰ. 对于一部分腰肌劳损患者来说，要配合理疗取得治疗效果，药物治疗是不可缺少的。

Ⅱ. 对于一部分腰肌劳损患者来说，要取得治疗效果，药物治疗不是不可缺少的。

Ⅲ. 对于所有腰肌劳损患者来说，要取得治疗效果，理疗是不可缺少的。

A. 仅Ⅰ。　　　　　　　B. 仅Ⅱ。　　　　　　　C. 仅Ⅲ。

D. 仅Ⅰ和Ⅱ。　　　　　E. Ⅰ、Ⅱ和Ⅲ。

【解析】推论题。

题干：

①有人接受理疗与药物双重治疗，可以达到预期治疗效果。

②有人只接受理疗，达到相同的预期治疗效果。

③对于上述接受药物治疗的腰肌劳损患者来说，此种药物不可缺少。

由①、③可知，Ⅰ项必然为真。

由②可知，Ⅱ项必然为真。

题干只提到了有的人用理疗，有的人用理疗与药物双重治疗，但没有表明"所有腰肌劳损患者"都必须理疗。因此，Ⅲ项并不一定为真，扩大了论证对象的范围。

【答案】D

变化2　论证型推论题

例7　先天的遗传因素和后天的环境影响对人的发展起的作用到底哪个重要？双胞胎的研究对于回答这一问题有重要的作用。唯环境影响决定论者预言，如果把一对双胞胎儿完全分开抚养，同时把一对不相关的婴儿放在一起抚养，那么，待他们长大成人后，在性格等内在特征上，前二者之间绝不会比后二者之间有更大的类似。实验的统计数据并不支持这种极端的观点，但也不支持另一种极端观点，即唯遗传因素决定论。

从以上论述最能推出以下哪个结论？

A. 为了确定上述两个极端观点哪一个正确，还需要进一步的研究工作。
B. 虽然不能说环境影响对于人的发展起唯一决定的作用，但实际上起最重要的作用。
C. 环境影响和遗传因素对人的发展都起着重要的作用。
D. 试图通过改变一个人的环境来改变一个人是徒劳无益的。
E. 双胞胎研究是不能令人满意的，因为它得出了自相矛盾的结论。

【解析】推论题。

题干的实验数据，既不支持"唯环境影响决定论"，也不支持"唯遗传因素决定论"，所以，能推出的结论是环境影响和遗传因素对人的发展都有重要的作用，故C项正确。

A项，不正确，题干对已进行的实验做了结论，并没有继续实验的意思。

B项，不正确，题干没有比较环境和遗传对人的影响的大小，不能得出环境的作用最大的结论。

D项，不正确，题干认可环境可以影响人的发展。

E项，不正确，题干没有自相矛盾，遗传和环境不是矛盾关系，可以同时起作用。

【答案】C

例8　张珊有合法与非法的概念，但没有道德上对与错的概念。她由于自己的某个行为受到起诉。尽管她承认自己的行为是非法的，但却不知道这一行为事实上也是不道德的。

上述断定能恰当地推出以下哪项结论？

A. 张珊做了某种违法的事。
B. 张珊做了某种不道德的事。
C. 张珊是法律专业的毕业生。
D. 非法的行为不可能合乎道德。
E. 对于法律来说，道德上的无知不能成为借口。

【解析】推论题。

题干：

①张珊承认自己的行为是非法的。
②张珊不知道这一行为事实上也是不道德的。

由②可知，张珊的行为"事实上是不道德的"，故B项为真。

A项不必然为真，"承认"是主观判断，不一定等于客观事实。

【答案】B

例9 水泥的原料是很便宜的，像石灰石和随处可见的泥土都可以用作水泥的原料。但水泥的价格会受石油价格的影响，因为在高温炉窑中把原料变为水泥要耗费大量的能源。

基于上述断定，最可能得出以下哪项结论？

A. 石油是水泥所含的原料之一。

B. 石油是制水泥的一些高温炉窑的能源。

C. 水泥的价格随着油价的上升而下跌。

D. 水泥的价格越高，石灰石的价格也越高。

E. 石油价格是决定水泥产量的主要因素。

【解析】推论题。

题干：在高温炉窑中把原料变为水泥要耗费大量的能源──导致──→水泥的价格会受石油价格的影响。

前提中说"耗费能源"，结论说"石油"，搭桥建立联系，可见，石油是制水泥的一些高温炉窑的能源，故 B 项正确。

【答案】B

例10 大多数抗忧郁药物都会引起体重增加，尽管在服用这些抗忧郁药物时，节食有助于减少体重的增加，但不可能完全避免这种现象。

以上信息最能支持以下哪项结论？

A. 医生不应当给体重超重的患者开抗忧郁药处方。

B. 至少有些服用抗忧郁药物的人的体重会超重。

C. 至少有些服用抗忧郁药物的人会体重增加。

D. 至少有些服用抗忧郁药物的患者应当通过节食来保持体重。

E. 服用抗忧郁药物的人体重超重，是由于没有坚持节食。

【解析】推论题。

题干：

①大多数抗忧郁药物都会引起体重增加。

②节食有助于减少体重的增加，但不能完全避免体重的增加。

A 项，题干不涉及"医生"，为无关选项。

B 项，推理过度，体重增加不代表一定会超重。

C 项，由②"不能完全避免体重的增加"，说明至少有人体重会增加，正确。

D 项，由②可知，节食有助于"减少"体重的增加，而不是"保持"体重，此项不正确。

E 项，由②可知，节食不能完全避免体重的增加，说明体重增加不仅仅是不节食的原因，此项不正确。

【答案】C

例11 在青崖山区，商品通过无线广播电台进行密集的广告宣传将会迅速获得最大程度的知名度。

上述断定最可能推出以下哪项结论？

A. 在青崖山区，无线广播电台是商品打开市场的最重要途径。
B. 在青崖山区，高知名度的商品将拥有众多消费者。
C. 在青崖山区，无线广播电台的广告宣传可以使商品的信息传到每户人家。
D. 在青崖山区，某一商品为了迅速获得最大程度的知名度，除了通过无线广播电台进行密集的广告宣传外，不需要利用其他宣传工具做广告。
E. 在青崖山区，某一商品的知名度与其性能和质量的关系很大。

【解析】推论题。

题干：商品通过无线广播电台进行密集的广告宣传就会迅速获得"最大程度"的知名度。

可知，通过"无线广播电台"已经获得了"最大程度"的知名度，故不必要用其他手段进行宣传了。

【答案】D

例12 "男女"和"阴阳"似乎指的是同一种区分标准，但实际上，"男人和女人"区分人的性别特征，"阴柔和阳刚"区分人的行为特征。按照"男女"的性别特征，正常人分为两个不重叠的部分；按照"阴阳"的行为特征，正常人分为两个可重叠的部分。

以下各项都符合题干的含义，除了：
A. 人的性别特征不能决定人的行为特征。
B. 女人的行为，不一定具有阴柔的特征。
C. 男人的行为，不一定具有阳刚的特征。
D. 同一个人的行为，可以既有阴柔又有阳刚的特征。
E. 一个人的同一行为，可以既有阴柔又有阳刚的特征。

【解析】推论题。

题干：按照"男女"的性别特征，正常人分为两个不重叠的部分；按照"阴阳"的行为特征，正常人分为两个可重叠的部分。

这说明男人和女人的行为都可能阴柔也可能阳刚。

故 A、B、C、D 选项均符合题干中的含义。

题干的上述断定针对的是两组人群，而不是针对一个人的特定行为。因此，由题干的上述断定不能推出"一个人的同一行为，可以既有阴柔又有阳刚的特征"。

【答案】E

例13 在西方经济发展的萧条期，消费需求的萎缩导致许多企业解雇职工甚至倒闭。在萧条期，被解雇的职工很难找到新的工作，这就增加了失业人数。萧条之后的复苏，是指消费需求的增加和社会投资能力的扩张。这种扩张要求增加劳动力。但是经历了萧条之后的企业主大都丧失了经商的自信，他们尽可能地推迟雇用新的职工。

上述断定如果为真，最能支持以下哪项结论？
A. 经济复苏不一定能迅速减少失业人数。
B. 萧条之后的复苏至少需要两三年。
C. 萧条期的失业大军主要由倒闭企业的职工组成。
D. 萧条通常是由企业主丧失经商自信引起的。

E. 在西方经济发展中出现萧条是解雇职工造成的。

【解析】推论题。

题干：经济复苏时，企业主大都丧失了经商的自信，他们尽可能地推迟雇用新的职工。

可知：在经济复苏的初期，失业人数并不一定迅速下降，A 项为正确选项。

B 项，题干没有提及复苏的具体时间。

C 项，题干说明，萧条期会导致企业解雇职工，但是否是职工失业的"主要因素"，题干没有提及。

D、E 项，都是说萧条的具体原因，但题干并没有提及。

【答案】A

例 14　有一种识别个人签名的电脑软件，不但能准确辨别签名者的笔迹，而且能准确辨别其他一些特征，如下笔的力度、签名的速度等。一个最在行的伪造签名的人，即使能完全模仿签名者的笔迹，也不能同时完全模仿上述这些特征。

如果上述断定为真，则以下哪项最可能为真？

A. 一个伪造签名者，如果能完全模仿签名者下笔的力度，则一定不能完全模仿签名的速度。

B. 一个最在行的伪造签名者，如果不能完全模仿签名者下笔的力度，则一定能完全模仿签名的速度。

C. 对于配备上述软件的电脑来说，如果把使用者的个人签名作为密码，那么除使用者本人外，无人能进入。

D. 上述电脑软件将首先在银行系统得到应用。

E. 上述电脑软件不能辨别指纹。

【解析】推论题。

题干：一个最在行的伪造签名的人，也不能完全模仿电脑软件所能识别的所有特征。

因此，装了此软件的电脑，可以识别所有伪造签名的人，故 C 项为真。

A 项，不一定为真，题干中的"下笔的力度""签名的速度"只是列举了两个特征，不代表只有这两个特征。

B 项，显然不符合题干。

D、E 项，无关选项。

【答案】C

例 15　营养学家研究发现，在其他条件不变的情况下，如果增加每天吃饭的次数，只要进食总量不显著增加，一个人的血脂水平将显著低于他常规就餐次数时的血脂水平。因此，多餐进食有利于降低血脂。然而，事实上，大多数每日增加就餐次数的人都会吃更多的食物。

上述断定最能支持以下哪项？

A. 对于大多数人，增加每天吃饭的次数一般不能导致他的血脂水平显著下降。

B. 对于少数人，增加每天吃饭的次数是降低高血脂的最佳方式。

C. 对于大多数人，每天所吃的食物总量一般不受吃饭次数的影响。

D. 对于大多数人，血脂水平不会受每天所吃的食物量的影响。

E. 对于大多数人，血脂水平可受就餐时间的影响。

【解析】推论题。

题干：

①增加每天吃饭的次数，进食总量不显著增加，则多餐进食有利于降低血脂。

②大多数每日增加就餐次数的人都会吃更多的食物。

所以，对于大多数人来说，多餐进食不能降低血脂，A项为真。

B项，推理过度，题干没有提到"最佳"。

C、D项，削弱题干中的论据。

E项，无关选项。

【答案】A

变化3 类比型推论题

例16 核电站所发生的核泄漏严重事故的最初起因，没有一次是设备故障，都是人为失误所致。这种失误，和小到导致交通堵塞、大到导致仓库失火的人为失误，没有实质性的区别。从长远的观点看，交通堵塞和仓库失火几乎是不可避免的。

上述断定最能支持以下哪项结论？

A. 核电站不可能因设备故障而导致事故。

B. 核电站的管理并不比指挥交通、管理仓库复杂。

C. 核电站如果持续运作，那么发生核泄漏严重事故几乎是不可避免的。

D. 人们试图通过严格的规章制度以杜绝安全事故的努力是没有意义的。

E. 为使人类免于核泄漏引起的灾难，世界各地的核电站应当立即停止运作。

【解析】类比型推论题。

题干：

①导致核电站发生事故的人为失误和导致交通堵塞、仓库失火的人为失误没有实质性的区别。

②交通堵塞和仓库失火几乎是不可避免的。

通过类比，可知：导致核电站事故的人为失误不可避免，那么，发生核泄漏严重事故几乎是不可避免的，故C项正确。

D项，推理过度，因为根据题干，严格的规章制度虽然无法"杜绝"安全事故，但只要能"减少"安全事故，就是有意义的。

【答案】C

例17 最近的研究表明，和鹦鹉长期密切接触会增加患肺癌的危险。但是没人会因为存在这种危险性，而主张政府通过对鹦鹉的主人征收安全税来限制或减少人和鹦鹉的接触。因此，同样的道理，政府应该取消对滑雪、汽车、摩托车和竞技降落伞等带有危险性的比赛场所征收的安全税。

以下哪项最不符合题干的意思？

A. 政府应该对一些豪华型的健身美容设施征收专门税以贴补教育。

B. 政府不应该提倡但也不应禁止新闻媒介对飞车越黄河这样的危险性活动的炒作。

C. 政府应运用高科技手段来提高竞技比赛的安全性。
D. 政府应拨专款来确保登山运动和探险活动参加者的安全。
E. 政府应设法通过增加成本的方式,来减少人们对带有危险性的竞技娱乐活动的参与。

【解析】类比型推论题。

题干:

和鹦鹉长期密切接触有危险;

滑雪、汽车、摩托车和竞技降落伞等比赛也有危险;

不应向鹦鹉的主人征收安全税;

所以,不应该向有危险性的比赛场所征收安全税。

A、B、C、D 四项均为无关选项。

E 项,政府应增加危险性活动的成本,而征收安全税正是增加这些活动的成本,E 项支持征收安全税,与题干的意思相反,所以最不符合题干的意思。

【答案】E

变化 4　因果型推论题

例 18　硕鼠通常不患血癌。在一项实验中发现,给 300 只硕鼠同等量的辐射后,将它们平均分为两组:第一组可以不受限制地吃食物;第二组限量吃食物。结果第一组有 75 只硕鼠患血癌,第二组有 5 只硕鼠患血癌。

上述实验最能支持以下哪项结论?

A. 硕鼠和其他动物一样,有时原因不明就患血癌。
B. 通过限制硕鼠的进食量,可以控制由实验辐射导致的硕鼠血癌的发生。
C. 是否暴露于辐射之中对于硕鼠是否患血癌没有任何影响。
D. 对于其他种类的动物,实验辐射很少导致患血癌。
E. 硕鼠是否患病,与个体的体质有关。

【解析】求异法型推论题。

题干:第一组,不限制进食量,75 只患血癌;第二组,限制进食量,5 只患血癌。

根据求异法最可能得出结论:进食量的差异导致患血癌情况的差异,故,控制进食量可控制由实验辐射导致的硕鼠血癌的发生。

【答案】B

例 19　某地区国道红川口曾经是交通事故的频发路段,自从 8 年前对此路段限速每小时 60 公里后,发生在此路段的交通伤亡人数大幅下降。然而,近年来此路段超速车辆增多,但发生在此路段的交通伤亡人数仍然下降。

上述断定最能支持以下哪项结论?

A. 车辆限速与此路段 8 年来交通伤亡人数大幅下降没有关系。
B. 8 年来在此路段行驶的车辆并未显著减少。
C. 8 年来对本地区进行广泛的交通安全教育十分有效。
D. 近年来汽油费用的上升限制了本地区许多家庭购买新车。

E. 此路段8年来交通伤亡人数下降不仅是车辆限速的结果。

【解析】求异法型推论题。

题干：

限速前：交通事故频发；

限速后：交通伤亡人数大幅下降；

根据求异法：限速导致交通伤亡人数下降。

但是，近年来此路段超速车辆增多，发生在此路段的交通伤亡人数仍然下降，说明还有其他原因导致交通伤亡人数下降，故E项正确。

【答案】E

例20 一项对西部山区小塘村的调查发现，小塘村约五分之三的儿童入中学后出现中度以上的近视，而他们的父母及祖辈，没有机会到正规学校接受教育，很少出现近视。

以下哪项作为上述断定的结论最为恰当？

A. 接受文化教育是造成近视的原因。

B. 只有在儿童期接受正式教育才易于成为近视。

C. 阅读和课堂作业带来的视觉压力必然造成儿童的近视。

D. 文化教育的发展和近视现象的出现有密切关系。

E. 小塘村约五分之二的儿童是文盲。

【解析】求异法型推论题。

题干：小塘村约五分之三的儿童入中学后出现近视，而他们的没有接受学校教育的父母及祖辈却很少出现近视。

根据求异法的推理，上述调查比较的现象是"是否近视"，差异因素是"是否接受学校教育"，从而有利于推出结论：文化教育的发展和近视现象的出现有密切关系。因此，D项作为题干断定的结论最为恰当。

因为求异法是或然性的，不能断言接受文化教育是近视的原因，故A项推理过度。

【答案】D

例21 去年某旅游胜地游客人数与前年游客人数相比，减少约一半。当地旅游管理部门调查发现，去年与前年的最大不同是入场门票从120元升到190元。

以下哪项措施最可能有效地解决上述游客锐减问题？

A. 利用多种媒体加强广告宣传。

B. 旅游地增加更多的游玩项目。

C. 根据实际情况，入场门票实行季节浮动价。

D. 对游客提供更周到的服务。

E. 加强该旅游地与旅游公司的联系。

【解析】求异法型推论题。

题干：

前提差异：门票涨价；

结果差异：涨价后，游客人数减少约一半；

根据求异法：门票涨价导致游客人数减少。

所以，要解决游客人数减少问题，最可能的方法是解决门票价格问题，五个选项中只有C项的措施涉及了门票的价格问题，可迅速选C。

【答案】C

例22 19世纪前，技术、科学发展相对独立。而19世纪的电气革命，是建立在科学基础上的技术创新，它不可避免地导致了两者的结合与发展，而这又使人类不可避免地面对尖锐的伦理道德问题和资源环境问题。

以下哪项符合题干的断定？

Ⅰ. 产生当今尖锐的伦理道德问题和资源环境问题的一个重要根源是电气革命。

Ⅱ. 如果没有电气革命，则不会产生当今尖锐的伦理道德问题和资源环境问题。

Ⅲ. 如果没有科学与技术的结合，就不会有电气革命。

A. 仅Ⅰ。　　　　　　　　B. 仅Ⅱ。　　　　　　　　C. 仅Ⅲ。

D. 仅Ⅰ和Ⅲ。　　　　　　E. Ⅰ、Ⅱ和Ⅲ。

【解析】推论题。

将题干信息符号化：

电气革命→科学与技术结合发展→伦理道德问题和资源环境问题。

等价于：¬伦理道德问题和资源环境问题→¬科学与技术结合发展→¬电气革命。

故：Ⅰ项和Ⅲ项可以被推出，Ⅱ项不能被推出。

【答案】D

例23 一项研究发现：吸食毒品（例如摇头丸）的女孩比没有这种行为的女孩患忧郁症的可能性高出2至3倍；酗酒的男孩比不喝酒的男孩患忧郁症的可能性高出5倍。另外，忧郁会使没有不良行为的孩子减少犯错误的冲动，却会让有过上述不良行为的孩子更加行为出格。

如果上述判定为真，则以下哪项一定为真？

A. 行为出格的孩子容易忧郁，进而加重他们的出格行为。

B. 酗酒的男孩比食用摇头丸的女孩患忧郁症的可能性高。

C. 忧郁会让人失去生活的乐趣并导致行为出格。

D. 没有坏习惯的孩子大多是家庭和谐快乐的。

E. 患有忧郁症的孩子都伴随有不良的行为出格。

【解析】因果型推论题（求异法）。

题干中的信息为：

①吸食毒品的女孩比没有这种行为的女孩患忧郁症的可能性高出2至3倍。

②酗酒的男孩比不喝酒的男孩患忧郁症的可能性高出5倍。

③忧郁会使没有不良行为的孩子减少犯错误的冲动。

④忧郁会让有过上述不良行为的孩子更加行为出格。

根据求异法，由①、②可知，不良行为使孩子更易患忧郁症。由④可知，忧郁会使他们的行为更加出格，故 A 项为真。

B 项，题干不存在酗酒的男孩与食用摇头丸的女孩之间的对比，无关选项。

C 项，题干不涉及"生活乐趣"，另外，由③可知，忧郁并不一定会导致行为出格。

D 项，题干不涉及"家庭和谐快乐"，无关选项。

E 项，由④可知，忧郁会让有过上述不良行为的孩子更加行为出格，但不是所有"患有忧郁症的孩子都伴随有不良的行为出格"，扩大了范围，推理过度。

【答案】A

变化5　阅读理解型推论题

例24　下面两题基于以下题干：

11月8日上午，国防科技工业局首次公布了"嫦娥二号"卫星传回的"嫦娥三号"预选着陆区——月球虹湾地区的局部影像图。它是一张黑白照片，成像时间为10月28日18时，是卫星在距离月面大约18.7千米的地方拍摄获取的。影像图的传回，标志着"嫦娥二号"任务所确定的六个工程目标已经全部实现，意味着"嫦娥二号"工程任务取得圆满成功。

"嫦娥二号"的发射，最主要的任务是对月球虹湾地区进行高清晰度的拍摄，为今后发射"嫦娥三号"卫星并实施着陆做好前期准备。

据悉，此次"嫦娥二号"携带的CCD相机分辨率比"嫦娥一号"携带的提高很多。"嫦娥二号"在100千米圆轨道运行时分辨率优于10米，进入100千米×15千米的椭圆轨道时，其分辨率达到1米，已超过了原先预定的1.5米的指标。据了解，将来"嫦娥三号"着陆器上也同样有CCD相机，届时它不光要拍照，还能根据图片自主避开着陆器在软着陆过程中不适宜降落的地点，"临机决断"为着陆器选择适宜降落的平坦表面。

(1)以下陈述中，最符合题干观点的是：

A. "嫦娥二号"拍摄的月球虹湾地区局部影像图传送到地球大约需要10天时间。

B. 对月球虹湾地区进行高清晰度的拍摄是"嫦娥二号"的唯一任务。

C. "嫦娥二号"在100千米的圆形轨道运行时拍摄了月球虹湾地区局部影像图。

D. "嫦娥二号"在椭圆轨道绕月运行时拍摄了月球虹湾地区局部影像图。

E. "嫦娥二号"在完成六项预定工程目标后失去了与陆地控制中心的联络。

(2)以下各项都可以从题干推出，除了：

A. "嫦娥二号"携带的CCD相机分辨率比"嫦娥一号"携带的分辨率高。

B. 将来"嫦娥三号"携带的CCD相机比"嫦娥二号"携带的功能更强。

C. "嫦娥二号"为今后要发射的"嫦娥三号"卫星着陆地点做了精确的选择。

D. "嫦娥三号"着陆器在月球软着陆过程中应该选择平坦表面。

E. "嫦娥三号"着陆器在着陆时有自我调节方向的功能。

【解析】推论题。

(1)直接看选项，与题干对应：

A 项，10天后公布照片，不代表从月球传送到地球需要10天时间，不符合题干。

B 项，题干说"嫦娥二号"的"最主要的任务"是对月球虹湾地区进行高清晰度的拍摄，而不是"唯一任务"，不符合题干。

C项，公布的照片是卫星在距离月面大约18.7千米的地方拍摄的，有没有在100千米的地方进行拍摄题干没有描述。

D项，公布的照片是卫星在距离月面大约18.7千米的地方拍摄的，而椭圆轨道是15～100千米，所以该照片是在椭圆轨道上拍摄的，D项符合题干。

E项，题干没有涉及E项内容。

(2)题干：①"嫦娥二号"携带的CCD相机分辨率比"嫦娥一号"携带的提高很多。

②将来"嫦娥三号"着陆器上也同样有CCD相机，届时它不光要拍照，还能根据图片自主避开着陆器在软着陆过程中不适宜降落的地点，"临机决断"为着陆器选择适宜降落的平坦表面。

A项，符合题干信息①。

B项，符合题干信息②。

C项，由②可知，"嫦娥三号"将"临机决断"着陆点，说明C项不符合题干。

D项，符合题干信息②。

E项，符合题干信息②。

【答案】(1)D；(2)C

题型 29 概括结论题

母题精讲

母题29 神经化学物质的失衡可以引起人的行为失常，大到严重的精神疾病，小到常见的孤僻、抑郁甚至暴躁、嫉妒。神经化学的这些发现，使我们不但对精神疾病患者，而且对身边原本生厌的怪癖行为者，怀有同情和容忍。因为精神健康，无非是指具有平衡的神经化学物质。

以下哪项最为准确地表达了上述论证所要表达的结论？

A. 神经化学物质失衡的人在人群中只占少数。

B. 神经化学的上述发现将大大丰富精神病学的理论。

C. 理解神经化学物质与行为的关系将有助于培养对他人的同情心。

D. 神经化学物质的失衡可以引起精神疾病或其他行为失常。

E. 神经化学物质是否平衡是决定精神或行为是否正常的主要因素。

【解析】推论题。

题干：

①精神健康是指具有平衡的神经化学物质。

②神经化学物质的失衡可以引起人的行为失常。

③神经化学的这些发现，使我们对精神疾病患者和怪癖行为者，怀有同情和容忍。

由③可知，理解神经化学物质与行为的关系将有助于培养对他人的同情心，故C项正确。

A、B、E项显然是无关选项。

D项，支持了题干的前提，但没有涉及题干的结论"同情和容忍"，故不是题干所要表达的结论。

【答案】C

母题技巧

1. 概括结论题

概括结论题与普通的推论题相比，正确的选项不仅要符合题干的含义，还要**对题干材料进行概括总结**，有点类似英语阅读理解的主旨题。

需要注意以下三点：

①避免以偏概全。 这样的选项，符合题干的意思，也能够被题干推出，但是仅仅涉及题干信息中的一部分，不是对整个题干的概括总结。

②淘汰无关选项。

选项涉及题干没有提到的新内容。

③区分论据与论点。

论据是为论点服务的，论据不会是题干的结论。

2. 人丑模型

例1 有人认为老吕很帅，这种说法太荒谬了。 因为老吕的鼻孔太大了。

【分析】这段话的论点是"这种说法太荒谬了"，即"老吕很帅太荒谬了"，即"老吕不帅"。

例2 老吕，你人很好，但我不能做你女朋友，因为你太丑了。

【分析】这段话的论点是"我不能做你女朋友"，"你太丑了"是理由。

母题变化

变化 1 人丑模型

例25 某社会学家认为：每个企业都力图降低生产成本，以便增加企业的利润。但不是所有降低生产成本的努力都对企业有利，如有的企业减少对职工社会保险的购买，暂时可以降低生产成本。但从长远看是得不偿失，这会对职工的利益造成损害，减少职工的归属感，影响企业的生产效率。

以下哪项最能准确表示上述社会学家陈述的结论？

A. 如果一项措施能够提高企业的利润，但不能提高职工的福利，此项措施是不值得提倡的。

B. 企业采取降低成本的某些措施对企业的发展不一定总是有益的。

C. 只有当企业职工和企业家的利益一致时，企业采取的措施才是对企业发展有益的。

D. 企业降低生产成本的努力需要从企业整体利益的角度进行综合考虑。

E. 减少对职工社保的购买会损害职工的切身利益，对企业也没有好处。

【解析】推论题。

题干采用例证法，以证明"不是所有降低生产成本的努力都对企业有利"。

等价于：有的降低生产成本的努力对企业无利。

A项，概括题干的例证，不是题干的结论。

B项，等同于题干的结论。

C项，"企业职工和企业家的利益一致"超出题干的讨论范围。

D项，题干的论据表达的是"长远利益与短期利益"的关系，D项说的是"整体利益与部分利益"的关系，超出题干的讨论范围。

E项，重复题干的例证，不是题干的结论。

【答案】B

例26 有人提出通过开采月球上的氦-3来解决地球上的能源危机，在熔合反应堆中氦-3可以用作燃料。这一提议是荒谬的，即使人类能够在月球上开采出氦-3，要建造上述熔合反应堆在技术上至少也是50年以后的事。地球今天面临的能源危机到那个时候再着手解决就太晚了。

以下哪项最为恰当地概括了题干所要表达的意思？

A. 如果地球今天面临的能源危机不能在50年内得到解决，那就太晚了。

B. 开采月球上的氦-3不可能解决地球上近期的能源危机。

C. 开采和利用月球上的氦-3只是一种理论假设，实际上做不到。

D. 人类解决能源危机的技术突破至少需要50年。

E. 人类的太空搜索近年内不可能有效解决地球面临的问题。

【解析】推论题。

题干中的前提：即使人类能够在月球上开采出氦-3，要建造上述熔合反应堆在技术上至少也是50年以后的事。

题干中的结论：通过开采月球上的氦-3来解决地球上的能源危机是荒谬的。

可见题干要表达的意思是：开采月球上的氦-3不可能解决地球上近期的能源危机。

【答案】B

例27 纯种赛马是昂贵的商品。一种由遗传缺陷引起的疾病威胁着纯种赛马，使它们轻则丧失赛跑能力，重则瘫痪甚至死亡。因此，赛马饲养者认为，一旦发现有此种缺陷的赛马应停止饲养。这种看法是片面的。因为一般地说，此种疾病可以通过伙食和医疗加以控制。另外，有此种遗传缺陷的赛马往往特别美，这正是马术表演特别看重的。

以下哪项最为准确地概括了题干所要论证的结论？

A. 美观的外表对于赛马来说特别重要。

B. 有遗传缺陷的赛马不一定丧失比赛能力。

C. 不应当绝对禁止饲养有遗传缺陷的赛马。

D. 一些有遗传缺陷的赛马的疾病未得到控制，是由于缺乏合理的伙食或必要的医疗。

E. 遗传疾病虽然是先天的，但其病变可以通过后天的人为措施加以控制。

【解析】推论题。

题干中的论据：

①此种疾病可以通过伙食和医疗加以控制。

②有此种遗传缺陷的赛马往往特别美，这正是马术表演特别看重的。

所以，"一旦发现有此种缺陷的赛马应停止饲养"的看法是片面的。

显然，题干的结论是：不应该绝对禁止饲养有遗传缺陷的赛马。

【答案】C

▶变化 2　求异法型

例 28　让所有的实验鼠奔跑 1 小时。第一组实验鼠跑前 1 小时喝西红柿汁。第二组跑后喝西红柿汁。第三组奔跑到 30 分钟后喝西红柿汁，休息 1 小时后再跑 30 分钟。对照组实验鼠只饮水。运动过后 6 小时测量实验鼠血液中标志动物疲劳的物质"TGF-b"的浓度，结果是：与只饮水的实验鼠相比，第一组和第三组实验鼠的这一指标减少 50%～60%，而第二组实验鼠几乎没有差别。

以下哪一项最适合作为上述实验的结论？

A. 饮用西红柿汁可以消除运动引起的疲劳。
B. 动物的疲劳是由"TGF-b"这种物质所致。
C. 前 3 组实验鼠与只饮水的实验鼠是以同样的速度奔跑的。
D. 在运动强度和运动量相同的情况下，运动间隙中较长时间的休息可以减轻疲劳。
E. 运动前饮用西红柿汁可以减轻运动疲劳。

【解析】
题干使用对比实验：

　　　　第一组（跑前喝西红柿汁）：疲劳的物质"TGF-b"的浓度减少 50%～60%；
　　　　第三组（跑中喝西红柿汁）：疲劳的物质"TGF-b"的浓度减少 50%～60%；
　　　　第二组（跑后喝西红柿汁）：疲劳的物质"TGF-b"的浓度没减少。

第一组和第三组的共同点是运动之前饮用了西红柿汁（求同法），使得它们疲劳程度比运动后喝西红柿汁和只饮水的要低（求异法）。因此，可以得到结论：运动前饮用西红柿汁可以减轻运动疲劳，故 E 项正确。

A 项，不正确，因为第二组跑后喝西红柿汁并没有降低疲劳。
B 项，不正确，因为此项不是题干中的实验所要证明的问题。
C 项，不正确，不是题干的结论。
D 项，不正确，此项仅涉及第三组实验鼠。

【答案】E

▶变化 3　完成段落型

例 29　一项研究报告表明，随着经济的发展和改革开放，我国与种植、养殖有关的单位几乎都有从国外引进物种的项目。不过，我国华东等地作为饲料引进的空心莲子草，沿海省区为护滩引进的大米草等，很快蔓延疯长，侵入草场、林区和荒地，形成单种优势群落，导致原有植物群落的衰退。新疆引进的意大利黑蜂迅速扩散到野外，使原有的优良蜂种伊犁黑蜂几乎灭绝。因此，＿＿＿＿＿＿

以下哪项可以最合乎逻辑地完成上面的论述？

A. 引进国外物种可能会对我国的生物多样性造成巨大危害。
B. 应该设法控制空心莲子草、大米草等植物的蔓延。
C. 从国外引进物种是为了提高经济效益。
D. 我国 34 个省、市、自治区都有外来物种。
E. 倍受广大食客喜爱的小龙虾作为外来物种也应该加以控制。

【解析】概括结论题。

题干的论据：①引进的空心莲子草、大米草导致原有植物群落的衰退。

②新疆引进的意大利黑蜂使原有的优良蜂种伊犁黑蜂几乎灭绝。

这说明，"引进国外物种可能会对我国的生物多样性造成巨大危害"，故A项正确。

B项，只谈到了①，不够全面。

C、D、E项，出现题干中没出现的新内容，无关选项。

【答案】A

例30 统计显示，近年来在死亡病例中，与饮酒相关的比例逐年上升。有人认为，这是由于酗酒现象越来越严重。这种看法有漏洞，因为它忽视了这样一点：酗酒过去只是在道德上受到批评，现在则被普遍认为其本身就是一种疾病。每次酒醉就是一次酒精中毒，就相当于患了一次肝炎。因此，_____

以下哪项作为上文的结束语最为恰当？

A. 近年来在死亡病例中，与饮酒相关的比例事实上并没有逐年上升。

B. 以前被认为与饮酒无关的死亡病例中，现在有些会被认为与饮酒有关。

C. 酗酒只是损害行为者自身的健康，不应受到道德上的批评。

D. 酗酒现象并没有像估计的那么严重。

E. 酗酒现象的严重危害并没有受到足够的重视。

【解析】推论题。

题干：

①"与饮酒相关的死亡病例的比例逐年上升，是因为酗酒现象越来越严重"的看法有漏洞。

②酗酒过去只是在道德上受到批评，现在则被普遍认为其本身就是一种疾病。

③每次酒醉就是一次酒精中毒，就相当于患了一次肝炎。

分析可见，①是这段论述的论点句，②、③是这段论述的论据。

由①可知，应该另有他因导致"与饮酒相关的死亡病例的比例逐年上升"的发生；由②、③可知，酗酒对人的健康的损害，以前被忽视了，所以，"以前被认为与饮酒无关的死亡病例中，现在有些会被认为与饮酒有关"，故B项为正确选项。

A项，题干是对"现象的原因"的分析，A项是对"现象"的反驳，不正确。

C项，题干讨论的核心是"疾病"，而不是"道德"，不正确。

D项，与信息①矛盾，不正确。

E项，无关选项，题干讨论的是"酗酒的认定"问题，而不是要不要重视酗酒。

【答案】B

微模考7 ▶ 推论题

(母题篇)

(共30题，每题2分，限时60分钟)

1. 人应对自己的正常行为负责，这种负责甚至包括因行为触犯法律而承受制裁。但是，人不应该对自己不可控制的行为负责。

   以下哪项能从上述断定中推出？

   Ⅰ．人的有些正常行为会导致触犯法律。

   Ⅱ．人对自己的正常行为有控制力。

   Ⅲ．不可控制的行为不可能触犯法律。

   A. 仅Ⅰ。　　　　　　　B. 仅Ⅱ。　　　　　　　C. 仅Ⅲ。

   D. 仅Ⅰ和Ⅱ。　　　　　E. Ⅰ、Ⅱ和Ⅲ。

2. 为了减少汽车追尾事故，有些国家的法律规定，汽车在白天行驶时也必须打开尾灯。一般来说，一个国家的地理位置离赤道越远，其白天的能见度就越差；而白天的能见度越差，实施上述法律的效果就越显著。事实上，目前世界上实施上述法律的国家都比中国离赤道远。

   上述断定最能支持以下哪项相关结论？

   A. 中国离赤道较近，没有必要制定和实施上述法律。

   B. 在实施上述法律的国家中，能见度差是造成白天汽车追尾的最主要原因。

   C. 一般地说，和目前已实施上述法律的国家相比，如果在中国实施上述法律，其效果将较不显著。

   D. 中国白天汽车追尾事故在交通事故中的比例，高于已实施上述法律的国家。

   E. 如果离赤道的距离相同，则实施上述法律的国家每年发生的白天汽车追尾事故的数量，少于未实施上述法律的国家。

3. 小莫十分渴望成为一名微雕艺术家，为此，他去请教微雕大师孔先生："您如果教我学习微雕，我将要多久才能成为一名微雕艺术家？"孔先生回答道："大约十年。"小莫不满足于此，再问："如果我不分昼夜每天苦练，能否缩短时间？"孔先生回答道："那要用二十年。"

   以下哪项最可能是孔先生的回答所提示的微雕艺术家的重要素质？

   A. 谦虚。　　B. 勤奋。　　C. 尊师。　　D. 耐心。　　E. 决心。

4. 大三学生陈明收到以下来信：由于本公司用于暑假学生实习支出的经费有限，我们不可能为所有申请者提供相应的工作岗位，因此许多高素质的申请者被拒绝。很遗憾地通知您，我们不能聘请您参加我们公司的学生暑假实习项目。

   从上述断定，最可能推出以下哪项？

   A. 申请到公司暑假实习的学生数超过公司需要的数量。

   B. 陈明被公司视为高素质的申请者。

   C. 公司用于学生暑假工作的经费很少。

D. 公司在拒绝陈明的申请前曾犹豫不决。

E. 大部分申请公司暑假实习的学生是能够胜任工作的。

5. 蚂蚁在从蚁穴回到食物源的途中，会留下一种称为信息素的化学物质。蚂蚁根据信息素的气味，来回于蚁穴和食物源之间，把食物运回蚁穴。当气温达到45摄氏度以上时，这种信息素几乎都会不留痕迹地蒸发。撒哈拉沙漠下午的气温都在45摄氏度以上。

   如果上述断定为真，则最能支持以下哪项结论？

   A. 蚂蚁只在上午或晚上觅食。

   B. 蚂蚁无法在撒哈拉沙漠存活。

   C. 在撒哈拉沙漠存活的蚂蚁，如果不在上午或晚上觅食，那么一定不是依靠信息素气味的引导把食物运回蚁穴。

   D. 如果蚂蚁不是依靠信息素的引导把食物运回蚁穴，那么一定依靠另一种物质，这种物质在气温达到45摄氏度以上时不会蒸发。

   E. 蚂蚁具有耐高温的生存能力。

6. 在桂林漓江一些有地下河流的岩洞中，有许多露出河流水面的石笋。这些石笋是由水滴长年滴落在岩石表面而逐渐积累的矿物质形成的。

   如果上述断定为真，则最能支持以下哪项结论？

   A. 过去漓江的江面比现在高。

   B. 只有漓江的岩洞中才有地下河流。

   C. 漓江的岩洞中大都有地下河流。

   D. 上述岩洞中的地下河流是在石笋形成前出现的。

   E. 上述岩洞中地下河流的水比过去深。

7. 地球在其形成的早期是一个熔岩状态的快速旋转体，绝大部分的铁元素处于其核心部分。有一些熔岩从这个旋转体的表面甩出，后来冷凝形成了月球。

   如果以上这种关于月球起源的理论正确，则最能支持以下哪项结论？

   A. 月球是唯一围绕地球运行的星球。

   B. 月球将早于地球解体。

   C. 月球表面的凝固是在地球表面凝固之后。

   D. 月球像地球一样具有固体的表层结构和熔岩状态的核心。

   E. 月球的含铁比例小于地球核心部分的含铁比例。

8. 思考是人的大脑才具有的机能。计算机所做的事（如深蓝与国际象棋大师对弈）更接近于思考，而不同于动物（指人以外的动物，下同）的任何一种行为。但计算机不具有意志力，而有些动物具有意志力。

   如果上述断定为真，则以下哪项一定为真？

   Ⅰ. 具备意志力不一定要经过思考。

   Ⅱ. 动物的行为中不包括思考。

   Ⅲ. 思考不一定要具备意志力。

   A. 仅Ⅰ。　　　　　　　　B. 仅Ⅱ。　　　　　　　　C. 仅Ⅲ。

D. 仅Ⅰ和Ⅱ。　　　　　　　　E. Ⅰ、Ⅱ和Ⅲ。

9. 某国 H 省为农业大省，94%的面积为农村地区；H 省也是城市人口最集中的大省，70%的人口为城市居民。就城市人口占全省总人口的比例而言，H 省是全国最高的。

   上述断定最能支持以下哪项结论？

   A. H 省人口密度在全国所有省份中最高。

   B. 全国没有其他省份比 H 省有如此少的地区用于城市居民居住。

   C. 近年来，H 省的城市人口增长率明显高于农村人口增长率。

   D. H 省农村人口占全省总人口的比例在全国是最低的。

   E. H 省大部分土地都不适合城市居民居住。

10. 母鼠对它所生的鼠崽立即显示出母性行为。而一只刚生产后的从未接触过鼠崽的母鼠，在一个封闭的地方开始接触一只非己所生的鼠崽，七天后，这只母鼠显示出明显的母性行为。如果破坏这只母鼠的嗅觉，或者摘除鼠崽产生气味的腺体，上述七天的时间将大大缩短。

    上述断定最能推出以下哪项结论？

    A. 不同母鼠所生的鼠崽发出不同的气味。

    B. 鼠崽的气味是母鼠母性行为的重要诱因。

    C. 非己所生的鼠崽的气味是母鼠对其产生母性行为的障碍。

    D. 公鼠对鼠崽的气味没有反应。

    E. 母鼠的嗅觉是老鼠繁衍的障碍。

11. 许多人认为，香烟广告是造成青少年吸烟流行的关键原因。但是，挪威自 1975 年以来一直禁止香烟广告，这个国家青少年吸烟的现象却至少和那些不禁止香烟广告的国家一样流行。

    上述断定最能支持以下哪项结论？

    A. 广告对于引起青少年吸烟并没有起什么作用。

    B. 香烟广告不是影响青少年吸烟流行的唯一原因。

    C. 如果不禁止香烟广告，挪威青少年吸烟的现象将比现在更流行。

    D. 禁止香烟广告并没有减少香烟的消费。

    E. 广告对青少年的影响甚于成年人。

12. 人们在设计调查问卷时通常仅注意问题的设计，而往往忽略语言设计可能出现的各种问题（如语境、语言的歧义等）。最新研究结果确认：这些语言设计方面的问题对调查的结果可以产生十分重要的影响。

    假设被调查者都能如实地回答问卷，则以下哪项结论最可能从上述断定中被推出？

    A. 问卷调查结果通常不能完全反映实际情况。

    B. 问卷调查结果通常能完全反映实际情况。

    C. 被调查者都不具备识别语境、语言歧义的能力。

    D. 在设计调查问卷时，语言设计比问题设计更重要。

    E. 在设计调查问卷时，语言设计比问题设计更困难。

13. 某大学对非英语专业的基础英语教学进行了改革。英语教师可以自行选择教材，可以删掉其中部分章节，同时也可以加入他们自己选择的材料。

上述改革最不利于实现下面哪项目标?

A. 满足某些学生对于英语教学的特殊需要。

B. 调动英语教师的教学积极性和创造力。

C. 提高学生运用英语的能力,包括口语和听力。

D. 提高学生参加全国统一英语考试的成绩。

E. 提高学生对英语学习的兴趣。

14. 血液中高浓度脂肪蛋白含量的增多,会增加人体阻止吸收过多胆固醇的能力,从而降低血液中的胆固醇。有些人通过有规律的体育锻炼和减肥,能明显地增加血液中高浓度脂肪蛋白的含量。

以下哪项作为结论从上述题干中被推出最为恰当?

A. 有些人通过有规律的体育锻炼降低了血液中的胆固醇,则这些人一定是胖子。

B. 不经常进行体育锻炼的人,特别是胖子,随着年龄的增大,血液中出现高胆固醇的风险就越来越大。

C. 体育锻炼和减肥是降低血液中高胆固醇的最有效的方法。

D. 有些人可以通过有规律的体育锻炼和减肥来降低血液中的胆固醇。

E. 标准体重的人只需要通过有规律的体育锻炼就能降低血液中的胆固醇。

15. 美国科学家:有超过数千计的较大流星有规律地穿越地球的运行轨道。尽管它们的其中之一和地球相撞的可能性非常小,但我们也应该尽我们所能来降低这种可能性,因为一旦相撞而产生的灾难性后果是无法想象的。避免这种灾难的最好办法是让流星的轨道偏离。目前可知的使流星偏离轨道仅有的办法是用放置在空间站的核武器去轰击它们。

美国科学家费尽心思说那么多话想得到以下哪一项结论?

A. 核技术是可以信赖地被应用到阻止巨大自然灾难发生的仅有技术。

B. 核武器应该在太空中布防。

C. 迄今还没有发生由流星和地球相撞而引发的大灾难。

D. 数千计的流星穿越地球轨道仅仅引发概率非常之低的流星和地球间的相撞事件。

E. 除了保卫地球避免流星撞击之外,目前还没有什么可以让人接受使用核武器来解决问题的想法。

16. 作为一个微妙的平衡系统的一部分,人体的心脏能分泌一种激素,这种物质控制着血液中盐的含量以及人体中循环的血液量。人体只需很少量的这种荷尔蒙,它对调节血压极其重要。

如果上面的陈述正确,则下面哪一项也是正确的?

A. 如果心脏分泌的这种荷尔蒙不足,则会导致低血压。

B. 是大量的心脏荷尔蒙引起心脏病发作。

C. 少量的心脏荷尔蒙在体内产生的效果是持久的。

D. 如果一种装置仅仅是一个机械泵,它被用作人工心脏,那将无法执行人的心脏的所有功能。

E. 任何调节血压的药都通过影响心脏分泌的荷尔蒙而起到作用。

17. 早期宇宙中仅含有最轻的元素——氢和氦。较重的元素诸如碳,仅仅在星体核反应中形成并且在星体爆炸中被发散。一个最近发现的星云中含有几十亿年前形成的碳，那时宇宙的年龄不超过 20 亿年。

假如上面的信息正确，则下面哪项也一定正确？
A. 最早的星体中仅含有氢。
B. 一些星体形成于宇宙年龄的 20 亿年前。
C. 星云中的碳后来形成了星体的一部分。
D. 没有确认和星云一样老的星体。
E. 星云中也含有氢和氦。

18. 当农场主们希望年复一年种植同样的农作物得到较高的产量时，就需要使用大量的化肥和杀虫剂，这些会污染水的供给。因此，专家们督促农场主们将他们的农作物分散化，每年轮流种植不同作物。为获得政府对于一种作物的价格支持补贴，农场主必须种植与过去若干年相同的作物。

以上陈述如果为真，最支持以下哪项结论？
A. 政府关于支持农产品价格的规定起到了阻碍人们减少水污染的努力的作用。
B. 解决由化肥和杀虫剂引起的水污染问题的唯一办法是将农场退出生产。
C. 农场主可以通过轮流种植不同的作物，从而减少购买化工产品的费用来继续赢利，但不能通过每年种植相同的作物来赢利。
D. 将发展新的耕作技术使农场主们减少化肥和杀虫剂的使用成为可能。
E. 政府对农产品的价格补贴订立在不足以使农场主摆脱负债的水平上。

19. 如果一项投资不能产生利润，那么以投资为基础的减轻赋税就是毫无用处的。任何一位担心新资产不会赚钱的公司经理都不会因减轻公司本来就不欠的税款的允诺而得到安慰。

以下哪项是从上文得出的最可靠的推论？
A. 阻止效益不佳的投资的最有效的方法是对可以产生利润的投资减轻赋税。
B. 公司经理在决定他们认为可以赢利的投资时，可能会不考虑税款问题。
C. 对新投资减轻税款的承诺本身不会刺激新投资。
D. 公司经理把税款问题的重要性看得越小，他就越可能正确地预测投资的有利性。
E. 公司投资决策的一个关键因素可能是公司经理对感知到的商业状况的心理反应。

20. 环境学家关注保护濒临灭绝的动物的高昂费用，提出应通过评估各种濒临灭绝的动物对人类的价值，以决定保护哪些动物。此法实际不可行，因为，预言一种动物未来的价值是不可能的，评价对人类现在做出间接但很重要贡献的动物的价值也是不可能的。

以下哪项是作者的主要论点？
A. 保护没有价值的濒临灭绝的动物比保护有潜在价值的动物更重要。
B. 尽管保护所有濒临灭绝的动物是必须的，但在经济上却是不可行的。
C. 由于判断动物对人类价值高低的方法并不完善，故在此基础上做出的决定也不可靠。
D. 保护对人类有直接价值的动物远比保护有间接价值的动物重要。
E. 要评估濒临灭绝的动物对人类是否重要是不可能的。

21. 记者："作为一个政治家所必须具备的才能是什么？"

首相："政治家要有准确预测的才能。如果预测的事不能发生，也必须有巧妙说明的本领。"

如果首相的断定为真，那么以下哪项不能为真？

A. 政治家可能作出错误的预测。

B. 政治家可能没有巧妙说明的本领。

C. 政治家如果有巧妙说明的本领，那么不一定事事都能作出准确的预测。

D. 政治家可能既没有准确预测的才能，又没有巧妙说明的本领。

E. 政治家如果没有巧妙说明的本领，就必须有准确预测的才能。

22. 制作和销售假文凭、假证件，已经成为社会的一大公害。公安和司法部门对此进行了多次突击整治，破获了一批窝点，惩治和宣判了一批罪犯。但是，社会上制作和销售假文凭、假证件的势头并不见多大扭转。

如果上述断定为真，则以下哪项断定也一定为真？

Ⅰ．假文凭、假证件的买方市场依然存在。

Ⅱ．所破获的制假销假窝点只占这样的窝点的很少的比例。

Ⅲ．文凭和证件缺乏有效的辨伪措施。

A. 仅仅Ⅰ。　　　　　　B. 仅仅Ⅱ。　　　　　　C. 仅仅Ⅰ和Ⅱ。

D. 仅仅Ⅰ和Ⅲ。　　　　E. Ⅰ、Ⅱ和Ⅲ。

23. 研究地震波的专家一般都认为海啸主要是由地震直接引起的。地震后一般滞后几分钟发生滑坡，这就是海啸形成略有推迟的原因。当海底发生地震等强烈地壳活动时，其巨大动力引起海水剧烈起伏，形成强大的波浪，向前推进，将沿海地带一一淹没，这种灾害性海浪称为海啸。

根据以上文字，可以推出以下哪项？

A. 无论哪种直接原因引起的海啸，其起因都离不开地震。

B. 一般情况下，海啸的出现要略晚于地震，所以因地震引起的海啸是可以提前被预知的。

C. 地震引起断层，断层引起滑坡。

D. 科学界对海啸的形成已有定论。

E. 海底火山喷发也可以引发海啸。

24. 在一次实验中，研究人员将大脑分为若干个区域，然后扫描并比较了每个人大脑各区域的脑灰质含量。结果显示，智商测试中得分高的人与得分低的人相比，其大脑中有24个区域灰质含量更多，这些区域大都负责人的记忆、反应和语言等各种功能。

从这段文字中，我们可以推出以下哪项？

A. 智商低的人大脑中不含灰质。

B. 大脑中灰质越多的人，智商越高。

C. 聪明的人在大脑24个区域中含有灰质。

D. 智商高的人，记忆、反应和语言能力都强。

E. 人的大脑中只有24个区域含有灰质。

25. 电视节目编排专家一直认为一家电视台黄金时段的收视率每增加一个百分点，收看该电视台晚间新闻节目的观众人数就会增加三个百分点。然而，罗姆电视台在过去的十年里仅仅有一年其黄金时段的收视率特别的高，可是这一年收看该电视台晚间新闻节目的观众人数却也是历年中最少的。

下面哪一个结论可以从上文所提供的信息中被正确地推出？

A. 当一个新闻节目赢得很出色的收视率时，推出该节目的整个电视台的收视率也将表现得很出色。

B. 电视节目编排专家忽视了对白天新闻节目的考虑。

C. 罗姆电视台有一年收视率之所以特别的高是由于该电视台播出一部畅销电视剧，该电视剧后来却由于合同问题被停止在该台播映了。

D. 该电视台在过去的十年里所反映的并不是通常情况下该台观众观看电视节目的收视率规律。

E. 黄金时段的收视率并不是决定有多少观众观看晚间新闻节目的唯一影响因素。

26. 某年，哈佛毕业生临出校门前，校方对他们做了一个有关人生意义的调查，结果是27％的人完全没有目标，60％的人目标模糊，10％的人有近期目标，只有3％的人有清晰长远的目标。25年过去了，那3％的人不懈地朝着一个目标坚韧努力，成了社会的精英，而其余的人，成就会差得多。

上述文字说明了以下哪项？

A. 应该尽快、尽早地确立自己的人生目标。

B. 人生没有任何意义，但我们应该给它加一个意义。

C. 是否有清晰长远的人生目标，对人生成就的大小有非常重要的影响。

D. 如果有清晰长远的人生目标，就会获得人生的成功。

E. 人生的成功不一定意味着人生的幸福。

27. 世界卫生组织（WHO）曾宣布天花在地球上已被消灭，并发出通告：以后凡是辨别出一例天花者，就发给他一千美元奖金。到1979年年底为止，虽然收到了九十多份报告，但经派专人调查，所有报告都是将水痘、麻疹类疾病误认为天花。因此，没有一个人能领到这笔奖金。

如果以上信息为真，则下列哪一项判断是不正确的？

A. 提供报告者希望得到奖金。

B. WHO的官员确信天花已被消灭。

C. 天花与水痘、麻疹毫无共同之处。

D. 如果有一个人得到了奖金，就意味着天花还没有从地球上消灭。

E. 如果天花从地球上消灭了，就不会有人得到奖金。

28. 当受到害虫侵袭时，大豆会产生一种叫作茉莉酸盐的荷尔蒙，从而启动一系列化学反应，合成更多蛋白酶抑制剂，增强自身的抵抗力。害虫吃下这种化合物以后，其消化功能会受到抑制。植物生物学家德鲁西亚发现高浓度二氧化碳会导致植物丧失分泌茉莉酸盐的能力，整个"防御通道"由此将被关闭，于是大豆类作物的抗虫害能力便随着二氧化碳含量的增多而逐渐减弱。

由此可以推出以下哪项？

A. 大豆产量会受到空气状况的影响。

B. 茉莉酸盐的主要作用是抵抗害虫。

C. 不能产生茉莉酸盐的植物将很难抵御害虫。

D. 减少空气中的二氧化碳含量会增加大豆的抗虫害能力。

E. 其他植物也可以产生茉莉酸盐荷尔蒙。

29. 秋季月份太阳落山的时刻比平常要晚一个小时，许多公司正努力争取一个三周长的白天营业延时计划。例如，一家便民连锁商店的老板正期望从三周长的白天营业延时计划中获取一百万元的新增销售利润，该新增利润的大部分来自_____

下面哪一项最合乎逻辑地完成了上文？

A. 天黑之后才离开这些连锁商店的人。

B. 在秋季月份待在户外活动的人。

C. 在秋季花费更多钱的人。

D. 在秋季花费更少钱的人。

E. 迫于时间紧迫而光顾这些连锁商店的人。

30. 我国著名教育家、清华大学前校长梅贻琦先生在其就职演说时曾说过"所谓大学者，非谓有大楼之谓也，有大师之谓也"，成为后来许多大学纷纷效仿的教育方针。

根据梅先生的话，可以符合逻辑地推出以下哪项结论？

A. 目前国内各个大学的设备比起国外都还有很大差距，所以，很难延聘到大师。

B. 一个大学之所以为大学，全在于有没有好教授，罗织人才是当今大学第一要务。

C. 大学的发展，资金是基础，有了充足资金的保证，不愁吸引不到一流的人才。

D. 青年学生在选择大学就读时，要综合考虑大学的基础设施和师资力量两个方面。

E. 一些大学出现师资大量外流的情况，反映出大学领导者不重视培养大师的态度。

微模考7 ▶ 参考答案

（母题篇）

1. D

【解析】推论题。

题干有以下信息：

①正常行为→负责。

②有的触犯法律的行为→正常行为。

③不可控制的行为→不负责，等价于：负责→可控制的行为。

②、①、③串联可得：④有的触犯法律的行为→正常行为→负责→可控制的行为。

Ⅰ项，由②可知，为真。

Ⅱ项，由④可知，为真。

Ⅲ项，根据题干可知，不可控制的行为→不负责→不是正常行为。而由"不是正常行为"无法得知"此类行为是否触犯法律"，故此项无法被推出。

2. C

【解析】推论题。

题干做了以下三个断定：

①离赤道越远→其白天的能见度越差。

②白天的能见度越差→实施上述法律的效果越显著。

③目前世界上实施上述法律的国家都比中国离赤道远。

由①和②，可得：离赤道越远→实施上述法律的效果越显著。

现在已实施上述法律的国家都比中国离赤道远，所以，效果都比在中国显著。故C项正确。

3. D

【解析】推论题。

题干中，小莫希望能快速成为大师。孔先生却指出，如果小莫不分昼夜每天苦练，反而会需要更长的学习时间。欲速则不达，孔先生的回答说明微雕艺术家应当有"耐心"。

4. A

【解析】推论题。

题干：

①本公司用于暑假学生实习支出的经费有限。

②不可能为所有申请者提供相应的工作岗位。

③许多高素质的申请者被拒绝。

④陈明被拒绝。

A项，②等价于：有的申请者不能得到工作岗位，说明申请实习的学生数量超过公司需求的数量，故A项为真。

B项，不一定为真，"许多高素质的申请者被拒绝"，不代表陈明也是高素质的申请者。

C项，不一定为真，"经费有限"是指相对于申请者来说，不能满足所有的申请者，是相对有限，不一定"很少"。

D、E项，无关选项。

5. C

【解析】推论题。

题干中的信息：

①气温达到45摄氏度以上→信息素蒸发。

②撒哈拉沙漠下午的气温都在45摄氏度以上。

由①、②串联可知，如果蚂蚁在撒哈拉沙漠下午觅食，那么就不是靠信息素的引导把食物运回蚁穴。

A项，推理过度。

B项，不符合题干。

C项，蚂蚁不在上午或晚上觅食，则蚂蚁是在下午觅食，再结合条件②可知，蚂蚁不是靠信息素的引导把食物运回蚁穴，是正确的推论。

D项，推理过度，根据"不是依靠信息素"不必然推出"依靠的是另一种在气温达到45摄氏度以上时不会蒸发的物质"，比如可能是依靠景色、风向、太阳的位置、地理位置等其他因素。

E项，无关选项。

6. E

【解析】推论题。

题干：石笋是由水滴长年滴落在岩石表面而逐渐积累的矿物质形成的。

由题干的信息可知，现在被水淹没的地方，以前是露出水面的，这样才可能有水滴落在岩石表面，说明现在的地下河流的水比过去深，故E项为真。

A项，无关选项，题干涉及的是"地下河流"而不是"漓江"。

B、C项，显然推理过度。

D项，不正确，由题干无法断定地下河流的形成时间，先出现石笋再出现地下河流也有可能。

7. E

【解析】推论题。

题干：地球的铁元素大多集中于其核心部分，月球是由地球的表面部分形成的。

可推出：月球的含铁比例小于地球核心部分的含铁比例，即E项正确。

A项，虽然符合事实，但与题干的论证无关。

B、C、D项显然均为无关选项。

8. D

【解析】推论题。

题干：

①只有人的大脑才会思考。

②计算机所做的事接近于思考（不是思考）。

③计算机不具有意志力。

④有些动物具有意志力。

由①可知，动物不会思考，故Ⅱ项为真。

再由④可知，有的动物有意志力但不会思考，故Ⅰ项为真。

由②、③可知，没有意志力也可以做"接近思考"的事，但"接近思考"不是"思考"，所以，从题干信息无法确认"思考是否一定需要具备意志力"，故Ⅲ项可真可假。

故 D 项为正确选项。

9. D

【解析】数字型推论题。

题干：H省城市人口占全省总人口的70% $\xrightarrow{证明}$ H省城市人口占全省总人口的比例是全国最高的。

H省城市人口占全省总人口的比例是全国最高的，可知，H省农村人口占全省总人口的比例在全国是最低的。

10. C

【解析】求异法型推论题。

题干使用求异法：

亲生鼠崽：母鼠立即显示出母性行为；

非己所生的鼠崽：七天后，母鼠显示出明显的母性行为；

无气味影响的非己所生的鼠崽：母鼠显示出明显的母性行为的时间小于七天；

所以，非己所生的鼠崽的气味是母鼠对其产生母性行为的障碍。

故，C项正确。

A项，推理过度，由题干只能确定非己所生的鼠崽的气味给母鼠产生母性行为制造了障碍，但无法确定是因为气味不同还是因为其他原因。

B项，推理过度，与题干的情况相反。

D项，无关选项，题干不涉及"公鼠"。

E项，推理过度。

11. B

【解析】推论题。

题干：挪威一直禁止香烟广告，但是青少年吸烟的现象却并不减少。

如果香烟广告是影响青少年吸烟流行的唯一原因，那么，由于挪威自1975年以来一直禁止香烟广告，这个国家青少年吸烟的现象应当明显少于那些不禁止香烟广告的国家。故，香烟广告不是影响青少年吸烟流行的唯一原因，即B项正确。

A、C、D项，推理过度。

E项，无关选项，题干不涉及青少年和成年人之间的比较。

12. A

【解析】推论题。

题干断定：

①语言设计方面存在的问题对调查的结果可以产生十分重要的影响。

②调查问卷往往在语言设计方面存在问题。

由此显然可以推出：问卷调查结果通常并不完全准确，不能完全反映实际情况，即 A 项正确。

B 项，与题干信息相反。

C 项，过于绝对化。

D、E 项，无关选项，题干不存在语言设计与问题设计之间的比较。

13. D

【解析】推论题。

题干指出英语教师可以实行个性化教学，与标准化测试相冲突，即 D 项正确。

其余各项均不构成冲突。

14. D

【解析】概括结论题。

题干：有些人通过体育锻炼和减肥，能增加血液中高浓度脂肪蛋白的含量，从而降低血液中的胆固醇。

A 项，绝对化，进行体育锻炼的人不一定是胖子。

B 项，无关选项，题干不涉及年龄。

C 项，推理过度，体育锻炼和减肥可以降低胆固醇，但不一定是"最"有效的方法。

D 项，与题干的观点相同，正确。

E 项，无关选项，题干说的是"有的人"，而不是"标准体重的人"。

15. B

【解析】概括结论题。

题干：避免流星与地球相撞的最好方法是让流星的轨道偏离，目前可知的使流星的轨道偏离仅有的办法是用放置在空间站的核武器去轰击它们。

A 项，推理过度，题干只涉及"流星和地球相撞"而不是所有的"巨大自然灾难"。

B 项，题干认为需要用空间站的核武器去轰击流星，那么前提是空间站得有核武器，正确。

C 项，迄今为止没有发生不代表未来不会发生，不正确。

D 项，仅仅是科学家提到的背景信息，不是其结论。

E 项，推理过度。

16. D

【解析】推论题。

题干：人体心脏分泌的少量荷尔蒙，对调节血压极其重要。

A 项，题干只表示这种荷尔蒙可以调节血压，但是这种荷尔蒙不足时，血压会升高还是会降低并没有提及，不正确。

B 项，推理过度。

C 项，无关选项，题干不涉及荷尔蒙效用的时间长短。

D 项，人工心脏不具有分泌荷尔蒙的作用，起不到调节血压的作用，即无法执行心脏的所有功能，正确。

E 项，绝对化，不正确。

17. B

【解析】推论题。

题干：

①早期宇宙中仅含有最轻的元素——氢和氦。

②较重的元素诸如碳，仅仅在星体核反应中形成并且在星体爆炸中被发散。

③星云中发现含有几十亿年前形成的碳，那时宇宙的年龄不超过20亿年。

A项，推理过度。

B项，由②、③可知，几十亿年前形成的碳证明几十亿年前就有了星体，而这时宇宙的年龄不超过20亿年，可见有些星体的形成在宇宙之前，正确。

C项，推理过度，由②可知，碳在星体核反应时形成，但是否构成星体的一部分，题干没有提及。

D项，无关选项。

E项，题干只提及宇宙中含有氢和氦，但未提及星云中是否同样含有氢和氦，不正确。

18. A

【解析】推论题。

题干：

①当农场主种植相同的农作物得到较高的产量时，需要使用化肥和杀虫剂，这样会污染水的供给。

②为减少水污染，专家建议实行轮流种植。

③为获得政府补贴，农场主必须种植与过去若干年相同的作物。

政府规定种植相同的作物才能获得补贴，造成农场主不愿意轮耕，从而造成水污染，故A项正确。

B项，题干指出为减少水污染，专家建议实行轮流种植，此项与题干不符。

C项，无关选项，题干的论证不涉及"赢利"。

D项，无关选项，题干的论证不涉及"耕作技术"。

E项，无关选项，题干的论证不涉及"补贴标准"。

19. C

【解析】推论题。

题干：任何一位担心新资产不会赚钱的公司经理都不会因减轻公司本来就不欠的税款的允诺而得到安慰，即不会因为减轻税款而投资不赚钱的新资产。

A项，绝对化，不正确。

B项，无关选项，题干的论证只涉及"不能产生利润的投资"，而不涉及本项中的"可以赢利的投资"。

C项，减轻税款不会刺激新投资，与题干意思相符，正确。

D项，无关选项。

E项，无关选项。

20. C

【解析】概括结论题。

题干：预言一种动物未来的价值是不可能的，因此，由此来决定应该保护哪些动物的做法是不可行的。

A项，无关选项，题干不涉及此项中的比较。

B项，题干没有提及"保护所有濒临灭绝的动物是必须的"，不正确。

C项，由于判断动物对人类价值高低的方法并不完善，故在此基础上做出的决定（由此来决定应该保护哪些动物）也不可靠，符合题干，正确。

D项，无关选项，题干不涉及此项中的比较。

E项，偷换概念，题干指出预言一种动物"未来的价值"是不可能的，而本项偷换成了"对人类是否重要"。

21. D

【解析】推论题。

首相：政治家要有准确预测的才能。如果预测的事不能发生，也必须有巧妙说明的本领。即：

准确预测的才能∨巧妙说明的本领＝¬准确预测的才能→巧妙说明的本领＝¬巧妙说明的本领→准确预测的才能。

D项，为假，¬准确预测的才能∧¬巧妙说明的本领，是"准确预测的才能∨巧妙说明的本领"的负命题。

其余各项均有可能为真。

22. D

【解析】推论题。

题干：对制作和销售假文凭、假证件进行突击整治后，其势头并没有扭转。

Ⅰ项，为真，否则，如果没有人买假文凭、假证件，也就不会有人制作和销售假文凭、假证件了。

Ⅱ项，不一定为真，即使较大比例的窝点被破获，余下的少数窝点也可以加大制假售假量，从而使得社会上制作和销售假文凭、假证件的势头并不见多大扭转。

Ⅲ项，为真，否则，假文凭和假证件的买方市场就不会存在，那么制假造假的案件就会变少。

故 D 项正确。

23. B

【解析】推论题。

题干：

①研究地震波的专家一般都认为海啸主要是由地震直接引起的。

②地震后一般滞后几分钟发生滑坡，这就是海啸形成略有推迟的原因。

A项，不正确，题干指出"海啸主要是由地震直接引起的"，地震并非是引起海啸的唯一原因。

B项，正确，海啸发生在地震之后，略有推迟，说明地震引起的海啸是可以提前被预知的。

C项，推理过度，题干只表示"震后一般滞后几分钟发生滑坡"，是否有断层不得而知。

D项，推理过度，由①可知，研究地震波的专家"一般都认为"海啸主要是由地震直接引起的，不代表所有人都这样认为，不代表已有定论。

E项，显然为无关选项。

24. C

【解析】 推论题。

题干：智商得分高的人，大脑中负责人的记忆、反应和语言的24个区域灰质含量更多。

A项，不正确，智商低的人比智商高的人灰质含量少，并非不含灰质。

B项，推理过度，题干只是给出了智商和灰质的一个对比关系，求异法得到的因果关系是或然性的，到底是不是灰质多导致智商高，无法必然确定。

C项，正确，题干指出智商高的人，在大脑24个区域的灰质含量越多，说明这24个区域中含有灰质。

D项，推理过度，不一定是"记忆、反应和语言能力都强"，可能是其中某一项能力优于常人。

E项，推理过度，题干中涉及的24个区域中有灰质，不代表其他区域没有灰质。

25. E

【解析】 推论题。

题干：

①专家认为黄金时段收视率增加，那么收看晚间新闻节目的观众人数也会增加。

②罗姆电视台在黄金时段收视率特别高的那一年，收看晚间新闻节目的观众人数最少。

由题干可知，黄金时段收视率只是影响收看晚间新闻节目的观众人数的其中一个因素，并非唯一因素，否则，罗姆电视台的情况不可能发生，故E项正确。

A项，推理过度，题干讨论的是黄金时段收视率对收看晚间新闻节目的观众人数的影响，而不是所有节目。

B项，无关选项，题干没有涉及白天的新闻节目。

C项，无关选项，由题干显然推不出该节目被停播。

D项，不正确，十年的收视率情况可以在一定程度上反映该电视台的收视率规律。

26. C

【解析】 求异法型推论题。

题干：有清晰长远的目标的人，成了社会的精英；而没有清晰长远的目标的人，成就会差很多。

A项，无关选项，题干没有说明是否应该"尽快、尽早"确立目标。

B项，无关选项，题干没有涉及人生的意义。

C项，由求异法可知，是否有清晰长远的目标影响人生的成就，正确。

D项，绝对化，题干只能说明人生的成就和清晰长远的人生目标有关，但不代表清晰长远的目标是获得人生成功的充分条件。

E项，无关选项，题干没有涉及人生的幸福。

27. C

【解析】 推论题。

题干：

①凡是辨别出一例天花者，就发给他一千美元奖金。

②到1979年年底为止，虽然收到了九十多份报告，但经派专人调查，所有报告都是将水痘、麻疹类疾病误认为天花。

③没有一个人能领到这笔奖金。

C项，不正确，由②说明天花与水痘、麻疹会让很多人误认，即它们有共同之处。

其余各项均可从题干中被推出。

28. A

【解析】推论题。

题干：

①当受到害虫侵袭时，大豆会产生茉莉酸盐，从而抵制虫害。

②高浓度二氧化碳会导致植物丧失分泌茉莉酸盐的能力，因此，大豆类作物的抗虫害能力随之减弱。

A项，当空气中的二氧化碳含量增多时，会影响大豆类作物抗虫害的能力，从而影响大豆的产量，正确。

B项，推理过度，由题干可知茉莉酸盐的作用之一是抵抗害虫，是否是"主要"作用则难以断定。

C项，无关选项，题干只涉及大豆，不涉及"不能产生茉莉酸盐的植物"。

D项，由题干可知，二氧化碳含量增多会导致大豆的抗虫害能力减弱，但二氧化碳含量减少时的情况，题干没有说明，不正确。

E项，无关选项，题干只涉及大豆，不涉及"其他植物"。

29. A

【解析】推论题。

题干：由于天黑得晚，一家便民连锁商店希望通过延长营业时间来获取利润。

A项，说明延长的营业时间内有顾客光顾，因此可以产生利润，正确。

B项，待在户外活动的人未必会光顾商店，不正确。

C项，花费更多钱的人不一定会在商店花费，不正确。

D项，花费更少钱的人一定不会在商店产生更多的消费，不正确。

E项，时间紧迫的人不会因为延长营业时间而在商店里待更多时间买更多商品，不正确。

30. B

【解析】推论题。

梅贻琦先生：所谓大学者，非谓有大楼之谓也，有大师之谓也。即所谓大学，并不是说有好的楼房，而是有好的老师。

梅贻琦先生的话语重在强调人才对于大学的重要性，故 B 项正确。

其余各项均为无关选项。

第8章　评论题

评论题是联考中的重点题型，它是对题干中论证成立与否、使用何种逻辑技法的判断。需要回答以下几个问题：题干中的论证是否成立？成立的话，成立的原因是什么？不成立的话，错在哪里？题干中的论证用了什么样的逻辑技法？用什么样的方式可以使题干中的论证成立或不成立？如果题干涉及两个人的争论，那么争论双方的争论焦点是什么？

评论题是对所有形式逻辑和论证逻辑知识的综合考查，考查考生是否了解逻辑本质，是否掌握逻辑知识，具有一定的难度。

评论题的常见提问方式如下：
"以下哪项最为恰当地指出了题干论证中的漏洞？"
"以下哪项对上述论证的评价最为恰当？"
"以下哪项最为恰当地概括了上述论证方法？"
"以下哪项最为恰当地概括了反方的反驳策略？"
"回答以下哪个问题对评价以上陈述最有帮助？"
"以下哪项最为恰当地概括了张教授和李研究员争论的焦点？"

题型 30　评论逻辑漏洞

母题精讲

母题 30　即使在古代，规模生产谷物的农场，也只有依靠大规模的农产品市场才能生存，而这种大规模的农产品市场意味着有相当人口的城市存在。因为中国历史上只有一家一户的小农经济，从来没有出现过农场这种规模生产的农业模式，因此，现在考古所发现的中国古代城市，很可能不是人口密集的城市，而只是为举行某种仪式的人群临时聚集地。

以下哪项最为恰当地指出了上述论证中存在的漏洞？

A. 该结论只是对其前提中某个断定的重复。
B. 论证中对某个关键概念的界定前后不一致。
C. 在同一个论证中，对一个带有歧义的断定做出了不同的解释。
D. 把某种情况的不存在，作为证明此种情况的必要条件也不存在的根据。
E. 把某种情况在现实中的不存在，作为证明此类情况不可能发生的根据。

【解析】充分必要条件。

题干：只有相当人口的城市存在，才会有大规模的农产品市场，只有存在大规模的农产品市场，才会有规模生产谷物的农场。

可知："相当人口的城市存在"是"大规模的农产品市场"的必要条件。

符号化：相当人口的城市存在←大规模的农产品市场。

题干中的结论：¬规模生产的农场→¬人口密集的城市。根据箭头指向原则，此结论不成立。

所以，不能由"没有规模生产谷物的农场"（某种情况不存在），推出"不是人口密集的城市"（必要条件不存在），D 选项恰当地指出了上述论证中存在的漏洞。

【答案】D

母题技巧

评论逻辑漏洞与削弱题有类似之处，但比削弱题更难，它要求考生不仅要找到逻辑漏洞，还要说明这是一个什么样的漏洞。逻辑漏洞一般是常见逻辑谬误，但因为逻辑考试大纲不要求考生掌握逻辑术语，所以选项在描述这些逻辑漏洞时，会回避这些谬误的术语，用其他语言来描述这些术语。所以，考生在平时做训练时，不仅要找到正确的选项，还要了解每个选项描述的是何种逻辑谬误，以熟悉真题的描述方式。

常见逻辑谬误有：

不当类比、自相矛盾、模棱两不可、非黑即白、偷换概念、转移论题、以偏概全、循环论证、因果倒置、不当假设、推不出（论据不充分、虚假论据、必要条件与充分条件混用、推理形式不正确等）、诉诸权威、诉诸人身、诉诸众人、诉诸情感、诉诸无知、整体与个体性质误用、数字型谬误等。

【注意】

（1）漏洞评论题，题干中的论证可能是没有漏洞的。

（2）本节的学习可参考基础篇第 3 章第 3 节《谬误》。

母题变化

变化 1 评价漏洞

例 1 张先生：常年吸烟可能有害健康。

李女士：你的结论反映了公众的一种误解。我的祖父活了 96 岁，但他从年轻时就一直吸烟。

以下哪项最为恰当地指出了李女士的反驳中存在的漏洞？

A. 试图依靠一个反例推翻一个一般性结论。

B. 试图诉诸个例在不相关的现象之间建立因果联系。

C. 试图运用一个反例反驳一个可能性结论。

D. 不当地依据个人经验挑战流行见解。

E. 忽视了这种可能：她的祖父如果不常年吸烟可能更为长寿。

【解析】反例削弱。

"可能"与"必然不"矛盾，所以要削弱张先生的可能性结论，须有：常年吸烟必然不会有害健康。李女士试图用一个反例来反驳一个可能性的结论，是无效的。因此，C 项恰当地指出了李女士反驳中存在的漏洞。

【答案】C

例2 研究表明，严重失眠者中90％爱喝浓茶。老张爱喝浓茶，因此，他很可能严重失眠。
以下哪项最为恰当地指出了上述论证中存在的漏洞？
A. 它忽视了这种可能性：老张属于喝浓茶中10％不严重失眠的那部分人。
B. 它忽视了引起严重失眠的其他原因。
C. 它忽视了喝浓茶还可能引起其他不良后果。
D. 它依赖的论据并不涉及爱喝浓茶的人中严重失眠者的比例。
E. 它低估了严重失眠对健康的危害。

【解析】比例型评论题。

题干指出，严重失眠者中90％爱喝浓茶，但并没有指出喝浓茶的人中有多大比例会失眠，如果这一比例很小，就无法推出"老张爱喝浓茶，因此，他很可能严重失眠"的结论。

D项恰当地指出了题干论证中存在的漏洞。

【答案】D

例3 和平基金会决定中止对S研究所的资助，理由是这种资助可能被部分利用于武器研究。对此，S研究所承诺：和平基金会的全部资助，都不会用于任何与武器相关的研究。和平基金会因此撤销了上述决定，并得出结论：只要S研究所遵守承诺，和平基金会的上述资助就不再会有利于武器研究。

以下哪项最为恰当地概括了和平基金会上述结论中的漏洞？
A. 忽视了这种可能性：S研究所并不遵守承诺。
B. 忽视了这种可能性：S研究所可以用其他来源的资金进行武器研究。
C. 忽视了这种可能性：和平基金会的资助使S研究所有能力把其他资金改用武器研究。
D. 忽视了这种可能性：武器研究不一定危害和平。
E. 忽视了这种可能性：和平基金会的上述资助额度有限，对武器研究没有实质性意义。

【解析】因果型评论题。

题干：S研究所承诺不把和平基金会的资助用于武器研究→和平基金会的资助不再会有利于武器研究。

C项，忽视了这种可能性：和平基金会的资助使S研究所有能力把其他资金改用武器研究，显然是恰当的。

B项，不如C项恰当，没有指出S研究所的"武器研究"与"和平基金会资助"的关系。

【答案】C

例4 免疫研究室的钟教授说："生命科学院从前的研究生那种勤奋精神越来越不多见了，因为我发现目前在我的研究生中，起早摸黑做实验的人越来越少了。"

以下哪项最为恰当地指出了钟教授推理中存在的漏洞？
A. 不当地断定：除了生命科学院以外，其他学院的研究生普遍都不够用功。
B. 没有考虑到研究生的不勤奋有各自不同的原因。

C. 只是提出了问题，但没有提出解决问题的方法。

D. 不当地假设：他的学生状况就是生命科学院所有研究生的一般状况。

E. 没有设身处地考虑他的研究生毕业后找工作的难处。

【解析】不当假设、以偏概全。

调查统计型的题目。钟教授的推论要成立，暗含两个假设：

①"起早摸黑做实验"能代表"勤奋精神"。

②"钟教授的研究生"能代表"生命科学院的研究生"。

D项，指出其暗含的假设②不当，犯了以偏概全的逻辑错误。

【答案】D

例5 除非像给违反交通规则的机动车一样出具罚单，否则在交通法规中禁止自行车闯红灯是没有意义的。因为一项法规要有意义，必须能有效制止它所禁止的行为。但是上述法规对于那些经常闯红灯的骑车者来说显然没有约束力，而对那些习惯于遵守交通法规的骑车者来说，即使没有这样的法规，他们也不会闯红灯。

以下哪项最为恰当地指出了上述论证中存在的漏洞？

A. 不当地假设大多数机动车驾驶员都遵守禁止闯红灯的交通法规。

B. 在前提和结论中对"法规"这一概念的含义没有保持同一。

C. 忽视了这种可能性：一个法规若运用过于严厉的惩戒手段，即使有效地制止了它所禁止的行为，也不能认为是有意义的。

D. 没有考虑上述法规对于有时但并不经常闯红灯的骑车者所产生的影响。

E. 没有论证闯红灯对于公共交通的危害。

【解析】以偏概全。

题干中的前提：

①法规有意义→能有效制止它所禁止的行为。

②上述法规不能约束"经常闯红灯的骑车者"。

③上述法规对于"遵守交通法规的骑车者"来说没有意义。

题干中的结论：法规没有意义。

A项，无关选项，题干是针对骑车者而不是机动车驾驶员的论证。

B项，题干中对"法规"这一概念的使用是相同的，并没有偷换概念。

C项，无关选项，题干没有说明这一规定运用了严厉的惩戒手段。

D项，题干中的前提是此法规对"经常闯红灯的骑车者"和"遵守交通法规的骑车者"来说没有意义，结论是"法规没有意义"，忽略了这两类人并没有囊括所有人，D项指出还有"偶尔闯红灯的骑车者"，指出了题干论证中存在的漏洞。

E项，无关选项。

【答案】D

例6 统计显示，在汽车事故中，装有安全气囊汽车的比例高于未装安全气囊的汽车。因此，在汽车中安装安全气囊，并不能使车主更安全。

以下哪项最为恰当地指出了上述论证中存在的漏洞？

A. 不加说明就予以假设：任何安装有安全气囊的汽车都有可能遭遇汽车事故。
B. 忽视了这种可能性：未安装安全气囊的车主更注意谨慎驾驶。
C. 不当地假设：在任何汽车事故中，安全气囊都会自动打开。
D. 不当地把发生汽车事故的可能程度，等同于车主在事故中受伤害的严重程度。
E. 忽视了这种可能性：装有安全气囊的汽车所占比例越来越大。

【解析】求异法型评论题。

题干：在汽车事故中，装有安全气囊汽车的比例高于未装安全气囊的汽车 —证明→ 安装安全气囊，并不能使车主更安全。

题干试图使用求异法，以证明"安全气囊"不能使车主更安全。但是，安全气囊的作用是减少事故发生后对车主的伤害，而不是避免汽车事故的发生。所以题干的论据无法证明其观点，故 D 项正确。

【答案】D

例7 郑兵的孩子即将升高中。郑兵发现，在当地中学，学生与老师比例低的学校，学生的高考成绩普遍都比较好。郑兵因此决定，让他的孩子选择学生总人数最少的学校就读。

以下哪项最为恰当地指出了郑兵上述决定中存在的漏洞？

A. 忽略了学校教学质量既和学生与老师的比例有关，也和生源质量有关。
B. 仅注重高考成绩，忽略了孩子的全面发展。
C. 不当地假设：学生总人数少就意味着学生与老师的比例低。
D. 在考虑孩子的教育时忽略了孩子本人的愿望。
E. 忽略了学校教学质量主要与老师的素质而不是数量有关。

【解析】比例型评论题。

题干：学生与老师比例低的学校学生成绩好 —证明→ 选择学生总人数最少的学校。

所以，仅看学生的数量不能确定比例的大小，还要看老师数量的多少。

故，C 项最为恰当地指出了郑兵上述决定中存在的漏洞。

【答案】C

例8 一项时间跨度为半个世纪的专项调查研究得出肯定结论：饮用常规的咖啡对人的心脏无害。因此，咖啡的饮用者完全可以放心地享用，只要不过量。

以下哪项最为恰当地指出了上述论证中存在的漏洞？

A. 咖啡的常规饮用量可能因人而异。
B. 心脏健康不等同于身体健康。
C. 咖啡饮用者可能在喝咖啡的同时吃了对心脏有害的食物。
D. 喝茶，特别是喝绿茶，比喝咖啡有利于心脏保健。
E. 有的人从不喝咖啡，但心脏仍然健康。

【解析】偷换概念。

题干：饮用常规的咖啡对人的心脏无害 —证明→ 咖啡的饮用者完全可以放心地享用。

显然，对心脏无害不代表对人无害，即心脏健康不等同于身体健康，故 B 项最为恰当地指出了题干论证中存在的漏洞。

【答案】B

例9 拥挤的居住条件所导致的市民健康状况明显下降，是清城面临的重大问题。因为清城和广川两个城市的面积和人口相当，所以，清城面临的上述问题必定会在广川出现。

以下哪项最为恰当地指出了上述论证中存在的漏洞？

A. 不当地预设：拥挤的居住条件是导致市民健康状况下降的唯一原因。
B. 未能准确区分人口数量和人口密度这两个概念。
C. 未能准确区分一个城市的面积和它的人口这两个不同的概念。
D. 未能恰当地选择第三个比较对象以增强结论的说服力。
E. 忽略了相同的人口密度可以有不同的居住条件。

【解析】不当类比。

题干采用的是类比论证，题干中的前提：

①清城和广川两个城市的面积和人口相当。

②清城拥挤的居住条件所导致的市民健康状况明显下降。

题干中的结论：清城面临的上述问题必定会在广川出现。

由前提①只能得出这两个城市具有相当的人口密度；但由相当的"人口密度"，不能得出有相同的"居住条件"，因此，E项最为恰当地指出了题干论证中存在的漏洞。

【答案】E

变化2 有无漏洞

例10 违法必究，但几乎看不到违反道德的行为受到惩罚，如果这成为一种常规，那么民众就会失去道德约束。道德失控对社会稳定的威胁并不亚于法律失控。因此，为了维护社会的稳定，任何违反道德的行为都不能不受惩治。

以下哪项对上述论证的评价最为恰当？

A. 上述论证是成立的。
B. 上述论证有漏洞，它忽略了：有些违法行为并未受到追究。
C. 上述论证有漏洞，它忽略了：由违法必究，推不出缺德必究。
D. 上述论证有漏洞，它夸大了违反道德行为的社会危害性。
E. 上述论证有漏洞，它忽略了：由否定"违反道德的行为都不受惩治"，推不出"违反道德的行为都要受惩治"。

【解析】性质命题的负命题。

题干断定：违反道德的行为都不受惩治→引起道德失控→威胁社会稳定。

等价于：维护社会的稳定→¬违反道德的行为都不受惩治。

"¬违反道德的行为都不受惩治"＝"有的违反道德的行为受惩治"，而不是"违反道德的行为都要受惩治"，故E项正确。

【答案】E

例11 许多人不了解自己,也不设法去了解自己。这样的人可能想了解别人,但此种愿望肯定是要落空的,因为连自己都不了解的人不可能了解别人。由此可以得出结论:你要了解别人,首先要了解自己。

以下哪项对上述论证的评价最为恰当?
A. 上述论证所运用的推理是成立的。
B. 上述论证有漏洞,因为它把得出某种结果的必要条件当作充分条件。
C. 上述论证有漏洞,因为它不当地假设:每个人都可以了解自己。
D. 上述论证有漏洞,因为它忽视了这种可能性:了解自己比了解别人更困难。
E. 上述论证有漏洞,因为它基于个别性的事实轻率概括出一般性的结论。

【解析】充分与必要。

题干中的前提:不了解自己的人→不可能了解别人,等价于:了解别人→了解自己。

题干中的结论:了解别人→了解自己,是成立的。

【答案】A

例12 临近本科毕业,李明所有已修课程的成绩均是优秀。按照学校规定,如果最后一学期他的课程成绩也都是优秀,就一定可以免试就读研究生。李明最后一学期有一门功课成绩未获得优秀,因此,他不能免试就读研究生了。

以下哪项对上述论证的评价最为恰当?
A. 上述论证是成立的。
B. 上述论证有漏洞,因为它忽视了:课程成绩只是衡量学生素质的一个方面。
C. 上述论证有漏洞,因为它忽视了:所陈述的规定有漏洞,会导致理解的歧义。
D. 上述论证有漏洞,因为它把题干所陈述的规定错误地理解为:只要所有学期课程成绩均是优秀,就一定可以免试就读研究生。
E. 上述论证有漏洞,因为它把题干所陈述的规定错误地理解为:只有所有学习课程成绩均是优秀,才可以免试就读研究生。

【解析】充分与必要。

题干中的前提:所有课程成绩都优秀→免试就读研究生。

题干中的结论:李明有一门功课未获优秀→不能免试就读研究生。

结论等价于:¬所有成绩都优秀→免试就读研究生。

即:只有所有学习课程成绩均是优秀,才可以免试就读研究生。

题干误把充分条件当作必要条件。

【答案】E

例13 贾女士:在英国,根据长子继承权的法律,男人的第一个妻子生的第一个儿子有首先继承家庭财产的权利。

陈先生:你说的不对。布朗公爵夫人就合法地继承了她父亲的全部财产。

以下哪项对陈先生所作断定的评价最为恰当?
A. 陈先生的断定是对贾女士的反驳,因为他举出了一个反例。
B. 陈先生的断定是对贾女士的反驳,因为他揭示了长子继承权性别歧视的实质。

C. 陈先生的断定不能构成对贾女士的反驳，因为任何法律都不可能得到完全的实施。

D. 陈先生的断定不能构成对贾女士的反驳，因为他对布朗公爵夫人继承父产的合法性并未给予论证。

E. 陈先生的断定不能构成对贾女士的反驳，因为他把贾女士的话误解为只有儿子才有权继承财产。

【解析】评论题。

贾女士认为：长子具有首先继承家庭财产的权利。

陈先生举了一个反例，即：布朗公爵夫人不是长子，也继承了家庭财产。此反例只能反驳：不是长子，不能继承家庭财产，即：只有长子具有继承家庭财产的权利。

故 E 项是对陈先生论断的正确评价。

【答案】E

题型 31　评论逻辑技法

母题精讲

母题31　辩论吸烟问题时，正方认为：吸烟有利于减肥，因为戒烟后人们往往比戒烟前体重增加。反方驳斥道：吸烟不能导致减肥，因为吸烟的人常常在情绪紧张时试图通过吸烟来缓解，但不可能从根本上解除紧张情绪，而紧张情绪导致身体消瘦。戒烟后人们可以通过其他更有效的方法解除紧张的情绪。

反方应用了以下哪项辩论策略？

A. 引用可以质疑正方证据精确性的论据。

B. 给出另一事实对正方的因果联系做出新的解释。

C. 依赖科学知识反驳易于使人混淆的谬论。

D. 揭示正方的论据与结论是因果倒置。

E. 常识并不都是正确的，要学会透过现象看本质。

【解析】另有他因。

正方：戒烟后人们的体重增加 —证明→ 吸烟有利于减肥。

反方指出：是紧张情绪导致了吸烟者身体消瘦，而不是吸烟导致的，另有他因。

故 B 项恰当地指出了反方应用的辩论策略。

A 项，质疑论据，正方的论据是"戒烟后人们的体重增加"，反方没有对这一论据进行质疑。

C 项，题干仅涉及双方的辩论，没有涉及谁说的是科学，谁说的是谬论。

D 项，显然反方并没有说正方因果倒置。

E 项，题干不涉及"常识"。

【答案】B

> **母题技巧**
>
> 逻辑技法题，主要考查论证和反驳的方法，如归纳论证、类比论证、选言证法、归谬法、例证法、举反例等，可能会涉及逻辑谬误。

母题变化

变化 1 论证方法

例 14 松鼠在树干中打洞吮食树木的浆液。因为树木的浆液成分主要是水加上一些糖分，所以松鼠的目标是水或糖分。又因为树木周边并不缺少水源，松鼠不必费那么大劲打洞取水。因此，松鼠打洞的目的是摄取糖分。

以下哪项最为恰当地概括了上述论证方法？

A. 通过否定两种可能性中的一种，来肯定另一种。
B. 通过某种特例，来概括一般性的结论。
C. 在已知现象与未知现象之间进行类比。
D. 通过反例否定一般性的结论。
E. 通过否定某种现象存在的必要条件，来断定此种现象不存在。

【解析】选言证法（排除法）。

题干：松鼠的目标是水或糖分，不是水，所以是糖分。

即：水∨糖分，¬水→糖分。

这种逻辑方法也叫选言证法（排除法），一共有两种可能，否定其中一种，肯定另外一种，所以 A 项恰当。

B 项，归纳法，通过某种特例，来概括一般性的结论，不恰当。

C 项，类比论证，不恰当。

D 项，反例削弱，不恰当。

E 项，不恰当。

【答案】A

例 15 脑部受到重击后人就会失去意识。有人因此得出结论：意识是大脑的产物，肉体一旦死亡，意识就不复存在。但是，一台被摔的电视机突然损坏，它正在播出的图像当然立即消失，但这并不意味着正由电视塔发射的相应图像信号就不复存在。因此，要得出"意识不能独立于肉体而存在"的结论，恐怕还需要更多的证据。

以下哪项最为准确地概括了"被摔的电视机"这一实例在上述论证中的作用？

A. 作为一个证据，它说明意识可以独立于肉体而存在。
B. 作为一个反例，它驳斥关于意识本质的流行信念。
C. 作为一个类似意识丧失的实例，它从自身中得出的结论和关于意识本质的流行信念显然不同。
D. 作为一个主要证据，它试图得出结论：意识和大脑的关系，类似于电视图像信号和接收它的电视机之间的关系。

E. 作为一个实例，它说明流行的信念都是应当质疑的。

【解析】类比论证。

题干：将脑部受撞击和电视机被损坏做类比，通过类比来反驳一个流行的观点："意识不能独立于肉体而存在"。

故 C 项正确概括了类比的作用。

D 项，不正确，因为题干的手法是用类比来反驳别人的观点，而不是用类比来证明一个观点。

【答案】C

变化 2 反驳方法

例 16 去年经纬汽车专卖店调高了营销人员的营销业绩奖励比例。专卖店李经理打算新的一年继续执行该奖励比例，因为去年该店的汽车销售数量较前年增加了 16%。陈副经理对此持怀疑态度，她指出，他们的竞争对手并没有调整营销人员的奖励比例，但在过去的一年也出现了类似的增长。

以下哪项最为恰当地概括了陈副经理的质疑方法？

A. 运用一个反例，否定李经理的一般性结论。

B. 运用一个反例，说明李经理的论据不符合事实。

C. 运用一个反例，说明李经理的论据虽然成立，但不足以推出结论。

D. 指出李经理的论证对一个关键概念的理解和运用有误。

E. 指出李经理的论证中包含自相矛盾的假设。

【解析】举反例。

李经理的论据：去年经纬汽车专卖店提高奖励比例增加了销售量。

李经理的结论：今年继续提高奖励比例以继续增加销售量。

陈副经理提出了一个反例，用以说明销售量的增加并不一定是提高奖励比例的结果。这就说明，李经理的论据虽然成立，但不足以推出结论，故 C 项最为恰当。

A 项，不恰当，因为李经理的结论只针对经纬汽车专卖店，不是一般性结论。

B 项，不恰当，因为陈副经理的论据并没有反对李经理的论据。

D 项，概念混淆，不恰当。

E 项，自相矛盾，不恰当。

【答案】C

例 17 小陈：目前 1996D3 彗星的部分轨道远离太阳，最近却可以通过太空望远镜发现其发出闪烁光。过去人们从来没有观察到远离太阳的彗星出现这样的闪烁光，所以，这种闪烁必然是不寻常的现象。

小王：通常人们都不会去观察那些远离太阳的彗星，这次发现的 1996D3 彗星是有人通过持续而细心的追踪观测而获得的。

以下哪项最为准确地概括了小王反驳小陈的观点中所使用的方法？

A. 指出小陈使用的关键概念含义模糊。

B. 指出小陈的论据明显缺乏说服力。
C. 指出小陈的论据自相矛盾。
D. 不同意小陈的结论，并且对小陈的论据提出了另一种解释。
E. 同意小陈的结论，但对小陈的论据提出了另一种解释。

【解析】评论题。

小陈的论据：最近观测到了之前从未被观测到的闪烁光。

小陈的结论：闪烁必然是不寻常的现象。

小王：闪烁光之前没有被观测到，是因为之前没有人去观测。

小王并不否定小陈的论据所陈述的情况存在，只是对这一情况做出了另一种解释，基于这一解释，可得出与小陈不同的结论。

故 D 项最为准确地概括了小王所使用的这一方法。

A 项，概念模糊，不恰当。

B 项，削弱论据，不恰当。

C 项，自相矛盾，不恰当。

E 项，小王不同意小陈的结论，不恰当。

【答案】D

题型 32　争论焦点题

母题精讲

母题 32　总经理：快速而准确地处理订单是一项关键商务。为了增加利润，我们应当用电子方式而不是继续用人工方式处理客户订单，因为这样订单可以直接到达公司相关业务部门。

董事长：如果用电子方式处理订单，我们一定会赔钱。因为大多数客户喜欢通过与人打交道来处理订单。如果转用电子方式，我们的生意就会失去人情味，就难以吸引更多的客户。

以下哪项最为恰当地概括了上述争论的问题？

A. 转用电子方式处理订单是否不利于保持生意的人情味？
B. 用电子方式处理订单是否比人工方式更为快速和准确？
C. 转用电子方式处理订单是否有利于提高商业利润？
D. 快速而准确的运作方式是否一定能提高商业利润？
E. 客户喜欢用何种方式处理订单？

【解析】措施目的型焦点题。

总经理：采用电子方式处理客户订单——导致——增加利润。

董事长：采用电子方式处理订单——导致——赔钱。

显然二者争论的焦点为：转用电子方式处理订单是否有利于提高商业利润。故 C 项正确。

A 项，只有董事长对"人情味"表示看法，总经理没有，不是双方争论的焦点（违反双方表态原则）。

B项，总经理认为电子方式"快速而准确"，董事长没有反驳"快速而准确"，不是双方争论的焦点(违反双方表态原则)。

D项，扩大了讨论的范围，题干讨论的是"电子方式处理订单"，而不是"快速而准确的运作方式"。

E项，总经理没有对客户喜欢与否表态，不是双方争论的焦点(违反双方表态原则)。

【答案】C

母题技巧

争论焦点题难度比较大，目前还没有辅导书对这类题目提出系统的解决方案。本书独创性地提出了解决焦点题的四大原则：

（1）差异原则。

争论的焦点必须是二者观点不同的地方，即有差异的地方。

（2）双方表态原则。

争论的焦点必须是双方均明确表态的地方。如果一方对一个观点表态，另外一方对此观点没有表态，则不是争论的焦点。

（3）论点优先原则。

论据服务于论点，所以当反方质疑对方论据时，往往是为了说明对方论点不成立，这时争论的焦点一般是双方的论点不同。在双方论点相同时，质疑对方论据，争论的焦点才是论据。

（4）举例部分无焦点原则。

使用例证法或者举反例时，例子一般不是争论的焦点。

母题变化

例18 甲：从互联网上人们可以获得任何想要的信息和资料。因此，人们不需要听取专家的意见，只要通过互联网就可以很容易地学到他们需要的知识。

乙：过去的经验告诉我们，随着知识的增加，对专家的需求也相应地增加。因此，互联网反而会增加我们咨询专家的机会。

以下哪项是上述争论的焦点？

A. 互联网是否能有助于信息在整个社会的传播？
B. 互联网是否能增加人们学习知识时请教专家的可能性？
C. 互联网是否能使更多的人容易获得更多的资料？
D. 专家在未来是否将会更多地依靠互联网？
E. 互联网知识与专家的关系以及两者的重要性。

【解析】焦点题。

甲：互联网导致人们不再需要听取专家的意见。

乙：互联网会增加我们咨询专家的机会。

因此，二者争论的焦点是：互联网是否能增加人们学习知识时请教专家的可能性，即B项。

【答案】B

例19 郑女士：衡远市过去十年的GDP(国内生产总值)增长率比易阳市高，因此衡远市的经济前景比易阳市好。

胡先生：我不同意你的观点。衡远市的GDP增长率虽然比易阳市的高，但易阳市的GDP数值却更大。

以下哪项最为准确地概括了郑女士和胡先生争议的焦点？
A. 易阳市的GDP数值是否确实比衡远市大？
B. 衡远市的GDP增长率是否确实比易阳市高？
C. 一个城市的GDP数值大，是否经济前景一定好？
D. 一个城市的GDP增长率高，是否经济前景一定好？
E. 比较两个城市的经济前景，GDP数值与GDP增长率哪个更重要？

【解析】类比型焦点题。

郑女士：衡远市经济前景比易阳市好，因为，衡远市的GDP增长率比易阳市高。

胡先生：我不同意"衡远市经济前景比易阳市好"，因为，易阳市的GDP数值比衡远市大。

定位关键词"经济前景"，可迅速选E项。两人之争，其实是标准之争，两人在不同的标准下衡量两个城市的经济发展前景，因此E项最为准确。

【答案】E

例20 厂长：采用新的工艺流程可以大大减少炼铜车间所产生的二氧化碳。这一新流程的要点是用封闭式熔炉替代原来的开放式熔炉。但是，不光购置和安装新的设备是笔大的开支，而且运作新流程的成本也高于目前的流程。因此，从总体上说，采用新的工艺流程将大大增加生产成本而使本厂无利可图。

总工程师：我有不同意见。事实上，最新的封闭式熔炉的熔炼能力是现有的开放式熔炉无法相比的。

在以下哪个问题上，总工程师和厂长最可能有不同意见？
A. 采用新的工艺流程是否确实可以大大减少炼铜车间所产生的二氧化碳？
B. 运作新流程的成本是否一定高于目前的流程？
C. 采用新的工艺流程是否一定使本厂无利可图？
D. 最新的封闭式熔炉的熔炼能力是否确实明显优于现有的开放式熔炉？
E. 使用最新的封闭式熔炉是否明显增加了生产成本？

【解析】焦点题。

厂长：采用新的工艺流程将大大增加生产成本──证明→本厂无利可图。

总工程师：新熔炉的熔炼能力是现有设备无法相比的，因此，不同意厂长的意见(有利可图)。

因此，两人的争论焦点是"采用新的工艺流程是否一定使本厂无利可图"，即C项正确。

【答案】C

题型 33　评价题

母题精讲

母题 33　老林被誉为"股票神算家"。他曾经成功地预测了 1994 年 8 月"井喷式"上升行情和 1996 年下半年的股市暴跌,这仅是他准确预测股市行情的两个实例。

回答以下哪个问题对评价以上陈述最有帮助?

A. 老林准确预测股市行情的成功率是多少?

B. 老林是否准确地预言了 2002 年 6 月 13 日的股市大跌?

C. 老林准确预测股市行情的方法是什么?

D. 老林的最高学历和所学专业是什么?

E. 有多少人相信老林对股市行情的预测?

【解析】评价题。

题干通过两个例子论证:老林是"股票神算家"。

显然要知道老林是不是真正的"股票神算家",仅靠两个例子有以偏概全的嫌疑,还需要知道他预测股市行情的成功率是多少。

如果他预测股市行情的成功率很高,则支持他是"股票神算家"的结论;反之,则削弱他是"股票神算家"的结论。故 A 项正确。

【答案】A

母题技巧

有的题目,题干给出一个可能成立也可能不成立的论证,问"回答以下哪个问题对评价以上论证最有帮助?"或者"为了评价上述论证,回答以下哪个问题最不重要?"这类题目,老吕称为评价题。

我们要找到一个对题干的论证起正反两方面作用的选项,即正着说可以支持题干,反着说又能削弱题干的选项。可见,这类题目的本质还是支持题和削弱题。

常用建立对比实验的方法。

母题变化

变化 1　评价题

例 21　在过去的几十年中,接受高等教育的女性比例正在逐渐升高。以下事实可以部分地说明这一点:在 1959 年,20~21 岁之间的女性只有 11% 正在接受高等教育,而在 1991 年,这个年龄段中的女性有 30% 在高校读书。

了解以下哪项,对评价上述论证最为重要?

A. 在该年龄段的女性中，没有接受高等教育的比例。
B. 在该年龄段的女性中，完成高等教育的比例。
C. 完成高等教育的女性中，毕业后进入高薪阶层的比例。
D. 在该年龄段的男性中，接受高等教育的比例。
E. 在该年龄段的男性中，完成高等教育的比例。

【解析】评价题。

题干：在1959年，20～21岁之间的女性只有11%正在接受高等教育，而在1991年，这个年龄段中的女性有30%在高校读书——证明→接受高等教育的女性比例正在逐渐升高。

$$接受高等教育的女性比例 = \frac{接受高等教育的女性人数}{所有接受高等教育的总人数}$$
$$= \frac{接受高等教育的女性人数}{接受高等教育的女性人数 + 接受高等教育的男性人数}。$$

所以，题干仅仅衡量了分子的大小，忽略了分母的大小。

因此，评价题干的论证是否正确，要衡量分母的大小，故"在该年龄段的男性中，接受高等教育的比例"对评价题干论证最为重要。

【答案】D

变化2　构造对比实验

例22　许多孕妇都出现了维生素缺乏的症状，但这通常不是由于孕妇的饮食中缺乏维生素，而是由于腹内婴儿的生长使她们比其他人对维生素有更高的需求。

为了评价上述结论的确切程度，以下哪项操作最为重要？

A. 对某个缺乏维生素的孕妇的日常饮食进行检测，确定其中维生素的含量。
B. 对某个不缺乏维生素的孕妇的日常饮食进行检测，确定其中维生素的含量。
C. 对孕妇的科学食谱进行研究，以确定有利于孕妇摄入足量维生素的最佳食谱。
D. 对日常饮食中维生素足量的一个孕妇和一个非孕妇进行检测，并分别确定她们是否缺乏维生素。
E. 对日常饮食中维生素不足量的一个孕妇和另一个非孕妇进行检测，并分别确定她们是否缺乏维生素。

【解析】评论逻辑主线，考求异法。

题干：因为腹内婴儿的生长使孕妇需要更多的维生素，而不是因为孕妇的饮食中缺乏维生素——导致→孕妇缺乏维生素。

D项，根据求异法，若日常饮食中维生素足量的孕妇缺乏维生素，而非孕妇不缺乏维生素，则支持题干；若二者都不缺乏维生素，则削弱题干。

【答案】D

微模考 8 ▶ 评论题

(母题篇)

(共 30 题，每题 2 分，限时 60 分钟)

1. 纯种赛马是昂贵的商品。一种由遗传缺陷引起的疾病威胁着纯种赛马，使它们轻则丧失赛跑能力，重则瘫痪甚至死亡。因此，赛马饲养者认为，一旦发现有此种缺陷的赛马应停止饲养。这种看法是片面的。因为一般来说，此种疾病可以通过伙食和医疗加以控制。另外，有此种遗传缺陷的赛马往往特别美，这正是马术表演特别看重的。

   以下哪项最为准确地概括了题干的论证所运用的方法？
   A. 质疑上述赛马饲养者的动机。
   B. 论证上述赛马饲养者的结论与其论据自相矛盾。
   C. 指出上述赛马饲养者的论据不符合事实。
   D. 提出新的思路，并不否定上述赛马饲养者的论据，但得出与其不同的结论。
   E. 构造一种类比，指出上述赛马饲养者的论证与一种明显有误的论证类似。

2. 有些被公众认为是坏的行为往往有好的效果。只有产生好的效果，一个行为才是好的行为。因此，有些被公众认为是坏的行为其实是好的。

   以下哪项最为恰当地概括了上述推理中存在的错误？
   A. 不当地假设：如果 a 是 b 的必要条件，则 a 也是 b 的充分条件。
   B. 不当地假设：如果 a 不是 b 的必要条件，则 a 是 b 的充分条件。
   C. 不当地假设：如果 a 是 b 的必要条件，则 a 不是 b 的充分条件。
   D. 不当地假设：任何两个断定之间都存在条件关系。
   E. 不当地假设：任何两个断定之间都不存在条件关系。

3. 服用深海鱼油胶囊能降低胆固醇。一项对 6 403 名深海鱼油胶囊定期服用者的调查显示，他们患心脏病的风险降低了三分之一。这项结果完全符合另一个研究结论：心脏病患者的胆固醇通常高于正常标准。因此，上述调查说明，降低胆固醇减少了患心脏病的风险。

   以下哪项最为恰当地指出了上述论证的漏洞？
   A. 没有考虑到这种情况：深海鱼油胶囊降低服用者患心脏病的风险，但并不是降低胆固醇的结果。
   B. 忽视了这种可能性：深海鱼油胶囊有副作用。
   C. 由"心脏病患者的胆固醇通常高于正常标准"，可直接得出"降低胆固醇能减少患心脏病的风险"。因此，以上述调查结论作为论据是没有意义的。
   D. 上述调查的结论是有关降低胆固醇对患心脏病的影响，但应该揭示的是深海鱼油胶囊对胆固醇的作用。
   E. 没有考虑普通人群服用深海鱼油胶囊的百分比。

4. 陈经理今天将乘飞机赶回公司参加上午 10 点的重要会议。秘书小张告诉王经理："如果陈经理乘坐的飞机航班被取消，那么他就不能按时到达会场。"但事实上该航班正点运行，因此，小张得出结论：陈经理能按时到达会场。王经理回答小张："你的前提没错，但推理有缺陷。我的结论是：陈经理最终将不能按时到达会场。"

以下哪项对上述断定的评价最为恰当？

A. 王经理对小张的评论是正确的，王经理的结论也由此被强化。
B. 虽然王经理的结论根据不足，但他对小张的评论是正确的。
C. 王经理对小张的评论有缺陷，王经理的结论也由此被弱化。
D. 王经理对小张的评论是正确的，但王经理的结论是错误的。
E. 王经理对小张的评论有偏见，并且王经理的结论根据不足。

5. 在一场魔术表演中，魔术师看来是随意请一位观众志愿者上台配合他的表演。根据魔术师的要求，志愿者从魔术师手中的一副扑克中随意抽出一张。志愿者看清楚了这张牌，但显然没有让魔术师看到这张牌。随后，志愿者把这张牌插回那副扑克中。魔术师把扑克洗了几遍，又切了一遍。最后魔术师从中取出一张，志愿者确认，这就是他抽出的那一张。有好奇者重复三次看了这个节目，想揭穿其中的奥秘。第一次，他用快速摄像机记录下了魔术师的手法，没有发现漏洞；第二次，他用自己的扑克代替魔术师的扑克；第三次，他自己充当志愿者。这三次表演，魔术师无一失手。此好奇者因此推断：该魔术的奥秘，不在手法技巧，也不在扑克或者志愿者有诈。

以下哪项最为确切地指出了好奇者推理中的漏洞？

A. 好奇者忽视了这种可能性：他的摄像机功能会不稳定。
B. 好奇者忽视了这种可能性：除了摄像机以外，还有其他仪器可以准确记录魔术师的手法。
C. 好奇者忽视了这种可能性：手法技巧只有在使用做了手脚的扑克时才能奏效。
D. 好奇者忽视了这种可能性：魔术师表演同一个节目可以使用不同的方法。
E. 好奇者忽视了这种可能性：除了他所怀疑的上述三种方法外，魔术师还可能使用其他的方法。

6. 甲和乙之间有以下一段对话：

甲：根据人口统计资料可以发现这样一条规律：在新生婴儿中，男婴的比例总是在 22/43 上下波动，而不是 1/2。

乙：不对吧，根据我掌握的许多资料，多数国家和地区，如苏联、日本、德国以及我国的台湾地区都是女人比男人多。可见，认为男婴出生的比例总在 22/43 上下波动是不成立的。

请指出下列各选项中哪一项根据上述对话判断是可以确认的？

A. 乙的资料是不完整的，因此不可信。
B. 乙混淆了讨论的概念。
C. 甲所说的统计规律确实是不存在的。
D. 甲所依据的统计调查是不科学的。
E. 甲本身的陈述中就存在着矛盾。

7. 一家超市常常发现有顾客偷拿商品不付款，从而影响该超市的赢利。于是，该超市管理层痛下决心，在该超市安装监控设备，并且增加导购员人数，以此来提高该超市的利润率。

下面哪一项对于评价该超市管理层的决定最为重要？

A. 该超市商品的进价与卖价之比。

B. 该超市每天卖出的商品的数量和价格。

C. 每天到该超市购物的顾客的消费水平。

D. 该超市因顾客偷拿商品所造成的损失，与运行监控设备、增加导购员的花费之比。

E. 每天到该超市购物的顾客的人数。

8. 李娜说，作为一个科学家，她知道没有一个科学家喜欢朦胧诗，而绝大多数科学家都擅长逻辑思维。因此，至少有些喜欢朦胧诗的人不擅长逻辑思维。

以下哪项是对李娜的推理的最恰当评价？

A. 李娜的推理是正确的。

B. 李娜的推理不正确，因为事实上有科学家喜欢朦胧诗。

C. 李娜的推理不正确，因为从"绝大多数科学家都擅长逻辑思维"，推不出"擅长逻辑思维的都是科学家"。

D. 李娜的推理不正确，因为合乎逻辑的结论应当是"喜欢朦胧诗的人都不擅长逻辑思维"，而不应当弱化为"至少有些喜欢朦胧诗的人不擅长逻辑思维"。

E. 李娜的推理不正确，因为创作朦胧诗需要形象思维，也需要逻辑思维。

9. 一种检测假币的仪器在检测到假币时会亮起红灯，制造商称该仪器将真币误认为是假币的可能性只有0.1%。因此，该仪器在1 000次亮起红灯时有999次会发现假币。

上述论证的推理是错误的，因为：

A. 忽略了在假币出现时红灯不亮的可能性。

B. 基于一个可能有偏差的事例概括出一个普遍的结论。

C. 忽略了仪器在检测假币时操作人员可能发生的人为错误。

D. 在讨论百分比时偷换了数据概念。

E. 没有说明该仪器是否对所有的假币都同样敏感。

10. 通常认为左撇子比右撇子更容易出操作事故，这是一种误解。事实上，大多数家务事故，大到火灾、烫伤，小到切破手指，都出自右撇子。

以下哪项最为恰当地概括了上述论证中存在的漏洞？

A. 对两类没有实质性区别的对象作实质性的区分。

B. 在两类不具有可比性的对象之间进行类比。

C. 未考虑家务事故在整个操作事故中所占的比例。

D. 未考虑左撇子在所有人中所占的比例。

E. 忽视了这种可能性：一些家务事故是由多个人造成的。

11. 有一则电视广告说，草原绿鸟鸡，饿了吃青草，馋了吃蚂蚱，似乎在暗示该种鸡及其鸡蛋的营养价值与该种鸡所吃的草原食物有关。

为了检验这个结论，下面哪种实验方法最为可靠？

A. 选择一优良品种的蛋鸡投放到草原上喂养，然后与在非草原上喂养的普通鸡的营养成分相比较。

B. 化验、比较草原上的鸡食物和非草原上的鸡食物的营养成分。

C. 选择品种等级完全相同的蛋鸡，一半投放到草原上喂养，一半在非草原上喂养，然后比较它们的营养成分。

D. 选出不同品种的蛋鸡，投放到草原上喂养，然后比较它们的营养成分。

E. 通过检测查清草原绿鸟鸡的营养成分。

12. 赞成死刑的人通常给出两条理由：一是对死的畏惧将会阻止其他人犯同样可怕的罪行；二是死刑比其替代形式——终身监禁更省钱。但是，可靠的研究表明：从经济角度看，终身监禁比死刑更可取。人们认为死刑省钱并不符合事实，因此，应该废除死刑。

从逻辑上来看，下面哪一项是对题干中论证的恰当评价？

A. 该论证的结论是可接受的，因为人的生命比什么都宝贵。

B. 该论证具有逻辑力量，因为它的理由真实，人命关天。

C. 该论证没有考虑到赞成死刑的另外一个重要理由，故它不是一个好论证。

D. 废除死刑天经地义，不需讨论。

E. 利用犯人赚钱是不人道的。

13. 英国的表演比美国的表演好，T是一个英国的演员，所以，他一定是比其他的美国同行好的演员。

以下哪项表明了上述论证中主要的弱点？

A. 在议论中不顾另一方面证据的存在而推出结论。

B. 从唯一的例子中概括出普遍适用的结论。

C. 预设一组事物整体的一个特性会映现在这个整体所包含的每个独立的个体。

D. 对关键词语的定义是不恰当的。

E. 论述没有对T的表演做具体说明。

14. 张先生：由于许多对农业和医学有用的化学制品都取自稀有的濒临灭绝的植物，因此，很可能许多已经绝种了的植物本来可以提供给我们有益于人类的物质。所以，如果我们想要确保在将来也能使用从植物中提炼的化学制品，就必须更加努力地去保护自然资源。

李先生：但是，有生命的东西并非我们的"资源"，你所说的是一种出于自私的保护措施。我们应尽力保护活的物种，因为它们应当生存，而不是因为它们对我们有用。

下列哪项指明了张先生和李先生的分歧点？

A. 通过开发人以外的物种以使人类获益，这是否为保护自然物种提供了一个良好的理由。

B. 保护植物物种所需费用是否超过了人工合成的化学制品的成本，这些化学制品原本可以从那些物种中提取。

C. 人类是否应当阻止生命物种的灭绝。

D. 人以外的所有物种作为自然资源是否具有同等价值。

E. 保护自然资源是否明智。

15～16题基于以下题干：

贾女士：我支持日达公司雇员的投诉。他们受到了不公正的待遇。他们中大多数人的年薪还不到10 000元。

陈先生：如果说工资是主要原因的话，我很难认同你的态度。据我了解，日达公司雇员的平均年薪超过15 000元。

15. 以下哪项最为恰当地概括了陈先生和贾女士意见分歧的焦点？
    A. 日达公司雇员是否都参与了投诉？
    B. 大多数日达公司雇员的年薪是否不到10 000元？
    C. 日达公司雇员的工资待遇是否不公正？
    D. 工资待遇是否为日达公司雇员投诉的主要原因？
    E. 工资待遇不合理是否应当成为投诉的理由？

16. 以下哪项最为恰当地指出了陈先生反驳中存在的漏洞？
    A. 在一个核心概念的界定和使用上没有与论辩对方保持一致。
    B. 所反驳的并不是论辩对方事实上所持的观点。
    C. 在反驳过程中出现了自相矛盾。
    D. 在反驳过程中没有对某个核心概念的界定和使用保持一致。
    E. 对关键性数据的引用有误。

17～18题基于以下题干：

陈教授：中世纪初欧洲与东亚之间没有贸易往来，因为在现存的档案中找不到这方面的任何文字记录。

李研究员：您的论证与这样一个论证类似：传说中的喜马拉雅雪人是不存在的，因为从来没有人作证亲眼看到过这种雪人。这一论证的问题在于：有人看到雪人当然能证明雪人存在，但没有人看到雪人不能证明雪人不存在。

17. 以下哪项最为准确地概括了李研究员所要表达的结论？
    A. 断定中世纪初欧洲与东亚之间存在贸易往来，和断定存在喜马拉雅雪人一样，缺少科学的论证。
    B. 尽管缺少可靠的文字记录，但中世纪初欧洲与东亚之间非常可能存在贸易往来。
    C. 不同内容的论证之间存在可比性。
    D. 不能简单地根据缺乏某种证据证明中世纪初欧洲与东亚之间有贸易往来，就说这种贸易往来不存在。
    E. 证明事物不存在要比证明它存在困难得多。

18. 以下哪项如果为真，最能反驳李研究员的论证？
    A. 中世纪初欧洲与东亚之间存在贸易往来的证据，应该主要依赖考古发现，而不是依赖于文字档案。
    B. 虽然东亚保存的中世纪初文档中有关于贸易的记录，但这一时期的欧洲文档却几乎没有关于贸易的记录。
    C. 有文字档案记载，中世纪初欧洲与南亚和北非之间存在贸易往来。
    D. 中世纪初欧洲海外贸易主要依赖海上运输。
    E. 欧洲与东亚现存的中世纪初文档中没有当时两个地区贸易的记录，如果有这种贸易往来，不大可能不留记录。

19～20题基于以下题干：

陈先生：有的学者认为，蜜蜂飞舞时发出的嗡嗡声是一种交流方式，例如蜜蜂在采花粉时发出的嗡嗡声，是在给同一蜂房的伙伴传递它们正在采花粉位置的信息。但事实上，蜜蜂不必通过这样费劲的方式来传递这样的信息。它们从采花粉处飞回蜂房时留下的气味踪迹，足以引导同伴找到采花粉的地方。

贾女士：我不完全同意你的看法。许多动物在完成某种任务时都可以有多种方式。例如，有些蜂类可以根据太阳的位置，也可以根据地理特征来辨别方位，同样，对于蜜蜂来说，气味踪迹只是它们的一种交流方式，而不是唯一的交流方式。

19. 以下哪项最为恰当地概括了陈先生和贾女士所争论的问题？
    A. 关于动物行为方式的一般性理论，是否能只基于对某种动物的研究？
    B. 蜜蜂飞舞时发出的嗡嗡声，是否可以有多种不同的解释？
    C. 是否只有蜜蜂才有能力向同伴传递位置信息？
    D. 蜜蜂在采花粉时发出的嗡嗡声，是否在给同一蜂房的伙伴传递所在位置的信息？
    E. 气味踪迹是否为蜜蜂的主要交流方式？

20. 在贾女士的应对中，提到有些蜂类辨别方位的方式。以下哪项最为恰当地概括了这一议论在贾女士应对中所起的作用？
    A. 指出陈先生所使用的"动物交流方式"这个概念存在歧义。
    B. 提供具体证据用以支持一般性的结论。
    C. 对陈先生的一个关键论据的准确性提出质疑。
    D. 指出陈先生的结论直接与他的某一个前提矛盾。
    E. 对蜜蜂飞舞时发出的嗡嗡声提出了另一种解释。

21～22题基于以下题干：

张教授：有的歌星的一次出场费是诺贝尔奖奖金的数十倍甚至更高，这是不合理的。一般来说，诺贝尔奖得主对人类社会和历史的贡献，要远高于这样或那样的明星。

李研究员：你完全错了。歌星的酬金是一种商业回报，他（她）的一次演出，可能为他（她）的老板带来了上千万的利润。

张教授：按照你的逻辑，诺贝尔奖奖金就不应该设立。因为，例如诺贝尔在生前不可能获益于杨振宁的理论发现。

21. 以下哪项最为恰当地概括了张教授和李研究员争论的焦点？
    A. 诺贝尔奖得主是否应当比歌星有更高的个人收入？
    B. 商业回报是否可以成为一种正当的个人收入？
    C. 是否存在判别个人收入的合理性的标准？
    D. 什么是判别个人收入合理性的标准？
    E. 诺贝尔奖奖金是否应当设立？

22. 以下哪项最为恰当地指出了张教授反驳中存在的逻辑漏洞？
    A. 张教授的反驳夸大了不合理个人收入的不良后果。
    B. 张教授的反驳忽视了：降低歌星的酬金，意味着增加老板的利润，这是一种更大的不公正。
    C. 张教授的反驳忽视了：巨额的出场费只属于个别当红歌星。
    D. 张教授的反驳忽视了：诺贝尔生前虽然没有，但他的后代获益于诺贝尔奖得主的理论发现。

E. 张教授的反驳忽视了：商业回报只是个人收益的一种形式，不是唯一形式。

23~24题基于以下题干：

张先生：应该向吸烟者征税，用以缓解医疗保健事业的投入不足。因为正是吸烟，导致了许多严重的疾病。要吸烟者承担一部分费用，来应对因他们的不良习惯而造成的健康问题，是完全合理的。

李女士：照您这么说，如果您经常吃奶油蛋糕，或者肥猪肉，也应该纳税。因为如同吸烟一样，经常食用高脂肪、高胆固醇的食物同样会导致许多严重的疾病。但是没有人会认为这样做是合理的，并且人们的危害健康的不良习惯数不胜数，都对此征税，事实上无法操作。

23. 以下哪项最为恰当地概括了张先生和李女士争论的焦点？

　　A. 张先生关于缓解医疗保健事业投入不足的建议是否合理？
　　B. 有不良习惯的人是否应当对由此种习惯造成的社会后果负责？
　　C. 食用高脂肪、高胆固醇的食物对健康造成的危害是否同吸烟一样？
　　D. 由增加个人负担来缓解社会公共事业的投入不足是否合理？
　　E. 通过征税的方式来纠正不良习惯是否合理？

24. 以下哪项最为恰当地概括了李女士的反驳所运用的方法？

　　A. 举出一个反例说明对方的建议虽然合理但在执行中无法操作。
　　B. 指出对方对一个关键性概念的界定和运用有误。
　　C. 提出了一个和对方不同的解决问题的方法。
　　D. 从对方的论据得出了一个明显荒谬的结论。
　　E. 对对方在论证中所运用的信息的准确性提出质疑。

25~26题基于以下题干：

史密斯：传统的壁画是这样完成的：画家在潮湿的灰泥上作画，待灰泥干了后，这幅画就完成并保存下来了。可惜的是，目前罗马教堂中米开朗琪罗的壁画上，有明显的在初始作品完成后添加的痕迹。因此，为了使作品能完全体现米开朗琪罗本人的意图，应当在他的作品中去掉任何后来添加的东西。

张教授：但那个时代的画家普遍都有在他们的作品完成后再在上面添加点什么的习惯。

25. 以下哪项最为恰当地概括了张教授在应对史密斯的观点时所运用的方法？

　　A. 对史密斯在论证中的一个隐含假设提出质疑。
　　B. 对史密斯在论证中的一个关键概念提出不同的定义。
　　C. 得出了一个和史密斯不完全相同的结论。
　　D. 否定了史密斯在论证中所表达的一个前提的真实性。
　　E. 指出史密斯的前提之间存在矛盾。

26. 张教授的断定如果为真，最能支持以下哪项结论？

　　A. 在目前见到的米开朗琪罗的壁画中，不可能准确区分哪些是初始的，哪些是后来添加的痕迹。
　　B. 去掉任何后来添加的痕迹所恢复的米开朗琪罗壁画，很可能并不能完全体现米开朗琪罗本人的意图。
　　C. 在目前的米开朗琪罗壁画中去掉任何后来添加的东西，不一定就能完全恢复该壁画的初始面貌。
　　D. 米开朗琪罗壁画中后来添加的东西，除了画家本人外，不可能出自其他人之手。

E. 米开朗琪罗很少对自己完成的作品满意。

27～28题基于以下题干：

　　一种流行的说法是，多吃巧克力会引起皮肤特别是脸上长粉刺。确实，许多长粉刺的人都证实，他们皮肤上的粉刺都是在吃了大量巧克力以后出现的。但是，这种说法很可能是把结果当成了原因。最近一些科学研究指出，荷尔蒙的改变加上精神压力会引起粉刺，有证据表明，喜欢吃巧克力的人，在遇到精神压力时会吃更多的巧克力。

27. 以下哪项最为恰当地概括了题干所要表达的意思？

　　A. 发生在前的现象和发生在后的现象之间不一定有因果关系。

　　B. 精神压力引起多吃巧克力，多吃巧克力引发粉刺。对于长粉刺来说，多吃巧克力是表面原因，精神压力是内在原因。

　　C. 多吃巧克力是内在原因。

　　D. 多吃巧克力不大可能引发粉刺，多吃巧克力和长粉刺二者很可能都是精神压力造成的结果。

　　E. 一个人巧克力吃得越多，越可能造成荷尔蒙的改变和精神压力的加重。

28. 以下哪项最为准确地概括了题干中所运用的方法？

　　A. 引用反例，对所要反驳的观点之论据作出不同的解释。

　　B. 提出新的论据，对所要反驳的观点之论据作出不同的解释。

　　C. 运用科学权威的个人影响来破除人们对流行看法的盲从。

　　D. 指出所要反驳的观点会引申出自相矛盾的结论。

　　E. 指出所要反驳的观点是基于小概率事件轻率概括出来的结论。

29～30题基于以下题干：

　　张教授：在我国大陆架外围海域建设新油井的计划不可取，因为由此带来的收益不足以补偿由此带来生态破坏的风险。目前我国每年海底石油的产量，还不能满足我国一天石油的需求量，而上述拟建中的新油井，最多只能使这个数量增加0.1％。

　　李研究员：你的论证不能成立。你能因为新建的防护林不能在一夜之间消灭北京的沙尘暴而反对实施防护林计划吗？

29. 以下哪项最为确切地概括了李研究员的反驳所运用的方法？

　　A. 提出了一个比对方更有力的证据。

　　B. 构造了一个和对方类似的论证，但这个论证的结论显然是不可接受的。

　　C. 提出了一个反例来反驳对方的一般性结论。

　　D. 指出对方在一个关键性概念的理解和运用上存在含混。

　　E. 指出对方对所引用数据的解释有误，即使这些数据自身并非不准确。

30. 以下哪项如果为真，最能削弱李研究员的反驳？

　　A. 在北京周边建防护林，只能防阻沙尘暴，不能根治沙尘暴。

　　B. 我国在治理沙尘暴方面还缺乏成功的经验。

　　C. 建防护林不像建海上油井那样能产生直接的经济效益。

　　D. 建防护林只会保护生态，不会破坏生态。

　　E. 建防护林不会产生类似于建海上油井所带来的风险。

微模考 8 ▶ 参考答案

(母题篇)

1. D

【解析】评论逻辑技法。

赛马饲养者：一种由遗传缺陷引起的疾病使纯种赛马轻则丧失赛跑能力，重则瘫痪甚至死亡。因此，一旦发现有此种缺陷的赛马应停止饲养。

但是材料认为：此种疾病可以通过饮食和医疗加以控制；有此种遗传缺陷的赛马往往特别美，这正是马术表演特别看重的。所以，不应该停止饲养有这种缺陷的赛马。

题干并没有否认由遗传缺陷引起的疾病对赛马的威胁，而是承认这种威胁的存在，但提出了新的思路，即此种缺陷对于马术表演反而是有用的。

故，其论证方式为：提出新的思路，并不否定上述赛马饲养者的论据，但得出与其不同的结论。

2. A

【解析】评论逻辑漏洞。

题干中的前提：①有的坏行为→好的效果。

②好的效果←好行为。

题干中的结论：③有的坏行为→好行为。

题干中的结论要成立，必须有：有的坏行为→好的效果→好行为。

即，必须有"好的效果→好行为"，但在前提条件②中，"好的效果"只是"好行为"的必要条件，而不是充分条件。

所以题干的错误是：误把必要条件当作充分条件，A 项最为恰当。

3. A

【解析】评论逻辑漏洞。

论据：

①服用深海鱼油胶囊能降低胆固醇。

②服用深海鱼油胶囊也降低了患心脏病的风险。

③心脏病患者的胆固醇通常高于正常标准。

论点：降低胆固醇能减少患心脏病的风险。

并存或相继出现的两个现象，可能有因果联系，也可能没有因果联系。A 项指出二者可能没有因果关系。

C 项不恰当，因为一个结论可以依据不同的论证得出。不能因为其中一个论证成立，就断定其余的论证没有意义。

4. B

【解析】评论逻辑漏洞。

题干：航班被取消→不能按时到达会场 = 按时到达会场→航班没被取消

小张据此认为：航班没被取消→按时到达会场，误把必要条件当作充分条件。

王经理认为：航班没被取消→不能按时到达会场，也是错误的推理。

因此，王经理的结论根据不足，但他说小张的推理有缺陷是正确的，故 B 项恰当。

D 项，根据题干，由"航班没被取消"不必然推出"不能按时到达会场"，即可能按时到达会场，也可能不能按时到达会场。所以王经理的结论可能是正确的，也可能是错误的。故此项不恰当。

其余各项均不恰当。

5. D

【解析】评论逻辑漏洞。

如果魔术师表演同一个节目可以使用不同的方法，那么，好奇者的推断就不能成立。

例如，当他用快速摄像机记录下魔术师的手法时，魔术师完全可以使用有诈的扑克或志愿者；而当他自己做志愿者时，魔术师可能是手法有技巧或者使用有诈的扑克，故 D 项正确地指出了这一漏洞。

6. B

【解析】评论逻辑漏洞。

甲：在新生婴儿中，男婴的比例总是在 22/43 上下波动，而不是 1/2。

乙：多数国家和地区都是女人比男人多，所以认为男婴出生的比例总在 22/43 上下波动是不成立的。

题干中甲讨论的是新生男婴和女婴的比例，乙讨论的是男人和女人的比例，因此乙犯了偷换概念的错误，故 B 项正确。

7. D

【解析】评论题。

超市管理层：由于顾客偷拿商品不付款，因此安装监控设备，并且增加导购人数，以此来提高利润率。

利润是否增加，需要衡量"因顾客偷拿商品造成的损失"与"安装监控设备和增加导购人员形成的花费"两者之间的关系，故 D 项正确。

8. C

【解析】评论逻辑漏洞。

题干中的前提：

①没有一个科学家喜欢朦胧诗，可以推出：喜欢朦胧诗→不是科学家。

②有的科学家→擅长逻辑思维。

题干中的结论：

③有的喜欢朦胧诗→¬擅长逻辑思维。

题干中的结论显然是不成立的，如果该结论要成立，必须有：不是科学家→¬擅长逻辑思维，逆否得：擅长逻辑思维的都是科学家，故 C 项为正确答案。

9. D

【解析】评论逻辑漏洞。

题干中的 0.1% 是一个概率，并不代表每 1 000 次必有一次失误，把可能性概念变成了绝对化概念，故 D 项为正确答案。

A 项，"误把假币当真币"是漏检，而题干中是"误把真币当假币"是错检。故此项偷换了题干的论题，不正确。

其余各项显然不正确。

10. D

【解析】比例型评论逻辑漏洞题。

题干：家务事故大多出自右撇子 —证明→ 左撇子比右撇子更容易出操作事故是一种误解。

题干中的论证没有考虑左撇子在所有人中所占的比例较小的事实。如果考虑到这一事实，即使大多数家务事故都是出自右撇子，也并不能推出右撇子比左撇子更容易出操作事故的结论。例如，假设左撇子在所有人中的比例为 10%，家务事故的 75% 出自右撇子，也就是只有 25% 的家务事故出自左撇子，则可以推出与题干相反的结论，即左撇子比右撇子更容易出操作事故。故 D 项为正确答案。

11. C

【解析】评论题。

题干：草原绿鸟鸡及其鸡蛋的营养价值与该种鸡所吃的草原食物有关。

通过求异法，建立一个对比实验即可：选择品种等级完全相同的鸡，一半投放到草原上喂养，一半在非草原上喂养，然后比较它们的营养成分，故 C 项正确。

A 项，此实验中还有鸡的品种不同这样一个差异因素，因此无法得出题干中的结果。

B 项，比较的是鸡食物的区别，但无法确定是否会导致鸡及其鸡蛋的营养价值的区别。

D 项，此实验确定的是相同的草原食物对不同品种的鸡的影响，不能得出题干的结论。

E 项，没有说明具体的实验方法，无法判断。

12. C

【解析】评论逻辑漏洞。

赞成死刑的论证：①对死的畏惧将会阻止其他人犯同样可怕的罪行；②死刑比其替代形式——终身监禁更省钱，因此，赞成死刑。

反对死刑的论证：从经济角度看，终身监禁比死刑更可取，因此，应该废除死刑。

在反对死刑的论证中，只否定了论据②，并没有否定论据①，因此，赞成死刑的论证仍有成立的可能性，这不是一个好的反驳，故 C 项正确。

13. C

【解析】评论逻辑漏洞。

题干：英国的表演比美国的表演好，T 是一个英国的演员 —证明→ T 是比其他的美国同行好的演员。

题干误以为集体具有的性质个体也同样具有，事实上，英国的演员具有的特点，其中的每个演员不一定具有。故 C 项指出了这个漏洞。

其余各项均不正确。

14. A

【解析】争论焦点题。

张先生：因为濒临灭绝的植物可以提供有益于人类的物质，所以我们应该保护濒临灭绝的物种。

李先生：不能因为物种有用，而是因为它们应当生存，所以我们应当尽力保护活的物种。

张先生和李先生的分歧点不在于是否应当保护濒临灭绝的物种，而在于保护的原因，即张先生的理由是"物种有用"，李先生的理由是"物种应当生存"。

A项，有分歧，张先生认为是物种保护的理由，李先生认为不是。

C项，无分歧，张先生和李先生双方都认为人类应当阻止物种的灭绝。

B、D、E项显然均为无关选项。

15. C

【解析】争论焦点题。

贾女士：大多数人的年薪还不到10 000元 $\xrightarrow{证明}$ 雇员受到了不公正的待遇。

陈先生：不同意贾女士的看法，因为，日达公司雇员的平均年薪超过15 000元。

陈先生反驳贾女士的论据，认为雇员没有受到不公正的待遇，所以，雇员的工资待遇是否不公正是两人争论的焦点，故C项正确。

A项，贾女士和陈先生均未对此表态，不是争论的焦点（违反双方表态原则）。

B项，陈先生没有对此表态，不是争论的焦点（违反双方表态原则）。

D项，贾女士没有对此表态，不是争论的焦点（违反双方表态原则）。

E项，贾女士认为工资待遇不合理，我们可以投诉；而陈先生只认为工资待遇合理，至于工资待遇不合理是否可以投诉，未表态，故不是争论的焦点（违反双方表态原则）。

16. A

【解析】评论逻辑漏洞。

贾女士论证的主体是"大多数人的年薪"，而陈先生论证的主体是"平均年薪"，二者不是相同的概念。所以A项最为恰当。

17. D

【解析】概括结论题。

陈教授：没有档案记录欧洲与东亚之间的贸易往来 $\xrightarrow{证明}$ 欧洲和东亚之间没有贸易往来。

李研究员：没人看到雪人，不能证明雪人不存在。

李研究员通过类比论证试图说明：没有证据证明欧洲与东亚之间的贸易往来，不代表二者之间没有贸易往来，所以D项最为准确（陈教授犯了诉诸无知的错误）。

18. E

【解析】削弱题。

李研究员试图论证：没有证据证明欧洲与东亚之间的贸易往来，不代表二者之间没有贸易往来。

E项指出，如果有贸易往来，不大可能没有记录存在，那么没有记录，就很可能确实没有贸易往来，削弱了李研究员的论证。

19. D

【解析】评论焦点题。

陈先生：蜜蜂通过气味给同伴传递信息 $\xrightarrow{证明}$ 不必再采用嗡嗡声这种费劲的方式传递信息。

贾女士："不完全"同意陈先生的看法；气味是蜜蜂传递信息的方式，但不是唯一的方式。

由贾女士的话可知，贾女士和陈先生都认为"气味"是传递信息的方式；而陈先生认为"嗡嗡声"不是传递信息的方式，贾女士认为"嗡嗡声"是传递信息的方式。

所以，D项是二者争论的焦点。

20. B

【解析】评论题。

贾女士的结论是：气味踪迹只是它们的一种交流方式，而不是唯一的交流方式。

她通过举例来证明这一结论：例如，有些蜂类可以根据太阳的位置，也可以根据地理特征来辨别方位。

所以贾女士用的是例证法，即用一个具体的实例来证明一个一般性的结论，B项对此做了恰当的概括。

21. D

【解析】争论焦点题。

①张教授：歌星的出场费高于诺贝尔奖奖金不合理，因为，诺贝尔奖得主的贡献大于歌星。

②李研究员：不同意张教授的观点，因为，歌星给老板带来了上千万的利润。

③张教授：不同意李研究员的观点，因为，诺贝尔不可能从诺贝尔奖得主身上获益。

所以，两人之争是标准之争，根据不同的标准，判断收入是否合理，故 D 项最为准确。

A项，张教授提到"有的歌星的一次出场费是诺贝尔奖奖金的数十倍甚至更高，这是不合理的"，即他的观点是歌星的收入不应该比诺贝尔奖奖金高这么多，可能是歌星的收入高一些，也可能是二者持平，当然也可能诺贝尔奖得主比歌星的收入高，所以此项不正确。

B项，不准确，张教授没有对"商业回报是否合理"表态。

C项，不准确，两人都认为有判别个人收入的合理性的标准，只是标准不一样。

E项，显然不准确。

22. E

【解析】评论逻辑漏洞。

注意题干："张教授反驳中存在的逻辑漏洞"，是找题干信息③的漏洞。

张教授：诺贝尔不可能从诺贝尔奖得主身上获益——证明→诺贝尔奖奖金就不应该设立。

其推论的暗含假设：商业回报是个人收益的唯一形式。此假设显然是不当的，故 E 项最为恰当。

23. A

【解析】类比型焦点题。

张先生：向吸烟者征税，来缓解医疗保健事业的投入不足。

李女士：通过类比论证，对张先生的建议的合理性提出质疑。

因此，两人争论的焦点是：张先生关于缓解医疗保健事业投入不足的建议是否合理，故 A 项最为恰当。

C项，不准确，"食用高脂肪、高胆固醇的食物"仅仅是类比论证时举的例子，不是争论的焦点。

B、D、E项中的"不良习惯""社会后果""个人负担"等概念，均对题干中的概念进行了扩大。

24. D

【解析】评论逻辑技法。

李女士指出，如果向吸烟者征税是合理的，那么向经常食用高脂肪、高胆固醇的食物的人征税也是合理的,而"向经常食用高脂肪、高胆固醇的食物的人征税"显然是荒谬的。

因此,D项恰当地概括了李女士的反驳所运用的方法,即归谬法。

25. A

【解析】评论逻辑技法。

史密斯:要想体现米开朗琪罗本人的意图,应当在他的作品中去掉任何后来添加的东西。

其暗含了一个假设:后来添加的任何东西都不能体现米开朗琪罗本人的意图。

张教授指出后来添加的东西可能是画家本人添加的,指出史密斯不当假设。

故 A 项为正确答案。

26. B

【解析】推论题。

题干中,张教授的断定若为真,则后来添加的东西可能是画家本人添加的,因此,去掉任何后来添加的痕迹所恢复的米开朗琪罗壁画,很可能并不能完全体现米开朗琪罗本人的意图,故 B 项正确。

27. D

【解析】概括结论题。

题干:多吃巧克力会引起皮肤特别是脸上长粉刺,但这不恰当,因为精神压力使人长粉刺和多吃巧克力。

精神压力是原因,长粉刺和多吃巧克力是这一原因产生的结果。因此 D 项最为恰当地概括了题干的意思。

28. B

【解析】评论题。

题干:多吃巧克力会引起皮肤特别是脸上长粉刺,但这不恰当,因为精神压力使人长粉刺和多吃巧克力。

题干所使用的方法是另有他因,即提出新的论据,对题干中的论据"长粉刺"和"吃大量巧克力"作出不同的解释,所以,B 项最为准确。

29. B

【解析】评论逻辑技法。

李研究员将防护林与新油井进行类比,显然是类比论证,故 B 项为正确答案。

30. E

【解析】削弱题。

题干中,李研究员通过防护林和海上油井的类比,来反驳张教授的观点。

E项指出,李研究员的类比属于不当类比,类比对象之间有差异。

第9章 结构相似题

结构相似题就是要求考生分析题干的推理结构,找出五个选项中推理结构与题干最相似的选项。题干涉及的内容可能是形式逻辑的,也可能是论证逻辑的。

结构相似题的常见提问方式如下:

"以下哪项的推理结构和题干的推理结构最为类似?"

"以下哪项论证和题干的错误最为相似?"

题型 34 形式逻辑型结构相似题

母题精讲

母题 34 所有的聪明人都是近视眼,我近视得很厉害,所以我很聪明。

以下哪项与上述推理的逻辑结构一致?

A. 我是个笨人,因为所有的聪明人都是近视眼,而我的视力那么好。

B. 所有的猪都有四条腿,但这种动物有八条腿,所以它不是猪。

C. 小陈十分高兴,所以小陈一定长得很胖,因为高兴的人都能长胖。

D. 所有的天才都高度近视,我一定是高度近视,因为我是天才。

E. 所有的鸡都是尖嘴,这种总在树上待着的鸟是尖嘴,因此它是鸡。

【解析】结构相似题。

题干信息形式化:所有的 A 都是 B,B,所以 A。

A、C 项,显然与题干不同。

B 项,所有的 A 都是 B,¬B,所以¬A,与题干不同。

D 项,所有的 A 都是 B,B,因为 A,与题干不同。

E 项,所有的 A 都是 B,B,所以 A,与题干相同。

【答案】E

 母题技巧

形式逻辑型结构相似题,是对形式逻辑知识的综合考查,需要全面掌握形式逻辑的基础知识。

(1)解题步骤。

①读题干,寻找有没有简单命题或者复言命题的关键词,如果有的话,则判断为形

式逻辑型结构相似题。

②写出题干的推理结构，如有必要，将其符号化。

③依次对照选项，找出推理结构与题干相同的选项。

（2）注意事项。

题干中的推理可能是正确的，也可能是错误的。如果题干的推理正确，则选项应该选正确的；如果题干的推理错误，则选项应该选和题干犯了相同错误的。

母题变化

变化1 结构相似

例1 有些自然物品具有审美价值，所有的艺术品都有审美价值，因此，有些自然物品也是艺术品。

以下哪个推理具有和上述推理最为类似的结构？

A. 有些有神论者是佛教徒，所有的基督教徒都不是佛教徒，因此，有些有神论者不是基督教徒。

B. 某些律师喜欢钻牛角尖，李小鹏是律师，因此，李小鹏喜欢钻牛角尖。

C. 有些南方人爱吃辣椒，所有的南方人都习惯吃大米，因此，有些习惯吃大米的人爱吃辣椒。

D. 有些进口货是假货，所有国内组装的 APR 空调机的半成品都是进口货，因此，有些 APR 空调机的半成品是假货。

E. 有些小保姆接受过专业培训，所有的保安人员都接受过专业培训，因此，有些小保姆兼当保安。

【解析】结构相似题。

题干：有些自然物品→审美，所有的艺术品→审美，因此，有些自然物品→艺术品。这是一个错误的推理。

形式化：有的 A 是 B，所有 C 是 B，因此，有的 A 是 C。

A 项，有的 A 是 B，所有 C 不是 B，因此，有的 A 不是 C。故与题干不同。

B 项，有的 A 是 B，C 是 A，因此，C 是 B。故与题干不同。

C 项，有的 A 是 B，所有 A 是 C，因此，有的 C 是 B。故与题干不同。

D 项，有的 A 是 B，所有 C 是 A，因此，有的 C 是 B。故与题干不同。

E 项，有的 A 是 B，所有 C 是 B，因此，有的 A 是 C。故与题干相同。

【答案】E

例2 一些人类学家认为，如果不具备应付各种自然环境的能力，人类在史前年代就不可能幸存下来。然而相当多的证据表明，阿法种南猿，一种与早期人类有关的史前物种，在各种自然环境中顽强生存的能力并不亚于史前人类，但最终灭绝了。因此，人类学家的上述观点是错误的。

上述推理的漏洞也类似地出现在以下哪项中？

A. 大张认识到赌博是有害的，但就是改不掉。因此，"不认识错误就不能改正错误"这一断定是不成立的。

B. 已经找到了证明造成艾克矿难是操作失误的证据。因此，关于艾克矿难起因于设备老化、年久失修的猜测是不成立的。

C. 大李图便宜，买了双旅游鞋，穿不了几天就坏了。因此，怀疑"便宜无好货"是没道理的。

D. 既然不怀疑小赵可能考上大学，那就没有理由担心小赵可能考不上大学。

E. 既然怀疑小赵一定能考上大学，那就没有理由怀疑小赵一定考不上大学。

【解析】假言命题。

题干：

①人类学家：不具备应付各种自然环境的能力(¬A)，不可能幸存(¬B)；②例证：阿法种南猿，具备应付各种自然环境的能力(A)，但是灭绝了(¬B)。所以，人类学家的观点是错误的。

符号化：①¬A→¬B；②例证：A∧¬B，所以①错误。此推论是错误的。

A项，①不认识错误(¬A)就不能改正错误(¬B)；②例证：大张认识到赌博是有害的(A)，但就是改不掉(¬B)，所以①错误，与题干相同。

B项，A的原因是B，所以A的原因不是C，与题干不同。

C项，①便宜(A)无好货(¬B)；②例证：大李图便宜(A)，不是好货(¬B)，所以①正确，与题干不同。

D、E项，显然与题干不同。

【答案】A

例3 有些好货不便宜，因此，便宜货不都是好货。

与以下哪项推理作类比能说明上述推理不成立？

A. 湖南人不都爱吃辣椒，因此，有些爱吃辣椒的不是湖南人。

B. 有些人不自私，因此，人并不自私。

C. 好的动机不一定有好的效果，因此，好的效果不一定都产生于好的动机。

D. 金属都导电，因此，导电的都是金属。

E. 有些南方人不是广东人，因此，广东人不都是南方人。

【解析】假言命题。

题干：有的好货→不便宜，因此，便宜货不都是好货。

形式化：有的A不是B，因此，B不都是A。

A项，A不都是B，因此，有的B不是A。故与题干不同。

B项，有的A不是B，因此，A不是B。故与题干不同。

C项，A不一定有B，因此，B不一定产生于A。故与题干不同。

D项，A都是B，因此，B都是A。故与题干不同。

E项，有的A不是B，因此，B不都是A。故与题干相同。

【答案】E

例4 如果在鱼缸里装有电动通风器，鱼缸的水中就有适度的氧气。因此，由于张文的鱼缸中没有安装电动通风器，他的鱼缸的水中一定没有适度的氧气。没有适度的氧气，鱼就不能生存，所以，张文鱼缸中的鱼不能生存。

上述推理中存在的错误也类似地出现在以下哪项中？

A. 如果把明矾放进泡菜的卤水中，就能去掉泡菜中多余的水分。因此，由于余涌没有把明矾放进泡菜的卤水中，他腌制的泡菜一定有多余的水分。除非去掉多余的水分，否则泡菜就不能保持鲜脆，所以，余涌腌制的泡菜不能保持鲜脆。

B. 如果把胶质放进果酱，就能制成果冻。果酱中如果没有胶质成分，就不能制成果冻。因此，为了制成果冻，王宜必须在果酱中加入胶质成分。

C. 如果贮藏的土豆不接触乙烯，土豆就不会发芽。甜菜不会散发乙烯。因此，如果方宁把土豆和甜菜一起贮藏，他的土豆就不会发芽。

D. 如果存放胡萝卜的地窖做好覆盖，胡萝卜就能在地窖安全过冬。否则，地窖里的胡萝卜就会被冻坏。因此，因为朱勇过冬前在胡萝卜地窖做好了覆盖，所以他的胡萝卜能安全过冬。

E. 如果西红柿不放入冰箱，西红柿就可能腐烂，腐烂的西红柿不能食用。因此，因为陈波没有把西红柿放入冰箱，所以他的一些西红柿可能没法食用。

【解析】假言命题。

题干：装有电动通风器→有适度的氧气。因此，没有装电动通风器→没有适度的氧气。没有适度的氧气→鱼就不能生存，所以，鱼不能生存。

符号化：A→B。因此，¬A→¬B。¬B→¬C，所以，¬C。

A项，A→B。因此，¬A→¬B。¬B→¬C，所以，¬C。故与题干相同。

B项，A→B。¬A→¬B。因此，B→A。故与题干不同。

C项，土豆：¬A→¬B。甜菜：¬A。因此，土豆和甜菜一起贮藏→¬B。故与题干不同。

D项，A→B。否则，¬B。因此，A→B。故与题干不同。

E项，¬A→B。因此，¬A→有的可能¬B。故与题干不同。

【答案】A

变化2　结构相似＋归谬

例5 姜昆是相声演员，姜昆是曲艺演员。所以，相声演员都是曲艺演员。

以下哪项推理明显说明上述论证不成立？

A. 人都有思想，狗不是人。所以，狗没有思想。

B. 商品都有价值，商品都是劳动产品。所以，劳动产品都有价值。

C. 所有技术骨干都刻苦学习，小张不是技术骨干。所以，小张不是刻苦学习的人。

D. 犯罪行为都是违法行为，犯罪行为都应受到社会的谴责。所以，违法行为都应受到社会的谴责。

E. 黄金是金属，黄金是货币。所以，金属都是货币。

【解析】箭头的串联。

题干：姜昆→相声演员，姜昆→曲艺演员。所以，相声演员→曲艺演员。

即：A→B，A→C。所以，B→C。这是错误的推论。

D项、E项与题干的论证具有相同的推理形式。但是，D项的结论是合理的，E项的结论是荒谬的，所以，E项最能说明题干的论述不成立。

【答案】E

题型 35　论证逻辑型结构相似题

母题精讲

母题 35　一艘远洋帆船载着 5 位中国人和几位外国人由中国开往欧洲。途中，除 5 位中国人外，全患上了败血症。同乘一艘船，同样是风餐露宿，漂洋过海，为什么中国人和外国人如此不同呢？原来这 5 位中国人都有喝茶的习惯，而外国人没有。于是得出结论：喝茶是这 5 位中国人未得败血症的原因。

以下哪项和题干中得出结论的方法最为相似？

A. 警察锁定了犯罪嫌疑人，但是从目前掌握的事实来看，都不足以证明他犯罪。专案组由此得出结论：必有一种未知的因素潜藏在犯罪嫌疑人身后。

B. 在两块土壤情况基本相同的麦地上，对其中一块施氮肥和钾肥，另一块只施钾肥。结果施氮肥和钾肥的那块麦地的产量远高于另一块。可见，施氮肥是麦地产量较高的原因。

C. 孙悟空："如果打白骨精，师父会念紧箍咒；如果不打，师父就会被妖精吃掉。"孙悟空无奈得出结论："我还是回花果山算了。"

D. 天文学家观测到天王星的运行轨道有特征 a、b、c，已知特征 a、b 分别是由两颗行星甲、乙的吸引造成的，于是猜想还有一颗未知行星造成天王星的轨道特征 c。

E. 一定压力下的一定量气体，温度升高，体积增大；温度降低，体积缩小。气体体积与温度之间存在一定的相关性，说明气体温度的改变是其体积改变的原因。

【解析】求异法。

中国人喝茶，没有得败血症；
外国人没有喝茶，得了败血症；
所以，喝茶是这 5 位中国人未得败血症的原因。

B 项与题干一样，也是求异法。A 项是剩余法；C 项是二难推理；D 项是剩余法；E 项是共变法。

【答案】B

母题技巧

论证逻辑型结构相似题，是对论证、谬误、求因果五法、归纳类比等各种论证逻辑知识的综合考查。

解题步骤：

①读题干，寻找有没有简单命题或者复言命题的关键词，如果没有，则判断为论证逻辑型结构相似题。

②找到题干的论证方式或谬误。

③依次对照选项，找出论证结构与题干相同的选项，或者犯了与题干相同谬误的选项。

母题变化

变化 1　逻辑谬误

例6　克鲁特是德国家喻户晓的"明星"北极熊，北极熊是北极名副其实的霸主。因此，克鲁特是名副其实的北极霸主。

以下哪项除外，均与上述论证中出现的谬误相似？

A. 儿童是祖国的花朵，小雅是儿童。因此，小雅是祖国的花朵。

B. 鲁迅的作品不是一天能读完的，《祝福》是鲁迅的作品。因此，《祝福》不是一天能读完的。

C. 中国人是不怕困难的，我是中国人。因此，我是不怕困难的。

D. 康怡花园坐落在清水街，清水街的建筑属于违章建筑。因此，康怡花园的建筑属于违章建筑。

E. 西班牙语是外语，外语是普通高等学校招生的必考科目。因此，西班牙语是普通高等学校招生的必考科目。

【解析】偷换概念。

题干：克鲁特是德国家喻户晓的"明星"北极熊（类概念）；北极熊（集合概念）是北极名副其实的霸主，所以题干犯了偷换概念的逻辑错误。

也可以认为题干误把事物全体具有的性质，认为其中每个事物也具有（分解谬误）。

A项，儿童（集合概念）是祖国的花朵，小雅是儿童（类概念），偷换概念，与题干相同。

B项，鲁迅的作品（集合概念）不是一天能读完的，《祝福》是鲁迅的作品（类概念），偷换概念，与题干相同。

C项，中国人（集合概念）是不怕困难的，我是中国人（类概念），偷换概念，与题干相同。

D项，康怡花园（类概念）坐落在清水街，清水街的建筑（类概念）属于违章建筑，所以此项的推理是正确的，与题干不同。

E项，西班牙语是外语（类概念），外语（集合概念）是普通高等学校招生的必考科目，偷换概念，与题干相同。

【答案】D

例7　有些人坚信飞碟是存在的。理由是，谁能证明飞碟不存在呢？

下列选项中，哪一项与上文的论证方式是相同的？

A. 中世纪欧洲神学家论证上帝存在的理由是：你能证明上帝不存在吗？

B. 神农架地区有野人，因为有人看见过野人的踪影。

C. 科学家不是天生聪明的。因为，爱因斯坦就不是天生聪明的。

D. 一个经院哲学家不相信人的神经在脑中汇合。理由是，亚里士多德著作中讲到，神经是从心脏里产生出来的。

E. 鬼是存在的。如果没有鬼，为什么古今中外有那么多人讲鬼故事？

【解析】结构相似题。

题干把不能证明某事物不存在，作为此事物存在的理由，犯了诉诸无知的逻辑错误。

A项，诉诸无知，与题干相同。

B、C、D 项都提供了某些论据，与题干不同。

E 项，反证法，与题干不同。

【答案】A

变化2　论证方法

例8　在印度发现了一群不平常的陨石，它们的构成元素表明，它们只可能来自水星、金星和火星。由于水星靠太阳最近，它的物质只可能被太阳吸引而不可能落到地球上；这些陨石也不可能来自金星，因为金星表面的任何物质都不可能摆脱它和太阳的引力而落到地球上。因此，这些陨石很可能是某次巨大的碰撞后从火星落到地球上的。

上述论证方式和以下哪项最为类似？

A. 这起谋杀或是劫杀，或是仇杀，或是情杀。但作案现场并无财物丢失；死者家属和睦，夫妻恩爱，并无情人。因此，最大的可能是仇杀。

B. 如果张甲是作案者，那必有作案动机和作案时间。张甲确有作案动机，但没有作案时间。因此，张甲不可能是作案者。

C. 此次飞机失事的原因，或是人为破坏，或是设备故障，或是操作失误。被发现的黑匣子显示，事故原因确是设备故障。因此，可以排除人为破坏和操作失误。

D. 所有的自然数或是奇数，或是偶数。有的自然数不是奇数，因此，有的自然数是偶数。

E. 任一三角形或是直角三角形，或是钝角三角形，或是锐角三角形。这个三角形有两个内角之和小于 $90°$。因此，这个三角形是钝角三角形。

【解析】选言证法（排除法）。

题干：水星∨金星∨火星，相关事实表明，并非水星，也非金星，所以，火星。

即：A∨B∨C，¬A∧¬B，所以，C。

A 项，A∨B∨C，¬A∧¬B，所以，C。与题干的论证形式相同。

其余各项均与题干的论证形式不同。

【答案】A

微模考 9 ▶ 结构相似题

（母题篇）

（共 30 题，每题 2 分，限时 60 分钟）

1. 南口镇仅有一中和二中两所中学，一中学生的学习成绩一般比二中的学生好。由于来自南口镇的李明乐在大学一年级的学习成绩是全班最好的，因此，他一定是南口镇一中毕业的。

   以下哪项与题干的论证方式最为类似？

   A. 如果父母对孩子的教育得当，则孩子在学校的表现一般都较好。由于王征在学校的表现不好，因此，他的家长一定教育失当。

   B. 如果小孩每天背诵诗歌 1 小时，则会出口成章。由于郭娜每天背诵诗歌不足 1 小时，因此，她不可能出口成章。

   C. 如果人们懂得赚钱的方法，则一般都能积累更多的财富，因此，彭总的财富是来源于他的足智多谋。

   D. 儿童的心理教育比成年人更重要。由于张青是某公司心理素质最好的人，因此，他一定在儿童时获得了良好的心理教育。

   E. 北方人个子通常比南方人高。由于马林是班上最高的，因此，他一定是北方人。

2. 使用枪支的犯罪比其他类型的犯罪更容易导致命案。但是，大多数使用枪支的犯罪并没有导致命案。因此，没有必要在刑法中把非法使用枪支作为一种严重刑事犯罪，应同其他刑事犯罪区分开来。

   上述论证中的逻辑漏洞，与以下哪项中出现的最为类似？

   A. 肥胖者比体重正常的人更容易患心脏病。但是，肥胖者在我国人口中只占很小的比例。因此，在我国，医疗卫生界没有必要强调肥胖导致心脏病的风险。

   B. 不检点的性行为比检点的性行为更容易感染艾滋病。但是，在有不检点性行为的人群中，感染艾滋病的只占很小的比例。因此，没有必要在防治艾滋病的宣传中，强调不检点性行为的危害。

   C. 流行的看法是，吸烟比不吸烟更容易导致肺癌。但是，在有的国家，肺癌患者中有吸烟史的人所占的比例，并不高于总人口中有吸烟史的比例。因此，上述流行看法很可能是一种偏见。

   D. 高收入者比低收入者更有能力享受生活。但是，不乏高收入者宣称自己不幸福。因此，幸福生活的追求者不必关注收入的高低。

   E. 高分考生比低分考生更有资格进入重点大学。但是，不少重点大学学生的实际水平不如某些非重点大学的学生。因此，目前的高考制度不是一种选拔人才的理想制度。

3. 一个国家要发展，最重要的是保持稳定。一旦失去稳定，经济的发展、政治的改革就失去了可行性。

   上述议论的结构和以下哪项的结构最不类似？

A. 一个饭店，最重要的是让顾客感到饭菜好吃。价格的合理、服务的周到、环境的优雅，只有在顾客吃得满意的情况下才有意义。

B. 一个人，最要紧的是不能穷。一旦没钱，有学问、有长相、有品行，又能有什么用呢？

C. 高等院校，即使是研究型的高等院校，其首要任务还是培养学生。这一任务完成得不好，校园再漂亮，设施再先进，发表的论文再多，也是没有意义的。

D. 对于文艺作品来说，最重要的是它的可读性和观赏性。只要有足够多的读者，高质量的文艺作品就一定能实现它的社会效益和经济效益。

E. 一个品牌要能长期占领市场，最重要的是产品质量。一个产品如果质量不过关，广告或包装再讲究，也不能使它长期占领市场。

4. 精制糖含量高的食物不会引起糖尿病的说法是不对的。因为精制糖含量高的食物会导致人的肥胖，而肥胖是引起糖尿病的一个重要诱因。

以下哪项论证在结构上和题干最为类似？

A. 接触冷空气易引起感冒的说法是不对的。因为感冒是由病毒引起的，而病毒易在人群拥挤的温暖空气中大量繁殖蔓延。

B. 没有从济南到张家界的航班的说法是对的。因为虽然有从济南到北京的航班，也有从北京到张家界的航班，但没有从济南到张家界的直飞航班。

C. 施肥过度是引发草坪病虫害的主要原因的说法是对的。因为过度施肥造成青草的疯长，而疯长的青草对于虫害几乎没有抵抗力。

D. 劣质汽油不会引起非正常油耗的说法是不对的。因为劣质汽油会引起发动机阀门的非正常老化，而发动机阀门的非正常老化会引起非正常油耗。

E. 亚历山大是柏拉图学生的说法是不对的。事实上，亚历山大是亚里士多德的学生，而亚里士多德是柏拉图的学生。

5. 《韩非子》中写道："楚人有鬻盾与矛者，誉之曰：'吾盾之坚，物莫能陷也。'又誉其矛曰：'吾矛之利，于物无不陷也。'或曰：'以子之矛，陷子之盾，何如？'其人弗能应也。"

以下议论均与上述那位楚人一样犯有类似的逻辑错误，除了：

A. 电站外高挂一块告示牌："严禁触摸电线！500 伏高电压一触即死。违者法办！"

B. 一位小伙子在给他女朋友的信中写道："爱你爱得如此之深，以至愿为你赴汤蹈火。星期六若不下雨，我一定来。"

C. 狗父论证："这是一条狗，它是一个父亲。而它是你的，所以它是你的父亲。你打它，你就是在打自己的父亲。"

D. 他的意见基本正确，一点错误也没有。

E. 这个方案不能说成功，也不能说不成功。

6. 十九世纪有一位英国改革家说，每一个勤劳的农夫，都至少拥有两头牛。那些没有牛的，通常是些好吃懒做的人。因此，他的改革方案便是国家给每一个没有牛的农夫两头牛，这样整个国家就没有好吃懒做的人了。这位改革家明显犯了一个逻辑错误。

以下哪项论证中出现的逻辑错误与题干中出现的类似？

A. 瓜熟蒂落，所以瓜熟是蒂落的原因。

B. 这是一本好书，因为它的作者曾获诺贝尔奖。

C. 你是一个犯过罪的人，有什么资格说我不懂哲学？

D. 有些发达国家一周只工作差不多四天或实行弹性工作制，为了缩短与发达国家的差距，我国也应该照此办理。

E. 你说谎，所以我不相信你的话；因为我不相信你的话，所以你说谎是徒劳的。

7. 在镇压太平天国之后，曾国藩在奏折中请求朝廷遣散湘军，但对他个人的去留问题却只字不提。因为他知道，如果在奏折中自己要求留在朝廷效力，就会有贪权之疑；如果在奏折中请求解职归乡，就会给朝廷留下他不愿意继续为朝廷尽忠的印象。

   以下哪项的推理结构与上文中的推理结构最为相似？

   A. 在加入人寿保险的人当中，如果你有平安的好运气，就会给你带来输钱的坏运气；如果你有不平安的坏运气，就会给你带来赢钱的好运气。正反相生，损益相成。

   B. 一位贫穷的农民喜欢这样教导他的孩子们："这个世界上，你不是富就是穷，不是诚实就是不诚实。由于所有穷人都是诚实的，所以，每个富人都是不诚实的。"

   C. 在处理雍正王朝的一次科场舞弊案中，如果张廷玉上奏折主张杀张廷璐，会使家人认为他不义；如果张廷玉上奏折主张保张廷璐，会使雍正认为他不忠。所以，张廷玉在家装病，迟迟不上奏折。

   D. 在梁武帝和萧宏这对兄弟之间，如果萧宏放弃权力而贪恋钱财，梁武帝就不担心他会夺权；如果萧宏既贪财又争权，梁武帝就会加以防范。尽管萧宏敛财无度，梁武帝还是非常信任他。

   E. 如果在甲市建一个造纸厂，就会污染环境；如果不建造纸厂，经济就得不到发展。经过权衡以后，当地政府还是决定建厂。

8. 我不在犯罪现场。如果我在，那么，我没有犯罪。如果我犯了罪，那么，一定是我神志不清。

   以下哪项与上述论证最为相似？

   A. 我只吃鸡或鱼或鸭。如果我没吃鸡，那么，一定吃鱼或鸭。如果我没吃鸭，那么，一定吃鱼。

   B. 我从不说谎。如果我说了谎，那么，一定是被迫的。如果我被迫说了谎，那么，责任不在我。

   C. 我没借你的书。如果我借了，我不会把书弄破。如果我把书弄破了，那是我不小心的。

   D. 她每天按时完成作业。如果她没完成作业，那么，她不会睡觉。如果她睡觉了，那一定是她完成了作业。

   E. 他不可能高兴。如果他高兴，那一定是装的。装着高兴比不高兴还难受。

9. 有些"台独"分子论证说：凡属中华人民共和国政府管辖的都是中国人，台湾人现在不受中华人民共和国政府管辖，所以，台湾人不是中国人。

   以下哪一项推理明显说明上述论证不成立？

   A. 所有成功人士都要穿衣吃饭，我现在不是成功人士，所以，我不必穿衣吃饭。

   B. 商品都有使用价值，空气当然有使用价值，所以，空气当然是商品。

   C. 所有技术骨干都刻苦学习，小张是技术骨干，所以，小张是刻苦学习的人。

   D. 犯罪行为都是违法行为，违法行为都应受到社会的谴责，所以，所有犯罪行为都应受到社会谴责。

E. 天才都是近视眼，我不是近视眼，所以，我不是天才。

10. 毫无疑问，向尚没有核武器的国家出售钚是违反国际法的，但如果美国不这样做，其他国家也会这样做。

   以下哪项同以上论述在结构上最为相似？

   A. 毫无疑问，同绑架者谈判是违反警察部门的政策的。但如果警察想阻止生命损失，他们会在某些情况下必须同绑架者谈判。

   B. 毫无疑问，拒绝登记服兵役是违法的。但在美国有一项历史很久、可以做到尽责地拒绝在军队服役的传统。

   C. 毫无疑问，一个政府官员参与一项有明显利益冲突的交易是违法的。但如果将事实调查得更清楚一些，就能很清楚地看到实际上在被告方面没有利益冲突。

   D. 毫无疑问，夜间潜入别人的住宅是违法的。但如果被告不先这样做，总会有别的某个人做夜盗潜入该房子。

   E. 毫无疑问，该公司的政策禁止管理者在没有两次书面警告的情况下将雇员解雇。但有很多不遵守这项政策的管理者。

11. 警察发现，每一个政治不稳定事件都有某个人作为幕后策划者。所以，所有政治不稳定事件都是由同一个人策划的。

   下面哪一个推理中的错误与上述推理的错误完全相同？

   A. 所有中国公民都有一个身份证号码，所以，每个中国公民都有唯一的身份证号码。

   B. 任一自然数都小于某个自然数，所以，所有自然数都小于同一个自然数。

   C. 在余婕的生命历程中，每一时刻后面都跟着另一时刻，所以，她的生命不会终结。

   D. 每个亚洲国家的电话号码都有一个区号，所以，亚洲必定有与其电话号码一样多的区号。

   E. 每个医生都属于某些科室，所以，所有的医生都属于某些科室。

12. 1908年，清朝3岁的宣统皇帝继位，接受文武百官的朝贺，钟鼓齐鸣，三呼万岁，把宣统皇帝吓得直哭。抱着宣统皇帝的摄政王安慰小皇帝说："快完了，快完了。"后来，清王朝于1911年被辛亥革命推翻。清朝的遗老遗少怪罪摄政王说，就是他在登基大典上说"快完了"，所以把大清朝的江山给葬送了。

   以下的哪一项与清朝的遗老遗少的说法相似？

   A. 这个码头坍塌，固然与建筑的质量有关，但与今年潮水过大也有一定的关系。

   B. 这座大桥被冲垮了，完全是由于百年未遇的洪水的缘故。

   C. 兴达公司如此兴旺发达，完全是这个公司的名字取得好。

   D. 暂时没有攻克这个难关，是由于我们掌握的资料还不完整。

   E. 只要真理在我们手里，就没有什么困难可以阻止我们取得胜利。

13. 某出版社近年来出版物的错字率较前几年有明显的增加，引起了读者的不满和有关部门的批评，这主要是由该出版社大量引进非专业编辑所致。当然，近年来出版物的大量增加也是一个重要原因。

   上述议论中的漏洞，也类似地出现在以下哪项中？

   Ⅰ. 美国航空公司近两年来的投诉比率比前几年有明显下降。这主要是由于该航空公司在裁员整顿的基础上有效地提高了服务质量。当然,"9·11"事件后航班乘客数量的锐减也是一个重要原因。

Ⅱ. 统计数字表明:近年来我国心血管疾病的死亡率,即由心血管疾病导致的死亡在整个死亡人数中的比例,较以前有明显增加,这主要是由于随着经济的发展,我国民众的饮食结构和生活方式发生了容易诱发心血管疾病的不良变化。当然,由于心血管疾病主要是老年病,因此,我国人口中的老年人比例增大也是一个重要原因。

Ⅲ. S市今年的高考录取率比去年增加了15%,这主要是由于各中学狠抓了教育质量。当然,另一个重要原因是,该市今年参加高考的人数比去年增加了20%。

A. 仅Ⅰ。
B. 仅Ⅱ。
C. 仅Ⅲ。
D. 仅Ⅰ和Ⅲ。
E. Ⅰ、Ⅱ和Ⅲ。

14. 李华的好朋友不可能喜欢赵敏,刘丽不喜欢赵敏,所以,刘丽是李华的好朋友。

以下哪项中的推理结构与上述论证中的最为相似?

A. 考上研的同学不会去找工作,李白考上研了,所以,李白不会去找工作。

B. 会打篮球的男生不会是单身,李大壮不是单身,所以,李大壮会打篮球。

C. 吃过午饭的人不会去吃自助餐,大东去吃自助餐了,所以,大东没吃午饭。

D. 春天打过流感疫苗的人不会在这次流行感冒中被传染,小明在春季打过流感疫苗,所以,小明这次没有被传染。

E. 携带宠物的人不能进入酒店,张辉带了一只猫,所以,张辉不能进入酒店。

15. 某对外营业游泳池更衣室的入口处贴着一张启事,称"凡穿拖鞋进入泳池者,罚款五至十元"。某顾客问:"根据有关法规,罚款规定的制定和实施,必须由专门机构进行,你们怎么可以随便罚款呢?"工作人员回答:"罚款本身不是目的。目的是通过罚款,来教育那些缺乏公德意识的人,保证泳池的卫生。"

上述对话中工作人员所犯的逻辑错误与以下哪项中出现的最为类似?

A. 管理员:"每个进入泳池的同志必须戴上泳帽,没有泳帽的到售票处购买。"
   某顾客:"泳池中那两位同志怎么没戴泳帽?"
   管理员:"那是本池的工作人员。"

B. 市民:"专家同志,你们制定的市民文明公约共15条60款,内容太多,不易记忆,可否精简,以便直接起到警示的作用。"
   专家:"这次市民文明公约,是在市政府的直接领导下,组织专家组,在广泛听取市民意见的基础上制定的,是领导、专家、群众三结合的产物。"

C. 甲:什么是战争?
   乙:战争是两次和平之间的间歇。
   甲:什么是和平?
   乙:和平是两次战争之间的间歇。

D. 甲:为了使我国早日步入发达国家之列,应该加速发展私人汽车工业。
   乙:为什么?
   甲:因为发达国家私人都有汽车。

E. 甲:一样东西,如果你没有失去,就意味着你仍然拥有。是这样吗?

乙：是的。

甲：你并没有失去尾巴。是这样吗？

乙：是的。

甲：因此，你必须承认，你仍然有尾巴。

16. 任何一条鱼都比任何一条比它小的鱼游得快，所以，有一条最大的鱼就有一条游得最快的鱼。

下面哪项陈述中的推理模式与上述推理模式最为类似？

A. 任何父母都有至少一个孩子，所以，任何孩子都有并且只有一对父母。

B. 任何一个偶数都比任何一个比它小的奇数至少大1，所以，没有最大的偶数就没有只比它小1的最大奇数。

C. 任何自然数都有一个只比它大1的后继，所以，有一个正偶数就有一个只比它大1的正奇数。

D. 在国家行政体系中，任何一个人都比任何一个比他职位低的人权力大，所以，有一位职位最高的人就有一位权力最大的人。

E. 任何哺乳动物都是胎生的，所以，有一个胎生的动物就有一个哺乳动物。

17. 一家化工厂，生产一种可以让诸如水獭这样小的哺乳动物不能生育的杀虫剂。工厂开始运作以后，一种在附近小河中生存的水獭不能生育的发病率迅速增加。因此，这家工厂在生产杀虫剂时一定污染了河水。

以下哪项陈述中所包含的推理错误与上文中的最为相似？

A. 低钙饮食可以导致家禽产蛋量下降。一个农场里的鸡在春天放出去觅食后，它们的产蛋量明显减少了。所以，它们找到和摄入的食物的含钙量一定很低。

B. 导致破伤风的细菌在马的消化道内生存，破伤风是一种传染性很强的疾病。所以，马一定比其他大多数动物更容易染上破伤风。

C. 营养不良的动物很容易感染疾病，在大城市动物园里的动物没有营养不良。所以，它们肯定不容易感染疾病。

D. 猿的特征是有反转的拇指并且没有尾巴。最近，一种未知动物的化石残余被发现，由于这种动物有可反转的拇指，所以，它一定是猿。

E. 有人说一般头顶双旋的孩子都比较聪明，因此，聪明的孩子的头顶都有两个旋。

18. 所有的物质是可塑的，树木是可塑的，所以，树木是物质。

下列推理中哪项的推理结构与上述的推理结构最为相近？

A. 凡真理都是经过实践检验的，进化论是真理，所以，进化论是经过实践检验的。

B. 所有的恒星是自身发光的，金星不是恒星，所以，金星自身不发光。

C. 凡是公民都必须遵守法律，我们是公民，所以，我们必须遵守法律。

D. 所有的坏人攻击我，你攻击我，所以，你是坏人。

E. 所有的鲸类用肺呼吸，海豹可能是鲸类，所以，海豹可能用肺呼吸。

19. 婚礼看得见，爱情看不见；情书看得见，思念看不见；花朵看得见，春天看不见；水果看得见，营养看不见；帮助看得见，关心看不见；刮风看得见，空气看不见；文凭看得见，水平看不见。有人由此得出结论：看不见的东西比看得见的东西更有价值。

下面哪个选项使用了与题干中同样的推理方法？

A. 三角形可以分为直角三角形、钝角三角形和锐角三角形三种。直角三角形的三内角之和等于180°，钝角三角形的三内角之和等于180°，锐角三角形的三内角之和等于180°。所以，所有三角形的三内角之和都等于180°。

B. 我喜欢"偶然"胜过"必然"。你看，奥运会比赛中充满了悬念，比赛因此激动人心；艺术家的创作大多出自"灵机一动"；科学家发现与发明常常与"直觉""顿悟""机遇"连在一起；在茫茫人海中偶然碰到"他"或"她"，互相射出丘比特之箭，成就人生中最美好的一段姻缘。因此，我爱"偶然"，我要高呼"偶然性万岁"！

C. 金受热后体积膨胀，银受热后体积膨胀，铜受热后体积膨胀，金、银、铜是金属的部分小类对象，它们受热后分子的凝聚力减弱，分子运动加速，分子彼此距离加大，从而导致体积膨胀。所以，所有的金属受热后都体积膨胀。

D. 外科医生在给病人做手术时可以看X光片，律师在为被告辩护时可以查看辩护书，建筑师在盖房子时可以对照设计图，教师备课时可以看各种参考书，那么，为什么不允许学生在考试时看教科书及其他相关资料？

E. 玫瑰花好看，因为所有的花都好看。

20. 所有向日葵都是向阳的，这棵植物是向阴的，所以，这棵植物不是向日葵。
上述推理的形式结构与以下哪项最为类似？

A. 所有的职业短跑运动员都穿钉鞋，小李不是职业短跑运动员，所以，小李不穿钉鞋。
B. 所有的纳税人都有存款，这位姑娘有存款，所以，这位姑娘是纳税人。
C. 所有的法警都在法院工作，小王在法院工作，所以，小王是法警。
D. 所有铅笔的外壳都是木头做的，这支笔是铝做的，所以，这支笔不是铅笔。
E. 有的教授是党员，李老师不是党员，所以，李老师不是教授。

21. 韩国人爱吃酸菜，罗艺爱吃酸菜，所以，罗艺是韩国人。
以下哪项最能证明上述推理是荒谬的？

A. 所有的阿肯特人都说谎，汤姆是阿肯特人，所以，汤姆说谎。
B. 所有的作家文笔都很好，李强文笔很好，所以，李强是作家。
C. 雪村爱翠花，翠花爱吃酸菜，所以，雪村爱吃酸菜。
D. 所有的金子都闪光，所以，有些闪光的是金子。
E. 会走路的动物都有腿，桌子有腿，所以，桌子是会走路的动物。

22. 凡金属都是导电的，铜是导电的，所以，铜是金属。
下面哪项与上述推理结构最相似？

A. 所有的鸟都是卵生动物，蝙蝠不是卵生动物，所以，蝙蝠不是鸟。
B. 所有的鸟都是卵生动物，天鹅是鸟，所以，天鹅是卵生动物。
C. 所有从事工商管理工作的都要学习企业管理，老陈是学习企业管理的，所以，老陈是从事工商管理工作的。
D. 只有精通市场营销理论，才是一个合格的市场营销经理，老张精通市场营销理论，所以，老张一定是合格的市场营销经理。

E. 华山险于黄山，黄山险于泰山，所以，华山险于泰山。

23. 具有高效发动机的5座节油型汽车的价格高于普通的5座汽车。以目前的油价计算，购买这种节油型汽车的人需要开6万公里才能补足买普通型汽车的差价。因此，如果油价下跌，在补足差价之前就要少开车。

以下哪一项论证中的推理错误与上文最为相似？

A. 真实的年储蓄利率是由年储蓄利率减去年通货膨胀率而成的，所以，如果通货膨胀率下降，在真实储蓄利率不变的情况下，年储蓄利率也要降低相同的比例。

B. 对食品零售店来说，与南极牌冰箱相比，北极牌冰箱能为高价的冰冻食品提供一个恒定温度，尽管北极牌冰箱的耗电量较大，但出售高价食品却能获得更多的利润。因此，如果电价下降，卖较少量的高价食品就可证明选择北极牌冰箱是明智的。

C. 改良过的南方柑橘树结果更早，存活期更长。原来的柑橘树虽然结果较大，但需要较大的种植间距，所以，新种植的柑橘树应全部是改良品种。

D. 用坚固牌沥青比用价格较低牌号的沥青能使修路工人在更短的时间内修完单位长度损坏的公路。尽管坚固牌沥青的价格较高，但减少施工人员工时所剩下的钱是可以补足沥青价格差异的，所以，在工资水平比较低的地方，选择坚固牌沥青更有优势。

E. 近年来，交通事故率呈逐年上升趋势，所以，应该限制汽车工业的发展，减少汽车的数量，以降低事故率。

24. 如果你演讲时讲真话，那么富人会反对你。如果你演讲时讲假话，那么穷人会反对你。你演讲时或者讲真话，或者讲假话。所以，或者富人会反对你，或者穷人会反对你。

以下哪项与上述推理的结构最为相似？

A. 如果月球上有生物，则一定有空气。如果月球上有生物，则一定有水分。月球上或者没有空气，或者没有水分。所以，月球上没有生物。

B. 如果对物体加压，则它的体积会变小。如果对物体降温，则它的体积会变小。或者对物体加压，或者对物体降温。所以，物体的体积会变小。

C. 如果天下雨，则地一定会湿。如果天不下雨，则地不一定会湿。或者天下雨，或者天不下雨。所以，或者地一定会湿，或者地不一定会湿。

D. 如果刺激老虎，则老虎要吃人。如果不刺激老虎，则老虎也要吃人。或者刺激老虎，或者不刺激老虎。所以，老虎要吃人。

E. 如果中国女排夺冠，则美国女排不能夺冠。如果美国女排夺冠，则中国女排不能夺冠。中国女排夺冠了。所以，美国女排没有夺冠。

25. 一支攻击型军队必须具有"三大件"：一是航母编队，二是战斗机，三是海外军事基地。目前的中国"一无所有"，根本无法形成攻击链。因此，聪明的兰德公司认为，中国距离"破坏"地区军事平衡还相差很远。

下面哪一选项在论证方式上与题干相同？

A. 崛起的中国必须以强大的军事力量支撑自己的脊梁。中国要崛起。所以，中国必须拥有强大的军事力量。

B. 只有聪明且勤奋，才能有大成就。李明既不聪明也不勤奋。所以，他不会有大成就。

C. 如果吃高蛋白、高热量和高脂肪的食品过多，就会发胖。我很少吃这类食品。所以，我不会发胖。

D. 如果139是偶数，则它能够被2整除。139不能被2整除。所以，139不是偶数。

E. 想要考上研究生，必须要勤奋好学。张珊勤奋好学，所以，她能考上研究生。

26. 2010年，卫生部推出新的乳业国家标准，将牛奶蛋白质含量由原来的2.95%降至2.8%，新标准不升反降，引发了一片质疑。某业内人士解释说，如果我们的牛奶检测标准把蛋白质含量定得太高，奶农为了达标就会往牛奶里添加提高蛋白质检测含量的东西，如三聚氰胺。2008年的三聚氰胺事件就说明原来的标准定得太高了。

    以下哪项推理含有与该业内人士的推理相同的逻辑错误？

    A. 真正的强者都不惧怕困难或挑战。赵涛害怕困难或挑战，说明赵涛不是真正的强者。

    B. 如果台风在海口登陆，飞往海口的航班就会被取消。现在飞海口的航班没有被取消，说明台风没有在海口登陆。

    C. 要是铁路部门的管理存在漏洞，铁路运输就会出事故。"7·23"温州动车事故说明铁路部门的管理存在漏洞。

    D. 仅当人们信任一个慈善机构时才会向该机构捐款，所以，得不到捐款的慈善机构一定是丧失了公众的信任。

    E. 如果一个人始终保持单身，可能是因为他放荡不羁爱自由。现在李思保持单身，所以，他放荡不羁爱自由。

27. 有经验的园丁建议在四月份以后就不要再种豌豆了，因为豌豆在温暖的天气里会发育不良；而在今年，一直到六月份天气还十分寒冷，所以，尽管有专家们的警告，但今年五月份种下的豌豆可能不会出现发育不良。

    以下哪项的论证方式与上述的论证方式最为类似？

    A. 许多园艺专家建议，西红柿不应与萝卜在一起种，因为这样种植出来的西红柿味道往往变得很差；这些西红柿虽然种得与萝卜很接近，但它们的味道并不差，所以，我们没必要理会这些专家的建议。

    B. 非洲紫罗兰在太阳光的照射下很难成活，据说在这个地区这些植物应该放在窗户面向北而不是面向南的屋子里才能成活；由于这些面向南的窗户被树荫遮盖得很好，所以，把非洲紫罗兰放在这样的屋子里应该不会影响它的成活。

    C. 在树荫底下需要种花的地方，园艺专家们经常建议种一些凤仙花，因为凤仙花在树荫下能够很好地生长；但是，在枫树下却是一个例外，因为枫树的根离地表较近，吸收了凤仙花生长所需的水分。

    D. 在温暖的土壤里播下的种子比在寒冷的土壤里播下的种子更容易发芽；然而菠菜却在较冷的土壤中较容易发芽，所以，专家们建议，应早些种植菠菜。

    E. 屋内的植物通常在较大的盆中长得最好，所以，专家们经常建议在植物接触到盆边时，就给它们换一个更大的花盆。但对石蒜来说却是另外一回事，它们的根压缩得越紧长得就越好。

28. 在回答伊拉克是否实际拥有大规模杀伤性武器或者只是曾试图获得这些武器时，美国总统布什称:"这有什么区别吗?如果他获得这些武器,他会变得更危险。他是'9·11'事件后美国应当解决掉的威胁。在12年这么长的时间里,世界一直在说他很危险,到现在我们才解决了这一危险。"这就是说,布什认为,萨达姆是否实际拥有大规模杀伤性武器与他曾计划拥有大规模杀伤性武器并无区别。

下面哪个选项不同于布什说话的逻辑?

A. 如果布什想过接受贿赂,那就等于布什实际上接受了贿赂。

B. 拉登想做好人,意味着拉登就是好人。

C. 美国想"9·11"事件没有发生,"9·11"事件就真的没有发生。

D. 如果不发动伊拉克战争,就不会在伊拉克死1 000名以上的美国军人。

E. 如果想考上研究生,就一定能考上研究生。

29. 工业机器人的广泛发展导致失业,因此,智能机器是危险的。

上述论述的推理结构与以下哪项最为相似?

A. 墨索里尼是一个邪恶的人,因此,他成为一名法西斯。

B. 吃熏肉是有害于健康的,因此,吃高脂肪的食物是不安全的。

C. 一些法官是不诚实的,因为他们受贿。

D. 鲸处于灭绝的危险中,因此,我们不应当同允许捕鲸的国家做贸易。

E. 鸟类是危险的,因为它们都传播疾病。

30. 大多数喝酒过量的人都会感到头疼,如果小王不喝酒过量,他可能不会头疼。

上述推理的逻辑结构与以下哪项最为相似?

A. 大多数灰狗都很容易训练,所以小王训练他新买的那条狗肯定没问题。

B. 大多数国产车都很差,这辆车做得好,所以它可能不是国产的。

C. 大多数名演员表演得都很好,因为老高不是名演员,所以他可能表演得不好。

D. 大多数工程师都在学校里面学习了很多年,所以老刘可能是一个工程师,因为他在学校里面学习了很多年。

E. 所有已知的历史社会都有明确的社会等级,所以一个无等级的社会是绝对没有的。

微模考9 ▶ 参考答案

（母题篇）

1. E

   【解析】集合体性质误用。

   题干：一中学生的成绩比二中学生成绩好，李明乐成绩好，因此，李明乐是一中的。

   E项，北方人个子比南方人高，马林个子高，因此，马林是北方人。与题干最为类似。

   其余各项均与题干不同。

2. B

   【解析】因果型结构相似题。

   题干：使用枪支的犯罪(A)比其他类型的犯罪(B)更容易导致命案(C)。但是，大多数使用枪支的犯罪(A)并没有导致命案(C)。因此，没有必要特意强调使用枪支的犯罪(A)。

   符号化：A 比 B 更容易导致 C。但是，大多数 A 没有导致 C。因此，没有必要强调 A。

   B项，不检点的性行为(A)比检点的性行为(B)更容易感染艾滋病(C)。但是，大多数有不检点性行为者(A)不会感染艾滋病(C)。因此，没有必要在防治艾滋病的宣传中，强调不检点性行为的危害(A)。

   所以，B项与题干最为类似。其余各项均不类似。

3. D

   【解析】必要条件型结构相似题。

   题干：一个国家要发展(A)，最重要的是保持稳定(B)。一旦失去稳定(B)，经济的发展、政治的改革(C)就失去了可行性。

   符号化：如果要 A，必须要有关键因素 B。如果没有 B，有其他因素 C 也没有用。

   A、B、C、E项均和题干的推理结构相似。

   D项，如果要 A，必须要有关键因素 B。如果有了 B，则 A。故与题干不同。

4. D

   【解析】因果型结构相似题。

   题干信息形式化：A 不是 B 的原因是不对的。因为 A 导致 C，C 导致 B。

   D项，劣质汽油不会引起非正常油耗的说法是不对的(A 不是 B 的原因是不对的)。因为劣质汽油会引起发动机阀门的非正常老化(A 导致 C)，而发动机阀门的非正常老化会引起非正常油耗(C 导致 B)。故 D项与题干类似。

   E项，此项不存在因果关系。

   其余各项均与题干不类似。

5. C

   【解析】自相矛盾型结构相似题。

   题干中的楚人犯了自相矛盾的逻辑错误。

A项，"违者法办"是针对活着的人的，因此"一触即死"和"违者法办"自相矛盾。

B项，"赴汤蹈火"即无条件地爱你，"若不下雨，我一定来"说明是有条件的，那么"赴汤蹈火"和"若不下雨，我一定来"自相矛盾。

C项，两个"父亲"的概念不同，第一个"父亲"是指狗的父亲，第二个"父亲"是指人的父亲，犯了偷换概念的逻辑错误。

D项，"基本正确"和"一点错误也没有"自相矛盾。

E项，"成功"和"不成功"自相矛盾。

故正确答案为C项。

6. D

【解析】因果型结构相似题。

题干："每一个勤劳的农夫，都至少拥有两头牛"，英国改革家认为，国家给没有牛的农夫两头牛，农夫就勤劳了，误把"拥有两头牛"当作是"勤劳"的原因，犯了因果倒置的错误。

A项，瓜熟确实是蒂落的原因。

B项，诉诸权威。

C项，诉诸人身。

D项，误把"一周工作差不多四天或者弹性工作制"当作是"发达"的原因，犯了因果倒置的错误。故D项与题干相似。

E项，显然与题干不相似。

7. C

【解析】二难推理型结构相似题。

题干：曾国藩面对"留在朝廷效力"和"请求解职乡归"的两难境地，他选择了只字不提，即回避。

C项，张廷玉面对"杀张廷璐"和"保张廷璐"的两难境地，他选择了装病，与题干相同。

E项，政府面临"建厂"和"不建厂"的两难境地，政府最后选择了"建厂"，与题干不同。

其余各项均不是二难推理。

8. C

【解析】充分必要条件型结构相似题。

题干：¬在犯罪现场。在犯罪现场→犯罪。犯罪→神志不清。

B项，¬说谎。说谎→被迫说谎。被迫说谎→责任不在我，与题干不同。

C项，¬借。借→¬弄破。弄破→不小心，与题干相同。

其余各项显然与题干不同。

9. A

【解析】充分必要条件型结构相似题。

题干：属于中华人民共和国政府管辖的→中国人，台湾人→¬属于中华人民共和国政府管辖，所以，台湾人→¬中国人。

符号化：A→B，C→¬A，所以，C→¬B。

A项，A→B，C→¬A，所以，C→¬B，与题干相同。

B项，A→B，C→B，所以，C→A，与题干不同。

C项，A→B，C→A，所以，C→B，与题干不同。

D项，A→B，B→C，所以，A→C，与题干不同。

E项，A→B，C→﹁B，所以，C→﹁A，与题干不同。

10. D

【解析】结构相似题。

题干：A是违法的，如果美国﹁A，那么会有别人A。

A项，A是违反政策的，如果警察﹁C，那么警察会A，与题干不同。

B项，A是违法的，但是美国可以A，与题干不同。

C项，A是违法的，但可以看到﹁A，与题干不同。

D项，A是违法的，如果被告﹁A，那么会有别人A，与题干相同。

E项，A是被禁止的，但是存在进行A的人，与题干不同。

11. B

【解析】对当关系型结构相似题。

题干：每一个政治不稳定事件都有"某个"人作为幕后策划者，无法推出，所有政治不稳定事件都是由"同一个"人策划的。

B项，任一自然数都小于"某个"自然数，无法推出，所有自然数都小于"同一个"自然数，与题干相同，正确。

其余各项显然与题干不同。

12. C

【解析】偷换概念型结构相似题。

题干：摄政王说的"快完了"意思是继位仪式快结束了，而清朝的遗老遗少认为"快完了"是指大清朝的江山快完了，犯了偷换概念的错误。

C项，兴达公司的"兴达"是一个名称，并非是导致公司兴旺发达的原因，与题干相同。

其余各项的论证方式显然与题干不同。

13. D

【解析】比率型结构相似题。

题干：错字率增加的原因：①引进非专业编辑；②出版物的大量增加。

原因①是合理的，但原因②不合理，因为错字率是错误字数与总字数之比，与总字数的多少无关。

Ⅰ项，与题干错误相同，投诉率是投诉人数与总人数之比，与总人数的多少无关。

Ⅱ项，两个原因都是合理的。

Ⅲ项，与题干错误相同，录取率是录取人数与总人数之比，与总人数的多少无关。

14. B

【解析】充分必要条件型结构相似题。

题干信息形式化：A→﹁B，C→﹁B，所以，C→A。

A项，A→﹁B，C→A，所以，C→﹁B，与题干不同。

B项，A→﹁B，C→﹁B，所以，C→A，与题干相同。

C项，A→¬B，C→B，所以，C→¬A，与题干不同。

D项，A→¬B，C→A，所以，C→¬B，与题干不同。

E项，A→¬B，C→A，所以，C→¬B，与题干不同。

15. B

【解析】转移论题型结构相似题。

题干中，顾客讨论的是游泳池的工作人员是否有资格罚款，而工作人员讨论的是罚款的目的，犯了转移论题的逻辑错误。

A项，管理员要求每个进入泳池的同志必须戴上泳帽，又允许工作人员不戴泳帽，自相矛盾。

B项，市民建议文明公约精简，专家说的是市民公约是如何制定的，转移论题，与题干相似。

C项，犯了循环定义的逻辑错误。

D项，犯了因果倒置的逻辑错误。

E项，第一个没有失去的东西指的是"原本拥有且没有失去的东西"，第二个没有失去的东西（即尾巴）指的是"原本并未拥有且没有失去的东西"，甲在提问中犯了偷换概念的逻辑错误。

16. D

【解析】类比型结构相似题。

题干：因为大鱼比小鱼游得快，所以，如果有最大的鱼，就有游得最快的鱼。

D项，因为职位高的人比职位低的人权力大，所以，如果有职位最高的人，就有权力最大的人，与题干相同。

其余各项显然与题干不同。

17. A

【解析】因果型结构相似题。

题干：A导致B，B，所以A是原因。

A项，A导致B，B，所以A是原因，与题干相同。

其余各项显然与题干不同。

18. D

【解析】充分必要条件型结构相似题。

题干信息符号化：A→B，C→B，所以，C→A。

A项，A→B，C→A，所以，C→B，与题干不同。

B项，A→B，C→¬A，所以，C→¬B，与题干不同。

C项，A→B，C→A，所以，C→B，与题干不同。

D项，A→B，C→B，所以，C→A，与题干相同。

E项，A→B，C可能是A，所以，C可能是B，与题干不同。

19. B

【解析】归纳型结构相似题。

题干采用了不完全归纳的推理方法。

A项，采用的是完全归纳法，与题干不同。

B项，采用了不完全归纳法，与题干相同。

C项，采用了 科学归纳法，与题干不同。

D项，采用了 类比法，与题干不同。

E项，采用了 演绎论证，与题干不同。

20. D

【解析】充分必要条件型结构相似题。

题干信息符号化：A→B，C→¬B，所以，C→¬A。

A项，A→B，C→¬A，所以，C→¬B，与题干不同。

B项，A→B，C→B，所以，C→A，与题干不同。

C项，A→B，C→B，所以，C→A，与题干不同。

D项，A→B，C→¬B，所以，C→¬A，与题干相同。

E项，有的A→B，C→¬B，所以，C→¬A，与题干不同。

21. E

【解析】结构相似＋归谬法。

题干信息符号化：A→B，C→B，所以，C→A。

A项，A→B，C→A，所以，C→B，与题干不同。

B项，A→B，C→B，所以，C→A，与题干结构类似，但结论不是荒谬的，无法证明题干荒谬。

C项，A→B，B→C，所以，A→C，与题干不同。

D项，A→B，所以，有的B→A，与题干不同。

E项，A→B，C→B，所以，C→A，与题干结构类似，并且结论是荒谬的，可以证明题干荒谬。

22. C

【解析】充分必要条件型结构相似题。

题干：金属→导电，铜→导电，所以，铜→金属。

符号化：A→B，C→B，所以，C→A。

A项，A→B，C→¬B，所以，C→¬A，与题干不同。

B项，A→B，C→A，所以，C→B，与题干不同。

C项，A→B，C→B，所以，C→A，与题干相同。

D项，B←A，C→B，所以，C→A，本质上与题干相同，但是结构的类似性不如C项。

E项，A＞B，B＞C，所以，A＞C，与题干不同。

23. D

【解析】数字型结构相似题。

题干：如果油价下跌，在补足差价之前就要少开车。

分析：每公里节油量×6万公里×油价＝节油型汽车与普通汽车的差价，所以油价下跌，应该多开车才能补齐差价，与题干中的结论相矛盾。

A项，真实的年储蓄利率＝年储蓄利率－年通货膨胀率，该项推理正确，与题干不同。

B项，电价×耗电量＝北极牌冰箱与南极牌冰箱的差价＝高价食品的赢利×数量，该项推理正确，与题干不同。

C项，比较了改良过的柑橘树和原来的柑橘树的优缺点，认为新种植的柑橘树是改良过的，与题干不同。

D项，人员工资×省下的人员数量＝坚固牌沥青与价格较低牌号的沥青的差价，所以工资水平低的话，应该多用工人，少用贵的沥青，故选择价格较低牌号的沥青更有优势，而非坚固牌沥青，与题干相同。

E项，事故率＝$\dfrac{发生事故的汽车数}{汽车总量}$×100％，所以减少汽车的总量并不能直接降低事故率，与题干不同。

24. C

【解析】二难推理型结构相似题。

题干：讲真话→富人反对。讲假话→穷人反对。讲真话∨讲假话。所以，富人反对∨穷人反对。

符号化：A→B。¬A→C。A∨¬A。所以，B∨C。

A项，A→B。A→C。¬B∨¬C。所以，¬A，与题干不同。

B项，A→B。C→B。A∨C。所以，B，与题干不同。

C项，A→B。¬A→C。A∨¬A。所以，B∨C，与题干相同。

D项，A→B。A→B。A∨A。所以，B，与题干不同。

E项，A→¬B。B→¬A。A。所以，¬B，与题干不同。

25. B

【解析】必要条件型结构相似题。

题干：攻击型军队→航母编队∧战斗机∧海外军事基地。中国：¬航母编队∧¬战斗机∧¬海外军事基地。所以，中国→¬攻击型军队。

符号化：A→B。¬B。所以，¬A。

A项，A→B。A。所以，B，与题干不同。

B项，B←A。¬B。所以，¬A，与题干相同。

C项，A→B。¬A。所以，¬B，与题干不同。

D项，A→B。¬B。所以，¬A，与题干相似，但题干强调的是必要条件，此项是充分条件，故与题干不同。

E项，A→B。B。所以，A，与题干不同。

26. C

【解析】充分必要条件型结构相似题。

题干：蛋白质标准定得太高→奶农为了达标会添加三聚氰胺。奶农添加了三聚氰胺，所以，蛋白质标准定得太高了。

推理结构为：A→B。B，所以，A。

C项，管理存在漏洞(A)→出事故(B)。出事故(B)，所以，管理存在漏洞(A)，与题干相同。

其余各项均与题干不同。

27. B

【解析】结构相似题。

题干：一般情况下，四月份以后由于天气温暖，豌豆会出现发育不良；但是，今年由于天气寒冷,五月份种的豌豆可能不会发育不良。

B项,一般情况下,由于太阳光的照射,非洲紫罗兰在窗户面向南的屋子很难成活;但是,这些面向南的窗户被树荫遮盖得很好,所以,不会影响非洲紫罗兰的成活,与题干相同。

其余各项均与题干不同。

28. D

【解析】偷换概念型结构相似题。

布什:萨达姆实际拥有大规模杀伤性武器与他曾计划拥有大规模杀伤性武器并无区别,即:想拥有=实际拥有。

A项,想接受贿赂=实际接受贿赂,与题干相同。

B项,想做好人=实际就是好人,与题干相同。

C项,想没有发生=实际没有发生,与题干相同。

D项,¬发动战争→¬死1 000名以上的军人,与题干不同。

E项,想考上=实际考上,与题干相同。

29. B

【解析】偷换概念型结构相似题。

题干中,工业机器人是智能机器的一种,但不等同于智能机器,偷换概念。

B项,熏肉是高脂肪食物的一种,但二者并不等同,偷换概念,与题干相同。

其余各项均与题干不同。

30. C

【解析】简单命题型结构相似题。

题干信息符号化:大多数A→B,¬A→可能¬B。

A项,显然与题干不同。

B项,大多数A→¬B,B→可能¬A,与题干不同。

C项,大多数A→B,¬A→可能¬B,与题干相同。

D项,大多数A→B,B→可能A,与题干不同。

E项,A→B,所以A∧¬B不存在,与题干不同。

第三部分　综合推理母题精讲

本部分题型思维导图

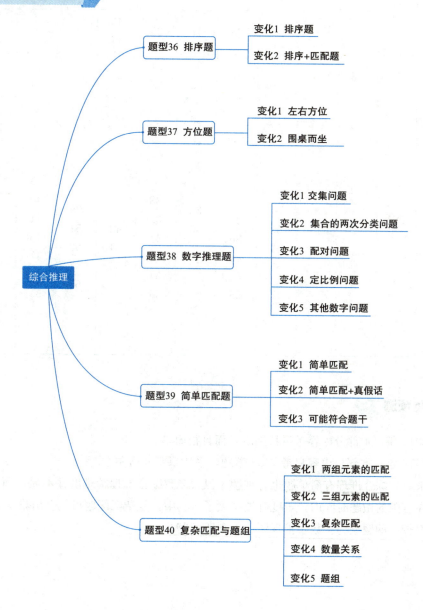

历年真题考点统计

题型名称	2009	2010	2011	2012	2013	2014	2015	2016	2017	2018	2019	合计
排序题				43					33 34 47	35	46	6
方位题					38	47	28	43 44				5
数字推理题	33	53			47	33 52	31 32	29	37	44		10
简单匹配题			48 52				29					3
复杂匹配与题组					53 54 55	28 35 36 46 54 55	37 38 40 46 53 54 55	38 39 41 42 54 55	48 54 55	29 51 52 54 55	38 40 41 45 47 48 54 55	28 30 31 36 37 41 47 49 50 54 55	49

命题趋势及预测

2009—2012年，本部分内容考得特别少，而且很简单。

2013—2019年，本部分内容只考了65道题，平均每年9道左右。

从难度来看，综合推理有简单题也有难题。但大多数综合推理题难度并不大，而是做起来很浪费时间，在有限的做题时间内，难度就被拉大了。其中，复杂匹配题可能会出难度较大的题。

考试频率较高的题型为：数字推理题、复杂匹配题。

第10章 综合推理

题型 36 排序题

母题精讲

母题36 李惠个子比胡戈高;张凤元个子比邓元高;邓元个子比陈小曼矮;胡戈和陈小曼的身高相同。

如果上述断定为真,则以下哪项也一定为真?

A. 胡戈比邓元矮。
B. 张凤元比李惠高。
C. 张凤元比陈小曼高。
D. 李惠比邓元高。
E. 胡戈比张凤元矮。

【解析】排序题。

将题干信息形式化:

①李惠>胡戈。

②张凤元>邓元。

③陈小曼>邓元。

④胡戈=陈小曼。

①、④、③串联可得:李惠>胡戈=陈小曼>邓元。

故李惠比邓元高,即D项为真。

【答案】D

母题技巧

排序题是综合推理中的一种简单题型。题干给出一组对象的大小关系,从中推出具体的排序。

(1) 常采用以下步骤:

①转化为不等式。

②将能串联的不等式串联,不能串联的放一边。

③判断选项的正确性。

(2) 优先考虑选项排除法。

母题变化

变化1　排序题

例1　张珊获得的奖金比李思的高,得知王武获得的奖金比苗晓琴的高后,可知张珊获得的奖金比苗晓琴的高。

以下各项假设均能使上述推断成立,除了:

A. 王武获得的奖金比李思的高。

B. 李思获得的奖金比苗晓琴的高。

C. 李思获得的奖金比王武的高。

D. 李思获得的奖金和王武的一样高。

E. 张珊获得的奖金不比王武的低。

【解析】排序题。

题干中的前提:①张珊＞李思;②王武＞苗晓琴。

题干中的结论:张珊＞苗晓琴。

A项并不能使题干的论证成立。例如,若王武＞苗晓琴＞张珊＞李思,满足A项,但不能使题干的论证成立。

B项,李思＞苗晓琴,与①串联可得:张珊＞李思＞苗晓琴,故有:张珊＞苗晓琴。

C项,李思＞王武,与①、②串联可得:张珊＞李思＞王武＞苗晓琴,故有:张珊＞苗晓琴。

D项,李思＝王武,与①、②串联可得:张珊＞李思＝王武＞苗晓琴,故有:张珊＞苗晓琴。

E项,张珊≥王武,与②串联可得:张珊≥王武＞苗晓琴,故有:张珊＞苗晓琴。

【答案】A

变化2　排序＋匹配题

例2　老张、老王、老李、老赵四人的职业分别是司机、教授、医生、工人。已知:

(1)老张比教授个子高;

(2)老李比老王个子矮;

(3)工人比司机个子高;

(4)医生比教授个子矮;

(5)工人不是老赵就是老李。

根据以上信息,以下哪项一定为真?

A. 四个人的职业都可以确定。　　B. 四个人的职业只能确定三个。

C. 四个人的职业只能确定两个。　　D. 四个人的职业只能确定一个。

E. 老李是教授。

【解析】排序＋匹配。

由题干可知:

①老张＞教授＞医生。

②老王＞老李。

③工人＞司机。

④工人不是老赵就是老李。

由条件①可知，老张不是教授，也不是医生；又由条件④可知，老张不是工人，故老张是司机。

由条件①、③得：工人＞司机(老张)＞教授＞医生。

所以，工人的个子最高，由条件②可知，老李不是工人，再由条件④可知，老赵是工人。

综上，可得：工人(老赵)＞司机(老张)＞教授＞医生。

再由条件②可知，工人(老赵)＞司机(老张)＞教授(老王)＞医生(老李)。

【答案】A

题型 37　方位题

母题精讲

母题37　某乡镇进行新区规划，决定以市民公园为中心，在东南西北分别建设一个特色社区。这四个社区分别定位为：文化区、休闲区、商业区和行政服务区。已知：行政服务区在文化区的西南方向，文化区在休闲区的东南方向。

根据以上陈述，可以得出以下哪项？

A. 市民公园在行政服务区的北面。

B. 休闲区在文化区的西南方向。

C. 文化区在商业区的东北方向。

D. 商业区在休闲区的东南方向。

E. 行政服务区在市民公园的西南方向。

【解析】方位题。

将题干中的方位表示成下图（如图10-1所示）：

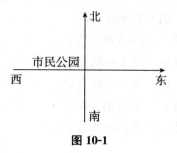

图 10-1

已知行政服务区在文化区的西南方向，故文化区只可能在北面或者东面。

已知文化区在休闲区的东南方向，故文化区只可能在东面或者南面。

故有：文化区在东面，行政服务区在南面，休闲区在北面，商业区在西面。
如图10-2所示：

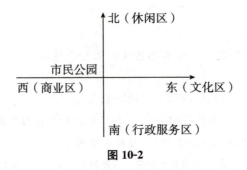

图10-2

【答案】A

母题技巧

方位题是综合推理中的一类重要题型。题干给出一组对象的方位关系，从中推出具体的位置。

解题技巧：
① 相邻问题可使用"捆绑法"。
② 东南西北可使用平面直角坐标系来表示。
③ 可用表格表示方位关系。
④ 常用选项排除法。

母题变化

变化1 左右方位

例3 公司派三位年轻的工作人员乘动车到南方出差，他们三人恰好坐在一排。坐在24岁右边的两人中至少有一个人是20岁，坐在20岁左边的两人中也恰好有一个人是20岁；坐在会计左边的两人中至少有一个人是销售员，坐在销售员右边的两人中也恰好有一个人是销售员。

根据以上陈述，可以得出三位出差的年轻人是：
A. 20岁的会计、20岁的销售员、24岁的销售员。
B. 20岁的会计、24岁的销售员、24岁的销售员。
C. 24岁的会计、20岁的销售员、20岁的销售员。
D. 20岁的会计、20岁的会计、24岁的销售员。
E. 24岁的会计、20岁的会计、20岁的销售员。

【解析】方位题。

由"24岁右边的两人中，至少有一个人是20岁"，可知24岁的人坐在最左边。

由"坐在20岁左边的两人中，也恰好有一个人是20岁"，可知有2个20岁的人，坐在中间和最右边。

由"坐在会计左边的两人中至少有一个人是销售员",可知会计坐在最右边,即最右边是20岁的会计。

由"坐在销售员右边的两人中也恰好有一个人是销售员",可知最左边是24岁的销售员,中间为20岁的销售员。

如图10-3所示:

| 24岁的销售员 | 20岁的销售员 | 20岁的会计 |

图 10-3

【答案】A

变化2　围桌而坐

例4　在某次听证会上,J、K、L、T、U、X、Y和Z八位与会者入座位置如图10-4所示:其中,J、K、L是民营企业代表,X、Y、Z是国有企业代表,T、U是官方代表,以下条件成立:

①民营企业代表的座位是连着的,即任何一个民营企业代表的邻座,至少有一位是另一个民营企业代表。国有企业代表的座位也是如此。

②没有一个民营企业代表与国有企业代表邻座。

③T的座位是东南角。

④J的座位是北排的中间。

⑤如果T和X邻座,则T不和L邻座。

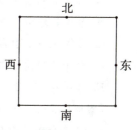

图 10-4

(1)以下各项一定为真,除了:

A. 西北角是国企。　　　B. 东北角是民企。　　　C. 西南角是国企。

D. 东边居中是民企。　　E. 西边居中是国企。

(2)如果Y在西边居中,则以下哪两位代表不能都坐在拐角?

A. K和X。　　　B. K和Z。　　　C. L和U。

D. L和X。　　　E. L和Z。

(3)如果Y比L更靠南,但比T更靠北,则以下各项的两个代表都是邻座,除了:

A. J和L。　　　B. K和T。　　　C. T和X。

D. U和Y。　　　E. X和Z。

【解析】方位题。

(1)已知国企、民企分别连座,且民企和国企不邻座,再结合题干条件③和④可知,国企必然在西中、西南、南中。

根据民企和国企不邻座,可知西北是U。

故东北、东中是民企。

(2)因为Y在西中,故若Z坐拐角,则X坐南中,T和X邻座。

由题干条件⑤可知,T不和L邻座,得T和K邻座,即K不坐拐角。

因此,K和Z不能都坐拐角。

(3)根据题干可知,Y在西中,L在东北,K在东中。
显然仅T和X不一定是邻座,故选C项。
【答案】(1)A;(2)B;(3)C

题型38 数字推理题

母题精讲

母题38 今年上半年的统计数字表明:甲省CPI在三个月环比上涨1.8%以后,又连续三个月下降1.7%,同期乙省CPI连续三个月环比下降1.7%之后,又连续三个月上涨1.8%。
假若去年12月甲、乙两省的CPI相同,则以下哪项判断不为真?
A. 今年2月份甲省比乙省的CPI高。
B. 今年3月份甲省比乙省的CPI高。
C. 今年4月份甲省比乙省的CPI高。
D. 今年5月份甲省比乙省的CPI高。
E. 今年6月份甲省比乙省的CPI高。

【解析】增长率问题。
设12月时甲、乙两省的CPI均为a,则6月时:
甲省:$a(1+1.8\%)^3(1-1.7\%)^3$。
乙省:$a(1-1.7\%)^3(1+1.8\%)^3$。
故,甲、乙两省6月份的CPI相等;且6月份之前,甲省比乙省的CPI高。故E项不为真。
【答案】E

母题技巧

从某种意义上说,数学本身就是逻辑,数学中的概念、性质、法则、公式都是遵循逻辑推理规律的。联考综合将数学、逻辑、写作合为同一张试卷进行考查,也是因为这三者之间存在一些共同的规律性,即逻辑法则。

很多同学解此类题时,把数学和逻辑割裂开来。其实,有很多数字型推理题,用数学的方法求解会更简单。正如邓小平所说:不管白猫还是黑猫,抓住老鼠就是好猫。

在逻辑考试中,常考的公式有:
(1)比例。
(2)增长率。
$$现值 = 原值 \times (1+增长率)^n$$
$$b = a \times (1+x)^n$$
(3)不等式。
$$a > b, b > c \Rightarrow a > b > c$$
$$a > b, c > d \Rightarrow a+c > b+d$$

（4）平均值。

$$\bar{x} = \frac{x_1 + x_2 + \cdots + x_n}{n}$$

（5）利润率。

$$利润率 = \frac{利润}{成本} \times 100\% = \frac{收入 - 成本}{成本} \times 100\%$$

（6）数量过半。

若有两组对象数量过半，则这两组对象一定有重合。

（7）日期与星期。

计算日期与星期的关系，或者计算某一天是星期几等。

（8）集合问题。

集合问题也可以认为是概念之间的关系（从属、交叉、全异、全同等）。给出一个概念的整体和部分的数量关系，求别的数量关系；或者描述一组对象的情况，判断最多有几人、最少有几人等。

例如：

总人数＝男人＋女人

总投资＝外资＋内资

母题变化

变化1 交集问题

例5 "常春藤"通常指美国东部的八所大学。"常春藤"一词一直以来是美国名校的代名词，这八所大学不仅历史悠久、治学严谨，而且教学质量极高。这些学校的毕业生大多成为社会精英，他们中的大多数人年薪超过20万美元，有很多政界领袖来自"常春藤"，更有为数众多的科学家毕业于"常春藤"。

根据以上陈述，关于"常春藤"毕业生可以得出以下哪项结论？

A. 有些社会精英年薪超过20万美元。

B. 有些政界领袖年薪不足20万美元。

C. 有些科学家年薪超过20万美元。

D. 有些政界领袖是社会精英。

E. 有些科学家成为政界领袖。

【解析】集合问题。

题干："这些学校的毕业生大多成为社会精英"，"他们中的大多数人年薪超过20万美元"，说明这些学校的毕业生有超过一半的人成为社会精英，也有超过一半的人年薪超过20万美元，两类人必然有重合，故A项正确。

【答案】A

变化 2　集合的两次分类问题

例 6　某市优化投资环境，2010 年累计招商引资 10 亿元。其中外资 5.7 亿元，投资第三产业 4.6 亿元，投资非第三产业 5.4 亿元。

根据以上陈述，可以得出以下哪项结论？

A. 投资第三产业的外资大于投资非第三产业的内资。
B. 投资第三产业的外资小于投资非第三产业的内资。
C. 投资第三产业的外资等于投资非第三产业的内资。
D. 投资第三产业的外资和投资非第三产业的内资无法比较大小。
E. 投资第三产业的外资为 4.3 亿元。

【解析】

方法一：不等式法。

根据题干得：

①外资之和＝第三产业外资＋非第三产业外资＝5.7 亿元。

②内资之和＝第三产业内资＋非第三产业内资＝10－5.7＝4.3(亿元)。

③第三产业投资＝第三产业内资＋第三产业外资＝4.6 亿元。

④非第三产业投资＝5.4 亿元。

③－②得：第三产业外资－非第三产业内资＝4.6－4.3＝0.3(亿元)，可知：第三产业的外资大于非第三产业的内资，即 A 项正确。

方法二：列表法。

设投资第三产业的内资 x 亿元，投资第三产业的外资 y 亿元，投资非第三产业的内资 a 亿元，投资非第三产业的外资 b 亿元。

根据题干信息可得表 10-1：

表 10-1

总投资 10 亿元	内资 4.3 亿元	外资 5.7 亿元
第三产业 4.6 亿元	x	y
非第三产业 5.4 亿元	a	b

故有 $\begin{cases} a+b=5.4 \\ b+y=5.7 \end{cases}$，两式相减得：$y-a=0.3$。

即：第三产业外资－非第三产业内资＝0.3 亿元，可知：第三产业的外资大于非第三产业的内资，故 A 项正确。

【答案】A

例 7　参加某国际学术研讨会的 60 名学者中，亚裔学者有 31 人，博士有 33 人，非亚裔学者中无博士学位的有 4 人。

根据上述陈述,参加此次国际研讨会的亚裔博士有几人?

A. 1人。 B. 2人。 C. 4人。
D. 7人。 E. 8人。

【解析】集合问题。

方法一:由 60 名学者中,亚裔学者有 31 人,可得:非亚裔学者有 $60-31=29$(人)。

由非亚裔学者中无博士学位的有 4 人,可得:非亚裔学者中有博士学位的有 $29-4=25$(人)。

由博士共有 33 人,可得:亚裔博士有 $33-25=8$(人)。

方法二:列表法。

设亚裔学者中博士有 x 人,非博士有 a 人;非亚裔学者中博士有 y 人。

根据题干信息可得表 10-2:

表 10-2

学者60人	亚裔31人	非亚裔29人
博士33人	x	y
非博士27人	a	4

故有:$\begin{cases} a=27-4=23, \\ x=31-a=8, \\ y=29-4=25。 \end{cases}$

所以,亚裔博士有 8 人。

【答案】E

例 8 某综合性大学只有理科与文科,理科学生多于文科学生,女生多于男生。

如果上述断定为真,则以下哪项关于该大学学生的断定也一定为真?

Ⅰ. 文科的女生多于文科的男生。
Ⅱ. 理科的男生多于文科的男生。
Ⅲ. 理科的女生多于文科的男生。

A. 仅Ⅰ和Ⅱ。 B. 仅Ⅲ。 C. 仅Ⅱ和Ⅲ。
D. Ⅰ、Ⅱ和Ⅲ。 E. Ⅰ、Ⅱ和Ⅲ都不一定是真的。

【解析】集合+不等式。

设理科女生为 a,理科男生为 b,文科女生为 m,文科男生为 n,则有:

①理科学生多于文科学生:$a+b>m+n$。

②女生多于男生:$a+m>b+n$。

①+②得:$2a+m+b>m+b+2n$,故 $a>n$。

即:理科女生多于文科男生,Ⅲ项一定为真。剩余两个复选项不一定为真。

注意:此题也可以用以上两例中的列表法,请各位同学自己求解。

【答案】B

变化 3　配对问题

例 9　在丈夫或妻子至少有一个是中国人的夫妻中，中国女性比中国男性多 2 万人。

如果上述断定为真，则以下哪项一定为真？

Ⅰ. 恰有 2 万名中国女性嫁给了外国人。

Ⅱ. 在和中国人结婚的外国人中，男性多于女性。

Ⅲ. 在和中国人结婚的人中，男性多于女性。

A. 仅Ⅰ。　　　　　　　　B. 仅Ⅱ。　　　　　　　　C. 仅Ⅲ。

D. 仅Ⅱ和Ⅲ。　　　　　　E. Ⅰ、Ⅱ和Ⅲ。

【解析】集合＋不等式。

设和中国男性结婚的人中，中国女性为 x 万人，外国女性为 y 万人；和外国男性结婚的人中，中国女性为 a 万人，外国女性为 b 万人。

根据题意，得表 10-3：

表 10-3

男性＼女性	中国女	外国女
中国男	x	y
外国男	a	b

已知中国女性比中国男性多 2 万人，故有：$(x+a)-(x+y)=a-y=2$（万人）。

Ⅰ项，显然不成立。

Ⅱ项，由"$a-y=2$"可知，$a>y$，即在和中国人结婚的外国人中，男性多于女性。故此项成立。

Ⅲ项，由"$(x+a)-(x+y)=2$"可知，$x+a>x+y$，故此项成立。

【答案】D

变化 4　定比例问题

例 10　某校以年级为单位，把学生的学习成绩分为优、良、中、差四等。在一学年中，各门考试总分前 10% 的为优，后 30% 的为差，其余的为良与中。在上一学年中，高二年级成绩为优的学生多于高一年级成绩为优的学生。

如果上述断定为真，则以下哪项一定为真？

A. 高二年级成绩为差的学生少于高一年级成绩为差的学生。

B. 高二年级成绩为差的学生多于高一年级成绩为差的学生。

C. 高二年级成绩为优的学生多于高一年级成绩为良的学生。

D. 高二年级成绩为优的学生少于高一年级成绩为良的学生。

E. 高二年级成绩为差的学生多于高一年级成绩为中的学生。

【解析】比例问题。

由题干可知：

高一年级成绩为优的学生数量：高一年级总人数×10%。

高二年级成绩为优的学生数量：高二年级总人数×10%。

由高二年级成绩为优的学生多于高一年级成绩为优的学生，可得：高二年级总人数多于高一年级总人数。

高一年级成绩为差的学生数量：高一年级总人数×30%。

高二年级成绩为差的学生数量：高二年级总人数×30%。

由高二年级总人数多于高一年级总人数，可知：高二年级成绩为差的学生多于高一年级成绩为差的学生。

【答案】B

变化5 其他数字问题

例11 某市为了减少交通堵塞，采取如下限行措施：周一到周五的工作日，非商用车按尾号0、5、1、6、2、7、3、8、4、9分五组按顺序分别限行一天，双休日和法定假日不限行。对违反规定者要罚款。

关于该市居民出行的以下描述中，除哪项外，都可能不违反限行规定？

A. 赵一开着一辆尾数为1的商用车，每天都在路上跑。
B. 钱二有两辆私家车，尾号都不相同，每天都开车。
C. 张三与邻居共有三辆私家车，尾号都不相同，他们合作每天有两辆车开。
D. 李四、张三与两个邻居共有五辆私家车，尾号都不相同，他们合作每天有四辆车开。
E. 王五与三个邻居共有六辆私家车，尾号都不相同，他们合作每天有五辆车开。

【解析】日期与星期。

题干：

①非商用车按尾号0、5、1、6、2、7、3、8、4、9分五组按顺序分别限行一天。

②双休日和法定假日不限行。

A项，可能不违反规定，因为题干中限行的是非商用车，不涉及商用车是否限行。

B项，可能不违反规定，因为有可能一辆车限行时，开另外一辆不限行的车。

C项，可能不违反规定，因为有三辆车，每天最多有一辆车限行，则可以开另外两辆车。

D项，可能不违反规定，因为有五辆车，如果限行时间分别是周一到周五，则每天有四辆车不限行。

E项，必然违反规定，因为有六辆车，至少有两辆车会在同一天限行，这一天最多开四辆车。与E项的描述矛盾。

【答案】E

题型 39 简单匹配题

母题精讲

母题 39 李赫、张岚、林宏、何柏、邱辉 5 位同事近日各自买了一台不同品牌的小轿车,分别为雪铁龙、奥迪、宝马、奔驰、桑塔纳。这五辆车的颜色分别与 5 人名字最后一个字谐音的颜色不同。已知,李赫买的是蓝色的雪铁龙。

以下哪项排列可能依次对应张岚、林宏、何柏、邱辉所买的车?

A. 灰色奥迪、白色宝马、灰色奔驰、红色桑塔纳。
B. 黑色奥迪、红色宝马、灰色奔驰、白色桑塔纳。
C. 红色奥迪、灰色宝马、白色奔驰、黑色桑塔纳。
D. 白色奥迪、黑色宝马、红色奔驰、灰色桑塔纳。
E. 黑色奥迪、灰色宝马、白色奔驰、红色桑塔纳。

【解析】选项排除法:

A 项,可能为真。
B 项,不可能为真,因为林宏不买红色的车。
C 项,不可能为真,因为何柏不买白色的车。
D 项,不可能为真,因为邱辉不买灰色的车。
E 项,不可能为真,因为何柏不买白色的车。

【答案】A

母题技巧

两类综合推理题明显要使用选项排除法。
(1) 选项看起来像排列组合的题。
(2) 题干问"以下哪项有可能为真"的题。

母题变化

变化 1 简单匹配

例 12 过儿童节,幼儿园阿姨给三个小孩儿分食品。现有月饼、桃酥、蛋糕各一块,苹果、香蕉、鸭梨各一个。小红不喜欢吃蛋糕和鸭梨,小华不喜欢吃桃酥和苹果,小林不喜欢吃蛋糕和苹果。阿姨想出了一个分配方案,使小朋友们都分到了喜欢的点心和水果。

以下哪项不是阿姨想出的分配方案?

A. 小林分到月饼和香蕉,小红分到桃酥和苹果,小华分到蛋糕和鸭梨。
B. 小林分到蛋糕和苹果,小红分到桃酥和香蕉,小华分到月饼和鸭梨。

C. 小林分到桃酥和鸭梨，小红分到月饼和苹果，小华分到蛋糕和香蕉。
D. 小林分到月饼和鸭梨，小红分到桃酥和苹果，小华分到蛋糕和香蕉。
E. 小林分到桃酥和香蕉，小红分到月饼和苹果，小华分到蛋糕和鸭梨。

【解析】简单匹配题。

用选项排除法：

B项，小林分到蛋糕和苹果，但题干中说小林不喜欢吃蛋糕和苹果，故不符合题意。

其余各项均符合题意。

【答案】B

变化2　简单匹配＋真假话

例13　赵明、钱红、孙杰三人被北京大学、清华大学和北京师范大学录取。关于他们分别是被哪个学校录取的，同学们作了如下的猜测：

同学甲：赵明被清华大学录取，孙杰被北京师范大学录取。

同学乙：赵明被北京师范大学录取，钱红被清华大学录取。

同学丙：赵明被北京大学录取，孙杰被清华大学录取。

结果，同学们的猜测各对了一半。

那么，他们的录取情况是：

A. 赵明、钱红、孙杰分别被北京大学、清华大学和北京师范大学录取。
B. 赵明、钱红、孙杰分别被清华大学、北京师范大学和北京大学录取。
C. 赵明、钱红、孙杰分别被北京师范大学、清华大学和北京大学录取。
D. 赵明、钱红、孙杰分别被北京大学、北京师范大学和清华大学录取。
E. 赵明、钱红、孙杰分别被清华大学、北京大学和北京师范大学录取。

【解析】简单匹配题。

选项代入法：

若A项为真，则满足题干。

若B项为真，则乙、丙的两句话均为假。

若C项为真，则甲、丙的两句话均为假，乙的两句话均为真。

若D项为真，则甲、乙的两句话均为假，丙的两句话均为真。

若E项为真，则乙、丙的两句话均为假，甲的两句话均为真。

【答案】A

变化3　可能符合题干

例14　下面三题基于以下题干：

东宁大学公开招聘3个教师职位，哲学学院、管理学院和经济学院各1个，每个职位都有分别来自南山大学、西京大学、北清大学的候选人，有位"聪明"人士李先生对招聘结果作出了如下预测：

如果哲学学院录用北清大学的候选人，那么管理学院录用西京大学的候选人；如果管理学院录用南山大学的候选人，那么哲学学院也录用南山大学的候选人；如果经济学院录用北清大学或者西京大学的候选人，那么管理学院录用北清大学的候选人。

(1)如果哲学学院、管理学院和经济学院最终录用的候选人的大学归属信息依次如下，则哪项符合李先生的预测？

A. 南山大学、南山大学、西京大学。
B. 北清大学、南山大学、南山大学。
C. 北清大学、北清大学、南山大学。
D. 西京大学、北清大学、南山大学。
E. 西京大学、西京大学、西京大学。

(2)若哲学学院最终录用西京大学的候选人，则以下哪项表明李先生的预测错误？

A. 管理学院录用北清大学候选人。
B. 管理学院录用南山大学候选人。
C. 经济学院录用南山大学候选人。
D. 经济学院录用北清大学候选人。
E. 经济学院录用西京大学候选人。

(3)如果三个学院最终录用的候选人来自不同的大学，则以下哪项符合李先生的预测？

A. 哲学学院录用西京大学候选人，经济学院录用北清大学候选人。
B. 哲学学院录用南山大学候选人，管理学院录用北清大学候选人。
C. 哲学学院录用北清大学候选人，经济学院录用西京大学候选人。
D. 哲学学院录用西京大学候选人，管理学院录用南山大学候选人。
E. 哲学学院录用南山大学候选人，管理学院录用西京大学候选人。

【解析】

(1)简单匹配题。

使用选项排除法：

将各选项代入题干，可知 D 项符合李先生的预测。

(2)假言命题的负命题。

题干：如果管理学院录用南山大学的候选人，那么哲学学院也录用南山大学的候选人；

其负命题为：管理学院录用南山大学的候选人 $\land \neg$ 哲学学院录用南山大学的候选人。

根据题干，每个学院只录用一个候选人，所以哲学学院录用了西京大学的候选人，则没有录用南山大学的候选人，根据负命题可知，管理学院录用南山大学的候选人，说明李先生的预测错误，故 B 项正确。

(3)简单匹配题。

使用选项排除法：

题干有以下信息：

①哲学北清→管理西京。
②管理南山→哲学南山。
③经济北清∨经济西京→管理北清。
④三名候选人来自不同的大学。

A项，由题干信息③可知经济北清→管理北清，与题干信息④矛盾，排除。

B项，符合条件。

C项，由题干信息③、①串联得：经济西京→管理北清→¬管理西京→¬哲学北清，故哲学学院不能录用北清大学的候选人，排除。

D项，由题干信息②可知管理南山→哲学南山，与题干信息④矛盾，排除。

E项，由题干信息③可知，¬管理北清→经济北清∧¬经济西京，即经济学院只能录用南山大学的候选人，而此项中哲学学院也录用了南山大学的候选人，与题干信息④矛盾，排除。

综上，B项为正确答案。

【答案】(1)D；(2)B；(3)B

题型40 复杂匹配与题组

母题精讲

母题40 有三位见习医生，他们在同一家医院中担任住院医生。已知：

(1)一星期中只有一天三位见习医生同时值班。

(2)没有一位见习医生连续三天值班。

(3)任两位见习医生在一星期中同一天休假的情况不超过一次。

(4)第一位见习医生在星期日、星期二和星期四休假。

(5)第二位见习医生在星期四和星期六休假。

(6)第三位见习医生在星期日休假。

那么三位见习医生星期几同时值班？

A. 星期一。 B. 星期二。 C. 星期三。
D. 星期四。 E. 星期五。

【解析】列表法，题干信息见表10-4：

表10-4

见习医生＼星期	星期一	星期二	星期三	星期四	星期五	星期六	星期日
第一位		休假		休假			休假
第二位				休假		休假	
第三位							休假

由题干条件(3)可知，第二位见习医生不能在星期二、星期日休假，即第二位见习医生在星期二、星期日值班；第三位见习医生不能在星期二、星期四休假，即第三位见习医生在星期二、星期四值班。

由题干条件(2)可知，第二位见习医生在星期一必须休假，否则会连续三天值班；第三位见习医生在星期三必须休假，否则会连续三天值班。

故，三位见习医生在星期五同时值班。

【答案】E

 母题技巧

复杂匹配题常用以下方法：

（1）表格法。

两组元素的匹配，推荐使用表格法。

（2）连线法。

三组或三组以上元素的匹配，推荐使用连线法。使用连线法时，实线表示有对应关系，虚线表示无对应关系，无法确定有没有对应关系时不画线。

（3）重复元素分析法。

有一些题目，逻辑关系复杂，要寻找突破口进行分析。重复元素往往是最重要的突破口，可以把重复元素当作桥梁，建立起元素之间的关系。

（4）假设法。

根据题干信息进行简单的假设归谬，看是否出现矛盾。做假设时，要重点考虑重复次数最多的信息和没有重复的信息。

母题变化

变化 1 两组元素的匹配

例 15 大学新生张强、史宏和黎明同住一个宿舍，他们分别来自东北三省（辽宁、黑龙江和吉林）中的某一省份。其中，张强不比来自黑龙江的同学个子矮，史宏比来自辽宁的同学个子高，黎明的个子和来自辽宁的同学一样高。

如果上述断定为真，则以下哪项也为真？

A. 张强来自辽宁，史宏来自黑龙江，黎明来自吉林。
B. 张强来自辽宁，史宏来自吉林，黎明来自黑龙江。
C. 张强来自黑龙江，史宏来自辽宁，黎明来自吉林。
D. 张强来自吉林，史宏来自黑龙江，黎明来自辽宁。
E. 张强来自黑龙江，史宏来自吉林，黎明来自辽宁。

【解析】

方法一：选项排除法＋连线法。

将题干信息形式化：

①张强≥黑龙江，故张强不是来自黑龙江，排除 C、E 项。

②黎明＝辽宁，故黎明不是来自辽宁，排除 D 项。

③史宏＞辽宁，故史宏不是来自辽宁，所以张强来自辽宁。

画连线图，如图 10-5 所示：

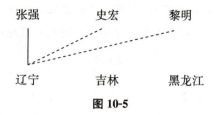

图 10-5

已知史宏＞辽宁，故史宏＞张强。

又已知张强≥黑龙江，故史宏＞张强≥黑龙江。

所以，史宏不是来自黑龙江，故史宏来自吉林。画连线图，如图 10-6 所示：

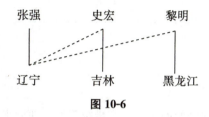

图 10-6

综上，张强来自辽宁，史宏来自吉林，黎明来自黑龙江。

【注意】连线法是为了帮助理清元素之间的关系，但对于一些较简单的题，不用连线法也可以很快得到答案。此题也可用下述解法。

方法二：重复元素分析法。

阅读题干，发现重复元素为"辽宁"，故优先分析"辽宁"。

史宏比来自辽宁的同学个子高，黎明的个子和来自辽宁的同学一样高，所以史宏和黎明都不是来自辽宁。故张强来自辽宁。排除 C、D、E 三个选项。

已知史宏＞辽宁，故史宏＞张强。

又已知张强≥黑龙江，故史宏＞张强≥黑龙江，所以史宏不是来自黑龙江，故史宏来自吉林。

所以，张强来自辽宁，史宏来自吉林，黎明来自黑龙江。

方法三：表格法。

两类元素的对应问题，可以使用表格法，将两类元素分别列在表格的横坐标和纵坐标。

根据题干信息可知：

张强≥黑龙江，故张强不是来自黑龙江。

黎明＝辽宁，故黎明不是来自辽宁。

史宏＞辽宁，故史宏不是来自辽宁，所以张强来自辽宁。得表 10-5：

表 10-5

地点 姓名	辽宁	吉林	黑龙江
张强	√		×
史宏	×		
黎明	×		

已知史宏＞辽宁（张强），张强（辽宁）≥黑龙江，故史宏＞张强≥黑龙江。

所以，史宏不是来自黑龙江，故史宏来自吉林，黎明来自黑龙江。补充完表格，得表10-6：

表 10-6

姓名＼地点	辽宁	吉林	黑龙江
张强	√	×	×
史宏	×	√	×
黎明	×	×	√

【答案】B

变化2 三组元素的匹配

例16 张明、李英、王佳和陈蕊四人在一个班组工作，他们来自江苏、安徽、福建和山东四个省，每个人只会说原籍的一种方言。现已知：福建人会说闽南方言；山东人学历最高且会说中原官话；王佳比福建人的学历低；李英会说徽州话并且和来自江苏的同事是同学；陈蕊不懂闽南方言。

根据以上陈述，可以得出以下哪项结论？

A. 陈蕊不会说中原官话。

B. 张明会说闽南方言。

C. 李英是山东人。

D. 王佳会说徽州话。

E. 陈蕊是安徽人。

【解析】

题干信息如下：

①福建人会说闽南方言。

②山东人学历最高且会说中原官话。

③王佳比福建人的学历低。

④李英会说徽州话并且和来自江苏的同事是同学。

⑤陈蕊不懂闽南方言。

方法一：连线法。

根据题干，可知如下关系，如图 10-7 所示：

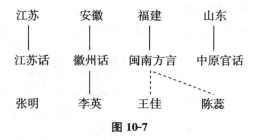

图 10-7

由题干"每个人只会说原籍的一种方言"可知,李英也不会说闽南方言,故得如下关系,如图 10-8 所示:

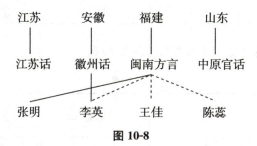

图 10-8

故有,张明会说闽南方言。

方法二:重复元素分析法。

阅读题干,发现"福建人""闽南方言"出现的次数最多,而这两个词又是一一对应关系,故将"福建人"当作"桥梁",分析各元素与"福建人"的关系。

由"王佳比福建人的学历低"可知,王佳不是福建人,也不会说闽南方言。

由"李英会说徽州话"可知,李英不是福建人。

由"陈蕊不懂闽南方言"可知,陈蕊不是福建人。

故三人均不是福建人,所以,张明是福建人,会说闽南方言。

方法三:表格法一。

题干中虽然有三类信息,但语言和地域的对应关系可以迅速确定,故可以简化为二类信息的匹配问题。

李英会说徽州话并且和来自江苏的同事是同学,说明说徽州话的不是江苏人。

又知,福建人会说闽南方言,山东人会说中原官话,故安徽人说徽州话。

再将题干信息列入表格,得表 10-7:

表 10-7

姓名 地方及方言	张明	李英	王佳	陈蕊
江苏		④×		
安徽(徽州话)	④×	④√	④×	④×
福建(闽南方言)		④×	③×	⑤×
山东(中原官话)		④×		

故，⑥福建人只能是张明，即 B 项正确。

又由②、③可知，⑦王佳不是山东人，得表 10-8：

表 10-8

姓名 地方及方言	张明	李英	王佳	陈蕊
江苏	⑥×	④×		
安徽（徽州话）	④×	④√	④×	④×
福建（闽南方言）	⑥√	④×	③×	⑤×
山东（中原官话）	⑥×	④×	⑦×	

故⑧王佳是江苏人，得⑨陈蕊是山东人。得表 10-9：

表 10-9

姓名 地方及方言	张明	李英	王佳	陈蕊
江苏	⑥×	④×	⑧√	⑧×
安徽（徽州话）	④×	④√	④×	④×
福建（闽南方言）	⑥√	④×	③×	⑤×
山东（中原官话）	⑥×	④×	⑦×	⑨√

方法四：表格法二。

三类或三类以上元素的对应问题，可以使用第二种表格法，将每一类题干信息放在一列。得表 10-10：

表 10-10

题干信息	人物	地区	语言	学历
①福建人会说闽南方言；		福建	闽南方言	
②山东人学历最高且会说中原官话；		山东	中原官话	最高
③王佳比福建人的学历低；	王佳	¬福建		比福建人低
④李英会说徽州话并且和来自江苏的同事是同学；	李英	¬江苏	徽州话	
⑤陈蕊不懂闽南方言。	陈蕊		¬闽南方言	

重复元素分析法，可知"福建"和"闽南方言"为解题突破口。

由①、⑤可知，陈蕊不是福建人。

由③可知，王佳不是福建人。

由①、④可知，李英不是福建人。

故：张明——福建人——闽南方言，即 B 项正确。

可得表 10-11：

表 10-11

题干信息	人物	地区	语言	学历
①福建人会说闽南方言；	张明	福建	闽南方言	
②山东人学历最高且会说中原官话；		山东	中原官话	最高
③王佳比福建人的学历低；	王佳	¬福建		比福建人低
④李英会说徽州话并且和来自江苏的同事是同学；	李英	¬江苏	徽州话	
⑤陈蕊不懂闽南方言。	陈蕊		¬闽南方言	

由①、②、④可知，安徽人说徽州话，所以李英是安徽人。

由②、③可知，王佳不是山东人，故陈蕊是山东人。

综上，王佳是江苏人。

将题干对应关系列举如下：

张明——福建人——闽南方言；

李英——安徽人——徽州话；

王佳——江苏人——比福建人学历低；

陈蕊——山东人——中原官话——学历最高。

【答案】B

例 17 甲、乙、丙在北京、南京和成都工作，他们的职业是医生、演员和教师。已知：甲不在北京工作；乙不在南京工作；在北京工作的不是教师；在南京工作的是医生；乙不是演员。

那么，甲、乙、丙分别在哪里工作？

A. 南京、成都和北京。　　B. 成都、北京和南京。　　C. 南京、北京和成都。

D. 成都、南京和北京。　　E. 北京、成都和南京。

【解析】复杂匹配题。

题干信息整理如下：

①甲不在北京工作。

②乙不在南京工作。

③在北京工作的不是教师。

④在南京工作的是医生。

⑤乙不是演员。

根据条件②、④可知，乙不是医生；再结合条件⑤可知，乙是教师。

结合条件③可知，乙不在北京工作，故乙在成都工作。

结合条件①可知，甲在南京工作；再根据条件④可知，甲是医生。

故，丙在北京工作，且是演员。

【答案】A

▶ **变化 3　复杂匹配**

例 18　老吕、毋亮和陈正康三位教师共教六门课：逻辑、数学、写作、英语、会计和审计，每人教两门课。已知：

(1)写作老师和数学老师是邻居。

(2)毋亮最年轻。

(3)老吕经常对英语老师和数学老师谈自己的看法。

(4)英语老师比逻辑老师年龄大。

(5)毋亮、会计老师和逻辑老师经常一起游泳。

根据以上条件，请判断以下哪项是正确的？

A. 老吕教逻辑和会计。　　B. 毋亮教写作和英语。　　C. 陈正康教审计和写作。

D. 毋亮教数学和审计。　　E. 老吕教写作和会计。

【解析】数量关系＋匹配题。

由条件(3)可知，老吕不教英语和数学，且毋亮和陈正康一人教英语一人教数学。

由条件(2)和(4)可知，毋亮不教英语，故毋亮教数学，陈正康教英语。

由条件(5)可知，毋亮不教会计和逻辑。

由条件(1)可知，写作和数学不是同一位老师，即毋亮不教写作。

所以，毋亮教审计和数学，故 D 项正确。

继续推理可知：

由条件(4)可知，英语和逻辑不是同一位老师，又由陈正康教英语，故老吕教逻辑。

由条件(5)可知，逻辑和会计不是同一位老师，故陈正康教会计。

综上，毋亮教审计和数学，陈正康教会计和英语，老吕教逻辑和写作。

【答案】D

例 19　F、G、H、J、K 和 L 六位运动员参加 4 支球队：足球队、排球队、篮球队和乒乓球队。已知：

①每人恰加入一个队，每个队至少有一人加入。

②H 和 F 加入同一个队。

③恰有一个人和 L 加入同一个队。

④G 加入的是足球队。

⑤J 加入的是足球队或乒乓球队。

⑥H 没加入乒乓球队。

(1)以下哪项一定为假？

A. K 加入的是足球队。　　B. L 加入的是足球队。　　C. L 加入的是排球队。

D. K 加入的是篮球队。　　E. J 加入的是乒乓球队。

(2)如果 L 加入的是篮球队，则以下哪项一定为真？

A. H 加入的是排球队。　　B. G 加入的是篮球队。　　C. K 加入的是足球队。

D. K 加入的是排球队。　　E. K 加入的是乒乓球队。

(3) 如果 K 没加入篮球队，则以下哪项一定为真？

A. L 加入的是足球队。

B. L 加入的是排球队。

C. L 加入的是篮球队。

D. F 和 H 加入的是排球队。

E. F 和 H 加入的是篮球队。

【解析】数量＋匹配题。

先将题干的信息整理，由于 H 和 F 在同一个队，可以列入同一行，得表 10-12：

表 10-12

运动员＼球队	足球队	排球队	篮球队	乒乓球队
F 和 H				⑥×
G	④√	④×	④×	④×
J		⑤×	⑤×	
K				
L				

(1) 选项排除法。

根据条件②H 和 F 加入同一个队，由条件③可知，恰有一人和 L 在同一个队。故 6 个人在四支队伍的人数分布只能是 2 人、2 人、1 人、1 人。

A 项，如果 K 加入足球队，则 G 和 K 在同一个队，H 和 F 在同一个队，还有一人和 L 在同一个队，人数分布为 2 人、2 人、2 人、0 人，不成立。故 A 项一定为假。

(2) 根据题干信息和本题条件得：⑦L 加入的是篮球队，得表 10-13：

表 10-13

运动员＼球队	足球队	排球队	篮球队	乒乓球队
F 和 H				⑥×
G	④√	④×	④×	④×
J		⑤×	⑤×	
K				
L			⑦√	

已知恰有一人和 L 在同一个队，又因为 H 和 F 在同一个队，所以只能是 K 和 L 在篮球队。得表 10-14：

表 10-14

球队 运动员	足球队	排球队	篮球队	乒乓球队
F和H			×	⑥×
G	④√	④×	④×	④×
J		⑤×	⑤×	
K				√
L			⑦√	

又知 6 个人在四支队伍的人数分布只能是 2 人、2 人、1 人、1 人，所以，F 和 H 不能在足球队，否则足球队会有 3 人(F、H、G)。故 H 和 F 在排球队，J 在乒乓球队。

故正确答案为 A 项。

(3) 由题干和本题已知条件得：⑧K 没加入篮球队，得表 10-15：

表 10-15

球队 运动员	足球队	排球队	篮球队	乒乓球队
F和H				⑥×
G	④√	④×	④×	④×
J		⑤×	⑤×	
K			⑧×	
L				

故，篮球队只有 F、H、L 三种选择。若 L 加入篮球队，由条件③可知，H 和 F 中有且只有 1 人与 L 一起加入篮球队，与条件②"H 和 F 加入同一个队"矛盾。

所以，L 不能加入篮球队，故 H 和 F 一起加入篮球队，即 E 项正确。

【答案】(1)A；(2)A；(3)E

变化 4　数量关系

例 20　某公司有 F、G、H、I、M 和 P 六位总经理助理，三个部门。每一个部门恰由三个总经理助理分管。每个总经理助理至少分管一个部门。必须满足以下条件：

Ⅰ．有且只有一位总经理助理同时分管三个部门。

Ⅱ．F 和 G 不分管同一个部门。

Ⅲ．H 和 I 不分管同一个部门。

(1)以下哪项一定为真？

A. 有的总经理助理恰分管两个部门。

B. 任一部门由 F 或 G 分管。

C. M 或 P 只分管一个部门。

D. 没有部门由 F、M 和 P 分管。

E. P 分管的部门 M 都分管。

(2)如果 F 和 M 不分管同一个部门,则以下哪项一定为真?

A. F 和 H 分管同一个部门。

B. F 和 I 分管同一个部门。

C. I 和 P 分管同一个部门。

D. M 和 G 分管同一个部门。

E. M 和 P 不分管同一个部门。

【解析】

(1)由题干可知,该公司有三个部门,每一个部门恰由三个总经理助理分管,所以,一共有九个岗位。

该公司只有六位总经理助理,若一人占一个岗位,则有三个额外的岗位空缺。

条件Ⅰ:有且只有一位总经理助理同时分管三个部门,则这三个额外的岗位空缺,有两个被占用,只有最后一个岗位空缺。

所以,除同时分管三个部门的那个人外,另外五人必有一个且只有一人占用最后这个岗位空缺,此人分管两个部门。

故有:有且只有一人分管两个部门→有人分管两个部门。

故 A 项为真。

(2)由题干可知,有且只有一个人分管三个部门,并且一共只有三个部门,说明此人必和其他所有人共同分管某一部门。

由题干可知,F 和 M 不分管同一个部门,F 和 G 不分管同一个部门,H 和 I 不分管同一个部门,所以分管三个部门的人不是 F、M、G、H、I,则一定是 P。

所以,P 和其他五人都有共同分管的部门,当然 P 和 I 也会分管同一个部门。

故 C 项为真。

【答案】(1)A;(2)C

变化 5 题组

例 21 中国射击队要从 E、F、G、H、O、P 和 Q 这 7 名队员中挑选 4 名参加奥运会,挑选必须符合下列条件:

Ⅰ. E 或 F 有一人参加,但二人不能都参加。

Ⅱ. O 或 P 有一人参加,但二人不能都参加。

Ⅲ. 如果 O 参加,则 G 参加。

Ⅳ. 除非 F 参加,否则 Q 不参加。

(1)以下哪项列出的四名队员可以共同参加比赛?

A. E、F、H、P。　　　　B. E、G、O、Q。　　　　C. E、H、O、Q。

D. E、F、G、P。　　　　E. F、H、P、Q。

(2)以下哪项列出的队员一定会参加比赛?

A. F和Q至少一人。　　B. G和H至少一人。　　C. H和O至少一人。

D. O和Q至少一人。　　E. P和Q至少一人。

【解析】"挑选"问题。

(1)选项排除法。

A项,不满足条件Ⅰ。

B项,不满足条件Ⅳ。

C项,不满足条件Ⅲ和Ⅳ。

D项,不满足条件Ⅰ。

故正确选项为E项。

(2)数量关系题。

由条件Ⅰ可知,E和F选1人参加;由条件Ⅱ可知,O和P选1人参加。

又知,7人中共选4人参加,故G、H、Q这3人中有2人入选,1人落选。

所以,G和H至少1人入选,故正确选项为B项。

【答案】(1)E;(2)B

例22　以下两题基于以下题干:

F、G、J、K、L和M六人应聘某个职位。只有被面试才能被聘用。而且,必须满足以下条件:

①如果面试G,则面试J。

②如果面试J,则面试L。

③F被面试。

④除非面试K,否则不聘用F。

⑤除非面试M,否则不聘用K。

(1)以下哪项可能为真?

A. 只有F、J和M被面试。

B. 只有F、J和K被面试。

C. 只有G和另外一位应聘者被面试。

D. 只有G和另外两位应聘者被面试。

E. 只有G和另外三位应聘者被面试。

(2)如果M未被面试,则以下哪项一定为真?

A. K未被面试。

B. K被面试单位聘用。

C. F被面试,但K未被聘用。

D. F被聘用,但K未被聘用。

E. F被聘用。

【解析】题干有以下论断:

①面试G→面试J。

②面试 J→面试 L。
③面试 F。
④¬面试 K→¬聘用 F。
⑤¬面试 M→¬聘用 K。

(1)A 项，由条件②可知，面试 J，必有面试 L，所以"只有 F、J、M 被面试"不成立。

B 项，由条件②可知，面试 J，必有面试 L，所以"只有 F、J、K 被面试"不成立。

C 项，由条件①、②可知，面试 G，必有面试 J、L，所以"只有 G 和另外一位应聘者被面试"不成立。

D 项，由条件①、②可知，面试 G，必有面试 J、L，另外有 F 被面试，所以"只有 G 和另外两位应聘者被面试"不成立。

E 项，可能为真。

(2)由条件⑤可知，M 未被面试，则 K 未被聘用。

又由条件③可知，F 被面试。

故 C 项必然为真。

【答案】(1)E；(2)C

例 23 一个花匠正在配制插花。可供选择的花共有苍兰、玫瑰、百合、牡丹、海棠和秋菊 6 种。一件合格的插花须由两种以上的花组成，同时需满足以下条件：

①如果有苍兰，则不能有秋菊。
②如果有海棠，则不能有秋菊。
③如果有牡丹，则必须有秋菊，并且秋菊的数量必须和牡丹一样多。
④如果有玫瑰，则必须有海棠，并且海棠的数量是玫瑰的两倍。
⑤如果有苍兰，则苍兰的数量必须大于所用到的其他花的总和。

(1)以下哪个配置，只需加上一枝海棠，就可成为一件合格的插花？

A. 三枝苍兰，一枝百合，两枝海棠。
B. 四枝苍兰，两枝牡丹，一枝海棠。
C. 五枝苍兰，一枝玫瑰，一枝海棠。
D. 两枝玫瑰，两枝海棠，两枝秋菊。
E. 两枝百合，两枝牡丹，两枝海棠。

(2)以下各项所列的两种花都可以搭配在一起，组成一件合格的插花，除了：

A. 苍兰和百合。　　　　B. 苍兰和海棠。　　　　C. 海棠和百合。
D. 玫瑰和牡丹。　　　　E. 百合和秋菊。

【解析】题干有以下信息：

①苍兰→¬秋菊。
②海棠→¬秋菊。
③牡丹→秋菊，并且秋菊的数量必须和牡丹一样多。
④玫瑰→海棠，并且海棠的数量是玫瑰的两倍。
⑤如果有苍兰，则苍兰的数量必须大于所用到的其他花的总和。

(1)选项排除法。

A项，不符合条件⑤。

B项，不符合条件③和⑤。

C项，符合题意。

D项，不符合条件②和④。

E项，不符合条件③。

(2)由条件④、②串联可得：⑥玫瑰→海棠→╕秋菊。

条件③逆否得：⑦牡丹→秋菊＝╕秋菊→╕牡丹。

⑥、⑦串联可得：玫瑰→海棠→╕秋菊→╕牡丹。

所以D项不可能。

【答案】(1)C；(2)D

微模考 10 ▶ 综合推理

（母题篇）

（共 30 题，每题 2 分，限时 60 分钟）

1. 王园获得的奖金比梁振杰的高。得知魏国庆获得的奖金比苗晓琴的高后，可知王园获得的奖金也比苗晓琴的高。

   以下各项假设都能使上述推断成立，除了：

   A. 魏国庆获得的奖金比王园的高。
   B. 梁振杰获得的奖金比苗晓琴的高。
   C. 梁振杰获得的奖金比魏国庆的高。
   D. 梁振杰获得的奖金和魏国庆的一样。
   E. 王园获得的奖金和魏国庆的一样。

2. A 地区与 B 地区相邻。如果基于耕种地和休耕地的总面积计算最近 12 年的平均亩产，A 地区是 B 地区的 120%；如果仅基于耕种地的面积，则 A 地区是 B 地区的 70%。

   如果上述陈述为真，则最可能推断出以下哪项？

   A. A 地区生产的谷物比 B 地区多。
   B. A 地区休耕地面积比 B 地区休耕地面积大。
   C. A 地区少量休耕地是可利用的农田。
   D. 耕种地占总农田的比例，A 地区比 B 地区高。
   E. B 地区休耕地面积比 A 地区耕种地面积大。

3. 三分之二的陪审员认为证人在被告作案时间、作案地点或作案动机上提供伪证。

   以下哪项能作为结论从上述断定中推出？

   A. 三分之二的陪审员认为证人在被告作案时间上提供伪证。
   B. 三分之二的陪审员认为证人在被告作案地点上提供伪证。
   C. 三分之二的陪审员认为证人在被告作案动机上提供伪证。
   D. 在被告作案时间、作案地点或作案动机这三个问题中，至少有一个问题，三分之二的陪审员认为证人在这个问题上提供伪证。
   E. 以上各项均不能从题干的断定中推出。

4. 在 B 国一部汽车的购价是 A 国同类型汽车的 1.6 倍。尽管需要附加运输费用和关税，但在 A 国购买汽车运到 B 国后的费用仍比在 B 国国内购买同类型的汽车便宜。

   如果上述断定为真，则最能加强以下哪项断定？

   A. A 国的汽油价格是 B 国的 60%。
   B. 从 A 国进口到 B 国的汽车数量是 B 国国内销售量的 1.6 倍。
   C. B 国购买汽车的人是 A 国的 40%。
   D. 从 A 国进口汽车到 B 国的运输费用高于在 A 国购买同类型汽车价钱的 60%。

E. 从 A 国进口汽车到 B 国的关税低于在 B 国购买同类型汽车价钱的 60%。

5. 对于东明市的居民来说，购买新房是一项高昂的消费，居民一般购买 45 万元左右的中低档房，少数富有的家庭购买 100 万元以上的高档房。每年购买房子的人群中 25～35 岁的人约占 50%，其中高于 65% 的购房者没有私家车。

   如果上述断定为真，则以下哪项一定为真？

   Ⅰ. 每年东明市约有 50% 的购房者的年龄要么小于 25 岁，要么大于 35 岁。

   Ⅱ. 每年东明市约有 35% 的购房者拥有私家车。

   Ⅲ. 东明市的房产将严重滞销。

   A. 仅Ⅰ。 B. 仅Ⅱ。 C. 仅Ⅰ和Ⅱ。
   D. 仅Ⅰ和Ⅲ。 E. Ⅰ、Ⅱ和Ⅲ。

6. 在一次考试中，试卷上画了五大洲的图形，每个图形都编了号，要求填出其中任意两个洲名，分别有五名学生填了如下编号：

   甲：3 是欧洲，2 是美洲。

   乙：4 是亚洲，2 是大洋洲。

   丙：1 是亚洲，5 是非洲。

   丁：4 是非洲，3 是大洋洲。

   戊：2 是欧洲，5 是美洲。

   结果他们每人只填对一半，请根据以上条件判断以下哪项正确？

   A. 1 是亚洲，2 是欧洲。 B. 2 是大洋洲，3 是非洲。 C. 3 是欧洲，4 是非洲。
   D. 4 是美洲，5 是非洲。 E. 4 是亚洲，5 是非洲。

7. 几位同学对物理竞赛的名次进行猜测。小钟说："小华第三，小任第五。"小华说："小闽第五，小宫第四。"小任说："小钟第一，小闽第四。"小闽说："小任第一，小华第二。"小宫说："小钟第三，小闽第四。"

   已知本次竞赛没有并列名次，并且每个名次都有人猜对。那么，具体名次应该是以下哪项？

   A. 小华第一、小钟第二、小任第三、小闽第四、小宫第五。
   B. 小闽第一、小任第二、小华第三、小宫第四、小钟第五。
   C. 小任第一、小华第二、小钟第三、小宫第四、小闽第五。
   D. 小任第一、小闽第二、小钟第三、小宫第四、小华第五。
   E. 小任第一、小闽第二、小宫第三、小钟第四、小华第五。

8. 药监局对五种消炎药进行药效比较，结果如下：甲与乙药效相同；丙比甲有效；丁副作用最大；戊药效最差。

   则以下哪项必然为真？

   A. 丙最有效。 B. 丁比戊药效好。 C. 甲比戊副作用大。
   D. 甲和乙副作用相同。 E. 乙比丙有效。

9. 在同一侧的房号为 1、2、3、4 的四间房子里，分别住着来自韩国、法国、英国和德国的四位专家。有一位记者前来采访他们。

   韩国人说："我的房号大于德国人，且我不会说外语，也无法和邻居交流。"

法国人说："我会说德语，但我却无法和我的邻居交流。"

英国人说："我会说韩语，但我只可以和一个邻居交流。"

德国人说："我会说我们这四个国家的语言。"

那么，按照房号从小到大排，房间里住的人的国籍依次是：

A. 英国、德国、韩国、法国。

B. 法国、英国、德国、韩国。

C. 德国、英国、法国、韩国。

D. 德国、英国、韩国、法国。

E. 法国、德国、英国、韩国。

10. 在一盘扑克牌游戏中，某个人的手中有这样一副牌：

(1)正好有 13 张牌。

(2)每种花色至少有一张。

(3)每种花色的张数不同。

(4)红心和方块总共 5 张。

(5)红心和黑桃总共 6 张。

(6)属于"王牌"花色的有 2 张。

请问：红心、黑桃、方块和梅花这四种花色中，哪一种是"王牌"花色？

A. 红心。 B. 黑桃。 C. 方块。

D. 梅花。 E. 无色。

11. 在一次田径预选赛中，张强超过了李进，而宋之的成绩好于王平却不如马正。

由此可以推出：

A. 马正的成绩比张强好。

B. 李进的成绩超过了王平。

C. 张强的成绩好于宋之。

D. 在五个人中，王平最多名列第三。

E. 在五个人中，李进的成绩最差。

12. 医院里的医生和护士，包括我在内，总共是 16 名，下面讲到的人员情况，无论是否把我计算在内，都不会有任何变化。在这些医护人员中，已知：

(1)护士多于医生。

(2)男医生多于男护士。

(3)男护士多于女护士。

(4)至少有一位女医生。

请问：这位说话者是什么性别和职务？

A. 男医生。 B. 女护士。 C. 男护士。

D. 女医生。 E. 无法确定。

13. 小华、小玲、小芳、小丽同住一个宿舍。按规定，晚上最迟回宿舍的同学，应该关掉室外的路灯。有一天晚上，室外的路灯没有关掉，第二天，宿舍管理员过来查询哪一个同学最迟返回宿舍。小玲说:"我回来的时候,小丽已经睡了,我也就睡下了。"小华说:"我回来的时候,小芳还没有睡。"小芳说:"我进门的时候,小玲还没有睡。"小丽说:"我上床就睡着了,什么都不知道。"

这四位同学说的都是事实,请判断以下哪项为真?

A. 小华最迟返回宿舍。　　B. 小玲最迟返回宿舍。　　C. 小芳最迟返回宿舍。

D. 小丽最迟返回宿舍。　　E. 不能确定谁最迟返回宿舍。

14. 甲、乙和丙,一位是山东人,一位是河南人,一位是湖北人。现在只知道:丙比湖北人年龄大,甲和河南人不同岁,河南人比乙年龄小。

由此可以推出:

A. 甲不是湖北人。　　B. 河南人比甲年龄小。　　C. 河南人比山东人年龄大。

D. 湖北人年龄最小。　　E. 河南人年龄最大。

15. 在这次 NBA 选秀中,卡特、布莱尔、库里被勇士队、湖人队、老鹰队选中。关于他们分别被哪个球队选中,几位不知道确切选秀结果的球迷做了如下猜测:

球迷甲:卡特被湖人队选中,库里被老鹰队选中。

球迷乙:卡特被老鹰队选中,布莱尔被湖人队选中。

球迷丙:卡特被勇士队选中,库里被湖人队选中。

根据选秀结果,三位球迷各猜对了一半。则以下哪项正确地说明了这次的选秀结果?

A. 卡特被湖人队选中、布莱尔被老鹰队选中、库里被勇士队选中。

B. 卡特被老鹰队选中、布莱尔被湖人队选中、库里被勇士队选中。

C. 卡特被勇士队选中、布莱尔被湖人队选中、库里被老鹰队选中。

D. 卡特被湖人队选中、布莱尔被勇士队选中、库里被老鹰队选中。

E. 卡特被勇士队选中、布莱尔被老鹰队选中、库里被湖人队选中。

16. 甲、乙、丙、丁四个人,每个人只会英、法、德、汉四种语言中的两种。没有一种语言大家都会,但有一种语言三个人都会。另外,甲不会法语,但当乙与丙交流时需要他当翻译。乙会汉语,丁虽然不懂但他们能交流。没有一种语言甲、乙、丙三人都会。没有人既懂德语又懂汉语。

据此可以推知,三个人都会的语言是:

A. 英语。　　B. 法语。　　C. 德语。

D. 汉语。　　E. 无法确定。

17. 乒乓球单打决赛在甲、乙、丙、丁四位选手中进行,赛前,有些人预测比赛的结果,A 说:"甲第四。"B 说:"乙不是第二,也不是第四。"C 说:"丙的名次在乙的前面。"D 说:"丁将得第一。"比赛结果表明,四个人中只有一个人预测错了。

那么,甲、乙、丙、丁四位选手的名次分别为:

A. 二、三、四、一。　　B. 一、二、四、三。　　C. 一、三、四、二。

D. 四、三、一、二。　　E. 无法确定。

18. 质检部门对 A、B、C、D、E 五种不同品牌的 32 寸平板电视机进行检测,发现:A 的耗电量低于 B,B 的耗电量不比 C 高,D 的耗电量不如 E 低,E 的耗电量不如 B 低,其中两种品牌电视机的耗电量是相同的。

以下哪项论述肯定与以上事实不符？

A. B和C的耗电量相同。　　B. A和C的耗电量相同。　　C. A的耗电量低于D。

D. E的耗电量不如C高。　　E. D的耗电量高于B。

19. 在英语四级考试中，陈文的分数比朱利的分数低，但是比李强的分数高；宋颖的分数比朱利和李强的分数低；王平的分数比宋颖的分数高，但是比朱利的分数低。

如果以上陈述为真，则根据下列哪项能够推出张明的分数比陈文的分数低？

A. 陈文的分数和王平的分数一样高。

B. 王平的分数和张明的分数一样高。

C. 张明的分数比宋颖的分数高，但比王平的分数低。

D. 王平的分数比张明的分数高，但比李强的分数低。

E. 张明的分数不比朱利的分数高。

20. 某城市有五个公园：甲、乙、丙、丁、戊，它们由南至北基本在一条直线上，同时：

(1)乙与丁相邻并且在丁的北边。

(2)戊和甲相邻。

(3)丙在乙的北边。

根据以上线索，可以推断五个公园由北至南的顺序可以是：

A. 甲、丙、戊、乙、丁。　　B. 乙、丁、戊、甲、丙。　　C. 丙、甲、戊、乙、丁。

D. 丙、丁、乙、甲、戊。　　E. 丙、乙、甲、丁、戊。

21. N中学在进行高考免试学生的推荐时，共有甲、乙、丙、丁、戊、己、庚7位同学入围。在7人中，有3位同学是女生，4位同学是男生；有4位同学的年龄为18岁，而另外3位同学的年龄则为17岁。已知，甲、丙和戊的年龄相同，而乙和庚的年龄不相同；乙、丁和己的性别相同，而甲和庚的性别不相同。最后，只有一位17岁的女生得到推荐资格。

据此，可以推出获得推荐资格的是：

A. 甲。　　　　　　　　　　B. 乙。　　　　　　　　　　C. 丙。

D. 戊。　　　　　　　　　　E. 庚。

22. 在东海大学研究生会举办的一次中国象棋比赛中，来自经济学院、管理学院、哲学院、数学院和化学院的5名研究生(每个学院1名)，相遇在一起，有关甲、乙、丙、丁、戊5名研究生之间的比赛信息满足以下条件：

(1)甲与两名选手比赛过。

(2)化学院选手与3名选手比赛过。

(3)乙不是管理学院的选手，也没有和管理学院的选手对阵过。

(4)哲学院选手和丙比赛过。

(5)管理学院选手、哲学院选手、数学院选手都相互交过手。

(6)丁与一名选手比赛过。

根据以上条件，丙来自哪个学院？

A. 经济学院。　　　　　　　B. 管理学院。　　　　　　　C. 数学院。

D. 哲学院。　　　　　　　　E. 化学院。

23. 小平忘记了今天是星期几，于是他去问O、P、Q三人。O回答："我也忘记今天是星期几了，但你可以去问P、Q两人。"P回答："昨天是我说谎的日子。"Q的回答和P一样。已知：

①O从来不说谎。

②P在星期一、星期二、星期三这三天说谎，其余时间都讲真话。

③Q在星期四、星期五、星期六这三天说谎，其余时间都讲真话。

根据以上条件，今天是星期几？

A. 星期一。 B. 星期二。 C. 星期四。

D. 星期六。 E. 星期日。

24. 有三户人家，每家有一个孩子，他们的名字是：小梅（女）、小媚（女）、小明（男）；孩子的爸爸是老王、老张和老陈；孩子的妈妈是刘蓉、李玲和方丽。对于这三家人，已知：

(1)老王家和李玲家的孩子都参加了少女舞蹈队。

(2)老张的女儿不是小媚。

(3)老陈和方丽不是一家人。

根据以上条件，可以确定以下哪项是正确的？

A. 老王、刘蓉和小梅是一家。

B. 老张、李玲和小媚是一家。

C. 老王、方丽和小媚是一家。

D. 老陈、方丽和小明是一家。

E. 老陈、刘蓉和小梅是一家。

25~26题基于以下题干：

8位候选人竞选厂长，选举的过程满足以下条件：

如果A的票数多于B，并且C的票数多于D，那么E当选。

如果B的票数多于A或者F的票数多于G，那么H当选。

如果D的票数多于C，那么F当选。

25. 如果上述断定都是真的，并且事实上H当选，那么以下哪项一定是真的？

A. A的票数比B多。 B. B的票数不比A多。 C. F的票数比G多。

D. G的票数比F多。 E. D的票数不比C多。

26. 如果上述断定都是真的，并且事实上C的票数多于D，并且E并没有当选，那么以下哪项一定是真的？

A. F当选。 B. H当选。 C. A的票数不比B多。

D. B的票数不比F多。 E. F的票数多于G。

27~30题基于以下题干：

一幢公寓楼有5层，每层有1到2套公寓。该楼上共有8套公寓，有8户居民住在不同的公寓里，分别是J、K、L、M、N、O、P、Q。关于他们，有以下信息：

(1)J住在有两套公寓的楼层上。

(2)K恰好住在P的上面一层。

(3)第二层仅有一套公寓。

(4)M和N住在同一层。

(5)O和Q不住在同一层。

(6)L住的楼层上只有一套公寓。

(7)Q既不住在第一层也不住在第二层。

27. 下面哪一项一定正确?
    A. Q住在第三层。　　　　B. Q住在第五层。　　　　C. L不住在第四层。
    D. N不住在第二层。　　　E. K住在第二层。

28. 下面哪一项不可能正确?
    A. K住在第二层。　　　　B. M住在第一层。　　　　C. N住在第四层。
    D. P住在第五层。　　　　E. Q住在第三层。

29. 若J住在第四层且K住在第五层,则下面哪一项可能正确?
    A. O住在第一层。　　　　B. Q住在第四层。　　　　C. N住在第五层。
    D. L住在第四层。　　　　E. M住在第二层。

30. 若O住在第二层,那么下面哪一项不可能正确?
    A. K住在第四层。　　　　B. K住在第五层。　　　　C. L住在第一层。
    D. L住在第四层。　　　　E. M住在第一层。

微模考 10 ▶ 参考答案

（母题篇）

1. A

【解析】排序题。

题干中的前提：王园＞梁振杰，魏国庆＞苗晓琴。

题干中的结论：王园＞苗晓琴。

A 项，魏国庆＞王园，又已知魏国庆＞苗晓琴，不能推出王园＞苗晓琴，不成立。

B 项，梁振杰＞苗晓琴，又已知王园＞梁振杰，可推出王园＞梁振杰＞苗晓琴，成立。

C 项，梁振杰＞魏国庆，又已知王园＞梁振杰，魏国庆＞苗晓琴，可推出王园＞梁振杰＞魏国庆＞苗晓琴，成立。

D 项，梁振杰＝魏国庆，又已知王园＞梁振杰，魏国庆＞苗晓琴，可推出王园＞梁振杰＝魏国庆＞苗晓琴，成立。

E 项，王园＝魏国庆，又已知魏国庆＞苗晓琴，可推出王园＝魏国庆＞苗晓琴，成立。

2. D

【解析】数字推理题。

方法一：公式法。

根据题意，可得：

$$\begin{cases} \dfrac{A \text{地区总产量}}{A \text{地区耕种地面积}+A \text{地区休耕地面积}} : \dfrac{B \text{地区总产量}}{B \text{地区耕种地面积}+B \text{地区休耕地面积}} = 120\%, \\ \dfrac{A \text{地区总产量}}{A \text{地区耕种地面积}} : \dfrac{B \text{地区总产量}}{B \text{地区耕种地面积}} = 70\%。 \end{cases}$$

两式相除得：

$$\dfrac{A \text{地区耕种地面积}}{A \text{地区耕种地面积}+A \text{地区休耕地面积}} = \dfrac{12}{7} \times \dfrac{B \text{地区耕种地面积}}{B \text{地区耕种地面积}+B \text{地区休耕地面积}}。$$

即：

$$\dfrac{A \text{地区耕种地面积}}{A \text{地区总农田}} = \dfrac{12}{7} \times \dfrac{B \text{地区耕种地面积}}{B \text{地区总农田}}。$$

所以 A 地区耕种地占总农田的比例比 B 地区高，故 D 项正确。

其余选项均不能推出。

方法二：赋值法。

设 A 地区产量为 120，B 地区产量为 100，两地区耕地总面积均为 100，B 地区耕种地面积为 50，则仅基于耕种地的面积计算，可知 B 地区平均亩产为 2，A 地区平均亩产为 $2 \times 70\% = 1.4$，故 A 地区耕种地面积为 $\dfrac{120}{1.4} = \dfrac{600}{7}$，则得表 10-16：

表 10-16

项目 \ 地区	A 地区	B 地区
耕种地面积	$\frac{600}{7}$	50
耕地面积	100	100
耕种地占总面积的比例	$\frac{6}{7}$	0.5

故，A 地区耕种地占总农田的比例比 B 地区高，即 D 项正确。

方法三：题干中所有信息均为比例，无法推出确定的数量，只能选比例，故 D 项正确。

3. E

【解析】数字推理题。

题干：三分之二的陪审员认为证人在被告作案时间、作案地点或作案动机上提供伪证。

作案时间、作案地点和作案动机是选言关系，所以 A、B、C、D 项的结论均不能从题干的断定中推出。

例如，假设只有三个陪审员，第一个陪审员认为证人在作案时间上提供伪证，第二个陪审员认为证人在作案地点上提供伪证，第三个陪审员认为证人没做伪证。则刚好有 2 个陪审员认为证人或在作案时间上、或在作案地点上、或在作案动机上提供伪证，占总人数的三分之二，而此时显然 A、B、C、D 项都不正确。

4. E

【解析】数字推理题。

题干：

①B 国购车价＝1.6 倍 A 国购车价。

②A 国购车价＋费用＜B 国购车价。

可知：A 国购车价＋费用＜B 国购车价＝1.6 倍 A 国购车价。

故有：费用(运输费＋关税)＜0.6 倍 A 国购车价＜0.6 倍 B 国购车价。

故 E 项正确。

5. A

【解析】数字推理题。

题干中说，每年购买房子的人群中 25~35 岁的人约占 50%，所以，每年购买房子的人群中小于 25 岁或者大于 35 岁的购房者也约占 50%，故Ⅰ项成立。

25~35 岁的购房者中，65% 没有私家车，即其中约 35% 的人有私家车。但是 25~35 岁的购房者并非购房者的全部，还有其他的购房者，因此，不知道全体购房者中有多大比例的人拥有私家车，故Ⅱ项不成立。

Ⅲ项，推理过度，显然不能被推出。

6. C

【解析】匹配题。

假设甲的第一句为真，即"3是欧洲"，又已知他们每人只填对一半，由此可得：4是非洲，2是大洋洲，5是美洲，1是亚洲。

假设甲的第二句为真，即"2是美洲"，又已知他们每人只填对一半，由此可得：戊的第一句为假，第二句为真，那么"5是美洲"和"2是美洲"相矛盾，假设不成立。

故 C 项正确。

7. C

【解析】匹配题。

题干信息：

第一：小钟、小任。

第二：小华。

第三：小华、小钟。

第四：小宫、小闽。

第五：小任、小闽。

由"本次竞赛没有并列名次，并且每个名次都有人猜对"可知，小华第二，故选项排除可知 C 项正确。

继续推理：

由小华第二，可知小钟第三，可知小任第一，可知小闽第五，可知小宫第四。

8. B

【解析】排序题。

由"戊药效最差"可知，丁比戊药效好，故 B 项正确。

题干没有对丁和丙的药效进行比较，故 A 项错误。

题干没有对副作用大小的比较，故 C、D 项均错误。

由丙＞甲，而甲＝乙，故丙比乙有效，即 E 项错误。

9. C

【解析】匹配题。

选项排除法：

根据韩国人和英国人的说法，可得韩国人和英国人不是邻居，排除 D、E 项。

根据韩国人和德国人的说法，可得韩国人和德国人不是邻居，排除 A、B 项。

故 C 项正确。

10. B

【解析】数字推理题。

根据题干信息，运用列表法，可得表 10-17：

表 10-17

序号	红心	方块	黑桃	梅花	总计
1	1	4	5	3	13
2	2	3	4	4	13
3	3	2	3	5	13
4	4	1	2	6	13

根据条件(3)"每种花色的张数不同"可以排除第2种和第3种可能；根据条件(6)"属于王牌花色的有2张"可知，可能性为第4种，即"王牌"花色为黑桃。

11. D

【解析】排序题。

题干信息：

①张强＞李进。

②马正＞宋之＞王平。

题干没有对张强、李进与马正、宋之、王平的成绩进行比较，因此A、B、C、E项均不能被推出。

又由于王平的成绩低于马正和宋之，因此王平最多名列第三，故D项正确。

12. B

【解析】数字推理题。

先考虑不把说话者计算在内的情况，这时医生和护士共有15名。首先由条件(1)可知，护士至少应有8名；再由条件(3)可知，男护士至少有5名；接着由条件(2)可知，男医生至少有6名；结合条件(4)可知，医生至少有7名，则护士至多有8名。所以，要满足条件，只能是护士有8名，其中男护士有5名，女护士有3名；医生有7名，其中男医生有6名，女医生有1名。

若说话者是男医生，则护士＝医生，与条件(1)矛盾。

若说话者是女护士，与题干不矛盾，故B项正确。

若说话者是男护士，则男医生＝男护士，与条件(2)矛盾。

若说话者是女医生，则护士＝医生，与条件(1)矛盾。

13. A

【解析】排序题。

由题干信息可知，①小丽早于小玲回宿舍；②小芳早于小华回宿舍；③小玲早于小芳回宿舍。

因此四个人回宿舍的时间顺序依次为小丽、小玲、小芳、小华，即小华最迟返回宿舍，故A项正确。

14. D

【解析】排序题＋匹配题。

由题干"甲和河南人不同岁"和"河南人比乙年龄小"可知，甲和乙都不是河南人，故丙是河南人。

由"河南人比乙年龄小"和"丙(河南人)比湖北人年龄大"可知，乙不是湖北人，故乙是山东人，甲是湖北人。

三人的年龄大小分别为：乙＞丙＞甲，即：山东人＞河南人＞湖北人，故D项正确。

15. C

【解析】匹配题。

三名球员中，卡特出现最多，故假设卡特被湖人队选中，则球迷乙说的全错，与题干"三位球迷各猜对了一半"矛盾，所以卡特没有被湖人队选中，则球迷甲的前半句为假，后半句为真，即库里被老鹰队选中。

故球迷乙的前半句为假,后半句为真,即布莱尔被湖人队选中。

故球迷丙的前半句为真,后半句为假,即卡特被勇士队选中。

综上,卡特被勇士队选中、布莱尔被湖人队选中、库里被老鹰队选中。故 C 项正确。

【快速得分法】选项排除法可迅速得解。

16. A

【解析】匹配题。

根据题干"乙会汉语"和"没有人既懂德语又懂汉语"可知,乙不会德语。

故乙会英语和汉语,或者法语和汉语。

甲在德语和汉语中最多会一种,又由于甲不会法语,故甲一定会英语。

故甲会英语和汉语,或者英语和德语。

(1)假设甲会英语和汉语,他可以给乙当翻译,故乙会法语和汉语。

又已知"当乙与丙交流时需要甲当翻译",说明乙和丙没有共同语言,故丙会英语和德语。

又由"丁虽然不会汉语",可得表 10-18:

表 10-18

人员＼语言	英语	法语	德语	汉语
甲	√	×	×	√
乙	×	√	×	√
丙	√	×	√	×
丁				×

故,甲、丙不会法语,甲、乙不会德语,丙、丁不会汉语。

所以,三人都会的语言只能是英语。

(2)假设甲会英语和德语,他可以给乙当翻译,乙不会德语,故乙会英语和汉语。

又已知"当乙与丙交流时需要甲当翻译",说明乙和丙没有共同语言,故丙会法语和德语。

又知丁不会汉语,但丁与乙可以交流,故丁会英语。

所以甲、乙、丁三人都会英语。

综上,可得表 10-19:

表 10-19

人员＼语言	英语	法语	德语	汉语
甲	√	×	√	×
乙	√	×	×	√
丙	×	√	√	×
丁	√			×

故三个人都会的语言是英语。

17. D

【解析】匹配题。

选项排除法：

若 A 项为真，则 A、C 的话均为假，与"四个人中只有一个人预测错了"矛盾，排除。

若 B 项为真，则 A、B、C、D 的话均为假，与"四个人中只有一个人预测错了"矛盾，排除。

若 C 项为真，则 A、C、D 的话均为假，与"四个人中只有一个人预测错了"矛盾，排除。

若 D 项为真，则只有 D 的话为假，与"四个人中只有一个人预测错了"不矛盾，故 D 项正确。

18. B

【解析】排序题。

由题干可知：B>A，C≥B，D>E，E>B。

串联可得：D>E>B>A，C≥B>A。

B 项，由 C≥B>A 可知，C>A，故与事实不符。

其余选项显然都不与题干矛盾。

19. D

【解析】排序题。

用不等式表示分数高低，可得：

①朱利>陈文>李强；

②李强>宋颖；

③朱利>宋颖；

④朱利>王平>宋颖。

要得到结果：陈文>张明。

当 D 项为真时，结合①和④可知：朱利>陈文>李强>王平>张明。

显然可以得出题干结论，故选 D 项。

20. C

【解析】方位题，选项排除法。

题干信息：

(1)乙与丁相邻并且在丁的北边。

(2)戊和甲相邻。

(3)丙在乙的北边。

由题干信息(1)和(3)可知，乙、丙、丁由北向南的方位依次为丙、乙、丁，排除 B、D、E 项。

由题干信息(2)可知，戊和甲相邻，排除 A 项。

故 C 项正确。

21. E

【解析】匹配题。

题干信息：

①有 3 位同学是女生，4 位同学是男生。

②有4位同学的年龄为18岁，另外3位同学的年龄为17岁。

③甲、丙和戊的年龄相同，而乙和庚的年龄不相同。

④乙、丁和己的性别相同，而甲和庚的性别不相同。

⑤只有一位17岁的女生得到推荐资格。

由条件②、③可知，甲、丙和戊的年龄为18岁。

由条件①、④可知，乙、丁和己的性别为男生。

由条件⑤可知，排除甲、乙、丙、丁、戊、己6位同学，故获得推荐资格的是庚，即 E 项正确。

22. C

【解析】匹配题。

由条件(2)、(5)、(6)可知，丁不是化学院的，不是管理学院的，不是哲学院的，也不是数学院的，故丁是经济学院的。

再由条件(3)、(5)可知，乙不是管理学院的，也不是哲学院和数学院的，故乙是化学院的。

故，丙是哲学院、管理学院或数学院的，又由条件(4)可知，丙不是哲学院的，故得：(7)丙是管理学院或者数学院的。

再由条件(2)、(3)可知，乙没有和管理学院的选手交过手，并且乙是化学院的，故乙与经济学院、哲学院、数学院的选手交过手。

再由条件(5)可知，哲学院、管理学院、数学院的选手两两之间交过手，哲学院和数学院的选手又与乙交过手，故哲学院和数学院的选手至少交手三场。

又由条件(1)可知，甲只交手两场，故甲不是哲学院和数学院的，故得：(8)甲是管理学院的选手。

由条件(7)、(8)可知，丙是数学院的选手。

23. C

【解析】匹配题。

将题干信息列表格，得表10-20：

表 10-20

星期 人员	星期一	星期二	星期三	星期四	星期五	星期六	星期日
O	真话	真话	真话	真话	真话	真话	真话
P	假话	假话	假话	真话	真话	真话	真话
Q	真话	真话	真话	假话	假话	假话	真话

方法一：

假设P说的是假话，由于P说假话的三天（星期一、星期二、星期三），Q均说真话，所以Q昨天应该说假话，星期一、星期二、星期三均不满足，故P说的是真话，且P昨天说假话，只有星期四符合，故C项正确。

方法二：

若 A 项为真，则昨天为星期日，这两天 Q 均说真话，与 Q 说"昨天是我说谎的日子"矛盾，排除。

若 B 项为真，则昨天为星期一，这两天 Q 均说真话，与 Q 说"昨天是我说谎的日子"矛盾，排除。

若 C 项为真，则与题干不矛盾，正确。

若 D 项为真，则昨天为星期五，这两天 P 均说真话，与 P 说"昨天是我说谎的日子"矛盾，排除。

若 E 项为真，则昨天为星期六，这两天 P 均说真话，与 P 说"昨天是我说谎的日子"矛盾，排除。

24. C

【解析】匹配题。

由题干信息(1)可知，老王和李玲不是一家人，且两家的孩子都是女儿。

由题干信息(2)可知，老张的女儿是小梅，那么老张、李玲和小梅是一家人，老王和小媚是一家人。

由题干信息(3)可知，方丽和老陈不是一家人，那么方丽、老王和小媚是一家人，因此，老陈、刘蓉和小明是一家人。

故 C 项正确。

25. E

【解析】综合推理(形式逻辑)。

题干信息：

①$(A>B) \wedge (C>D) \to E$。

②$(B>A) \vee (F>G) \to H$。

③$(D>C) \to F$。

由题干条件"H 当选"可知，F 没有当选。

条件③逆否可得：$(D>C) \to F = \neg F \to \neg (D>C) = \neg F \to (C \geq D)$，即 D 的票数不比 C 多，故 E 项正确。

26. C

【解析】综合推理(形式逻辑)。

由题意可知，C>D，且 E 没有当选。

条件①逆否可得：$(A>B) \wedge (C>D) \to E = \neg E \to \neg (A>B) \vee \neg (C>D)$。

$\neg (A>B) \vee \neg (C>D) = (C>D) \to \neg (A>B)$，即 $A \leq B$，故 C 项正确。

27. D

【解析】综合推理题。

由题干"M 和 N 住在同一层"和"第二层仅有一套公寓"可知，M、N 均不住在第二层，故 D 项正确。

28. D

【解析】综合推理题。

由题干可知共有 5 层公寓楼，若 D 项正确，即"P 住在第五层"，那么题干中"K 恰好住在 P 的上面一层"就不能实现，故 P 不可能住在第五层，即 D 项正确。

29. A

【解析】综合推理题。

由"K 恰好住在 P 的上面一层"和"J 住在第四层且 K 住在第五层"可知，J、P 均住在第四层。

由"每层有 1 到 2 套公寓"，可知 Q、L 均不能住在第四层，排除 B、D 项。

由"M 和 N 住在同一层"和"K 住在第五层"可知，N 不能住在第五层，排除 C 项。

由"M 和 N 住在同一层"和"第二层仅有一套公寓"可知，M 不能住在第二层，排除 E 项。

故 A 项正确。

30. D

【解析】综合推理题。

由"5 层公寓楼，每层有 1 到 2 套公寓，共有 8 套公寓"可知，五层公寓楼只有 2 层有 1 套公寓，其余 3 层均为 2 套公寓。

若 D 项正确，即 L 住在第四层，由"L 住的楼层上只有一套公寓"可知，第四层没有别的住户。又已知 O 住在第二层，那么剩余的公寓均为第一、三、五层，则题干中"K 恰好住在 P 的上面一层"就不能实现，故 L 不可能住在第四层。